DIREITO CONTRATUAL ENTRE LIBERDADE
E PROTECÇÃO DOS INTERESSES
E OUTROS ARTIGOS ALEMÃES-LUSITANOS

*VERTRAGSRECHT ZWISCHEN FREIHEIT
UND SCHUTZINTERESSEN UND ANDERE
DEUTSCH-LUSITANISCHE BEITRÄGE*

ASSOCIAÇÃO DE JURISTAS ALEMÃ-LUSITANA
DEUTSCH-LUSITANISCHE JURISTENVEREINIGUNG

DIREITO CONTRATUAL ENTRE LIBERDADE E PROTECÇÃO DOS INTERESSES E OUTROS ARTIGOS ALEMÃES-LUSITANOS

VERTRAGSRECHT ZWISCHEN FREIHEIT UND SCHUTZINTERESSEN UND ANDERE DEUTSCH-LUSITANISCHE BEITRÄGE

Coordenação:
PROF. DR. DR. STEFAN GRUNDMANN, LL.M.
MARGARIDA DOS SANTOS

ALMEDINA

DIREITO CONTRATUAL ENTRE LIBERDADE
E PROTECÇÃO DOS INTERESSES
E OUTROS ARTIGOS ALEMÃES-LUSITANOS

*VERTRAGSRECHT ZWISCHEN FREIHEIT
UND SCHUTZINTERESSEN UND ANDERE
DEUTSCH-LUSITANISCHE BEITRÄGE*

COORDENAÇÃO
STEFAN GRUNDMANN
MARGARIDA DOS SANTOS

EDITOR
EDIÇÕES ALMEDINA, SA
Av. Fernão Magalhães, n.º 584, 5.º Andar
3000-174 Coimbra
Tel.: 239 851 904
Fax: 239 851 901
www.almedina.net
editora@almedina.net

PRÉ-IMPRESSÃO | IMPRESSÃO | ACABAMENTO
G.C. GRÁFICA DE COIMBRA, LDA.
Palheira – Assafarge
3001-453 Coimbra
producao@graficadecoimbra.pt

Junho, 2008

DEPÓSITO LEGAL
276334/08

Os dados e as opiniões inseridos na presente publicação
são da exclusiva responsabilidade do(s) seu(s) autor(es).

Toda a reprodução desta obra, por fotocópia ou outro qualquer
processo, sem prévia autorização escrita do Editor, é ilícita
e passível de procedimento judicial contra o infractor.

Biblioteca Nacional de Portugal - Catalogação na Publicação

Direito contratual entre liberdade e protecção dos interesses e outros
artigos alemães-lusitanos = Vertragsrecht Zwischen Freiheit und Schutzinteressen und andere Deutsch-Lusitanische Beiträge / [org.] Associação de Juristas Alemã-Lusitana ; coord. Stefan Grundmann, Margarida
dos Santos. – (Obras colectivas)
ISBN 978-972-40-3521-5

I – ASSOCIAÇÃO DE JURISTAS ALEMÃ-LUSITANA
II – GRUNDMANN, Stefan
III – SANTOS, Margarida dos

CDU   347
      341

VORWORT

Mit dem vorliegenden Band wird eine lange Tradition von Werken fortgesetzt, die über die Entwicklung in der Rechtwelt der lusitanischen Länder berichten, diese analysieren und strukturieren - all dies aus dem speziellen Blickwinkel der Wechselbeziehung zwischen der lusitanischen und der deutschsprachigen Rechtswelt. Stets war auch das kulturelle Vermächtnis dieser beiden Rechtstraditionen im Blickpunkt gestanden. Der neue Band schließt also an die von Jayme sowie Jayme/Schindler herausgegebenen Tagungsbände aus den letzten Jahren an.

Mit diesem neuen Band, der aus Vorträgen auf den Tagungen der Deutsch-Lusitanischen Juristenvereinigung in den Jahren 2004 bis 2006 hervorging, wird zugleich jedoch auch Neuland betreten, dies in mindestens zwei Richtungen. Die Vereinigung ist in einem Maße lusitanisch und wichtig für den oben beschriebenen Austausch, dass es uns angezeigt schien, die Abhandlungen fortan von Almedina in Zusammenarbeit mit de Gruyter verlegen zu lassen, von dem vielleicht führenden juristischen Verlag Portugals und dem großen juristischen Verlag in der deutschen Hauptstadt. Inhaltlich schien es uns zugleich wichtig, neben die große Brandbreite an Entwicklungen auch Schwerpunktthemen zu stellen, die vertieft behandelt werden und fortan jeweils sogar den jeweiligen Band prägen und am Anfang stehen sollen. Nicht zuletzt lässt der Band auch aufscheinen, dass die letzten Jahre große Jahre für Kodifikationen in einigen lusitanischen Kernländern waren, bei den Zivilgesetzbüchern selbst, allen voran dem brasilianischen, ebenso wie im Bereich Verbrauchergesetzgebung und anderen.

Herzlich danken möchten die Herausgeber den Autoren und den Verlegern, die dem Band seinen reichen Inhalt und seine schöne Form gaben, herzlich auch Prof. Dr. Benicke und Prof. Dr. Harke, die die Deutsch-Lusitanische Juristenvereinigung in den letzten Jahren einluden nach Gießen und Würzburg. Herzlich danken möchte der Autor des Vorworts nicht zuletzt Margarida dos Santos, die in der Vorbereitung der Symposien, des Bandes selbst und auch in der Verhandlung mit den Verlagen über den genannten neuen Startschuss Großes leistete.

Berlin, im Dezember 2007
Prof. Dr. Dr. Stefan Grundmann, LL.M.

PREFÁCIO

Com a presente obra, uma longa tradição de trabalhos, discorrendo sobre os desenvolvimentos no mundo jurídico dos países lusitanos, é levada adiante, sendo que tais trabalhos, por meio desta obra, são igualmente analizados e estruturados – tudo isso a partir de um ponto de vista especial que é a interrelação entre os mundos jurídicos de línguas portuguesa e alemã. O legado cultural dessas duas tradições jurídicas foi também continuamente tido em consideração. A nova obra tem relação com os livros, baseados em reuniões, que foram publicados por Jayme, assim como por Jayme/Schindler, nos últimos anos.

Com essa nova obra, que advém das palestras ocorridas nas reuniões da Associação de Juristas Alema-Lusitana entre os anos de 2004 a 2006, novos campos serão também desbravados, e isso em pelo menos duas direções. A Associação é bastante lusitana, sendo importante para o intercâmbio acima descrito, por isso, nos pareceu conveniente publicar as obras com a Almedina em cooperação com a de Gruyter, sendo a primeira, talvez, a editora jurídica líder em Portugal e a segunda a maior editora jurídica na capital alemã. Em relação ao conteúdo, pareceu-nos igualmente importante, além da menção aos desenvolvimentos, posicionar temas principais, que serão tratados profundamente e marcarão a respectiva obra, e que devem ficar no seu começo. Por último, mas não menos importante, a obra deixa também transparecer que os últimos anos foram grandes anos para codificações nos próprios países centrais do mundo lusitano, atingindo entre outros o direito civil, especialmente no Brasil e igualmente o campo do direito do consumidor e outros.

Os coordenadores gostariam de agradecer sinceramente aos autores e editores, que deram à obra seu rico conteúdo e sua bonita forma.

Um sincero agradecimento também é devido ao Prof. Dr. Benicke e ao Prof. Dr. Harke, que levaram a Associação de Juristas Alema-Lusitana nos últimos anos a Gießen e Würzburg. O autor do prefácio ainda gostaria de agradecer cordialmente a Margarida dos Santos, que trabalhou arduamente na preparação das reuniões e da própria obra, e na negociação com as editoras.

Berlim, Dezembro de 2007
Prof. Dr. Dr. Stefan Grundmann, LL.M.

I PARTE – *TEIL 1*

Direito Contratual entre Liberdade e Protecção dos Interesses
Vertragsrecht zwischen Freiheit und Schutzinteressen

EVOLUÇÃO DO CONTROLE DE CONSTITUCIONALIDADE NO DIREITO BRASILEIRO

PORF. DR. GILMAR MENDES[*]

I. Introdução 12
II. Considerações preliminares: a Constituição Imperial 13
III. O controle de constitucionalidade na Constituição de 1891 14
IV. A Constituição de 1934 e o controle de constitucionalidade 16
V. O controle de constitucionalidade na Constituição de 1937 19
VI. A Constituição de 1946 e o sistema de controle de constitucionalidade 21
    1. A representação interventiva 22
    2. A Emenda n. 16, de 1965, e o controle de constitucionalidade abstrato 24
VII. O controle de constitucionalidade na Constituição de 1967/69 27
    1. O significado do controle abstrato de normas sob o império da Constituição de 1946 (EC n. 16, de 1965) e da Constituição de 1967/69 29

---

[*] Ministro do Supremo Tribunal Federal do Brasil; Professor de Direito Constitucional nos cursos de graduação e pós-graduação da Universidade de Brasília – UnB; Mestre em Direito pela Universidade de Brasília – UnB (1988), com a dissertação *Controle de Constitucionalidade: Aspectos Políticos e Jurídicos*; Mestre em Direito pela Universidade de Münster, República Federal da Alemanha – RFA (1989), com a dissertação *Die Zulässigkeitsvoraussetzungen der abstrakten Normenkontrolle vor dem Bundesverfassungsgericht*); Doutor em Direito pela Universidade de Münster, República Federal da Alemanha – RFA (1990), com a tese *Die abstrakte Normenkontrolle vor dem Bundesverfassungsgericht und vor dem brasilianischen Supremo Tribunal Federal*, publicada na série *Schriften zum Öffentlichen Recht*, da Editora Duncker & Humblot, Berlim, 1991. Membro do Conselho Assessor do "Anuario Iberoamericano de Justicia Constitucional" – Centro de Estudios Políticos y Constitucionales – Madri, Espanha.

VIII. O controle de constitucionalidade na Constituição de 1988 30
   1. Considerações preliminares 30
   2. Criação e desenvolvimento da Ação Declaratória de Constitucionalidade 34
   3. Desenvolvimento da Ação de Descumprimento de Preceito Fundamental 36

I. Introdução

O controle judicial de constitucionalidade das leis tem-se revelado uma das mais eminentes criações do direito constitucional e da ciência política do mundo moderno.[1] A adoção de formas variadas nos diversos sistemas constitucionais mostra, por outro lado, a flexibilidade e a capacidade de adaptação desse instituto aos mais diversos sistemas políticos.

É interessante observar que o sistema de controle de constitucionalidade sofreu uma incrível expansão na ordem jurídica moderna.

Afigura-se inquestionável a ampla predominância do controle judicial de constitucionalidade e, particularmente, do modelo de controle concentrado. Cuida-se mesmo de uma nova divisão de poderes com a instituição de uma Corte com nítido poder normativo e cujas decisões têm o atributo da definitividade.

Deve assinalar-se que o sistema de controle de constitucionalidad no Brasil sofreu uma substancial reforma com o advento da Constituição de 1988. A ruptura do chamado "monopólio da ação direta" outorgado ao Procurador-Geral da República e a substituição daquele modelo exclusivista por um amplíssimo direito de propositura configuram fatores que sinalizam para a introdução de uma mudança radical em todo o sistema de controle de constitucionalidade.

Embora o novo texto constitucional tenha preservado o modelo tradicional de controle de constitucionalidade "incidental" ou "difuso", é certo que a adoção de novos instrumentos, como o mandado de injunção, a ação direta de inconstitucionalidade por omissão, o mandado de segurança coletivo e, sobretudo, a ação direta de inconstitucionalidade, conferiu um novo perfil ao nosso sistema de controle de constitucionalidade.

---

[1] O artigo consolida a conferência realizada sobre o tema em Berlím, em 25 de novembro de 2005, na reunião da Deutsch-Lusitanischen Juristenvereinigung (DLJV).

II. Considerações preliminares: a Constituição Imperial

A Constituição de 1824 não contemplava qualquer sistema assemelhado aos modelos hodiernos de controle de constitucionalidade. A influência francesa ensejou que se outorgasse ao Poder Legislativo a atribuição de "fazer leis, interpretá-las, suspendê-las e revogá-las", bem como "velar na guarda da Constituição" (art. 15, n. 8º e 9º).

Nessa linha de raciocínio, o insigne Pimenta Bueno lecionava, com segurança, que o conteúdo da lei somente poderia ser definido pelo órgão legiferante:

> "Só o poder que faz a lei é o único competente para declarar por via de autoridade ou por disposição geral obrigatória o pensamento, o preceito dela. Só ele e exclusivamente ele é quem tem o direito de interpretar o seu próprio ato, suas próprias vistas, sua vontade e seus fins. Nenhum outro poder tem o direito de interpretar por igual modo, já porque nenhuma lei lhe deu essa faculdade, já porque seria absurda a que lhe desse.
>
> Primeiramente é visível que nenhum outro poder é o depositário real da vontade e inteligência do legislador. Pela necessidade de aplicar a lei deve o executor ou juiz, e por estudo pode o jurisconsulto formar sua opinião a respeito da inteligência dela, mas querer que essa opinião seja infalível e obrigatória, que seja regra geral, seria dizer que possuía a faculdade de adivinhar qual a vontade e o pensamento do legislador, que não podia errar, que era o possuidor dessa mesma inteligência e vontade; e isso seria certamente irrisório.
>
> Depois disso é também óbvio que o poder a quem fosse dada ou usurpasse uma tal faculdade predominaria desde logo sobre o legislador, inutilizaria ou alteraria como quisesse as atribuições deste ou disposições da lei, e seria o verdadeiro legislador. Basta refletir por um pouco para reconhecer esta verdade, e ver que interpretar a lei por disposição obrigatória, ou por via de autoridade, é não só fazer a lei, mas é ainda mais que isso, porque é predominar sobre ela".[2]

Era a consagração de dogma da soberania do Parlamento.

---

[2] PIMENTA BUENO, *Direito público brasileiro e análise da Constituição do Império*, Brasília, Senado Federal, 1978, 69.

Por outro lado, a instituição do Poder Moderador assegurava ao Chefe de Estado o elevado mister de velar para "a manutenção da independência, equilíbrio e harmonia dos mais poderes" (art. 98). "É a faculdade (...) – dizia Pimenta Bueno – de fazer com que cada um deles se conserve em sua órbita, e concorra harmoniosamente como outros para o fim social, o bem-estar nacional: é quem mantém seu equilíbrio, impede seus abusos, conserva-os na direção de sua alta missão (...)".[3]

Não havia lugar, pois, nesse sistema, para o mais incipiente modelo de controle judicial de constitucionalidade.[4]

III. O controle de constitucionalidade na Constituição de 1891

O regime republicano inaugura uma nova concepção. A influência do direito norte-americano sobre personalidades marcantes, como a de Rui Barbosa, parece ter sido decisiva para a consolidação do modelo difuso, consagrado já na chamada Constituição Provisória de 1890 (art. 58, § 1º, *a* e *b*).

O Decreto n. 848, de 11 de outubro de 1890, estabeleceu, no seu art. 3º, que, na guarda e aplicação da Constituição e das leis nacionais, a magistratura federal só intervirá em espécie e por provocação da parte. "Esse dispositivo (...) – afirma Agrícola Barbi – consagra o sistema de controle por via de exceção, ao determinar que a intervenção da magistratura só se fizesse em espécie e por provocação de parte".[5] Estabelecia-se, assim, o julgamento incidental da inconstitucionalidade, mediante provocação dos litigantes. E, tal qual prescrito na Constituição Provisória, o art. 9º, parágrafo único, *a* e *b*, do Decreto n. 848, de 1890, assentava o controle de constitucionalidade das leis estaduais ou federais.

A Constituição de 1891 incorporou essas disposições, reconhecendo a competência do Supremo Tribunal Federal para rever as sentenças das

---

[3] Pimenta Bueno, *Direito público brasileiro e análise da Constituição do Império*, Brasília, Senado Federal, 1978, 203.

[4] Cf., a propósito, Bittencourt, *O controle jurisdicional*, 27-8; Barbi, *Evolução do controle de constitucionalidade das leis no Brasil*, RDP, 1968, *1(4)*:36; Bandeira de Mello, *Teoria das Constituições rígidas*², 1980, 155.

[5] Barbi, *Evolução do controle de constitucionalidadedas leis no Brasil*, RDP, 1968, 37; Bandeira de Mello, *Teoria das Constituições rígidas*², 1980, 156.

Justiças dos Estados, em última instância, quando se questionasse a validade ou a aplicação de tratados e leis federais e a decisão do Tribunal fosse contra ela, ou quando se contestasse a validade de leis ou atos federais, em face da Constituição ou das leis federais, e a decisão do Tribunal considerasse válidos esses atos ou leis impugnadas (art. 59, § 1º, *a* e *b*).

Não obstante a clareza dos preceitos, imperou alguma perplexidade diante da inovação. E o gênio Rui destacou, com peculiar proficiência, a amplitude do instituto adotado pelo regime republicano, como se vê na seguinte passagem de seu magnífico trabalho elaborado em 1893:

> "O único lance da Constituição americana, onde se estriba ilativamente o juízo, que lhe atribui essa intenção, é o do art. III, seç. 2ª, cujo teor reza assim: 'O poder judiciário estender-se-á a todas as causas, de direito e eqüidade, que nasceram desta Constituição, ou das leis dos Estados Unidos'.
>
> Não se diz aí que os tribunais sentenciarão sobre a validade, ou invalidade, das leis. Apenas se estatui que conhecerão das causas regidas pela Constituição, como conformes ou contrárias a ela.
>
> Muito mais concludente é a Constituição brasileira. Nela não só se prescreve que
>
> 'Compete aos juízes ou tribunais federais processar e julgar as causas, em que alguma das partes fundar a ação, ou a defesa, em disposição da Constituição Federal' (art. 60, *a*);
> como, ainda, que
>
> 'Das sentenças das justiças dos Estados em última instância haverá recurso para o Supremo Tribunal Federal, quando se questionar sobre a validade de tratados e leis federais, e a decisão do tribunal do Estado for contrária (art. 59, § 1º, *a*)'.
>
> A redação é claríssima. Nela se reconhece, não só a competência das justiças da União, como a das justiças dos Estados, para conhecer da legitimidade das leis perante a Constituição. Somente se estabelece, a favor das leis federais, a garantia de que, sendo contrária à subsistência delas a decisão do tribunal do Estado, o feito pode passar, por via de recurso, para o Supremo Tribunal Federal. Este ou revogará a sentença, por não procederem as razões de nulidade, ou a confirmará pelo motivo oposto. Mas, numa ou noutra hipótese, o princípio fundamental é a autoridade reconhecida expressamente no

texto constitucional, a todos os tribunais, federais, ou locais, de discutir a constitucionalidade das leis da União, e aplicá-las, ou desaplicá-las, segundo esse critério.

É o que se dá, por efeito do espírito do sistema, nos Estados Unidos, onde a letra constitucional, diversamente do que ocorre entre nós, é muda a este propósito".[6]

A Lei de n. 221, de 20 de novembro de 1894, veio a explicitar, ainda mais, o sistema judicial de controle de constitucionalidade, consagrando no art. 13, § 10, a seguinte cláusula: *"Os juízes e tribunais apreciarão a validade das leis e regulamentos e deixarão de aplicar aos casos ocorrentes as leis manifestamente inconstitucionais e os regulamentos manifestamente incompatíveis com as leis ou com a Constituição".*

Não havia mais dúvida quanto ao poder outorgado aos órgãos jurisdicionais para exercer o controle de constitucionalidade. A reforma constitucional de 1926 procedeu a algumas alterações, sem modificar, no entanto, a substância.

Consolidava-se, assim, o amplo sistema de controle difuso de constitucionalidade do direito brasileiro. Convém observar que era inequívoca a consciência de que o controle de constitucionalidade não se havia de fazer *in abstracto*. "Os tribunais – dizia Rui – não intervêm na elaboração da lei, nem na sua aplicação geral. Não são órgãos consultivos nem para o legislador, nem para a administração (...)".[7] E sintetizava, ressaltando que a *judicial review* "é um poder de hermenêutica, e não um poder de legislação".[8]

IV. A Constituição de 1934 e o controle de constitucionalidade

A Constituição de 1934 introduziu profundas e significativas alterações no nosso sistema de controle de constitucionalidade. A par de man-

---

[6] BARBOSA, *Os atos inconstitucionais do Congresso e do Executivo*, em *Trabalhos jurídicos*, 1962, 54-5.

[7] BARBOSA, *Os atos inconstitucionais do Congresso e do Executivo*, em *Trabalhos jurídicos*, 1962, 83.

[8] BARBOSA, *Os atos inconstitucionais do Congresso e do Executivo*, em *Trabalhos jurídicos*, 1962, 83.

ter, no art. 76, III, *b* e *c*, as disposições contidas na Constituição de 1891, o constituinte determinou que a declaração de inconstitucionalidade somente poderia ser realizada pela maioria da totalidade de membros dos tribunais. Evitava-se a insegurança jurídica decorrente das contínuas flutuações de entendimento nos tribunais (art. 179).[9]

Por outro lado, a Constituição consagrava a competência do Senado Federal para "suspender a execução, no todo ou em parte, de qualquer lei ou ato, deliberação ou regulamento, quando hajam sido declarados inconstitucionais pelo Poder Judiciário", emprestando efeito *erga omnes* à decisão proferida pelo Supremo Tribunal Federal (arts. 91, IV, e 96).[10]

A fórmula inovadora buscava resolver o problema relativo à falta de eficácia geral das decisões tomadas pelo Supremo em sede de controle de constitucionalidade. É possível, porém, que, inspirado no direito comparado, tenha o constituinte conferido ao Senado um poder excessivo, que acabaria por convolar solução em problema, com a cisão de competências entre ao Supremo Tribunal e o Senado.[11] É certo, por outro lado, que, coerente com o espírito da época, a intervenção do Senado limitava-se à

---

[9] MANGABEIRA, *Em torno da Constituição*, 1934, 115-7; BANDEIRA DE MELLO, *Teoria das Constituições rígidas*², 1980, 159-65. Cumpre notar que o anteprojeto continha, no art. 57, a seguinte regra: "Não se poderá argüir de inconstitucional uma lei federal aplicada sem reclamação por mais de cinco anos. O Supremo Tribunal não poderá declarar a inconstitucionalidade de uma lei federal, senão quando nesse sentido votarem pelo menos dois terços de seus ministros. Só o Supremo Tribunal poderá declarar definitivamente a inconstitucionalidade de uma lei federal ou ato do Presidente da República. Sempre que qualquer Tribunal não aplicar uma lei federal ou anular um ato do Presidente da República, por inconstitucionais, recorrerá *ex officio*, e com efeito suspensivo, para o Supremo Tribunal. Julgado inconstitucional qualquer lei ou ato do Poder Executivo, caberá a todas as pessoas, que se acharem nas mesmas condições do litigante vitorioso, o remédio judiciário instituído para a garantia de todo direito certo e incontestável". Tal disposição acabaria por consolidar, entre nós, um modelo concentrado de controle de constitucionalidade. Não prevaleceu, todavia, essa orientação, predominando o entendimento que assegura o poder de *inaplicar* a lei tanto ao juiz singular quanto aos tribunais. Anote-se, ademais, que a cláusula inicial importava na *constitucionalização* dos preceitos aplicados há mais de cinco anos.

[10] BANDEIRA DE MELLO, *Teoria das Constituições rígidas*², 1980, 170; ARAÚJO CASTRO, *A nova Constituição brasileira*, 1935, 246-7.

[11] Cf., a propósito, MENDES, *O papel do Senado Federal no controle de constitucionalidade: um caso clássico de mutação constitucional*, Revista de Informaçãao Legislativa (Estudos em homenagem a Anna Maria Villela), Ano 41, nº 162, abril/junho 2004, 149-168.

declaração de inconstitucionalidade, não se conferindo eficácia ampliada à declaração de constitucionalidade.

Talvez a mais fecunda e inovadora alteração introduzida pelo Texto Magno de 1934 se refira à "declaração de inconstitucionalidade para evitar a intervenção federal", tal como a denominou Bandeira de Mello[12], isto é, a representação interventiva, confiada ao Procurador-Geral da República, nas hipóteses de ofensa aos princípios consagrados no art. 7º, I, *a* a *h*, da Constituição. Cuidava-se de fórmula peculiar de composição judicial dos conflitos federativos, que condicionava a eficácia da lei interventiva, de iniciativa do Senado (art. 41, § 3º), à declaração de sua constitucionalidade pelo Supremo Tribunal (art. 12, § 2º). Assinale-se, por oportuno, que, na Assembléia Constituinte, o Deputado Pereira Lyra apresentou emenda destinada a substituir, no art. 12, § 2º, a expressão "tomar conhecimento da lei que a decretar e lhe declarar a constitucionalidade" por "tomar conhecimento da lei local argüida de infringente desta Constituição e lhe declarar a inconstitucionalidade".[13]

Esse controle judicial configurava, segundo Pedro Calmon, um sucedâneo do direito de veto, atribuindo-se à Suprema Corte o poder de declarar a constitucionalidade da lei de intervenção e afirmar, *ipso facto*, a inconstitucionalidade da lei ou ato estadual.[14] Advirta-se, porém, que não se trata de formulação de um juízo político, exclusivo do Poder Legislativo, mas de exame puramente jurídico.[15]

Não obstante a breve vigência do Texto Magno, ceifado pelas vicissitudes políticas que marcaram aquele momento histórico, não se pode olvidar o transcendental significado desse sistema para todo o desenvolvimento do controle de constitucionalidade mediante ação direta no direito brasileiro.[16]

---

[12] BANDEIRA DE MELLO, *Teoria das Constituições rígidas*, 1980, 170.

[13] ARAÚJO CASTRO, *A nova Constituição brasileira*, 1935, 107-8.

[14] CALMON, *Intervenção federal: o art. 12 da Constituição de 1934*, 1936, 109.

[15] PONTES DE MIRANDA, *Comentários à Constituição da República dos Estados Unidos do Brasil*, 1938, 364.

[16] POLETTI, *Controle da constitucionalidade das leis*, 1985, 93. Afigura-se relevante observar que, na Constituinte de 1934, foi apresentada proposta de instituição de um Tribunal especial, dotado de competência para apreciar questões constitucionais suscitadas no curso dos processos ordinários, bem como para julgar pedido de argüição de inconstitucionalidade formulado por "qualquer pessoa de direito público ou privado, individual ou coletivamente, ainda mesmo quando não tenha interesse direto (...)". O projeto

Não se deve omitir, ainda, que a Constituição de 1934 continha expressa ressalva à judicialização das questões políticas, dispondo o art. 68 que "é vedado ao Poder Judiciário conhecer das questões exclusivamente políticas".

Manifesta-se digna de menção a competência atribuída ao Senado Federal para "examinar, em confronto com as respectivas leis, os regulamentos expedidos pelo Poder Executivo, e suspender a execução dos dispositivos ilegais" (art. 91, II). Em escólio ao art. 91, II, da Constituição de 1934, Pontes de Miranda destacava que "tal atribuição outorgava ao Senado Federal um pouco da função de Alta Corte Constitucional (...)".[17] A disposição não foi incorporada, todavia, pelas Constituições que sucederam ao Texto Magno de 1934.

Finalmente, afigura-se relevante observar que, na Constituinte de 1934, foi apresentado projeto de instituição de uma Corte Constitucional, inspirada no modelo austríaco. A fundamentação da proposta referia-se diretamente à conferência de Kelsen sobre a essência e o desenvolvimento da jurisdição constitucional (*Wesen und Entwicklung der Staatsgerichtsbarkeit*).[18]

V. O controle de constitucionalidade na Constituição de 1937

A Carta de 1937 traduz um inequívoco retrocesso no sistema de controle de constitucionalidade. Embora não tenha introduzido qualquer modificação no modelo difuso de controle (art. 101, III, *b* e *c*), preservando-se, inclusive, a exigência de *quorum* especial para a declaração de inconstitucionalidade (art. 96), o constituinte rompeu com a tradição jurídica brasileira, consagrando, no art. 96, parágrafo único, princípio segundo o qual, no caso de ser declarada a inconstitucionalidade de uma lei que, a juízo do Presidente da República, seja necessária ao bem-estar

---

de autoria do Deputado Nilo Alvarenga criava uma Corte Constitucional, inspirada na proposta de Kelsen, e confiava a sua provocação a qualquer sujeito de direito (cf. Ana Valderez Ayres Neves de Alencar, A competência do Senado Federal para suspender a execução dos atos declarados inconstitucionais, *Revista de Informação Legislativa*, v. 57, 1978, *15(57)*:237-45).

[17] PONTES DE MIRANDA, *Comentários à Constituição da República dos Estados Unidos do Brasil*, 1938, 770.

[18] Projeto do Deputado Alvarenga, de 20-12-1933, *Annaes da Assembléia Nacional Constituinte*, 1935, v. 3, 33-5.

do povo, à promoção ou defesa de interesse nacional de alta monta, poderia o Chefe do Executivo submetê-la novamente ao Parlamento. Confirmada a validade da lei por dois terços de votos em cada uma das Câmaras, tornava-se insubsistente a decisão do Tribunal.

Instituía-se, assim, uma peculiar modalidade de revisão constitucional, pois, como observado por Celso Bastos, a lei confirmada passa a ter, na verdade, a força de uma emenda à Constituição.[19]

É bem verdade que o novo instituto não colheu manifestações unânimes de repulsa. Cândido Motta Filho, por exemplo, saudava a inovação, ressaltando que:

> "A subordinação do julgado sobre a inconstitucionalidade da lei à deliberação do Parlamento coloca o problema da elaboração democrática da vida legislativa em seus verdadeiros termos, impedindo, em nosso meio, a continuação de um preceito artificioso, sem realidade histórica para nós e que, hoje, os próprios americanos, por muitos de seus representantes doutíssimos, reconhecem despido de caráter de universalidade e só explicável em países que não possuem o sentido orgânico do direito administrativo. Leone, em sua *Teoría de la política*, mostra com surpreendente clareza, como a tendência para controlar a constitucionalidade das leis é um campo aberto para a política, porque a Constituição, em si mesma, é uma lei *sui generis*, de feição nitidamente política, que distribui poderes e competências fundamentais".[20]

No mesmo sentido, pronunciaram-se Francisco Campos[21], Alfredo Buzaid[22] e Genésio de Almeida Moura[23].

Assinale-se que, do ponto de vista doutrinário, a inovação parecia despida de significado, uma vez que, como assinalou Castro Nunes, "podendo ser emendada a Constituição pelo voto da maioria nas duas casas

---

[19] BASTOS, *Curso de direito constitucional*[5], 1982, 63; cf. CAMPOS, *Diretrizes constitucionais do novo Estado brasileiro*, RF, 73:246-9.

[20] MOTTA FILHO, *A evolução do controle da constitucionalidade das leis no Brasil*, RF, 86:277.

[21] CAMPOS, *Diretrizes constitucionais do novo Estado brasileiro*, RF, 246 e s.

[22] BUZAID, *Da ação direta de declaração de inconstitucionalidade no direito brasileiro*, 1958, 32.

[23] MOURA, *Inconstitucionalidade das leis*, Revista da Faculdade de Direito da Universidade de São Paulo, 37:161.

do Parlamento (art. 174), estaria ao alcance deste elidir, por emenda constitucional, votada como qualquer lei ordinária, a controvérsia sobre a lei que se houvesse por indispensável".[24] Mas, em verdade, buscava-se, a um só tempo, "validar a lei e cassar os julgados".[25]

Todavia, quando em 1939 o Presidente Getúlio Vargas editou o Decreto-Lei n. 1.564, confirmando textos de lei declarados inconstitucionais pelo Supremo Tribunal Federal, a reação nos meios judiciários foi intensa.[26] Considerou Lúcio Bittencourt que as críticas ao ato presidencial não tinham procedência, porque, no seu entendimento, o Presidente nada mais fizera do que "cumprir, como era de seu dever, o prescrito no art. 96 da Carta Constitucional".[27] Concede, porém, o insigne publicista que a celeuma suscitada nas oportunidades em que atos judiciais foram desautorizados, entre nós, "está a demonstrar como se encontra arraigado em nosso pensamento jurídico o princípio que confere à declaração judicial caráter incontrastável, em relação ao caso concreto".[28]

Por outro lado, cumpre notar que a Carta de 1937 vedou, expressamente, ao Judiciário conhecer das questões exclusivamente políticas (art. 94), e o mandado de segurança perdeu a qualidade de garantia constitucional, passando a ser disciplinado pela legislação ordinária. E o Código de Processo Civil, de 1939, excluiu da apreciação judicial, na via mandamental, os atos do Presidente da República, dos ministros de Estado, dos governadores e interventores dos Estados (art. 319).

VI. A Constituição de 1946 e o sistema de controle de constitucionalidade

O Texto Magno de 1946 restaura a tradição do controle judicial no direito brasileiro. A par da competência de julgar os recursos ordinários (art. 101, II, *a*, *b* e *c*), disciplinou-se a apreciação dos recursos extraordinários: "a) quando a decisão for contrária a dispositivo desta Constituição ou à letra de tratado ou lei federal; b) quando se questionar sobre a

---

[24] NUNES, *Teoria e prática do Poder Judiciário*, 1943, 593, nota 25.
[25] NUNES, *Teoria e prática do Poder Judiciário*, 1943, 593, nota 25.
[26] BITTENCOURT, *O controle jurisdicional*, 139-40.
[27] BITTENCOURT, *O controle jurisdicional*, 139.
[28] BITTENCOURT, *O controle jurisdicional*, 139-40.

validade de lei federal em face desta Constituição, e a decisão recorrida negar aplicação à lei impugnada; e c) quando se contestar a validade de lei ou ato de governo local em face desta Constituição ou de lei federal, e a decisão recorrida julgar válida a lei ou o ato". Preservou-se a exigência da maioria absoluta dos membros do Tribunal para a eficácia da decisão declaratória de inconstitucionalidade (art. 200). Manteve-se, também, a atribuição do Senado Federal para *suspender* a *execução* da lei declarada inconstitucional pelo Supremo Tribunal (art. 64).

1. A representação interventiva

A Constituição de 1946 emprestou nova conformação à ação direta de inconstitucionalidade, introduzida, inicialmente, no Texto Magno de 1934. Atribuiu-se ao Procurador-Geral da República a titularidade da representação de inconstitucionalidade, para os efeitos de intervenção federal, nos casos de violação dos seguintes princípios: a) forma republicana representativa; b) independência e harmonia entre os poderes; c) temporariedade das funções eletivas, limitada a duração destas à das funções federais correspondentes; d) proibição da reeleição de governadores e prefeitos para o período imediato; e) autonomia municipal; f) prestação de contas da administração; g) garantias do Poder Judiciário (art. 8º, parágrafo único, c/c o art. 7º, VII).

A intervenção federal subordinava-se, nesse caso, à declaração de inconstitucionalidade do ato pelo Supremo Tribunal Federal (art. 8º, parágrafo único).

Deve-se ressaltar que, embora o constituinte tenha outorgado a titularidade da ação direta ao Procurador-Geral da República, a disciplina da chamada representação interventiva configurava, já na Constituição de 1934, uma peculiar modalidade de composição de conflito entre a União e o Estado. Cuidava-se de aferir eventual violação de deveres constitucionalmente impostos ao ente federado. E o poder atribuído ao Procurador-Geral da República, que, na Constituição de 1946, exercia a função de chefe do Ministério Público Federal – a quem competia a defesa dos interesses da União (art. 126) –, deve ser considerado, assim, uma simples representação processual.[29]

---

[29] BANDEIRA DE MELLO, *Teoria das Constituições rígidas*², 1980, 192.

A argüição de inconstitucionalidade direta teve ampla utilização no regime constitucional instituído em 1946. A primeira ação direta, formulada pelo Procurador-Geral da República, na qual se argüia a inconstitucionalidade de disposições de índole parlamentarista contidas na Constituição do Ceará, tomou o n. 93.[30] A denominação emprestada ao novo instituto – representação –, segundo esclarece Themístocles Cavalcanti, deveu-se a uma escolha entre a reclamação e a representação, "processos conhecidos pelo Supremo Tribunal Federal".[31] A análise do sentido de cada um teria conduzido à escolha do termo *representação*, "já porque tinha de se originar de uma representação feita ao Procurador-Geral, já porque a função deste era o seu encaminhamento ao Tribunal, com o seu parecer".[32]

A ausência inicial de regras processuais permitiu que o Supremo Tribunal Federal desenvolvesse os mecanismos procedimentais que viriam a ser consolidados, posteriormente, pela legislação processual e pela práxis da Corte.[33] E, por isso, colocaram-se, de plano, questões relativas à forma da argüição e à sua própria caracterização processual. Questionava-se, igualmente, sobre a função do Procurador-Geral da República e sobre os limites constitucionais da argüição.

Na Rp. 94, que argüia a inconstitucionalidade dos preceitos consagradores do regime parlamentarista na Constituição do Estado do Rio Grande do Sul, indagou-se sobre a necessidade de se formular requerimento ao Procurador-Geral. E esse entendimento foi acolhido, tendo o chefe do Ministério Público Federal solicitado *"que a medida fosse provocada, o que foi feito através de pedido devidamente justificado"*.[34]

Na opinião do insigne publicista, que exercia o cargo de Procurador-Geral da República, a argüição de inconstitucionalidade não poderia ser arquivada, mas, ao revés, deveria ser submetida ao Supremo Tribunal, ainda que com parecer contrário do Ministério Público.[35]

---

[30] Rp. 93, de 16-7-1947, Rel. Min. Annibal Freire, *AJ*, *85*:3; CAVALCANTI, *Do controle da constitucionalidade*, 1966, 110.

[31] CAVALCANTI, *Do controle da constitucionalidade*, 1966, 112.

[32] CAVALCANTI, *Do controle da constitucionalidade*, 1966, 112; cf., também, Rp. 94, de 17-7-1947, Rel. Min. Castro Nunes, *AJ*, *85*:31.

[33] CAVALCANTI, *Do controle da constitucionalidade*, 1966, 111-2.

[34] CAVALCANTI, *Do controle da constitucionalidade*, 1966, 110.

[35] CAVALCANTI, *Do controle da constitucionalidade*, 1966, 111.

O Supremo Tribunal Federal exercia, pois, a função de "árbitro final do contencioso da inconstitucionalidade". Não se tratava, porém, de afastar, simplesmente, a aplicação da lei inconstitucional. A pronúncia da inconstitucionalidade, nesse processo, tinha dimensão diferenciada, como se pode ler no magnífico voto de Castro Nunes: ao enfatizar que "atribuição nova, que o Supremo Tribunal é chamado a exercer pela primeira vez e cuja eficácia está confiada, pela Constituição, em primeira mão, ao patriotismo do próprio legislador estadual no cumprir, de pronto, a decisão e, se necessário, ao Congresso Nacional, na compreensão esclarecida da sua função coordenada com a do Tribunal, não será inútil o exame desses aspectos, visando delimitar a extensão, a executoriedade e a conclusividade do julgado".[36]

Com essa colocação, o eminente jurista e magistrado logrou fixar princípios do próprio controle abstrato de normas, que viria a ser introduzido, entre nós, pela Emenda n. 16, de 1965.

Os limites constitucionais da ação direta também mereceram a precisa reflexão de Castro Nunes. Na Rp. 94, enfatizou-se o caráter excepcional desse instrumento. "Outro aspecto, e condizente com a atitude mental do intérprete, em se tratando de intervenção – ensinava – é o relativo ao caráter excepcional dessa medida, pressuposta neste regímen a autonomia constituinte, legislativa e administrativa dos Estados-membros, e, portanto, a preservação dessa autonomia ante o risco de ser elidida pelos Poderes da União".[37] E Castro Nunes aduzia que a enumeração contida no art. 7º, VII, da Constituição de 1946 "é taxativa, é limitativa, é restritiva e não pode ser ampliada a outros casos pelo Supremo Tribunal Federal".[38]

2. A Emenda n. 16, de 1965, e o controle de constitucionalidade abstrato

A Emenda n. 16, de 26 de novembro de 1965, instituiu, ao lado da representação interventiva, e nos mesmos moldes, o controle abstrato de normas estaduais e federais. A reforma realizada, fruto dos estudos

---

[36] Rp. 94, de 17-7-1947, *AJ*, 85:33.
[37] *AJ*, 85:34.
[38] Rp. 94, de 17-7-1947, *AJ*, 85:34.

desenvolvidos na Comissão composta por Orozimbo Nonato, Prado Kelly (Relator), Dario de Almeida Magalhães, Frederico Marques e Colombo de Souza, visava a imprimir novos rumos à estrutura do Poder Judiciário. Parte das mudanças recomendadas já havia sido introduzida pelo Ato Institucional n. 2, de 27 de outubro de 1965. A Exposição de Motivos encaminhada pelo Ministro da Justiça, Dr. Juracy Magalhães, ao Presidente da República ressaltava que "a atenção dos reformadores tem-se detido enfaticamente na sobrecarga imposta ao Supremo Tribunal e ao Tribunal de Recursos". Não obstante, o próprio Supremo Tribunal Federal houve por bem sugerir a adoção de dois novos institutos de legitimidade constitucional, tal como descrito na referida Exposição de Motivos:

"*a) uma representação de inconstitucionalidade de lei federal, em tese, de exclusiva iniciativa do Procurador-Geral da República, à semelhança do que existe para o direito estadual (art. 8º, parágrafo único, da Constituição Federal)*

b) uma prejudicial de inconstitucionalidade, a ser suscitada, exclusivamente, pelo próprio Supremo Tribunal Federal ou pelo Procurador-Geral da República, em qualquer processo em curso perante outro juízo". [39]

---

[39] Dizia-se na Exposição de Motivos: "A representação, limitada em sua iniciativa, tem o mérito de facultar desde a definição da 'controvérsia constitucional sobre leis novas, com economia para as partes, formando precedente que orientará o julgamento dos processos congêneres'. Afeiçoa-se, no rito, às representações de que cuida o citado preceito constitucional para forçar o cumprimento, pelos Estados, dos princípios que integram a lista do inciso VII do art. 7º. De algum modo, a inovação, estendendo a vigilância às 'leis federais em tese', completa o sistema de pronto resguardo da lei básica, se ameaçada em seus mandamentos.

Já a prejudicial agora proposta, modalidade de avocatória, utilizável em qualquer causa, de qualquer instância, importaria em substituir aos juízos das mais diversas categorias a faculdade, que lhes pertence, no grau da sua jurisdição, de apreciar a conformidade de lei ou de ato com as cláusulas constitucionais. Ao ver da Comissão, avocatória só se explicaria para corrigir omissões de outros órgãos judiciários, se vigorasse entre nós, como vigora por exemplo na Itália, o privilégio de interpretação constitucional por uma Corte especializada, a ponto de se lhe remeter obrigatoriamente toda questão daquela natureza, levantada de ofício ou por uma das partes em qualquer processo, desde que o juiz ou tribunal não a repute manifestamente infundada.

Ao direito italiano pedimos, todavia, uma formulação mais singela e mais eficiente do que a do art. 64 da nossa Constituição, para tornar explícito, a partir da declaração de ilegitimidade, o efeito *erga omnes* de decisões definitivas do Supremo Tribunal, poupando

Nos termos do Projeto de Emenda à Constituição, o art. 101, I, k, passava a ter a seguinte redação: *"k) a representação de inconstitucionalidade de lei ou ato de natureza normativa, federal ou estadual, encaminhada pelo Procurador-Geral da República".*

E o art. 5º do Projeto acrescentava os seguintes parágrafos ao art. 101:

"§ 1º Incumbe ao Tribunal Pleno o julgamento das causas de competência originária (inciso I), das prejudiciais de inconstitucionalidade suscitadas pelas Turmas, dos recursos interpostos de decisões delas, se divergirem entre si na interpretação do direito federal, bem como dos recursos ordinários nos crimes políticos (inciso II, c) e das revisões criminais (inciso IV).

§ 2º Incumbe às Turmas o julgamento definitivo das matérias enumeradas nos incisos II, a e b, e III deste artigo.

§ 3º As disposições de lei ou ato de natureza normativa, consideradas inconstitucionais em decisão definitiva, perderão eficácia, a partir da declaração do Presidente do Supremo Tribunal Federal publicada no órgão oficial da União".

E o art. 64 da Constituição passava a ter a seguinte redação: *"Art. 64. Incumbe ao Presidente do Senado Federal, perdida a eficácia de lei ou ato de natureza normativa (art. 101, § 3º), fazer publicar no Diário Oficial e na Coleção das leis, a conclusão do julgado que lhe for comunicado".*

O parecer aprovado pela Comissão Mista, da lavra do Deputado Tarso Dutra, referiu-se, especificamente, ao novo instituto de controle de constitucionalidade:

"A letra 'k', propondo a representação a cargo da Procuradoria-Geral da República, contra a inconstitucionalidade em tese da lei, constitui uma ampliação da faculdade consignada no parágrafo único do art. 8º, para tornar igualmente vulneráveis as leis federais

---

ao Senado o dever correlato de suspensão da lei ou do decreto – expediente consentâneo com as teorias de direito público em 1934, quando ingressou em nossa legislação, mas presentemente suplantada pela formulação contida no art. 136 do estatuto de 1948: 'Quando la Corte dichiara l'illegittimità costituzionale di una norma di legge o di atto avente forza di legge, la norma cessa di avere efficacia dal giorno sucessivo alla publicazione della decisione'".

por essa medida. Ao anotar-se a conveniência da modificação alvitrada na espécie, que assegurará, com a rapidez dos julgamentos sumários, uma maior inspeção jurisdicional da constitucionalidade das leis, não será inútil configurar o impróprio de uma redação, que devia conferir à representação a idéia nítida de oposição à inconstitucionalidade e o impreciso de uma referência a atos de natureza normativa de que o nosso sistema de poderes indelegáveis (art. 36, §§ 1º e 2º) conhece apenas uma exceção no § 2º do art. 123 da Constituição".[40]

A proposta de alteração do disposto no art. 64 da Constituição, com a atribuição de eficácia *erga omnes* à declaração de inconstitucionalidade proferida pelo Supremo Tribunal Federal, foi rejeitada.[41] Consagrou-se, todavia, o modelo abstrato de controle de constitucionalidade sob a forma de uma representação que haveria de ser proposta pelo Procurador-Geral da República.

A implantação do sistema de controle de constitucionalidade, com o objetivo precípuo de "preservar o ordenamento jurídico da intromissão de leis com ele inconvinientes"[42], veio somar aos mecanismos já existentes um instrumento destinado a defender diretamente o sistema jurídico objetivo.

Finalmente, não se deve olvidar que, no tocante ao controle de constitucionalidade da lei municipal, a Emenda n. 16 consagrou, no art. 124, XIII, regra que outorgava ao legislador a faculdade para "estabelecer processo de competência originária do Tribunal de Justiça, para declaração de inconstitucionalidade de lei ou ato do Município em conflito com a Constituição do Estado".

VII. O controle de constitucionalidade na Constituição de 1967/69

A Constituição de 1967 não trouxe grandes inovações no sistema de controle de constitucionalidade. Manteve-se incólume o controle difuso.

---

[40] Brasil. *Constituição* (1946): Emendas. Emendas à Constituição de 1946, n. 16: Reforma do Poder Judiciário, Brasília, Câmara dos Deputados, 1968, 67.

[41] Brasil, *Constituição* (1946) : Emendas. Emendas à Constituição de 1946, n. 16: Reforma do Poder Judiciário, Brasília, Câmara dos Deputados, 1968, 88-90.

[42] BASTOS, *Curso de direito constitucional*[5], 1982, 65.

A ação direta de inconstitucionalidade subsistiu, tal como prevista na Constituição de 1946, com a Emenda n. 16, de 1965.

A representação para fins de intervenção, confiada ao Procurador-Geral da República, foi ampliada, com o objetivo de assegurar não só a observância dos chamados princípios sensíveis (art. 10, VII), mas também prover a execução de lei federal (art. 10, VI, 1ª parte). A competência para suspender o ato estadual foi transferida para o Presidente da República (art. 11, § 2º). Preservou-se o controle de constitucionalidade *in abstracto*, tal como estabelecido pela Emenda n. 16, de 1965 (art. 119, I, *l*).

A Constituição de 1967 não incorporou a disposição da Emenda n. 16, que permitia a criação do processo de competência originária dos Tribunais de Justiça dos Estados, para declaração de lei ou ato dos municípios que contrariassem as Constituições dos Estados. A Emenda n. 1, de 1969, previu, expressamente, o controle de constitucionalidade de lei municipal, em face da Constituição estadual, para fins de intervenção no município (art. 15, § 3º, *d*).

A Emenda n. 7, de 1977, introduziu, ao lado da representação de inconstitucionalidade, a representação para fins de interpretação de lei ou ato normativo federal ou estadual, outorgando ao Procurador-Geral da República a legitimidade para provocar o pronunciamento do Supremo Tribunal Federal (art. 119, I, *e*). E, segundo a Exposição de Motivos apresentada ao Congresso Nacional, esse instituto deveria evitar a proliferação de demandas, com a fixação imediata da correta exegese da lei.[43]

Finalmente, deve-se assentar que a Emenda n. 7, de 1977, pôs termo à controvérsia sobre a utilização de liminar em representação de inconstitucionalidade, reconhecendo, expressamente, a competência do Supremo Tribunal para deferir pedido de cautelar, formulado pelo Procurador-Geral da República (CF de 1967/1969, art. 119, I, *p*).[44]

---

[43] Mensagem n. 81, de 1976, *Diário do Congresso Nacional*. O Texto Magno de 1988 não manteve esse instituto no ordenamento constitucional brasileiro.

[44] A Constituição de 1988 manteve a competência do Supremo Tribunal para conceder liminar na *ação de inconstitucionalidade* (art. 102, I, *p*).

1. O significado do controle abstrato de normas sob o império da Constituição de 1946 (EC n. 16, de 1965) e da Constituição de 1967/69

Muitas decisões importantes foram proferidas no processo abstrato de normas, como aquelas nas quais se reconheceu a existência do princípio da proporcionalidade como postulado constitucional[45], os julgados sobre a constitucionalidade de leis tributárias, tendo em vista o princípio da anterioridade ou da irretroatividade[46], bem como os inúmeros arestos sobre a indispensabilidade do concurso para o provimento de cargos públicos.[47]

Grande parte dos processos do controle abstrato refere-se, todavia, a casos de pouco significado jurídico-político. Assim, inúmeras representações de inconstitucionalidade destinavam-se a aferir a constitucionalidade das leis estaduais que criaram novos municípios sem observar determinadas exigências fixadas na Constituição.[48] É significativo, igualmente, o número de processos de controle abstrato instaurados contra normas estaduais que procuravam legitimar a admissão de funcionários públicos sem realização de concurso.[49]

---

[45] Rp. 930, de 10-3-1976, Relator: Ministro Rodrigues Alckmin, *DJ*, 2 set. 1977; Rp. 1.054, de 4-4-1984, Relator: Ministro Moreira Alves, *RTJ* n. 110, 967-8; Rp. 1.077, de 28-3-1984, Relator: Ministro Moreira Alves, *RTJ* n. 112, 34 (58-9, 62).

[46] Rp. 1.451, Relator: Ministro Moreira Alves, *DJ*, 24 jun. 1988; Rp. 981, Relator: Ministro Djaci Falcão, *RTJ* n. 87, 374 e s.

[47] Rp. 888, Relator: Ministro Aliomar Baleeiro, *RTJ* n. 67, 324 e s.; Rp. 1.052, Relator: Ministro Rafael Mayer, *RTJ* n. 101, 924 e s.; Rp. 1.174, Relator: Ministro Moreira Alves, *RTJ* n. 114, 80 e s.; Rp. 1.113, Relator: Ministro Moreira Alves, *RTJ* n. 115, 47 e s.

[48] Rp. 1.369, Relator: Ministro Octavio Gallotti, *RTJ* n. 125, 478 e s.; Rp. 1.413, Relator Ministro Sydney Sanches, *RTJ* n. 124, 146 e s.; Rp. 1.467, Relator: Ministro Aldir Passarinho, *RTJ* n. 123, 438 ff; Rp. 1.465, Relator: Francisco Rezek, *RTJ* n. 126, 77 e s.; Rp. 1.263, Relator: Ministro Carlos Madeira, *RTJ* n. 124, 881 e s.; Rp. 1.432, Relator: Ministro Aldir Passarinho, *RTJ* n. 122, 940 e s.

[49] Rp. 1.356, Relator: Ministro Francisco Rezek, *RTJ* n. 124, 424 e s.; Rp. 1.388, Relator: Ministro Celio Borja, *RTJ* n. 124, 443 e s.; Rp. 1.400, Relator: Ministro Moreira Alves, *RTJ* n. 124, 451 e s.; Rp. 1.305, Relator: Ministro Sydney Sanches, *RTJ* n. 123, 852 e s.; Rp. 1.449, Relator: Ministro Aldir Passarinho, *RTJ* n. 123, 889 e s.; Rp. 1.420, Relator: Ministro Octavio Gallotti, *RTJ* n. 124, 156 e s.; Rp. 1.330, Relator: Ministro Sydney Sanches, *RTJ* n. 124, 883; Rp. 1.368, Relator: Ministro Moreira Alves, *RTJ* n. 122, 828.

O elevado número de processos de controle de normas, que, apenas no período entre 1966 e 1988, sob o regime do *monopólio de ação* do Procurador-Geral da República, ultrapassa a casa dos 900, expressa uma peculiaridade do modelo brasileiro de tal controle.

Não raro, limitava-se o Procurador-Geral da República a encaminhar, ao Tribunal, requerimento formulado por um órgão constitucional ou por qualquer cidadão, aderindo aos fundamentos expendidos ou simplesmente ressaltando que se lhe afiguravam relevantes as razões deduzidas.

Essa representação era formulada, normalmente, sob a reserva de uma posterior manifestação da Procuradoria-Geral da República, após as informações das autoridades responsáveis pela edição do ato.

VIII. O controle de constitucionalidade na Constituição de 1988

1. Considerações preliminares

A Constituição de 1988 vai ampliar significativamente os mecanismos de proteção judicial, e assim também o controle de constitucionalidade das leis.

A Constituição preservou *a representação interventiva*, destinada à aferição da compatibilidade de direito estadual com os chamados *princípios sensíveis*[50] (CF, art. 34, VII, c/c art. 36, III). Esse processo constitui pressuposto da intervenção federal, que, nos termos do art. 36, III e § 1º, da Constituição, há de ser executada pelo Presidente da República. Tradicionalmente, é o Supremo Tribunal Federal competente para conhecer as causas e conflitos entre a União e os Estados, entre a União e o Distrito Federal ou entre os Estados entre si (art. 102, I, *f*). Tal como outros países

---

[50] A Constituição de 1988 introduziu modificações nos chamados "princípios sensíveis". Ao invés da longa enumeração constante da Constituição de 1967/69, limitou-se o constituinte a enunciar expressamente os seguintes princípios: *a)* forma republicana, sistema representativo e regime democrático; *b)* direitos da pessoa humana; *c)* autonomia municipal; *d)* prestação de contas da administração pública, direta e indireta *e)* aplicação do mínimo exigido da receita resultante de impostos estaduais, compreendida a proveniente de transferências, na manutenção e desenvolvimento do ensino e nas ações e serviços públicos de saúde (CF, art. 34, VII, *a* a *e*).

da América Latina, não dispõe a ordem jurídica brasileira de instrumento único para defesa de direitos subjetivos públicos.[51] A Constituição consagra o *habeas corpus* como instrumento processual destinado a proteger o indivíduo contra atos arbitrários do Poder Público que impliquem restrições ao direito de ir e vir (CF, art. 5º, LXVIII). Ao lado do *habeas corpus*, dispõe a ordem jurídica brasileira, desde 1934, do mandado de segurança, destinado, hodiernamente, a garantir direito líquido e certo não protegido por *habeas data* ou *habeas corpus* (CF, art. 5º, LXIX).[52] O mandado de segurança pode ser, igualmente, utilizado por partido político com representação no Congresso Nacional, organização sindical, entidade de classe ou associação em funcionamento há pelo menos um ano, em defesa dos interesses dos seus membros – *mandado de segurança coletivo* (CF, art. 5°, LXX, *a*).

A Constituição de 1988 criou, ao lado do *habeas data*, que se destina à garantia do *direito de autodeterminação sobre informações*[53] (art. 5º, LXXII), o mandado de injunção, remédio especial que pode ser utilizado contra a omissão de órgão com poder normativo que impeça o exercício de direito constitucionalmente assegurado (CF, art. 5º, LXXI).

Até a entrada em vigor da Constituição de 1988 era o recurso extraordinário – também quanto ao critério de quantidade – o mais importante processo da competência do Supremo Tribunal Federal.[54] Esse remédio excepcional, desenvolvido segundo o modelo do *writ of error* americano[55]

---

[51] Única exceção pode ser verificada no México, onde o "recurso de amparo" permitiu, sob a aparência de unidade, o desenvolvimento de diferentes institutos [cf., a propósito, FIX-ZAMUDIO, *Das Problem der Verfassungskontrolle*, JöR n. 25 (1976), 649 (663)].

[52] Cf., a propósito, FIX-ZAMUDIO, *Das Problem der Verfassungskontrolle*, JöR n. 25 (1976), 652 (672), *Die Verfassungskontrolle in Lateinamerika*, in HORN/WEBER, *Richterliche Verfassungskontrolle in Lateinamerika, Spanien und Portugal*, 129 (159).

[53] Embora formulado de maneira pouco clara, é certo que o *habeas data* destina-se a proteger aspecto autônomo do direito de personalidade, o chamado direito de autodeterminação sobre informações – *Recht auf informationelle Selbstbestimmung* –, que assegura a cada indivíduo o poder de decidir quando e em que medida informações de índole pessoal podem ser fornecidas ou utilizadas por terceiros (cf., sobre o assunto, no direito alemão, PIEROTH/SCHLINK, *Grundrechte – Staatsrecht II*, 97).

[54] Apenas em 1986 foram interpostos 4.124 recursos extraordinários (cf., a propósito, CORRÊA, *O Supremo Tribunal Federal, Corte Constitucional do Brasil*, 38-9).

[55] O *writ of error* foi substituído no Direito americano pelo *appeal* (cf., a propósito, HALLER, *Supreme Court und Politik in den USA*, 105).

e introduzido na ordem constitucional brasileira através da Constituição de 1891, pode ser interposto pela parte vencida[56], quando a decisão recorrida contrariar dispositivo da Constituição; declarar a inconstitucionalidade de tratado ou lei federal; julgar válida lei ou ato de governo local contestado em face da Constituição; julgar válida lei local contestada em face de lei federal (CF, art. 102, III, *a* a *d*). A Constituição de 1988 reduziu o âmbito de aplicação do recurso extraordinário[57], confiando ao Superior Tribunal de Justiça a decisão sobre os casos de colisão direta entre o direito estadual e o direito federal ordinário.

Particular atenção dedicou o constituinte à chamada "omissão do legislador".

Ao lado do mandado de injunção, previsto no art. 5º, LXXI, c/c art. 102, I, *q*, destinado à defesa de direitos subjetivos afetados pela omissão legislativa ou administrativa, introduziu a Constituição, no art. 103, § 2º, o processo de controle abstrato da omissão. Tal como o controle abstrato de normas, pode o controle abstrato da omissão ser instaurado pelo Presidente da República, a Mesa da Câmara dos Deputados, Senado Federal, Mesa de uma Assembléia Legislativa, Governador do Estado, Procurador-Geral da República, Conselho Federal da Ordem dos Advogados do Brasil, partido político com representação no Congresso Nacional, confederação sindical ou entidade de classe de âmbito nacional.[58]

---

[56] O recurso extraordinário, assim como outros recursos, pode ser proposto também pelo terceiro prejudicado (CPC, art. 499).

[57] Essa alteração não trouxe qualquer mudança positiva no número de recursos extraordinários propostos. Enquanto em 1988, ainda sob a vigência da Constituição de 1967/69, foram propostos 2.342 recursos extraordinários, em 1989, já sob o império da Constituição de 1988, foram distribuídos 3.060 recursos dessa índole. Essa tendência acentuou-se nos anos seguintes: 1990 – 10.833 recursos extraordinários; 1991, 10.247. Ao término de 2006 já somava 54.575 (cf. Dados dos Relatórios do STF).

[58] Essa disposição foi desenvolvida segundo modelo do art. 283 da Constituição portuguesa:

"A requerimento do Presidente da República, do Provedor de Justiça ou, com fundamento em violação de direitos das regiões autónomas, dos presidentes das assembleias legislativas regionais, o Tribunal Constitucional aprecia e verifica o não cumprimento da Constituição por omissão das medidas legislativas necessárias para tornar exequíveis as normas constitucionais.

....

(2) Quando o Tribunal Constitucional verificar a existência de inconstitucionalidade por omissão, dará disso conhecimento ao órgão legislativo competente".

A grande mudança vai-se verificar no âmbito do controle abstrato de normas, com a criação da ação direta de inconstitucionalidade de lei ou ato normativo estadual ou federal (CF, art. 102, I, *a* c/c art. 103).

Se a intensa discussão sobre o monopólio da ação por parte do Procurador-Geral da República não levou a uma mudança na jurisprudência consolidada sobre o assunto, é fácil constatar que ela foi decisiva para a alteração introduzida pelo constituinte de 1988, com a significativa ampliação do direito de propositura da ação direta.

O constituinte assegurou o direito do Procurador-Geral da República de propor a ação de inconstitucionalidade. Este é, todavia, apenas um dentre os diversos órgãos ou entes legitimados a propor a ação direta de inconstitucionalidade.

Nos termos do art. 103 da Constituição de 1988, dispõem de legitimidade para propor a ação de inconstitucionalidade o Presidente da República, a Mesa do Senado Federal, a Mesa da Câmara dos Deputados, a Mesa de Assembléia Legislativa ou da Câmara Legislativa do Distrito Federal, o Governador de Estado ou do Distrito Federal, o Procurador--Geral da República, o Conselho Federal da Ordem dos Advogados do Brasil, partido político com representação no Congresso Nacional, e as confederações sindicais ou entidades de classe de âmbito nacional.

Com isso satisfez o constituinte apenas parcialmente a exigência daqueles que solicitavam fosse assegurado o direito de propositura da ação a um grupo de, v. g., dez mil cidadãos ou que defendiam até mesmo a introdução de uma ação popular de inconstitucionalidade.[59]

Tal fato fortalece a impressão de que, com a introdução desse sistema de controle abstrato de normas, com ampla legitimação e, particularmente, a outorga do direito de propositura a diferentes órgãos da sociedade, pretendeu o constituinte reforçar o controle abstrato de normas no ordenamento jurídico brasileiro como peculiar instrumento *de correção* do sistema geral incidente.

Não é menos certo, por outro lado, que a ampla legitimação conferida ao controle abstrato, com a inevitável possibilidade de se submeter

---

[59] Cf., a propósito, as propostas de Vilson Souza e Vivaldo Barbosa à Comissão de Organização de Poderes e Sistema de Governo da Assembléia Constituinte (*Assembléia Nacional Constituinte, Emendas oferecidas à Comissão da Organização dos Poderes e Sistema de Governo*, 1988, 214 e 342).

qualquer questão constitucional ao Supremo Tribunal Federal, operou uma mudança substancial – ainda que não desejada – no modelo de controle de constitucionalidade até então vigente no Brasil.

O monopólio de ação outorgado ao Procurador-Geral da República no sistema de 1967/69 não provocou uma alteração profunda no modelo incidente ou difuso. Este continuou predominante, integrando-se a representação de inconstitucionalidade a ele como um elemento ancilar, que contribuía muito pouco para diferençá-lo dos demais sistemas *"difusos"* ou *"incidentes"* de controle de constitucionalidade.

A Constituição de 1988 reduziu o significado do controle de constitucionalidade incidental ou difuso, ao ampliar, de forma marcante, a legitimação para propositura da ação direta de inconstitucionalidade (CF, art. 103), permitindo que, praticamente, todas as controvérsias constitucionais relevantes sejam submetidas ao Supremo Tribunal Federal mediante processo de controle abstrato de normas.

2. Criação e Desenvolvimento da Ação Declaratória de Constitucionalidade

A Emenda Constitucional n. 3, de 17 de março de 1993, disciplinou o instituto da *ação declaratória de constitucionalidade*, introduzido no sistema brasileiro de controle de constitucionalidade, no bojo da reforma tributária de emergência. A Emenda Constitucional n. 3 firmou a competência do STF para conhecer e julgar a ação declaratória de constitucionalidade de lei ou ato normativo federal, processo cuja decisão definitiva de mérito possui eficácia contra todos e efeito vinculante relativamente aos demais órgãos do Executivo e do Judiciário. Conferiu-se legitimidade ativa ao Presidente da República, à Mesa do Senado Federal, à Mesa da Câmara dos Deputados e ao Procurador-Geral da República.

Embora a discussão sobre a ação declaratória de constitucionalidade seja mais ou menos recente no Brasil, a prática constitucional demonstra que, muitas vezes a representação interventiva e, sobretudo, a representação de inconstitucionalidade, foram utilizados com o fito de se afastar qualquer dúvida sobre a legitimidade de uma norma.

Daí não parecer surpreendente a criação da ação declaratória de constitucionalidade.

Acolhendo sugestão contida em estudo que elaboramos juntamente com o Professor Ives Gandra, o Deputado Roberto Campos apresentou proposta de Emenda Constitucional que instituía a ação declaratória de constitucionalidade.[60]

Parte dessa proposição, com algumas alterações, foi incorporada à Emenda que deu nova redação a alguns dispositivos da ordem constitucional tributária e autorizou a instituição do imposto sobre movimentação ou transmissão de valores e de créditos e direitos de natureza financeira, mediante iniciativa do Deputado Luiz Carlos Hauly.[61]

A ação declaratória foi aprovada, embora com ressalvas, quanto à legitimação, restrita ao Presidente da República, Mesa da Câmara, Mesa do Senado Federal e Procurador-Geral da República, e quanto ao objeto, que se limitou ao direito federal.[62]

---

[60] A proposta tinha o seguinte teor:
"Art. 1º Suprima-se o inciso X do art. 52, renumerando-se os demais.
Art. 2º. Os arts. 102 e 103 da Constituição passam a vigorar com a seguinte redação:
"Art. 102.
§ 1º A argüição de descumprimento de preceito fundamental decorrente desta Constituição será apreciada pelo Supremo Tribunal Federal, na forma desta lei.
§ 2º As decisões definitivas proferidas pelo Supremo Tribunal, nos processos de controle de constitucionalidade de leis e atos normativos e no controle de constitucionalidade da omissão, têm eficácia erga omnes e efeito vinculante para os órgãos e agentes públicos.
§ 3º Lei complementar poderá outorgar a outras decisões do Supremo Tribunal Federal eficácia erga omnes, bem como dispor sobre o efeito vinculante dessas decisões para os órgãos e agentes públicos"
"Art. 103.
§ 1º.
§ 2º.
§ 3º.
§ 4º Os órgãos ou entes referidos nos incisos I a X deste artigos podem propor ação declaratória de constitucionalidade, que vinculará as instâncias inferiores, quando decidida no mérito"

[61] Cf., a propósito, os dois substitutivos apresentados pelo Deputado Benito Gama, Relator da Comissão Especial destinada examinar a Proposta de Emenda à Constituição nº 48-a, de 1991.

[62] A Emenda nº 3, de 1993, assim disciplinou o instituto:
"Art. 102
I –

A discussão sobre a constitucionalidade da emenda, suscitada pela Associação dos Magistrados do Brasil, foi pacificada no julgamento da ADC n. 1.

A Emenda Constitucional n. 45, de 2004, corrigiu em parte o modelo restritivo da EC 3/93, estabelecendo que estariam legitimados para a ADC os mesmos legitimados para a ADI. Subsiste, porém, a limitação quanto ao objeto, restrito ao direito federal, objeto agora de Projeto de emenda constitucional que tramita no Congresso Nacional.

De qualquer sorte, o controle abstrato de normas passa agora a ser exercido tanto pela ADI, de longe a ação mais relevante no sistema de controle de constitucionalidade de normas (até setembro de 2007 foram ajuizadas no STF 3.967 ADIs, consideradas também as Representações), como pela ação declaratória de constitucionalidade.

3. Desenvolvimento da Ação de Descumprimento de Preceito Fundamental

a) Considerações preliminares

As mudanças ocorridas no sistema de controle de constitucionalidade brasileiro alteraram radicalmente a relação que havia entre os controles concentrado e difuso.

A ampliação do direito de propositura da ação direta e a criação da ação declaratória de constitucionalidade vieram reforçar o controle concentrado em detrimento do difuso.

---

a) a ação direta de inconstitucionalidade de lei ou ato normativo federal ou estadual e a ação declaratória de constitucionalidade de lei ou ato normativo federal;
§ 1º – A argüição de descumprimento de preceito fundamental, decorrente desta Constituição, será apreciada pelo Supremo Tribunal Federal, na forma da lei.
§ 2º – As decisões definitivas de mérito, proferidas pelo Supremo Tribunal Federal, nas ações declaratórias de constitucionalidade de lei ou ato normativo federal, produzirão eficácia contra todos e efeito vinculante, relativamente aos demais órgãos do Poder Judiciário e ao Poder Executivo."
"Art. 103 –
§ 4º – A ação declaratória da constitucionalidade poderá ser proposta pelo Presidente da República, pela Mesa do Senado Federal, pela Mesa da Câmara dos Deputados ou pelo Procurador-Geral da República."

Não obstante, subsistiu um espaço residual expressivo para o controle difuso relativo às matérias não suscetíveis de exame no controle concentrado (interpretação direta de cláusulas constitucionais pelos juízes e tribunais, direito pré-constitucional, controvérsia constitucional sobre normas revogadas, controle de constitucionalidade do direito municipal em face da Constituição Federal). Essas questões somente poderiam ser tratadas no âmbito do recurso extraordinário, o que explica a pletora de processos desse tipo ajuizados perante o Supremo Tribunal Federal.

É exatamente esse espaço, imune à aplicação do sistema direto de controle de constitucionalidade, que tem sido responsável pela repetição de processos, pela demora na definição das decisões sobre importantes controvérsias constitucionais e pelo fenômeno social e jurídico da chamada "guerra de liminares".

A Argüição de Descumprimento de Preceito Fundamental vem prevista no texto constitucional de forma bastante singela: "a argüição de descumprimento de preceito fundamental, decorrente desta Constituição, será apreciada pelo Supremo Tribunal Federal, na forma lei." (art. 102, § 1º).

A ausência de qualquer antecedente histórico significativo dificultava enormemente a disciplina infraconstitucional do instituto. Sepúlveda Pertence chegou a chamá-lo de autêntica "esfinge" do direito brasileiro.

Também a história de sua inclusão no texto de 1988 não é conclusiva.

Foi em resposta ao quadro de incompletude do sistema de controle direto que surgiu a idéia de desenvolvimento do chamado "incidente de inconstitucionalidade", que pretendia assegurar aos entes legitimados do art. 103 a possibilidade de provocar o pronunciamento do Supremo Tribunal Federal sobre outras controvérsias constitucionais suscitadas nas ações judiciais em curso.

Também foi nesse contexto que, juntamente com o professor Celso Bastos, passamos a nos indagar se a chamada "argüição de descumprimento de preceito fundamental", prevista no art. 102, § 1º, da Constituição, não teria o escopo de colmatar importantes lacunas identificadas no quadro de competências do Supremo Tribunal Federal.

O Professor Celso Bastos elaborou o primeiro esboço do anteprojeto que haveria de regular a argüição de descumprimento de preceito fundamental. Tomando por base o texto inaugural, cuidamos nós de elaborar uma segunda versão do texto, introduzindo-se o incidente de inconstitucionalidade. Essa proposta traduziu-se num amálgama consciente das concepções constantes do Projeto Celso Bastos, do Projeto da Comissão Caio Tácito[63] e do incidente de inconstitucionalidade, contemplado em várias propostas de Emenda Constitucional sobre o Judiciário.[64]

Afigurava-se recomendável que o tema fosse submetido a uma Comissão de especialistas. A sugestão foi elevada à consideração do Ministro Iris Resende, da Justiça, que, em 4 de julho de 1997, editou a Portaria nº 572, publicada no DOU de 7 de julho de 1997, instituindo comissão destinada a elaborar estudos e anteprojeto de lei que disciplinasse a argüição de descumprimento de preceito fundamental. Foram designados, para compor a comissão, o Prof. Celso Ribeiro Bastos (Presidente), o Prof. Arnoldo Wald, o Prof. Ives Gandra Martins, o Prof. Oscar Dias Corrêa e o autor deste estudo. Após intensos debates realizados em São Paulo, a comissão chegou ao texto final do anteprojeto, que foi encaminhado pelo Prof. Celso Bastos, acompanhado de relatório, ao Ministro da Justiça, em 20 de novembro de 1997.

A proposta de anteprojeto de lei cuidou dos principais aspectos do processo e julgamento da argüição de descumprimento de preceito fundamental, nos termos e para os efeitos do disposto no § 1º do art. 102 da Constituição Federal. Estabeleceram-se o rito perante o STF, o elenco dos entes com legitimidade ativa, os pressupostos para suscitar o incidente e os efeitos da decisão proferida e sua irrecorribilidade.

Tendo em vista que o disciplinamento do instituto da argüição de descumprimento de preceito fundamental afetava as atribuições do STF,

---

[63] Projeto de Lei nº 2.960, de 1997 (PLC nº 10, no Senado Federal) sobre ADI e ADC, convertido na Lei nº 9.868, de 10 de novembro de 1999.

[64] Substitutivo do Deputado Aloysio Nunes Ferreira à PEC nº 96-A/92.:

"Art. 103..

§ 5º. *O Supremo Tribunal Federal, a pedido das pessoas e entidades mencionadas no art. 103, de qualquer tribunal, de Procurador-Geral de Justiça, de Procurador--Geral ou Advogado-Geral do Estado, quando for relevante o fundamento de controvérsia judicial sobre a constitucionalidade de lei, ato normativo federal ou de outra questão constitucional, federal, estadual ou municipal, poderá, acolhendo incidente de inconstitucionalidade, determinar a suspensão, salvo para medidas urgentes, de processos em curso perante qualquer juízo ou tribunal, para proferir decisão exclusivamente sobre matéria constitucional suscitada, ouvido o Procurador-Geral da República".*

resolveu-se, ainda, colher a opinião daquela Corte (Aviso/MJ nº 624, de 4.5.1998). Em 7 de maio de 1998, Celso de Mello informou ter encaminhado cópia do texto do anteprojeto para todos os Ministros do Supremo Tribunal Federal (Ofício nº 076/98). Em 30 de junho de 1998, o trabalho realizado pela comissão Celso Bastos foi divulgado em artigo publicado na Revista Consulex nº 18, ano II, vol. I, p. 18/21, sob título "Preceito fundamental: argüição de descumprimento".

É necessário observar, todavia, que, desde março de 1997, tramitava no Congresso Nacional o Projeto de Lei nº 2.872, de autoria da ilustre deputada Sandra Starling, objetivando, também, disciplinar o instituto da argüição de descumprimento de preceito fundamental, sob o *nomen juris* de "reclamação". A reclamação restringia-se aos casos em que a contrariedade ao texto da Lei Maior fosse resultante de interpretação ou de aplicação dos Regimentos Internos das Casas do Congresso Nacional, ou do Regimento Comum, no processo legislativo de elaboração das normas previstas no art. 59 da Constituição Federal. Aludida reclamação haveria de ser formulada ao Supremo Tribunal Federal por um décimo dos Deputados ou dos Senadores, devendo observar as regras e os procedimentos instituídos pela Lei nº 8.038, de 28 de maio de 1990.

Em 4 de maio de 1998, o projeto de lei da deputada Sandra Starling recebeu parecer favorável do relator, o ilustre deputado Prisco Viana, pela aprovação do projeto na forma de substitutivo de sua autoria. Como então se verificou, o substitutivo Prisco Viana ofereceu disciplina que muito se aproximava daquela contida no Anteprojeto de Lei da Comissão Celso Bastos.

Aludido substitutivo, aprovado na Comissão de Constituição e Justiça e de Redação da Câmara dos Deputados, foi referendado pelo Plenário da Câmara dos Deputados e pelo Senado Federal, tendo sido submetido ao Presidente da República, que o sancionou[65], com veto ao inciso II do parágrafo único do art. 1º, ao inciso II do art. 2º, ao § 2º do art. 2º, ao § 4º do art. 5º, aos §§ 1º e 2º do art. 8º, e ao art. 9º.

---

[65] Lei nº 9.882, de 3 de dezembro de 1999.

b) *Incidente de inconstitucionalidade e argüição de descumprimento*

Na Revisão Constitucional de 1994, afigurou-se acertado introduzir-se o chamado *"incidente de inconstitucionalidade"*, que permitiria fosse apreciada *diretamente* pelo Supremo Tribunal Federal *controvérsia sobre a constitucionalidade de lei ou ato normativo federal, estadual ou municipal*, inclusive os atos anteriores à Constituição, a pedido do Procurador-Geral da República, do Advogado-Geral da União, do Procurador-Geral de Justiça ou do Procurador-Geral do Estado, sempre que houvesse perigo de lesão à segurança jurídica, à ordem ou às finanças públicas. A Suprema Corte poderia, acolhendo incidente de inconstitucionalidade, determinar a suspensão de processo em curso perante qualquer juízo ou tribunal para proferir decisão exclusivamente sobre a questão constitucional suscitada.[66]

Referido instituto destinava-se a completar o complexo sistema de controle de constitucionalidade brasileiro, permitindo que o Supremo Tribunal Federal pudesse dirimir, *desde logo*, controvérsia que, do contrário, daria ensejo certamente a um sem-número de demandas, com prejuízos para as partes e para a própria segurança jurídica.

No substitutivo apresentado pelo Deputado Jairo Carneiro ao Projeto de Emenda Constitucional nº 96/92 ("Emenda do Judiciário"), propunha-se a adoção do incidente de inconstitucionalidade, nos termos seguintes:

"Art.107..

....

....

§ 5º Suscitada, em determinado processo, questão relevante sobre a constitucionalidade de lei ou ato normativo federal, estadual ou municipal, incluídos os anteriores à Constituição, e concorrendo os pressupostos do art. 98, § 1º, o Supremo Tribunal Federal, a requerimento dos órgãos ou entes referidos no **caput** *deste artigo, poderá processar o incidente e determinar a suspensão do processo, a fim de proferir decisão com efeito vinculante exclusivamente sobre a matéria constitucional."*

---

[66] Cf. Relatoria da Revisão Constitucional, 1994, tomo I, 317.

Assim, mediante provocação de qualificados autores do processo judicial, a Corte Suprema ficaria autorizada a *suspender o processo em curso e proferir decisão exclusivamente sobre a questão constitucional*.

Na versão do Relatório sobre a Reforma do Judiciário, apresentada pelo Deputado Aloysio Nunes Ferreira, reiterou-se a idéia do incidente de inconstitucionalidade, tal como se pode ler no art. 103, parágrafo 5º, verbis:

"*Art.103..*

..

..

Parágrafo 5º. O Supremo Tribunal Federal, a pedido das pessoas e entidades mencionadas no art. 103, de qualquer tribunal, de Procurador-Geral de Justiça, de Procurador-Geral ou Advogado--Geral do Estado, quando for relevante o fundamento de controvérsia judicial sobre constitucionalidade de lei, de ato normativo federal ou de outra questão constitucional, federal, estadual ou municipal, poderá, acolhendo incidente de inconstitucionalidade, determinar a suspensão, salvo para medidas urgentes, de processos em curso perante qualquer juízo ou tribunal, para proferir decisão exclusivamente sobre matéria constitucional suscitada, ouvido o Procurador-Geral da República".

Ressalte-se de imediato que, a despeito da aparente novidade, técnica semelhante já se adota entre nós desde 1934, com a chamada *cisão funcional* da competência, que permite, no julgamento da inconstitucionalidade de norma perante Tribunais, ao Plenário ou ao Órgão Especial julgar a inconstitucionalidade ou a constitucionalidade da norma, cabendo ao órgão *fracionário* decidir a espécie à vista do que restar *assentado* no julgamento da questão constitucional.

Sem dúvida, o incidente poderia ensejar a separação da questão constitucional para o seu julgamento, não pelo Pleno do Tribunal ou por seu Órgão Especial, mas, diretamente, pelo Supremo Tribunal Federal. Ao invés de cisão funcional no plano horizontal, tal como prevista no art. 97 da Constituição, ter-se-ia uma cisão funcional no plano vertical.

Daí, o inevitável símile com a técnica consagrada nos modelos de *controle concentrado de normas,* que determina seja a questão submetida diretamente à Corte Constitucional toda vez que a norma for relevante para o julgamento do caso concreto e o juiz ou tribunal considerá-la inconstitucional (Cf., *v.g.*, Constituição austríaca, art. 140, (1); Lei Fundamental de Bonn, art. 100, I, e Lei Orgânica da Corte Constitucional, § 13, nº 11, e § 80 s.).

Todavia, as diferenças eram evidentes.

Ao contrário do que ocorre nos modelos concentrados de controle de constitucionalidade, nos quais a Corte Constitucional detém o *monopólio da decisão* sobre a constitucionalidade ou a inconstitucionalidade da lei, o incidente de inconstitucionalidade não alteraria, em seus fundamentos, o *sistema difuso* de controle de constitucionalidade, introduzido entre nós pela Constituição de 1891. Juízes e tribunais continuariam a decidir também a questão constitucional, tal como faziam anteriormente, cumprindo ao Supremo Tribunal Federal, enquanto guardião da Constituição, a uniformização da interpretação do Texto Magno, mediante o julgamento de recursos extraordinários contra decisões judiciais de única ou última instância.

A proposta apresentada pelo Deputado Aloysio Nunes Ferreira continha uma novidade específica em relação às propostas anteriores, pois permitia que o próprio Tribunal eventualmente encarregado de julgar a questão constitucional, provocasse o pronunciamento uniformizador do Supremo Tribunal Federal.

Nesse caso, ao invés de decidir a questão constitucional, na forma do art. 97, a Corte *a quo* poderia provocar um pronunciamento definitivo do Supremo Tribunal Federal sobre a questão. Introduzir-se-ia, assim, modificação significativa no chamado "modelo incidental" de controle de constitucionalidade. Ao lado da possibilidade de declarar a inconstitucionalidade da lei, na forma do art. 97, poderia o Tribunal submeter a questão, diretamente, ao Supremo Tribunal Federal.

É fácil ver, pois, aqui, uma aproximação maior entre o incidente de inconstitucionalidade e o chamado "processo de controle concreto" do sistema concentrado europeu. Observe-se que, ao contrário do que ocorre no sistema europeu, que confere o monopólio de censura ao Tribunal Constitucional – e, portanto, obriga o juiz ou o tribunal a encaminhar questão constitucional à Corte especializada –, o modelo proposto no Relatório Aloysio Nunes limitava-se a facultar a submissão da controvérsia constitucional ao Supremo Tribunal Federal.

O modelo de incidente de inconstitucionalidade proposto oferecia, ainda, solução adequada para a difícil questão do controle de constitucionalidade da lei municipal em face da Constituição Federal. Os embaraços que se colocam à utilização da ação direta de inconstitucionalidade contra a lei municipal perante o Supremo Tribunal Federal, até mesmo pela impossibilidade de se apreciar o grande número de atos normativos comunais, poderiam ser afastados com a introdução desse instituto, que permite ao Supremo Tribunal Federal conhecer das questões constitucionais mais relevantes provocadas por atos normativos municipais.

A eficácia *erga omnes* e o efeito vinculante das decisões proferidas pelo Supremo Tribunal Federal nesses processos haveriam de fornecer a diretriz segura para o juízo sobre a legitimidade ou a ilegitimidade de atos de teor idêntico, editados pelas diversas entidades comunais. Essa solução é superior, sem dúvida, a uma outra alternativa oferecida, que consistiria no reconhecimento da competência dos Tribunais de Justiça para apreciar, em ação direta de inconstitucionalidade, a legitimidade de leis ou atos normativos municipais em face da Constituição Federal. Além de ensejar múltiplas e variadas interpretações, essa solução acabaria por agravar a crise do Supremo Tribunal Federal, com a multiplicação de recursos extraordinários interpostos contra decisões proferidas pelas diferentes Cortes estaduais. Outra virtude aparente do instituto residiria na possibilidade de sua utilização para solver controvérsia relevante sobre a legitimidade do direito ordinário pré-constitucional em face da nova Constituição. Aprovado o referido instituto, passaria o ordenamento jurídico a dispor também de um instrumento ágil e célere para dirimir, de forma definitiva e com eficácia geral, as controvérsias relacionadas com o direito anterior à Constituição que, por ora, somente podem ser veiculadas mediante a utilização do recurso extraordinário. Por último, convém ressaltar a importância da inovação contida no aludido instituto, que permite a instauração do incidente não apenas em relação a lei ou ato normativo federal, estadual ou municipal, mas também em relação à interpretação constitucional.

Embora tenha sido mantido no Projeto de Reforma do Judiciário (Substitutivo Zulaiê Cobra), o texto relativo ao incidente foi derrubado pelo Plenário da Câmara dos Deputados (PEC nº 96/92).

Um exame acurado da argüição de descumprimento de preceito fundamental, tal como regulada na Lei nº 9.882, de 1999, há de demonstrar que, afora os problemas decorrentes da limitação dos parâmetros de controle, o texto normativo guarda estrita vinculação com as propostas de desenvolvimento do incidente de inconstitucionalidade. A estrutura de legitimação, a exigência de configuração de controvérsia judicial ou jurídica para a instauração do processo, a possibilidade de sua utilização em relação ao direito municipal e ao direito pré-constitucional e o efeito vinculante das decisões, tudo reforça a semelhança entre os institutos.

É certo, por outro lado, que, diferentemente do incidente de inconstitucionalidade, a argüição de descumprimento tem como parâmetro de controle os preceitos fundamentais identificados ou identificáveis na Constituição. Trata-se de elemento menos preciso do que o parâmetro de controle do incidente de inconstitucionalidade (toda a Constituição). Assim, até que o Supremo Tribunal Federal se pronuncie acerca do efetivo alcance da expressão "preceitos fundamentais", ter-se-á de assistir ao debate entre os cultores de uma interpretação ampla e aberta e os defensores de uma leitura restritiva do texto constitucional.

Assinale-se, outrossim, que, diversamente do incidente, a argüição de descumprimento, tal como formulada na Lei nº 9.882, de 1999, poderá ser utilizada, em casos excepcionais, também de forma principal assumindo a feição de um recurso de amparo ou de uma *Verfassungsbeschwerde* autônoma no direito brasileiro.

Como se pode ver, o novo instituto introduziu profundas alterações no sistema brasileiro de controle de constitucionalidade de leis ou atos concretos.

Em primeiro lugar, porque permite a antecipação de decisões sobre controvérsias constitucionais relevantes, evitando que elas venham a ter um desfecho definitivo após longos anos, quando muitas situações já se consolidaram ao arrepio da "interpretação autêntica" do Supremo Tribunal Federal.

Em segundo lugar, porque poderá ser utilizado para – de forma definitiva e com eficácia geral – solver controvérsia relevante sobre a legitimidade do direito ordinário pré-constitucional em face da nova Constituição que, até o momento, somente poderia ser veiculada mediante a utilização do recurso extraordinário.

Em terceiro, porque as decisões proferidas pelo Supremo Tribunal Federal nesses processos, haja vista a eficácia *erga omnes* e o efeito vinculante, fornecerão a diretriz segura para o juízo sobre a legitimidade ou a ilegitimidade de atos de teor idêntico, editados pelas diversas entidades municipais.

Finalmente, deve-se observar que o novo instituto pode oferecer respostas adequadas para dois problemas básicos do controle de constitucionalidade no Brasil: o controle da omissão inconstitucional e a ação declaratória nos planos estadual e municipal.

Todas essas peculiaridades realçam que, no que respeita à diversidade e amplitude de utilização, a argüição de descumprimento de preceito fundamental revela-se superior à fórmula do incidente de inconstitucionalidade.

Em verdade, a ADPF vem completar o sistema de controle de constitucionalidade de perfil relativamente concentrado no Supremo Tribunal Federal, uma vez que as questões, até então excluídas de apreciação no âmbito do controle abstrato de normas, poderm ser objeto de exame no âmbito do novo procedimento.

É esse o contexto institucional do controle de constitucionalidade no ordenamento brasileiro, que busca combinar o modelo tradicional de controle incidental de normas, os vários instrumentos de defesa de direitos individuais, como o *habeas corpus*, mandado de segurança, *habeas data*, mandado de injunção, com as ações diretas de inconstitucionalidade e de constitucionalidade, a ação direta por omissão e argüição de descumprimento de preceito fundamental.

PROTECÇÃO CONSTITUCIONAL DO CONSUMIDOR E SUAS IMPLICAÇÕES NO DIREITO CONTRATUAL

Prof. Doutora Assunção Cristas*

I. Introdução 47
II. A protecção do consumidor na Constituição da República Portuguesa (CRP) 50
III. Implicações do artigo 60.º na disciplina contratual 52
IV. A jurisprudência do Tribunal Constitucional 54
V. Justiça social e protecção do consumidor por via jurisprudencial? ... 57
VI. Resumo/Zusammenfassung 59

I. Introdução

1.) O tema que escolhi para se integrar no tema mais vasto de *Schutzinteressen und Freiheitsrecht* respeita à protecção constitucional do consumidor e as suas implicações no direito contratual.[1]

A razão da escolha do tema partiu de uma primeira impressão e da vontade de testar essa impressão no campo do direito do consumo. Essa primeira impressão é a de que, em sede geral, o direito constitucional português pouco tem a ver com o direito contratual.

O princípio basilar, estruturante, do direito contratual – o princípio da liberdade contratual, radicado no princípio mais vasto da autonomia privada – pouco tem a ver com a Constituição da República Portuguesa.

---

* Doutorada na especialidade de direito privado (Universidade Nova de Lisboa), Professora de Direito Privado da Faculdade de Direito da Universidade Nova de Lisboa.

[1] O artigo consolida a conferência realizada sobre o tema em Würzburg, em 18 de Novembro de 2006, na reunião da Deutsch-Lusitanischen Juristenvereinigung (DLJV).

No entanto, é sentido o movimento de constitucionalização do direito privado[2], com algum desejo de encontrar uma protecção adicional dos particulares na Constituição. Este movimento decorre não só da consideração da eficácia *erga omnes* dos direitos fundamentais, mas também da consagração dos direitos fundamentais de terceira geração, dos direitos económicos, sociais e culturais.

2.) Em sede do direito contratual em geral entendo que a Constituição dá escasso amparo à disciplina contratual. É certo que podemos retirar algumas garantias de protecção da autonomia privada, na sua vertente da liberdade contratual, dos preceitos que consagram a defesa da dignidade da pessoa humana e do direito ao seu livre desenvolvimento, do reconhecimento e da defesa do direito de propriedade privada e ainda da liberdade de iniciativa económica. A liberdade contratual afigura-se como instrumento necessário e indispensável ao exercício desses direitos e, mais ainda, é o pressuposto não escrito da existência desses direitos.[3]

Contudo, se cotejarmos os princípios que tradicionalmente a doutrina aponta para esboçar o desenho legislativo do direito contratual – autonomia privada, igualdade das partes, boa fé (aqui incluída a tutela da confiança), equivalência, responsabilidade contratual e relatividade vs. oponibilidade dos contratos – com a disciplina jusconstitucional, compreendemos que os pontos de contacto são escassos e, podemos perguntar, se são necessários. A consagração no direito privado de princípios como o da boa fé vincula desde logo o intérprete e o aplicador do direito à adopção de certas soluções, retirando, porventura, ou pelo menos desvalorizando alguma influência da Constituição.[4]

---

[2] Nesse sentido, VIEIRA DE ANDRADE, *Os Direitos dos Consumidores como Direitos Fundamentais na Constituição Portuguesa de 1976*, Boletim da Faculdade de Direito, vol.LXXVIII, 2002, 43 (62).

[3] Neste ponto não concordo, pois, totalmente com PRATA, *A Tutela Constitucional da Autonomia Privada*, 1982, em especial, 214 e 215, quando ampara a autonomia privada na consagração constitucional do direito à propriedade privada e do direito à iniciativa económica, não a entendendo como um aspecto intrínseco e prioritário da liberdade humana jurídica.

[4] Olhando, por exemplo, para o texto de CHEREDNYCHENKO, *Fundamental Rights and Contract Law*, European Review of Contract Law, 4/2006, 489, a tendência no direito português será para assumir que o direito contratual já contempla soluções que porventura também resultariam de uma aplicação da Constituição, mais numa lógica de complementaridade à semelhança dos exemplos apontados dos direitos austríacos ou inglês. Note-se

A relação entre o direito constitucional e o direito privado, neste caso direito dos contratos, faz-se, sobretudo, através da disciplina dos direitos fundamentais, considerando colisões de direitos em casos concretos, e não ao nível da arquitectura do sistema.

3.) Há, no entanto, duas áreas do direito privado – o direito do trabalho e o direito do consumo – em que, precisamente, as disposições constitucionais foram e são motor de criação, interpretação e aplicação da legislação ordinária.

No direito do trabalho, não só através da contemplação expressa de direitos económicos, sociais e culturais, como através da necessária compatibilização com os direitos fundamentais mais clássicos (direitos, liberdades e garantias).

No direito do consumo, através de uma tutela constitucional expressa do consumidor, que o torna centro de imputação de direitos fundamentais. Esses direitos são, maioritariamente, direitos sociais, de terceira geração, que implicam não só uma concretização legislativa, mas também a disponibilização de recursos do Estado, que naturalmente, por serem escassos, implicam escolhas de ordem política, cuja sindicância judicial é, no mínimo, discutível.[5]

Essa tutela constitucional expressa tem conduzido à introdução de legislação protectora do consumidor – como a lei de defesa do consumidor ou a lei das cláusulas contratuais gerais, para citar as mais importantes – e também ao controle por parte do Tribunal Constitucional daquilo que poderíamos chamar de certos conteúdos contratuais.

---

que a parte inicial do Código Civil, relativa aos direitos de personalidade, anterior à Constituição Portuguesa vigente, é entendida por muitos autores como materialmente constitucional.

[5] Cfr. GOMES CANOTILHO/VITAL MOREIRA, *Constituição da República Portuguesa Anotada*³, 1993, 323; VIEIRA DE ANDRADE, *Os Direitos dos Consumidores como Direitos Fundamentais na Constituição Portuguesa de 1976*, cit., 46. A propósito das obrigações do Estado decorrentes de direitos sociais, veja-se o debate a propósito do caso Aquaparque do Restelo, onde o Estado português foi condenado por omissão legislativa que terá conduzido à morte de uma criança. *Ibidem*, p. 58, aparentemente concordando com a decisão condenatória. No mesmo sentido, FREITAS DO AMARAL/MEDEIROS, *Responsabilidade Civil do Estado por Omissão Legislativa – o Caso Aquaparque*, Revista de Direito e Estudos Sociais, ano XLI, n.ᵒˢ 3 e 4, 299. Em sentido contrário, AMARAL, *Dever de Legislar e Dever de Indemnizar. A Pro-pósito do Caso Aquaparque do Restelo*, Thémis, Ano I, n.º 2, 2000, 67.

II. A protecção do consumidor na Constituição da República Portuguesa (CRP)

1.) A defesa dos interesses e dos direitos dos consumidores é assumida expressamente como uma incumbência prioritária do Estado na al. i) do artigo 81.º da Constituição da República Portuguesa. Também na al. e) do artigo 99.º a protecção dos consumidores é considerada como objectivo da política comercial. Destes dois preceitos decorre, deste logo, que o Estado Português assume a defesa do consumidor como incumbência da sua política social, considerando claramente que os mecanismos do direito privado não serão suficientes para assegurar a protecção de um agente fraco – o consumidor. Contudo, estes preceitos têm um conteúdo meramente programático, dos quais dificilmente se retiraria qualquer eficácia directa.

É pois no artigo 60.º, no quadro dos direitos económicos, sociais e culturais, que a CRP mais desenvolve a matéria dos direitos dos consumidores, contemplando aquilo que poderíamos chamar de três níveis de protecção do consumidor, que correspondem *grosso modo* aos três números do artigo.

2.) Um primeiro nível corresponde à atribuição de direitos individuais: direito à qualidade dos bens ou serviços consumidor, direito à formação e à informação, direito à protecção da saúde, da segurança e dos seus interesses económicos, direito à reparação dos danos. Esses direitos ganham o estatuto de direitos fundamentais, embora não possam considerar-se direitos "naturais" ou mesmo direitos humanos.[6]

Destes direitos, alguns serão imediatamente aplicáveis e claramente vinculam os particulares nas suas relações, como é o caso do direito à qualidade dos bens, outros implicam alguma concretização (veja-se o caso do direito à protecção da saúde[7]) e parecem dirigir-se mais ao Estado do que aos particulares (por exemplo, protecção da segurança e

---

[6] VIEIRA DE ANDRADE, *Os Direitos dos Consumidores como Direitos Fundamentais na Constituição Portuguesa de 1976*, Boletim da Faculdade de Direito, vol.LXXVIII, 2002, 43 (44 e 45).

[7] Embora como se verá mais adiante, o Tribunal Constitucional tenha já invocado a protecção da saúde, prevista não neste artigo, mas no artigo 64.º, para sustentar a inconstitucionalidade de uma norma.

dos interesses económicos do consumidor, que poderão obrigar o Estado a legislar ou a adoptar medidas administrativas nesse sentido). Estes direitos são a um mesmo tempo direitos individuais, no sentido em que conferem uma posição de vantagem individualizada, mas correspondem também a interesses difusos, razão pela qual se prevê uma defesa colectiva desses interesses.

É possível, no entanto, perguntar se os deveres que resultam para os particulares da consagração constitucional de direitos dos consumidores não decorrem já dos princípios gerais do direito privado. Por exemplo, não há entre nós um dever de contratar de boa fé, no qual se inserem os deveres de informação e de lealdade? E não há no ordenamento português um princípio de ressarcimento dos danos por violação de direitos subjectivos? Cabe perguntar, então, qual é a mais-valia da Constituição. Retomarei de seguida este ponto.

3.) O segundo nível diz respeito à disciplina da publicidade, que depois é concretizada na lei ordinária. Apesar de a publicidade não dizer apenas respeito ao consumidor, ele é assumido pela Constituição como o principal agente a proteger, por ser o mais fraco. Assim, embora a lei concretize as disposições constitucionais, decorre desde logo desta consagração uma vinculação séria do legislador ordinário: a proibição da publicidade oculta, indirecta ou dolosa. O destinatário directo desta norma é o legislador ordinário. Dificilmente se poderá sustentar uma aplicação directa deste preceito, uma vez que existe no ordenamento português um Código da Publicidade, que terá de ser (e é) conforme à Constituição.

4.) O terceiro nível, que interessa menos para este tema, prende-se com a dimensão colectiva do direito do consumo. Assim, o Estado atribui um direito de audição às associações de consumidores e às cooperativas de consumo nas questões relativas à defesa dos consumidores e institui um dever de apoiar essas entidades. Os direitos de participação e de representação não correspondem já a direitos fundamentais, mas a direitos legais que funcionam como garantias institucionais dos direitos dos consumidores.[8] Por outro lado, é atribuída a essas entidades legitimidade

---

[8] VIEIRA DE ANDRADE, *Os Direitos dos Consumidores como Direitos Fundamentais na Constituição Portuguesa de 1976*, cit., 60.

processual para a defesa dos seus associados e ainda de interesses colectivos ou difusos (como são alguns previstos no n.º 1 deste mesmo artigo)[9], que corresponderão a garantias processuais.

III. Implicações do artigo 60.º na disciplina contratual

1.) Questionava acima em que medida é que o artigo 60.º tem implicações na disciplina dos contratos relativos a bens de consumo. Na verdade, será que a consagração constitucional dos direitos dos consumidores enquanto direitos fundamentais, embora maioritariamente direitos sociais, se traduz em alterações no direito contratual?

As influências são sobretudo indirectas: a previsão constitucional da protecção do consumidor é um forte factor de pressão para o legislador ordinário aprovar leis no sentido de assegurar essa protecção. Na verdade, na área do direito do consumo o maior impulsionador da actividade legislativa não é a Constituição, mas o legislador comunitário. Lembro as directivas que estiveram na origem das leis portuguesas sobre contratos celebrados à distância, domicílio e outros, ou sobre garantias na compra e venda de bens defeituosos[10] ou a directiva sobre práticas comerciais desleais nas relações com o consumidor[11], que aguarda ainda transpo-

---

[9] Estes meios colectivos de reacção, como a acção popular, quando exercidos individualmente por qualquer particular, não deixam de assegurar ainda uma função eminentemente subjectiva: quando o particular recorre a juízo para defender um interesse difuso (que corresponde à refracção em cada indivíduo de interesses unitário da comunidade global e complexivamente considerada – cfr. GOMES CANOTILHO/VITAL MOREIRA, *Constituição da República Portuguesa Anotada*³, 1993, 282) visa ainda proteger um interesse que lhe pertence, embora não exclusivamente. A natureza do interesse difuso é, a meu ver, uma verdadeira posição jurídica de vantagem e não apenas uma forma de alargamento da legitimidade processual (cfr. meu *A posição jurídica do particular no contencioso administrativo*, polic., Faculdade de Direito da Universidade Nova de Lisboa, 1998). Há legitimidade processual porque existe uma situação jurídica subjectiva activa a defender.

[10] Directiva 87/577/CE, sobre contratos celebrados fora do estabelecimento, 97/7//CE, sobre contratos celebrados à distância, e 1999/44/CE, sobre venda de coisas defeituosas.

[11] Directiva 2005/29/CE, do Parlamento Europeu e do Conselho, de 11 de Março de 2005.

sição para o direito interno. A Constituição terá quando muito um papel de promoção de uma correcta e adequada transposição desses instrumentos.[12]

Podemos assim identificar três níveis, não diria de imposição ou de influência directa da Constituição no campo contratual e mais especificamente dos contratos de consumo, mas seguramente de inspiração: a contratação, a conformação do conteúdo contratual e a interpretação do contrato.

2.) No que toca à contratação, e já sem pensar no campo especificamente ligado à garantia da não discriminação (que terá mais a ver com outros direitos fundamentais), ainda é possível integrar algumas intervenções legislativas que visam pressionar à contratação tendo em vista claramente a protecção do consumidor. Estou a pensar no regime de acesso aos serviços bancários mínimos, instituído pelo Decreto-Lei n.º 27-C/ /2000, de 10 de Março, que obriga as entidades aderentes a fornecerem um conjunto de serviços relativos à constituição, manutenção e gestão de uma conta de depósito à ordem.

Repare-se que este regime é criado numa base de adesão voluntária, pelo que é opção das entidades bancárias aderirem ou não a ele. Qual o papel da Constituição, podemos perguntar. Bastante limitado, responderia: serve de conforto, porventura de ensejo e de legitimação, não mais.

3.) No que toca à imposição de certo conteúdo contratual interessa relembrar a legislação ordinária, nomeadamente a lei das cláusulas contratuais gerais, que proíbe a inserção de certas cláusulas nos contratos e de uma forma mais rigorosa nos contratos celebrados com consumidores finais, ou legislação variada que obriga à imposição de certas cláusulas contratuais.

No entanto, se perguntarmos se o ordenamento ficaria diferente caso não existisse o artigo 60.º da CRP, a resposta seria negativa.

4.) Por fim, ao nível da interpretação dos contratos, será que a Constituição impõe uma interpretação ou uma integração do contrato a

---

[12] Daí que VIEIRA DE ANDRADE, *Os Direitos dos Consumidores como Direitos Fundamentais na Constituição Portuguesa de 1976*, cit., 62, explique que não será necessário consagrar a defesa do consumidor através da criação de direitos subjectivos fundamentais, que aliás reputa de pouco conveniente, embora reconheça a grande eficácia ao nível da pressão do legislador que, por seu turno, pode gerar consequências eventualmente arriscadas (e volta a referir o exemplo do caso Aquaparque).

favor do consumidor, traduzindo-se tal expediente num paralelo da interpretação da lei conforme à Constituição? É terreno ainda não explorado, mas que carece de compatibilização com o disposto nos artigos 236.º a 239.º do Código Civil.

IV. A jurisprudência do Tribunal Constitucional

1.) Passada em revista a protecção constitucional do consumidor, creio que será particularmente interessante ver em que medida tal protecção tem sido invocada ao nível da justiça constitucional, sendo certo que, no sistema português, o Tribunal Constitucional só pode conhecer da inconstitucionalidade de normas, embora porventura a propósito de casos concretos.

O Tribunal Constitucional proferiu três decisões importantes em sede de alteração da disciplina contratual em função da tutela do consumidor: os Acórdãos n.º 153/90, de 3 de Maio (Bravo Serra), n.º 650/04, de 16 de Novembro (Bravo Serra) e n.º 685/2004, de 30 de Novembro (Fernanda Palma). Neste último caso, embora não seja invocada a violação do artigo 60.º da Constituição, a necessidade de protecção do consumidor é amplamente referida na fundamentação da decisão.

2.) No Acórdão n.º 153/90 estava em causa aferir a compatibilidade com a Constituição de uma disposição normativa que excluía a responsabilidade civil dos correios por lucros cessantes no caso de extravio de vales postais.[13] Nestes casos, os correios seriam responsáveis exclusivamente por danos emergentes. O tribunal declarou a inconstitucionalidade da referida norma, com o argumento de que, a aplicação de tal regra, levada ao limite, poderia conduzir a uma total exclusão da responsabilidade dos correios, o que aconteceria caso os danos se circunscrevessem a lucros cessantes. Ora em tal caso haveria uma claríssima violação do artigo 60.º da Constituição que confere ao consumidor um direito ao ressarcimento dos danos. A consideração de tal hipótese limite levou o tribunal a decidir-se pela inconstitucionalidade. Pesou na decisão a consideração pelo tribunal de que nos contratos com consumidores é merecida uma protecção acrescida, porquanto frequentemente tais cláusulas são desconhecidas.

---

[13] Primeira parte do n.º 3 do anexo I ao Decreto-Lei n.º 46 638, de 10 de Novembro.

3.) No segundo acórdão, o Acórdão n.º 650/04, de 16 de Novembro, o tribunal analisou duas disposições normativas distintas: uma disposição regulamentar por que se excluía a responsabilidade dos caminhos-de--ferro por atrasos, perda de ligações ou supressão de comboios e uma disposição legal por que se limitava a responsabilidade dos correios pelo extravio da correspondência.

O tribunal julgou inconstitucional a primeira norma, por violar claramente o direito do consumidor ao ressarcimento dos danos, mas optou pela não inconstitucionalidade da segunda.

Interpretando o direito do consumidor ao ressarcimento dos danos previsto no n.º 1 do artigo 60.º da CRP (e furtando-se à sua qualificação ou não como direito análogo aos direitos, liberdades e garantias), entendeu o tribunal que a Constituição não obriga a uma reparação integral dos danos, permitindo ao legislador ordinário modelar o regime de acordo com os interesses em presença. A Constituição veda, no entanto, uma exclusão total da indemnização e entendeu o tribunal que a mera previsão da responsabilidade de fazer chegar o passageiro e sua bagagem o mais rapidamente possível ao seu destino ou o reembolso pelo percurso não efectuado não podem ser vistos como não excludentes da responsabilidade do lesante.

Na segunda questão decidida pelo acórdão, o tribunal argumentou que os quantitativos indemnizatórios previstos não eram irrisórios, pelo que não implicavam uma exclusão da responsabilidade. Defendeu o tribunal que a Constituição só impede os casos de exclusão de responsabilidade. Esses casos podem advir de uma exclusão total ou de situações que na prática corresponderiam a essa exclusão total, assim violando o n.º 1 do artigo 60.º da Constituição. Já a mera previsão de limitações às indemnizações não corresponde, no entender do tribunal, a uma violação da Constituição, que permite "ao legislador ordinário efectuar modelações do regime [indemnizatório]". Assim, na óptica do Tribunal Constitucional será possível admitir uma restrição ao direito do consumidor à reparação dos danos, desde que justificada pelos interesses em presença (num claro afloramento do princípio da proporcionalidade, acrescentaria) e contanto que não elimine o direito ou o comprima de tal forma que na prática tal resulte numa verdadeira eliminação.

Ambas as partes da decisão mereceram vários votos de vencido. No que toca à primeira parte, há seis votos de vencido, existindo três declarações de voto, duas delas bastante extensas e fundamentadas.[14] Dos doze conselheiros, 6 votaram a favor da inconstitucionalidade e seis contra, tendo valido o voto de desempate do Presidente do tribunal. No que toca à segunda parte da decisão há dois votos contra, com declaração de voto.

Dividiu-se, verdadeiramente, o tribunal. Por um lado, um número muito relevante de juízes entendeu que era possível face à ordem constitucional portuguesa a eliminação da reparação de danos em caso de atrasos, supressão de comboios ou perdas de enlace. Em sentido totalmente oposto (embora a questão não fosse igual), entenderam outros juízes que o (mero) estabelecimento de limites máximos indemnizatórios da responsabilidade dos correios nos casos de extravio de correspondência deveria ser reputado de inconstitucional.[15]

No primeiro caso, as razões que levaram seis conselheiros a discordar da decisão que teve vencimento prenderam-se com argumentos de ordem diversa. No essencial, alguns argumentos relacionam-se com o problema clássico da colisão de interesses[16], outros com o entendimento de não se tratar de exclusão, mas limitação de responsabilidade, outros são de ordem essencialmente técnica, como a indefinição do âmbito subjectivo de aplicação do preceito (utentes e consumidores não correspondem ao mesmo universo)[17] ou a dúvida sobre se está em causa uma exclusão da responsabilidade ou uma limitação do objecto (conteúdo) do contrato de transporte.[18]

No segundo caso, os juízes que votaram contra a não declaração de inconstitucionalidade da disposição relativa à responsabilidade dos correios argumentaram com uma restrição desproporcionada dos direitos dos consumidores, particularmente evidente quando esteja em causa uma conduta dolosa por parte dos CTT.

---

[14] Dos Conselheiros Paulo Mota Pinto e Benjamim Rodrigues.

[15] Em sentido aparentemente concordante, PINTO OLIVEIRA, *Cláusulas Acessórias ao Contrato, Cláusulas de Exclusão e de Limitação do Dever de Indemnizar e Cláusulas Penais*, 2ª edição, Coimbra, Almedina, 2005, 59-61.

[16] Cfr. nomeadamente declaração de voto de Pamplona de Oliveira (a que adere Maria dos Prazeres Beleza).

[17] Veja-se as declarações de voto de Paulo Mota Pinto e de Benjamim Rodrigues.

[18] Veja-se as declarações de voto de Paulo Mota Pinto e de Benjamim Rodrigues, este último referindo-se amiúde às disposições da "tarifa", entendida como o regulamento aplicável a este contrato de transporte.

4.) Por último, o terceiro acórdão referido, o Acórdão n.º 685/2004, de 30 de Novembro de 2004, declarou a inconstitucionalidade de certa norma constante de uma portaria que permitia o corte de fornecimento de água motivado pelo incumprimento por parte do utente de um outro contrato de fornecimento. Entendeu o tribunal que "os valores associados ao acesso ao consumo de água prevalecem de tal modo sobre a importância económica dos meios de pressão sobre os consumidores em falta que acarretam a desproporcionalidade de utilização de meio deste tipo no âmbito de contratos regularmente cumpridos por esses mesmos consumidores.". Tal disposição violaria, no entender do tribunal, os direitos à protecção da saúde, à habitação, ao ambiente e à qualidade de vida (artigos 64.º, 65.º e 66.º da CRP).

Dos cinco votos, dois foram contra a decisão e motivaram votos de vencido, nos termos dos quais o acórdão terá conferido um conteúdo aos direitos sociais invocados mais alargado que o resultante da Constituição. Note-se que num dos votos de vencido deixa-se antever que a disposição da portaria poderá padecer de ilegalidade, mas não de inconstitucionalidade.

V. Justiça social e protecção do consumidor por via jurisprudencial?

1.) Apesar de pouco consensual, a jurisprudência do tribunal constitucional parece apontar para o claro reforço da posição contratual do consumidor – ou do utente.

Na verdade, se perguntarmos qual a resposta que o direito civil (ou o direito do consumo) dá para estas situações, a solução poderia ser ligeiramente diferente. Note-se que a jurisprudência concorda totalmente quando refere que os regulamentos em causa devem ser submetido a uma análise análoga à do conteúdo contratual, nomeadamente quando composto através do uso de cláusulas contratuais gerais.[19] Ora se consideramos a al.c) do artigo 18.º da lei das cláusulas contratuais gerais[20], temos

---

[19] PINTO MONTEIRO, *Cláusulas Limitativas e de Exclusão de Responsabilidade Civil*, reimpressão 2003, 243, nota 56, abundantemente citado nos acórdãos referidos e FERREIRA DE ALMEIDA, *Serviços Públicos, Contratos Privados, em Estudos em Homenagem à Professora Doutora Isabel de Magalhães Collaço*, vol. II, 2002, 127 e 128.

[20] Decreto-Lei n.º 446/65, de 25 de Outubro, com a redacção do Decreto-Lei n.º 244/99, de 7 de Julho.

de concluir que apenas pode haver exclusão ou limitação da responsabilidade contratual fora dos casos de dolo ou de culpa grave, ou seja, somente em casos de culpa leve ou levíssima pode haver limitação ou exclusão da responsabilidade contratual, mas nesses casos essa limitação pode existir.[21]

As decisões judiciais não fizeram, no entanto, esta distinção, considerando apenas que é possível estabelecer montantes indemnizatórios máximos, mas que não é possível manter uma disposição que, aplicada ao caso concreto, conduza a uma exclusão total da indemnização. Não fosse a consideração do direito à reparação dos danos previsto na parte final do n.º 1 do artigo 60.º e a solução seria porventura diversa.

Nestes casos em concreto, a previsão constitucional do direito à reparação dos danos marcou a diferença.

2.) Note-se, no entanto, que o alcance desta jurisprudência é ainda escasso (como aliás é escasso o número das decisões): em primeiro lugar, porque se limita aos casos de violação do direito à reparação dos danos, que de todos os direitos fundamentais do consumidor previstos é o único que parece ter uma natureza análoga aos direitos, liberdades e garantias[22];

---

[21] A doutrina portuguesa não é unânime quanto à admissibilidade de cláusulas de exclusão (ou de limitação) da responsabilidade. Na esteira da solução prevista na lei das cláusulas contratuais gerais, há quem, na linha de PINTO MONTEIRO, *Cláusulas Limitativas e de Exclusão de Responsabilidade Civil*, reimpressão 2003, e resumidamente, *Cláusulas de Responsabilidade Civil*, em *Estudos em Homenagem ao Prof. Doutor Afonso Rodrigues Queiró*, II, 1993, 223, entenda admissível tal exclusão, contanto que não atinja os casos de dolo ou culpa grave. É o caso de ALMEIDA COSTA, *Direito das Obrigações*[9], 2001, 732 e ss.; MOTA PINTO, *Teoria Geral do Direito Civil*[3], 1985, 595; PINTO MONTEIRO e MOTA PINTO, *Teoria Geral do Direito Civil*[4], 2006, 602; 603. Importa notar que esta era também a orientação de alguma doutrina mais antiga, ainda na vigência do Código de Seabra. Em sentido oposto, outros autores negam essa possibilidade, afirmando que em sede geral, o artigo 809.º do Código Civil apenas permite a exclusão da responsabilidade por actos causados por auxiliares. É o caso de ANTUNES VARELA/PIRES DE LIMA, *Código Civil Anotado*[3], vol. II, 1986, 72 e ss; ANTUNES VARELA, *Direito das* Obrigações[7], II, 1999, 137; PRATA, *Cláusulas de Exclusão e Limitação da Responsabilidade Contratual*, 1985, 453 e ss.; MENEZES LEITÃO, *Direito das Obrigações*[4], vol. II, 2006, 276 (277). A seguir-se a doutrina defendida por PINTO MONTEIRO, em certos casos (de culpa leve) poderia haver renúncia antecipada de indemnização.

[22] Precisamente porque poderá ser visto como uma emanação ou substituição do próprio direito de propriedade entendido no sentido muito amplo que a jurisprudência constitucional normalmente lhe atribui. A doutrina vai neste sentido, embora a jurisprudência não se comprometa.

em segundo lugar, porque de uma maneira ou de outra ainda se posiciona numa lógica de relacionamento do consumidor com algo próximo do Estado – quer os CTT quer a CP pertencem ao sector público empresarial, embora se relacionem como o consumidor de forma idêntica aos privados – por estar em causa a prestação de um serviço público.

Com isto quero dizer que ainda não temos decisões proferidas pelo Tribunal Constitucional que tratem de relações entre consumidor e um privado típico, fora da prestação de um serviço público. Nestas decisões, a própria aplicação do artigo 60.º teve de ser devidamente justificada, por estar em causa um utente e não propriamente um consumidor como tradicionalmente recortado.

Apesar destas limitações, creio que o caso português não andará longe do panorama de uma convergência judicial espontânea no contexto europeu[23] no sentido de alcançar uma maior justiça social, nomeadamente através da protecção da parte mais fraca na relação contratual, como é o caso do utente – ou consumidor – de um serviço público.

Esperamos, pois, mais desenvolvimentos!

VI. Resumo/Zusammenfassung

O texto procura encontrar os pontos de influência da Constituição da República Portuguesa na disciplina do direito dos contratos através da análise da jurisprudência do Tribunal Constitucional. No direito contratual em geral essa influência é muito escassa. Contudo, a consagração de direitos fundamentais dos consumidores levou a algumas decisões que se traduzem numa influência no direito dos contratos de consumo. É ainda uma influência ténue, não só porque as decisões foram tomadas a propósito da prestação de serviços públicos e numa lógica de protecção dos utentes, mas também porque reflectem divisões importantes no sentido de voto dos juízes. Estas decisões abrem, no entanto, caminho a perguntar

---

[23] CIACCHI, *The Constitutionalization of European Contract Law: Judicial Convergence and Social Justice*, European Review of Contract Law, vol 2 (2006), 167. E diria não só no contexto europeu. A literatura brasileira é profusa nesta área. Veja-se, exemplificativamente, NEGREIROS, *Teoria do Contrato: Novos Paradigmas*, 2ª edição, Rio de Janeiro, 2006.

se esta actuação do Tribunal Constitucional é o início da assunção de um papel mais activo na construção do direito dos contratos de consumo numa óptica de protecção da parte mais fraca.

Dieser Text versucht anhand der Entscheidungen des portugiesischen Verfassungsgerichts den Einfluss der portugiesischen Verfassung auf das Vertragsrecht nachzuzeichnen. Obwohl dieser Einfluss im Allgemeinen sehr gering ist, hat die Anerkennung von Grundrechten seitens der Verbraucher doch zu einigen Entscheidungen geführt, die Auswirkungen auf die Rechte der Verbraucher hatten. Dieser Einfluss ist jedoch nicht nur deshalb noch gering, weil die entsprechenden Entscheidungen im Zusammenhang mit öffentlichen Dienstleistungen standen und den Verbraucherschutz zum Ziel hatten, sondern auch weil sich in ihnen grundsätzliche Unterschiede in den Auffassungen der Richter widerspiegeln. Diese Entscheidungen geben aber dennoch Anlass zu der Frage, ob dieses Eingreifen seitens des Verfassungsgerichts nicht der Beginn einer aktiveren Rolle auf dem Gebiet des Vertragsrechts darstellt, mit dem Ziel die schwächere Partei zu schützen.

INFORMATIONSPFLICHTEN UND IHRE SANKTIONIERUNG IM DEUTSCHEN UND PORTUGIESISCHEN PRIVATRECHT

MARGARIDA DOS SANTOS[*]

I. Einleitung	62
II. Informationspflichten in Deutschland	62
1. Vorvertragliche Informationspflichten	63
2. Allgemeine vertragliche Informationspflichten	66
3. Informationspflichten, die sich aus EU-Richtlinien ergeben	67
4. Zusammenfassung	67
III. Informationspflichten in Portugal	68
1. Verbraucherrechte nach Art. 60 CP	68
2. Informationspflichten nach dem Código Civil	68
3. Informationspflichten, die sich aus dem portugiesischem Verbraucherschutzgesetz ergeben	70
4. Informationspflichten, die sich aus EU-Richtlinien ergeben	71
5. Zusammenfassung	73
IV. Sanktionierung von Informationspflichtenverletzung in Deutschland	74
1. Rechte bei Verletzung vorvertraglicher Informationspflichten vor Gefahrübergang	74
2. Rechte bei Verletzung vorvertraglicher Informationspflichten nach Gefahrübergang	76
3. Rechte bei Verletzung vertraglicher Informationspflichten	77
4. Rechte, die sich aus EU-Richtlinien ergeben	78
5. Zusammenfassung	80
V. Sanktionierung von Informationspflichtenverletzung in Portugal	80

---

[*] Die Autorin ist Rechtsanwältin in der überörtlichen, auf das Energierecht spezialisierten Sozietät Becker Büttner Held, Berlin.

1. Rechte bei Verletzung von Informationspflichten nach CC 80
2. Rechte nach dem Verbraucherschutzgesetz 82
3. Rechte, die sich aus EU-Richtlinien ergeben 85
4. Zusammenfassung 87
VI. Schlussbemerkungen 87

I. Einleitung

Der folgende Beitrag gibt einen Überblick über die bestehenden Informationspflichten in Deutschland und Portugal.[1] Zudem stellt er dar, welche Rechtsfolgen sich aus der Verletzung von Informationspflichten ergeben. Ein besonderes Augenmerk liegt dabei auf dem Verbraucherschutzrecht in beiden Ländern, insbesondere dem Einfluss europäischer Verbraucherschutzrichtlinien auf die Entwicklung in diesem Rechtsgebiet.

II. Informationspflichten in Deutschland

In Deutschland gibt es weder ein Verbraucherschutzgesetz noch ein anderes Gesetz, das die Informationspflichten des Unternehmers gegenüber dem Verbraucher festlegen. Mit der Europäisierung des Privatrechts rückte der Verbraucherschutz stärker ins Blickfeld des deutschen Gesetzgebers.

Viele Informationspflichten nach deutschem Recht sind im Zuge der Umsetzung von EU-Richtlinien in das Bürgerliche Gesetzbuch (BGB) integriert worden. Auch mit der Schaffung der Verordnung über Informations- und Nachweispflichten nach bürgerlichem Recht (BGB-InfoV) kam der deutsche Gesetzgeber seiner Umsetzungspflicht nach. Bis dahin blieb es vor allem der Rechtsprechung und der Literatur überlassen, den Umfang von Informationspflichten festzulegen.

---

[1] Vortrag am 26. November 2005 anlässlich der Jahrestagung der Deutsch-Lusitanischen Juristenvereinigung in Berlin.

1. Vorvertragliche Informationspflichten

Die Pflicht zur Information ist dem Grundsatz von Treu und Glauben gem. § 242 BGB zu entnehmen. Danach ist der Schuldner verpflichtet, die Leistung so zu bewirken, wie Treu und Glauben es mit Rücksicht auf die Verkehrssitte erfordern. § 242 BGB verpflichtet zur billigen Rücksichtnahme auf die schutzwürdigen Interessen des anderen Teils sowie zu einem redlichen und loyalen Verhalten.

Seit der Schuldrechtsreform ergibt sich die Informationspflicht zusätzlich aus § 241 Abs. 2 BGB, wonach das Schuldverhältnis nach seinem Inhalt jeden Teil zur Rücksicht auf die Rechte, Rechtsgüter und Interessen des anderen Teils verpflichten kann.

Welches Verhalten Treu und Glauben genau erfordert und welche Informationspflichten deshalb bestehen, haben Rechtsprechung und Literatur genauer definiert.

a) Rechtsprechung zur arglistigen Täuschung

Welche Informationspflichten die potentiellen Vertragspartner treffen, leitet sich vor allem aus der Rechtsprechung zur Anfechtung wegen arglistiger Täuschung ab.

Das Reichsgericht führte dazu aus, dass es für eine arglistige Täuschung im Sinne des § 123 BGB nicht notwendig sei, das der Verschweigende einen Umstand verdecke oder täuschende Mittel unkenntlich mache. Es reiche aus, sei aber auch notwendig, dass der Verschweigende etwas nicht sage, dessen Mitteilung der andere Teil unter den gegebenen Umständen nach der Verkehrsauffassung erwarten darf.[2]

Der Bundesgerichtshof (BGH) hat diese Rechtsprechung fortgeführt. Danach bestehe eine Pflicht, die Gegenseite über Umstände aufzuklären, die zur Vereitelung des Vertragszwecks geeignet seien und daher insbesondere auch für die Entschließung des anderen Teils von wesentlicher Bedeutung sein können, vorausgesetzt, dass die Gegenpartei die Mitteilung nach der Verkehrsauffassung auch erwarten durfte. Ein Vertragspartner sei verpflichtet, alle Tatsachen zu offenbaren, die

---

[2] RGZ 62, 149 (150).

erkennbar für den Willensentschluss des anderen Teils von Bedeutung seien und deren Mitteilung von ihm nach Treu und Glauben erwartet werden könne.[3]

Alle Definitionen des Informationstatbestandes im Bereich der arglistigen Täuschung sind offen formuliert. Die Art der Täuschungshandlung wird nicht eingegrenzt. Der BGH ist bemüht, dieser Ausuferung entgegenzuwirken, indem er der Aufklärungspflicht des besser informierten Vertragspartners den Grundsatz eigenverantwortlicher Informationsvorsorge entgegenstellt. Grundsätzlich stelle das Verschweigen von Tatsachen nur dann eine Täuschung dar, wenn hinsichtlich der verschwiegenen Tatsache eine Aufklärungspflicht bestehe. Entscheidend sei, ob der andere Teil nach Treu und Glauben gem. § 242 BGB unter Berücksichtigung der Verkehrsanschauung redlicherweise Aufklärung erwarten durfte. Grundsätzlich sei es Sache jeder Partei, ihre eigenen Interessen wahrzunehmen. Es bestehe daher keine allgemeine Pflicht, alle Umstände zu offenbaren, die für die Entschließung des anderen Teils von Bedeutung sein können.[4] Eine Aufklärungspflicht setze voraus, dass zu Lasten einer Partei ein Informationsgefälle bestehe.[5] Eine Aufklärungspflicht, zumindest aber Arglist, sei ausgeschlossen, wenn der Pflichtige angenommen habe, der andere Teil sei informiert.[6]

In der Rechtsprechung haben sich Fallgruppen von Aufklärungspflichten herausgebildet. Beispielsweise müssen Fragen des anderen Teils vollständig und richtig beantwortet werden.[7] Umstände, die für die Willensbildung des anderen Teils offensichtlich von ausschlaggebender Bedeutung sind, müssen ungefragt offenbart werden. Das gilt vor allem für Umstände, die den Vertragszweck vereiteln oder erheblich gefährden könnten.[8] Der Verkäufer darf daher z. B. wesentliche Mängel der Kaufsache nicht verschweigen.[9] Die Aufklärungspflicht kann sich auch aus

---

[3] Vgl. beispielsweise BGHZ 47, 207 (210, 211); BGHZ 72, 92 (101); BGH NJW-RR 1988, 394; NJW 1995, 45 (47); BGH NJW-RR 1996, 690.

[4] Vgl. BGH NJW 1983, 2493 (2494); BGH NJW 1989, 763 (764); NJW-RR 1991, 439 (440).

[5] OLG Brandenburg NJW-RR 1996, 724.

[6] BGH NJW-RR 1996, 690.

[7] BGH NJW 1967, 1222; BGH NJW 1977, 1914 (1915).

[8] BGH NJW 1971, 1795 (1799); 1979, 2243.

[9] BGH NJW 1990, 975.

der durch besonderes Vertrauen geprägten Beziehung der Partner ergeben, so z.B. bei familiärer oder persönlicher Verbundenheit.[10] Grundlage einer Aufklärungspflicht kann auch die besondere Stellung des Erklärenden im Wirtschaftsverkehr sein, so beim Warenterminhändler[11] und bei demjenigen, der wie ein Fachberater auftritt.[12] Aufklärungspflichten bestehen hier vor allem bei geschäftlicher Unerfahrenheit des anderen Teils.[13] Eine positive Falschinformation ist immer eine Pflichtverletzung. Dabei spielt es keine Rolle, ob aus eigenem Antrieb oder auf Befragen des anderen Teils falsch informiert wurde.[14]

b) Rechtsprechung zur culpa in contrahendo

Die Rechtsprechung zur culpa in contrahendo ist für die Bestimmung des Umfangs von Informationspflichten ebenfalls bedeutsam. Denn in dem Fall, dass der Vertragspartner fahrlässig versäumt, den anderen zu informieren, scheidet eine Anfechtung wegen arglistiger Täuschung gem. § 123 BGB aus.

Zwischen Lehre und Praxis ist nach wie vor umstritten, ob neben der Haftung gem. § 123 BGB wegen vorsätzlicher Irreführung des Vertragspartners noch Raum ist für eine Haftung nach den Grundsätzen der culpa in contrahendo.[15]

Die Gerichte bejahen dies in ständiger Rechtsprechung. Die Schadensersatzhaftung setze zunächst eine Verletzung von Sorgfaltspflichten voraus, die sich aus der Aufnahme von Vertragsverhandlungen ergäben. Dabei komme es nicht darauf an, dass der eine Vertragspartner dem anderen Zusicherungen oder vertraglich bindende „Zusagen" gemacht habe. Auch ein „selbständiges Garantieversprechen" sei nicht erfor-

---

[10] BGH NJW 1992, 300 (302).
[11] BGHZ 80, 80 (85).
[12] LG Berlin NJW-RR 1989, 504 (505).
[13] BGHZ 47, 207 (211); BGH NJW 1992, 300 (302).
[14] Ausnahmen bestehen nur bei besonderer Interessen– oder Zwangslage, z.B. darf eine Frau im Bewerbungsgespräch die Frage nach einer Schwangerschaft wahrheitswidrig verneinen.
[15] Dazu näher FLEISCHER, *Konkurrenzprobleme um die culpa in contrahendo: Fahrlässige Irreführung versus arglistige Täuschung*, AcP 200 (2000), 91 mit weiteren Nachweisen.

derlich. Entscheidend sei allein, ob der Vertragspartner objektiv unrichtige Angaben mache, die für den Kaufentschluss des anderen Teils von Bedeutung seien. Mache nämlich der Verkäufer oder eine Person, deren er sich zur Erfüllung seiner vorvertraglichen Pflichten bediene, Angaben, die für den Kaufentschluss des anderen Teils von Bedeutung sein können, so müssen diese Angaben richtig sein. Andernfalls verletze er Sorgfalts- und Aufklärungspflichten.[16]

Die Grenze der Pflicht zur Information ist immer dann erreicht, wenn der andere Teil sich selbst informieren kann. Der Vertragspartner ist nicht über Umstände aufzuklären, die er ohne weiteres selbst feststellen kann, wenn er seine eigenen Interessen in der von ihm erwartbaren Weise wahrt, bekannten Anhaltspunkten nachgeht oder sich in der von ihm zu erwartenden Weise fachkundig beraten lässt.[17]

2. Allgemeine vertragliche Informationspflichten

Bei vertraglichen Informationspflichten handelt es sich in der Regel um vertragliche Nebenpflichten, die aus § 242 BGB bzw. nach der Schuldrechtsmodernisierung aus § 241 Abs. 2 BGB abgeleitet werden.[18] Es handelt sich dabei um Aufklärungs-, Anzeige-, Warn- und Beratungspflichten. Geht es bei vorvertraglichen Informationspflichten darum, dass beide Parteien eine Vertragsabschlussentscheidung treffen, die frei von Willensmängeln ist, sollen vertragliche Informationspflichten gewährleisten, dass die Vertragsdurchführung störungsfrei verläuft.

Generell gilt, dass diese Informationspflichten nach § 242 BGB um so eher anzunehmen sind, je schutzbedürftiger der andere Teil ist, d.h. je mehr er sich auf die Fachkunde und Loyalität des verpflichteten Teils verlassen muss.[19]

An dieser Stelle wird deutlich, dass vertragliche Informationspflichten eine besonders wichtige Rolle bei Dauerschuldverhältnissen

---

[16] So schon RGZ 95, 58; RGZ 97, 325 (327); RGZ 103, 47 (50); RGZ 120, 249 (250); vgl. BGH NJW 1998, 302; BGH NJW-RR 1988, 458 (459).
[17] BGH NJW 1996, 1339 (1340); ZIP 2000, 1051 (1052); ZIP 2001, 1152 (1153).
[18] Ausnahme: reiserechtliche Informationspflichten sind immer Hauptpflichten.
[19] MünchKomm BGB/ERNST, Band 2a⁴, 2003, § 280, Rdn. 98.

spielen. Sie sind oft nicht am Anfang der Vertragsbeziehung relevant, sondern erst bei Eintritt eines späteren Ereignisses, z.B. bei einem Versicherungsfall.

3. Informationspflichten, die sich aus EU-Richtlinien ergeben

Durch europäische Richtlinien sind zahlreiche neue Informationspflichten entstanden. Um das Bürgerliche Gesetzbuch nicht zu überfrachten, ermächtigen die Art. 240 bis 242 EGBGB das Bundesministerium der Justiz Rechtsverordnungen zu erlassen, die die Informationspflichten festlegen. Diese wurden in der BGB-Informationspflichten-Verordnung (BGB-InfoV) zusammengefasst.

Im BGB in Verbindung mit der BGB-InfoV finden sich die vorvertraglichen und vertraglichen Informationspflichten, die sich u.a. aus Fernabsatzverträgen, Verträgen im elektronischen Geschäftsverkehr und aus Pauschalreiseverträgen ergeben.

Dabei ist festzustellen, dass der deutsche Gesetzgeber die Vorgaben aus den EU-Richtlinien weitestgehend wörtlich umgesetzt hat. Nur an einigen wenigen Punkten, ist er über die Vorgaben hinausgegangen. Dies ist zulässig, denn die Mitgliedstaaten können in Einklang stehende strengere Bestimmungen erlassen oder aufrechterhalten, um ein höheres Schutzniveau für die Verbraucher sicher zustellen. Die Verteilung der Regelungen auf BGB und BGB-InfoV erschwert allerdings die Übersicht.

4. Zusammenfassung

Die Rechtsprechung hat im Laufe der Zeit definiert, in welchem Umfang vorvertragliche bzw. vertragliche Informationspflichten bestehen. Erst im Zuge der Umsetzung von EU-Richtlinien fanden Informationspflichten Eingang in das Gesetz. So entsteht bei den geregelten besonderen Vertragstypen ein zusätzlicher Schutz der Verbraucher. Der Schutz beschränkt sich aber entsprechend auch auf diese Vertragstypen. Bei anderen Verträgen ist weiterhin auf die entwickelten Rechtsprechungsgrundsätze zurückzugreifen. Es ist für den Verbraucher insoweit weiterhin schwer zu durchschauen, welche Informationspflichten der Unternehmer ihm gegenüber zu erfüllen hat.

III. Informationspflichten in Portugal

Gesetzliche Grundlagen für Informationspflichten (*dever de informação*) finden sich sowohl in der portugiesischen Verfassung (*Constituição da República Portuguesa – CP*) als auch im einfachen Recht, insbesondere im Zivilgesetzbuch (*Código Civil – CC*) und im Verbraucherschutzgesetzbuch (*Lei de Defesa do Consumidor – LDC*).

1. Verbraucherrechte nach Art. 60 CP

Art. 60 CP normiert die Verbraucherrechte. Art. 60 Nr. 1 CP besagt, dass der Verbraucher u.a. auch ein Recht auf Information (*direito à informação*) hat.

Art. 60 CP richtet sich an den Staat, der vor allem über eine entsprechende Gesetzgebung, aber auch mittels der öffentlichen Verwaltung und Rechtsprechung, den Schutz der Verbraucherrechte gewährleisten soll. Um dieses Ziel zu erreichen, muss der Staat die Pflichten der Produzenten, Lieferanten und Dienstleistenden gegenüber den Verbrauchern festlegen. Insbesondere im LDC kommt der portugiesische Gesetzgeber dieser Verpflichtung nach.[20]

2. Informationspflichten nach dem Código Civil

Die vorvertraglichen Informationspflichten leiten sich aus Art. 227 CC, die vertraglichen Informationspflichten aus Art. 762 Nr. 2 CC ab. Die Pflicht zur Information ist auch in Portugal Ausfluss des Grundsatzes von Treu und Glauben.

Art. 227 CC besagt, dass Personen, die in Vertragsverhandlungen stehen, sowohl bei der Vorbereitung als auch beim Vertragsschluss nach den Grundsätzen von Treu und Glauben handeln sollten. Verletzt eine der Parteien diese Grundsätze schuldhaft, muss er dem anderen den daraus

---

[20] Vgl. dazu näher VIEIRA DE ANDRADE, *Os direitos dos consumidores como direitos fundamentais na Constituição Portuguesa de 1976*, BFD 78 (2002), 43.

entstandenen Schaden ersetzen.[21] Sowohl bei der Erfüllung von Verpflichtungen als auch bei der Beanspruchung ihrer Rechte sollen die Parteien gemäß dem Grundsatz von Treu und Glauben handeln.[22]

Alle gesetzlich normierten vorvertraglichen Informationspflichten ergeben sich bereits aus Art. 227 CC. Bei den gesetzlich geregelten Pflichten handelt es sich nur um ausdrückliche Beispiele. Diese Pflichten stehen nicht neben Art. 227 CC. Verletzt der Informationsschuldner eine gesetzlich geregelte Informationspflicht, verletzt er zugleich Art. 227 CC.[23]

Wenn eine Partei einen Umstand kennt oder hätte kennen müssen, der zum Abbruch der Vertragsverhandlungen führen kann, muss sie den anderen gemäß dem Grundsatz von Treu und Glauben umgehend darüber informieren.[24]

An diesem Grundsatz hat sich bislang nichts geändert. Rechtsprechung und Literatur sind sich darüber einig, dass eine Haftung wegen Verletzung vorvertraglicher Informationspflichten darin bestehen kann, dass vertragserhebliche Umstände entweder verschwiegen werden, falsch, unvollständig oder ungenau sind. Art. 227 CC verpflichtet zur *„conclusão honesta do negócio".*[25]

Begrenzt wird die vorvertragliche Informationspflicht durch zwei Erfordernisse: In jedem Fall muss es sich um einen Umstand handeln, der den Vertragsschluss gefährden kann. Bei Verletzung der Informationspflicht durch Verschweigen muss darüber hinaus eine Aufklärungspflicht bestehen. Dies wiederum ist nur zu bejahen, wenn es sich um einen erkennbar für die andere Partei wesentlichen Umstand handelt und diese Partei sich die Information nicht selbst beschaffen kann.[26]

---

[21] Art. 227 CC: *"Quem negoceia com outrem para conclusão de um contrato deve, tanto nos preliminares como na formação dele, proceder segundo as regras da boa fé, sob pena de responder pelos danos que culposamente causar à outra parte."*

[22] Art. 762 n.° 2 CC: *"No cumprimento da obrigação, assim como no exercício do direito correspondente, devem as partes proceder de boa fé."*

[23] FERREIRA DE ALMEIDA, *Direito do Consumo*, 2005, 118.

[24] Urteil des STJ vom 14.10.1986, SJ198610140740221: *„Quando uma das partes sabe ou deve saber que um facto – ignorado pela outra, mas que as regras de boa fé exigem que lhe seja revelado – pode conduzir ao abortamento das negociações, impõe--se que, sem demora, preste essa informação."*

[25] MENEZES CORDEIRO, *Da Boa Fé no Direito Civil I*, 1984, 583.

[26] Vgl. SINDE MONTEIRO, *Culpa in contrahendo*, Cadernos de Justiça Administrativa, n.° 42, Nov/Dez 2003, 12.

Auch ist im portugiesischen Recht anerkannt, dass eine besondere persönliche Beziehung oder ein besonderes persönliches Vertrauensverhältnis zu Informationspflichten führen kann. Die Informationspflicht kann hier daraus erwachsen, dass die Parteien zusammenarbeiten bzw. kooperieren wollen. Als Beispiel für einen solchen Vertragstyp wird der Gesellschaftsvertrag genannt.[27]

Wie im deutschen Recht sollen vertragliche Informationspflichten gewährleisten, dass der Vertrag ordnungsgemäß durchgeführt wird. Dies wird wie nach deutschem Recht vor allem bei Dauerschuldverhältnissen relevant.

3. Informationspflichten, die sich aus dem portugiesischem Verbraucherschutzgesetz ergeben

In Portugal existiert ein Verbraucherschutzgesetz (*Lei de Defesa do Consumidor – LDC*).[28] Laut Art. 1 Abs. 1 LDC obliegt es dem Staat, den selbständigen Bezirken (*regiões autónomas*) und den Gemeinden (*autarquias locais*) den Verbraucher zu schützen und das Verbraucherschutzgesetz zu vollziehen. Das soll insbesondere durch Unterstützung der Verbraucherschutzverbände (*associações de consumidores*) und Verbraucherschutzgenossenschaften (*cooperativas de consumo*) umgesetzt werden.

Art. 2 LDC enthält wichtige Definitionen und legt den Anwendungsbereich des Gesetzesdekrets fest. Als Verbraucher ist jeder anzusehen, an den Waren geliefert, Dienste geleistet oder Rechte übertragen werden, soweit sie nicht für den beruflichen bzw. gewerblichen Gebrauch bestimmt sind, Art. 2 Abs. 1, 1. Halbsatz LDC (*uso não profissional*). Auf der anderen Seite muss eine Person stehen, die einer wirtschaftlichen Tätigkeit mit beruflichen bzw. gewerblichen Charakter und mit Gewinnerzielungsabsicht nachgeht, Art. 2 Abs. 1, 2. Halbsatz LDC.[29]

---

[27] SINDE MONTEIRO, *Culpa in contrahendo*, Cadernos de Justiça Administrativa, n.° 42, Nov/Dez 2003, 13.

[28] Gesetz Nr. 24/96 vom 31. Juli 1996. Es ersetzte das erste Verbraucherschutzgesetz Portugals vom 22. August 1981, Gesetz Nr. 29/81.

[29] Vom Anwendungsbereich werden auch Leistungen öffentlicher Stellen an Verbraucher umfasst, vgl. Art. 2 Abs. 2 LDC.

Von Bedeutung sind die besonderen Informationsrechte gem. Art. 8 LDC (*direito à informação em particular*).

Der Warenlieferant bzw. der Dienstleistungsunternehmer muss, sowohl während der Vertragsverhandlungen als auch bei Vertragsschluss den Verbraucher in klarer, objektiver und angemessener Form (*de forma clara, objectiva e adequada*) informieren, insbesondere über die Eigenschaften, die Zusammensetzung und den Preis der Sache bzw. der Dienstleistung, genauso wie über die Vertragslänge, Garantien, Lieferzeiten und Betreuung nach Abwicklung des Rechtsgeschäfts, Art. 8 Abs. 1 LDC.

Die Informationspflicht lastet auch auf dem Produzenten, dem Fabrikanten, dem Importeur, dem Vertreiber, dem Verpacker und dem Großhändler. Jeder aus dieser Produktion-Konsum-Kette muss sich im Stande sehen, seiner Informationspflicht gegenüber dem Verbraucher unmittelbar nachzukommen, vgl. Art. 8 Abs. 2 LDC.

Die Risiken für die Gesundheit und die Sicherheit der Verbraucher, die sich aus dem normalen Gebrauch von gefährlichen Waren bzw. der Inanspruchnahme und Diensten ergeben können, müssen dem potenziellen Verbraucher durch den Warenlieferanten bzw. Dienstleistungsunternehmer auf klare, vollständige und angemessene Art (*de modo claro, completo e adequado*) mitgeteilt werden, Art. 8 Abs. 3 LDC.

Die Pflicht zur Information kann weder ausgeschlossen werden noch darf sie von dem Bestehen eines Betriebsgeheimnisses, das nicht ausdrücklich gesetzlich benannt ist, abhängig gemacht werden. Diese Pflicht beeinträchtigt auch nicht die Anwendung gesetzlicher Regelungen bezüglich Allgemeiner Geschäftsbedingungen oder anderer günstigerer Verbraucherschutzgesetze, Art. 8 Abs. 6 LDC.

4. Informationspflichten, die sich aus EU-Richtlinien ergeben

Die europarechtlichen Richtlinien werden in Portugal in der Regel nicht in existierende Gesetze integriert, sondern durch selbständige Gesetzesdekrete in das portugiesische Recht transferiert.

Die Fernabsatz-Richtlinie[30] wurde per Gesetzesdekret Nr. 143/2001 vom 26 April 2001[31] in das portugiesische Recht umgesetzt. Zugleich

---

[30] port. Directiva N° 7/CE/1997, do Parlamento Europeo e do Conselho, de 20 de Maio, relativa à protecção dos consumidores em matéria de contratos celebrados à distância.

[31] Decreto-Lei n.° 143/2001 de 26 de abril.

hob der Gesetzgeber das Gesetzesdekret Nr. 272/1987 vom 3. Juli 1987 auf.[32] Bereits in diesem Gesetzesdekret gab es umfassende Regelungen zum Fernabsatzvertrag.[33] Portugal war neben Dänemark und Frankreich der erste Mitgliedstaat, der diesbezüglich Vorschriften erlassen hatte.[34]

In Art. 4 des Gesetzesdekrets Nr. 143/2001 sind die vorvertraglichen Informationspflichten festgelegt. Art. 5 bestimmt die Informationspflichten im Zeitpunkt des Vertragsschlusses. Der portugiesische Gesetzgeber hat die Vorgaben der Fernabsatz-Richtlinie nahezu wörtlich übernommen. Besonderheiten ergeben sich demnach hinsichtlich von Informationspflichten im Fernabsatzvertrag nicht.

Die E-Commerce-Richtlinie[35] wurde mit Gesetzesdekret Nr. 7/2004[36] vom 7. Januar 2004 in das portugiesische Recht umgesetzt. Die vorvertraglichen und vertraglichen Informationspflichten sind in Art. 28 bis 31 des Gesetzesdekrets festgelegt. Auch hier hat sich der Gesetzgeber an die Vorgaben der Richtlinie gehalten und keine weitergehenden Regelungen getroffen. Subisidär kommen die Vorschriften zum Fernabsatzvertrag zur Anwendung, vgl. Art. 3 Abs. 5 des Gesetzdekrets und Abs. 2 der Einführung des Gesetzesdekrets.[37]

Die Richtlinie über den Verbrauchsgüterkauf wurde mit Gesetzesdekret Nr. 67/2003 vom 8. April 2003[38] in portugiesisches Recht umgesetzt und hat einen weiteren Anwendungsbereich als die Richtlinie vorsieht. Es umfasst nicht nur die beweglichen Güter, wie sie die Richtlinie vorsieht, sondern auch die, die von der Richtlinie ausdrücklich ausgenommen werden (Art. 1 Abs. 2, lit. b Richtlinie über den Ver-

---

[32] Decreto-Lei n.° 272/1987, de 3 de Julho.

[33] Art. 8.° Decreto-Lei n.° 272/1987: „(...) distribuição a retalho em que se oferece ao consumidor a possbilidade de encomendar pelo correio, telefone ou outro meio de comunicação os bens ou serviços divulgados através de catálogos, revistas, journais, impressos ou quaisquer outros meios gráficos ou audio-visuais."

[34] Zu den Vorgängerregelungen vgl. näher MICKLITZ/ROTT, Fernabsatzgeschäfte in Spanien und Portugal, RIW 2000, 490 (498-502).

[35] Port. Directiva N° 2000/31/CE, do Parlamento Europeo e do Conselho, de 8 de Junho de 2000, relativa a certos aspectos legais dos serviços da sociedade de informação, em especial do comércio electrónico, no mercado interno.

[36] Decreto-Lei n.° 7/2004 de 7 de janeiro.

[37] siehe dazu auch Art. 3 Abs. 5 dieses Decreto-Lei: die Regelungen dieser Vorschrift schließen die Anwendbarkeit anderer Gesetze nicht aus, soweit sie sie ergänzen, namentlich die Regelungen über den Fernabsatzvertrag [...].

[38] Decreto-Lei n.° 67/2003, de 8 de Abril.

brauchsgüterkauf). Des Weiteren fallen auch unbewegliche Güter und Sachen, die bei einer Versteigerung[39] erworben wurden, sowie Mietverträge von Verbrauchsgütern (*contratos de locação de bens de consumo*) in den Anwendungsbereich.[40]

Der Gesetzgeber wollte dem Verbraucher den Schutz erhalten, der ihm schon nach früherer, portugiesischer Rechtslage zustand. Da dieser weiter ging als nach der VKRL vorgesehen, musste der Anwendungsbereich des Gesetzesdekrets erweitert werden.[41] Es werden aber keine besonderen Informationspflichten bezüglich des Verbrauchsgüterkaufs eingeführt. Insoweit ging der Gesetzgeber nicht über die Vorgaben hinaus.

5. Zusammenfassung

Wie in Deutschland ergeben sich vorvertragliche bzw. vertragliche Informationspflichten aus dem Grundsatz von Treu und Glauben. Diese sollen dem Vertragschließenden die Möglichkeit geben, eine Vertragsschlussentscheidung zu treffen, die frei von Willensmängeln ist, bzw. eine ordnungsgemäße Vertragsdurchführung gewährleisten. Begrenzt wird die Informationspflicht von der Möglichkeit, sich selbst zu informieren. Insoweit ergeben sich keine Unterschiede zum deutschen Recht.

Allerdings ist festzuhalten, dass der Verbraucher in Portugal durch die *Lei de Defesa do Consumidor* eine bessere Rechtsposition hat. Es werden konkrete Informationspflichten normiert, die auch unabhängig von der Möglichkeit der Selbstinformation bestehen. Demnach geht im Verbraucherschutzrecht der Schutz durch Informationspflichten im portugiesischen Recht weiter. Die Einführung weiterer Informationspflichten durch die Umsetzung von EU-Richtlinien erweitert diesen Schutz noch zusätzlich.

---

[39] Die VKRL erlaubte den Mitgliedstaaten ersteigerte Sachen von den Regelungen zum Verbrauchsgüterkauf auszuschließen, Art. 1 Nr. 3 VKRL.

[40] Näher dazu MENEZES LEITÃO, *O novo regime da venda de bens de consumo*, EIDC, volume II, 2005, 37 (40-43).

[41] Das Gesetzesdekret enthält aber keine Definition des Begriffs "Verbraucher". Die Definition im LDC entspricht nicht den Vorgaben der VKRL, so dass hier eine Umsetzungslücke besteht, PINTO MONTEIRO, *Garantias na venda de bens de consumo. A transposição da Directiva 1999/44/CE para o direito português*, EDC, n.° 5, 2003, 125 (133, 134).

IV. Sanktionierung von Informationspflichtenverletzung in Deutschland

Die Rechte bei Verletzung von Informationspflichten ergeben sich aus dem BGB. Dabei ist zwischen den Rechten vor Gefahrübergang und Rechten nach Gefahrübergang zu unterscheiden.

1. Rechte bei Verletzung vorvertraglicher Informationspflichten vor Gefahrübergang

Bei vorsätzlicher Informationspflichtverletzung kann der Getäuschte binnen Jahresfrist den Vertrag anfechten, §§ 123 Abs. 1, 124 Abs. 1 BGB. Das hat zur Folge, dass der Vertrag von Anfang an als nichtig anzusehen ist, § 142 Abs. 1 BGB. Ist der Vertrag bereits durchgeführt worden, wird er nach den Grundsätzen der ungerechtfertigten Bereicherung gem. § 812 ff. BGB rückabgewickelt.

Des Weiteren kann es unter Umständen auch zu einer Haftung aus Verschulden bei Vertragsverhandlungen gem. §§ 311 Abs. 2 Nr. 1, 241 Abs. 2 i.V.m. § 280 BGB kommen.

Eine Anfechtung nach § 123 BGB schließt eine Haftung aus cic nicht aus.[42] Dagegen schließt die Anwendbarkeit kaufrechtlicher Gewährleistungsvorschriften eine Haftung aus cic aus, sofern sich die unrichtige Information auf die Beschaffenheit der Kaufsache bezieht.[43] Schon vor der Schuldrechtsreform war die ständige Rechtsprechung dieser Ansicht.[44] Jetzt besteht ein differenziertes Gewährleistungsrecht, so dass für einen Rückgriff auf die cic ab Gefahrübergang kein Platz mehr ist. Jedoch findet die cic weiterhin Anwendung, wenn sich die fehlende Information nicht auf die Kaufsache bezieht.[45] Entsprechendes gilt im Reiserecht. Bei Reisemängeln bilden die §§ 651cff. BGB abschließende Gewährleis-

---

[42] BGH NJW 1979, 1983; BGH NJW-RR 2002, 308 (309).

[43] Vgl. CANARIS, *Die Neuregelung des Leistungsstörungs- und des Kaufrechts - Grundstrukturen und Problemschwerpunkte*, Karlsruher Forum 2002: Schuldrechtsmodernisierung, 5 (87-90); BERGER, *Der Beschaffenheitsbegriff des § 434 Abs. 1 BGB*, JZ 2004, 276 (282); a.A. MünchKomm BGB/EMMERICH, Band 2a[4], 2003, § 311, Rdn. 135-139.

[44] Vgl. zu §§ 459ff. a.F. BGHZ 60, 319.

[45] Palandt BGB/PUTZO[65], 2006, § 437, Rdn. 51a.

tungsvorschriften.[46] Führt die Nicht- oder Schlechterfüllung einer Informationspflicht, die keinen Reisemangel darstellt, zu einem Schaden, kann dies einen Schadensersatzanspruch nach §§ 280, 311 BGB auslösen.[47]

Die Verletzung der vorvertraglichen Informationspflicht muss zu einem Schaden geführt haben. Außerdem muss der Schuldner die Informationspflicht schuldhaft verletzt haben, wobei das Vertretenmüssen gem. § 280 Abs. 1 S. 2 BGB vermutet wird. Für das Vorliegen einer Informationspflichtverletzung hat der Gläubiger aber zunächst die volle Darlegungs- und Beweislast. Der Schuldner muss daraufhin substantiiert bestreiten, dass er keine Informationspflicht verletzt hat.[48]

Der Schaden liegt in der Regel darin, dass der nicht oder nicht ausreichend informierte Vertragspartner den Vertrag bei gehöriger Information entweder gar nicht oder nicht in der erfolgten Art und Weise abgeschlossen hätte. Grundsätzlich kann der Geschädigte verlangen, so gestellt zu werden, wie er ohne das schädigende Verhalten des anderen Teils gestanden hätte, § 249 Abs. 1 BGB. Die Rechtsprechung geht dabei in der Regel davon aus, dass der Geschädigte sich bei richtiger Information auch „aufklärungsrichtig" verhalten hätte.[49] Voraussetzung für diese Vermutung ist jedoch, dass vernünftigerweise nur eine einzige Reaktion auf die ordnungsgemäße Beratung in Betracht gekommen wäre. Kommen mehrere alternative Verhaltensvarianten in Betracht, gilt diese Vermutung grundsätzlich nicht, da dann offen ist, wie sich der Geschädigte bei ordnungsgemäßer Beratung verhalten hätte.[50] Hätten aber alle alternativen Handlungsmöglichkeiten den Schaden vermieden, kommt die Vermutung dem Anspruchsteller dann doch zugute.[51]

---

[46] Palandt BGB/Sprau[65], 2006, vor § 651c-g, Rdn. 9.
[47] Palandt BGB/Grüneberg[65], 2006, Einf BGB-InfoV, Rdn. 3.
[48] BGH NJW 1987, 1322; BGH NJW 1996, 2571; OLG Hamm NJW-RR 99, 217.
[49] So BGH NJW 1989, 1793 (1794); BGH NJW 1991, 1819 (1820); BGH NJW 1994, 663 (664).
[50] BGHZ 126, 151 (161); BGH NJW 1994, 2541 (2542).
[51] BGH NJW 2002, 2703.

2. Rechte bei Verletzung vorvertraglicher Informationspflichten nach Gefahrübergang

Wie bereits erwähnt, kommen ab Gefahrübergang ausschließlich §§ 437 ff. BGB zur Anwendung, wenn sich die Informationspflichtverletzung auf die Mangelhaftigkeit der Kaufsache bezieht. Die kaufrechtlichen Gewährleistungsvorschriften sind insoweit abschließend. Bezieht sich die Informationspflichtverletzung nicht auf die Kaufsache, bleibt es bei der Anwendung des allgemeinen Störungsrecht gem. § 280 Abs. 1 bzw. §§ 311 Abs. 2, 280 Abs. 1 BGB.[52]

Eine Ausnahme ist bei arglistigem Verschweigen des Mangels gegeben. Dem Käufer steht es dann frei den Vertrag wegen arglistiger Täuschung gem. § 123 BGB anzufechten, auch wenn sich die Informationspflichtenverletzung auf die Kaufsache bezieht. Der Verkäufer ist in diesem Fall nicht schutzwürdig und es gibt keinen Grund, den Käufer auf seine kaufrechtlichen Gewährleistungsrechte zu beschränken.[53] Zu beachten ist jedoch § 442 BGB. Wenn der Käufer den Mangel bei Vertragsschluss kannte oder grobfahrlässig nicht kannte, sind diese Rechte ausgeschlossen, es sei denn der Verkäufer hat den Mangel arglistig verschwiegen. Diese Vorschrift macht deutlich, dass ein Vertragspartner nicht schutzwürdig ist, wenn er unter keinem Informationsdefizit leidet.

Im Reiserecht gelten die reiseverträglichen Gewährleistungsvorschriften sogar schon ab Vertragsschluss. Alle Störungsfälle, die nicht allein in der Person des Reisenden liegen, werden erfasst, sofern der Nutzen der Reise beeinträchtigt wird. Das gilt für Reisemängel genauso wie für Fälle von gänzlicher und teilweiser Unmöglichkeit.[54]

---

[52] Palandt BGB/SPRAU[65], 2006, vor § 651c-g, Rdn. 9.
[53] Palandt BGB/PUTZO[65], 2006, § 437, Rdn. 54.
[54] Vgl. zu dieser herrschenden Einheitslösung in Literatur und Rechtsprechung MünchKomm BGB/TONNER, Band 4[4], 2005, § 651c BGB, Rdn. 43-51; FÜHRICH, Reiserecht[5], 2005, Rdn. 203; Palandt BGB/SPRAU[65], 2006, vor § 651c-g, Rdn. 9; Soergel BGB/ECKERT, Band 4/2[12], 1999, vor § 651c, Rdn. 7; BGHZ 130, 128 (132); BGH NJW 2000, 1188; LG Frankfurt/Main RRa 2001, 202.

3. Rechte bei Verletzung vertraglicher Informationspflichten

Als Sanktion für die Verletzung vertraglicher Informationspflichten kommt allein § 280 Abs. 1 BGB in Betracht, soweit es sich dabei um eine vertragliche Nebenpflicht handelt. Die Pflichtverletzung muss der Getäuschte beweisen, d.h. er muss beweisen, dass der andere Teil eine vertragliche Informationspflicht verletzt hat. Das Verschulden des Schuldners wird vermutet, § 280 Abs. 1 S. 2 BGB.

Die Informationspflichtverletzung muss kausal zu einem Schaden geführt haben. Wäre das aufklärungsrichtige Verhalten die einzige Alternative gewesen, vermutet die Rechtsprechung, dass sich der Geschädigte entsprechend verhalten hätte und es nicht zu dem Schaden gekommen wäre. In diesem Sinne entschied der BGH bei Aufklärungsfehlern des Verkäufers[55], des Rechtsanwalts[56], des Steuerberaters[57], der Bank[58], des Arztes[59], des Versicherers[60], des Börsenterminhändlers[61] und des Terminoptionsvermittlers[62]. Greift die Vermutung, muss nun der Aufklärungspflichtige seinerseits darlegen und beweisen, dass sich der andere Teil auch bei ordnungsgemäßer Information ebenso verhalten hätte und der Schaden demnach ebenfalls eingetreten wäre.[63] Insofern ergeben sich keine Unterschiede zur Darlegungs- und Beweispflicht hinsichtlich Schäden, die durch Verletzung einer vorvertraglichen Informationspflicht entstanden sind. [64]

Die vom Schuldner zu vertretene Informationspflichtverletzung begründet einen Schadensersatzanspruch, der sich auf alle unmittelbaren und mittelbaren Nachteile des schädigenden Verhaltens erstreckt. Der Anspruch tritt anders als der Anspruch aus §§ 281ff. BGB nicht an die Stelle, sondern neben den Erfüllungsanspruch.[65] Der neben den Anspruch

---

[55] BGH 64, 51; BGHZ 111, 82.
[56] BGH NJW 1992, 240; BGH NJW 1993, 3259; BGH NJW 1998, 749.
[57] BGH NJW-RR 1992, 1110 (1115).
[58] BGHZ 72, 92 (106).
[59] BGHZ 89, 95 (103).
[60] OLG Hamm NJW-RR 2001, 239 (241).
[61] NJW-RR 2004, 203 (205).
[62] BGH NJW 1994, 512.
[63] Vgl. MünchKomm BGB/ERNST, Band 2a⁴, 2003, § 280, Rdn. 144.
[64] Vgl. dazu schon unter IV. 1.
[65] Palandt BGB/HEINRICHS[65], 2006, § 280, Rdn. 32.

auf Nacherfüllung tretende Anspruch aus § 280 Abs. 1 BGB erfasst alle Schäden, die durch die (Informations-)pflichtverletzung endgültig entstanden sind und durch Nachbesserung und Ersatzlieferung nicht beseitigt werden können. Sofort ersatzfähig sind nur Begleit- und Folgeschäden, weitergehender Schadensersatz hängt von einer vorangehenden Nachfristsetzung ab, vgl. § 281 Abs. 1 S. 1 BGB.[66]

Hat der Schuldner z.B. durch Verletzung einer vertraglichen Informationspflicht den Gläubiger veranlasst, einen nachteiligen Vertrag abzuschließen oder andere nachteilige Dispositionen zutreffen, muss er ihn so stellen, als hätte derjenige diese nachteiligen Dispositionen nicht getroffen.[67] Ein Schadensersatzanspruch gem. § 280 Abs. 1 BGB ist ebenfalls zu gewähren, wenn z.B. der Verkäufer einer Betonmischmaschine den Käufer nicht darauf hinweist, dass diese bei Frost besonderer Wartungsmaßnahmen bedarf und es daraufhin zur Produktion fehlerhaften Betons kommt, den der Käufer wieder entfernen und ersetzen muss.[68]

4. Rechte, die sich aus EU-Richtlinien ergeben

a) Fernabsatzvertrag

Art. 6 Abs. 1 S. 1 der Fernabsatz-Richtlinie besagt, dass der Verbraucher jeden Vertragsabschluss im Fernabsatz innerhalb einer Frist von mindestens sieben Werktagen ohne Angabe von Gründen und ohne Strafzahlung widerrufen kann. Diese Widerrufsfrist läuft aber nur, wenn der Verbraucher auch über sein Recht zum Widerruf ordnungsgemäß belehrt wurde, Art. 6 Abs. 1 S. 3. Wurde der Verbraucher nicht belehrt, beträgt die Widerrufsfrist drei Monate bei Waren mit dem Tag ihres Eingangs beim Verbraucher, bei Dienstleistungen mit dem Tag des Vertragsabschlusses, Art. 6 Abs. 1 Sätze 4 und 5.

---

[66] HUBER, *Die Schadensersatzhaftung des Verkäufers wegen Nichterfüllung der Nacherfüllungspflicht und die Haftungsbegrenzung des § 275 Abs. 2 BGB neuer Fassung*, Festschrift SCHLECHTRIEM, 2003, 521 (524); CANARIS, *Die Neuregelung des Leistungsstörungs- und des Kaufrechts – Grundstrukturen und Problemschwerpunkte*, Karlsruher Forum 2002: Schuldrechtsmodernisierung, 5 (33).

[67] BGH NJW 2004, 1868 (1870).

[68] Vgl. CANARIS, *Begriff und Tatbestand des Verzögerungsschadens im neuen Leistungsstörungsrecht*, ZIP 2003, 321 (325).

Diese Vorschriften wurden folgendermaßen in das BGB inkorporiert: Dem Verbraucher steht bei Fernabsatzverträgen gem. § 312 d Abs. 1 BGB ein Widerrufsrecht nach § 355 BGB bzw. Rückgaberecht nach § 356 BGB zu. Die Widerrufsfrist beträgt zwei Wochen, § 355 Abs. 1 S. 2 BGB.

Gem. § 355 Abs. 2 S. 1 BGB läuft die Widerrufsfrist grundsätzlich ab dem Zeitpunkt der Widerrufsbelehrung durch den Unternehmer. Beim Fernabsatzvertrag gilt nun abweichend davon, dass die Widerrufsfrist nicht vor Erfüllung der Informationspflichten nach der BGB-InfoV beginnt, § 312 d Abs. 2 i.V.m. § 312 c Abs. 2 BGB. Es erlischt nicht, wenn der Verbraucher nicht ordnungsgemäß über sein Widerrufsrecht belehrt wurde, § 312 d Abs. 1 i.V.m. § 355 Abs. 3 S. 3 BGB.

Die Fernabsatz-Richtlinie besagt über das Widerrufsrecht hinaus nur, dass die Mitgliedstaaten im Interesse der Verbraucher für geeignete und wirksame Mittel sorgen, die die Einhaltung der Bestimmungen der Richtlinie gewährleisten, Art. 11 Abs. 1.

Es ist jedoch möglich, dass mit dem Widerruf eines Vertrages bzw. mit der Rückgabe der Ware nicht alle Schäden des Verbrauchers abgedeckt sind. Zum Beispiel kann er im Vertrauen auf den gültigen Vertrag selbst Investitionen getätigt haben, die nun nutzlos geworden sind. Wie dieser geldwerte Schaden zu ersetzen ist, sagt die Richtlinie nicht. Außerdem kann der Fall eintreten, dass der Verbraucher zwar über sein Widerrufsrecht belehrt wurde, aber andere Informationen inhaltlich falsch waren, auf die er vertraut hat und aus denen nun ein Vermögensschaden resultiert.

Es muss demnach auf innerstaatliches Recht zurückgegriffen werden. Die Verletzung von § 312 d Abs. 1 oder 2 BGB kann zu einem Schadensersatzanspruch aus § 311 Abs. 2 BGB oder § 280 BGB führen. Die Verletzung einer Informationspflicht muss dann kausal für den geltend gemachten Vermögensschaden gewesen sein.[69]

Auch eine Anfechtung gem. § 119 BGB ist denkbar, wenn sich der Verbraucher aufgrund der fehlenden Information nicht einmal im Klaren darüber war, einen Vertrag abzuschließen.[70]

---

[69] Vgl. Palandt BGB/GRÜNEBERG[65], 2006, Einf BGB-InfoV, Rdn. 8 und 9.
[70] Vgl. BT-Drucks. 14/6040, 173.

b) Verträge im elektronischen Geschäftsverkehr

In der E-Commerce-Richtlinie werden keine Widerrufs- und Rückgaberechte vorgeschrieben. In Art. 20 heißt es lediglich, dass die Mitgliedstaaten die Sanktionen festlegen, die bei Verstößen gegen die einzelstaatlichen Vorschriften zur Umsetzung dieser Richtlinie anzuwenden sind, und treffen alle geeigneten Maßnahmen, um ihre Durchsetzung sicherzustellen. Die Sanktionen müssen wirksam, verhältnismäßig und abschreckend sein. Entsprechend existieren im deutschen Recht keine besonderen Rechte bei Verletzung von Informationspflichten im E-Commerce.

5. Zusammenfassung

Die Rechte bei Verletzung von Informationspflichten ergeben sich zum großen Teil aus dem BGB. Durch die Umsetzung von EU-Richtlinien ist allein das Widerrufsrecht als neues Instrument der Sanktionierung hinzugetreten.

V. Sanktionierung von Informationspflichtenverletzungen in Portugal

Die Rechte bei Verletzung von Informationspflichten finden sich sowohl in CC und LDC als auch in speziellen Regelwerken.

1. Rechte bei Verletzung von Informationspflichten nach CC

a) Anfechtung

Das portugiesische Recht unterscheidet zwischen der Anfechtung wegen Irrtums gem. Art. 247 CC (*erro*) und der Anfechtung wegen arglistiger Täuschung gem. Art. 254 CC (*dolo*). Der täuschungsbedingte Irrtum wird als qualifizierter Irrtum bezeichnet.[71]

---

[71] HÖRSTER, *A Parte Geral do Código Civil Português*, 1992, 570.

Für beide Anfechtungsarten gilt, dass eine Anfechtung nur dann in Frage kommt, wenn die fehlerhafte Willensbildung auf der Täuschung bzw. dem Irrtum beruht. Der Irrtum muss so wesentlich sein, dass der Irrende bei Kenntnis der wahren Umstände den Vertrag nicht geschlossen hätte. Nicht ausreichend ist es, wenn der Irrende den Vertrag mit anderem Inhalt abgeschlossen hätte.[72]

b) Schadensersatzpflicht gem. Art. 227 CC

Bei Verletzung einer vorvertraglichen Informationspflicht ergibt sich der Schadensersatzanspruch direkt aus Art. 227 n.° 2 CC. Danach haftet jeder für die Schäden, die er durch die schuldhafte Verletzung der Grundsätze von Treu und Glauben verursacht hat.

Die Tatbestandvoraussetzungen ergeben sich aus Art. 562 ff. CC. Durch die Informationspflichtenverletzung muss ein Schaden entstanden sein, der kausal auf der Informationspflichtenverletzung beruht. Die Informationspflicht muss schuldhaft verletzt worden sein.

Der Informationsgläubiger muss darlegen und beweisen, dass eine Informationspflicht besteht. Der Informationsschuldner muss hingegen darlegen und beweisen, dass er die Informationspflicht auch erfüllt hat.

Steht fest, dass der Informationsschuldner die Informationspflicht nicht erfüllt hat, wird sein Verschulden gem. Art. 799 CC vermutet. So entschied der *Supremo Tribunal de Justiça* (*STJ*) in einem jüngeren Urteil aus dem Jahr 2005. Zur Begründung gab er an, dass Verhandlungen im Vorfeld des Vertragsschlusses bereits dem Bereich der vertraglichen Haftung zuzuordnen seien und deshalb das Verschulden gem. Art. 799 n.° 1 CC zu vermuten sei.[73]

Der Informationsgläubiger ist so zu stellen, wie er ohne die Verletzung der Informationspflicht stünde. Der Schadensersatz ist aber um

---

[72] Urteil des STJ vom 13.05.2004, SJ200405130013247: "*É necessário que o erro seja essencial, no sentido de que levou o errante a concluir o negócio em si mesmo e não apenas nos termos em que foi concluído.*"

[73] Urteil des STJ vom 25.10.2005, SJ 200510250030546: "*Nas negociações preliminares à celebração de contratos já nos encontramos no domínio da responsabilidade contratual, pelo que há aí que ter em conta a presunção de culpa establecida no art.° 799°, n.° 1 CC.*"

die Vorteile zu kürzen, die der Informationsgläubiger ebenfalls durch die Verletzung der Informationspflicht erlangt hat, Art. 586 CC. Voraussetzung dafür ist jedoch, dass zwischen erlittenem Schaden und erlangten Vorteilen ein kausaler Zusammenhang besteht und sie nicht nur zufällig zusammen treffen.[74]

c) Schadensersatzpflicht gemäß Art. 798 CC

Bei Verletzung vertraglicher Informationspflichten besteht eine Schadensersatzpflicht gem. Art. 798 CC. Danach muss der Schuldner dem Gläubiger den Schaden ersetzen, der dadurch entstanden ist, dass er schuldhaft seine Pflicht aus dem Schuldverhältnis nicht erfüllt hat.[75] Es muss eine schuldhafte Verletzung einer vertraglichen Informationspflicht vorliegen. Der erlittene Schaden muss kausal auf der Informationspflichtenverletzung beruhen.

Allerdings ist zu beachten, dass diese allgemeine Schadensersatzpflicht auch von speziellen Regelungen überlagert werden kann. So sind z.B. die besonderen Gewährleistungsrechte im Kaufrecht nach Art. 913 ff. CC zu beachten.

2. Rechte nach dem Verbraucherschutzgesetz

Der LDC ist in seinem Anwendungsbereich ein Spezialgesetz und geht den Regelungen des CC vor.[76]

a) Rechte nach Art. 8 Abs. 4 und 5 LDC

Bei Fehlen der Information, unzureichender, unleserlicher oder zweideutiger Information, die den angemessenen Gebrauch der Sache

---

[74] Urteil des STJ vom 25.10.2005, SJ 200510250030546: *"Mas para tanto impõe--se, que entre o facto danoso e a vantagem obtida pelo lesado haja um verdadeiro nexo de causalidade e não uma simples coincidência acidental, fortuita ou casual."*

[75] Art. 798 CC: *"O devedor que falta culposamente ao cumprimento da obrigação torna-se responsável pelo prejuízo que causa ao credor."*

[76] MENEZES LEITÃO, *O direito do consumo: autonimazação e configuração dogmática*, EIDC, volume I, 2002, 10 (24).

oder des Dienstes in Gefahr bringt, hat der Verbraucher ein Widerrufs-bzw. Rückgaberecht innerhalb von sieben Werktagen (*direito de retractação do contrato relativo à sua aquisição ou prestação*). Die Frist beginnt an dem Tag der Übergabe der Sache bzw. bei Dienstleistungen an dem Tag des Vertragschlusses, Art. 8 Abs. 4 LDC.

Der Lieferant von Sachen oder Dienstleistungen, der die Pflicht zur Information verletzt, haftet dem Verbraucher für die entstandenen Schäden. Mehrere Beteiligte in der Produktions- bzw. Verteilungskette haften gesamtschuldnerisch, wenn sie ebenso ihre Pflicht zur Information verletzt haben, Art. 8 Abs. 5 LDC.

Anhand einer Entscheidung des *STJ* aus dem Jahr 1999 lässt sich gut darstellen, wie weit der Schutz des LDC geht und wie es auch gegenüber dem vorangegangenen Verbraucherschutzgesetzbuch von 1981 dem Verbraucher mehr Rechte einräumt.

Zum Sachverhalt: Der Kläger verlangte Schadensersatz von einem Kreditkartenunternehmen und einem Krankenversicherer wegen Ersatz von ärztlichen Behandlungskosten. Im Oktober 1992 hatte er mit dem beklagten Kreditkartenunternehmen einen Kreditkartenvertrag geschlossen. Er war Inhaber einer Kreditkarte „Unibanco Gold". Nach den ihm ausgehändigten allgemeinen Geschäftsbedingungen umfasste der Kreditkartenvertrag auch einen Krankenversicherungsvertrag. Danach sollten ihm Krankenhauskosten sowie Kosten für chirurgische Eingriffe inklusive des ärztlichen Honorars erstattet werden. Als Träger der Goldkarte war er automatisch über diese Krankenversicherung abgesichert. Diese Versicherung kam nach dem zwischen den beklagten Parteien abgeschlossenen Vertrag auch nur Trägern der Goldkarte zugute.

Am 4. November 1994 um 15.30 Uhr wurde der Kläger in ein Krankenhaus eingeliefert. Es wurde ein chirurgischer Eingriff vorgenommen. Am nächsten Tag um 12 Uhr mittags verließ der Kläger das Krankenhaus wieder. Das Honorar des Chirurgen betrug 400.000 Escudos, das Honorar des Anästhesisten 150.000 Escudos und das des Operationsassistenten 50.000 Escudos. Mit Schreiben vom 5. Mai 1995 verweigerte die beklagte Versicherung eine Erstattung dieser Kosten und verwies zur Begründung auf die aktuellen allgemeinen Geschäftsbedingungen, wonach die Kosten für Krankenhausaufenthalt und Behandlung nur erstattet werden, wenn der Aufenthalt länger als 48 Stunden dauere. Der Kläger hatte diese geänderten Geschäftsbedingungen nicht erhalten und begehrte nun vor Gericht den Ersatz der ärztlichen Honorarkosten.[77]

Der *STJ* gab der Klage nur teilweise statt. Gegen das Kreditkartenunternehmen bestand ein Schadensersatzanspruch wegen Verletzung seiner Informationspflicht gegenüber dem Kläger. Dieser Anspruch leitete sich aus dem Verbraucherschutzgesetz von 1981 ab. Als Vertragspartner war er verpflichtet, den Kläger über die aktuellen Geschäftsbedingungen der Krankenversicherung zu unterrichten. Da er diese Pflicht schuldhaft verletzt hatte, musste er den daraus entstandenen Schaden auch ersetzen.

Dagegen wies der *STJ* die Klage gegen das Versicherungsunternehmen ab, da dieses nicht Vertragspartner des Klägers war und keine Informationspflichten gegenüber dem Verbraucher bestanden. Es bestand kein direkter Kontakt. Der Kläger hatte nur einen Vertrag mit dem beklagten Kreditkartenunternehmen. Zwischen den beklagten Unternehmen bestand zwar ein Vertrag zugunsten Dritter, hier zugunsten des Klägers. Daraus erwuchsen aber keine Informationspflichten des Versicherungsunternehmens gegenüber dem Kläger. Im Verbraucherschutzgesetzbuch von 1981 existierte keine Vorschriften wie die des Art. 8 Abs. 5 LDC, wonach auch derjenige gesamtschuldnerisch mithaftet, der nicht direkt am Vertragsschluss beteiligt, aber Teil der Produktions- bzw. Dienstleistungskette ist.[78]

Aus dieser Entscheidung wird deutlich, dass das LDC von 1996 einen umfassenden Schutz des Verbrauchers gewähren möchte. Jedes Glied in der Vertragskette soll in die Haftung genommen werden können.

---

[77] STJ, Urteil vom 18. November 1999, n.° 869/99, DECO (Hrsg.), *Direitos do Consumidor – Colectânea de Jurisprudência*, 2003, 81-87.

[78] Vgl. STJ, Urteil vom 18. November 1999, n.° 869/99, DECO (Hrsg.), *Direitos do Consumidor – Colectânea de Jurisprudência*, 2003, 81 (86): *"Sucede, porém, que este preceito legal não tem qualquer dispositivo equivalente ao referido n.° 5 do art.° 8.° da lei actual, permitindo a condenação solidária de quem não contratou directamente com o fornecedor (no presente caso, as vantagens inerentes ao contrato de seguro)."*

b) Kaufrechtliche Gewährleistungsrechte gemäß Art. 12 LDC: Schadensersatzrecht

Art. 12 LDC ist durch Art. 13 des Gesetzesdekrets 67/2003 vom 8. April 2003[79] geändert worden. Dieses Gesetzesdekret diente der Umsetzung der Verbrauchsgüterkauf-Richtlinie[80]. Gemäß Art. 12 Abs. 1 LDC hat der Verbraucher Anspruch auf Ersatz des materiellen und immateriellen Schadens, der ihm durch die Lieferung einer mangelhaften Sache oder eine mangelhafte Dienstleistung entstanden ist. Der Produzent ist verschuldensunabhängig für die Schäden, die durch mangelhafte Produkte entstanden sind, die er in den Markt eingeführt hat, im gesetzlich vorgeschriebenen Rahmen verantwortlich.

In der alten Fassung waren weitere Gewährleistungsrechte in Art. 12 LDC geregelt.[81] Nun werden diese weiteren kaufrechtlichen Gewährleistungsrechte des Verbrauchers durch das Gesetzesdekret zum Verbrauchsgüterkauf bestimmt. Dieses Dekret definiert jedoch keine besonderen Informationspflichten des Verkäufers bezüglich der Kaufsache.

3. Rechte, die sich aus EU-Richtlinien ergeben

a) Rechte bei Fernabsatzverträgen

Die Rechte ergeben sich aus dem Gesetzesdekret zur Umsetzung der Fernabsatz-Richtlinie.

Dem Verbraucher steht ein Widerrufsrecht innerhalb von 14 Tagen zu. Bei Ausübung ist er weder zum Schadensersatz verpflichtet noch muss er eine Begründung angeben, Art. 6 Abs. 1 des Gesetzesdekrets.

---

[79] Decreto-Lei n.° 67/2003, de 8 de abril.

[80] Port. Directiva 1999/44/CE, do Parlamento Europeu e do Conselho, de 25 de Maio, relativa a certos aspectos da venda de bens de consumo e das garantias a ela relativas.

[81] Bei Bestehen eines Fehlers der Kaufsache konnte der Verbraucher unabhängig vom Verschulden des Verkäufers die Beseitigung des Mangels, Lieferung einer mangelfreien Sache, Preisminderung oder Vertragsauflösung verlangen. Das galt jedoch nicht, wenn er deutlich und vor Abschluss des Vertrages über die Fehlerhaftigkeit informiert wurde, Art. 12 Abs. 1 a.F.

Die Verletzung von Informationspflichten spielt bei der Berechnung der Widerrufsfrist gemäß Art. 6 Abs. 2 eine Rolle. Bei Waren beginnt die Frist mit dem Tag ihres Eingangs beim Verbraucher, wenn der Unternehmer seine Informationspflichten nach Art. 5 erfüllt hat. Bei Dienstleistungen beginnt die Frist am Tag des Vertragsschlusses oder an dem Tag, an dem der Unternehmer seine Pflichten nach Art. 5 erfüllt hat, sofern er diesen Pflichten erst nach Vertragsschluss nachgekommen ist. Wenn der Unternehmer seine Pflichten gemäß Art. 5 nicht erfüllt hat, verlängert sich die Widerrufsfrist nach Abs. 1 auf drei Monate, beginnend ab dem Tag des Wareneingangs beim Verbraucher bzw. bei Dienstleistungen ab dem Tag des Vertragschlusses. Im Fall, dass der Unternehmer seine Pflichten nach Art. 5 innerhalb der Dreimonatsfrist erfüllt, und der Verbraucher von seinem Widerrufsrecht noch keinen Gebrauch gemacht hat, steht dem Verbraucher ein Widerrufsrecht innerhalb von 14 Tagen ab dem Tage des Informationserhalts zu.

Den Unternehmer trifft die Beweislast, Art. 12. Er muss beweisen, dass er vor Abschluss des Vertrages, die nach diesem Gesetzesdekret vorgeschriebenen Informationen erteilt, eine schriftliche Bestätigung überreicht und die Fristen eingehalten hat sowie dass der Verbraucher damit einverstanden war.

Diese Beweislastverteilung zu Lasten des Unternehmers entspricht der Vorgabe des Art. 11 Abs. 3a) der Fernabsatz-Richtlinie, nach dem die Mitgliedstaaten bestimmen können, dass der Nachweis, dass eine vorherige Unterrichtung stattfand, eine schriftliche Bestätigung erfolgte oder die Fristen eingehalten wurden und die Zustimmung des Verbrauchers erteilt wurde, dem Lieferanten obliegen kann.

b) Rechte bei Verträgen im elektronischen Geschäftsverkehr

Auch im portugiesischen Recht werden dem Verbraucher im Gesetz zur Umsetzung der E-Commerce-Richtlinie keine Widerrufs- oder Rückgaberechte eingeräumt. Da es sich aber bei Verträgen im elektronischen Geschäftsverkehr immer gleichzeitig um Fernabsatzverträge handelt, finden die Vorschriften dieses Gesetzesdekrets auch auf Verträge im elektronischen Geschäftsverkehr Anwendung.

4. Zusammenfassung

Das portugiesische Zivilrecht kennt dieselben Rechte bei Verletzung von Informationspflichten wie Anfechtung und Schadensersatz. Auch ist durch die Umsetzung von EU-Richtlinien das Widerrufsrecht als Sanktionierungsinstrument hinzugetreten.

Im Unterschied zum deutschen Recht hat der Verbraucher noch besondere Rechte nach dem portugiesischen Verbraucherschutzgesetz. Diese Rechte kommen ausdrücklich zum Tragen, wenn Informationspflichten verletzt wurden. Dies macht das Gesetz in Bezug auf die Durchsetzung von Informationspflichten besonders wirkungsvoll.

VI. Schlussbemerkungen

Soweit es sich um Informationspflichten nach dem BGB bzw. CC handelt, sind keine signifikanten Unterschiede festzustellen. Diese Pflichten haben sich sowohl in Deutschland als auch in Portugal in der Rechtsprechung anhand des allgemeinen Grundsatzes von Treu und Glauben bzw. der *boa fé* entwickelt. Auch die Rechte bei Verletzung von Informationspflichten sind in ihren Voraussetzungen vergleichbar.

Unterschiede werden hingegen im Verbraucherschutzrecht deutlich. Die *Lei de Defesa do Consumidor* normiert besondere Informationspflichten, die gegenüber dem Verbraucher zu erfüllen sind. Auch enthält dieses Gesetz besondere Verbraucherschutzrechte, die bei Verletzung von Informationspflichten zum Tragen kommen. Das portugiesische Recht schützt somit den Verbraucher besonders vor Informationspflichtenverletzungen.

Aus diesem Grund brachte die Umsetzung von verbraucherschützenden EU-Richtlinien wenig Veränderung in diesem Bereich. Der portugiesische Gesetzgeber hatte mit seinem Verbraucherschutzgesetz schon einen wirksamen, breit angelegten Schutz geschaffen. In Deutschland hingegen brachte die Umsetzung der EU-Richtlinien einen Fortschritt im Bereich des Verbraucherschutzrechtes, da dieses bis dahin wenig Eingang in die Gesetzgebung gefunden hatte. Dies gilt insbesondere für Informationspflichten, die erstmalig normiert wurden.

AS GARANTIAS E A EXCLUSÃO DA RESPONSABILIDADE NO NOVO DIREITO BRASILEIRO DA COMPRA E VENDA

Gustavo Vieira da Costa Cerqueira[*]

I. Introdução 89
II. As garantias como meio de proteção do interesse do comprador: regime especial dos contratos face ao cumprimento defeituoso 100
   1. As garantias legais 102
   2. As garantias contratuais 119
III. A gestão contratual das garantias 123
   1. As garantias no contexto das causas excludentes da responsabilidade 124
   2. As garantias no contexto convencional da exclusão da responsabilidade 128
IV. Conclusão 149
V. Sumário/ Zusammenfassung 152

I. Introdução

1. A análise do regime jurídico das garantias e da exclusão da responsabilidade no novo direito brasileiro da compra e venda se enquadra perfeitamente no programa geral do Encontro anual da Deutsch-

---

[*] Doutorando em regime de co-tutela entre a Université Robert Schuman – Strasbourg III e a Universidade de São Paulo – USP, Brasil; D.E.A. em Direito Internacional (Strasbourg III); Especialista em Direito Internacional (UFRGS); Diplomado pela Faculté Internationale de Droit Comparé de Strasbourg; Bacharel em Direito pela UFRGS; Advogado no Brasil.

-Lusitanischen Juristenvereinigung de 2006, que versou sobre *"Schutzinteressen und Freiheitsrechte"*.[1] Relacionar aqueles dois regimes é tentar expressar uma das diversas relações de força que podem existir entre a necessidade de proteção de interesses legítimos das partes contratantes (*Schutzinteressen*) e o exercício da liberdade contratual plena, que decorre das liberdades fundamentais (*Freiheitsrechte*).[2]

2. O tema sugere haver no Brasil um novo direito da compra e venda. Essa novidade resulta, todavia, mais da mudança pela qual passa toda a teoria dos contratos do que de mudanças ocorridas pontualmente no tratamento legal da estrutura e dos elementos que compõem esse contrato[3]. Mas por ser a compra e venda o tipo contratual central no direito privado nacional, as reformas operadas pelo Código Civil de 2002[4] vão se fazer sentir de maneira bem mais ressonante neste contrato que talvez em outros.[5]

---

[1] O artigo consolida a conferência realizada sobre o tema em Würzburg, em 17 de novembro de 2006, na reunião da Deutsch-Lusitanischen Juristenvereinigung (DLJV). O autor agradece ao Max-Planck Institut für Ausländisches und Internationales Privatrecht de Hamburg, onde realizou grande parte da pesquisa necessária ao estudo do tema.

[2] Esta relação de força, em determinados tipos de contrato, é nitidamente marcada pelo caráter excludente que a proteção dos interesses do credor tende a exercer sobre a autonomia privada, enquanto que em outros tipos contratuais a necessidade de proteção de um interesse atua mais como referência e como limite do que como obstáculo ao exercício da liberdade contratual plena. O que parece determinar essa variação é o caráter vulnerável de uma das partes contratantes, já que o interesse a ser protegido tende a ser o mesmo: o equilíbrio contratual. Se tomarmos como exemplo os contratos de consumo, regulamentados, no Brasil, pela Lei n. 8.078, de 11 de setembro de 1990 (Código de Defesa do Consumidor – CDC), veremos que a vulnerabilidade do consumidor justifica, em larga medida, o estreitamento da margem negocial que normalmente é concedida às partes nos contratos civis e comerciais, hoje empresariais, essencialmente regulamentados no Código Civil de 2002.

[3] Sobre tais mudanças, consultar a obra coletiva: LIMA MARQUES (coord.), *A nova crise do contrato. Estudos sobre a nova teoria geral contratual*, 2007.

[4] Lei n. 10.406, de 10 de janeiro de 2002, em vigor no Brasil desde 11 de janeiro de 2003.

[5] Embora o contrato de compra e venda seja considerado o paradigma dos contratos, verifica-se o aumento da utilização de outros tipos de contratos na economia de uma sociedade pós-industrial, notadamente dos contratos de prestação de serviço, o que acarreta a substituição do modelo central de cumprimento da obrigação sobre o qual foi construído o sistema de obrigações do Código Civil; o *facere* torna-se primordial em substituição ao *dare*. Apud MARTINS-COSTA, *A boa-fé objetiva e o adimplemento das obrigações*, JB 200, 9 (20).

3. Com efeito, o novo Código, apesar das críticas que lhe foram dirigidas[6], consagrou uma série de princípios que permitem o restabelecimento do equilíbrio contratual, em presença de situações que denotem sua quebra. Os princípios fundamentais apresentados pelo novo Código Civil, dos quais decorrem igualmente demais os outros, são os da eticidade, da sociabilidade e o da operacionalidade.[7] A eticidade encontra nas cláusulas gerais o seu meio de expressão por excelência.[8] A sociabilidade impõe-se perante o individualismo excessivo do antigo Código Civil, estabelecido no âmbito de uma sociedade essencialmente rural. Com uma população hoje concentrada nas cidades, entendeu-se importante inserir um critério de sociabilidade nas relações jurídicas modernas, como demonstram a consagração da função social do contrato (CC 421) e a consagração da função econômica e social da propriedade (CC 1228, §1°). Por último, a operacionalidade revela-se na idéia de oferecer ao meio jurídico um Código acessível e compreensível, cuja interpretação e aplicação devem

---

[6] Veja as críticas repertoriadas por LIMA MARQUES, *Das neue brasilianische Zivilgesetzbuch vom 2002: Bemerkung zum neuen Unternehmensrecht und der Quellendialog mit dem Verbraucherschutzbuch von 1990*, in: JAYME/SCHINDLER (org.), *Portugiesisch – Weltsprache des Rechts, in Portugiesisch – Weltsprache des Rechts*, 127 (129), Consultar também JAGER JÚNIOR, *Das neue brasilianische Bürgerliche Gesetzbuch und das Unternehmensrecht*, in: JAYME/SCHINDLER (org.), *Portugiesisch – Weltsprache des Rechts*, 217 (221-225).

[7] Sobre a nova codificação, veja, entre outros, REALE, *Visão geral do Novo Código Civil*, in *Estudo comparativo com o Código Civil de 1916, Constituição Federal, Legislação Codificada e Extravagante*, I.; LIMA MARQUES, *Das neue brasilianische Zivilgesetzbuch vom 2002: Bemerkung zum neuen Unternehmensrecht und der Quellendialog mit dem Verbraucherschutzbuch von 1990*, in: JAYME/SCHINDLER (org.), *Portugiesisch – Weltsprache des Rechts*, 127.

[8] Sobre as cláusulas gerais no direito brasileiro, veja AGUIAR JÚNIOR, *O Poder Judiciário e a concretização das cláusulas gerais: limites e responsabilidade*, Revista da Faculdade de Direito da UFRGS, 18 (2000); MENKE, *A interpretação das cláusulas gerais: a subsunção e a concreção dos conceitos*, RDC, 50 (2004), 9; JORGE JUNIOR, *Cláusulas gerais no novo código civil*, 2004; MARTINS-COSTA, *As cláusulas gerais como fatores de mobilidade do sistema*, RIL, 112 (1991) 13, e *O direito privado como um sistema em construção: as cláusulas gerais no projeto de código civil brasileiro*, Revista da Faculdade de Direito da UFRGS, 20 (2001), 211; JUNQUEIRA DE AZEVEDO, *Insuficiências, deficiências e desatualização do Projeto de Código civil na questão da boa-fé objetiva nos contratos*, RT 775, 11; SENS DOS SANTOS, *O Novo código civil e as cláusulas gerais: exame da função social*, RDPriv. 10, 9.

ser facilitadas, sobretudo por meio de concreção das cláusulas gerais e dos conceitos indeterminados distribuídos por todo o Código.[9]

4. No domínio contratual, o legislador estabeleceu numerosas cláusulas gerais segundo o modelo alemão (*Generalklauseln*), a exemplo do CC 113 e 422, sobre a boa-fé, do CC 421, sobre a função social do contrato, do CC 478, sobre o combate à onerosidade excessiva (teoria da imprevisão), do CC 1228, §1°, sobre a função econômica e social da propriedade, e do CC 187, sobre o abuso de direito.[10] Todas essas inovações, notadamente a consagração da boa-fé objetiva[11] e a introdução dos princípios do equilíbrio econômico e da função social do contrato, têm vocação a provocar uma verdadeira revolução em relação aos postulados que marcaram a dogmática clássica da relação obrigacional, impondo um tratamento isonômico dos interesses dignos de tutela, quer integrem a esfera do comprador, quer pertençam à esfera do vendedor.[12]

A boa-fé objetiva atribui à boa-fé um valor autônomo, não relacionado com a vontade.[13] Ela supera o dogma da autonomia da vontade ao reconhecer novos deveres jurídicos entre os contratantes[14], agregando-os implicitamente ao contrato (tais os de informação, de transparência, de lealdade e de cooperação)[15]. A boa-fé objetiva impõe igualmente limites

---

[9] REALE, *Visão Geral do novo Código Civil*, XIII-XIV.

[10] Os artigos 421, 478 e 1228 do Código Civil de 2002 encontram sua origem no direito italiano, enquanto que o artigo 187 pode ser identificado nas doutrinas francesa e brasileira.

[11] O princípio da boa-fé objetiva foi consagrado no direito positivo brasileiro pelo Código Comercial de 1850 (art. 131) e pelo CDC (art. 4°, III). A doutrina anterior à promulgação do Código Civil de 2002 tratou de forma precisa e exaustiva o princípio. Veja COUTO E SILVA, *A Obrigação como processo*, 1976; MARTINS-COSTA, *Princípio da boa-fé*, Ajuris, 50 (1990), 207; DE AGUILAR VIEIRA, *Deveres de Proteção e Contrato*, RT 761 (1999), 68.

[12] Assim, MARTINS-COSTA, *A boa-fé objetiva e o adimplemento das obrigações*, JB 200, 9 (20-21).

[13] COUTO E SILVA, *O princípio da boa-fé no direito brasileiro e português*, in COUTO E SILVA et alli, *Estudos de direito civil brasileiro e português (I Jornada Luso-Brasileira de Direito Civil)* (1980), 41 (54). O autor ensina que: "*Por ser independente da vontade, a extensão do conteúdo da relação obrigacional já não se mede com base somente nela, e, sim, pelas circunstâncias ou fatos referentes ao contrato, permitindo-se 'construir' objetivamente o regramento do negócio jurídico, com a admissão que escapa, por vezes, até mesmo o controle das partes.*"

[14] DE AGUILAR VIEIRA, *Deveres de Proteção e Contrato*, RT 761 (1999), 68 ss.

[15] TEPEDINO, *Novos princípios contratuais e teoria da confiança: a exegese da cláusula to the best knowledge of the sellers*, RF 377, 237 (243); JUNQUEIRA DE AZEVEDO,

ao exercício de direitos subjetivos; o equilíbrio econômico altera, por seu turno, a força obrigatória dos pactos, dando ensejo à aplicação de institutos como a lesão (CC 157) a revisão e a resolução dos contratos por excessiva onerosidade (CC 317, 478 e 479); a função social permite, por fim, relativizar o princípio da relatividade dos contratos, impondo efeitos contratuais que extrapolam o avençado, de maneira que o respeito ao contrato torna-se oponível a terceiros[16], ao mesmo tempo em que os contratantes devem respeitar os titulares de interesses socialmente relevantes alcançados pela relação contratual.[17] Essa revolução atingirá diretamente a dinâmica do contrato de compra e venda e, por conseqüência, o sistema da responsabilidade que ele engendra.[18]

5. A compra e venda[19] é definida pelo CC 481, como sendo um contrato pelo qual um dos contratantes se obriga a transferir o domínio

---

Princípios do novo direito contratual e desregulamentação do mercado. Direito de exclusividade nas relações contratuais de fornecimento. Função social do contrato e responsabilidade aquiliana do terceiro que contribui para inadimplemento contratual, RT 750, 113.

[16] MIRAGEM, *Diretrizes interpretativas da função social do contrato*, RDC, 56, (26). No seu ensaio, o autor gaúcho propõe as seguintes linhas diretivas: *ampliação do âmbito de eficácia do contrato*, para reconhecer efeitos a terceiros que de algum modo tomam contato com o objeto pactuado; a busca do equilíbrio contratual pela *proteção dos interesses tanto do credor quanto do devedor*. O condicionamento do direito de contratar à função social do contrato permite possibilidades diversas de interpretação, que abrangem tanto uma espécie de garantia de *acesso ao contrato*, quanto o direito de sua *manutenção*, bem como um *controle de mérito e conteúdo do objeto e das cláusulas do contrato*, de modo a promover a equidade em matéria contratual segundo os padrões sociais vigentes.

[17] TEPEDINO, *Novos princípios contratuais e teoria da confiança: a exegese da cláusula to the best knowledge of the sellers*, RF 377, 237 (242).

[18] Em recente decisão em agravo de instrumento, o Tribunal de Justiça do Rio de Janeiro teve a oportunidade de fazer uso de todo esse novo arsenal principiológico para decidir sobre um litígio referente a um contrato de cessão de cotas de uma importante empresa do setor de telecomunicações, no qual se opõem os credores da acionista majoritária e o pretendente à aquisição de cotas da referida empresa, em razão de contrato de exclusividade firmado entre este e aquela. (2006.002.19705 – Agravo de Instrumento: 14.11.2006 – 10ª Câmara Cível, Rel. Des. Antônio Carlos Amado). Acórdão disponível em http://www.tj.tj.gov.br

[19] Localizada no Capítulo I do Título VI do Primeiro Livro da Parte especial, do Código Civil brasileiro de 2002, a regulamentação do contrato de compra e venda (CC 481 a 532) é composta por duas Seções. A Primeira Seção, intitulada "Disposições gerais" (CC 481 a 504), contém o direito comum da venda. Este é seguido de uma Segunda Seção, que reagrupa um conjunto heteróclito de várias formas específicas de compra e venda, distribuídas em cinco Sub-seções: a retrovenda (CC 505 a 508), a venda a contento ou sujeita à prova (CC 509 a 512), a venda sujeita à preempção ou preferência

de certa coisa, e o outro, a pagar-lhe certo preço em dinheiro. Extrai-se da leitura do CC 482, que o contrato de compra e venda tem como elementos essenciais, que o tornam perfeito e obrigatório, a existência do objeto (*res*), do preço (*pretium*) e do consenso (*consensus*). A compra e venda apresenta como características a *bilateralidade e a onerosidade*, podendo ser *comutativa* ou *aleatória*. A venda aleatória comportaria no entanto uma exceção na prática negocial, havendo, em geral, equivalência aproximada das prestações e certeza quanto ao valor de ambas.

Por definição legal, o contrato não tem efeito translativo da propriedade, mas limita-se a criar a obrigação de transferência do bem vendido e do pagamento do preço em dinheiro. A transferência da propriedade ocorre pela tradição, em se tratando de bens móveis (CC 1.267), e pela transcrição no registro competente, em se tratando de bens imóveis (CC 1.245). A transferência do risco opera-se quando da *traditio* do bem, se de outra forma não foi determinado pelas partes.[20] Vige a regra *res perit domino* (CC 492 *caput*). Podem ser objeto do contrato quaisquer bens que não sejam declarados pela lei ou por atos jurídicos como inalienáveis.[21]

As obrigações do vendedor e do comprador obedecem ao rol elaborado pelos códigos oitocentistas. Tanto o Código Civil de 1916 quanto o Código Civil de 2002 estabeleceram como obrigações essenciais para o vendedor as obrigações de entrega da coisa e de recebimento do preço e, para o comprador, as obrigações de receber a coisa e de pagar o preço.[22]

(CC 513 a 520), a venda com reserva de domínio (CC 521 a 528) e a venda sobre documentos (CC 529 a 532). Neste trabalho, estas cláusulas especiais à compra e venda, que compõem a Segunda Seção do Capítulo relativo ao contrato de compra e venda, não serão objeto de análise.

[20] Quando, por ordem do comprador, a coisa é expedida para lugar diverso do previsto no CC 493, o risco se transfere, uma vez entregue, a quem deva transportá-la, salvo se das instruções dele se afastar o vendedor (CC 494).

[21] Além da venda de bens imóveis e de bens móveis corpóreos, podem também ser objeto de alienação, os bens incorpóreos (marcas e patentes, títulos, ações, créditos, estabelecimento – fundos de comércio, etc), cujo tratamento legal opera-se por meio da cessão. Contempla a compra e venda também as coisas futuras e as coisas alheias (promessa de fato de terceiro). No primeiro caso, se a coisa não vier a existir, considerar-se-á ineficaz o contrato, salvo se a intenção das partes era de concluir contrato aleatório (CC 483), ao passo que no segundo, o inadimplemento será resolvido em perdas e danos (CC 439, *caput*).

[22] Salienta-se que nas vendas com modalidades especiais, como a retrovenda, a preferência, a reserva de domínio etc, existirão obrigações específicas para cada uma das partes contratantes em virtude do estabelecido no contrato.

Da obrigação básica de entrega do bem vendido (CC 481), decorrem algumas obrigações acessórias: responsabilidade do vendedor pelos vícios redibitórios (CC 441) ou pela evicção que recaiam sobre a coisa (CC 447), assim como pelos riscos a que se sujeita o bem até a tradição (CC 492).[23] Adicionam-se a essas obrigações acessórias as despesas de escritura e as despesas com a tradição (CC 490)[24], bem como a obrigação do ven-dedor pelo pagamento dos débitos que gravarem a coisa até o momento da tradição (CC 502).

Quanto ao *prazo*, à *forma* e a *quem* deva ser entregue a coisa comprada, o novo Código não estabelece normas especiais para a compra e venda.[25] Por seu turno, estatui que a mercadoria deva ser entregue no *lugar* onde ela se encontre ao tempo da venda, caso não convencionado diferentemente (CC 493). Caso o contrato não disponha, o vendedor deve entregar o bem ao próprio comprador ou ao seu representante, imediatamente após a conclusão do negócio.[26] Quanto à obrigação de remessa dos documentos, esta não tem forte tradição entre nós, embora a tenhamos sempre considerado como acessória.[27] A venda sobre documentos, cuja entrega substitui a tradição da coisa constitui inovação do Código Civil 2002 (CC 529). Fora essa hipótese, não há previsão expressa concernente à remessa de documentos, apesar de em muitos casos ela ser necessária para que o comprador obtenha o gozo ou a disponibilidade da mercadoria.[28]

6. Este limitado rol de obrigações, principalmente das que compõem a obrigação principal, está em descompasso com a complexidade da com-

---

[23] Trata-se de uma obrigação de conservação da coisa até o momento da tradição, que é importante sobretudo para a venda de coisa certa, uma vez que para a venda de produtos fungíveis prevalece o princípio *genus non perit*, que obriga o vendedor a entregar coisas do mesmo gênero, quantidade e qualidade. Como não se trata de uma prestação em sentido técnico, não pode ser diretamente exigida pelo comprador, posto que o que lhe interessa é receber o bem adquirido nas condições do pactuado.

[24] Esta regra sofre freqüentes alterações, sobretudo no âmbito da compra e venda empresarial de mercadorias, onde os Incoterms e/ou os costumes locais são geralmente preferidos pelos contrantes.

[25] O jurista servir-se-á das regras gerais do direito das obrigações aplicáveis à obrigação de dar coisa certa e à de dar coisa incerta, notadamente daquelas concernentes ao adimplemento e à extinção das obrigações (CC 304 ss).

[26] Gomes, *Contratos*, 232.

[27] Baptista/Ríos, *Aspectos Jurídicos del Comercio internacional*, 104.

[28] Gomes, *Contratos*, 232.

pra e venda moderna[29], que se reflete notadamente nos efeitos do inadimplemento.[30] Citemos o exemplo da conformidade dos bens ao contrato, que integra hoje o rol das obrigações principais da compra e venda nos principais instrumentos internacionais e em alguns diplomas nacionais que regem a matéria.[31] Como obrigação principal, a obrigação de conformidade afeta sensivelmente a questão da responsabilidade.[32] Com efeito, as obrigações das partes contratantes tendem a se ampliar em função da complexidade deste contrato na vida moderna e dos princípios que informam a nova teoria geral dos contratos, que buscam preservar os interesses legítimos das partes contratantes.

7. Diante do rol limitado de obrigações impostas ao vendedor e ao comprador pelo Código Civil brasileiro, surge a questão de saber onde se situa a fronteira entre a liberdade contratual e a necessidade de proteção dos interesses legítimos das partes contratantes.[33] Delimitada esta fron-

---

[29] COUTO E SILVA (in *A obrigação como processo*, 39) já assinalava que o sistema de obrigações do Código Civil foi construído com base nas obrigações principais. Estas porém foram fixadas pela lei segundo os modelos clássicos do direito romano, de modo que hoje são insuficientes a garantir o bom desenvolvimento do contrato, sobretudo se considerarmos que as obrigações secundárias, que deviam reforçar a principal, mesmo que supletivamente, não foram positivadas de forma abrangente tanto pelo legislador brasileiro de 1916 quanto pelo de 2002.

[30] Com efeito, a tendência do contrato de compra e venda moderna é o de apresentar uma pluralidade de obrigações, cada vez mais extensas e complexas quer em razão do contrato, quer em razão do direito (lei, jurisprudência, usos e práticas): a obrigação de entrega faz-se acompanhar, na atualidade, das obrigações de envio de documentos (fatura e manuais), de informações e de conselho, de segurança (advertência dos riscos); algumas das obrigações subsistem mesmo após tranferência da propriedade e dos riscos. Estas últimas podem se originar de convenção entre as partes ou de disposição normativa. No caso brasileiro, o CDC positivou um certo número de obrigações pós-contratuais, pelas quais responde o fornecedor (art. 12).

[31] Tal como previsto na Convenção das Nações Unidas de 1980 sobre os contratos internacionais de compra e venda de mercadorias (art. 35); na Diretiva 44/1999 (art. 2); na noção de execução defeituosa dos Princípios do UNIDROIT 2004 (art. 7.1.1); ou ainda no direito comparado sob a noção de *breach of contract* do direito inglês ou da *SchRmodG* do direito alemão, na noção de *Pflichtverletzung* (§ 280 BGB). No Brasil, a noção de conformidade encontra-se consagrada no CDC (art. 18).

[32] Veja GRUNDMANN, in BIANCA, GRUNDMANN, STIJNS, *La Directive communautaire sur la vente*, 141 (144-146).

[33] Pode-se buscar o fundamento para a liberdade contratual e seus limites, no âmbito da Constituição Federal de 1988: «*Reconhecida constitucionalmente a liberdade de iniciativa econômica, indiretamente se garante a autonomia privada, em face da*

teira, surge a questão de como conciliar a liberdade contratual e a necessidade de proteção de um interesse legítimo no âmbito da compra e venda, a fim de evitar-se antinomias no sistema. Essa conciliação é possível. Ela exige, todavia, que primeiro se identifique o interesse a ser protegido e a liberdade que se pretende preservar, antes de se verificar como proceder à sua articulação, quando diretamente confrontados.

8. Como a compra e venda é, sobretudo, uma operação ecônomica de natureza comutativa, o interesse essencial a proteger é o equilíbrio contratual.[34] Esse equilíbrio não deve, evidentemente, corresponder a uma equivalência aritmética perfeita das obrigações das partes, mas um conceito a impedir que uma delas aufira vantagem manifestamente excessiva em face da outra: a paridade jurídica exige a paridade econômica.[35] Um dos meios de proteção do equilíbrio contratual no interesse do credor, para os fins deste trabalho, o comprador, revela-se nas *garantias*, que no direito brasileiro assumem importância particular em razão de o Código Civil de 2002, assim como o de 1916, não ter conhecido um regime unitário de contravenção contratual.[36]

9. Por outro lado, o exercício da liberdade contratual pode levar ao afastamento do regime de proteção previsto tanto pela lei quanto pelo contrato. O fundamento da derrogação do regime de proteção é a autonomia da vontade, princípio fundamental do direito dos contratos (ao

---

íntima relação de instrumentalidade existente entre ambas. Conceitos conexos, mas não coincidentes, a autonomia privada tem caráter instrumental em face da liberdade de iniciativa econômica, pelo que as limitações que a esta se impõem também atuam quanto àquela. E esses limites são a ordem pública, na sua espécie de ordem pública e social de direção, sob a forma de intervencionismo neoliberal ou de dirigismo econômico, e os bons costumes, as regras morais, sendo que o intervencionismo neoliberal não se opõe à liberdade contratual nem à livre concorrência, apenas visa evitar a que for desleal, e a proteger o consumidor, enquanto que o dirigismo, opondo-se à liberdade contratual, submete-se às exigências da planificação econômica, imperativa ou indicativa» (AMARAL NETO, *A Liberdade de Iniciativa Econômica. Fundamento, natureza e garantia constitucional*, 226-227).

[34] NERY JR./ANDRADE NERY, *Código Civil anotado*, 358.

[35] MESSINEO, *Contratto – Diritto privato – teoria generale*, in CALASSO (coord.), *Enciclopédia del diritto*, vol. IX, 29.

[36] O Código Civil repousa sobre o sistema de tradição romana, de modo que a venda de uma coisa sem vício não constitui uma obrigação principal do vendedor, ao contrário do direito alemão após a reforma de 2002, que obriga o vendedor a fornecer a coisa sem vício da coisa (*Sachmangel*) e sem vício de direito (*Rechtsmangel*) – (BGB § 433, I).

lado do consensualismo, da força vinculante e do efeito relativo do contrato). A autonomia da vontade se particulariza sob a forma da liberdade de contratar e implica na escolha do co-contratante e da natureza do negócio a ser firmado. Ela permite igualmente às partes estabelecer livremente o conteúdo do contrato, elaborando suas cláusulas e condições de acordo com seus interesses[37]. Todavia, devido ao forte dirigismo econômico pelo qual passa o direito contratual ao longo das últimas décadas e da intervenção do Estado-Juiz verificado ao longo do Século XX[38], os corolários do princípio da autonomia da vontade vêm sofrendo consideráveis variações que se refletem na teoria geral dos contratos na atualidade[39], ressaltando-se que as partes já não são tão livres assim para contratar e para escolher o conteúdo de seus contratos.

Se o fundamento para o afastamento das garantias é a autonomia da vontade, o modo para sua realização é necessariamente o convencional, por meio de cláusulas que atuam sobre o dever de prestar ou de indenizar do vendedor. O problema fundamental das cláusulas de limitação e de exclusão da responsabilidade tem sido contemplado como sendo, sobretudo, um problema de proteção de um interesse legítimo do contratante, donde o paralelo válido entre os dois regimes que este trabalho tentará explicitar.

10. Objetiva-se extrair os princípios diretores das garantias na compra e venda civil e empresarial, bem como aqueles que regem a responsabilidade do vendedor, que poderá em certas circunstâncias ser gerida contratualmente. A confrontação entre o regime das garantias e o da gestão contratual da responsabilidade, será feita em função da nova teoria contratual que se esboça no âmbito do direito privado brasileiro, sobretudo após o advento do novo Código Civil de 2002. Com a unificação do direito das obrigações civis e comerciais e da instituição no novo Código

---

[37] ALMEIDA COSTA, *Direito das Obrigações*, 165.

[38] Veja BITTAR, *O dirigismo econômico e o direito contratual*, RT 526, 20. Esse dirigismo resulta da intervenção do Estado na economia, assim como do comportamento dos atores do comércio, que engendram a máquina capitalista. Após a promulgação da CF/88 e do CDC e do CC 2002, soma-se a esse dirigismo econômico o dirigismo social do contrato, da propriedade e da empresa que o Estado-juiz exercerá por meio das cláusulas gerais que o consagram. Veja PENTEADO JR., *O relativismo da autonoia da vontade e o intervencionismo estatal nos contratos*, RCEJ 23 (2003), 66.

[39] Para algumas dessas transformações, veja LORENZETTI, *Analisis critico de la autonomia privada contratual*, RDC, 14, 5.

do direito da empresa, as questões decorrentes da confrontação proposta assumem particular importância no meio empresarial, cujos atores são os principais interessados na técnica contratual, da qual são grandes arquitetos, e nas soluções e vantagens que ela proporciona ao desenvolvimento de seus negócios. Esta importância pode assumir especial relevância quando se percebe que, de um lado, em uma cadeia complexa de contratos, no mais das vezes encontra-se um consumidor como destinatário final do produto (ou serviço), que é protegido por uma lei especial que apresenta um regime diferente daquele existente no Código Civil, sobretudo em matéria de garantias e de responsabilidade contratual. Essa fragmentação do regime da compra e venda no ordenamento jurídico brasileiro não é isenta de problemas, principalmente diante de um sistema unificado, que visa regulamentar tanto as relações contratuais civis como as comerciais[40], e a presença de uma lei voltada para a proteção do consumidor.[41]

11. Porque compõem um regime especial dos contratos, notadamente dos contratos de compra e venda, conhecer o regime das garantias

---

[40] Na reforma do direito alemão das obrigações, motivada em grande parte pela necessidade de transposição da Diretiva européia de 25 de maio de 1999 sobre certos aspectos da venda e das garantias de bens de consumo, primou-se pela unidade do regime da compra e venda, além da fidelidade aos objetivos da diretiva. Com efeito, se a Diretiva, segundo seu art. 1°, § 2, b), visa apenas a venda de objetos móveis corpóreos no âmbito específico da venda de bens de consumo, o legislador foi além. Todas as vendas foram visadas pelo legislador, independentemente da qualidade do vendedor ou do bem vendido, pois em relação a estes, a reforma atinge tanto a venda de bens móveis incorpóreos quanto a de bens imóveis. Por conseqüência, as grandes linhas do direito alemão da compra e venda apresenta, depois da *Gesetz zur Mordenisierung des Schuldrechts* de 2001, traços nitidamente comunitários. Cf. Dentre os diversos escritos, veja Grundmann, Medicus, Rolland (Hrsg.), *Europäisches Kaufgewährleistungsrecht – Reform und Internationalisierung des deutschen Schuldrechts,* 2000; Witz/Ranieri (coord.), *La réforme du droit allemand des obligations,* 2004; Nordmeier, *O novo direito alemão das obrigações no Código Civil Alemão – A reforma de 2002, Cadernos do Programa de Pós-Graduação em Direito da UFRGS,* IV, 203.

[41] Não obstante as contribuições que o Código de Defesa do Consumidor trouxe à teoria geral dos contratos, os contratos de compra e venda regidos por este diploma serão abordados apenas de forma tangencial. As eventuais remissões aos seus dispositivos serão feitas com a finalidade de ilustrar que determinadas soluções apresentadas podem permitir um diálogo. Sobre os vários diálogos possíveis, veja Lima Marques, *Três tipos de diálogos entre o Código de Defesa do Consumidor e o Código Civil de 2002: superação das antinomias pelo "diálogo das fontes",* in Pfeiffer/Pasqualotto, *Código de Defesa do Consumidor e o Código Civil de 2002 – Convergências e assimetrias,* 2005, 48.

como meio de proteção do interesse do comprador (II.), antes de analisarmos como as partes podem gerir contratualmente a responsabilidade do vendedor (III.).

II. As garantias como meio de proteção do interesse do comprador: regime especial dos contratos face ao cumprimento defeituso.

12. Garantia, no seu sentido técnico-dogmático, é obrigação acessória que nasce de certos contratos, suportada por uma das partes em reforço da posição da outra quando, durante a execução do contrato, esta última não obtém a satisfação legitimamente esperada.[42] O dever de garantia, embora secundário, exprime a complexidade da relação obrigacional, que perdura mesmo adimplido o dever principal, posto que *"o adimplemento atrai e polariza a obrigação"*, constituindo seu fim.[43] Por outro lado, as obrigações de garantia têm uma justa e importante função moralizadora e asseguradora do equilíbrio econômico do contrato, através da proteção do equilíbrio das prestações e da boa-fé dos contratantes.[44] Constituem enfim «*un élément de paix contractuelle*».[45]

13. A busca deste equilíbrio contratual foi intentada desde a origem do instituto da garantia no interesse do credor. Revela Coëffard[46] que a garantia contra os vícios redibitórios, por exemplo, tem como função original colocar a cargo do vendedor – em conformidade com a economia geral do contrato, mas contrariamente à regra *res perit in domino* – certos riscos da coisa, provenientes de um defeito existente quando da conclusão do contrato. Originalmente derivada da teoria dos riscos da coisa (*res perit domino*), ela veio paliar para o comprador o rigor da regra *res perit venditi*. Isso explica o particularismo das ações edilícias que configuram, no Direito Brasileiro, as ações de restituição, e não ações de perdas e danos ou de resolução do contrato.

---

[42] CORNU (sous la direction de), *Vocabulaire juridique*, 428.
[43] Couto e Silva, *A obrigação como processo*, 5-9.
[44] WALD, *Obrigações e contratos*, 293.
[45] MALAURIE/AYNES, *Obligations, contrats et quasi-contrats*, 2001/2002, 334.
[46] COËFFARD, *Garantie de vices cachés et "responsabilité contractuelle de droit commun"*, 12 sq.

14. A cláusula estabelecendo uma obrigação de garantia resulta finalmente em agravamento da responsabilidade do devedor. As garantias podem advir da lei para certos tipos de contratos, ou da vontade das partes, sendo em todo caso lícita uma combinação entre elas, uma vez que a garantia contratual não exclui a garantia legal. Sua previsão legal se explica tanto por uma política de prevenção de danos e de litígos quanto pela idéia de penalidade que ela suscita. No caso da compra e venda, as garantias legais permitem ainda a *diluição* dos riscos através de sua *difusão* sobre toda a cadeia contratual, de modo a impedir que o comprador derradeiro venha a suportá-los sozinho.[47] Quando convencionais, tornam o devedor responsável em hipóteses onde normalmente sua responsabilidade é inexistente. Isso ocorre, por exemplo, pela responsabilização na ocorrência de certos casos fortuitos ou de força maior (CC 393), ou ainda pela responsabilização por vícios aparentes ou que não tenham caráter redibitório.

15. Com efeito, o que se busca é oferecer ao comprador instrumentos de proteção contra o cumprimento defeituoso[48] da obrigação por parte do vendedor[49], visto que a garantia só pode ser exigida na medida em que for realizada a prestação (entrega), objeto da obrigação assumida. Frente à obrigação de garantia, basta que o dano resulte ou seja vinculado ao contrato. Nesse caso, o credor da garantia é dispensado não só da prova da culpa do devedor, como também da prova da relação de causalidade entre o dano e a ação do credor.

16. As garantias vão encontrar sua origem na lei (1.) ou no contrato (2.).

---

[47] LE TOURNEAU, *Droit de la responsabilité et des contrats*, 2006/2007, 336.

[48] Veja CERQUEIRA, O *cumprimento defeituoso nos contratos de compra e venda internacional de mercadorias – Uma análise comparativa entre o Direito brasileiro e a Convenção de Viena de 1980*, in LIMA MARQUES/ARAUJO (orgs.), *O Novo Direito Internacional – Estudos em homenagem a Erik Jayme*, 497; AGUIAR JR, *Extinção dos contratos por incumprimento do devedor*, 124.

[49] O problema da garantia coloca em relevo o sistema de responsabilidade adotado pela codificação brasileira e, por conseqüência, o sistema de proteção dos interesses do credor. Portanto, o sistema de responsabilidade contratual que nos interessa aqui não é o que decorre das situações de inadimplemento absoluto nem da mora, mas do cumprimento defeituoso.

1. Garantias legais

17. Aplicável a todas as figuras contratuais comutativas[50], o regime legal das garantias desenvolveu-se particularmente no contrato de compra e venda, tendo em vista a posição central no direito privado assumida por esse tipo de contrato.[51]

18. Ao mesmo tempo, elas as garantias legais apresentam um regime especial e original. Primeiro, em relação à sua *força vinculativa*: decorrentes da lei, independem de menção no contrato; segundo, em relação aos *prazos decadenciais*: mais curtos que os previstos pelo direito comum; terceiro, em relação aos *efeitos*: devolução ou abatimento do preço, mais indenização em certos casos; quarto, em relação ao seu *caráter dispositivo*: pois podem ser afastadas pela vontade das partes, através das cláusulas de não garantia[52], que são variantes das cláusulas de não indenizar; e quinto, em relação ao seu *fundamento*: prescindem da culpa.

Elas tendem a se aproximar umas das outras porque cada uma assenta a responsabilidade do vendedor no mesmo fundamento jurídico, que é o príncipio de garantia oferecido pela lei ao comprador[53], segundo o qual, o vendedor é obrigado não só a entregar ao adquirente a coisa alienada, mas também a lhe garantir a fruição do bem segundo sua

---

[50] Tal foi também a opção do legislador de 1916, que as disciplinou na parte geral dos contratos, ao contrário da tradição do direito luso-brasileiro (Ordenações Filipinas de 1603 e Consolidação das Leis Civis), assim como a opção feita por alguns códigos modernos, como o francês (arts. 1625 a 1649, Code civil), e o alemão (§§433 a 435, BGB após a reforma), que disciplinaram as garantias no âmbito exclusivo da compra e venda. Sobre a diferença entre os vícios de direito (*Rechtsmängeln*) e os vícios da coisa (*Sachmängeln*) no direito alemão: GRUNENWALD, *Regelungsgehalt und System des deutschen Kaufrechts*, in GRUNDMANN, MEDICUS, ROLLAND (Hrsg), *Europäisches Kaufgewährleistungsrecht – Reform und Internationalisierung des deutschen Schuldrechts*, 2000; NIEMANN/REIPEN, *Zur Übung – Bürgerliches Recht: Abgrenzung Von Sach– und Rechtsmangel*, JuS 7/2003, 654; PAHLOW, *Der Rechtsmangel beim Sachkauf*, JuS 4/2006, 281.

[51] COELHO DA ROCHA, *Instituições de direito civil*, T. II, 451.

[52] Ao contrário do CDC, cujo artigo 24, dispõe que a garantia legal de adequação dos produtos ou serviços independe de sua inclusão no contrato e não pode ser exonerada pela vontade das partes. Cf. LIMA MARQUES, *Contratos no código de defesa do consumidor*, 790.

[53] SILVA PEREIRA, *Instituições de direito civil*, III, 135.

natureza e destinação, sem turbação do direito alienado. Caso contrário, o negócio deixaria de ter causa.[54]

19. Se as garantias legais tendem a se aproximar em razão do seu fundamento jurídico, por lado elas se diferem naquilo em que tendem a proteger: elas são contra a evicção (a) e contra os vícios ocultos (b).

a) Garantia contra a evicção

20. O Código civil brasileiro não define o que é evicção. Trata-se de um vício de direito, em virtude do qual o comprador sofre uma perda parcial [55] ou total do bem comprado em favor de terceiro que sobre este tinha direito anterior à alienação.

21. Por essa definição, coloca-se fora do alcance da garantia a perda da coisa por ato do próprio devedor. O Código Civil de 2002 assim como o de 1916 desconsiderou que a evicção pode variar não somente em função do caráter parcial ou total da perda que ela enseja, mas também em função da origem do fato, que pode advir tanto de terceiro quanto do próprio vendedor.[56] Esse silêncio não implica contudo uma lacuna legal. No direito brasileiro, as "garantias" contra fatos do vendedor que possam abalar a propriedade e a posse pacífica da coisa vendida são normalmente objeto de ajuste contratual entre as partes ou de proteção específica da lei.[57] A proteção legal pode, em alguns casos, ter natureza supletiva, como

---

[54] Embora a causa não seja considerada um elemento de validade do negócio jurídico no Direito brasileiro, sua existência é fundamental na caracterização do contrato, constituindo deste um elemento intrínseco.

[55] A evicção parcial pode ocorrer de várias formas: a) quando privado o adquirente de uma parte das coisas, ou de seus acessórios; b) quando tiver adquirido diversas coisas, formando um conjunto, e for privado de alguma delas; c) quando privado o imóvel de alguma servidão ativa, ou reconhecido sujeito à servidão passiva.

[56] No Code Civil francês, o vendedor é responsável pela garantia em razão de fato que lhe seja atribuído (art. 1628).

[57] Da qual são exemplos os meios de proteção da posse previstos no CC 1.210 e seg., ou ainda a garantia, durante o tempo da locação, o uso pacífico do imóvel locado (Lei 8.245/91, art. 22, II). Em certas situações, os princípios gerais do direito das obrigações e dos contratos poderão exercer um papel sancionador sobre o vendedor e de proteção ao comprador. Imaginemos a situação onde o vendedor assume a posição de evictor ao invocar a prescrição aquisitiva contra o comprador a fim de tornar-se proprietário da coisa vendida, mas sobre a qual ele conservou a posse...

acontece na compra e venda de um estabelecimento: a lei proíbe o alienante de fazer concorrência ao adquirente nos cinco anos subseqüentes à venda do estabelecimento (CC 1.147, *caput*).

Outro importante aspecto que diz respeito à definição e que vai determinar o campo de aplicação da garantia é o fato de que o CC 447, ao não reproduzir mais a regra do *caput* do revogado art. 1107 do CC/1916[58], expandiu a garantia a todos os contratos onerosos que importarem uma transmissão de direito.[59]

22. O princípio da responsabilidade do vendedor pelo vício de direito encontra-se no CC 447, e subsiste ainda que a aquisição se tenha realizado em hasta pública. Esta responsabilidade se transmite por sucessão *causa mortis* ou por ato *inter vivos*.

23. As condições para exigibilidade da garantia são: i) a *perda* total ou parcial do direito transferido ao adquirente; ii) a perda operada em virtude de *sentença judicial transitada em julgado* ou *de ato inequívoco de qualquer autoridade pública que prive o adquirente do bem viciado*[60]; iii) a *onerosidade* da aquisição, não havendo, em regra, evicção em contratos gratuitos, a não ser que expressamente o declare[61]; iv) a existência do *vício de direito* ao tempo da alienação[62]; e v) a *ignorância*, pelo adquirente, da litigiosidade da coisa.

24. Dentre todas essas condições, a condição processual assume uma relevância particular. Quando a evicção se opera pela via judicial, exige-se a denunciação da lide[63] do vendedor imediato ou de qualquer

---

[58] "*Art. 1.107. Nos contratos onerosos pelos quais se transfere o domínio, a posse ou o uso, será obrigado o alienante a resguardar o adquirente dos riscos da evicção, (...)*"

[59] Eduardo da Costa, *Evicção nos contratos onerosos*, 86. Por outras manifestações da evicção no Código Civil 2002: dação em pagamento (art. 359); troca (art. 533); transação (art. 845); caducidade do legado (art. 1.939, III) e partilha do acervo hereditário (art. 2.024).

[60] STJ – REsp 493318 SC; Resp 2002/0163041-0 DJ 23.06.2003 p. 267, RSTJ vol. 176 p. 212.

[61] Exceção feita aos casos de doação para casamento (antigo dote), inscrita no atual CC 552 ou de doações ditas *modais*, em razão dos encargos impostos ao donatário.

[62] Situações ligadas ao usucapião e à desapropriação podem afastar essa condição. Para mais detalhes Silva Pereira, *Instituições*, III, 137.

[63] A denunciação da lide é ação secundária, de natureza condenatória, ajuizada no curso de outra ação condenatória principal. Elas representam lides diferentes, mas se processam ao mesmo tempo e são julgadas na mesma sentença (CPC 76). Sua finalidade é de permitir ao denunciante demandar indenização que tem direito de exigir de outra

dos anteriores, para que este venha coadjuvar o réu-denunciante na defesa do direito (CC 456). A obrigatória denunciação da lide[64] terá lugar não somente quando o comprador estiver na posição de réu na ação, mas também quando estiver na posição de autor na busca de proteção do seu direito real sobre a coisa (art. 70, I, CPC).[65] Não atendendo o alienante à denunciação da lide, e sendo manifesta a procedência da evicção, pode o adquirente deixar de oferecer contestação ou de se valer de recursos (CC 456, § único).

A possibilidade de denunciação da lide de qualquer um dos alienantes, independentemente da posição que tenha na sucessão de titularidade sobre o bem, é uma importante inovação trazida pelo Código Civil de 2002.[66] Trata-se da denunciação *per saltum*, por força da sub-rogação legal constante do CC 456, por meio da qual o adquirente se sub-roga nos direitos de qualquer dos demais adquirentes da cadeia de alienação no que tange ao exercício da garantia.[67] Esta inovação pode se apresentar ineficaz em face de uma cláusula de exclusão da responsabilidade. A denunciação da lide é condição *sine qua non* para a ação direta de regresso do comprador contra o vendedor imediato ou qualquer dos anteriores com base no título executivo que determinar a evicção.

25. Em relação ao princípio de responsabilidade estabelecido pelo CC 447 *in fine*, surge uma outra inovação: a garantia contra a evicção nas aquisições realizadas em hasta pública. A doutrina é divergente a respeito da abrangência deste dispositivo. A questão fundamental é a de saber se a venda em hasta pública diz respeito somente às alienações no âmbito da jurisdição voluntária, de natureza contratual, ou se ela compreende

---

pessoa (CPC 70) caso venha a sucumbir na ação principal. Ela poderá ser feita pelo réu em face de outro co-réu e até daquele que já figura como denunciado em relação aos outros alienantes ou responsáveis regressivos anteriores, nas hipóteses em que a lei ou a relação jurídica o permita.

[64] Exceto quando o alienante foi também citado como parte na lide: RT 202, 247; RF 152, 260.

[65] WALD, *Obrigações e contratos*, 312.

[66] Esta solução inovadora contrasta, por exemplo, com a adotada pelo artigo 4° da Diretiva européia 1999/44/CE, de 25 de maio de 1999 sobre certos aspectos da venda e das garantias dos bens de consumo, embora no seu projeto inicial tivesse sido vislumbrado a possibilidade de o consumidor agir diretamente contra o responsável pela não conformidade do produto nas condições fixadas pelo direito nacional. Cf. BRIDGE, in BIANCA, GRUNDMANN, STIJNS (orgs.), *La Directive communautaire sur la vente – Commentaire*, 213.

[67] NERY JR./ANDRADE NERY, *Código de Processo Civil comentado*, 245.

igualmente as alienações ocorridas no âmbito do processo executivo, de natureza expropriatória. Admitida a extensão, o Código não estabelece, porém, quem deve responder pelo vício, se o executado, o exeqüente ou o Estado.

Em relação ao campo de aplicação do CC 447 *in fine*, a doutrina se comporta da seguinte maneira. Antes da inovação, já se discutia se os bens arrematados em hasta pública estariam garantidos contra a evicção. *Orlando Gomes* afirmava existir uma modalidade de evicção, por ele denominada *evicção expropriatória*, que ocorreria *"quando o bem, já penhorado, quando foi vendido, vem a ser alienado em hasta pública"*.[68] Com advento do novo Código, a dúvida foi reforçada devido à falta de precisão da parte final do CC 447. O fato é que este dispositivo só prevê a garantia contra a evicção nos contratos onerosos. Para a doutrina[69] e jurisprudência[70] brasileiras a arrematação é uma expropriação forçada do bem, e não uma *venda judicial*, ao contrário da alienação operada em hasta pública decorrente de procedimento próprio à justiça voluntária, que conserva sua natureza contratual.[71] Em razão dessa distinção, a doutrina tem sustentado a inexistência da garantia da evicção na arrematação[72], o que não elide a possibilidade de ocorrência da evicção, porque *"o fato da evicção não se confunde com a garantia da evicção"*.[73]

Supondo não aplicável o CC 447 aos casos de arrematação em hasta pública em processo executivo, apresenta-se a questão de saber como proteger o arrematante dos riscos da evicção, uma vez que, embora não subsista a garantia, subsiste o fato da evicção. Freitas Câmara propõe

---

[68] GOMES, *Contratos*, 97.

[69] Entre outros, assim o afirmaram expressamente LIEBMAN, *Processo de execução*, 108-115, MARQUES, *Manual de direito processual civil*, 177-178; AMARAL SANTOS, *Primeiras linhas de direito processual civil*, 319; THEODORO JÚNIOR, *Curso de direito processual civil*, vol. II. 202; FREITAS CÂMARA, *Lições de direito processual civil*, vol. II, 327.

[70] STJ – REsp 625.322/SP, Rel. Min. Luiz Fux, 1ª Turma, julgado em 11.05.2004, DJ 14.06.2004 p. 184.

[71] Necessária para garantir a validade e a eficácia do ato dispositivo, já que o procedimento de jurisdição voluntária importa atividade judiciária de administração pública de interesses privados, tendo em vista a relevância que representam para a sociedade. Cf. NERY JR./ANDRADE NERY, *Código de Processo Civil comentado,*, 1059. E isto ocorre nas alienações judiciais, regidas pelo CPC 1.112, nº III a V.

[72] FREITAS CÂMARA, *Evicção do bem arrematado em Hasta pública,* artigo disponível em http://www.flaviotartuce.adv.br/secoes/artigosf/CAMARA_arrematacao.doc;

[73] EDUARDO DA COSTA, *Evicção nos contratos onerosos*, 12.

adotar para este propósito a teoria de *Liebman*, que consiste em aplicar as regras da evicção por analogia. Esta solução nos leva à questão de saber quem responderá pela evicção. A doutrina é neste ponto igualmente divergente. Para uns[74], o exeqüente deve responder pela evicção, porque levou o bem à execução, assumindo o risco pela evicção; enquanto que para outros[75], a responsabilidade é do Estado solidariamente com as demais partes da relação processual, em razão da unidade do poder jurisdicional e da sua inserção no negócio de arrematação. A crítica a esta última proposição está no fato de que a solidariedade não se presume, mas decorre da lei ou do contrato, nenhuma das duas hipóteses estando presentes *in casu*. Freitas Câmara propõe uma cadeia subsidiária de responsabilidade: primeiramente deve responder o executado, já que foi este que se beneficiou diretamente; subsidiariamente, porém, deve ser reconhecida a responsabilidade do exeqüente, que viu seu crédito satisfeito à custa da arrematação de um bem que não poderia ter sido adquirido pelo arrematante por não pertencer ao executado; 3) por fim, assim como o executado, o exeqüente pode ter-se tornado insolvente, hipótese que leva a considerar o Estado responsável – em caráter subsidiário à responsabilidade do exeqüente –, por ter assumido o risco da evicção ao promover a expropriação forçada do bem em hasta pública.[76]

26. Na ocorrência da evicção, além da restituição integral do preço ou das quantias que pagou, tem direito o evicto à indenização: i) dos frutos que tiver sido obrigado a restituir; ii) das despesas dos contratos e dos prejuízos que diretamente resultarem da evicção (lucros cessantes); das custas judiciais e dos honorários do advogado por ele constituído[77] (CC 450); iii) das benfeitorias necessárias ou úteis (CC 453).[78] Pelo pará-

---

[74] MELO, *Novo Código Civil anotado*, vol. III, t. I, 60.

[75] ASSIS, *Manual do processo de execução*, 742.

[76] FREITAS CÂMARA, *Evicção do bem arrematado em Hasta pública,* disponível sob http://www.flaviotartuce.adv.br/secoes/artigosf/CAMARA_arrematacao.doc.

[77] A questão dos honorários advocatícios é igualmente regulada no CPC 20 e nos artigos 22 a 26 da Lei n° 8.906/94.

[78] Em caso de realização de benfeitorias necessárias ou úteis por parte do comprador, tem este direito de retê-las em caso de não indenização por parte do evictor. Pode inclusive buscar sua indenização junto ao alienante do bem evicto (CC 453), que conserva ação de regresso contra o evictor, com base no princípio do não enriquecimento sem causa. Todavia, se as benfeitorias abonadas ao que sofreu a evicção tiverem sido feitas pelo vendedor e indenizadas pelo evictor, o valor delas será levado em conta na restituição devida por aquele ao adquirente (CC 454).

-grafo único do art. 450, o preço, seja a evicção total ou parcial, será o do valor da coisa, na época em que se evenceu, e proporcional ao desfalque sofrido, no caso de evicção parcial.

Quanto ao valor do preço ao qual se refere o CC 450 (*caput* e § único), há divergências. O problema decorre da grande diferença de valor que pode existir entre o preço do bem à época da venda e aquele apreciado à época da evicção, e de se saber quem é que responde pela *plus-valia* adquirida pela coisa. Uma situação desfavorável surgirá inevitavelmente para uma das partes, quando ambas estiverem de boa-fé. Não há unanimidade na doutrina sobre quem deva suportar o prejuízo provocado pela valorização do bem no tempo.[79] A divergência doutrinária reflete a divergência igualmente existente na jurisprudência do STJ anterior ao novo Código.[80] Em todo caso, certo é que, se ao contrário de valorização, ocorrer depreciação do bem, o vendedor responde pela restituição integral do preço, uma vez que o CC 450 desautoriza levar a depreciação em consideração[81]; este dispositivo não obsta, todavia, uma possível alegação de que a *menor-valia* decorra da negligência do comprador.[82]

A obrigação do CC 450 subsiste ainda que a coisa alienada esteja deteriorada, exceto havendo dolo do comprador; respondendo por evicção total, o alienante não poderá invocar a desvalorização da coisa evicta para reduzir o preço a restituir ou a indenização por perdas e danos (CC 451). Se o comprador tiver auferido vantagens das deteriorações, e não tiver sido condenado a indenizá-las ao evictor, o valor das vantagens será deduzido da quantia que lhe houver de dar o vendedor (CC 452), para que não receba indenização superior ao prejuízo sofrido.

---

[79] Sobre o debate doutrinário a esse respeito, confira: SILVA PEREIRA, *Instituições*, III, 140 e BARROS MONTEIRO, *Curso de direito civil*, 78, que entendem que o prejuízo deve ser suportado pelo vendedor com base no CC 402; SÍLVIO RODRIGUES, *Direito civil*, 119--120, para quem a vítima deve ser o comprador (*certat de danno captando*). O problema decorre da diferença de interpretação que existe em torno do atual CC 450, § único (art. 1115 do CC/1916).

[80] Pela consideração do valor da coisa à época em que se evenceu no caso de responsabilidade do devedor pela perda total: STJ – REsp 3056-GO/ RJ, 3ª Turma, rel. Min. Nilson Naves, DJ 20.08.1990,. 7965. Em sentido contrário, STJ – Resp 134.412--GO, 3ª Turma, rel. Min. Waldemar Zveiter, DJ 01.002.1999.

[81] STJ – REsp 248.423/MG, 3ª Turma, rel. Min. Eduardo Ribeiro, *DJ* 19.06.2000, 146.

[82] SILVA PEREIRA, *Instituições*, III, 140.

27. Sendo parcial a evicção, mas de valor considerável, poderá o evicto optar entre a rescisão do contrato com a exigência de perdas e danos e a manutenção do contrato, com a restituição da parte do preço correspondente ao desfalque sofrido. Se optar pelo abatimento do preço, o cálculo será feito atendendo-se ao valor do bem no momento da evicção e não por ocasião da conclusão do contrato, permitindo-se assim verificar a desvalorização sofrida em virtude da evicção parcial.[83] Essa opção é limitada à *considerabilidade* da evicção, ou seja, ao valor a ser restituído, pois caso contrário caberá ao comprador somente direito a indenização (CC 455, *in fine*).[84]

b) Garantia contra os vícios redibitórios

28. São redibitórios os vícios ou defeitos ocultos que tornem a coisa recebida imprópria ao uso ou que lhe diminuam o valor (CC 441, *caput*). Sua abrangência é determinada pelo conceito subjetivo[85] que encerra.[86] Com base no art. 210 Ccom/1850, a doutrina estendeu a definição dada

---

[83] Cf. o julgado do STJ – REsp 132012 /SP, 3ª Turma, rel. Min. Waldemar Zveiter, DJ 24.05.1999, 161.

[84] Para GONÇALVES (*Da Compra e venda*, n.º 120) considerável é a perda que, "em relação à finalidade da coisa, faça presumir que o contrato se não realizaria se o adquirente conhecesse a verdadeira situação», atentando-se para tanto aos critérios da quantidade, da qualidade e da natureza da coisa.

[85] Ao contrário do *conceito objetivo*, o *conceito subjetivo do vício* leva em consideração não só as qualidades usuais, indicadas pelo tráfico, mas *as que individualizam a coisa negociada*, uma vez que é rara a negociação de um bem pelo seu simples gênero ou classe, sem maiores especificações. Cf. PONTES DE MIRANDA, *Tratado de Direito Privado*, T. 38, 149.

[86] Nas relações de consumo, a noção de vício é bem mais abrangente que a noção contida no Código civil e alcança não somente os vícios ocultos, mas todos aqueles que tornem o produto (ou o serviço) inadequado (CDC 18 e ss.) ou inseguro (CDC 12 e ss.). Por isso, a denominaçao correta em matéria de proteção do consumidor é simplesmente "vício". O CDC inova ainda em relação ao CC ao estender a noção de vício para além do produto, atigindo também o serviço contratado. Em relação à introdução da noção de vício do serviço pelo CDC, ensina LIMA MARQUES (*Contratos no código de defesa do consumidor*, 998) que esta inovação não implica negar a existência de remédio jurídico no sistema do direito civil tradicional para a falha na execução do serviço contratado; implica, contudo, reconhecer que este tratava o caso sob o regime geral do inadimplemento contratual e não como vício redibitório.

pela lei civil no sentido de que vício redibitório tem que ser tal que se o comprador soubesse da sua existência, não realizaria o negócio ou, realizando-o, não o faria pelo mesmo preço.

As hipóteses abrangidas pela regra dos vícios redibitórios são as que dizem respeito à *qualidade* da coisa, segundo a finalidade pela qual foi adquirida e o valor pelo qual foi negociada.[87] Em matéria de compra e venda à vista de amostras, protótipos ou modelos, entender-se-á que o vendedor assegura as qualidades que correspondem ao bem, prevalecendo a amostra, o protótipo ou o modelo, se houver contradição ou diferença com a maneira pela qual se descreveu a coisa no contrato (CC 484).[88]

29. O vício redibitório distingue-se assim do defeito visível, aparente ou ostensivo, por um lado, e do erro, vício de consentimento, por outro. Embora de difícil distinção na prática, no plano teórico, o vício redibitório distingue-se do erro na medida em que não decorre da diferença entre o bem comprado e o bem pretendido (*error in ipso corporei rei*), mas do defeito oculto que apresenta o bem desejado pelo comprador.[89]

---

[87] Assim, *RT* 819/242.

[88] Quanto à hipótese de defeito de quantidade (extensão, tamanho e peso), não sendo caracterizador de um descumprimento parcial, que é distinto do cumprimento defeituoso (Cf. MARTINEZ, *Cumprimento defeituoso: em especial na compra e venda e na empreitada,* 156), será submetido à incidência do regime da garantia contra os vícios ocultos ao ser definidor da qualidade da coisa. Quanto à hipótese de falta de identidade da coisa entregue, pode-se dizer que a mesma dar-se-á sempre que a desconformidade estiver adstrita ao gênero, à classe ou à espécie da coisa a ser entregue e sua qualidade, mas nunca à sua essência, bastante para caracterizar o erro ou o inadimplemento total (cf. PONTES DE MIRANDA, *Tratado de Direito Privado,* T. 38, 140).

[89] Estaremos assim em presença do erro "quando a coisa em si, intrinsecamente, não é viciada nem defeituosa, mas difere daquela que o comprador quisera adquirir" (WALD, Obrigações e contratos, 297). Há uma falsa idéia da realidade, cuja deficiência é subjetiva e emanada do próprio declarante da vontade (SALVO VENOSA, Direito civil, 565-566). A distinção entre o erro essencial e os vícios redibitórios apresenta grande interesse prático, pois obedecem a regimes jurídicos também diferentes, a começar pelos prazos decadenciais. O prazo para pleitear a anulação do negócio jurídico com base no erro é mais longo do que os prazos para exigir a garantia. Varia igualmente o tipo de ação: no caso do erro a ação é anulatória, enquanto que no de vícios ocultos, cabe uma edilícia. Também distinto é o fundamento de cada uma dessas ações: no caso do erro, o fundamento do pedido encontra-se na proteção legal do consentimento imperfeito, que vicia o ato jurídico no instante mesmo de sua constituição; enquanto que no dos vícios redibitórios, o fundamento do pedido decorre da obrigação natural de garantia que decorre de todo contrato comutativo (SÍLVIO RODRIGUES, Direito civil, 106-107).

No que diz respeito ao defeito aparente, a distinção entre eles e os vícios redibitórios apresenta grande interesse prático, pois implica na aceitação da idéia de capacidade de análise imediata pelo comprador para a verificação da identidade e qualidade da coisa e sua idoneidade para o fim que tem em vista, de modo que a aparência do vício exonera a responsabilidade do vendedor se o comprador, ou seu preposto, não opôs uma reserva.[90] As hipóteses do CC 441 distinguem-se por fim da qualidade garantida, de origem contratual e exercida por via de uma ação *ex contractu*, em obediência ao princípio *pacta sunt servanda*. Por meio desta garantia, o vendedor assegura ao comprador, entre outros, que o objeto tem certas qualidades, garantindo-as por determinado tempo, livremente fixado no contrato.

30. O princípio da responsabilidade do vendedor pelos vícios redibitórios decorre do direito que é acordado ao comprador pelo CC 441 e da obrigação imposta ao vendedor pelo CC 443. Nos termos do primeiro dispositivo, a coisa recebida em virtude de contrato comutativo pode ser enjeitada por vícios ou defeitos ocultos, que a tornem imprópria ao uso a que é destinada, ou lhe diminuam o valor; enquanto que em razão do segundo dispositivo o devedor restituirá o que recebeu com perdas e danos, se conhecia o defeito da coisa, e, se não o conhecia, tão-somente restituirá o valor recebido, mais as despesas do contrato.

31. As condições legais para que o regime instaurado pelo Código se aplique são: a) *a comutatividade do contrato*, a fim de se preservar sinalagma funcional; b) *a natureza oculta do defeito*, no sentido de que não pode ser verificável à primeira vista, ou facilmente verificável, ao vendedor subsistindo o dever de boa-fé no contrato, alertando o comprador sobre eventual vício[91]; c) *a relevância do defeito*, aferida na medida em que atente positivamente à finalidade a que se destina o bem ou cause considerável depreciação do seu valor[92]; e d) existência do vício no

---

[90] O caráter ostensivo ou oculto varia e depende das condições e das circunstâncias peculiares de cada contrato, condicionando-se ainda às próprias pessoas que intervêm no ato, podendo o vício, oculto para o leigo, ser ostensivo para um especialista ou profissional. WALD, *Obrigações e contratos*, 299.

[91] O CDC 6°, III, erigiu o direito de informação como critério da boa-fé objetiva do fornecedor, que deve alertar o consumidor sobre os riscos que a coisa pode apresentar.

[92] É assim quando se compra um cavalo de corridas portador de moléstia respiratória que o impede de correr, mas não o é quando, portador da mesma moléstia, destina-se o animal ao abate. Cf. SALVO VENOSA, *Direito civil*, 565.

momento da celebração do contrato, ou mais especificamente, no momento da tradição.[93]

32. Por ser redibitório, garante-se primordialmente a devolução da coisa ao seu titular anterior, provocando a extinção do contrato (CC 441). A ação redibitória dá ao comprador o direito à restituição do valor pago e ao reembolso das despesas tidas com a contratação, mais o recebimento de indenização por perdas e danos sofridos, se o vendedor conhecia o vício (CC 443). Se há pluralidade de partes contratantes, a ação redibitória assume caráter indivisível.[94] Pela ação estimatória ou *quanti minoris*, o comprador reclama o abatimento do preço, mantendo a vigência do contrato (CC 442). Contrariamente à ação redibitória, havendo pluralidade de partes contratantes, a ação estimatória conserva o caráter divisível, podendo ser intentada por qualquer dos adquirentes contra qualquer dos vendedores, em proporção à parte de cada um.[95]

A liberdade de optar entre qualquer uma das ações edilícias é a mais ampla possível, e será exercida em razão do dano provocado (CC 442). A cumulação das ações é, todavia, inadmissível, por incompatibilidade dos pedidos entre si (CPC 292, § 1, I), assim como irrevogável a escolha[96], exceto se anuente o vendedor-réu. Na hipótese da transformação da coisa vendida, o comprador não poderá servir-se da ação redibitória, porque o vendedor não é obrigado a receber coisa distinta daquela que entregou. O mesmo ocorre quando a coisa foi alienada ou consumida pelo comprador.[97] Quando houver perecimento da coisa em razão do

---

[93] Na verdade, o fato gerador do vício não deve ser anterior ou concomitante à celebração do acordo, mas anterior ou concomitante à sua perfectibilização, que se dá pela tradição da coisa. É nesse momento que ocorre, efetivamente, a transferência do risco para o comprador, se diferente não houver sido estipulado pelas partes. Tanto o é que o próprio CC 444 faz subsistir para o alienante a responsabilidade pelos vícios ocultos, ainda que a coisa pereça em poder do alienatário, se já existentes ao tempo da tradição. As perdas e danos deverão em todo caso ser provadas. Nesse sentido, PRINGNSHEIM, *The Decisive Moment for Aedilician Liability*, Archive d'Histoire du droit oriental, Revue internationale des Droits de l'Antiquité, I, 545-556. Em todo caso, essa condição deve ser analisada conjuntamente com as regras que determinam os prazos para exercício das ações edilícias, com as considerações e variáveis que atuam sobre os mesmos, ligadas normalmente à complexidade da operação de venda ou do bem vendido.
[94] SALVO VENOSA, *Direito civil*, 2, 569.
[95] SALVO VENOSA, *Direito civil*, 2, 569.
[96] SILVA PEREIRA, *Instituições*, 127.
[97] WALD, *Obrigações e contratos*, 303.

defeito oculto que portava, cabe ao comprador apenas a ação redibitória, com a devida restituição do valor pago mais perdas e danos, uma vez que a ação *quanti minoris* tem como pressuposto o interesse de o credor conservar a coisa em seu domínio. Nas coisas vendidas em conjunto, limita-se igualmente o uso da ação redibitória às coisas viciadas quando não formarem com as demais um todo indivisível (CC 503).[98] Se formarem um todo indivisível e inseparável, ao comprador caberá qualquer das ações edilícias, se contratualmente não houver sido previsto a reparação ou a substituição da coisa.[99]

33. As opções satisfativas oferecidas pelo regime tradicional dos vícios redibitórios limitam-se à reposição do *status quo* ou à compensação dos prejuízos, não contemplando soluções mais adequadas à manutenção do contrato como a obrigação de reparação ou a de substituição do bem não conforme ou defeituoso.[100] [101] O regime das ações edilícias conhece uma única hipótese onde o seu exercício fica subordinado a uma obrigação legal de reparação não cumprida. Trata-se da venda de imóvel *ad mesuram*, na qual exige-se primeiro o complemento da área faltante,

---

[98] Trata-se de uma norma *favor contractus* que preserva a economia ao não admitir a devolução de várias unidades autônomas, sem relação de dependência, quando apenas um ou algumas apresentam defeitos.

[99] A indivisibilidade pode decorrer de uma razão econômica a ditar a inseparabilidade da coisa (WALD, *Obrigações e contratos*, 303). Um bom exemplo decorre da venda de uma enciclopédia composta de vários volumes, dentre os quais um apresenta graves defeitos de impressão: a devolução de um volume prejudica toda a obra, porque o defeito de um ou mesmo mais volumes interfere nos demais (SILVIO RODRIGUES, *Curso*, 173).

[100] BECKER, *As garantias implícitas no direito brasileiro e em perspectiva comparativista*, RDC, 69 (83). Nos contratos regidos pelo CDC, a reparação é uma obrigação legal imposta às partes como condição preliminar ao exercício do direito do consumidor em exigir, à sua escolha, a substituição, a restituição ou o abatimento proporcional do preço da coisa adquirida (CDC 18, § 1°, inc. I, II, III, e 19, III). O consumidor não será, con-tudo, obrigado a exigir preliminarmente a reparação quando a substituição das partes viciadas puder comprometer a qualidade ou características do produto, diminuir-lhe o valor ou se tratar de produto essencial (CDC 18, §3°).

[101] Na parte revogada do Código Comercial, também não havia tal previsão. No entanto, críamos ser possível aplicar, por analogia, a regra do CCom. 209, onde era prevista a substituição na hipótese em que, perfectibilizada a venda, o vendedor tivesse alienado, consumido ou deteriorado a coisa vendida. A propósito da substituição nas vendas comercias, dizia MARTINS, *Obrigações e Contratos Comerciais*, 170.

para somente em caso de impossibilidade (incumprimento) abrir-se ao comprador a escolha de uma daquelas ações (CC 500).[102]

34. Quanto ao exercício da garantia do bem adquirido em hasta pública realizada em processo executivo, houve uma importante modificação do quadro legislativo. Com efeito, o Código de 1916 vedava expressamente ao credor de prevalecer-se de tais ações (art. 1.106), sob o argumento de que as vendas decorrentes de execuções judiciais constituem-se modalidade coativa de alienação cuja natureza não se harmoniza com a garantia.[103] A modificação vem do fato de que o novo Código silenciou sobre essa antiga vedação. Esse silêncio leva-nos à questão de saber se a vedação ainda persiste, tendo em vista a natureza e as condições em que a venda em hasta pública se realiza. De um lado, a garantia tem sido admitida: 1) nas vendas decorrentes de leilão escolhido pelo proprietário da coisa; e 2) nas vendas autorizadas pelo juiz nas situações de alienação judicial no âmbito da jurisdição voluntária.[104] Por outro lado, na hipótese de aquisição por arrematação em processo executivo, a jurisprudência ainda não trouxe uma resposta definitiva *vis-à-vis* do novo Código. Resta saber se o juiz aplicará aos vícios redibitórios as mesmas soluções encontradas para as situações de evicção em arrematação pública, haja vista o paralelismo entre ambas as garantias.

35. Quanto ao abatimento do preço, a lei não estabelece como se haverá de proceder: atender-se-á à diminuição em relação ao valor pago pelo bem, ou à diminuição em relação ao valor do bem conforme a sua avaliação, abstraindo-se do preço? Para a doutrina, a diminuição do preço proporcionalmente à diminuição do valor é base de cálculo mais justa para o abatimento.[105]

36. No que diz respeito aos prazos para a propositura das ações edilícias, a nova codificação trouxe diversas modificações. Primeiramente, o CC 445 estabelece que os prazos são decadenciais, e não prescricionais,

---

[102] A ação que visa o abatimento do preço de imóveis vendidos *ad mesuram* contendo diferença de metragem é, no entanto, de outra natureza: ela é *ex empto*, porque não se trata de defeito oculto mas de coisa entregue em quantidade menor do que aquilo que foi pretendido, obedecendo por isso ao prazo geral de prescrição de 10 anos.

[103] SALVO VENOSA, *Direito civil*, 2, 570. Esta já existia no direito luso-brasileiro (COELHO DA ROCHA, *Instituições*, 457).

[104] SALVO VENOSA, *Direito civil*, 2, 570.

[105] PONTES DE MIRANDA, *Tratado de Direito Privado*, T. 38, 303; GOMES, *Contratos*, 95.

como eram tratados pela legislação revogada. Por conseqüência, não se suspendem, senão quando presente cláusula de garantia (CC 446), nem são suscetíveis de interrupção. De regra, os prazos começam a correr da tradição e variam conforme a coisa viciada seja móvel ou imóvel e se já estava ou não na posse do adquirente. Para a coisa móvel, o prazo decadencial é de trinta dias e, para a coisa imóvel, de um ano[106], se outro não foi o estabelecido pelas partes (CC 445 *caput*).[107] Tais prazos, no entanto, serão reduzidos à metade, contando-se da alienação, se o adquirente já estava na posse da coisa vendida.

O Código de 2002 inovou ao adotar um sistema misto, no qual interagem os sistemas objetivo e subjetivo de contagem dos prazos: quando o vício, por sua natureza, só puder ser conhecido mais tarde, o prazo contar-se-á do momento em que dele tiver ciência o adquirente, até o prazo máximo de cento e oitenta dias da data da entrega efetiva, em se tratando de bens móveis; e de um ano, para os imóveis (CC 445 § 1º).[108] A regra

---

[106] Na empreitada, o prazo da garantia, irredutível, é de 5 (cinco) anos (CC 618); surgindo o vício no interregno dos cinco anos, o prazo decadencial é de 180 dias para que o comitente ou o terceiro adquirente da coisa empreitada proponha a ação contra o empreiteiro (CC 618, § ú). A garantia concerne à solidez da obra, respondendo o empreiteiro diante de quem o contratou e igualmente diante de quem adquiriu o imóvel. Não prevaleceu no novo Código a excludente legal de responsabilidade do empreiteiro construtor quanto aos vícios do solo quando tenha prevenido o dono da obra que constava no art. 1.245 CC/1916 (Cf. WAINER, *Responsabilidade civil do construtor – cláusula de exoneração da responsabilidade qüinqüenal,* RDC 55, 130).

[107] Sob a égide dos textos revogados, foram inúmeras as decisões no sentido de que o termo inicial do prazo para as ações edilícias nem sempre era o da tradição, mas o da transcrição, na venda de imóveis; o da experimentação, na venda de máquinas; o da segunda entrega, na substituição da coisa defeituosa; o do exame ou o do conserto da coisa; ou ainda o da relevância do vício, quando evidente a impossibilidade de conhecê--lo no exíguo prazo legal. Vide *RT* 189/107 *e* 464/266 e *JB* 5/108. A modificação dos prazos, foi motivada pelo fato de que na vigência do CC 1916, a jurisprudência, para salvar o princípio de proteção adotado se socorria de outros institutos, estranhos ao regime à garantia, cujos prazos eram superiores aos previstos para os vícios redibitórios (15 dias/6 meses). Houve decisões que adotaram o regime da anulabilidade por erro de fato, enquanto outras, o da resolução por inadimplemento; o STF, a seu turno, não hesitou em modificar o critério de contagem do prazo, quando a natureza da coisa apresentava uma realidade incompatível com o prazo exíguo do CC/1916, vindo a instituir o critério do momento do conhecimento do vício. Cf. NETTO LOBO, *Responsabilidade por vícios e a construção jurisprudencial,* RDC 16, 45.

[108] Não quis o legislador chegar ao extremo de manter indefinidamente a regra de garantia nas hipóteses em que o vício somente pode ser conhecido mais tarde, como o

civil é de difícil interpretação e aplicação respeitante aos bens imóveis, na medida em que são idênticos os prazos do § 1° e do CC 445 *caput*. Houve um erro legislativo decorrente da alteração do texto original do CC 445, que concebia no *caput* o prazo de *seis meses* e no § 1° o prazo de *um ano* para a denúncia do vício, mas que depois da emenda apresentada na Câmara dos Deputados ampliou o prazo do *caput* para um ano, em razão do fato de que certas propriedades rurais exigem dos compradores muito tempo para que sejam conhecidas.[109] A emenda ao *caput* do CC 445 foi aprovada, mas esqueceu-se de alterar o prazo do § 1° para mais, para que a norma tivesse sentido.

Outra dificuldade que surge na interpretação e na aplicação do CC 445 *caput* diz respeito ao início da contagem do prazo quando o comprador já se encontra na posse da coisa. Dois exemplos ilustram a dificuldade[110]: 1) alguém é imitido na posse de uma coisa móvel cinco dias antes da sua alienação: a aplicar o CC 445 *caput*, o comprador disporá do prazo de 15 dias a partir da alienação, o que resulta em um prazo total de 20 dias a partir da posse, 2) se o comprador obteve a posse 60 dias antes da sua aquisição, disporá do prazo de 15 dias, o que resulta em um prazo de 75 dias a partir da posse. Ora, ambas as situações são incongruentes e de certa maneira injustas em relação à venda submetida aos prazos gerais, previstos na *primeira parte* do CC 445, pois o comprador que já está na posse poderá se encontrar numa situação ora desprivilegiada (1), ora privilegiada (2) *vis-à-vis* daquele que obteve a entrega no momento da conclusão do contrato ou posteriormente ao mesmo.[111]

---

fez CDC 26, § 3, ao determinar o início da contagem do prazo quando o vício deixe de ser oculto.

[109] Cf. FIGUEIREDO ALVES, in RICARDO FIÚZA (coord.), *Código Civil comentado*, 398.
[110] Extraídos da obra de SILVA PEREIRA, *Instituições*, 130.
[111] Para tais casos, a doutrina (SILVA PEREIRA, *Instituições*, 130) propõe como critério de interpretação a irredutibilidade dos prazos de referência (CC 455 *caput* e § 1°). Assim: 1) se alguém é imitido na posse de uma coisa móvel 5 dias antes da sua alienação – aplicando o CC 445 *caput*, o comprador disporá do prazo de 30 dias a partir da imissão na posse para a redibição e não do prazo de 15 dias a partir da alienação, já que nesta última hipótese o seu prazo total a partir da posse seria de 20 dias; 2) se obteve a posse 60 dias antes da sua aquisição, disporá do prazo de 15 dias a partir da alienação. A nosso ver, o critério não parece ser exato, porque não resolve de tudo o descompasso, subsistindo a situação de privilégio ao comprador imitido na posse depois de tempo superior

Da mesma forma, a nova codificação inova ao tratar da venda de animais, estabelecendo que os prazos de garantia por vícios ocultos serão os estabelecidos em lei especial, ou, na falta desta, pelos usos locais, aplicando-se o disposto no parágrafo primeiro do art. 445 se não houver regras disciplinando a matéria (CC 455, § 2º). Nesse caso, as partes poderão estipular prazos mais extensos, mas não poderão renunciar à decadência fixada em lei por força do CC 209.

37. O Código de 2002 inovou também ao prever a possibilidade de suspensão dos prazos estipulados no CC 445 no período de vigência de cláusula de garantia, devendo o adquirente, no entanto, denunciar o defeito ao alienante nos trinta dias seguintes ao seu descobrimento, sob pena de não poder se aproveitar dos prazos que a lei supletivamente lhe outorga (CC 446). Evidentemente, os prazos do CC 445 começam a correr não do dia da entrega efetiva e sim após o transcurso do período de garantia dado pelo vendedor.[112] Contudo, surgindo o defeito antes do termo fixado na garantia, deve denunciar o defeito nos trinta dias que seguem ao seu descobrimento. Não se trata evidentemente de prazo para interposição de uma das ações edilícias, mas de simples comunicação do defeito. Por meio desta, solicita-se as providências cabíveis ao vendedor, eventualmente previstas e esse efeito pelo contrato, tal como a reparação ou a substituição da coisa defeituosa. Não solucionada a questão, continua possível ao comprador a propositura de uma das ações edilícias, mesmo após o decurso do prazo de garantia, pois que este suspende os prazos decadenciais. Mas somente poderá fazê-lo se houver notificado o vendedor

---

ao acordado pela lei para denunciação do defeito. Ilustra-se bem a situação o caso do locatário de um bem imóvel que, depois de um ano resolve adquiri-lo: contado a partir da alienação, o prazo resulta em 1 ano e seis meses de garantia. Ora, estando em sua posse há um ano, comprou o imóvel porque já o conhecia suficientemente bem, inclusive os eventuais vícios que ele porta. Não deveria, pois, ter direito de exigir a garantia. Se o comprador veio a conhecer o vício posteriormente à aquisição da coisa (defeito na fundação, p. ex., cujos efeitos somente surgem com o tempo), há regra especial prevista no CC 445 § 1º que lhe assegura a garantia! Foi dito que melhor teria sido manter a regra geral nesses casos, cujos prazos deveriam ser computados desde o início efetivo da posse (SALVO VENOSA, *Direito civil*, 2, 573). Essa regra apresenta, no entanto, o equívoco de considerar todo possuidor um futuro comprador que irá examinar a coisa como se proprietário fosse, o que nem sempre ocorre. Enfim, a inovação pode em muitos casos contrariar a regra geral, carecendo de eficiência.

[112] *RT* 182, 738.

do defeito nos trinta dias seguintes a sua descoberta; caso contrário, ocorrerá perempção.[113]

Questão que o Código não responde é se, para efeitos de contagem dos prazos decadenciais, decorrido o prazo da garantia e tendo o comprador denunciado o defeito nos trinta dias seguintes à sua descoberta, vale a regra do CC 445 *in fine*, que determina contar-se o prazo reduzido da metade, tendo em vista que o comprador já se encontra na posse do bem. Em se tratando de defeito de manifestação tardia, aplica-se naturalmente o CC 445, § 1°, transferindo-se a ótica da questão para o domínio da prova.

38. Por fim, diferentemente da inovação que houve em matéria de evicção, o novo Código Civil, assim como o Código de 1916, não previu a possibilidade para o comprador de agir diretamente contra o vendedor não imediato na cadeia de contratos. Com exceção da matéria de proteção ao consumidor[114], o direito brasileiro desconhece a ação direta no âmbito de uma cadeia contratual, restando ao comprador como único recurso uma ação contra o vendedor imediato. Vige o princípio da relatividade dos efeitos obrigacionais, de modo que as garantias se mostram incapazes

---

[113] Cf. SALVO VENOSA, *Direito civil*, 2, 574.

[114] O CDC não descarta uma ação regressiva, e obriga na cadeia solidária, qualquer parte que tenha condições econômicas, para ampliar as garantias do consumidor, superando o princípio da relatividade (CDC 12). Responde também o comerciante por vícios do produto, quando não facilmente identificável o fabricante, construtor ou o importador; quando o produto for fornecido sem identificação clara do seu fabricante, produtor, construtor ou importador; ou ainda quando não conservar adequadamente os produtos perecíveis (CDC 13). Fica, contudo, assegurado àquele que efetivar o pagamento ao prejudicado o direito de regresso contra os demais responsáveis, segundo sua participação na causa do evento danoso (CDC 13, § único). Este direito de regresso será processado segundo as regras civis. Diante da responsabilidade solidária de todos os fornecedores, iniciando-se do comerciante que diretamente manteve contato com o consumidor para atingir igualmente os demais fornecedores em cadeia (CDC 18, *caput*), fica defesa qualquer limitação ou exoneração da obrigação de indenizar decorrente da responsabilidade pelo vício ou pelo fato do produto ou do serviço (art. 25). Esta é uma importante inovação do CDC, que garante ao consumidor voltar-se indistintamente contra todos os responsáveis pela colocação do produto no mercado, não cabendo alegação de benefício de ordem. Sobre os problemas que decorrem dessa possibilidade de ação direta e as cláusulas de limitação e de exclusão da responsabilidade existentes entre os vendedores, veja BRIDGE, in BIANCA, GRUNDMANN, STIJNS (orgs.), *La Directive communautaire sur la vente – Commentaire,* 213.

de regular as situações nas quais a parte prejudicada não consegue demonstrar a existência de um vínculo contratual com o sujeito que reputa responsável pelo dano que sofreu.[115] Apesar disto, a doutrina tem aventado a possibilidade de, no âmbito de uma cadeia contratual (mas não apenas), legitimar-se, ainda que excepcionalmente, a pretensão ao último contratante que tenha sido prejudicado, para acionar aquele que tenha dado causa ao inadimplemento da prestação, independentemente da existência de contrato entre este último e a vítima. A base é a flexibilização do princípio do efeito relativo dos contratos, provocada pela introdução do princípio da função social no direito brasileiro dos contratos (CC 421).[116] A ampliação do âmbito de eficácia do contrato como uma das diretrizes para a concreção da cláusula geral do CC 421 tende a reconhecer efeitos a terceiros que de algum modo tomam contato com o objeto pactuado, seja porque sofre as conseqüências do seu inadimplemento, seja porque contribui para a sua ocorrência, de modo a legitimar uma eventual ação direta.[117]

2. Garantias contratuais

a) Da prática contratual à codificação

40. As garantias contratuais são normalmente híbridas, ora elargindo, ora restringindo as garantias legais.[118] No direito brasileiro, a previsão legal da cláusula de garantia (CC 446) é uma inovação em matéria de vícios redibitórios, embora há muito admitida na prática negocial, na doutrina e na jurisprudência. De origem contratual, as garantias visam

---

[115] BECKER, *As garantias implícitas no direito brasileiro e em perspectiva comparativista*, RDC, n. 9, 69 (83).

[116] MIRAGEM, *Diretrizes interpretativas da função social do contrato*, RDC, 56, 22 (36-37).

[117] Sobre uma nova leitura do princípio do efeito relativo dos contratos, veja JUNQUEIRA DE AZEVEDO, *Princípios do novo direito contratual e desregulamentação do mercado. Direito de exclusividade nas relações contratuais de fornecimento. Função social do contrato e responsabilidade aquiliana do terceiro que contribui para inadimplemento contratual*, RT 750, 113.

[118] LE TOURNEAU, *Droit de la responsabilité et des contrats*, 338-339.

"convencer" o comprador a concluir o contrato sobre a base de uma segurança jurídica reforçada, projetando o vendedor numa posição privilegiada face à concorrência.[119]

41. As garantias particulares são veiculadas como cláusula extensiva de responsabilidade e têm por efeito reforçar a garantia pelos vícios da coisa, seja por meio da concessão de uma prazo superior aos previstos no CC 445, seja porque abrange a segurança de bom funcionamento ou de desempenho, a qualidade e a durabilidade da coisa, esta última não decorrente de vício, mas do intuito de garantir uma obsolência planejada. Elas tendem igualmente a atuar sobre os prazos de entrega e alcançar obrigações do vendedor não previstas no Código Civil, notadamente as de reparação e de substituição da coisa defeituosa durante o período garantido, à condição de que o defeito seja verificado no âmbito de uma instalação correta do produto, de sua manutenção regular e de sua utilização apropriada. Tais garantias tendem a não cobrir o desgaste normal inerente à coisa, levados em conta a durabilidade e a *performance* comumente admitidas aos produtos similares. O vendedor pode igualmente garantir a qualidade da coisa, que é, contudo, inferior à normal. São, assim, hipóteses de garantia contratual extensiva à responsabilização na ocorrência de certos casos fortuitos ou de motivo de força maior e por vícios aparentes ou que não são redibitórios. Na hipótese de c*essão de ações ou quotas de uma sociedade*, pode-se igualmente acordar a obrigação dos cedentes a cobrir todo novo passivo, originados de dívidas contraídas pela sociedade anteriormente à cessão, porém revelado posteriormente à mesma, ou toda diminuição do ativo, qualquer que tenha sido a causa.

42. Na garantia contratual, os critérios determinantes dos vícios não decorrem da lei, mas do contrato. A apuração do vício redibitório é o comum, normal e ordinário, ao passo que a apreciação da qualidade garantida faz-se segundo os critérios estabelecidos e indicações feitas pelas partes.[120] Não se limita aos vícios preexistentes ou contemporâneos à tradição, porque alcança os defeitos supervenientes dentro do prazo que ela prevê, sejam ocultos ou não. Em muitas situações os usos e as práticas comerciais são levados em consideração na interpretação do contrato. Essa interpretação permitirá, inclusive, o pronunciamento, em determinados

---

[119] Nesse sentido, veja o Considerando 21 da Diretiva 1999/44/CE de 25 de Maio de 1999.

[120] WALD. *Obrigações e contratos*, 298.

casos, sobre a existência de uma garantia. Pode-se admitir, p. ex., que o contrato comporta uma garantia se a qualidade específica apresenta para as partes importância capital e se o vendedor declarou formalmente que a coisa apresentava tal qualidade a produtividade de uma máquina, de modo que por ela deve responder. Por força do princípio da boa-fé objetiva (CC 422), sua existência pode ser também deduzida do comportamento das partes.

43. A qualidade garantida pode ser exigida por via de uma ação *ex contracto*. Sua inexecução pode dar igualmente ao comprador direito a reclamar perdas e danos.

44. O agravamento da responsabilidade do vendedor não poderá evidentemente atentar contra a essência da compra e venda, que impõe reciprocidade de obrigações e de direitos e que seja preservado um equilíbrio mínimo das prestações e contraprestações, equilíbrio mínimo de direitos e deveres.[121] Os princípios da boa-fé e do justo equilíbrio contratual devem primar, pois ao contrário do que se possa pensar, muitas das vezes o comprador se encontra numa posição de força econômica (quando não política) superior à do vendedor e impõe-lhe o agravamento da sua res-ponsabilidade, exonerando-se de todo risco financeiro da operação. É o que parece ocorrer, por exemplo, nos contratos entre as grandes cadeias de distribuição e os médios e pequenos produtores e fornecedores de produtos e serviços.

b) Articulação com as garantia legais

45. De origem legal ou contratual, as garantias permitem uma articulação de modo a cumprir a função à qual se destinam.

46. Com relação à **evicção**, o CC 448 dá liberdade às partes de estabelecer no contrato garantias suplementares à garantia legal como uma caução ou fiança, ou mesmo uma garantia hipotecária, a fim de assegurar o pagamento em hipótese de indenização[122]; permite-se igualmente que se reforce a garantia contra determinado terceiro, eventual turbador da posse[123], ou de restituição do preço em dobro.[124] Pode-se também

---

[121] Nesse sentido, LIMA MARQUES, *Contratos no código de defesa do consumidor*, 38.
[122] WALD, *Obrigações e contratos*, 316.
[123] VENOSA, *Direito civil*, 2, 60.
[124] SILVA PEREIRA, *Instituições*, III, 141.

convencionar, em ocorrendo a evicção, obrigação de prestar outra coisa ou coisa do mesmo gênero.[125] O reforço da garantia por meio da articulação vislumbrada ocorre igualmente quando se preestabelece a garantia de evicção nos casos em que não haveria tal responsabilidade: *pactum de praestanda evictione*.[126]

47. Com relação aos vícios redibitórios, a liberdade de estabelecer garantias contratuais extensivas decorre atualmente do CC 446. Complementar da garantia legal, ela não tem força contudo para operar sua exclusão[127], somente para reduzi-la. É o que ocorre normalmente no comércio de coisas usadas, quando o valor e o estado da coisa não justificam a plena responsabilidade do vendedor pelos vícios ocultos, até porque constituem na maioria das vezes em vantagem para o comprador. Evidentemente, esta cláusula não produzirá efeitos quando demonstrada a má-fé do vendedor que conhecia o vício da coisa vendida ou quando atentar contra o CC 209, que não admite a renúncia ao prazo de decadência fixado em lei.

A vigência da cláusula de garantia equivale à da cláusula de suspensão convencional da decadência da garantia legal e importa que, até o advento do termo ajustado, está-se inibindo o alienante de invocar a decadência do direito do comprador; este deve, contudo, denunciar o defeito ao vendedor nos trinta dias seguintes ao seu descobrimento, sob pena de decadência. A obrigação de denunciar o defeito no âmbito de uma causa obstativa de decadência reflete a consagração jurídica de um dever de probidade e de boa-fé, tal como enunciado no CC 422.[128]

48. O reforço da garantia, embora não expressamente limitado pela lei, deve ater-se à função que exerce toda e qualquer forma de garantia: a proteção legítima do interesse do credor em manter equilibrada a relação contratual. Consequentemente, se as garantias contratuais prejudicarem o comprador, este parece conservar o direito de invocar a garantia legal que lhe seja mais favorável. As garantias legais e contratuais devem atuar de maneira complementar.

49. Conhecido o regime das garantias na compra e venda brasileira, resta-nos conciliar esse instrumento de proteção do interesse do credor,

---

[125] PONTES DE MIRANDA, *Tratado de Direito Privado*, T. 38, § 4.222.
[126] PONTES DE MIRANDA, *Tratado de Direito Privado*, T. 38, § 4.222.
[127] DINIZ, *Código civil anotado*, 371.
[128] FIGUEIREDO ALVES, in RICARDO FIÚZA (org.), *Código Civil comentado*, 400-401

cuja função maior é de assegurar o equilíbrio contratual, com a idéia de exclusão da responsabilidade do vendedor. A gestão contratual da responsabilidade apresenta uma conotação ainda mais forte quando se tem presente que a inclusão de uma cláusula limitativa ou exoneratória da responsabilidade é tão inerente à liberdade contratual quanto a redução ou exclusão voluntária das garantias legais.

III. A gestão contratual das garantias

50. A gestão contratual das garantias decorre da liberdade que a lei assegura às partes de exercerem a plena liberdade de contratar e de definir o conteúdo do contrato, fixando sua economia e distribindo a carga financeira dos riscos. Ela decorre igualmente de um poder mais amplo de gestão da responsabilidade[129], que diz respeito ao dever de indenizar. Nossa análise concentrar-se-á essencialmente sobre o regime das garantias num contexto de gestão contratual da responsabilidade.
51. Duas são as vias de exclusão da responsabilidade contratual. Uma resulta da lei e atua diretamente sobre o fundamento do dever de indenizar: a responsabilidade. A outra é de fonte contratual e visa afastar os efeitos da responsabilidade: o dever de garantir e o dever de indenizar.[130] Confrontaremos o dever de garantir tanto no contexto das excludentes legais (1.), quanto no contexto convencional de exclusão da responsabilidade (2.).

---

[129] Expressão tomada de LE TOURNEAU, *Droit de la responsabilité et des contrats*, 325.

[130] Com efeito, as cláusulas poderão agir quer sobre a obrigação, quer sobre o dever de indenizar. Aquelas são relativamente próximas destas, mas racionalmente distintas, porque agem sobre as condições de existência da obrigação. Distinguem-se das cláusulas que atuam sobre o dever de indenizar, na medida em que atuam na fonte, e não sobre o efeito da responsabilidade reconhecida, efeito de uma obrigação não executada. A distinção se faz assim a partir da função de cada tipo de cláusula: a função das cláusulas limitativas e de exclusão da responsabilidade é exatamente a de restringir ou limitar a sanção pelo não cumprimento ou pelo cumprimento defeituoso das obrigações emergentes do contrato, no nível da respectiva indenização, sem interferir na exigibilidade dessas obrigações, que continuam a justificar-se pelo fato de as partes, ao celebrar o negócio, pretenderem que os efeitos práticos sejam juridicamente vinculativos. Finalmente, as cláusulas de limitação da responsabilidade são igualmente diferentes das cláusulas penais, na medida em que estas fixam um *forfait*, enquanto aquelas fixam um *plafond* indenizatório, além do regime específico que anima cada uma delas (Pinto Monteiro, Cláusulas limitativas e de exclusão da responsabilidade civil, 97 e 188).

1. As garantias no contexto das causas excludentes da responsabilidade

52. As causas gerais de exclusão da responsabilidade contratual resultantes da lei são a *ausência de culpa do devedor* e os *casos fortuitos* e os *motivos de força maior*.

53. Na ocorrência da mora, do inadimplemento absoluto ou ainda do cumprimento defeituoso, o devedor responde pelos prejuízos que causar (CC 389 e 395). Este dever de indenizar é fundamentalmente baseado na culpa do devedor, sem a qual não se configura a responsabilidade nos termos dos CC 396 e 393.[131] Por ser presumida, *juris tantum*, a culpa, e por conseqüência a responsabilidade contratual, pode ser afastada pela comprovação, pelo devedor, de que todos os esforços para o cumprimento da obrigação foram dispendidos.[132] Além da comprovação do esforço dispendido, a lei assegura especialmente ao devedor a possibilidade de comprovar a ausência de culpa pela superveniência de certos acontecimentos capazes de, por si só, impedir o adimplemento pontual da obrigação contratada. Mas em matéria de garantia, a culpa é, em princípio, prescindível para caracterizar sua exigência. A responsabilidade aqui é objetiva. No entanto, a ausência ou a presença de culpa atuará de maneira distinta quando se tratar de exigir uma indenização face à occorrência dos vícios que a lei busca garantir. Em matéria de vícios redibitórios, a culpa será equiparada à má-fé para fundamentar, além do dever de restituição do preço que recebeu, igualmente o dever (inafastável) de indenização, imposto ao vendedor que alienou conscientemente um bem viciado sem advertir o comprador da sua existência (CC 443). Em se tratando da garantia contra a evicção, a culpa presumida atuará no sentido de retirar a eficácia da cláusula que exonera o alienante o dever de indenizar, que decorre naturalmente da garantia (CC 449).

---

[131] SCAVONE JR., *Causas e cláusulas de exclusão de responsabilidade civil*, Revista de direito privado, 8, 53 (93).

[132] AGOSTINHO ALVIM, *Da inexecução das obrigações e suas conseqüências* (1980), n.º 208. Nesse aspecto, o direito civil brasileiro tende a distinguir-se do regime francês da responsabilidade civil, do qual sofreu capital influência, pois neste a *absence de faute* não constitui em princípio uma causa de exoneração: *"ou bien elle fait obstacle à ce que la responsabilité soit engagée (obligation de moyen); ou bien la démonstration par le débiteur est inefficace (obligation de résultat).* LE TOURNEAU, *Droit de la responsabilité et des contrats,* n.º 1150, 342.

54. O caso fortuito e o motivo de força maior são espécie do gênero ausência de culpa (CC 393). Não obstante as várias tentativas de distinção dos dois eventos, a doutrina moderna apregoa a sinonímia entre as duas expressões [133], com base inclusive na maneira como o parágrafo único do CC 393 determina a sua verificação.[134] Sua previsão legal não lhes atribui, no entanto, caráter imperativo, razão pela qual podem as partes livremente sobre elas dispôr.[135] Por conseqüência, é permitido às partes convencionarem outros fatos que, por força contratual, sejam equiparados ao caso fortuito ou motivo de força maior para fins de exclusão da responsabilidade do vendedor. *A contrario sensu*, as partes podem convencionar que o vendedor responderá pelos danos resultantes do caso fortuito ou de um motivo de força maior ou ainda de fatos a estes comparados. Em tal caso, estaremos diante de uma cláusula de garantia.

55. As causas gerais de exclusão da responsabilidade não atuam de maneira determinante em matéria de vicíos redibitórios e de evicção. Com efeito, sobre cada uma das garantias legais atuam excludentes específicas, de modo que antes de conhecermos as excludentes que atuam sobre

---

[133] Cf. BARBOSA DA SILVA, *As cláusulas excludentes e limitadoras da responsabilidade contratual. Caso fortuito e força maior,* RDPriv., 6, 96 (112-113).

[134] O caso fortuito e o motivo de força maior seriam assim fatos que, necessários, produzem efeitos que não se possa impedir ou evitar. A distinção entre ambas justificar-se-ia entretanto na hipótese em que a responsabilidades do devedor encontraria não na culpa, mas no risco o seu fundamento. Para permitir o tratamento diverso do devedor consoante sua responsabilidade, o caso fortuito consistiria em um impedimento relacionado com a pessoa do devedor ou com sua empresa, enquanto que o motivo de força maior deveria ser entendido como um acontecimento externo. Dessa forma, ressalta Agostinho Alvim que se fundada na culpa, bastará que o caso seja fortuito para que a responsabilidade do devedor não seja engajada; se fundada no risco, será necessário que haja motivo de força maior. Seriam assim excludentes da responsabilidade fundada no risco: a culpa da vítima, as ordens de autoridade, os fenômenos naturais, as guerras, as revoluções, entre outras causam que impeçam o cumprimento da obrigação por serem de força externa invencível.

[135] De caráter dispositivo, ambas as causas comportam no entanto algumas exceções legais, em razão das quais vigora a responsabilidade mesmo na sua ocorrência. Entre as exceções que interessam a compra e venda: a mora do vendedor (CC 399); quando o mandatário substabelecer sem autorização para tanto (CC 667, §1°); quando a gestão de negócios se operar contra a vontade do interessado (CC 862). Aplica-se em todo o caso a regra geral segundo a qual o devedor poderá se exonerar da sua responsabilidade de indenizar provando que os casos fortuitos teriam sobrevindo, ainda quando se houvesse cumprido perfeitamente a obrigação.

a garantia contra os vícios redibitórios (b), analisaremos aquelas que dizem respeito à garantia contra a evicção (a).

a) Excludentes legais da garantia contra a evicção

56. O novo Código Civil prevê a excludente de responsabilidade do vendedor baseada na presunção de assunção do risco da evicção pelo comprador que conhecia o vício de direito que portava a coisa ou a litigiosidade desta no momento da sua alienação (CC 457).[136] Esta exclusão poderá, em alguns casos, atingir todos os valores a que se refere o CC 450 (*supra* II, *a*).

57. A falta de denunciação da lide não importa impossibilidade de obtenção posterior do ressarcimento do prejuízo sofrido pelo evicto, conforme entendimento reiterado da jurisprudência.[137] A denunciação da lide é, contudo, condição *sine qua non* para a ação direta de regresso do comprador contra o vendedor imediato ou qualquer dos anteriores com base no título executivo que determinar a evicção (CC 456). Não obstante, a doutrina tem sustentado o não cabimento de ação autônoma de evicção para quem foi parte no processo em que ela ocorreu, porque inadmissível.[138] Mas ainda que se reconheça uma renúncia tácita ao direito decorrente da evicção por parte do adquirente que não denunciou a lide ao vendedor e ainda que este não se tenha obrigado a indenizar o

---

[136] Na vigência do Código de 1916 a responsabilidade pela evicção encontrava-se excluída quando o comprador fosse privado da coisa pela ocorrência de caso fortuito, motivo de força maior, roubou ou furto (art. 1.117, inc. I), ou ainda quando o comprador sabia que a coisa era alheia ou litigiosa (art. 1.117, inc. II). Sabiamente, o legislador do novo Código não reproduziu a regra do revogado art. 1.117, inc. I, tendo em vista que ela não atendia às condições de aplicação da garantia pela evicção: além de ocorrerem posteriormente à venda, tais causas são independentes e não mantêm qualquer vínculo com o alienante.

[137] STJ – REsp 132.258-RJ, 3ª Turma, rel. Min. Nilson Naves, *DJ* 17.04.2000, 56.

[138] Para WALD (*Obrigações*, 320) e NERY JR./ANDRADE. NERY (*Código de Processo Civil comentado*, 246) haverá, contudo, possibilidade de ação autônoma de evicção quando o evicto não tenha sido parte na ação originária. Isso acontece, por exemplo, na ação de busca e apreensão fundada em contrato de alienação fiduciária (DL 911/69), movida por financeira contra o devedor, quando o bem se encontra na posse de terceiro: há busca e apreensão (evicção), sem que o terceiro tenha sido parte na ação; este terá ação autônoma de indenização contra o alienante (adquirente fiduciário).

comprador pelos riscos da evicção, pode este último impetrar ação autônoma para reaver o preço pago, a respeito do qual a renúncia tácita não se opera, sob pena de permitir-se o enriquecimento sem causa.[139]

58. Ainda quanto à denunciação da lide, o parágrafo único do CC 456 estabelece que o adquirente *pode* deixar de oferecer contestação ou de se valer de recursos quando o alienante não atenda à denunciação da lide, sendo manifesta a procedência da evicção. A regra é de difícil compreensão. Primeiramente, a faculdade de não apresentação da contestação parece ser de difícil ocorrência já que a denunciação à lide ao alienante dá-se no prazo para contestar se o denunciante for o réu (CPC 71). Por fim, esta dupla exigência para que o comprador exerça a faculdade de não oferecer contestação ou de se valer de recursos parece implicar, *a contrario sensu*, a obrigação ao comprador de atuar no processo com o mesmo zelo que atuaria pra defender direito seu, que não poderia ser garantido por nenhuma ação de regresso. Daí apresentar-se a questão de saber se em caso de *não manifesta procedência da evicção*[140], ainda que não atendendo o vendedor à denunciação à lide, pode o comprador prevalecer-se da garantia da evicção nos termos do CC 456, *caput*, se não opôs no processo os meios de defesa necessários para evitar a perda total ou parcial da coisa litigiosa.

59. Outrossim, se por ação dolosa do comprador houver deterioração do bem, não subsiste a obrigação prevista no CC 450 (CC 451). Subsistirá, contudo, a responsabilidade do alienante se a deterioração advir de ato culposo do evicto, pois somente o comportamento doloso do evicto seria conducente à dedução correspondente à depreciação sofrida[141], salvo em presença de cláusula contratual de exoneração.

60. Finalmente, nenhuma obrigação de garantia subsistirá para quem se comprometer por outrem, se este, depois de se ter obrigado, faltar à obrigação (CC 440).

---

[139] STJ -REsp 255.639-SP, rel. Min. Menezes Direito, j. 24/4/2001, *Informativo n. 0093 STJ*, 23 a 27 de abril de 2001.

[140] Cuja determinação em certas situações comporta dificuldades e dá azo a controvérsias, provocando a postergação do processo e a insegurança jurídica.

[141] DINIZ, *Código Civil anotado*, 374.

b) Excludentes legais da garantia contra os vícios redibitórios

61. O novo Código, assim como o anterior, não previu nenhuma causa específica de exclusão da responsabilidade do devedor pelos vícios redibitórios no âmbito do regime geral (CC 441-446). No entanto, pode-se extrair por interpretação *a contrario sensu* do regime dos vícios redibitórios as seguintes excludentes da responsabilidade: 1) ostensividade do vício no momento da tradição ou seu aparecimento posteriormente à execução, sem que este último decorra de vício oculto preexistente; 2) conhecimento do vício por parte do comprador que não opôs uma reserva, precisa e motivada; e 3) decadência do direito à garantia.

62. Tais hipóteses são, na verdade, decorrentes da conduta do comprador, o que pode nos levar a pensar numa renúncia tácita da garantia por parte deste. O mesmo ocorre em presença de uma cláusula de garantia, quando o comprador não comunica o vício redibitório que porta a coisa ao vendedor no prazo de trinta dias fixado no CC 446. A falta da comunicação do defeito no prazo estipulado pela lei provoca, para o comprador, a perda do direito de valer-se de uma das ações edilícias. Ocorrerá igualmente renúncia (tácita) à garantia quando o comprador, não intentando as ações edilícias, prefere realizar, por sua própria conta, as reformas ou consertos necessários para corrigir os defeitos existentes. A doutrina alerta para o fato de que a renúncia tácita somente poderá ser considerada em razão das condições das partes no caso concreto. Como exemplo, não consistirá renúncia tácita à ação própria por parte de quem, diante da ameaça de protesto de título, faz o pagamento deste, ressalvando seus direitos. Se, ao contrário, o pagamento é feito espontaneamente, poderá implicar renúncia tácita.[142] Será igualmente considerada como renúncia tácita o pagamento continuado da coisa vendida à prestação se o comprador não faz nenhuma ressalva.[143]

2. As garantias no contexto convencional da exclusão da responsabilidade

63. As garantias legais são uma consequência *natural* da obrigação de entregar a coisa vendida e se aplicam *ex lege*. Por não serem de ordem

---

[142] WALD, *Obrigações e contratos*, 302.
[143] SALVO VENOSA, *Direito civil*, 571.

pública, podem ser objeto de disposição pelas partes, no sentido de serem reforçadas, reduzidas ou mesmo excluídas. No âmbito da venda regida pelo Código Civil, tanto a limitação quanto a exclusão da responsabilidade decorrente dos fatos protegidos pelas garantias poderão ser acordadas.

64. Esse acordo deve obedecer às condições gerais de admissibilidade das cláusulas que implicarem limitação da obrigação ou limitação e exoneração do dever de indenizar. O Código Civil de 2002 não as regulamenta de maneira específica. Prevê, no âmbito das disposições gerais aplicáveis aos contratos, apenas uma hipótese onde a cláusula de exoneração da responsabilidade será tida como nula. Ela concerne aos contratos onde haja estipulação em favor de terceiro e proíbe ao estipulante, em contrato que conclui em favor de terceiro, de exonerar o devedor quando aquele se deixar o direito de reclamar a execução (CC 437).[144] Face à inexistência de uma vedação legal expressa à utilização das cláusulas de limitação e de exclusão da responsabilidade[145], a doutrina tem admitido uma validade de princípio destas cláusulas nos contratos regidos pelo Código Civil[146], o que até o presente não foi negado pela

---

[144] Visto que o CC 438 *caput* o autoriza, o estipulante pode reservar-se o direito de substituir o terceiro designado no contrato, independentemente da sua anuência e da do outro contratante. Parece evidente que, nesta situação, não subsiste a proibição figurada no CC 437.

[145] Quando ocorre uma vedação expressa, ela assume caráter excepcional e tem lugar nas relações jurídicas regidas por leis especiais, onde se busca proteger o interesse público ou a posição jurídica e econômica da parte mais vulnerável. Tal é o que ocorre no âmbito da proteção do consumidor, estipulando a lei a nulidade de tais cláusulas (CDC 51, I), em razão da vulnerabilidade do consumidor (CDC 4°, I). O fato de que a parte final do CDC 51, I preveja que nas relações de consumo entre o fornecedor e o consumidor pessoa jurídica, a indenização poderá ser limitada, em situações justificáveis, demonstra, *a contrario sensu*, a normal admissão da cláusula de não indenizar (JUNQUEIRA DE AZEVEDO, *Cláusula cruzada de não indenizar...*, RT 769, 103 (106)). Daí ter-se afirmado que não havendo restrições impostas pela lei, somente a ordem pública pode repeli-las. (ROSAS, *Validade das cláusulas de não-responsabilidade ou limitativas de responsabilidade*, RT 479, 11). No Projeto de código das Obrigações 1965, de autoria do professor Caio Mário da Silva Pereira, as cláusulas de exclusão do dever de indenizar foram tratadas e admitidas nas hipóteses em que tivessem sido bilateralmente avençadas, não importassem eximir o dolo da obrigação e não contrariassem a ordem pública e os bons costumes; elas seriam ineficazes na responsabilidade *ex delicto*.

[146] Foi dito que o *"nosso direito não simpatiza com as cláusulas de irresponsabilidade"*, mas nem por isso deixou-se de afirmar sua admissibilidade. Cf. AGUIAR DIAS, *Da responsabilidade civil*, 672.

jurisprudência[147]. Mas devido às mudanças sofridas em matéria de responsabilidade civil, onde se constata uma evolução da *culpa* em direção ao *risco*[148], a análise da validade dessas cláusulas se torna mais acurada. Completa esse quadro, a consagração de novo princípios no campo dos contratos, que relativizam os princípios voluntaristas do direito dos contratos, notadamente o princípio da autonomia da vontade e do *pacta sunt*

---

[147] Para Caio Mário, embora haja controvérsia em torno da sua aceitação, tais cláusulas são válidas e eficazes no direito brasileiro, devido ao caráter privatístico da norma em que a responsabilidade contratual encontra seu fundamento (CC 389), assim como daquela que fundamenta a responsabilidade *ex delicto* (CC 927), uma vez que "*a reparação do dano é um direito do lesado, que pode exercê-lo ou deixar de fazer, como pode, ainda eximir o agente mediante cláusula expressa, ou transferir para um terceiro o dever ressarcitório mediante contrato de seguro*" (SILVA PEREIRA, *Responsabilidade civil*, 12). Em uma única decisão datando de 12 de novembro de 1996, a 4ª Turma do STJ lançou na Ementa oficial de um recurso especial sobre a eficácia da cláusula limitativa da responsabilidade do credor pignoratício após a extinção do contrato principal de mútuo a seguinte interpretação do regime jurídico das cláusulas de limitação do dever de indenizar na ordem jurídica brasileira, mesmo não tendo sido este regime objeto de análise e de discussão no corpo do Acórdão, pelo menos nos termos em que sugere a Ementa: "*II – A regra geral da convivência humana, à qual o Direito deve proteção, é que a indenização pela reparação deve ser a mais completa possível, a fazer justiça no caso concreto. Somente nos casos ressalvados ou autorizados por lei se mostra admissível a limitação da responsabilidade.*"(REsp 83717/MG, Rel. Min. Sálvio de Figueiredo Teixeira, 4ª T., j. em 12.11.1996, DJ 09.12.1996 p. 49282). Salvo falha de nossa parte, não encontramos desdobramentos posteriores dessa visão restritiva da validade das cláusulas de indenização no âmbito da jurisprudência do STJ, suficientes a consolidar uma restrição sistemática da gestão contratual do dever de indenizar. Note-se que, embora julgado em 1996, esse acórdão diz respeito a uma relação de consumo, cujos fatos ocorreram anteriormente à entrada em vigor do CDC, de modo que o item II da Ementa parece ter sido em grande parte motivado pela natureza da relação contratual.

[148] Para uma boa compreensão do sistema de responsabilidade contratual instaurado pelo novo Código Civil, veja MARTINS-COSTA, *O adimplemento e o inadimplemento das obrigações no novo Código Civil e o seu sentido ético e solidarista*, in FRACIULLI NETTO et alli (org.), *O novo Código Civil – estudos em Homenagem ao Professor Miguel Reale*, 331; WALD, *A evolução da responsabilidade civil e dos contratos no direito francês e brasileiro*, RT 845/81; CAVALIERI FILHO, *Responsabilidade Civil no novo Código Civil*, RDC 48, 69; FARIA BERALDO, *A responsabilidade Civil no parágrafo único do artigo 927 do Código Civil e alguns apontamentos do direito comparado*, RF 376; OLIVEIRA GOUVÊA, *Boa-fé objetiva e responsabilidade civil contratual – principais inovações*, RF 369/73; PREUSS DUARTE, *Responsabilidade Civil e o novo Código: contributo para uma revisitação conceitual*, in DELGADO/FIGUEIREDO ALVES (coord.), *Novo Código Civil: questões controvertidas*, 433.

servanda, nos quais sempre se buscou o fundamento para assentar a validade e a eficácia das cláusulas de limitação e de exoneração do dever de indenizar.

65. De maneira geral, são válidas no direito civil brasileiro as cláusulas de limitação e de exclusão do dever de indenizar que atendam aos requisitos de validade de qualquer negócio jurídico: objeto lícito, agente capaz e forma prescrita ou não defesa em lei (CC 104). Serão igualmente válidas e eficazes[149] as cláusulas que: i) não atentem contra o princípio da ordem pública contratual ou à regra imperativa [150]; ii) não sejam contrárias à vida e à integridade física das pessoas naturais[151]; iii) não exonerem a conduta dolosa do devedor[152]; iv) digam respeito à tutela do

---

[149] No direito brasileiro, a nulidade não decorre necessariamente de uma previsão legal, mas pode ser apreendida do sistema, nos casos em que o negócio jurídico ou a cláusula sujeita à nulidade apresente uma deficiência substancial (GOMES, *Introdução ao direito civil*, 402) ou exprima prática proibida, sem que a lei comine sanção (CC 166, VII).

[150] Além das regras imperativas, elas não podem atentar contra os princípios de ordem pública contratual, notadamente os da função social, da probidade, da boa-fé e dos bons costumes (SILVA PEREIRA, *Responsabilidade civil*, 305). Nesse sentido, clara e precisa é a norma do CC 2.035, § único, que, ao solucionar o problema de conflito intertemporal de leis, dispõe que *"nenhuma convenção prevalecerá se contrariar preceitos de ordem pública, tais como os estabelecidos por este Código para assegurar a função social da propriedade e dos contratos"* Além da nulidade à qual incorre a cláusula ou o contrato, a violação dos princípios de ordem pública contratual estabelecidos pelo art. 2.035, § único gera o dever de indenizar à quem os tenha violado em face de dano decorrente desta violação (NERY JR./ANDRADE NERY, *Código Civil anotado*, 336).

[151] Esta vedação atende ao princípio constitucional da dignidade da pessoa humana (CF 1°, III, c/c 5°, *caput*), ao fenômeno da *"constitucionalisação do personalismo ético do direito civil"* (JUNQUEIRA DE AZEVEDO, *Cláusula cruzada de não indenizar...*, RT 769, 103 (110)) e ao modelo axiologicamente orientado pelo respeito à pessoa em que se estrutura a responsabilidade civil no novo Código, expresso no CC 949 (Cf. MARTINS-COSTA, *O adimplemento e o inadimplemento das obrigações no novo Código Civil e o seu sentido ético e solidarista*, 342-343). Pactuar sobre a vida e sobre a integridade física das pessoas implicaria nulidade da cláusula, porque apresentaria objeto ilícito (CC 104).

[152] *RF* (1969), 378. Se ambas as partes procederem com dolo, nenhuma delas poderá, todavia, alegá-lo para anular a exclusão pactuada (CC 150). Para uns, às ações dolosas são assimiladas as situações de culpa grave (AGUIAR DIAS, *Cláusula de não-indenizar,* 672), enquanto que para outros, a culpa não é passível de gradação (GALHANONE, *A Cláusula de não indenizar,* RT 565, 21 (28)). JUNQUEIRA DE AZEVEDO (*Cláusula cruzada de não indenizar...*, RT 769, 103 (106)), por seu turno, afirma não haver nada, no direito brasileiro, que impeça a exoneração da indenização por *atos culposos*, mesmo aqueles considerados graves. Veja igualmente LAUTENSCHLEGER JR., *Limitação de responsabilidade na prática contratual brasileira,* RDM, 125, 7, (14).

interesse individual sobre os quais as partes podem livremente dispor[153] e a deveres decorrentes de obrigações naturais ou acessórias à obrigação principal[154]; v) respeitem às questões de forma, notadamente a bilateralidade do consentimento.[155]

66. Se constantes de um contrato de adesão, a análise da validade e da eficácia das cláusulas de exclusão do dever de indenizar torna-se mais complexa, pois assentar o controle sobre os contratos de adesão unicamente em disposições legais pensadas para os contratos negociados é negar a especificidade daqueles.[156] Na sociedade atual, na qual o diálogo particular desaparece[157], tornou-se impossível manter a negociação individualizada dos contratos. O *modus* contratual acabou por impor à matéria um direito *à deux vitesses*. Requer-se, portanto, um controle muito mais rigoroso pelo fato de o contrato de adesão aparecer como o principal veículo de difusão das cláusulas de exoneração, mais difíceis de serem aceitas nos contratos negociados.[158] Tais cláusulas tendem a se manifestar como exemplo típico de cláusula abusiva, na medida em que nem sempre são compreendidas pelo aderente seja porque escondidas num texto longo e complexo, seja porque disfarçadas sob a aparência de cláusulas de garantia.[159]

67. O Código Civil de 2002 não ignorou as particularidades dos contratos de adesão e estabeleceu um regime protetor ao aderente, cujos

---

[153] JUNQUEIRA DE AZEVEDO, *Cláusula cruzada de não indenizar...*, RT 769, 103 (105-106).

[154] O dever de indenizar elidido não pode advir de uma obrigação essencial ao contrato (*RT* 670/73).

[155] Além da bilateralidade do consentimento, que é a primeira condição de validade à qual é subordinada a cláusula de exclusão da responsabilidade (Cf. ROBERTO GONÇALVES, *responsabilidade civil*, 531), a validade da declaração de vontade dependerá de forma especial quando a lei expressamente a exigir (CC 107 e 166, IV).

[156] Assim ensina PINTO MONTEIRO, *Cláusulas limitativas e de exclusão da responsabilidade civil*, 370.

[157] OLIVEIRA ASCENSÃO, *Cláusulas contratuais gerais, cláusulas abusivas e o novo Código civil*, Revista da Faculdade de Direito da UFPR, 39 (2003), 5.

[158] A eliminação das margens de negociação não quer dizer, segundo ULHOA COELHO (*Curso de direito comercial*, vol. 3, 173-174), que haja *"maquinação de espíritos perversos movidos pela pretensão de locupletamento indevido em desfavor dos aderentes; é na verdade, apenas a conseqüência inevitável da crescente complexidade dos negócio."*

[159] PINTO MONTEIRO, *Cláusulas limitativas e de exclusão da responsabilidade civil*, 335-338.

dispositivos portam normas de cunho social.[160] O tratamento da matéria não é exaustivo.[161] Dentre as três modalidades conhecidas de controle de todo o processo contratual por adesão (controle da integração, da interpretação e do conteúdo das cláusulas do contrato)[162], o Código tratou de apenas duas. Limitou-se a prever apenas uma regra interpretativa (CC 423)[163] e a sancionar com nulidade a cláusula que implicar renúncia antecipada do aderente a direito resultante da natureza do negócio (CC 424). Ao não definir o que é um contrato de adesão para efeitos de aplicação da lei civil e nem oferecer critérios para determinação do caráter abusivo que determinadas cláusulas podem adquirir em razão do *modus*

---

[160] LIMA MARQUES, *Contratos no código de defesa do consumidor*, 65. Esse regime visa igualmente proteger a parte mais fraca contra, vez que nos contratos entre "civis" e entre empresários também pode existir uma parte contratual mais frágil, sem poder de influir sobre as condições gerais pré-formuladas pela outra (GONÇALVES LYRA JR., *Contratos de adesão e condições gerais dos contratos*, RT 828, 28).

[161] Aguiar Jr., RT 775, 25: " *[no novo Código civil], o contrato de adesão mereceu pouca atenção do legislador*".

[162] Veja PINTO MONTEIRO, *Cláusulas limitativas e de exclusão da responsabilidade civil*, 348.

[163] *"Art. 423. Quando houver no contrato de adesão cláusulas ambíguas ou contraditórias, dever-se-á adotar a interpretação mais favorável ao aderente"*. Esta regra concerne não só aos contratos de adesão, mas também às condições gerais dos negócios (Súmula 181, STF), e coloca a cargo do predisponente o ônus de empregar uma linguagem a mais clara e compreensível possível. A doutrina tem advertido, no entanto, que este dispositivo não apresenta boa técnica, pois basta que do texto contratual não resulte nenhuma ambigüidade ou contradição de modo que enseje qualquer dúvida para o aderente médio, para que se afaste a vulnerabilidade que se buscou proteger por meio do CC 423 (GONÇALVES DE LYRA JR., *Contratos de adesão e condições gerais dos contratos*, RT 828, 18). Por essa razão, o CC 423 deve ser completado por outros cânones legais de interpretação dos negócios jurídicos, a fim de garantir um maior equilíbrio contratual. Em sede interpretativa as regras como a de que nas declarações de vontade se atenderá mais à intenção nelas consubstanciadas do que ao sentido literal da linguagem ou a de que as condições gerais devem interpretar-se de acordo com os ditames da boa-fé e de maneira restritiva encontrarão apoio legal nos CC 112, 113 e 114, respectivamente. Completam esse quadro interpretativo os princípios da função social do contrato, o da probidade e o da boa-fé objetiva inscritos nos CC 421 e 422 respectivamente. Além desses princípios, o juiz poderá se servir da regra que determina a prevalência dos acordos individuais sobre as condições gerais e das cláusulas manuscritas ou datilografadas sobre as impressas, por refletirem presumidamente melhor a vontade dos contratantes. Cf. LIMA MARQUES, *Contratos no código de defesa do consumidor*, 63-64; e OLIVEIRA ASCENSÃO, *Cláusulas contratuais gerais, cláusulas abusivas e o novo Código civil*, Revista da Faculdade de Direito da UFPR, 39 (2003), 17-18.

contratual, o Código deixou uma vasta lacuna[164] e, ao mesmo tempo, amplos poderes à jurisprudência para apreciar o conteúdo das cláusulas que poderão ser apresentadas pelas partes como abusivas.[165] Inexiste

---

[164] A fim de solucionar tais questões, foi recentemente sustentado que todo contrato de adesão seria submetido ao CDC, por efeito do CDC 29, devendo o juiz por conseqüência socorrer-se da definição legal do CDC 54 e da lista de cláusulas abusivas do CDC 51 ao 53 (LEITE NOVAIS, *A teoria contratual no Código de Defesa do Consumidor*, 2001). A inegável convergência de princípios (Enunciado n.° 167 CEJ/CJF) não implica, todavia, confusão do campo de aplicação de ambos os Códigos. Como ensina LIMA MARQUES (*Três tipos de diálogos entre o Código de Defesa do Consumidor e o Código Civil de 2002: superação das antinomias pelo "diálogo das fontes"*, in PFEIFFER/PASQUALOTTO, *Código de Defesa do Consumidor e o Código Civil de 2002 – Convergências e assimetrias*, 2005, 48), existe um diálogo das fontes necessário para satisfazer a exigência de inexistência de lacunas e antinomias no sistema jurídico. Neste caso, entretanto, o diálogo é utilizado para distinguir os respectivos campos de aplicação: o diálogo simultâneo permite a aplicação do CDC 54 para afastar sua incidência mesma, demonstrando que o caso é diferente. Para a renomada Professora da UFRGS, o novo Código Civil deve ter efeito útil, e por isso ter um campo de aplicação privilegiado, que é o dos contratos interempresariais. Quanto à utilização do sistema de cláusulas abusivas do CDC, OLIVEIRA ASCENSÃO (*Cláusulas contratuais gerais, cláusulas abusivas e o novo Código civil*, Revista da Faculdade de Direito da UFPR, 39 (2003), 21), adverte que uma tal incursão conhece duas ordens de restrições: primeira, nem todas as regras disciplinadoras das cláusulas abusivas são transferíveis para o direito civil, porque *"há certas regras que somente se fundam na proteção do consumidor, pelo que são resistentes a uma generalização"*; segunda, a generalização das regras a pessoas que não são consumidores (CDC 29) não significa universalização, impedindo que fornecedores entre si, por exemplo, se beneficiem das regras protetoras do CDC; a estes últimos, o recurso aos princípios gerais do direito civil. Afastadas as incursões automáticas ao CDC, resta ao operador do direito a busca de soluções no âmbito do próprio Código Civil para solucionar tanto o problema da integração no contrato das cláusulas de limitação ou de exoneração do dever de indenizar inseridas nas condições gerais dos contratos, quanto o do caráter abusivo que elas podem assumir. STF decidiu em 1999, no caso *Teka v. Aiglon*, que o CDC 54 não poderia ser utilizado para definir os contratos de adesão entre empresários, partindo da distinção existente entre a função do contrato de consumo e aquela do contrato de comércio (STF Pleno – SEC 5847/Rel. Min. Maurício Corrêa, julgada em 01.12.99, DJ 17.12.99, p. 00004).

[165] Em uma decisão do Tribunal de Justiça de Santa Catarina (*Petrobras v. AF comercial S.A.*, Agravo de Instrumento n.° 20006.016479/0000-00, rel. Des. Marli Mosimann Vargas, julgado em 24.05.2006, *DJSC* 26.05.06, p. 50), foi decidido que a cláusula de exclusividade inserida em contrato de fornecimento ou distribuição de combustíveis automotivos é nula, pois implica renúncia antecipada do adquirente ao exercício do direito constitucional da livre concorrência. Aceitar todas as exigências da fornecedora equivale à renúncia antecipada do aderente a direito de discutir as cláusulas e o próprio

regra relativa à tutela da manifestação da vontade, de modo a condicionar a validade das cláusulas de não indenizar a certas formalidades de sua integração ao conteúdo do contrato.[166] A falta de regulamentação específica sobre a integração das condições gerais ao contrato[167] e a timidez

---

preço do combustível adquirido, vedada nos termos do CC 424. O critério aventado pela relatora foi o do *caráter puramente potestativo da cláusula de exclusividade* inserida em contrato de adesão, implicando renúncia antecipada a direito resultante da natureza do contrato.

[166] O legislador partiu do princípio de que o predisponente estabelece as cláusulas que correspondem à normalidade da relação jurídica que ele vincula (OLIVEIRA ASCENSÃO, *Cláusulas contratuais gerais, cláusulas abusivas e o novo Código civil*, Revista da Faculdade de Direito da UFPR, 39 (2003), 5 (12), enquanto que o pressuposto deveria ter sido o desconhecimento pelo aderente do conteúdo dessas cláusulas (PINTO MONTEIRO, *Cláusulas limitativas e de exclusão da responsabilidade civil*, 348).

[167] No que diz respeito ao problema da delimitação do âmbito do acordo negocial, o jurista brasileiro encontrará no princípio da boa-fé objetiva (CC 422) o primeiro e principal critério de integração. Este princípio tem vocação *"para justificar que não devam considerar-se parte integrante do contrato as condições gerais que não eram efetivamente conhecidas, nem cognoscíveis, pelo aderente, quando da celebração do contrato"* (PINTO MONTEIRO, *Cláusulas limitativas e de exclusão da responsabilidade civil*, 372). Esta exigência contempla os deveres de informação e de lealdade que impõem ao mesmo tempo a condição de validade primeira das cláusulas de não indenizar que consiste na bilateralidade ou no caráter negociado da cláusula, não bastando a mera adesão global para que haja satisfação da condição. Com efeito, ainda sob a vigência do Código Civil de 1916, AGUIAR DIAS (*Cláusula de não-indenizar*, 65-66) afirmava que: *"quando ela [a cláusula de não indenizar] reveste a forma de adesão, não pode ter validade, se não há liberdade de escolha, porque, se o aceitante não pode deixar de utilizar o serviço monopolizado, pode, sem dúvida, recusar exonerar o proponente de responsabilidade, uma vez que a isenção não deve ser reconhecida senão quando a aceitação seja inequívoca e corresponda a uma causa ou vantagem na contraprestação (...). Em qualquer caso, a aceitação das cláusulas precisa ser, ou expressa, em ato válido, ou manifestada por outro meio que implique, por parte do aderente, o conhecimento de seus termos"*. Se adjeta ao contrato de adesão, será aceita, *"tendo em vista que a justaposição das vontades geradoras do negócio jurídico pode ocorrer momentaneamente aceitação manifesta ao que é previamente assentado pelo proponente"*; será, porém, nula quando viola a vontade do aceitante, porque resulta da imposição (SILVA PEREIRA, *Responsabilidade civil*, 305). Atualmente há quem relativize essa regra, certamente devido ao fato o primeiro *que* a vertente mais significativa do controle dos contratos de adesão é a que deve incidir sobre o conteúdo das condições gerais dos contratos (VIEIRA DE OLIVEIRA, *Cláusula de não indenizar*, 37). A melhor solução parece estar, no entanto, na conservação (utópica em muitas situações) de um certo grau de bilateralidade e da cláusula. Esse parece ser o espírito da jurisprudência anterior à entrada em vigor do novo Código Civil (RT 403/343). Mas como afirmou PINTO MONTEIRO (idem, p. 334/373), um controle que

legislativa quanto às normas de controle do conteúdo dos contratos de adesão valeram severas críticas da doutrina[168], sobretudo em função do tratamento mais completo que dispensa o CDC à matéria.

Quanto à aplicação do CC 424, norma de controle do conteúdo das cláusulas e condições gerais integradas ao contrato, no domínio das cláusulas que limitem ou excluem a responsabilidade do vendedor, várias questões se apresentam e impedem uma resposta imediata no sentido da subsunção direta destas cláusulas àquele dispositivo. Para determinar a abrangência do CC 424 nessa matéria, parece-nos ser necessária, de um lado, a exata compreensão do termo "renúncia", aparentemente empregado pelo legislador no seu sentido vulgar, e de outro, a determinação do que venham a ser os "direitos resultantes da natureza do negócio". Sem aprofundarmos a problemática, podemos dizer que o termo renúncia deve ser entendido aqui no sentido de uma disposição bilateral de direito, e não no seu sentido técnico-dogmático, uma vez que dentro dos contornos restritos do conceito de renúncia elaborado pela doutrina não cabem os fenômenos negociais em que o efeito extintivo do direito seja obtido por um

---

se limita apenas na adoção de medidas destinadas a esclarecer o aderente, sem atingir diretamente o conteúdo das cláusulas integradas no contrato será manifestamente um controle insuficiente e ignorará o principal problema dos contratos de adesão, qual o caráter não-eqüitativo e abusivo de certas cláusulas, capazes de comprometer a salvaguarda dos princípios elementares da ética contratual. Reforça esse entendimento a leitura que faz TEPEDINO (*Novos princípios contratuais e teoria da confiança: a exegese da cláusula to the best knowledge of the sellers*, RF 377, 237 (240)) das teorias da declaração e da confiança aplicadas na interpretação dos negócios jurídicos: à luz da dogmática dos contratos, privilegiam a manifestação externa e objetiva da vontade, de modo que se devem considerar vinculantes os deveres que, manifestados pelas partes, suscitam em ambas uma compreensão comum quanto ao conteúdo da declaração.[166] Serão eficazes as cláusulas que correspondem à *"vontade contratual consensualmente compreendida, pois que atendem ao primado da boa-fé objetiva na sua função hermenêutica"*.

[168] Como esclarece AGUIAR JR., RT 775, 27: *"A experiência tem mostrado que o contrato de adesão, com as suas condições gerais, tem servido para muitos abusos, e se impunha regramento mais específico para excluir ou diminuir o impacto de estipulações sobre multas e outros acréscimos devidos pela mora, eleição de foro quando significa negativa de acesso à defesa em juízo, perda das prestações pagas, dificuldades para a purga da mora ou para as providências tendentes à conservação do negócio, direito de prévia interpelação, limitação de responsabilidade, imposição de mais deveres a um do que ao outro etc. Daí que melhor teria sido ampliar a regulação dos contratos de adesão"*.

acordo entre as partes e cujos efeitos a ambas respeitam.[169] Parafraseando Ana Prata, pode-se falar da *"bilateralidade da renúncia"* no CC 424.[170] Quanto ao significado do termo *"direito resultante da natureza do negócio jurídico"*, necessário recorrer à doutrina[171] que vê na estrutura do negócio jurídico três elementos distintos, a saber: elementos essenciais, elementos naturais e elementos acidentais. Os elementos essenciais dividem-se em duas categorias: em elementos essenciais do negócio jurídico em geral e em elementos essenciais de cada tipo de negócio jurídico. Os primeiros consistem nas condições de validade de todo e qualquer negócio jurídico, enquanto que os segundos dizem respeito às cláusulas que caracterizam o tipo de negócio jurídico previsto pelo legislador ou selecionado pelas partes, que o distinguem dos demais. Na compra e venda, os elementos essenciais compreendem a transmissão da propriedade, a obrigação de entrega da coisa e a obrigação de pagamento do preço. Os elementos naturais são os efeitos determinados pelas normas supletivas, que se produzem independentemente de estipulação correspondente, mas que podem ser excluídos pelas partes contratualmente. Os elementos acidentais são as cláusulas acessórias, elementos estranhos ao tipo de negócio, mas nem por isso menos importantes que as anteriores. Trata-se de cláusulas que não são *"indispensáveis para caracterizar o tipo abstrato de negócio ou para individualizar a sua entidade concreta"*, mas que constam do negócio por vontade exclusiva das partes para que *"tenham lugar os efeitos jurídicos a que tendem"*, podendo por isso mesmo *"variar ao infinito"*.[172] Outra interpretação possível do

---

[169] De fato, a renúncia é ato unilateral, abdicativo, abstrato, irrevogável, informal e, sobretudo, dependente de direito já existente, não valendo em relação a direito futuro (a exemplo do CC 191). Além disso, ela não se confunde com a cláusula de limitação ou de exoneração do dever de indenizar, porque não se caracteriza como excludente específica de responsabilidade civil (Cf. SILVA PEREIRA, *Responsabilidade civil*, 306).

[170] Em sua obra de referência, a jurista portuguesa enfrentou o problema da abrangência do termo renúncia, empregado no art. 809 do Código Civil português, deduzindo pela sua bilateralidade, ainda que o termo tenha sido impropriamente utilizado pelo legislador. Cf. PRATA, *Cláusula de exclusão e de limitação da responsabilidade contratual*, 516.

[171] Sirvo-me aqui das lições de PINTO OLIVEIRA, *Cláusulas acessórias ao contrato: cláusulas de exclusão e de limitação do dever de indemnizar e cláusulas penais*, 9.

[172] MANUEL DE ANDRADE, *Teoria geral da relação jurídica*, II, 35. Apesar da infinitude destas últimas, existem cláusulas acidentais ou acessórias que são típicas, jurídica ou socialmente típicas. Estas são comuns ao comércio jurídico, enquanto aquelas são em alguma medida reguladas na lei; no mais das vezes, elas se correspondem. Entre tais

termo está em ver na natureza do negócio jurídico uma idéia de finalidade do negócio, de modo que o contrato seria protegido pelos fins os quais propõe realizar.

A partir da distinção acima, pode-se inferir que o *"direito resultante da natureza do negócio"* para fins do CC 424 compreende seus elementos essenciais e naturais, que juntos permitem caracterizar o tipo de negócio e individualizá-lo na sua entidade concreta. No caso da compra e venda, a natureza comutativa do contrato tem as garantias contra os vícios da evicção e pelos vícios ocultos como elementos naturais, que lhe são próprios e não precisam vir inscritos no contrato; estas garantias têm como finalidade assegurar uma operação economicamente equilibrada. Certamente, estes podem ser afastados pela vontade das partes, mas nos contratos de adesão, esse afastamento não resultaria de uma negociação, mas da imposição unilateral pelo predisponente. Essa é a razão da nulidade cominada à renúncia prévia (disposição) de direito resultante da natureza do negócio; ela alcança tanto os elementos essenciais, quanto naturais ao negócio jurídico pactuado por adesão, do contrário não se alcançaria uma efetiva proteção do aderente. Todavia, o dever de indenizar não parece poder ser considerado como um desses elementos, porque se trata de efeito do incumprimento imputável. Por outro lado, poderia ser incluído na idéia de finalidade, posto que *"o adimplemento atrai e polariza a obrigação"*, constituindo seu fim.[173] Mas para isso será necessário, entre outros, uma modificação na teoria da responsabilidade civil para que a indenização seja considerada como uma *prestação equivalente* à obrigação não cumprida, ignorando-se a sua autonomia e o seu caráter reparatório-punitivo...

Por ora, podemos afirmar que a cláusula de exclusão da responsabilidade não poderá visar às garantias legais, porque direito resultante da natureza do contrato, mas poderá, em princípio, visar à limitação e à exoneração do dever de indenizar decorrentes de outros tipos de descumprimento do contrato, desde que preenchidas as condições para sua vali-

---

cláusulas estão as de limitação e de exclusão do dever de indenizar, assim como as cláusulas penais, a condição e o termo, a estipulação do sinal (PINTO OLIVEIRA, *Cláusulas acessórias ao contrato: cláusulas de exclusão e de limitação do dever de indemnizar e cláusulas penais*, 11-12).

[173] COUTO E SILVA, *A obrigação como processo*, 5-9.

dade e eficácia.[174] A verificação da admissibilidade das cláusulas de limitação e de exoneração do dever de indenizar no contrato de adesão deverá seguir outros critérios oferecidos pelo Código Civil que a simples subsunção destas ao CC 424.[175] Resta saber se a referência exclusiva à "renúncia" permite concluir *a contrario sensu* que o legislador não proibiu pelo CC 424 as cláusulas que, ao invés de implicar em renúncia, apenas limitem direito resultante da natureza do negócio. Segundo a doutrina, o legislador foi *"pouco sensível às proibições relativas"* [176], de modo que uma resposta positiva não contraria a finalidade protetora da norma.[177]

68. Uma vez válidas as cláusulas de não indenizar, elas provocam entre as partes o afastamento da obrigação de reparar o dano.[178] Tais cláusulas podem inclusive dizer respeito a ato de terceiro.[179] A obrigação de

---

[174] Contrários: GALHANONE, *A cláusula de não indenizar*, RT 565 (1982)/21; BARBOSA DA SILVA, *As cláusulas excludentes e limitadoras da responsabilidade contratual. Caso fortuito e força maior,* RDPriv., 6, 96 (112-113), devido à falta de negociação livre entre as partes.

[175] Deverão, em princípio, ser consideradas válidas as cláusulas de não indenizar que: *i)* que constem de condições gerais de venda previamente entregues ao comprador, e este tenha tido a oportunidade real de efetivo conhecimento do seu teor antes de assinar o contrato (de adesão) que faz o reenvio; o silêncio intencional de uma das partes a respeito de fato ou qualidade que a outra parte haja ignorado, constitui omissão dolosa, provando-se que sem ela o negócio não se teria celebrado (CC 147); *ii)* se firmada em documento pós-contratual, nada se opõe a isso, mas a ela deve ser clara e aceita pelo co-contratante, o que poderá eventualmente ser deduzido do conjunto das circunstâncias; *iii)* for clara e evidente, inclusive o reenvio que lhe faz o contrato de adesão, quando inserida nas condições gerais de venda; *iv)* não disser respeito a direito resultante da natureza do negócio (CC 424); *v)* não resultar de conduta contrária à boa-fé; *vi)* não atentar contra a função social do contrato; e *vii)* não privar o contratante vulnerável do direito a receber a indenização.

[176] OLIVEIRA ASCENSÃO, *Cláusulas contratuais gerais, cláusulas abusivas e o novo Código civil,* Revista da Faculdade de Direito da UFPR, 39 (2003), 19.

[177] Observe-se que o CDC não só autoriza as cláusulas limitativas nos contratos de adesão concluídos entre um fornecedor e um consumidor (CDC 54, § 4°), mas também quando as rejeita, fá-lo de maneira expressa (CDC 51, I, primeira parte). Por fim, nas relações entre um fornecedor e um consumidor pessoa jurídica, o CDC 51, I, parte final, admite às partes a faculdade de, em situações justificáveis, limitar a obrigação do dever de indenizar.

[178] SILVA PEREIRA, *Responsabilidade civil,* 306.

[179] ROSAS, *Validade das cláusulas de não-responsabilidade ou limitativas de responsabilidade,* RT 479, 11 (12).

indenizar com base na responsabilidade objetiva do devedor por ato de seus empregados, serviçais e prepostos (CC 933 c/c CC 932, III) pode ser convencionalmente ilidida ou limitada.[180] Embora a obrigação de indenizar decorrente da conjugação desses dois dispositivos vise proteger o interesse do credor, a sua exoneração permite ao devedor se desvencilhar dos efeitos de uma responsabilidade objetiva numa economia em que freqüentemente se vê "forçado" a recorrer ao auxílio de outras pessoas, normalmente bem qualificadas.[181] Resta saber se serão consideradas válidas as cláusulas que limitem ou exonerem o dever de indenizar quando presente o dolo ou a culpa grave do agente ou preposto. Não há resposta da lei para essas situações. Parece que aqui se pode pensar no critério encontrado por Pinto Monteiro a respeito do direito português (art. 800, n° 2): a validade dependeria do caráter dependente ou não do empregado, serviçal ou preposto. Segundo esse critério, as cláusulas de limitação e de exoneração do dever de indenizar seriam válidas tanto em presença do dolo e da culpa grave quanto em presença da culpa leve do empregado, serviçal ou preposto autônomos ou independentes. Quando estes forem dependentes, a validade destas cláusulas seria restrita à situação de culpa leve.[182] Ocorre que diferentemente da lei portuguesa, que fala em *auxiliares e representantes legais*, a lei brasileira fala de empregados, serviçais e prepostos, cuja relação/função é justamente marcada por um elevado grau de dependência. Portanto, a aplicação do critério da dependência associado ao do grau da culpa revelam-se demasiado complicados.

69. O regime das cláusulas de limitação e de exoneração do dever de indenizar serve de referência ao regime da exclusão contratual das garantias: de um modo geral a exclusão ou a limitação deve ser instituída

---

[180] Na hipótese em que não houver exoneração da obrigação de indenizar, a ação de regresso do empregador ou do comitente contra o terceiro causador do dano somente será admita se estes tiverem agido com dolo ou culpa (CC 934 e Enunciado 44).

[181] Nesse sentido, PESSOA JORGE, *A limitação convencional da responsabilidade civil*, RPGE, 10(26), 1980, 35 (53). O autor comenta a solução idêntica do direito português, positivada no inc. 2 do art. 800 do Código Civil, ressalvando que a possibilidade de exoneração prevista pelo dispositivo somente é aplicável no domínio da responsabilidade obrigacional, independentemente do aspecto volitivo da conduta do auxiliar ou do representante legal, e às hipóteses ou aos atos que não represente ofensa às normas de ordem pública.

[182] PINTO MONTEIRO, *Cláusulas limitativas e de exclusão da responsabilidade civil*, 258 *sq*.

por meio de cláusula expressa, para preservar a boa-fé contratual. Tais cláusulas são anuláveis por dolo, uma vez presentes os pressupostos do CC 147, ou do CC 148 ou ainda do CC 149[183], a não ser que ambas as partes assim o procedem (CC 150). Esse regime se particulariza, no entanto, em razão das especificidades de cada uma das garantias. Após termos verificado como se comportam as garantias contra a eviccção (a) e contra os vícios redibitórios (b) diante da liberdade conferida às partes de as gerirem convencionalmente, veremos como a exclusão da responsabilidade pode se manifestar por meio de garantias contratuais (c).

a) A gestão contratual da garantia contra a evicção

70. Ao permitir expressamente a cláusula de *non praestanda evictione* (CC 448), o Código Civil deixa às partes uma larga autonomia na matéria e expressa o princípio geral da exclusão da responsabilidade nas relações contratuais por ele regidas. Ao invés da exclusão, as partes poderão igualmente optar pela limitação do dever de indenizar do vendedor, restringindo as hipóteses de indenização previstas no CC 450. Poderão igualmente limitar a garantia da evicção somente contra determinado terceiro, eventual evictor.

71. O Código Civil reafirma, ao mesmo tempo, que a liberdade contratual das partes encontra-se submetida às exigências e princípios éticos e sociais que informam doravante todas as relações contratuais: a da boa-fé entre as partes e a da manutenção do equilíbrio contratual, ponto que assegura o interesse do credor. Nesse sentido, a liberdade de exclusão da garantia é acompanhada da regra imperativa inscrita no CC 449, segundo a qual não obstante a cláusula exoneratória, o evicto tem o direito a receber o preço que pagou pela coisa evicta, se não soube do risco da evicção, ou dele informado, não o assumiu. O dispositivo concilia a liberdade contratual com a boa-fé exigida entre as partes e a segurança contratual ao limitar a eficácia da cláusula excludente da prestação da garantia aos efeitos indenizatórios, conservando, nas condições

---

[183] A saber: omissão dolosa, provando-se que sem ela o negócio não se teria celebrado (CC 147); dolo de terceiro, se a parte a quem aproveite dele tivesse ou devesse ter conhecimento (CC 148); dolo do representante legal ou do representante convencional (CC 149). Em todas essas situações, responde-se por perdas e danos.

que estabelece, o direito de o comprador exigir a devolução do preço pago. A lógica aqui é impedir o enriquecimento sem causa, desestimulando o vendedor de má-fé.

72. Da articulação dos CC 448 e 449, o vendedor poderá ver qualquer responsabilidade sua plenamente excluída nos casos em que o comprador conhece a litigiosidade da coisa e exclui a responsabilidade do vendedor na ocorrência da evicção: o contrato deixa de ser comutativo e passa a ser aleatório e regido pelos CC 458 a 461. Nos casos em que o comprador não sabia do risco da evicção, ou em que, dele informado, não o assumiu, o vendedor é obrigado a devolver o valor pago pela coisa, mesmo em presença de uma cláusula de exclusão da responsabilidade. O vendedor responderá pela devolução do preço e pelas perdas e danos previstas no CC 450 na hipótese em que, inexistindo pacto de exclusão da responsabilidade pela evicção, o comprador ignorava o vício do direito. Responderá ainda o vendedor, mesmo diante de cláusula de *non praestando evictione,* por ato seu que perturbe a utilização ou prive o comprador do direito transferido.[184]

73. O regime estabelecido pelo Código parece ser bastante claro e lógico. Porém, uma dificuldade pode surgir da confrontação da excludente do CC 457, que nega ação ao evicto se *sabia* que a coisa era alheia ou litigiosa, com a norma protetora do CC 449, que garante ao comprador evicto a devolução do preço, mesmo em presença de uma cláusula de exclusão da garantia contra a evicção quando *informado* do risco, não o tenha *assumido*.[185] Com efeito, para o CC 457 basta que o comprador *saiba* do vício da evicção ou do risco para que não possa pretender a evicção, preço e demais valores indenizatórios confundidos. Já para o CC 449 *in fine* a simples ciência do risco da evicção não basta para que o vendedor tenha sua responsabilidade plenamente excluída, necessário ainda que o comprador, uma vez ciente, o assuma; não o assumindo, o comprador conserva o direito de pretender junto ao vendedor a devolução do preço, mesmo diante de cláusula de exclusão da garantia. Essa diferença de exigências e de efeitos impostos pelos dois dispositivos leva à questão de saber se a assunção expressa do risco é finalmente uma condição para que se opere a exclusão total da garantia

---

[184] SILVA PEREIRA, *Intituições,* III, 140; BARROS MONTEIRO, *Curso de direito civil,* 142.
[185] SÍLVIO RODRIGUES, *Direito civil,* 119, nota 169.

ou se o simples conhecimento do caráter alheio ou litigioso da coisa bastaria para tanto; essa dificuldade suscita a questão de saber se a devolução do preço integra a garantia ou não. Dito de outra maneira: ou há presunção legal de que o comprador que conhecia o vício adquiriu a coisa por sua conta e risco, abrindo mão da garantia (devolução do preço e indenizações), ou privilegia-se a tese segundo a qual o CC 457 exclui apenas o direito de o comprador demandar a indenização, mas não a devolução do preço, porque para haver exclusão deste último será sempre necessária cláusula expressa nesse sentido.[186]

Quanto ao fato de saber se o preço faz parte da garantia, encontramos nos comentários de João Luiz Alvez ao Código Civil de 1916[187] a seguinte observação ao revogado art. 1.117, inc. II (CC 457): *"cumpre, porém, notar que, mesmo sabendo que a coisa era alheia ou litigiosa, não tendo direito à garantia, tem, contudo, o adquirente evicto, direito à restituição do preço, salvo se assumiu o risco que conhecia, **porque o preço não faz parte da garantia**"*. Com efeito, a doutrina tem interpretado o regime indenizatório da garantia da evicção no sentido de que a restituição integral do preço é prevista não apenas como um direito resultante da evicção (CC 450, *caput*), mas também como conseqüência, em razão do sinalagma funcional, da resolução do contrato, ainda que o alienante não se tenha obrigado a garantir os riscos da evicção.[188] A admissão pela jurisprudência de uma ação autônoma do comprador contra o vendedor para reaver o preço pago ainda que aquele haja renunciado tacitamente à garantia através da não denunciação da lide a este, parece confirmar este entendimento.[189] Mas em seus comentários ao revogado art. 1108 CC/1916 (CC 449) Pontes de Miranda defendeu que a invocação deste dispositivo é uma conseqüência da responsabilidade pela evicção, assim como é pela ação de evicção que se exige a restituição do preço e as indenizações, de modo que a exclusão da garantia compreenderia a exoneração da restituição do pagamento do preço mais o pagamento das indenizações.

---

[186] Assim, PONTES DE MIRANDA, *Tratado de Direito Privado*, T. 38, § 4.222; DINIZ, *Código civil anotado*, 377.
[187] LUIZ ALVES, *Código Civil da República dos Estados Unidos do Brasil anotado*, 759.
[188] NERY JR./ANDRADE NERY, *Código de Processo Civil comentado*, 246.
[189] *RJTJSP* 131, 123.

Por outro lado, a assunção do risco tem que ser sempre expressa, porque mesmo diante do pacto *de non praestanda evictione generalis*, o evicto tem direito à devolução do preço se não sabia do risco, ou dele informado, não o assumiu (CC 449).[190] O preço pago, objeto da prestação, está em relação direta com o bem comprado e o consentimento. Absorve o motivo do negócio jurídico, a causa no contrato. Por isso é que dar abrangência plena à norma do art. 457 seria extrair do contrato sua causa e provocar uma situação de enriquecimento sem causa do vendedor, que é rechaçada pela lei (CC 884 c/c 885), e a favor da qual a própria lei não saberia estipular. Mesmo quando há assunção do risco e o contrato assume natureza aleatória, persiste a causa, que reside na alea, e não na contrapartida (CC 458-461).

74. Uma maneira de alinhar os dois dispositivos encontra-se na percepção de que se tratam de momentos contratuais distintos. A excludente legal do CC 457 exige o conhecimento da situação juridicamente defeituosa à época do contrato (*sabia, soube, conhecia*) para que haja exoneração do devedor de responder pela evicção. Na ocorrência desta, somente vê-se obrigado o devedor a devolver o preço, não obstante cláusula de exoneração da responsabilidade, se o comprador *não sabia* do vício (época do contrato) ou, vindo a saber por informação (posteriormente à conclusão do contrato), não o *assumiu* (CC 449). As situações relativas ao conhecimento do vício previstas pelos dois dispositivos parecem ocorrer em momentos distintos. Para justificar a exclusão da responsabilidade do vendedor pela devolução do preço, independentemente de uma cláusula de exoneração, o conhecimento do vício ou de sua litigiosidade deve corresponder à época da conclusão do contrato (*"sabia que a coisa era alheia ou litigiosa"* – CC 457); caso contrário, responde o devedor ao menos pelo preço que lhe foi pago, quando, mesmo diante de cláusula de não responsabilidade pela evicção, constata-se que o adquirente *ignorava*

---

[190] Segundo PONTES DE MIRANDA (*Tratado de Direito Privado*, T. 38, § 4.222), a cláusula geral de não responder pelos riscos a que a coisa se exponha não abrange a responsabilidade pela evicção se esta não for expressamente acordada pelas partes, tal como o previa o art. 214 do Código comercial: *"O vendedor é obrigado a fazer boa ao comprador a coisa vendida, ainda que no contrato se estipule que não fica sujeito a responsabilidade alguma; salvo se o comprador, conhecendo o perigo ao tempo da compra, declarar expressamente no instrumento do contrato, que toma sobre si o risco; devendo entender-se que esta cláusula não compreende o risco da coisa vendida, que, por algum título, possa pertencer a terceiro."*

o vício à época do contrato (paralelismo com o CC 457, pois o critério subjetivo é o mesmo: a ignorância do vício, condição para o exercício da garantia contra a evicção), ou dele informado (após a conclusão do contrato; poderia mesmo ser à época do contrato, provocando aí a contradição com o CC 457 e mesmo com a possibilidade de exclusão da responsabilidade pela via contratual, restando sem nexo um e outro instituto) não o assumiu. A prevalecer a idéia de que há regramento de momentos distintos, impõe-se, através de uma interpretação sistemática e teleológica da lei, privilegiar a primeira solução, que dá abrangência máximas à excludente do CC 457.

Todavia, essa mesma interpretação sistemática e teleológica da lei nos leva ainda a uma última confrontação: como conciliar a solução acima e o princípio do equilíbrio contratual? Em outras palavras, como conciliar à renúncia do preço sem assunção expressa do risco (CC 457) com o fato de que o equilíbrio contratual, baseado na reciprocidade, *"impede a existência de qualquer defeito de contrariedade à boa-fé objetiva e dá à causa justificadora da atribuição dos direitos e obrigações"*?[191]

A pergunta tem importância, na medida em que, mesmo partindo de uma análise que pretenda que esses dispositivos acima visualizem momentos distintos da relação contratual para admitir a possibilidade de exoneração da responsabilidade do vendedor, nada impede que esses momentos se confundam e que se veja diante de um conflito insuperável de critérios. Este conflito resulta do fato de que, para o CC 457, basta que o evicto tenha sabido que a coisa era viciada ou litigiosa para que se veja impedido de demandar pela evicção; enquanto que para o CC 449, exige-se mais do que o simples prévio conhecimento do risco da evicção para que a exoneração pactuada pelas partes atinja a restituição do preço pago, exige-se sua assunção. Ora, certo que o preço faz parte da garantia da evicção e por isso mesmo pode ser objeto de livre disposição entre as partes por meio de uma cláusula de exoneração (CC 448 e CC 450, *caput*). Do contrário, o legislador não teria sentido a necessidade de preservar a restituição ao menos do preço, não obstante existência da cláusula de exoneração, diante das situações por ele julgadas incompatíveis com a total exoneração da garantia. Posto que uma solução se impõe em caso de confrontação entre os dois dispositivos, a escolha será feita

---

[191] JUNQUEIRA DE AZEVEDO, *Cláusula cruzada de não indenizar...*, RT 769, 103 (105).

em favor daquela que melhor resguardar o equilíbrio contratual entre as partes e que ao mesmo tempo reflita os princípios informadores de toda relação contratual, tais como o da boa-fé objetiva, o da probidade e o da solidariedade contratual. O sistema do novo Código é de proteção do equilíbrio contratual. Assim, toda a exegese, em caso de conflito entre os dois dispositivos, é de apresentar solução consentânea com os princípios consagrados no novo Código.

75. Quando a aquisição da coisa evicta ocorrer em hasta pública, uma precisão se impõe. Se realizada no âmbito da jurisdição voluntária, a exclusão ou a limitação da responsabilidade poderá ser pactuada, porque não fica afastada a natureza contratual da alienação. Todavia, quando se trata de aquisição em hasta pública realizada em processo de execução, a proteção do arrematante contra os riscos da evicção impede qualquer gestão contratual da exclusão da responsabilidade, em razão da natureza não contratual da arrematação e da impossibilidade prática de um acordo nesse sentido. Para aqueles que defendem a aplicação do CC 447 *in fine* neste último caso[192], a norma assumiria caráter imperativo, tornando-se inafastável pela vontade das partes da relação processual ou do Estado-juiz.

76. No âmbito de uma cadeia de contratos, a responsabilidade pela evicção pode se estancar ao remontar as alienações sucessivas, sem atingir a origem do vício, graças à latitude que dispõem os vendedores anteriores nas suas relações a respeito da responsabilidade. Mas diante da possibilidade de uma ação direta por meio da denunciação da lide ao responsável pela evicção (CC 456), surgem algumas questões. Essa ação direta é própria do comprador evicto do ponto de vista da possibilidade de oposição de uma cláusula de responsabilidade, ou evicto se roga nos direitos do vendedor imediato em relação ao vendedor anterior e fica sujeito ao livre jogo das cláusulas de limitação e de exclusão? O comprador evicto deve provar que o vendedor não imediato atacado responde pelo defeito e que este já existia ao tempo da venda? Porque há sub-rogação na denunciação à lide, as cláusulas limitativas e de exoneração vão operar e obstar à responsabilização do denunciado. Em não existindo este óbice, responderá o denunciado objetivamente, desde que provado que o vício existia ao tempo da alienação realizada por ele.

---

[192] Assis, *Manual do processo de execução*, 742.

77. Enfim, assim como para a limitação e para o reforço da garantia, a estipulação expressa da exclusão da garantia de evicção pode ser anterior, simultânea ou posterior ao contrato. Se posterior, ela altera o contrato e deve ser estipulada na mesma forma exigida para a validade do contrato. Se simultânea ou anterior, embora constante de instrumento diferente, entende-se integrante do contrato[193], observadas certas condições quando a contratação se der por adesão.

d) A gestão contratual da garantia contra os vícios redibitórios

78. É da natureza dos contratos comutativos que a garantia contra os vícios redibitórios possa ser diminuída, ampliada ou excluída.[194] Assim como a garantia contra a evicção é garantia que não decorre de disposições de ordem pública, sendo reconhecida às partes a liberdade de, por cláusula expressa ou por aditamento ao contrato, excluir tanto a garantia pelos vícios redibitórios quanto a garantia contratual eventualmente existente.[195] Ao invés da exclusão, as partes poderão optar pela limitação da responsabilidade, garantindo-se, por exemplo, apenas algumas das qualidades da coisa ou restringindo-se o uso das ações edilícias à hipótese de abatimento do preço, excluindo a possibilidade de redibição, e vice-versa.

79. A cláusula geral de exclusão da garantia contra os vícios redibitórios atinge tanto os vícios considerados como tais até a conclusão do contrato quanto os que porventura se manifestem entre a conclusão do contrato e a transferência do risco (CC 444).

80. É admitido que na venda de coisas usadas ou avariadas, o vendedor exima-se da responsabilidade decorrente de vícios ocultos pela ressalva de que a coisa é entregue *"no estado"*.[196] Da mesma forma nos

---

[193] PONTES DE MIRANDA, *Tratado de Direito Privado*, T. 38, § 4.222.

[194] O Código Civil 2002 não reproduziu a regra então existente no Código de 1916 que estipulava que salvo cláusula expressa no contrato, a ignorância de tais vícios pelo alienante não o eximia da sua responsabilidade (art. 1.102). Todavia, será anulável pela regra do CC 145 a cláusula que estabelecer a não responsabilização do alienante se este agiu com má-fé na dissimulação do vício que, se fosse dado a conhecer pelo credor, não possibilitaria a estipulação de tal cláusula ou inviabilizaria o próprio negócio.

[195] A liberdade conferida às partes para estipularem a não-garantia era admitida no antigo direito luso-brasileiro (Cf. COELHO DA ROCHA, *Instituições*, 457).

[196] SALVO VENOSA, *Direito civil*, 568.

parece válida a limitação da obrigação pela informação sobre os vícios da coisa, eximindo o vendedor de qualquer responsabilidade, pois o vício deixa de ser oculto.

81. Por fim, em admitindo que, por analogia à garantia contra a evicção, a garantia contra os vícios redibitórios subsista ainda que a aquisição se tenha feito em hasta pública, valem as mesmas precisões feitas à propósito daquela garantia. Se realizada no âmbito da jurisdição voluntária, poderá ser pactuada a exclusão ou a limitação da responsabilidade, porque não fica afastada a natureza contratual da alienação. Todavia, quando se trata de aquisição em processo de execução, não haverá lugar para a exclusão da responsabilidade, em razão da natureza não contratual da arrematação e da impossibilidade prática de fixar uma cláusula do gênero.

c) As garantias contratuais e a gestão contratual da responsabilidade

82. As garantias contratuais não podem ser objeto de exoneração da responsabilidade porque tendem a representar o seu contrário ao reforçar as obrigações do vendedor. A ética que deve presidir as relações contratuais não permite que o devedor garanta, por exemplo, uma qualidade determinada do bem, e em função da qual o contrato é realizado, e ao mesmo tempo se exonere da responsabilidade por tal garantia. Ou se garante, ou se garante parcialmente ou não se garante: garantir sem responder atenta contra a boa-fé.

83. Em muitos casos a garantia pode ser usada como *déguisement* da vontade do vendedor em limitar substancialmente o potencial indenizatório que o cumprimento defeituoso do contrato possa ensejar, a ponto de reduzi-lo há um *quantum* módico, sem qualquer correspondência com o real dano provocado. A esse fim se prestam perfeitamente as cláusulas que limitam as obrigações, como as que condicionam a prestação da garantia acordada a determinadas condutas por parte do comprador. Como exemplo, as cláusulas que restringem a utilização da coisa ou as que impõem a sua manutenção periódica e a sua reparação por profissional técnico autorizado, a substituição de peças por originais de fábrica, as que advertem da não eficácia ou do perigo na utilização da coisa em determinadas situações.

Outra prática a mencionar é o uso de diversas garantias nos contratos de compra e venda de empresas com a intenção de despertar a confiança do comprador, notadamente diante da ausência ou da insuficiência das diligências preliminares à aquisição, e dar-lhe a sensação de que as finalidades do contrato serão alcançadas. Estas cláusulas tendem a ser elididas por meio da expressão "até onde saibam os vendedores" (*to the best knowledge of the sellers*). Em recente parecer da lavra de Gustavo Tepedino, ficou demonstrado que a sua utilização desta expressão renega todo o sistema de garantias contratuais e atenta contra a boa-fé objetiva.[197]

IV. Conclusão

84. O Código de 1916 consagrou a concepção voluntarista e liberal do contrato, na qual somente o caráter imperativo de uma norma poderia obstar a liberdade das partes na escolha da forma, na estipulação do conteúdo ou na criação de novos tipos contratuais. As regras imperativas são, todavia, raras e têm como objeto predileto a proteção da vontade dos contraentes; as demais normas legais em matéria contratual se destinam a fornecer ou critérios de interpretação da vontade das partes, ou regras supletivas para suprir as eventuais lacunas do contrato.[198]

85. Como o Código de 1916, o Código Civil de 2002 consagra a concepção voluntarista e liberal do contrato, mas a tempera pela função social e pelo poder intervencionista do Estado. Este intervencionismo, que age sobre o poder auto-regulador das partes, visa *"relativizar o dogma da autonomia da vontade com as novas preocupações de ordem social, com a imposição de um novo paradigma, o prinícipio da boa-fé objetiva"*.[199] O novo Código teve em conta a modificação da sociedade brasileira e reflete a mudança de uma economia rural e agrícola para uma economia urbana e industrial, onde a contratação assume uma dimensão de massa. Esta preocupação com as mudanças sociais e econômicas dirigiu a construção da estrutura da nova lei, caracterizada pela estrutura aberta de várias disposições. Servindo-se de cláusulas gerais e de conceitos indeter-

---

[197] TEPEDINO, *Novos princípios contratuais e teoria da confiança:...*, RF 377, 237 (243).
[198] LIMA MARQUES, *Contratos no código de defesa do consumidor*, 50.
[199] LIMA MARQUES, *Contratos no código de defesa do consumidor*, 176.

minados e *standards* jurídicos, o novo Código quebrou com o formalismo vinculativo do Código de 1916, deixando aos juízes um grande poder na aplicação da norma ao caso concreto. A utilização de princípios como boa-fé objetiva e a utilização de padrões jurídicos como os fins sociais, os bons costumes vão permitir aos juízes aplicar no mais elevado grau a equidade e a justiça aos casos concretos.

86. Todavia, as intervenções pontuais promovidas pelo legislador de 2002 no regime das garantias não trouxeram modificações substanciais que permitissem melhor proteger os interesses do comprador e proporcionar um efetivo equilíbrio contratual, acompanhando a principiologia que instaura doravante. Embora tenha herdado o princípio *caveat venditor*, segundo o qual, em razão da comutatividade do contrato, toda a venda implica uma garantia de qualidade e uma obrigação de informar por parte do vendedor, o novo direito brasileiro da compra e venda limitou-se a conservar as garantias clássicas que decorrem daquele princípio, ao invés de avançar em direção à noção mais ampla e unitária de conformidade, cuja obrigação que institui incorpora o rol das obrigações principais. Em razão dessa limitação legislativa, as garantias legais, em especial a garantia contra os vícios redibitórios, continuam naturais ao contrato e mostram-se insufientes à proteção dos interesses legítimos do comprador: a estreiteza dos seus conceitos, a exigüidade dos prazos, a dificuldades ligadas à aplicação e a insuficiência das opções satisfativas são elementos a confirmar o descompasso entre a realidade econômico-social da produção e da circulação em massa e as respostas jurídicas oferecidas pelo Código Civil.[200] Certo, a previsão da cláusula de garantia pelo CC 456 traz um paliativo à insuficiência do regime, mas por outro lado, não se garante, por exemplo, uma ação direta do comprador que sofreu o dano contra o terceiro responsável pelo defeito que integra a cadeia de contratos que permitiu a produção e a circulação da coisa defeituosa.[201]

---

[200] Assim, BECKER, *As garantias implícitas no direito brasileiro e em perspectiva comparativista*, RDC, 9, 69 (72).

[201] Na regulamentação dos contratos concluídos por consumidores, todas as limitações e desvantagens apresentadas pelo regime do Código civil foram postas de lado em favor de um regime mais amplo de soluções jurídicas decorrentes da não conformidade da coisa adquirida, em vista da proteção máxima do consumidor, legalmente presumido como parte mais fraca do contrato. Primeiramente, não fica o consumidor limitado às hipóteses de redibição ou de estimação do objeto contratual, mas pode, além destas, obter a reparação do bem ou sua substituição por outro em perfeito estado de funcionamento;

87. Por outro lado, o regime jurídico geral das cláusulas de limitação e de exclusão da responsabilidade ou do dever de indenizar parece não ter sido substancialmente modificado com a promulgação do Código Civil de 2002. Ele é submetido no entanto às inovações principológica-dogmáticas trazidas por este, notadamente à boa-fé contratual objetiva. Na avaliação das situações submetidas a julgamento, o juiz deverá observar a vontade das partes e ao mesmo tempo impedir que tais cláusulas reduzam sobremaneira o efeito obrigatório do contrato, transformando um acordo numa simples declaração de intenções. Não se deve objetar às partes de licitamente gerirem a responsabilidade derivada de certas obrigações contratuais, mas deve-se ter sempre em conta que o contrato visa a possibilitar a ambas as partes o sucesso de pretensões, não podendo ser identificado como instrumento de que se poderia valer uma das partes para oprimir ou tirar proveito excessivo de outra.[202]

88. Uma futura reforma no direito das obrigações poderia ser visualizada para de um lado, modificar o sistema de inadimplemento, no sentido de introduzir a noção de conformidade no rol das obrigações principais de qualquer contrato regido pelo Código Civil e, de outro lado, para melhor regulamentar as situações onde as partes pudessem gerir contratualmente a responsabilidade contratual.[203]

---

além disso, não só os vícios tidos como ocultos ensejam a responsabilidade do fornecedor, mas também os vícios aparentes ou de fácil constatação, assim como qualquer inadequação do produto às descrições constantes do contrato, inexistindo a esse propósito responsabilidade do fornecedor somente quando houver culpa da vítima ou seu prévio conhecimento a respeito dos vícios; também os prazos para reclamação dos defeitos ou dos vícios são maiores que os previstos pelo Código Civil, não mais subsistindo a distinção entre bens móveis e imóveis, mas o aspecto do bem de consumo ser durável ou não; por fim, o caráter inafastável das garantias induz a limitação ao extremo das hipóteses de exoneração da responsabilidade de todos os agentes econômicos participantes da cadeia contratual, de modo a permitir ao consumidor a reparação mais ampla possível dos danos patrimoniais e extrapatrimoniais que possa sofrer quer em virtude do fato quer em virtude do defeito do produto. Cf. SENISE LISBOA, *O Vício do produto e a exoneração da responsabilidade,* RDC, 5, 89.

[202] NERY JR./ANDRADE NERY, *Código Civil anotado,* 358.

[203] Alguns autores têm se manifestado nesse sentido. Veja, por exemplo, LAUTENSCHLEGER JR., *Limitação de responsabilidade na prática contratual brasileira,* RDM, 125, 7, que propõe alteração do CC 389 para incluir o cumprimento defeituoso no rol das inexecuções possíveis e propõe um regulamentação das cláusulas de limitação e de exclusão da responsabilidade, sendo, no entanto, bastante reticente em relação à validade destas últimas.

V. Sumário/ Zusammenfassung

O regime jurídico das garantias no direito brasileiro da compra e venda assenta-se no sistema romano de proteção dos interesses do comprador, ao considerar as obrigações de garantia como obrigações naturais. Ao mesmo tempo, este regime é limitado quanto aos remédios que oferece ao comprador em presença dos vícios que ele pretende ver garantidos. Este rol limitado de garantias e de remédios colocados à disposição do comprador não acompanha a tendência atual de concentrar uma série de obrigações tidas tradicionalmente como acessórias na ampla noção de conformidade. O regime das garantias legais, complexo e de difícil aplicação, foi reforçado no Código Civil de 2002, por norma que regulamenta a garantia contratual. Constitui finalmente um regime dispositivo de modo a permitir que a responsabilidade dele decorrente seja contratualmente gerida pelas partes. Esta gestão contratual das garantias sustenta-se igualmente na liberdade conferida pela lei civil às partes para convencionarem todos os aspectos relativos à responsabilidade contratual. Com efeito, a exclusão da responsabilidade no direito brasileiro da compra e venda pode ser efetivada em virtude de excludentes legais ou pela vontade das partes, desde que preenchidas determinadas condições. Na confrontação destes regimes jurídicos, verifica-se que a relação de forças estabelecida entre a garantia e a possibilidade de exclusão da responsabilidade dela decorrente apresenta um diálogo entre a necessidade de proteção das liberdades fundamentais e a necessidade de proteção de interesses legítimos das partes contratantes. O Código Civil de 2002 perdeu a chance de estabelecer de forma clara os parâmetros de proteção da parte «frágil» nos contratos civis e comerciais, bem como perdeu a chance de remodelar o sistema de execução das obrigações a partir da noção contemporânea de conformidade da prestação, integrando-as ao rol de obrigações principais. Por outro lado, apresenta um sistema *flou* de proteção do equilíbrio contratual, deixando ao Juiz a tarefa de aplicar princípios fundamentais e concretizar uma série de cláusulas gerais sobre os quais assenta-se a nova teoria contratual no sistema jurídico nacional.

Das Gewährleistungsrecht des brasilianischen Kaufrechts beruht auf dem romanischen System des Schutzes der Interessen des Käufers und betrachtet die Gewährleistungspflichten als Nebenleistungspflichten (Naturalobligation). Zugleich ist dieses Recht im Hinblick auf die

Instrumente, die es dem Käufer beim Auftreten von Mängeln in die Hand gibt, beschränkt. Diese beschränkte Zahl von Gewährleistungsrechten harmoniert nicht recht mit der derzeitigen Tendenz, eine Reihe von Verpflichtungen zu vereinen, die traditionell in einem weiten Verständnis der Vertragsgemäßheit als Nebenpflichten angesehen werden. Das komplexe und in der Praxis schwer zu handhabende Recht der gesetzlichen Gewährleistung wurde im brasilianischen Zivilgesetzbuch von 2002 um eine Vorschrift, die die vertragliche Gewährleistung regelt, verstärkt. Diese Norm errichtet letztlich ein abdingbares Recht, dass zulässt, dass die sich aus ihm ergebende Verantwortlichkeit von den Parteien vertraglich geregelt wird. Diese vertragliche Regelung der Gewährleistung stützt sich ebenso auf die Freiheit, die den Parteien durch das Zivilrecht zuerkannt wird, damit sie selbst alle Aspekte der vertraglichen Verantwortlichkeit regeln. Ein Gewährleistungsausschluss kann im brasilianischen Kaufrecht entweder durch Gesetz oder durch Parteivereinbarung zustande kommen, sofern bestimmte Voraussetzungen erfüllt sind. Bei der Gegenüberstellung dieser Regelungen zeigt sich, dass das zwischen der Gewährleistung und dem Gewährleistungsausschluss bestehende Kräfteverhältnis einen Dialog zwischen der Notwendigkeit des Schutzes der Grundfreiheiten einerseits und der Notwendigkeit des Schutzes der legitimen Interessen der Vertragsparteien andererseits darstellt. Das brasilianische Zivilgesetzbuch von 2002 verpasste die Chance, auf klare Weise die Parameter des Schutzes der „schwachen" Partei in Verträgen des Privat– und Handelsrechts zu bestimmen, und verpasste auch die Chance, das System der Vertragserfüllung ausgehend von der derzeit vorherrschenden Vorstellung von der Vertragsgemäßheit der Leistung unter Aufnahme dieser Verpflichtungen in die Liste der Hauptpflichten neu auszugestalten. Auf der anderen Seite handelt es sich um ein flou System des Schutzes des vertraglichen Gleichgewichtes, das dem Richter die Aufgabe überlässt, Grundprinzipien anzuwenden und eine Reihe von Generalklauseln zu konkretisieren, auf denen die neue Vertragstheorie im brasilianischen Rechtssystem gründet.

O EFEITO VINCULATIVO DAS CARTAS DE INTENÇÕES: POSSIBILIDADE DE EXECUÇÃO ESPECÍFICA DE SEUS TERMOS

Prof. Dra. Fabiana D'Andrea Ramos[*]

I. Introdução 155
II. A Eficácia Vinculativa das Cartas de Intenções 159
   1. As Cartas de Intenções como Relação Obrigacional das Negociações Contratuais 159
   2. Exigibilidade dos deveres de prestação primários 163
III. Itens para Determinação da Eficácia Vinculativa 175
   1. Itens Intrínsecos 175
   2. Itens Extrínsecos 185
IV. Conclusão 189
V. Resumo/ Zusammenfassung 190

I. Introdução[1]

> "A gentlemen's agreement is an agreement which is not an agreement, made between two persons, neither of whom is a gentleman, whereby each expects the other to be strictly bound without himself being bound at all".[2]

---

[*] Professora Adjunta de Direito Civil e Internacional Privado da Universidade Federal Fluminense/Niterói; Doutora em Direito Civil/UERJ, LL.M/Heidelberg, Alemanha.

[1] O artigo consolida a conferência realizada sobre o tema em Würzburg, em 17 de novembro de 2006, na reunião da Deutsch-Lusitanischen Juristenvereinigung (DLJV).

[2] Bloom v. Kinder [1958] T.R. 91, citado por Bernstein/Zekoll, *The Gentleman's Agreement in Legal Theory and in Modern Practice: United States*, The American Journal of Comparative Law, V. 46, 1998, 87.

Um acordo de cavalheiros que não é um acordo, onde nenhuma das partes é um cavalheiro e ambos esperam que o outro esteja plenamente vinculado sem vincular-se a si mesmo de todo. Assim é o universo das cartas de intenções: uma constante contradição; uma insuperável ambigüidade.

A internacionalização dos negócios e a maior complexidade das operações econômicas resultaram na sofisticação e incrementação da fase de preparação e formação dos contratos[3]. A chamada fase "pré-contratual" tornou-se assim muitas vezes longa e trabalhosa. Tal realidade ocasionou a necessidade de documentação da negociação do contrato, o que serviu a diversos propósitos, como organizar a negociação, memorizar pontos já tratados, fixar prazos, etc.

Trata-se aqui, portanto, da formação progressiva do contrato[4], compreendida como sendo aquela em que o contrato se forma não por meio das clássicas modalidades de oferta e aceitação, mas por uma "seqüência de comunicações e de reações que, por aproximações sucessivas, dão finalmente lugar à celebração do contrato."[5]

Neste contexto, a negociação, que antes era totalmente excluída do universo jurídico, passou a representar papel importante na disciplina obrigacional. Sobretudo a documentação da negociação passou a influir e até mesmo originar diferentes conseqüências jurídicas.

As cartas de intenções, que se incluem dentre os documentos produzidos nesta fase, apresentam geralmente redação não técnica, impregnada de linguagem corrente acarretando ambigüidades, que conduzem a grandes dificuldades de interpretação. No entanto, não se pode descartar a possibilidade de certa obscuridade e ambigüidade serem intencionais.[6]

---

[3] Que são por excelência o meio pelo qual se realizam as operações econômicas. Sobre a relação entre contrato e operação econômica, ver, sobre todos, ROPPO, *O Contrato*, 1988.

[4] Chamada por FERREIRA DE ALMEIDA, *Contratos I: Conceito, Fontes, Formação*, 2000, 79 e seg.

[5] FERREIRA DE ALMEIDA, *Contratos I: Conceito, Fontes, Formação*, 2000, 80.

[6] Segundo LUTTER, as cartas de intenção são hoje um instrumento com conteúdo muito variado e cujos objetivos, mais consciente do que inconscientemente, são mantidos em uma zona *gris* de obscuridade, especialmente obscuridade jurídica; LUTTER, *Der Letter of Intent*[3], 1998, 3, 4. Ver também, LAKE/DRAETTA, *Letters of Intent and Other Precontractual Documents: Comparative Analysis and Forms*, 1989, 10.

A presença de não juristas na condução da negociação pode ser justificada, em parte, porque, para muitos membros da comunidade comercial, a formalidade dos contratos e do direito contratual em geral é desnecessária, porque eles acreditam que por razões econômicas é essencial que eles honrem seus compromissos. Segundo DRAETTA e LAKE, *business-people* são normalmente mais suscetíveis do que os membros da comunidade jurídica ao caráter estritamente moral da vinculação nos acordos comerciais e usualmente são compelidos a estes acordos por uma variedade de razões econômicas, psicológicas, senão puramente morais.[7]

Dois aspectos acarretaram o crescimento e a necessidade da utilização de documentos pré-contratuais. Primeiramente, transações comerciais contemporâneas são freqüentemente consumadas entre partes de diferentes países, as quais possuem significativas diferenças legais e culturais. A falta de familiaridade com os efeitos éticos e legais de uma negociação, gera uma insegurança que resulta no desejo de por a termo os objetivos das partes já desde o princípio da negociação.[8] Em segundo lugar, as transações comerciais contemporâneas se tornaram incrivelmente complexas, sendo possível encontrar contratos de centenas ou até milhares de páginas, em operações que requerem a participação de instituições financeiras, agências governamentais, subcontratantes, consultores e outros profissionais.[9] Neste contexto, os instrumentos pré-contratuais procuram trazer ordem a esta complexidade.[10]

Não é por outra razão que as cartas de intenções alcançam significativa importância em negociações das quais resultam complexas operações, cuja execução requer a colaboração de diferentes agentes, como são os casos das fusões e aquisições de empresas, formação de consórcios

---

[7] LAKE/DRAETTA, *Letters of Intent and Other Precontractual Documents: Comparative Analysis and Forms*, 1989, 11.

[8] Segundo ARRABAL, as possibilidades de fraude e atuação de má-fé são mais fáceis de se detectar e controlar quando as partes em negociação atuam no mesmo país. No âmbito internacional, ao contrário, a conduta das partes deve ser de absoluta desconfiança, razão pela qual se exige do negociador internacional atenção e cuidado especiais. ARRABAL, *Negociación de Contratos Internacionales*, 16.

[9] Ver LAKE/DRAETTA, *Letters of Intent and Other Precontractual Documents: Comparative Analysis and Forms*, 1989, XVIII, XIX.

[10] LAKE, *Letters of Intent: A Comparative Examination Under English, U.S., French and West German Law*, George Washington Journal of International Law & Economics, v. 18, 1984, 331-354 (332).

(*joint ventures*), construção de usinas ou parques industriais, exploração e produção de recursos minerais (em especial petróleo e gás) ou produção integrada de aviões ou navios civis e militares, para citar alguns exemplos.[11] A estrutura jurídica deste tipo de operações é necessariamente muito elaborada. Ela se constitui num conjunto de contratos interdependentes (conexos), com cláusulas múltiplas e complexas, que procuram combinar de maneira adequada as disposições essencialmente técnicas e aquelas especificamente jurídicas.[12] Neste contexto, a redação de documentos preparatórios torna-se extremamente necessária.

Tais documentos possuem denominação diversa e bastante imprecisa. No que se refere às cartas de intenções, a questão terminológica apresenta destacada relevância. A grande diversidade de denominação para o mesmo tipo de documentos nos leva à conclusão de que o termo utilizado para caracterizar o documento é questão secundária, não podendo o jurista, na interpretação de tais instrumentos, assim com na interpretação dos contratos em geral, levar em grande conta a nomenclatura conferida pelas partes ao documento que assinam, mas sim, devem preocupar-se especialmente com o conteúdo e os termos do mesmo.

O termo "carta de intenção" é uma tradução literal da expressão *letter of intent*, utilizada nos países anglo-saxões para descrever uma série de documentos pré-contratuais – diferentes entre si. Outras denominações como: *heads of agreement, memorandum of understanding, protocol d'accord, protocol, letter of understanding, memorandum of intent, letter of intention, pledge of agreement, agreement in principle, gentlemen's agreement* são usadas para os mesmos documentos. O termo *letter of intent* (bem como sua forma abreviada – LOI) tornou-se mais conhecido pela sua utilização mais freqüente, inclusive em francês (*lettre d'intention*), italiano (*lettera d'intenti*) e espanhol (*carta de intención*). Na Alemanha, adotou-se a expressão em inglês, embora possa se encontrar o termo *Absichtserklärung*, ainda que com outra conotação, mais voltada para o direito internacional público.[13] No Brasil, o termo carta de intenções

---

[11] Fontaine/Dely, *Droit des Contrats Internationaux: Analyse et rédaction de clauses*, 2003, 5; Lutter, *Der Letter of Intent*³, 1998, 10.

[12] Fontaine/Dely, *Droit des Contrats Internationaux: Analyse et rédaction de clauses*, 2003, 5.

[13] Lake/Draetta, *Letters of Intent and Other Precontractual Documents: Comparative Analysis and Forms*, 1989, 4, 5.

é certamente o mais utilizado, mas é possível encontrar ainda expressões como protocolo de intenções ou memorandos de entendimento.

Tais expressões são também empregadas no âmbito do Direito Público. Embora as cartas de intenções sejam utilizadas sobretudo em negociações comerciais privadas, elas também existem em transações entre Estados ou organizações internacionais, bem como entre entes da Administração Pública.

As cartas de intenções representam, pois, uma das diferentes espécies de documentos que se formam e se trocam durante o período das negociações. Têm conteúdo e objetivos bastante diversificados, em regra relacionados e dependentes do estágio em que se encontra a negociação. Não têm, portanto, uma configuração específica, e muito menos efeitos determinados. Não correspondem a nenhuma das categorias jurídicas existentes, de maneira que se torna impossível falar em "natureza jurídica" das cartas de intenções ou mesmo de uma disciplina específica.

Nada disso impede sua constante utilização no âmbito comercial, já com claros reflexos jurídicos. O mais importante destes reflexos é a atribuição de efeito vinculativo a tais documentos. Efeito vinculativo aqui entendido especialmente como a possibilidade de execução específica dos seus termos.

O objetivo deste trabalho é justamente esclarecer quando e por quais critérios poder-se-á atribuir às cartas de intenções típicos efeitos contratuais.

II. A Eficácia Vinculativa das Cartas de Intenções

1. As Cartas de Intenções Como Relação Obrigacional das Negociações Contratuais

De uma maneira geral, cartas de intenções podem ser descritas como cartas escritas, trocadas entre as partes diretamente envolvidas em uma negociação, em regra redigidas unilateralmente, mediante confirmação de recebimento, dirigidas à conclusão de um futuro contrato definitivo.

Tomando-se por base tal descrição, pode-se dizer que a relação formada por meio destes instrumentos constitui "relação jurídica das negociações contratuais"[14] (*Rechtsverhältnis der Vertragsverhandlungen*), onde a partir de primeiro contato negocial (*geschäftlicher Kontakt*) se estabelece uma relação jurídica especial (*rechtliche Sonderverbindung*), onde já incidem os deveres especiais de conduta[15], não obstante ainda eventualmente ausentes os deveres de prestação[16]. A ausência dos deveres de prestação também não lhe retira o caráter obrigacional. Trata-se, pois, de uma relação obrigacional das negociações contratuais.

Esta relação obrigacional é composta não somente pelos mencionados deveres de conduta, mas por todos os atos e fatos, documentos,

---

[14] A expressão foi concebida por Larenz, segundo o qual, atualmente, é reconhecido que basta a tomada de negociações contratuais fáticas, ou a sua preparação através do que chama de contato negocial, para que nasça entre as partes deveres de cuidado e consideração, cuja violação os torna da mesma forma responsáveis, como se fosse violado um dever contratual. A razão para isso estaria no fato de que aquele que inicia negociações com outro, o faz, normalmente, na crença de estar lidando com um parceiro leal e honesto, e, esta "expectativa geral de probidade" (*allgemeine Redlichkeitserwartung*) merece a proteção da ordem jurídica. A partir daí, podem existir casos em que uma das partes, devido a determinadas circunstâncias, crie no outro parceiro um elevado grau de confiança, o que acarreta para aquele que gerou um nível superior de deveres de cuidado e lealdade. A medida destes deveres é o princípio da boa-fé. Através da tomada de tratativas, ou equivalente "contato negocial" (*geschäschftlichen Kontakts*), constitui-se entre as partes uma "vinculação jurídica especial" (*rechtliche Sonderverbindung*), que embora não contenha nenhum dever de prestação, contém deveres especiais de conduta (*spezielle Verhaltenspflichten*), o que a caracteriza como uma relação obrigacional legal sem dever de prestação primário (*gesetzliches Schuldverhältnis ohne primäre Leistungspflicht*). Denomina Larenz esta relação de "relação jurídica das negociações contratuais" (*Rechtsverhältnis der Vertragsverhandlungen*), a qual obriga as partes a elevados deveres de cuidado e consideração ao interesse da outra parte, os quais, quando violados, tornam-se fonte de um dever de reparação, constituindo assim um dever de prestação secundário. LARENZ, *Lehrbuch des Schuldrechts, Band I, Allgemeiner Teil*, 1987, 106 e seg.

[15] Ainda segundo Larenz, de acordo com a intensidade de cada tipo específico de vinculação especial (*Sonderverbindung*) e em diferentes medidas e extensão, a relação obrigacional dá origem também a outros deveres mútuos de consideração, a atenção ao devido interesse do outro, a um comportamento que uma parte reta e leal possa legitimamente esperar do outro. Tais deveres teriam seu fundamento na cláusula geral da boa-fé, que deve pautar o comportamento de todos as partes, não só do devedor. Assim, as partes devem agir não só para que se cumpram as prestações principais e secundárias, mas devem procurar comportar-se de modo a fazer todo o possível para atingir este objetivo, evitando ainda todo dano ao parceiro. LARENZ, *Lehrbuch des Schuldrechts, Band I, Allgemeiner Teil*, 1987, 6 e seg.

[16] Os deveres de prestação são aqueles que determinam o conteúdo e o significado, ou tipo da relação obrigacional. Larenz, ibid., mesmas páginas.

sujeições, pretensões, ações, direitos formativos, ou seja, um conjunto variável de elementos interrelacionados, que devem ser apreendidos sempre em sua totalidade e marcados pela sua função polarizadora, qual seja, a formação dos deveres de prestação a serem definidos por meio do contrato.

Dentre os documentos que compõem a relação obrigacional das negociações contratuais destacam-se as cartas de intenções. Aqui se incluem desde as cartas que expressam simples intenção de negociar, até as cartas com acordos completos ou quase completos, sujeitos a evento futuro. Incluem-se ainda dentre os documentos integrantes da relação obrigacional os contratos de negociação, as *side letters*, os comunicados à imprensa, bem como toda sorte de documentos pré-contratuais.

É importante destacar que ainda que todos esses documentos, bem como os fatos e comportamentos que eles traduzem, sejam elementos da relação obrigacional das negociações contratuais, a qual deve ser concebida na sua totalidade, também podem eles compor relações obrigacionais individuais. Desta forma há partes do todo que constituem em si uma totalidade. A relação obrigacional das negociações contratuais pode, portanto, conter uma outra relação obrigacional, que é ao mesmo tempo parte e todo.

Tome-se como exemplo o caso dos contratos de negociação, os quais constituem uma relação obrigacional contratual perfeita, formada por deveres de prestação e deveres de conduta. Suponha-se um acordo de segredo, onde as partes se comprometam expressamente, através de um documento escrito, a não divulgar informações e conhecimentos confidenciais a serem trocados durante a negociação. O acordo estabelece clara obrigação recíproca de não fazer, a qual se inclui entre os denominados deveres de prestação. Através da manifestação de vontade conjunta forma-se, pois, o contrato nos seus mais clássicos termos. Vista individualmente, tal relação constitui em si uma relação obrigacional plena, formada pelo dever de prestação (de não fazer) e pelos outros deveres de conduta (como cooperar para que as informações não sejam extraviadas, dar uso legítimo para os conhecimentos transmitidos, etc). Inserida no âmbito de uma relação obrigacional de negociações contratuais, torna-se parte desta totalidade, com a qual interage dialeticamente.

Esta relação dialética é importante porque ocorre nos dois sentidos. Quando vista individualmente a relação obrigacional não se pode desconsiderar o contexto onde está inserida, que lhe influencia. Quando vista como elemento de um todo, não se pode ignorar que comporta certa individualidade, em especial no que toca ao regime aplicável. As duas visões se conjugam na mesma função, que é o sucesso da negociação por meio da formação definitiva do contrato.

A relação obrigacional das negociações contratuais também evolui no tempo, tendo seu lapso temporal marcado, no início, pelo primeiro contato negocial e no final, pela conclusão do contrato, ou pelo encerramento legítimo da negociação, caso as partes não alcancem o acordo desejado. Em uma relação documentada por meio de cartas de intenções, o primeiro contato negocial pode ser uma carta que expresse simples intenção de negociar, de maneira que desde este momento estarão presentes os deveres de conduta.

A configuração e intensidade destes deveres de conduta terão variações determinadas pelas vicissitudes da relação obrigacional, bem como pelo momento de sua evolução temporal. A vinculação das partes também será graduada pelos mesmos fatores. Esta graduação da vinculação é essencial para a determinação dos efeitos da relação.

Neste sentido é possível criar uma escala de vinculação, não exata, que auxilia na determinação dos efeitos da relação obrigacional das negociações contratuais, em especial no que diz respeito à exigibilidade dos deveres de prestação. Esta escala teria como ponto de partida o grau de vinculação mínimo, representado pela incidência inicial dos deveres de conduta e total inexigibilidade dos deveres de prestação quando da aproximação negocial. A intensidade destes deveres aumentaria na medida em que se aproximam do outro extremo da escala, qual seja, a exigibilidade plena dos deveres de prestação, que representaria o grau máximo de vinculação. Liquidados os deveres de prestação, a intensidade de vinculação retornaria gradualmente ao seu estágio inicial.

Se os deveres de conduta incidem já a partir do primeiro contato negocial, os deveres de prestação primários principais, objetos do contrato negociado, incidirão em regra somente a partir da formação deste último. Em outras palavras, no caso de uma relação pré-contratual, os deveres de prestação normalmente serão exigíveis somente após a conclusão do contrato. Os deveres secundários e em especial os de conduta serão entretanto exigíveis desde o primeiro contato, até após a liquidação da prestação, em diferentes graus de intensidade. Desta forma, quanto mais perto da conclusão do contrato, maior a intensidade de incidência dos deveres de conduta. Trata-se, portanto, de uma questão de gradualidade, cujo ápice está no momento da conclusão do contrato. O ápice, pois, seria alcançado somente com a manifestação inequívoca de vontade.

Importante mencionar que há deveres de conduta que incidirão com intensidade maior na fase de aproximação do que na fase do próprio contrato. Assim, por exemplo, o dever de informação, que incide em sua intensidade máxima justamente durante o período pré-contratual. A intensidade de vinculação a que se fez referência acima, portanto, diz muito mais respeito à graduação de incidência dos deveres anexos quando relacionados à exigibilidade dos deveres de prestação primários, o que se pode traduzir na seguinte regra: quanto maior a exigibilidade dos deveres de prestação primários, maior a intensidade dos deveres anexos. Trata-se aqui também de uma relação dialética, pois também é possível dizer que os deveres de conduta podem incidir com intensidade tal, que acarretem a exigibilidade dos deveres de prestação primários.

Os efeitos das cartas de intenções serão determinados exatamente pela possibilidade ou não de exigibilidade dos deveres de prestação primários. No âmbito desta específica relação obrigacional das negociações contratuais é possível determinar em que circunstâncias serão exigíveis os deveres de prestação primários e em que circunstâncias serão exigíveis somente os deveres de conduta e dever de prestação secundário.

2. Exigibilidade dos deveres de prestação primários

Concebida a relação obrigacional como um processo é importante determinar a partir de que momento serão exigíveis os deveres de prestação. Suponha-se uma relação obrigacional que tenha como objeto a negociação para aquisição de uma companhia, que atua no comércio varejista, através da compra e venda de suas ações. Já se viu que desde o primeiro contato negocial nascem para as partes os deveres de conduta. Desta forma, desde o início desta relação cumpre às partes observar deveres de lealdade, informação, cooperação, segredo, sempre direcionadas para o objetivo final, a formalização do contrato de compra e venda. No decorrer desta negociação são feitos diversos estudos, análise da situação patrimonial da empresa, discriminação do passivo, etc. Ao final destes estudos prévios as partes emitem um documento, que chamam de carta de intenções, por meio do qual manifestam seu mútuo interesse de compra e venda e, entre outras coisas, estabelecem um preço preliminar, bem como as condições para apuração do preço efetivo; dispõem sobre o aluguel dos imóveis dos acionistas que estão sendo utilizados pela empresa; determinam como serão apurados e avaliados os estoques; indicam passível exigível máximo; estabelecem prazo para apuração dos valores pendentes; discriminam forma de pagamento do preço definitivo; dispõem sobre cláusulas que deverão estar presentes no contrato de compra e venda a ser firmado. Ambas as partes assinam o documento.

Há neste caso possibilidade de se exigir o cumprimento dos deveres de prestação primários? Se sim, quais prestações poderiam ser exigíveis? Estariam as partes vinculadas à celebração de futuro contrato de compra e venda? Seria exigível a prestação de fazer que obriga a parte à celebração do acordo? Ou poder-se-ia exigir o cumprimento direto das prestações de dar, constituídas na entrega das ações e no pagamento do preço conforme acordado?

Foi visto que a partir de uma relação obrigacional de negociação contratual os deveres de prestação primários somente seriam exigíveis após a inequívoca manifestação de vontade, por meio da qual se constitui o contrato. Pode a carta de intenções ser considerada um contrato? Seria ela um contrato preliminar ou definitivo? Há outras formas de vinculação que independem da vontade das partes que permita a exigibilidade dos deveres de prestação primários?

No âmbito dos atos de autonomia privada, o contrato é, por excelência, o meio pelo qual os indivíduos se vinculam juridicamente, criando deveres e obrigações mútuas. O direito contemporâneo reconhece entretanto outras formas de vinculação, onde há exigibilidade de deveres de prestação primários e que independem da manifestação de vontade das partes. Veja-se como exemplo a vinculação pelo chamado comportamento social típico, ou conduta social típica.

Outras formas de vinculação independentemente da vontade também foram defendidas[17], sempre pautadas por dois grandes princípios, a

---

[17] Veja-se, a título exemplificativo, KÖNDGEN, *Selbstbindung ohne Vertrag: zur Haftung aus geschäftsbezogenem Handeln*, 1981 (autovinculação sem contrato); VON BAR, *Vertragliche Schadensersatzpflichten ohne Vertrag?*, JuS 1982, 637-645, que discrimina diversas formas de indenização contratual sem contrato e, para um apanhado geral, FERREIRA DE ALMEIDA, *Texto e Enunciado na Teoria do Negócio Jurídico*, Vol. I, 1992, 25 e seg.

boa-fé objetiva e a confiança, os quais passaram a ser considerados fontes autônomas de direitos e obrigações.[18]

Tais construções, entretanto, se aplicam a relações onde há ou desequilíbrio entre as partes ou considerável restrição à liberdade contratual (contratos de adesão, exercício de monopólio, etc), em especial quando inseridas no contexto de sistemas expertos[19]. Não por outra razão desenvolveram-se sobretudo no âmbito das relações de consumo.

Neste contexto, a concepção de confiança e sua respectiva proteção tomam configuração totalmente diversa daquela existente nas relações paritárias. Isso porque naqueles casos a confiança reside mais no sistema em si do que no indivíduo singularmente concebido.[20] Nas relações paritárias, por sua vez, a confiança é depositada diretamente no indivíduo. Em ambos os casos, a confiança estará relacionada à ausência de conhecimento[21], *"pois só se exige confiança onde há ignorância"*[22].

---

[18] Ver neste sentido, COUTO E SILVA, *O Princípio da Boa-fé no Direito Brasileiro e Portugues*, in FRADERA, *O Direito Privado Brasileiro na Visão de Clóvis do Couto e Silva*, 37; LIMA MARQUES, *Confiança no Comércio Eletrônico e Proteção do Consumidor*, 2004, 32. MORIN, *La Responsabilité Fondée sur la Confiance*, 2002, 11 e seg.

[19] Veja-se o excelente estudo de LORENZETTI, que defende a existência de uma nova *fattispecie*, caracterizada pelo incremento da complexidade social, que faria, por sua vez, surgir uma nova técnica conceitual e legal para a formação do negócio jurídico, distinta do consentimento – para os vínculos pessoais – e da adesão – para as relações de massa –, que seria a oferta com base na aparência e a aceitação baseada na confiança. Formula o Autor uma nova forma de vinculação – no caso, contratual, aplicável especificamente ao que chama de "contratos complexos" – com fundamento no comportamento fático das partes, gerador de uma situação de aparência e confiança, que deve ser tutelada pelo ordenamento. Esta nova forma de vinculação teria a sua origem naquilo que o autor chama de *"sistemas expertos"*, nos quais estaria inserida a sociedade contemporânea. LORENZETTI, *La oferta como aparencia y la aceptación basada en la confianza*, Revista Direito do Consumidor, n. 35, 9-38. Sobre os sistemas expertos, ver também GIDDENS, que os denomina "sistemas peritos" (*expert Sistems*, no original) ou "sistemas abstratos" e os relaciona também com a confiança. Afirma o Autor: "Por sistemas peritos quero me referir a sistemas de excelência técnica ou competência profissional que organizam grandes áreas dos ambientes material e social em que vivemos hoje". GIDDENS, *As Conseqüências da Modernidade*; 1991, 35/37 e 87/91.

[20] "Embora todos estejam cônscios de que o verdadeiro repositório de confiança está no sistema abstrato, e não nos indivíduos que nos contextos específicos o 'representam' (...)". GIDDENS, *As Conseqüências da Modernidade*; 1991, 89.

[21] Perícia, nas palavras de GIDDENS, *As Conseqüências da Modernidade*; 1991, 92.

[22] GIDDENS, *As Conseqüências da Modernidade*; 1991, 92. Continua o Autor: "(...) ignorância – ou das reivindicações de conhecimento de peritos técnicos ou dos pensamentos e intenções de pessoas íntimas com as quais se conta".

Em relações pautadas pela desigualdade das partes, em especial nas de consumo, a parte mais fraca possui uma relação essencialmente de ignorância com sistemas expertos. Por desconhecê-los e por não ter sobre eles qualquer influência, é necessário agir exclusivamente com base na aparência de eficiência do sistema.[23]

Nas relações paritárias constituídas por meio de cartas de intenções, por sua vez, a confiança que se forma é mais sofisticada, pois não há domínio de uma parte sobre a outra e muito menos desconhecimento técnico. As partes atuam em posição de igualdade e ambas são detentoras do conhecimento necessário para o trato negocial que os vincula. Certo é que sempre haverá desconhecimento quanto ao real pensamento, motivação ou intenção internas do indivíduo com quem se está negociando. No entanto este é um conhecimento impossível, de modo que a única conduta viável é acreditar na confiabilidade do parceiro contratual, a qual estará sujeita a certos fatos sobre a pessoa em quem se confia.[24]

Esta diferença de percepção acarretará conseqüências importantes especialmente no que se refere à transferência dos riscos. Nas relações desiguais, pautadas pela ignorância de uma das partes, o risco é sempre transferido para aquele que detém a posição mais forte, ou seja, quem representa e detém o poder sobre o sistema (experto).[25] Já na relação paritária, o risco deve estar incluído dentro da confiança de cada uma das partes, pois *"a confiança autêntica incorpora a possibilidade de descon-*

---

[23] A confiança atua assim como verdadeiro mecanismo de redução da complexidade social. Sobre esta função da confiança, ver LUHMANN, *Vertrauen*, 2000, 27/38.

[24] As relações entre confiança e confiabilidade são interessantes. Ser confiável significa ser merecedor de receber confiança. Neste sentido, a confiabilidade possui um caráter bem mais objetivo, que depende de um conjunto de fatos a respeito da pessoa em quem se confia. A confiança, no entanto, é uma opção, uma escolha pessoal e depende muito mais da experiência e atitudes de quem confia. SOLOMON/FLORES, *Construa Confiança: nos Negócios, na Política e na Vida*, 2002, 21, 119/120.

[25] Veja-se as interessantes palavras de Giddens sobre a relação entre confiança, sistemas peritos e risco: "A fidedignidade conferida pelos atores leigos aos sistemas peritos não é apenas uma questão – como era normalmente o caso no mundo pré-moderno – de gerar uma sensação de segurança a respeito de um universo de eventos independentemente dado. É uma questão de cálculo de vantagem e risco em circunstâncias onde o conhecimento perito simplesmente não proporciona esse cálculo mas na verdade *cria* (ou reproduz) o universo de eventos, como resultado da contínua implementação reflexiva desse próprio conhecimento". GIDDENS, *As Conseqüências da Modernidade*; 1991, 87/88.

fiança e é impensável sem esta"[26]. Naqueles casos, há transferência do risco, nestes, o risco é igualmente compartilhado[27]. Desta forma, o que se busca nas relações paritárias é o que se pode chamar de uma *confiança autêntica*[28], que difere sobremaneira da confiança nas relações entre desiguais, que se equipara a uma confiança simples, próxima da crença.

Na concepção de Solomon e Flores[29], a confiança autêntica é confiança qualificada. É uma opção e um exercício individuais. Neste sentido é dinâmica e envolve responsabilidade pessoal, compromisso e mudanças. É sobretudo uma questão de relacionamentos recíprocos e do que é necessário para criá-los, mantê-los e restabelecê-los. Não se trata de previsão ou dependência, mas de tecer e manter compromissos. Assim envolve questões éticas como sinceridade, autenticidade, integridade, virtude e honra exigindo grau de entendimento e cooperação mútuos. Afinal, *"é tomar a responsabilidade pessoal de assumir um compromisso e escolher um curso de ação, e, com estes, um ou outro tipo de relacionamento"*[30].

No que se refere ao âmbito negocial, a confiança autêntica pode se resumir a seguinte expressão: "não fazemos apenas negócios, construímos relacionamentos. Em outras palavras, desenvolvemos confiança".[31]

---

[26] Neste sentido é o pensamento de Solomon e Flores, os quais afirmam: "construir confiança significa aceitar a possibilidade de abuso e traição". SOLOMON/FLORES, *Construa Confiança: nos Negócios, na Política e na Vida*, 2002, 22.

[27] Giddens, citando Luhmann, afirma que "a confiança pressupõe consciência das circunstâncias de risco". GIDDENS, *As Conseqüências da Modernidade*; 1991, 38.

[28] A confiança autêntica é defendida e descrita por Solomon e Flores, que dizem: "A confiança não é meramente a dependência, previsibilidade, ou o que por vezes se entende por *confiabilidade*. É sempre *relacionamento* no qual se baseia a confiança e o qual a própria confiança ajuda a criar. A confiança autêntica não necessita da exclusão da desconfiança. Ao contrário, abraça as possibilidades de desconfiança e traição como uma parte essencial da confiança. Para sermos um tanto rígido em nossa caracterização inicial da confiança, *esta implica a possibilidade de traição*". SOLOMON/FLORES, *Construa Confiança: nos Negócios, na Política e na Vida*, 2002, 21.

SOLOMON/FLORES, *Construa Confiança: nos Negócios, na Política e na Vida*, 2002, 21, 31/35, 55, 57, 64, 77.

[30] Fazendo referência à concepção de Luhmann, afirma Giddens no mesmo sentido: "(...) quando se trata de confiança, o indivíduo considera conscientemente as alternativas para seguir um curso específico de ação". GIDDENS, GIDDENS, *As Conseqüências da Modernidade*; 1991, 39.

[31] SOLOMON/FLORES, *Construa Confiança: nos Negócios, na Política e na Vida*, 2002, 152.

Solomon e Flores[32], ao afirmarem que nem todos os desapontamentos ou compromissos não cumpridos são violações da confiança, mas que a sua força vital reside justamente na sua flexibilidade, citam exemplo paradigmático para o significado de confiança autêntica no trato negocial:

> *"Quebras de contrato deveriam ser consideradas segundo os mesmo parâmetros. Por um lado a indiferença irresponsável às obrigações contratuais deveria certamente ser tratada como a mais explícita (e judicialmente responsável) forma de traição. Mas nem todas as quebras de contrato caem nessa categoria. Um banco norte-americano firmara um sofisticado conjunto de arranjos com um banco japonês, e esses arranjos foram em sua maior parte definidos e imiscuídos em um atoleiro de acordos contratuais. Quando a economia japonesa experimentou tempos difíceis e o mercado imobiliário (com o qual ambos os bancos possuíam pesadas obrigações) sofreu um colapso, os japoneses, com efeito, lançaram aos ventos o contrato. Os advogados norte-americanos sentiram-se ultrajados, mas a resposta japonesa captava bem o que aqui estamos falando. Os japoneses disseram: 'Não consideramos os contratos sagrados. Consideramos as relações entre nós sagradas. Em tempos de desespero, amigos não obrigam ao cumprimento de contratos e sim cuidam das necessidades do outro e do relacionamento a longo prazo'. Isso é confiança autêntica."*

Nas relações paritárias formadas por meios de cartas de intenções a confiança que deve vigorar é a confiança autêntica. Desta forma, seria contraditório estabelecer uma vinculação contratual fundamentada exclusivamente nesta forma de confiança, pois não há aí possibilidade de se privilegiar a expectativa de uma parte sobre a outra. Se na base desta concepção estão as idéias de reciprocidade e responsabilidade pela escolha individual, não parece compatível que se vincule uma parte em razão da expectativa gerada na outra.

A confiança autêntica proporciona, ao contrário, a liberdade. Liberdade essa que é o fundamento dos atos de autonomia privada e que permite que as partes se vinculem somente na medida e extensão da sua

---

[32] SOLOMON/FLORES, *Construa Confiança: nos Negócios, na Política e na Vida*, 2002, 201.

própria vontade manifestada. Desta forma, nas relações obrigacionais formadas pelas cartas de intenções, a exigibilidade dos deveres de prestação primários fica sujeita à existência do contrato.

Tal conclusão não representa todavia um retrocesso ao pensamento voluntarista do século XIX. Liberdade, vontade e contrato têm aqui significados impregnados dos parâmetros contemporâneos, em especial pelos valores e princípios que orientam o ordenamento. Tais valores e princípios encontram assento no texto constitucional, que confere unidade e harmonia ao ordenamento jurídico.

No ordenamento jurídico brasileiro, a Constituição Federal apresenta uma verdadeira pauta de princípios, que polariza a aplicação de todas as demais normas integrantes do ordenamento.[33] A liberdade é, seguramente, um destes princípios. Mas também outros são relevantes e que interagem entre si. Entre eles destaca-se o princípio da solidariedade.

Liberdade e solidariedade são dois princípios do ordenamento constitucional brasileiro, que não só são determinantes na interpretação e aplicação do Direito, atingindo diretamente também as relações privadas, mas que, sobretudo, interagem entre si. Liberdade e solidariedade não são, pois, princípios antagônicos, mas convergentes. Tanto é assim que na própria Constituição estão incluídos na mesma regra do inciso I, do artigo 3º que estabelece como um dos objetivos fundamentais da República "construir uma sociedade *livre*, justa e *solidária*". Aí estão: liberdade e solidariedade.

E a junção dos dois princípios não é ao acaso. Há de ser assim, porque a liberdade conduz à solidariedade.[34] Liberdade não é pura expressão de individualismo. Verdadeiramente livre é não somente aquele que faz por si, mas pelo outro. Normalmente se confunde liberdade com

---

[33] Veja-se neste sentido as precisas palavras de Tepedino: "Consolida-se o entendimento de que a reunificação do sistema, em termos interpretativos, só pode ser compreendida com a atribuição de papel proeminente e central à Constituição". TEPEDINO, *O Código Civil, os chamados microssistemas e a Constituição: premisssas para uma reforma legislativa*, in TEPEDINO (Coord.), *Problemas de Direito Civil-Constitucional*, 2000, 13.

[34] Veja-se a afirmação de Thesing ao discorrer sobre os valores de liberdade e justiça como valiosa substância para uma ordem democrática e uma economia com justiça social no atual sistema político e econômico europeu: "A liberdade não pode se limitar à emancipação, mas leva a solidariedade". THESING, *Economia de mercado e ética: o enfoque ético da economia*, in *Um mundo sem ética: ilusão sustentável?* Série Papers da Fundação Konrad Adenauer Stiftung, n.º 26, 1996, 18.

uma infinita possibilidade de agir ou não agir. Trata-se de uma noção simplista de liberdade, individualista, que se expressa normalmente por meio da idéia de que ser livre é *fazer* ou *não fazer* o que se quer[35]. A verdadeira liberdade encerra no entanto um *fazer* e *não fazer* também o que *não* se quer. O indivíduo livre, não é aquele que exerce poder sobre os outros, subjugando-os, mas que o exerce sobre si mesmo.[36]

Neste sentido, a solidariedade não se contrapõe à liberdade[37], não atua como limitante, ao contrário, uma está contida na outra em constante simbiose.[38] Assim o contrato, expressão máxima da liberdade, só será legítimo, quando em conformidade com a solidariedade social. Não por outra razão o novo Código Civil estabeleceu expressamente que *"a liberdade de contratar será exercida em razão e nos limites da função social do contrato"*[39].

Neste contexto, função social traduz na relação contratual a noção de solidariedade. E não é contradição que surja como "limite", como se

---

[35] Esta noção de liberdade encerra evidentemente a limitação legal prevista no inciso II, do artigo 5º da Constituição Federal, de maneira que o indivíduo é livre para fazer o que quiser, *no limite da lei*.

[36] Neste sentido são as belas palavras de Carnelutti: ""(...) um homem obrigado é um homem sujeitado e um homem sujeitado não possui liberdade. O homem que não consegue fazer o bem, sujeita-se; e o bem verdadeiro não pode ser o bem somente dele, mas o de todos os demais. Os homens, inclusive os juristas, falam continuamente em liberdade sem escrutar o fundo desta imensa palavra. Quando conseguimos escrutá-lo, mais uma vez nossas idéias se invertem, e liberdade, em vez do poder de fazer o que gostamos, significa o poder de fazer o que não gostamos. Entre os homens que não têm sustento suficiente, o mais forte, quando mata o mais fraco, para somente ele comer, não é livre, mas servo. Não a força para matar, mas a força para sustentar o outro, não obstante a própria fome, merece ser denominada liberdade. Em suma, a liberdade não é o poder sobre os outros, mas sobre si mesmo: não *dominium alterius* mas *dominium sui*." CARNELUTTI, *Arte do Direito*, 2003, 24/25.

[37] Em sentido contrário ver BODIN DE MORAES, *O Princípio da Solidariedade*, in PEIXINHO/GUERRA/NASCIMENTO (Orgs.), *Os Princípios da Constituição de 1988*, 2001, 177.

[38] Veja-se mais uma vez as palavras de Thesing: "Se por liberdade se entender precipuamente emancipação, faltará um elemento de coesão. Com efeito, liberdade e solidariedade são indissolúveis, o que não é evidente, pois o indivíduo vem aproveitando cada vez mais a liberdade em benefício próprio. Cresce assim o afastamento dos outros e da própria sociedade." THESING, *Economia de mercado e ética: o enfoque ético da economia*, in *Um mundo sem ética: ilusão sustentável?* Série Papers da Fundação Konrad Adenauer Stiftung, n.º 26, 1996, 29.

[39] Este é o texto do artigo 421, do Código Civil de 2002.

a solidariedade fosse um fator limitador da liberdade. A expressão "nos limites de" parece mais representar um pressuposto interpretativo para os casos de eventual contraposição dos princípios, quando a solidariedade poderá (pela lei, deverá) se sobrepor ao exercício de uma liberdade individualista.

Sendo assim não é a liberdade que é limitada, mas o seu exercício que deve ser conjugado ao exercício da solidariedade. Desassociada da função social, a liberdade perde a legitimidade e se torna abusiva, realidade com a qual o direito não pode conviver e deve, pois, reprimir.[40]

É neste contexto que se insere hoje o contrato, que deve ser visto como expressão de liberdade solidária, afastando-se da antiga concepção voluntarista, pautada pela vontade individualista.

Liberdade solidária significa ênfase no social e por isso prioriza o objetivo ao subjetivo, a manifestação externa à interna, a aparência à motivação, a atividade ao ato. Quem tem os olhos voltados para o social, vê o todo e não as partes. A solidariedade faz com que se veja o outro como reflexo de si mesmo. Todos e cada um são reflexos do eu, o que enuncia a forma da reciprocidade[41]. Lembre-se que a reciprocidade é também uma característica da confiança autêntica. Desta forma o contrato deve ser visto hoje também por este ângulo, mais objetivo, que prioriza a conduta, o comportamento (livre) das partes em detrimento da sua vontade interior.

O contrato portanto é um instituto vivo, a propósito, mais vivo do que nunca, passível de transformação ao longo do tempo. Segundo

---

[40] Neste sentido é o entendimento de Thesing: "A liberdade apenas pode manter sua dignidade, se ela permanecer vinculada ao seu fundamento e à sua tarefa moral. A liberdade requer também conteúdo social. A liberdade individual deve ser complementada pelo direito e pelo bem comum. O direito não pode perdurar sem moralidade. Não é possível um ordenamento jurídico sem um *ethos*. E justamente a observância dos direitos humanos é dependente do *ethos*". THESING, *Globalização, Europa e o século 21*, in Konrad Adenauer Stiftung, *A Globalização entre o Imaginário e a Realidade*. Série Pesquisas, n.º 13, 1998, 20.

[41] BODIN DE MORAES, *O Princípio da Solidariedade*, in PEIXINHO/GUERRA/NASCIMENTO (Orgs.), *Os Princípios da Constituição de 1988*, 2001, 171. A autora faz também menção à clássica citação de John Donne, que resume em belas palavras a essência da solidariedade: *"No man is an island entire of itself; every man is a piece of the continent, a part of the main. Any man's death diminishes me, because I am involved in mankind, and therefore never send to know for whom the bells tolls; it tolls for thee"*, 189.

Benedetti[42], o contrato é dotado de uma *inexaurível capacidade de aplicação e expansão*, o que lhe permite constante flexibilidade. Limita-se quem o concebe como simples acordo de vontades, nos moldes da clássica teoria voluntarista, ignorando que a pluralidade de procedimentos de formação do contrato não lhe retira a unidade como categoria jurídica. Nas palavras do citado autor, *"la pluralità non nega l'unità.*[43]

As relações formadas por meio de cartas de intenções podem, pois, configurar-se como relação contratual, compreendido o contrato no contexto acima descrito. Neste sentido, o contrato será concebido mais a partir de elementos objetivos do que subjetivos.

Assim, os deveres de prestação primários da relação contratual expressa na carta de intenções podem constituir dois tipos de obrigações: de dar e de fazer. A carta de intenções pode instituir para as partes a obrigação de celebrar o futuro contrato, quando configurará verdadeiro contrato preliminar; ou pode instituir as próprias prestações características do contrato que se está negociando, seja de compra e venda, empreitada, etc, quando configurará contrato definitivo.

Se a carta de intenções constitui um ou outro não se pode afirmar *a priori*, sendo indispensável examinar a configuração e sentido de cada relação obrigacional em concreto. Mas isso diz mais respeito ao objeto do contrato em si, do que à sua existência. O importante será, portanto, determinar quando uma relação obrigacional de negociação contratual formada por meio de cartas de intenções configurará um contrato, cujos deveres de prestação primários serão plenamente exigíveis.

Sendo certo que o contrato se forma por meio da declaração de vontades, mister que seja esta interpretada objetivamente. Neste sentido, a vontade real, ou interna dos negociadores não será relevante, mas somente a vontade consubstanciada na declaração[44] – que é a própria carta –, a qual deverá ser apreciada por uma ótica social, ou seja, como a declaração é socialmente apreendida[45]. Desta forma, tanto a consciência da declaração,

---

[42] BENEDETTI, *La Categoria Generale del Contratto*, Rivista di Diritto Civile, ano 37, Parte Prima, 1991, 649, 655.

[43] Idem ibidem.

[44] Esta é a previsão expressa no artigo 112, do Código Civil Brasileiro, que dispõe: *"Nas declarações de vontade se atenderá mais à intenção nelas consubstanciada do que ao sentido literal da linguagem"*.

[45] O entendimento social da declaração tem aqui o mesmo sentido do *significado normativo da declaração* como descrito por LARENZ, que o entendia não como o signi-

bem como a vontade negocial estarão presentes sempre que, a partir da inferência de critérios objetivos, se possa afirmar que as partes sabiam ou deveriam saber que agiam na esfera jurídica para produzir os efeitos da vontade declarada. A interpretação das cartas de intenções deve, portanto, obedecer a uma pauta objetiva de critérios, que será necessária para se afirmar quando a declaração de vontade é suficientemente precisa para constituir um negócio jurídico bilateral.

É importante destacar a necessidade de critérios objetivos previamente determinados, uma vez que não é mais suficiente afirmar simplesmente que a declaração se sobrepõe à vontade interna, ou, se o destinatário acreditou na existência de uma vontade conforme a declaração[46], ou mesmo que a declaração é cercada de "circunstâncias negociais"[47]. Não há mais espaço para noções vagas[48].

Se a declaração se sobrepõe à vontade, e o que é relevante é somente a vontade como consubstanciada na declaração, urge indicar vetores concretos de interpretação, que auxiliem na revelação da vontade declarada. Se o importante é a confiança incutida no destinatário por meio da declaração, então é necessário indicar precisamente como se constitui esta confiança.[49] Em especial porque a confiança interna, assim como a vontade, não é juridicamente apreensível. Desta forma, não é relevante a

---

ficado efetivamente intencionado, nem o significado efetivamente percebido, mas sim, o significado com que, segunda as circunstâncias, podia e devia ser entendido. LARENZ, *Metodologia da Ciência do Direito*, 1997, 421/422.

[46] Pensamento que corresponderia à teoria da confiança conforme descrita por SACCO em SACCO, *Le Contrat sans Volonté l'Exemple Italien*, in *Le Rôle de la Volonté dans les Actes Juridiques: Études à la Mémoire du Professeur Alfred Rieg*, 2000, 724.

[47] A expressão é de AZEVEDO, *Negócio Jurídico: Existência, Validade e Eficácia*, 2002.

[48] É o mesmo AZEVEDO, que expressamente afirma *"as noções vagas estão ultrapassadas"*. AZEVEDO, *O Direito pós-moderno*, Revista USP, n. 42, 100, junho/agosto 1999.

[49] LARENZ sustenta que a ordem jurídica tutela a confiança do declaratório, de modo que é o seu horizonte de compreensão que deve ser utilizado pelo intérprete na averiguação do sentido normativo da declaração, devendo o intérprete considerar: 1) todas as circunstâncias conhecidas pelo declaratório ou cognoscíveis no momento de acesso à declaração; 2) as circunstâncias a que o declarante explicitamente se refere e 3) um declaratório que supostamente examina cuidadosamente a declaração. LARENZ, *Metodologia da Ciência do Direito*, 1997, 421/422. A descrição das considerações a serem feitas pelo intérprete é um passo importante na concretização de uma noção vaga como o *sentido normativo da declaração*; não parece, no entanto, suficiente, sendo necessário que se procure discriminar as circunstâncias a serem consideradas em cada caso concreto.

confiança interna real, mas sim aquela que possa corresponder a uma legítima expectativa. O que traz de volta à necessidade de critérios objetivos; afinal, quando será legítima a expectativa?

Por fim, se a declaração é formada também pelas circunstâncias negociais, mister indicar as circunstâncias relevantes[50], sem o que o conceito permanece sem sentido. Parece insuficiente afirmar que tais circunstâncias sejam *"um modelo cultural de atitude, o qual, em dado momento, em determinada sociedade, faz com que certos atos sejam vistos como dirigidos à produção de efeitos jurídicos"*[51]. A questão de que se trata é, qual é *hoje* para a *nossa sociedade* este modelo?

Os critérios aqui indicados serão portanto aqueles relevantes para a interpretação de declarações de vontade por meio de cartas de intenções. A pergunta que se pretende responder é: quais são os critérios objetivos de interpretação para que se possa apreender a consciência da declaração e a vontade negocial em uma manifestação de vontade expressa por meio de uma carta de intenções? Em outras palavras, quando os signatários de uma carta de intenções sabem ou deveriam saber que a sua manifestação ali consubstanciada é uma declaração de vontade[52]?

Desta forma, os critérios indicados seriam não só fatores de eficácia, mas também critérios determinantes da existência do negócio, na medida em que orientam o intérprete na busca da declaração de vontade. Isso porque é na própria declaração que se encontram os efeitos pretendidos pelas partes.

---

[50] Esta foi a prática adotada pelo UNIDROIT (*International Institute for the Unification of Private Law*), na atual formulação dos princípios dos contratos internacionais de 2004. De acordo com o artigo 4.1, o contrato deve ser interpretado de acordo com a intenção comum das partes. Se tal intenção não puder ser determinada, o contrato deve ser interpretado objetivamente de acordo com o entendimento que pessoas razoáveis da mesma classe teriam tido nas mesmas circunstâncias. As circunstâncias que devem ser levadas em consideração vêm discriminadas no artigo 4.3 e são: negociações preliminares entre as partes; práticas que as partes estabeleceram entre elas; a conduta das partes após a conclusão do contrato; a natureza e função do contrato; o significado usual dos termos e expressões utilizados; os costumes. Para maiores informações sobre o UNIDROIT e seus princípios contratuais consultar o *website* do Instituto: www.unidroit.org.

[51] AZEVEDO, *Negócio Jurídico: Existência, Validade e Eficácia*, 2002, 122.

[52] Entenda-se aqui declaração de vontade como a manifestação que é vista socialmente como destinada à produção de efeitos jurídicos. A definição é de AZEVEDO, *Negócio Jurídico: Existência, Validade e Eficácia*, 2002, 16.

III. Itens para Determinação da Eficácia Vinculativa

Os itens ora apresentados significam critérios de interpretação da manifestação de vontade para determinar o efeito pretendido conforme consubstanciado na declaração. É importante destacar que nenhum deles pode ser considerado isoladamente. A combinação destes diferentes elementos – que de forma alguma pretendem ser exaustivos – é que determinará ou não a existência de efeito vinculante.

Tais itens podem estar contidos no texto da própria carta, quando serão aqui chamados de intrínsecos, como podem estar situados nas circunstâncias que envolvem a carta, chamados extrínsecos.

1. Itens Intrínsecos

a) Menção expressa à necessidade de um futuro contrato escrito

As cartas de intenções não raras vezes fazem referência à celebração ou necessidade de celebração de um futuro contrato escrito, sem o qual as partes não estariam vinculadas.

Quando se tratar de manifestação inequívoca[53], por meio da qual as partes claramente rejeitem qualquer tipo de vínculo negocial aos termos da carta, a possibilidade de que se os faça cumprir é remota.[54] A não ser que em combinação com execução parcial, documentos acessórios que contradigam os termos da carta, bem como com um forte costume local seja permitido pressupor que as partes estejam vinculadas, a despeito da manifestação em contrário. Tal configuração não é comum no tráfego comercial, em especial no que diz respeito ao costume, uma vez que a

---

[53] Veja-se o seguinte exemplo: *"This letter of intent is not binding upon us in any way nor is the conditional offer contained herein binding upon us except to the extent that it reflects our intent to enter into a definitive written agreement with respect to the sale of the property described above upon the terms and conditions herein contained".*

[54] Na prática internacional, a regra é pela não vinculação quando uma das partes deixa claro que o contrato não está concluído até sua formalização. Veja-se artigo 2.1.13, do Princípios do UNIDROT para contratos internacionais (2004), que dispõe: *"Where in the course of negotiations one of the parties insists that the contract is not concluded until there is agreement on specific matters or in a particular form, no contract is concluded before agreement is reached on those matters or in that form".*

prática comercial (internacional e nacional) é no sentido de que o vínculo obrigacional somente se configure com o contrato escrito definitivo. A prática comercial revela mesmo uma impressão de que para execução de projetos não se requer muita formalidade, mas quando se trata de estabelecer qualquer vínculo jurídico[55], o costume é uma atuação pautada pela formalidade, como se só os papéis vinculassem, mas não as ações.

A eficácia da manifestação de não vinculação e de necessidade de acordo escrito para que a mesma se constitua também dependerá em certa medida do grau de consenso alcançado pelas partes, aqui também combinado com execução parcial. Se a carta expressar acordo sobre todos os principais termos do futuro contrato e iniciada a execução, a manifestação de não vinculação provavelmente será ineficaz. Neste caso incidiria o princípio do *venire contra factum proprium non valet*,[56] segundo o qual não é admissível que a pessoa aja em contradição a comportamento anterior[57].

Manifestações ambíguas e sutis como "sujeito a contrato definitivo", ou mesmo em outro idioma[58] como *subject to contract*, bem como qualquer tipo de referência à realização de um contrato definitivo inserida nos termos da carta que não sejam precisas, não são suficientes para afastar

---

[55] A prática comercial parece estar ainda impregnada de ações pautadas pela pura confiança e ética.

[56] A proibição do comportamento contraditório foi também adotada nos princípios para os contratos internacionais de 2004 formulados pelo UNIDROIT. De acordo com os comentários de BONELL, o princípio da proibição do *inconsistent behaviour* já existia como aplicação do princípio geral da boa-fé, mas era apropriado ter um artigo especial que tratasse especificamente da questão, razão pela qual foi incluída na atualização de 2004 a regra do artigo 1.8, que prescreve: *A party cannot act inconsistently with an understanding it hás caused the other party to have and upon which that other party reasonably has acted in realiance to its detriment.* Segundo o Autor, a justificativa para inclusão da regra é que *"(it) was not only because of the considerable importance of the principle in practice but also in order better to define the conditions under which it operates (...)"*. BONELL, *UNIDROIT Principles 2004 – The New Edition of the Principles of International Commercial Contracts adopted by the International Institute for the Unification of Private Law*, disponível na internet no sítio:
http://www.unidroit.org/english/principles/contracts/principles2004/2004-1-bonell.pdf, 7.

[57] No Brasil, sobre o princípio, ver SCHREIBER, *A Proibição de comportamento contraditório: tutela da confiança e venire contra factum proprium*, 2005.

[58] Não é raro que mesmo tratando-se de negociações nacionais os documentos sejam redigidos em idioma estrangeiro, em especial o inglês. Assim, mais uma vez, se revela a internacionalidade desta prática.

uma eventual vinculação negocial, em especial quando combinadas com comportamentos contraditórios posteriores e com outras circunstâncias que conflitem com os mesmos.

Também é importante ressaltar que para que a manifestação de não vinculação até a realização de um contrato definitivo tenha peso maior deve vir no texto da própria carta e não nos documentos acessórios, em especial não nos comunicados à imprensa. Neste caso, diferente da hipótese anteriormente citada, o comportamento posterior não altera o anterior, ainda que contraditórios. Salvo, se, repita-se, a combinação das características do fato puder levar a esta conclusão.

A menção à necessidade de contrato futuro escrito, é portanto, um dos itens mais importantes a ser considerado, e, do ponto de vista tipológico, é a característica que carrega consigo maior peso do regime não contratual.

b) Acordo sobre os termos essenciais e suficiência dos termos da carta

Outro ponto determinante é identificar se as partes alcançaram na carta de intenções acordo sobre os termos essenciais do futuro contrato. Os termos essenciais aqui não se restringem àqueles clássicos da doutrina da classificação tripartida dos elementos do contrato em *essentialia, naturalia*[59] *e accidentalia*[60] *negotii*. De acordo com esta concepção tradicional, os *essentialia negotii* são os elementos volitivos sem os quais o contrato não existe.[61] O contrato se formaria, portanto, mediante o sim-

---

[59] *Naturalia negotii* são os elementos convencionados pelas partes que se referem a efeitos jurídicos que, a despeito da previsão convencional, incidiriam normalmente por força de lei. Nas palavras de PONTES DE MIRANDA: *"Quando se põe no suporte fáctico do negócio jurídico, que se quer, exatamente aquilo que a lei estatui, cogente ou dispositivamente (ex lege), chama-se tal duplo* naturale negotii". PONTES DE MIRANDA, *Tratado de Direito Privado, Tomo III*, 1954, 66.

[60] "Accidentalia negotii *são a parte (=elementos) volitiva do suporte fático que não está prevista na regra jurídica e, pois, poderia, ou não, ser manifestada."* PONTES DE MIRANDA, *Tratado de Direito Privado, Tomo III*, 1954, 66.

[61] Nas palavras de PONTES DE MIRANDA, são os elementos volitivos, *"sem os quais seria insuficiente o suporte fático"*. Segundo o Autor, elementos volitivos do suporte fático seriam somente os *essentialia* e os *accidentalia*, pois os *naturalia negotii* pertenceriam ao plano da eficácia PONTES DE MIRANDA, *Tratado de Direito Privado, Tomo III*, 1954, 65.

ples acordo sobre os termos essenciais.[62] *"Trata-se das características cuja verificação é necessária e suficiente para a inclusão e cuja falta é necessária e suficiente para a exclusão"*[63] da definição. Tal doutrina adapta-se, portanto, totalmente ao pensamento conceitual, de um juízo de inclusão e exclusão e do processo de subsunção.

No caso das cartas de intenções, o simples acordo sobre os termos essenciais do contrato, conforme acima concebido, não pode ser considerado isoladamente como suficiente para a sua formação e, por conseqüência, para constituição do efeito negocial. O tradicional raciocínio conceitual não é, portanto, o mais adequado neste contexto.

Primeiramente, considerando-se o grau de complexidade dos contratos precedidos por carta de intenções, atribuir efeito vinculativo ao acordo sobre os termos essenciais é solução por demais simplista.[64] Tome-se por exemplo a aquisição de uma grande companhia. As cartas de intenções versarão provavelmente sobre um contrato de compra e venda. De acordo com a teoria dos elementos essenciais, o acordo sobre o objeto e preço será suficiente para a formação do contrato[65]; até mesmo o acordo sobre objeto e um preço determinável já seria suficiente. Ora, não se pode tratar e interpretar da mesma forma a aquisição do controle de uma companhia e uma compra e venda de um livro em uma livraria. Não se pode destacar em uma carta de intenções os elementos essenciais do futuro contrato, abstraindo-os de todo o contexto, e somente com base neles atestar a formação do contrato.

---

[62] Para BETTI, *"essenciais são, precisamente, os elementos necessários para constituir um negócio daquele determinado tipo que se considera, isto é, aqueles sem os quais um negócio daquele tipo não poderia existir"*. Isso porque o Autor acredita que a valoração dos elementos constitutivos do negócio como essenciais, naturais e acidentais somente teria sentido em relação ao tipo do negócio. Acrescente-se que o *tipo* a que se refere o Autor não é o *tipo* conforme concebido pelo pensamento tipológico, assemelhando-se mais à classe, ou categoria. BETTI, *Teoria Geral do Negócio Jurídico, Tomo I*, 1969, 355.

[63] VASCONCELOS, *Contratos Atípicos*, 2002, 80.

[64] Adotando inteiramente o pensamento puramente conceitual e a solução de que o simples acordo sobre preço, coisa e condições é suficiente para a configuração do contrato, ver MARTINS-COSTA, *Contratos Internacionais – Cartas de Intenção no Processo Formativo da Contratação Internacional – Graus de Eficácia dos Contratos – Responsabilidade Pré-negocial*, Revista Trimestral de Direito Público, v.05, 212.

[65] Seja o contrato de compra e venda propriamente dito, seja o contrato preliminar.

Além disso, não se pode considerar no contexto das cartas de intenções os elementos essenciais do tipo como suficientes, desprezando a importância dos denominados acidentais, os quais não podem ser supridos por terceiros, em especial não pelo juiz. Não cabe ao juiz determinar quais elementos são essenciais e quais são acidentais.[66] Por se estar atuando no âmbito da autonomia privada, somente as partes, e a sua vontade consubstanciada na declaração, podem determinar os elementos completos do negócio. É por isso que além do acordo sobre os termos essenciais, deve-se analisar objetivamente a *suficiência* do acordo expresso na carta de intenções. A menção expressa à necessidade de acordo sobre temas ainda em aberto é característica que carrega consigo fortemente o regime não obrigacional.

Desta forma, a análise das cartas de intenções deve levar em consideração tanto o acordo sobre elementos essenciais, como também a suficiência do acordo nela descrito e se é feita menção expressa a termos em aberto e sobre os quais as partes pretendem ainda deliberar. Todos estes itens devem ser conjugados às demais circunstâncias (intrínsecas e extrínsecas) que compõe a carta, a fim de se determinar a sua melhor configuração.

É a exata configuração da carta de intenções que irá determinar a possibilidade ou não de efeito negocial. O acordo sobre os termos essenciais é característica que se aproxima desta conseqüência, no entanto deve-se observar se a mesma não vem acompanhada de menção expressa à necessidade de acordo sobre temas ainda em aberto, o que aproximará da não vinculação.[67] Enfim, o acordo expresso na carta deve ser no mínimo suficiente para que se possa exigir sua execução específica.

O mesmo não vale para o contrato preliminar. O artigo 462, do Código Civil brasileiro dispõe expressamente que o contrato preliminar

---

[66] Veja-se trecho do voto do Min. Moreira Alves no acórdão do Recurso Extraordinário n.º 88.716, julgado em 11 de setembro de 1979, publicado na Revista Trimestral de Jurisprudência n. 92, 250-309: *"Portanto, no direito comercial brasileiro, só se forma o vínculo contratual (preliminar ou definitivo), quando as partes chegam a acordo sobre todas as cláusulas que devem constar do contrato, sejam elas relativas aos denominados elementos essenciais, sejam elas referentes aos chamados elementos acidentais, ambos objetivamente considerados".*

[67] Neste sentido é também o §154, do Código Civil alemão (BGB), segundo o qual, até que ambas as partes tenham chegado a acordo sobre todos os pontos do contrato, na dúvida o contrato não se considera celebrado.

deve conter todos os requisitos essenciais ao contrato a ser celebrado. Neste caso, suficiente é a presença dos elementos efetivamente essenciais e a simples menção aos acessórios, os quais poderiam excepcionalmente ser implementados pelo juiz, pois neste caso configurou-se a obrigação de contratar. Todavia, deve-se atentar para o fato de que o contrato preliminar não se formará exclusivamente pela presença dos elementos essenciais. Também para a existência do contrato preliminar vale a aqui defendida necessidade de análise completa da configuração e sentido da carta e da relação obrigacional que ela reflete.

Acordo sobre os termos essenciais e suficiência do acordo são características típicas das cartas onde há acordo sobre todos ou quase todos os pontos do contrato a ser concluído, de maneira que cartas que expressam intenção de negociar, bem como as que expressam acordos parciais dificilmente terão efeito negocial.

c) Complexidade e magnitude do acordo

A complexidade e magnitude do acordo também devem ser levadas em consideração na determinação do efeito vinculativo das cartas de intenções.

A complexidade diz respeito à espécie de negócio que as partes planejam por meio da carta. A carta de intenções se presta para qualquer espécie de negócio, seja a compra e venda de uma *commodity*, a construção de um navio ou a formação de uma *joint venture*. Quanto mais complexo o negócio que as partes pretendem efetivar, menor será a possibilidade de se atribuir à carta de intenções efeito vinculativo. Isso porque nestes casos é provável que a carta não seja suficientemente completa para permitir sua execução específica e, ainda, porque a prática negocial exige maior formalidade para formação de contratos mais complexos. Como se vê, a característica da complexidade deve ser confrontada com as da suficiência do acordo e com a dos usos do tráfego, o que confirma que nenhuma das características aqui citadas pode ser considerada isoladamente.

No que se refere à magnitude do acordo, há se considerar o seu valor econômico e, aplicando-se a mesma lógica aplicada à complexidade, quanto maior o valor, menor será a probabilidade de vinculação por meio de uma carta de intenções. Transações de alto valor econômico também requerem maior formalidade do que aquela presente em cartas de intenções.

d) Previsão de evento futuro

As partes podem sujeitar os termos da carta de intenções a alguma espécie de evento futuro, como a aprovação pelo Assembléia Geral ou Conselho de Administração das respectivas empresas, ou a realização de determinado processo licitatório. Tal previsão pode ter diferentes significados. No pensamento conceitual, em regra não será considerada elemento de existência do negócio, atuando mais no plano da eficácia.

Os eventos futuros mais comuns previstos pelas partes são os seguintes[68]: 1) aprovação do Conselho de Administração ou Conselho Superior da empresa; 2) autorização governamental; 3) obtenção de financiamento; 4) emissão de garantia ou *performance bond*[69]; 5) realização de licitação ou negociação privada. É necessário estudá-los separadamente.

Se na carta de intenções as partes fizerem referência à necessidade da aprovação dos respectivos Conselhos de Administração, Conselhos Superiores ou mesmo Assembléias Geral, tal previsão afetará a própria existência da declaração. A questão é determinar a extensão dos poderes do negociador e se o mesmo os tem somente para negociar, ou também para concluir o acordo. Dependendo da organização societária e das disposições do contrato ou estatuto social das partes, o poder de decisão pode ser conferido a órgão colegiado. Sendo assim, somente manifestando-se o órgão existirá a declaração. Tal órgão pode se reunir previamente e delimitar desde o início os poderes do negociador, ou pode reunir-se somente após a negociação já concluída, para deliberar a simples aprovação ou desaprovação. A prática revela que quando uma carta de intenções é levada para aprovação ao órgão decisório da empresa, é porque a negociação já alcançou seu estágio máximo e o seu conteúdo está praticamente completo. Em outras palavras, é muito provável que exista acordo não somente sobre os elementos essenciais, mas que já esteja caracterizada a suficiência do acordo, ou mesmo a sua completude. A aprovação pelo órgão decisório da companhia pode portanto representar

---

[68] A lista é semelhante à apresentada por Basso, *As Cartas de Intenção ou Contratos de Negociação*, Revista dos Tribunais v. 769, 28-47 (37).

[69] As *performace bonds* são garantias de desempenho, que tem por finalidade assegurar a correta execução da obrigação decorrente do contrato. Ver Murta, *Contratos em Comércio Exterior*, 1998, 174.

o êxito das negociações e o início da fase de formalização do acordo[70], mediante a redação dos contratos definitivos.[71]

Quando o evento futuro previsto pelas partes for uma autorização governamental[72], tal previsão em nada afetará a existência do acordo anterior. Ela só será realmente relevante quando o acordo previsto na carta de intenções for potencialmente eficaz, pois neste caso figurará como verdadeira condição suspensiva.

A jurisprudência brasileira já se defrontou com situação semelhante no caso José Luiz Moreira de Souza v. Multiplic S.A. Empreendimentos e Comércio, julgado pela Sétima Câmara Cível do Tribunal de Justiça do Estado do Rio de Janeiro[73]. O caso tratava de uma carta de intenções enviada pela Multiplic a José Luiz Moreira de Souza, que, fazendo referência a tratativas anteriores, tinha por objeto a transferência de um complexo empresarial designado como Grupo JLMS. Tendo em vista que os elementos patrimoniais que compunham o Grupo JMLS se encontravam concretamente vinculados a processo de liquidação extrajudicial em curso, as partes acordaram que o acordo a ser celebrado entre elas – que incluía o arquivamento pelo Banco Central dos processos administrativos instaurados contra os ex-administradores, bem como a desoneração das garantias pessoais prestadas pelos mesmos – deveria passar pelas áreas de decisão do Banco Central. Constava expressamente previsto na carta que:

"(...) a signatária tem como certo que o negócio em questão deva ser realizado de acordo ou com base no esquema que o BACEN venha a aprovar de modo formal, até porque, como já foi

---

[70] Deve-se atentar aqui para a possibilidade da redação de um contrato escrito figurar no contexto da negociação apenas como formalidade, o que não afetará a sua existência anterior. Isso dependerá do conteúdo da carta de intenções aprovada. Sobre os contratos confirmados por escrito como *forma ad probationem*, ver FERREIRA DE ALMEIDA, *Contratos I: Conceito, Fontes, Formação*, 2000, 81, nota 72.

[71] Também não se pode ignorar que, muitas vezes, o assinante da carta de intenções tem controle (econômico e/ou moral) sobre o Conselho ou órgão colegiado, seja por ser o acionista majoritário (o órgão é submisso ao controlador) ou porque o Conselho é formado majoritariamente por membros da mesma família, ou porque possua "aliados" no órgão colegiado, etc.

[72] Como o Instituto Nacional de Propriedade Intelectual, o Banco Central, ou Conselho Administrativo de Defesa Econômica – CADE, por exemplo.

[73] Apelação Cível n.º 35.160, Rel. Des. Hermano Duncan Ferreira Pinto, julgada em 26 de fevereiro de 1985.

dito aqui, alguns itens principais da operação subordinam-se a providências da alçada daquela autarquia. A signatária submeterá ao BACEN, diretamente ou através de pessoa ou pessoas a ela vinculadas, um esquema para absorção de elementos ativos e passivos do grupo JMLS, incluindo providências e medidas necessárias à formalização da operação. Cópia do expediente respectivo será entregue a V.Sa."

A negociação da Multiplic com o BACEN não teve êxito, não obstante os esforços empreendidos para tanto. Inconformado, José Luiz Moreira de Souza ajuizou ação contra a Multiplic, exigindo o cumprimento forçado da carta de intenções. A ação foi julgada improcedente em primeira instância, tendo sido confirmada pelo Tribunal de Justiça. Na sua fundamentação, afirmou a Câmara Julgadora que

"A Carta de Intenções portanto, não representa, como pretende o autor, um compromisso perfeito e acabado, e sim, manifestação de vontade consubstanciada num acordo no sentido da obtenção de situação desejada por ambos, mas, cujo advento não dependia deles, e, sim de terceiros."

"Não há assim, como se imputar apenas ao autor o malogro desse 'desideratum', por se tratar de uma aventura em que ambos se lançaram, e, que por motivos alheios à vontade deles, não obteve o sucesso desejado."

"A Carta de Intenções não representa e nem deve representar um pacto indissolúvel, eis que para a realização do objetivo do Grupo do autor e da Multiplic, necessário se tornava principalmente, a concordância de terceiros, sem o que nada poderia ser realizado."

A decisão destaca assim o aspecto não vinculativo da carta, associando-o à necessidade de concordância de terceiro, no caso, o Banco Central. O teor do acórdão parece indicar que mesmo se a negociação com o Banco Central tivesse sido bem sucedida, a carta de intenções por si só não teria efeito vinculativo.[74]

---

[74] O voto do Relator encerra o seguinte argumento: *"A Carta de Intenções não se constitui de forma alguma, em um contrato representativo de acordo de vontades*

Assim, a referência à necessidade de autorização governamental, ou mesmo de terceiro, figurará como verdadeiro fator[75] de eficácia, desde que as demais características do caso permitam a verificação da existência de acordo executável.

Da mesma forma, a necessidade de obtenção de financiamento ou a emissão de uma garantia, em especial uma *performance bond* também podem figurar como condicionante de eficácia, se existente o acordo. Tendo a parte responsável diligenciado devidamente[76] para a obtenção do financiamento ou da garantia e não sendo estas possíveis, não se poderá exigir o cumprimento do acordo. Os termos da carta, no entanto, devem ser claros no sentido de condicionar a conclusão do contrato ao financiamento ou à garantia.

Existem, portanto, algumas variáveis no que se refere à autorização governamental ou de terceiros, a obtenção de financiamento e de garantia. Normalmente a referência na carta será no sentido de que a autorização, financiamento ou garantia são necessários para a conclusão de contrato definitivo. Como visto, é possível que antes mesmo da formalização do contrato escrito a carta por si só, dependendo da sua configuração, poderá ser considerada vinculante. Se a carta for vinculante, o implemento da condição estipulada é necessário para a produção do efeito vinculativo, ou seja, para que se possa exigir o cumprimento dos termos da carta. Se a carta não for vinculante, o implemento da condição será necessário para o prosseguimento da negociação.

As hipóteses de condicionar o futuro contrato à realização de licitação pública ou negociação particular são singulares. Trata-se aqui dos denominados *pre-bidding-agreements*, que nada mais são do que o acordo entre partes privadas para participarem conjuntamente de uma licitação pública ou eventualmente de uma negociação privada. São muito comuns

---

irretratável e irrevogável, sendo tão somente meio pelo qual alguém manifesta a outrem algum propósito". Trata-se da única decisão brasileira sobre cartas de intenções que se manifesta expressamente sobre a questão do seu efeito vinculativo.

[75] A expressão é utilizada no sentido dado por AZEVEDO: *"(...) entendida a palavra* fatores *como algo extrínseco ao negócio, algo que dele não participa, que não o integra, mas contribui para a obtenção do resultado visado"*. AZEVEDO, *Negócio Jurídico: Existência, Validade e Eficácia*, 2002, 55.

[76] A exigência aqui é que a parte responsável atue com base na boa-fé e tome todas as medidas necessárias e possíveis para o implemento da condição.

nas privatizações de empresas estatais e no Brasil são comumente chamados de consórcios.[77]

Nestes casos, as cartas de intenções costumam ser especialmente complexas, tendo conteúdo bastante variável. Se, de acordo com as características a serem consideradas, a carta constituir efeito vinculativo, o mesmo ficará suspenso até o advento da condição, ou seja, até a celebração do contrato com terceiro. Se vencedores na licitação, a conclusão do acordo definitivo posterior será obrigatória.

2. Itens Extrínsecos

a) *Execução Parcial ou preparação para execução*

A execução parcial pode ocorrer espontaneamente ou pode estar prevista na mesma carta onde há acordo sobre os termos do contrato, ou mesmo em carta separada. Preferiu-se relacioná-la aos fatores extrínsecos, pois é mais usual que exista uma carta específica para determinar e programar a execução parcial.

Tal característica é muito importante e tem grau significativo na constituição do efeito vinculativo[78], pois normalmente vem acompanhada de um acordo completo ou quase completo sobre os termos do futuro contrato, que ainda não foi formalizado. Torna-se necessária quando o prazo de que as partes dispõem é pequeno e a formalização do contrato, por depender às vezes de manifestação de terceiros, ou pela sua própria complexidade, for muito demorada.

---

[77] Os *pre-bidding-agreements* são uma realidade da indústria do petróleo brasileira, na qual desde o ano de 1999 são licitados anualmente blocos para exploração e produção deste mineral. Considerando o alto investimento do negócio, os licitantes normalmente atuam em grupos, formados por meio dos chamados *joint bidding agreements*. Se vencedores, confirmam o negócio por meio de um *Joint Operating Agreement – JOA*. Sobre o tema ver, sobretodos, RIBEIRO, *Direito do Petróleo: As* Joint Ventures *na Indústria do Petróleo*, 2003.

[78] Segundo DRAETTA/LAKE, diferente do que ocorre no direito inglês, a execução parcial é um fator muito importante no direito norte-americano no sentido de que as partes tinham intenção de que a carta de intenções fosse um contrato. LAKE/DRAETTA, *Letters of Intent and Other Precontractual Documents: Comparative Analysis and Forms*, 1989, 108.

É importante diferenciar os casos onde o início da execução tem autorização da outra parte, daqueles que não tem. A execução autorizada é indício mais consistente da constituição do efeito vinculativo. Por outro lado, a execução não autorizada precisa ser reforçada pelas demais circunstâncias para ter a mesma conseqüência. Mais uma vez, somente analisando a configuração exata da relação em concreto é que se poderá proceder à justa qualificação.

Também terá peso diferente se a execução não foi propriamente iniciada, mas se somente foram tomadas medidas para a sua efetivação, como, por exemplo, a contratação de um serviço ou a obtenção de um financiamento para início de pagamento[79]. Nestes casos, a autorização da outra parte também pode estar ausente ou presente – ainda que implicitamente.

O simples preparo para execução não é indício tão forte do efeito vinculativo quanto a execução propriamente dita, em especial quando não autorizada. Mas dependendo da configuração pode contribuir também para a formação do vínculo obrigacional.

b) Documentos Acessórios

A carta de intenções não pode ser interpretada isolada dos demais documentos redigidos durante a negociação. Desta forma, deve-se dar atenção também às demais cartas trocadas entre as partes, às *side letters*, aos comunicados à imprensa (*press release* ou comunicado de fato relevante[80]), bem como aos contratos de negociação. Tais documentos podem

---

[79] Nos casos em que o financiamento não figura como condição nos termos da carta.

[80] No Brasil, dependendo do negócio que se pretende realizar, e do impacto do mesmo na ordem econômica, em especial no mercado de capitais, a assinatura de uma carta de intenções que contém se não todos, pelo menos os mais determinantes pontos do futuro contrato, enseja a publicação da intenção negocial das partes como fato relevante, nos termos do artigo 22, §1°, VI, da Lei n.° 6.385/1976, segundo o qual Compete à Comissão de Valores Mobiliários expedir normas aplicáveis às companhias abertas sobre a divulgação de deliberações da assembléia-geral e dos órgãos de administração da companhia, ou de fatos relevantes ocorridos nos seus negócios, que possam influir, de modo ponderável, na decisão dos investidores do mercado, de vender ou comprar valores mobiliários emitidos pela companhia. Nos termos do artigo 2°, da Instrução CVM n.° 358,

auxiliar na interpretação dos termos da carta que contenha os termos do futuro contrato.

Há casos[81] em que a publicação e o texto do *press release* são quase ou até mais importantes do que a própria carta de intenções, o que demonstra claramente a sua extrema relevância na configuração da mesma.

c) Usos do tráfego

Afinal, a observação dos costumes e da prática negocial é indispensável para se determinar a constituição do efeito vinculativo.

Interessante a respeito dos usos do tráfego é que eles configuram ao mesmo tempo um tipo em próprio e no caso das cartas de intenções figuram ainda como índices do tipo. Larenz[82] descreve os usos do tráfego como *um tipo de freqüência empírico*, "formas de comportamento social típico" de um determinado grupo social. São, portanto, melhor, ou quiçá exclusivamente, apreendidos por meio do pensamento tipológico.

> *"Os usos do tráfego, os usos comerciais e a 'moral social', enquanto tais, têm para os juristas o significado de* **standarts***, quer dizer, 'de pautas normais de comportamento social correcto, aceites na realidade social'. Tais* **standarts** *não são (...) regras*

---

de 3 de janeiro de 2002, modificada pela Instrução CVM nº 369/2002, considera-se fato relevante qualquer decisão de acionista controlador, deliberação da assembléia geral ou dos órgãos de administração da companhia aberta, ou qualquer outro ato ou fato de caráter político-administrativo, técnico, negocial ou econômico-financeiro ocorrido ou relacionado aos seus negócios que possa influir de modo ponderável:

I – na cotação dos valores mobiliários de emissão da companhia aberta ou a eles referenciados;

II – na decisão dos investidores de comprar, vender ou manter aqueles valores mobiliários;

III – na decisão dos investidores de exercer quaisquer direitos inerentes à condição de titular de valores mobiliários emitidos pela companhia ou a eles referenciados..

[81] Veja-se o famoso *Pennzoil v. Texaco, comentado, entre outros, por* DRAETTA, *The Pennzoil Case and the Biding Effect of the Letters Intent in the International Trade Practice*, Revue de Droit des Affaires Internationales, v. 2, 1988, 155-172; BARON/BARON, *The Pennzoil-Texaco Dispute: An Independent Analysis*, Baylor Law Review, v. 38, 1986, 253-289; WEINTRAUB, *The Ten Billion Dollar Jury's Standards for Determining Intention to Contract: Pennzoil v. Texaco*, The Review of Litigation, v. 39, 1990, 371-407.

[82] LARENZ, *Metodologia da Ciência do Direito*, 1997, 660.

configuradas conceptualmente, às quais se possa efectuar simplesmente a subsunção por via do procedimento silogístico, mas pautas 'móvies', que têm que ser inferidas da conduta reconhecida como 'típica' e que têm que ser permanentemente concretizadas, ao aplicá-las ao caso a julgar."[83]

O Código Comercial Brasileiro incluía expressamente os usos e costumes como critérios de interpretação dos contratos mercantis.[84] O novo Código Civil brasileiro, que revogou a Parte Geral do Código Comercial, reporta-se aos usos no artigo 113, sobre a interpretação dos negócios jurídicos, os quais devem ser interpretados segundo a boa-fé e os usos do lugar da sua celebração. O Código Comercial fazia referência aos usos do lugar da execução.

A opção pelos usos do lugar da celebração pode não ser a mais adequada no contexto das cartas de intenções, pois, no caso de uma carta de intenções internacional, ou trocada entre partes com sedes em lugares diferentes, o local da "celebração" não é certo. Ademais, sendo os usos do tráfego nestes casos somente mais um dos índices do tipo, não se pode previamente concluir se houve ou não a "celebração" do acordo. Não ajuda também utilizar a regra de que o contrato reputa-se concluído no local da proposta (artigo 435, do Código Civil), pois nos contratos formados por cartas de intenções os institutos da proposta e aceitação não se caracterizam como nos contratos tradicionais. O local da execução, por sua vez, será sempre mais definido e seguro, facilitando a identificação do *standart*. No caso de uma carta de intenções internacional, deve-se privilegiar a prática internacional, a *lex mercatoria*, sobre o direito interno de cada uma das partes.

---

[83] LARENZ, *Metodologia da Ciência do Direito*, 1997, 660/661.

[84] Os costumes eram expressamente previstos nos artigos 130 e 131, 4, que dispunham o seguinte: *"Art. 130. As palavras dos contratos e convenções mercantis devem inteiramente entender-se segundo o costume e uso recebido no comércio, e pelo mesmo modo e sentido por que os negociantes se costumam explicar, posto que entendidas de outra sorte possam significar coisa diversa"*; *"Art. 131. Sendo necessário interpretar as cláusulas do contrato, a interpretação, além das regras sobreditas, será regulada sobre as seguintes bases: 4. o uso e prática geralmente observada no comércio nos casos da mesma natureza, e especialmente o costume do lugar onde o contrato deva ter execução, prevalecerá a qualquer inteligência em contrário que se pretenda dar às palavras"*.

IV. Conclusão

Como o presente estudo se procurou demonstrar que as cartas de intenções, longe de se situarem na esfera do "não direito", podem constituir verdadeira eficácia vinculativa entre as partes envolvidas em negociação contratual.

Tal conclusão é possível quando se afirma que a condução das negociações por meio de cartas de intenções constitui relação obrigacional das negociações contratuais, cujos efeito vinculativo pode ser a execução específica dos seus termos.

Neste sentido, a relação obrigacional das negociações contratuais se constitui a partir de primeiro contato negocial, onde já incidem os deveres especiais de conduta, não obstante ainda eventualmente ausentes os deveres de prestação. A configuração e intensidade dos deveres de conduta terão variações determinadas pelas vicissitudes da relação obrigacional, bem como pelo momento de sua evolução temporal. A vinculação das partes também será graduada pelos mesmos fatores.

Esta relação obrigacional das negociações contratuais formadas por meio de cartas de intenções é pautada pela confiança autêntica, onde as partes atuam em posição de igualdade e ambas são detentoras do conhecimento necessário para o trato negocial que os vincula e onde o risco é igualmente compartilhado.

Tendo em vista tais elementos, pode-se dizer que a execução específica dos termos da carta de intenções poderá ocorrer quando a relação formada por meio dela configurar-se como relação contratual, compreendido o contrato como expressão de uma liberdade solidária, que enseja uma análise mais objetiva da manifestação de vontade, que prioriza a conduta, o comportamento (livre) das partes em detrimento da sua vontade interior.

Tal análise objetiva, a fim de configurar as relações formadas por meio de cartas de intenções como relação contratual, deve ser feita a partir da análise dos seguintes critérios objetivos: menção expressa à necessidade de futuro contrato escrito; acordo sobre termos essenciais e suficiência dos termos da carta; complexidade e magnitude do acordo; previsão de evento futuro; execução parcial ou preparação para execução; existência de documentos acessórios; usos do tráfego.

V. Resumo/ Zusammenfassung

O escopo do presente trabalho é o de sustentar que as cartas de intenções podem constituir verdadeira eficácia vinculativa entre as partes envolvidas em negociação contratual, sendo possível a execução específica de seus termos em certos casos. Para tanto, deve-se ter em vista que as cartas de intenções se apresentam como documentos juridicamente vinculativos, constituindo verdadeira relação obrigacional das negociações contratuais, formada por deveres de prestação e por deveres de conduta. Tal relação é pautada pela confiança autêntica, onde as partes atuam em posição de igualdade e ambas são detentoras do conhecimento necessário para o trato negocial que os vincula e onde o risco é igualmente compartilhado. Neste contexto, as cartas de intenções podem configurar verdadeiro contrato, compreendido este como expressão de liberdade solidária, cujos elementos serão inferidos a partir da análise de critérios objetivos previamente determinados, dos quais pode-se destacar: menção expressa à necessidade de futuro contrato escrito; acordo sobre termos essenciais e suficiência dos termos da carta; complexidade e magnitude do acordo; previsão de evento futuro; execução parcial ou preparação para execução; existência de documentos acessórios; usos do tráfego.

Das Ziel dieser Arbeit ist darzustellen, dass ein letter of intent eine, zwischen den Parteien einer Vertragsverhandlungen, verbindene Wirkung darstellen kann und dass es in bestimmten Fällen möglich ist, deren Vorschriften zu vollstrecken. Dafür sollen diese Dokumente als rechtlich verbindlich verstanden werden. Sie stellen ein Rechts(Schuld)verhältnis der Vertragsverhandlungen dar, bestehend aus Leistungs– und Verhaltenspflichten. Dieses Verhältnis ist gezeichnet von „echtem Vertrauen", in dem die Parteien auf der gleichen Ebene handeln und die nötige (Sach)Kenntnis haben für die geschäftliche Handlung, die sie verbindet und wo das Risiko gleich verteilt ist. In diesem Zusammenhang kann ein letter of intent einen echten Vertrag darstellen. Dies soll als Ausdruck einer solidarischen Freiheit verstanden werden, dessen Elemente aus objektiven Maßstäben gefolgert werden.

EINFÜHRUNG IN DAS NOVA LEI DO ARRANDAMENTO URBANO

Dr. Stephanie Müller-Bromley*

I. Reformbedürftigkeit des städtischen Mietrechts 191
II. Aufbau des NLAU 193
III. Regelungen im Einzelnen 193
   1. Zukünftige Verträge 193
   2. Bestehende Verträge 197
   3. Steuerliche Änderungen 201
   4. Prozessuale Neuerungen 201
IV. Perspektive 202
V. Zusammenfassung/ Sumário 203

I. Reformbedürftigkeit des städtischen Mietrechts[1]

Etwa 740.000 Wohnungen und Häuser sind in Portugal derzeit vermietet. Über etwa 400.000 Objekte bestehen Mietverträge, die vor Inkrafttreten des bisher geltenden Gesetzes über das städtische Mietrecht, *Regime do Arrendamento Urbano* (*RAU*) vom 15. Oktober 1990[2] geschlossen worden sind und bis heute fortbestehen. Der Mietzins dieser Verträge hat sich im Laufe der Jahre und Jahrzehnte in seiner Höhe kaum verändert und entspricht schon lange nicht mehr dem tatsächlichen

---

* Die Autorin ist Rechtsanwältin und Direktorin des Instituts für Portugiesisches Recht (IfPR).

[1] Vortrag anlässlich der Jahrestagung der Deutsch-Lusitanischen Juristenvereinigung an der Universität Würzburg im November 2006.

[2] Decreto-Lei Nr. 321-B/90.

Verkehrswert der vermieteten Objekte. Im Mittel liegt er bei weniger als 60€ pro Monat.[3]

Diese Verträge sind in der Regel unkündbar: Dem Vermieter steht meist kein gesetzliches Kündigungsrecht zu;[4] der Mieter kann sich faktisch nicht vom dem Vertrag lösen, da er gegenwärtig kaum ein gleichwertiges Mietobjekt findet. Die „eingefrorenen" Mieten haben zu einem Unterangebot an attraktiven Mietobjekten geführt. Etliche Wohnungen und Häuser sind in einem desolaten Zustand. Die geringen Mieteinnahmen haben den Vermieter das Interesse an der Erhaltung oder gar Verbesserung des Mietobjektes verlieren lassen.

Das gegenwärtige Mietrecht hat dazu geführt, dass nahezu jeder Portugiese Eigentümer seines Wohnraumes ist, meist auf Kosten einer hohen Verschuldung in Form einer hypothekarischen Belastung des Eigentums.[5]

Stand ein Haus erst einmal leer, war es wegen seines meist schlechten Zustandes nahezu unmöglich, es erneut zu vermieten. 20% des Wohnungsmarktes sind vom Leerstand betroffen, in den Städten Lissabon und Porto liegt der Prozentsatz deutlich höher.[6] Insbesondere droht eine Entsiedelung der Innenstädte.

Neben den Mietverträgen über Wohnraum stehen die Mietverträge über gewerblich genutzte Flächen im Fokus der Kritik, die vor Inkrafttreten des *Decreto-Lei Nr. 257/95* vom 30. September 1995 zur Regelung des gewerblichen städtischen Mietrechts geschlossen worden sind. Auch sie zeichnen sich durch einen Mietzins aus, der in der Regel kaum noch dem tatsächlichen Verkehrswert der vermieteten Objekte entspricht. Auch der Bereich der gewerblichen Miete ist daher gekennzeichnet von Verfall und Leerstand.

---

[3] Intervenção do Secretário de Estado na Apresentação da Proposta de Lei à Assembleia da República vom 19. Oktober 2005, in: Documentação, www.arrendamento.gov.pt.

[4] Art. 107 RAU. Näheres unter Punkt III. 1. a) (ii).

[5] Intervenção do Secretário de Estado na Apresentação da Proposta de Lei à Assembleia da República vom 19. Oktober 2005, in: Documentação, www.arrendamento.gov.pt.

[6] Intervenção do Secretário de Estado na Apresentação da Proposta de Lei à Assembleia da República, in: Documentação, www.arrendamento.gov.pt.

II. Aufbau des *NLAU*

Das *Nova Lei do Arrendamento Urbano* (*NLAU*) besteht aus 65 Artikeln, die in drei Titel gegliedert sind. Gegenstand des *NLAU* sind Mietverträge über Wohnraum und gewerblich genutzte Flächen, wenn das Mietobjekt ein städtisches Grundstück, ein *prédio urbano*, ist.[7]

Der erste Titel, Art. 1 bis 8 *NLAU,* trägt die Überschrift *Novo Regime do Arrendamento Urbano* (*NRAU*). Er enthält die zukünftigen materiellrechtlichen Regelungen zur Wohnraum– und gewerblichen Miete. Etwa 70 Artikel werden durch Art. 3 *NLAU* in den mietrechtlichen Abschnitt des Bürgerlichen Gesetzbuches, des *Código Civil*, eingefügt. Damit ist das städtische Mietrecht wieder Teil des Bürgerlichen Gesetzbuches. Die Art. 4 bis 8 *NLAU* ändern die Zivilprozessordnung, *Código do Processo Civil,* und das Gesetz zur kommunalen Grundsteuer, *Código do Imposto Municipal sobre Imóveis.*

Der zweite Titel, Art. 9 bis 58 *NLAU*, besteht aus den Übergangsregelungen, den *Normas Transitórias,* zur Behandlung bereits bestehender Mietverträge.

Das Gesetz schließt im dritten Titel mit den Schlussbestimmungen zu Gesetzeskonkurrenzen und -kompetenzen, Inkrafttreten und Aufhebung bisher bestehender Regelungen, Art. 59 bis 65 *NLAU.*

III. Regelungen im Einzelnen

1. Zukünftige Verträge

Mietverträge, die nach Inkrafttreten des *NLAU* geschlossen werden[8], unterliegen uneingeschränkt den Regelungen des *Novo Regime do Arrendamento Urbano* (*NRAU*), welches das bestehende *Regime do Arrendamento Urbano* (*RAU*) ablöst.

---

[7] Die Grundstücke werden in städtische und landwirtschaftliche Grundstücke, prédios urbanos und prédios rústicos, eingeteilt. Die Unterscheidung wird bei der Frage der Bebaubarkeit und der Nutzungsmöglichkeit relevant.

[8] Regelung zu ihrer Form finden sich in Decreto-Lei Nr. 160/2006, 8. August 2006.

Art. 3 *NLAU* enthält die zukünftigen Art. 1064 bis 1113 des *Código Civil*. Sie werden als *Secção VII* und *VIII* in das *Capítulo IV – Locação*[9] – des zweiten Titels in Buch II über „Das Recht der Schuldverhältnisse" in das Bürgerliche Gesetzbuch eingefügt.[10]

Die Regelungen unterscheiden zwischen Wohnraum- und gewerblicher Miete, zwischen befristeten und unbefristeten Verträgen.

a) Wohnraummiete

(i) Allgemeines

Entsprechend dem Grundsatz der Vertragsfreiheit bestimmen die Parteien die Mietzeit und die Höhe des Mietzinses.[11] Bei einem befristeten Vertrag darf die Mietzeit zwischen drei und dreißig Jahren liegen.[12] Nach Ablauf der vereinbarten Mietzeit verlängert sich das Mietverhältnis in der Regel automatisch um dieselbe, wenn keine der Parteien der Verlängerung widerspricht.[13] Der Widerspruch des Vermieters muss, um wirksam zu sein, dem Mieter mindestens ein Jahr vor Ablauf der Mietzeit zugehen.[14] Die Frist für den Widerspruch des Mieters ist kürzer und beträgt 120 Tage.[15]

(ii) Beendigung des Mietverhältnisses

Das Mietverhältnis kann im beiderseitigen Einverständnis der Parteien durch *revogação*, eine Art Aufhebungsvertrag, jederzeit gelöst werden.[16]

---

[9] Miete.

[10] Art. 1024, 1042, 1047, 1048, 1051, 1053, 1054 und 1055 Código Civil werden geändert.

[11] GRAVE, *Novo Regime do Arrendamento Urbano, Anotações e Comentários*[3], 2006, 54.

[12] Art. 1095 Nr. 1 Código Civil.

[13] Art. 1095 Nr. 1, 1096 Código Civil.

[14] Art. 1097 Código Civil; GRAVE, *Novo Regime do Arrendamento Urbano, Anotações e Comentários*[3], 2006, 92.

[15] Art. 1098 Nr. 1 Código Civil.

[16] Art. 1083 Código Civil.

Als einseitige Willenserklärung zur Beendigung des Mietverhältnisses stehen den Parteien grundsätzlich die *denúncia* und die *resolução* zur Verfügung.[17] Die *denúncia* ähnelt der ordentlichen Kündigung im deutschen Recht, die *resolução* der außerordentlichen Kündigung.

Befristete Verträge kann nur der Mieter durch *denúncia* beenden. Ohne Angabe eines Grundes ist es ihm gestattet, mit einer Frist von vier Monaten das Mietverhältnis jederzeit aufzulösen.[18] Dem Vermieter wird dieses Recht verwehrt. Er kann allein durch seinen Widerspruch die automatische Verlängerung des Vertrages verhindern.

Einen unbefristeten Vertrag kann der Mieter mit einer Frist von 120 Tagen kündigen.[19] Der Vermieter darf das Mietverhältnis wegen Eigenbedarfes, des Eigenbedarfes eines seiner Abkömmlinge ersten Grades oder wegen umfassender Renovierungs- oder Restaurierungsarbeiten durch *denúncia* beenden.[20] In diesem Fall muss er dem Mieter eine Abfindung von maximal einer Jahresmiete zu zahlen.[21] Diesen Kündigungsgrund war bereits im *RAU* enthalten. Allerdings lag die zu zahlende Abfindung mit zweieinhalb Jahresmieten deutlich höher.[22] Zudem war die Kündigung gemäß Art. 107 *RAU* zum Schutz des Mieters ausgeschlossen, wenn dieser etwa älter als 65 Jahre war oder er oder sein Ehepartner die Mietsache 30 Jahre oder länger besaß. Dieser strenge Kündigungsschutz zugunsten des Mieters ist nunmehr aufgehoben.

Eine Neuheit stellt die *denúncia* des Vermieters ohne Vorliegen eines Grundes dar.[23] Das Mietverhältnis endet fünf Jahre nach der entsprechenden Mitteilung an den Mieter. Die Kündigung ist frühestens fünfzehn Monate, spätestens ein Jahr vor der beabsichtigten Beendigung des Mietverhältnisses zu bestätigen.[24] Ob diese Kündigungsmöglichkeit in Zukunft in dieser Form Bestand hat, bleibt abzuwarten. Zumindest für soziale Härtefälle könnte sie von der Rechtsprechung eingeschränkt werden.

---

[17] Art. 1079 Código Civil.
[18] Art. 1098 Nr. 2 Código Civil. GARCIA, *A Nova Disciplina do Arrendamento Urbano*, NRAU Anotado, 2006, 32.
[19] Art. 1100 Código Civil.
[20] Art. 1101 a) und b) Código Civil. Die Kündigungsfristen richten sich nach Art. 1103 Código Civil.
[21] Art. 1102 Código Civil.
[22] Art. 72 RAU.
[23] Art. 1101c) Código Civil
[24] Art. 1104 Código Civil.

Die Kündigung wegen Eigenbedarfes oder Renovierungsmaßnahmen ist nur unter Einschaltung des Gerichtes möglich.[25] Die Kündigung ohne Angabe eines Grundes erfolgt außergerichtlich. Die Möglichkeit der außergerichtlichen Kündigung für den Vermieter ist eine weitere wichtige Neuerung im portugiesischen Mietrecht.

Ein Grund zur *resolução*, die grundsätzlich neben der *denúncia* stehen kann,[26] besteht für Vermieter und Mieter gleichermaßen bei Nichterfüllung des Vertrages durch den jeweils anderen Teil, wenn die Fortsetzung des Vertragsverhältnisses für den Kündigenden unzumutbar geworden ist. Beispielsweise kann ein schwerwiegender gesetzeswidriger Gebrauch der Mietsache durch den Mieter die Unzumutbarkeit für den Vermieter begründen.[27] Ausdrücklich als unzumutbar für den Vermieter wird der Zahlungsverzug des Mieters bezeichnet, der länger als drei Monate anhält.[28] Er berechtigt den Vermieter zur außergerichtlichen Kündigung des Mietvertrages. In den übrigen Fällen wird der Vermieter auf den Gerichtsweg verwiesen.[29] Die Kündigung wegen Zahlungsverzuges ist nur wirksam, wenn der Mieter nicht innerhalb von drei Monaten die ausstehende Miete bezahlt und damit den Verzug beendet.[30]

b) Gewerbliche Miete

Das Recht der Kündigung, die Dauer des Vertrages, seine automatische Verlängerung und die Höhe des Mietzinses können die Parteien bei gewerblichen Mietverträgen frei festlegen. Haben sie keine Vereinbarung getroffen, gelten die Regelungen über Wohnraummiete entsprechend.[31]

---

[25] Art. 1103 Nr. 1 Código Civil.
[26] Art. 1086 Código Civil.
[27] Art. 1083 Nr. 2 Código Civil.
[28] Art. 1083 Nr. 3 Código Civil.
[29] Art. 1084 Nr. 2 Código Civil.
[30] GARCIA, *A Nova Disciplina do Arrendamento Urbano, NRAU Anotado*, 2006, 24.
[31] Art. 1110 Nr. 1 Código Civil.

2. Bestehende Verträge

a) Wohnraummiete

Wohnraummietverträge, die vor oder während der Geltung des *RAU* geschlossen worden sind, unterliegen den Regelungen des *NRAU* mit nachstehenden Besonderheiten: Auf unbefristete Verträge findet der strenge Kündigungsschutz des Art. 107 *RAU* zugunsten des Mieters weiterhin Anwendung. Zudem muss der Vermieter bei einer Kündigung wegen Eigenbedarfes dem Mieter mindestens eine Jahresmiete als Abfindung überlassen. Letztlich ist auch die Kündigung durch den Vermieter ohne Vorliegen eines Grundes zum Schutz des Mieters ausgeschlossen.[32]

Der Mietzins der Verträge, die bereits vor der Geltung des *RAU* geschlossen worden sind, kann in Ergänzung zu diesen Regelungen zukünftig angehoben werden. Der Vermieter darf nunmehr eine Jahresmiete bis zu 4% des *valor do locado*, des Wertes des Mietobjektes, verlangen.[33] Der *valor do locado* ist das Produkt aus dem Wert der staatlichen Neubewertung[34] der Immobilie gemäß Art. 39 ff. *CIMI* und seinem Qualitätsfaktor.[35] Fünf Faktoren von 1,2 bis 0,5 werden fünf Qualitätsstufen zugeordnet.[36] Je besser der Zustand eines Mietobjektes ist, desto höher ist sein Faktor. Zustand fünf, exzellent, erhält den Faktor 1,2; Zustand vier, gut, den Faktor 1; Zustand drei, mittel, den Faktor 0,9; Zustand zwei, schlecht, den Faktor 0,7, Zustand eins, extrem schlecht, den Faktor 0,5.

Beispiel: Wird eine Immobilie mit 100.000€ bewertet und ist sie in einem mittleren Zustand, Zustand drei, beträgt der *valor do locado* 90.000€ (100.000€ x 0,9). Die Jahresmiete darf nicht höher als 4% dieses Wertes, somit 3.600€, sein. Daraus ergibt sich eine monatliche Kaltmiete von bis zu 300€.

Die staatliche Neubewertung obliegt der Finanzbehörde, die Qualitätsbewertung und die Vergabe des Faktors, der zur Multiplikation heran-

---

[32] Art. 26 Nr. 1, 4a) bis c) NLAU.
[33] Art. 30, 31 NLAU.
[34] Das Verfahren richtet sich nach den Regelungen des Decreto-Lei Nr. 156/2006 vom 8.August 2006.
[35] Art. 32 NLAU.
[36] Art. 33 NLAU.

gezogen wird, koordiniert die *Comissão Arbitral Municipal*, eine Kommission, die der Gemeinde unterstellt ist und aus Vertretern der Stadtverwaltung, der Finanzbehörden, der Mieter- und Vermieterverbände besteht.[37] Die genaue Zusammensetzung der Kommission und ihre Aufgaben sind in einem Gesetz gesondert geregelt.[38]

Grundsätzlich kann der Vermieter den Mietzins innerhalb eines Zeitraumes von fünf Jahren anheben.[39] In besonderen Fällen der sozialen Härte beträgt der Anpassungszeitraum zehn Jahre.[40] Ist der Mieter weiniger schutzbedürftig, nutzt er das Mietobjekt etwa nicht als Hauptwohnsitz, liegt der Anpassungszeitraum bei zwei Jahren.[41] Die Anhebung des monatlichen Mietzinses erfolgt je nach Anpassungszeitraum in einer entsprechenden Staffelung.[42]

Beispiel: Wird in dem oben dargestellten Beispiel bereits eine Miete in Höhe von 100€ gezahlt, beträgt die Differenz zwischen der zu zahlenden Miete in Höhe von 300€ und der tatsächlich gezahlten Miete 200€. In den ersten vier Jahren wird die Miete um jeweils ein Viertel des Differenzbetrages, 50€, erhöht, im fünften Jahr erfolgt eine Korrektur durch den Inflationswert, wobei der Wert für alle fünf Jahre berücksichtigt wird. Im ersten Jahr hat der Mieter damit eine Miete in Höhe von 150€ zu zahlen, im zweiten Jahr in Höhe von 200€, im dritten Jahr in Höhe von 250€, im vierten Jahr in Höhe von 300€. Betrug die Inflation 2% jährlich, wird die Miete im fünften Jahr noch einmal um 10% angehoben.[43]

Um den Mieter nicht zu überlasten, darf der Mietzins im ersten Jahr in der Regel um maximal 50€, im zweiten bis vierten Jahr um maximal 75€ angehoben werden.[44]

Beispiel: Zahlte ein Mieter bisher eine Miete in Höhe von 20€ und beträgt der aktualisierte Wert 300€, liegt der Differenzbetrag bei 280€. Im ersten Jahr müsste bei einem Anpassungszeitraum von fünf Jahren die

---

[37] Art. 49 Nr. 2 NLAU.
[38] Decreto-Lei Nr. 161/2006 vom 8. August 2006.
[39] Art. 38 Nr. 1 NLAU.
[40] Art. 38 Nr. 3, 37 Nr. 3 NLAU.
[41] Art. 38 Nr. 2, 45 NLAU.
[42] Art. 39, 40, 41 NLAU.
[43] GARCIA, *A Nova Disciplina do Arrendamento Urbano, NRAU Anotado*, 2006, 61.
[44] Art. 40 Nr. 2 NLAU.

Miete eigentlich um ein Viertel dieses Betrages erhöht werden, also um 70€ pro Jahr. Wegen der Höchstgrenze ist aber lediglich eine Erhöhung der monatlichen Miete um 50€ möglich. Im ersten Jahr zahlt der Mieter daher eine um 50€ erhöhte Miete in Höhe von 70€. In den Jahren zwei, drei und vier lässt sich die Miete lediglich um 75€ anheben, so dass im zweite Jahr ein Betrag in Höhe von 145€, im dritten Jahr in Höhe von 220€ und im vierten Jahr in Höhe von 295€ zu zahlen ist. Der Fehlbetrag in Höhe von 5€ wird im fünften Jahr in Rechnung gestellt, zuzüglich Inflationsausgleich.

Bei Mietobjekten der Qualitätsstufe drei oder schlechter ist die Anhebung der Miete ausgeschlossen.[45] In diesem Fall kann der Mieter vom Vermieter die Beseitigung der Mängel verlangen.[46] Die Einzelheiten sind in einem Gesetz gesondert geregelt.[47] Kommt der Vermieter der Aufforderung zur Mängelbeseitigung nicht nach, kann der Mieter die notwendigen Reparaturen selber vornehmen, die Mängelbeseitigung von der Gemeinde verlangen oder das Mietobjekt erwerben. Im Falle des Erwerbs geht die Verpflichtung zur Mängelbeseitigung auf den Mieter über; der Kaufpreis entspricht dem staatlich festgelegten Wert.[48]

b) Gewerbliche Miete

Mietverträge, die vor oder während der Geltung des *Decreto-Lei Nr. 257/95* vom 30. September 1995 geschlossen worden sind, unterliegen den neuen Regelungen des *NRAU* mit folgenden Einschränkungen: Befristete Verträge verlängern sich automatisch um mindestens fünf Jahre, wenn sie nicht vorher gekündigt wurden.[49] Die Kündigung eines unbefristeten Vertrages durch den Vermieter ohne Vorliegen eines Grundes ist in der Regel möglich.[50] Die Mieter von gewerblichen Flächen werden deutlich weniger geschützt als die Mieter von Wohnraum.

---

[45] Art. 35b) NLAU.
[46] Art. 48 Nr. 2 NLAU.
[47] Decreto-Lei Nr. 157/2006 vom 8. August 2006.
[48] Art. 48 Nr. 4, 5 NLAU.
[49] Art. 26 Nr. 3 Código Civil.
[50] Art. 26 Nr. 6 Código Civil; GARCIA, *A Nova Disciplina do Arrendamento Urbano, NRAU Anotado*, 2006, 52.

Der Vermieter eines vor der Geltung des *Decreto-Lei Nr. 257/95* geschlossenen Mietvertrages darf den Mietzins zukünftig anheben.[51] Die Miethöhe orientiert sich wie bei der Wohnraummiete an dem staatlich festgelegten Wert, eine Korrektur über den Zustandsfaktor unterbleibt jedoch.[52] Eine Mieterhöhung ist selbst dann möglich, wenn der Zustand des Mietobjektes mit schlecht oder extrem schlecht bewertet würde.[53]

Die Anpassung der Miete erfolgt in Parallele zur Wohnraummiete über fünf oder zehn Jahre.[54] Anders als im Bereich der Wohnraummiete kann die aktualisierte Miete auch sofort verlangt werden, etwa wenn mehr als ein Jahr kein Geschäftsbetrieb mehr stattfand.[55]

c) Zusammenfassung

Die soziale Brisanz der Mietrechtsreform wurde bereits zu Beginn der Diskussionen um eine neues Mietrecht erkannt und benannt. Das Gesetzgebungsverfahren zeichnete sich durch eine frühe und breite Beteiligung der Öffentlichkeit und eine hohe Transparenz aus. Bevor der Ministerrat am 23. Juni 2005 der Mietrechtsreform in den Grundzügen zugestimmt hat, wurden im Mai 2005 in einer ersten Phase der Anhörung Stellungnahmen von verschiedenen Interessensvertretern, wie Grundeigentümern, Mietern, der Industrie und der Tourismusbranche, eingeholt. Mit Beginn der zweiten Phase der Anhörung wurde auch der Bevölkerung der Gesetzesentwurf als Volltext via Internet zugänglich gemacht. Etliche Veranstaltungen luden zu Diskussionen ein. Der portugiesischen Regierung ist es gelungen, die Emotionen der Bevölkerung zu kontrollieren und die Diskussion auf eine sachliche Ebene zu heben. Im Ergebnis erfolgt die Anhebung der Mieten schonend, bei Wohnraummietverhältnissen in der Regel über zehn Jahre. Bei einem Zustand schlechter als drei ist die Anhebung der Miete für Wohnraum ausgeschlossen. Durch den in diesem Fall bestehenden Anspruch des Mieters auf Mängelbeseitigung, den er gegen den Vermieter oder gegen die Gemeinde geltend

---

[51] Art. 50 NLAU.
[52] Art. 52 NLAU.
[53] GARCIA, *A Nova Disciplina do Arrendamento Urbano, NRAU Anotado*, 2006, 70.
[54] Art. 53 NLAU.
[55] Art. 56 NLAU

machen kann, erhält er gleichsam eine Garantie dafür, dass sich der Zustand der Mietsache zukünftig tatsächlich verbessert.

3. Steuerliche Änderungen

Immobilieneigentümer haben die jährliche Grundsteuer, *Imposto Municipal sobre Imóveis, IMI,* zu zahlen. Ihre Höhe verdoppelt sich künftig, wenn die Immobilie mehr als ein Jahr leer steht.[56] Wann ein Leerstand anzunehmen ist, wird in einem Gesetz gesondert geregelt.[57]

4. Prozessuale Neuerungen

Die Neustrukturierung der Räumungsklage und die Schaffung von sechs außergerichtlichen Vollstreckungstiteln stellen die wesentlichen prozessrechtlichen Neuerungen dar.

d) *Neustrukturierung der Räumungsklage*

Um ein bestehendes Mietverhältnis zu beenden und die anschließende Räumung durchzusetzen, musste der Vermieter bisher die Räumungsklage, *acção de despejo*, erheben. Die Räumungsklage war eine gemischte Klage, bestehend aus einem Feststellungs- und einem Vollstreckungsteil.[58] Das Mietverhältnis wurde zunächst im Wege der Feststellungsklage für beendet erklärt, anschließend konnte der Vermieter im Wege der Vollstreckungsklage die Räumung und die Herausgabe der Mietsache verlangen. Etwa 17 Monate dauerte die Feststellungsklage, die Vollstreckungsklage nahm weitere 24 Monate in Anspruch.[59]

---

[56] Art. 112 Nr. 3 Código do Imposto Municipal sobre Imóveis, Art. 7 NLAU.
[57] Decreto-Lei Nr. 159/2006 vom 8. August 2006. Grundsätzlich liegt ein Leerstand dann vor, wenn keine Verträge mit Anbietern von Telekommunikation, Gas, Wasser oder Strom bestehen und auch keine Rechnungen über den Verbrauch dieser Leistungen geschrieben werden, Art. 2 Nr. 2 des Gesetzes.
[58] Art. 55, 61, 102, 106 RAU.
[59] Apresentação da Nova Lei do Arrendamento Urbano, S. 30, in: Documentação, www.arrendamento.gov.pt.

Nach den Regelungen des *NRAU* ist die Räumungsklage nunmehr eine reine Feststellungsklage.[60] Sie ist in den Fällen zu erheben, in denen das Gesetz die außergerichtliche Auflösung des Mietverhältnisses verbietet und den Vermieter auf den Klageweg verweist. Räumung und Herausgabe der Mietsache sind mit der allgemeinen Vollstreckungsklage zu erstreiten.[61]

e) Schaffung außergerichtlicher Vollstreckungstitel

Art. 14 und 15 *NLAU* enthalten sieben Arten von außergerichtlichen Vollstreckungstiteln. Sie ermöglichen dem Vermieter, direkt Klage auf Räumung und Herausgabe zu erheben. So dienen dem Vermieter im Falle der oben vorgestellten Kündigung ohne Vorliegen eines Grundes[62] der Mietvertrag und die Mitteilungen an den Mieter als Vollstreckungstitel zur Erhebung einer entsprechenden Vollstreckungsklage.[63] Der Vermieter, der eine Feststellungsklage wegen Zahlungsverzuges des Mieters eingereicht hat, kann die Ausstellung eines Vollstreckungstitels beantragen, wenn der Mieter innerhalb von drei Monaten seit Anhängigkeit den ausstehenden Mietzins nicht beglichen hat.[64]

IV. Perspektive

Das neue Mietrecht stärkt zunächst die Position des Vermieters. Das erweiterte Kündigungsrecht und die prozessualen Erleichterungen zur Durchsetzung seiner Ansprüche verhelfen ihm schneller und kostengünstiger zu seinem Recht.[65] Durch die Möglichkeit, den Mietzins

---

[60] GARCIA, *A Nova Disciplina do Arrendamento Urbano, NRAU Anotado*, 2006, 97; GRAVE, *Novo Regime do Arrendamento Urbano, Anotações e Comentários*³, 2006, 132. Die Einzelheiten der Klage sind in Art. 14, 15 NLAU und im Zivilgesetzbuch geregelt.

[61] GARCIA, *A Nova Disciplina do Arrendamento Urbano, NRAU Anotado*, 2006, 97, Art. 14 Nr. 5 NLAU.

[62] S.o. unter III. 1. a) (ii).

[63] Art. 15 Nr. 1d) Código Civil.

[64] Art. 14 Nr. 5 Código Civil.

[65] Apresentação da Nova Lei do Arrendamento Urbano, S. 30, in: Documentação, www.arrendamento.gov.pt.

bestehender Verträge in gerechtfertigten Fällen zu aktualisieren, erhält er nunmehr einen vernünftigen Gegenwert für die Überlassung seines Eigentums.

Doch auch dem Mieter kommen höhere Mieten auf Dauer zugute. Sie fördern die Bereitschaft des Vermieters, in sein Eigentum zu investieren. Mit wachsender Qualität der vermieteten Immobilie erhöht sich auch der Wohnkomfort für den Mieter.

Als Nebeneffekt der Aktualisierung der Mieten wird mit der Neubewertung der vermieteten Immobilien die Reformierung des Steuerregisters vorangetrieben. Mit den dadurch steigenden Grundsteuerbeträgen erhöhen sich auch die Einnahmen des Staates.

Ungewiss bleibt, ob die kommunalen Kommissionen ihren Aufgaben gewachsen sein werden. Ein Blick in die Vergangenheit mildert jedoch die Bedenken. Auch den Neubewertungen durch die Finanzbehörden sah man im Jahr 2004 mit Skepsis entgegen. Es hat sich jedoch gezeigt, dass die Bewertungen der Immobilien bisher in der Regel zügig und unkompliziert durchgeführt werden und die Aktualisierung der Steuerregister stetig voranschreitet.[66] Das neue Mietrecht weckt die berechtigte Hoffnung, die aktuellen eklatanten Missstände zu beseitigen.

V. Zusammenfassung/ Sumário

Am 21. Dezember 2005 verabschiedete das portugiesische Parlament das Gesetz zur Reformierung des städtischen Mietrechts, Nova Lei do Arrendamento Urbano, NLAU. Es wurde am 27. Februar 2006 als Decreto-Lei Nr. 6/2006 im portugiesischen Gesetzblatt, Diário da República, veröffentlicht und trat am 28. Juni 2006 in Kraft.

Nach der neuen Immobilienbesteuerung[67], der Reformierung der Maklertätigkeit und der Privatisierung des Notariats[68] in den Jahren

---

[66] Aktuelle Tätigkeiten der Kommissionen sind unter www.portaldahabitacao.pt/pt/brau/home/listaNoticias.jsp aufgeführt.

[67] MÜLLER-BROMLEY, *Die Steuerreform im Immobilienbereich in Portugal*, ZfIR 2004, 567 ff.

[68] MÜLLER-BROMLEY, *Immobilienerwerb in Portugal – Rechtsfragen beim Kaufen, Bauen, Verkaufen und Vererben*, Haus und Grund Deutschland 2005, 2 ff.

2003/2004, Maßnahmen, die ausschließlich den Erwerbsvorgang einer Immobilie erleichtern, wird nunmehr der Bereich der Miete von der Reformbewegung erfasst.

Em 21 de Dezembro de 2005 a Assembleia da República aprovou a Nova Lei do Arrendamento Urbano, NLAU. Foi publicada em 27 de Fevereiro de 2006 como Decreto-Lei n.º 6/2006 no Diário da República, entrando em vigor em 28 de Junho de 2006.

Depois da nova tributação imobiliária[1], da reforma das actividades dos mediadores imobiliários e da privatização do Notariado nos anos de 2003/2004[2] – medidas que facilitam exclusivamente o processo de adquisição de imóveis – o regime contido na nova lei visa a modernização do mercado de arrendamento.

VERBRAUCHERSCHUTZ IM BANK– UND KAPITALMARKTRECHT

Prof. Dr. Siegfried Kümpel[*]

I. Einführung 205
II. Grundlagen des Verbraucherschutzes 206
   1. Privatkunden der Bank als Verbraucher im rechtlichen Sinne 207
   2. Schutzbedürftigkeit der Privatkunden 207
   3. Erstreckung verbraucherschützender Regelungen auf Personen ohne Verbraucherstatus 210
III. Verbraucherschutz im Bankrecht 212
   1. Verbraucherkredit 212
   2. Vermittlung des bargeldlosen Zahlungsverkehrs (Girogeschäft) 214
IV. Verbraucherschutz im Kapitalmarktrecht 217
   1. Begrenzter Anwendungsbereich verbraucherschützender Normen .. 217
   2. Verbraucherschutz bei kapitalmarktbezogenen Bankdienstleistungen .. 218
   3. Fondsgeschäft der Investmentgesellschaften 220
V. Schlussbemerkungen 222

I. Einführung

Die Harmonisierung des Rechts in den Mitgliedstaaten der Europäischen Union schreitet infolge des neuen Komitologieverfahrens zügig voran.[1] Bei dieser Beschleunigung des europäischen

---

[*] Der Autor ist Honorarprofessor an der Justus-Liebig-Universität in Gießen und Rechtsanwalt (Bank– und Börsenrecht).
[1] Vortrag im November 2004 anlässlich der Jahrestagung der Deutsch-Lusitanischen Juristenvereinigung in Gießen.

Gesetzgebungsverfahrens werden nur die wesentlichen Regelungsziele einer Richtlinie für die nationalen Gesetzgeber durch den EU-Ministerrat festgelegt. Die konkrete Ausgestaltung eines solchen groben Rahmens obliegt dagegen der EU-Kommission.

Im Vordergrund dieser Rechtsvereinheitlichung steht insbesondere der Schutz des Verbrauchers. So ist auch in Deutschland der Verbraucherschutz ein wichtiges Schutzprinzip des bürgerlichen Rechts geworden. Die Verbraucher werden generell als die unterlegene Marktseite angesehen. Deshalb besteht weitgehend Konsens, dass die berechtigten Interessen der Verbraucher gegenüber den Unternehmern als Marktanbieter angemessen zu schützen sind.[2] Ansatzpunkt für den Verbraucherschutz sind dabei die rechtsgeschäftlichen Beziehungen zwischen Verbrauchern und Marktanbietern.

Zu diesen Anbietern gehört insbesondere die Kreditwirtschaft. Die Kreditinstitute besitzen regelmäßig eine überlegene wirtschaftliche Stärke gegenüber einem wesentlichen Teil ihrer Kunden. Es kann also nicht überraschen, dass der Verbraucherschutz auch im Bank- und Kapitalmarktrecht große praktische Bedeutung hat. Dieser Schutz beschränkt sich weitgehend auf die vertraglichen Beziehungen der schutzwürdigen Kunden zu ihrer Bank, wenn sie deren Dienstleistungen in Anspruch nehmen oder die angebotenen Finanzprodukte erwerben.

Dieser Personenkreis setzt sich ganz überwiegend aus Kunden zusammen, bei denen es sich um natürliche Personen handelt, die Rechtsgeschäfte für ihre Privatsphäre abschließen. Sie werden als der wirtschaftlich schwächere oder sonst unterlegene Vertragspartner angesehen. Für diese Kunden sind häufig die wirtschaftliche Tragweite einzelner Dienstleistungen sowie die Risiken der angebotenen Finanzprodukte nur schwer durchschaubar. Dies gilt insbesondere für das Wertpapiergeschäft mit seinen komplexen Produkten und Innovationen.

II. Grundlagen des Verbraucherschutzes

Bevor mit der Darstellung des Verbraucherschutzes bei den einzelnen Dienstleistungen und Finanzprodukten der Banken begonnen wird,

---

[2] Palandt BGB/Heinrichs[63], 2004, § 13; Rdn. 1.

sind zunächst zwei Grundbegriffe des Verbraucherschutzes zu klären: Der Verbraucherbegriff und das Schutzbedürfnis des Verbrauchers. Auch empfiehlt es sich, vorab eine terminologische Schwierigkeit anzusprechen: Die verbraucherschützenden Regelungen erstrecken sich häufig auch auf Personen, denen der Verbraucherstatus im Sinne des gesetzlichen Verbraucherbegriffes fehlt. Erscheint es deshalb notwendig oder zumindest zweckmäßig, die derzeitige Reichweite des Verbraucherbegriffs zu überdenken?

1. Privatkunden der Bank als Verbraucher im rechtlichen Sinne

Der Verbraucherbegriff ist im Zuge der europäischen Rechtsvereinheitlichung zu einem Zentralbegriff auch des deutschen bürgerlichen Rechts geworden. Diesen Begriff hat der deutsche Gesetzgeber inzwischen im Bürgerlichen Gesetzbuch (§ 13) definiert. Verbraucher ist hiernach jede natürliche Person, die ein Rechtsgeschäft zu einem Zweck abschließt, der weder ihrer gewerblichen noch ihrer selbständigen beruflichen Tätigkeit zugerechnet werden kann.

In der Bankpraxis wird der Personenkreis, der vom Verbraucherbegriff des BGB erfasst wird, als Privatkundschaft bezeichnet. Nachfolgend werden deshalb die Begriffe „Verbraucher" und „Privatkunde" als Synonyme verwendet.

Die Privatkunden werden in der Praxis von den Geschäftskunden unterschieden. Diese decken sich weitgehend mit der gesetzlichen Definition des Unternehmers im BGB (§ 14). Unternehmer ist hiernach eine natürliche oder juristische Person oder eine rechtsfähige Personengesellschaft, die bei Abschluss eines Vertrages in Ausübung ihrer gewerblichen oder selbständigen beruflichen Tätigkeit handelt. Diese Abgrenzung zwischen Privatkunden und Geschäftskunden liegt den nachfolgenden Ausführungen zugrunde.

2. Schutzbedürftigkeit der Privatkunden

Privatkunden erscheinen immer dann schutzwürdig, wenn die Gefahr besteht, dass sie den Abschluss und den Inhalt eines Vertrages mit einem Marktanbieter nicht selbst bestimmen können, sondern dies in unerträglicher Weise durch den Anbieter geschieht. Das bürgerliche Recht überlässt es grundsätzlich dem Einzelnen, seine Lebensverhältnisse im Rahmen der Rechtsordnung durch Rechtsgeschäfte eigenverantwortlich zu gestalten. Diese Privatautonomie ist Teil des allgemeinen Prinzips des Selbstbestimmungsrechts des Menschen. Sie ist nach Auffassung des Bundesverfassungsgerichts[3] durch das Grundrecht der allgemeinen Handlungsfreiheit verfassungsrechtlich geschützt. Zu den unverzichtbaren Grundrechten einer freiheitlichen Rechtsordnung gehört, dass jedermann Verträge aufgrund seines selbstbestimmten (autonomen) Willens und nicht fremdbestimmt durch den Vertragspartner abschließen kann. Dieses Selbstbestimmungsrecht erfordert jedoch ein Mindestmaß an Vertragsparität. Hierzu ist ein annähernd gleiches Verhandlungsgewicht der Geschäftspartner erforderlich.

Die Praxis hat gelehrt, dass die unerwünschte Fremdbestimmung der Verbraucher durch die Marktanbieter auf subtilere Weise als durch körperlichen Zwang, Drohung oder Täuschung herbeigeführt werden kann. Sie kann sich auch dort entfalten, wo ein unerträgliches Ungleichgewicht und damit eine gestörte Vertragsparität der Geschäftspartner besteht. Hat ein Marktanbieter ein so starkes Übergewicht, dass er den Entschluss des Verbrauchers zum Vertragsschluss oder den Inhalt des Vertrages faktisch einseitig bestimmen kann, wird das Selbstbestimmungsrecht des Verbrauchers auf unerträgliche Weise ausgehöhlt. Hier muss der Gesetzgeber oder die Rechtsprechung dafür sorgen, dass der schwächere Geschäftskontrahent angemessen geschützt wird.[4]

a) Beispiele unerträglicher Störung der Vertragsparität von Bank und Kunde

Eine solche unerträgliche Störung der Vertragsparität kann aus sehr unterschiedlichen Gründen bestehen. So kann sie auf geschäftlicher Unerfahrenheit oder mangelnder Geschäftsgewandtheit der Bankkunden

---

[3] BVerfG 70, 123; 72, 170.
[4] BVerfG WM 1993, 2199 (2203); 1997, 2117 (2118); Joswig, Festschrift Schimansky, 1999, 335 (346 ff.); Krämer; Festschrift Schimansky, 1999, 367 ff.; Kümpel, Bank- und Kapitalmarktrecht⁴, 2004, Rdn. 6.35 ff.

beruhen. Unzureichende Erfahrungen und Kenntnisse zeigen sich vor allem bei den angebotenen Finanzinnovationen, wie sie das Kapitalmarktrecht kennt. Diese Finanzprodukte können sogar wirtschaftlich versierten Bankkunden erhebliche Verständnisschwierigkeiten bereiten.

Die notwendige Vertragsparität kann auch durch fehlende Rechtskenntnisse des Bankkunden in unerträglicher Weise gestört sein. Sie ist häufig gepaart mit der intellektuellen Unterlegenheit des Kunden. Dies gilt vor allem bei den von der Bank üblicherweise verwendeten Allgemeinen Geschäftsbedingungen. Sie haben häufig eine größere praktische Bedeutung für die Vertragsbeziehungen zwischen Bank und Kunde als die gesetzlichen Regelungen. Diese Bedingungen werden von erfahrenen Juristen der Spitzenverbände des Kreditgewerbes erarbeitet. Sie werden dabei von Juristen aus großen Rechtsabteilungen einzelner Mitgliedsinstitute unterstützt.[5]

b) Kompensation gestörter Vertragsparität durch Gesetzgebung und Rechtsprechung

Soweit die Vertragsparität von Bank und Kunde bei typischen Sachverhalten in unerträglicher Weise gestört ist, müssen Gesetzgeber oder notfalls die Rechtsprechung für einen angemessenen Ausgleich sorgen. Vergleichbare Schutzmechanismen sind freilich auch in anderen Rechtsgebieten anzutreffen.

So obliegt der Bank in der Phase des Vertragsschlusses häufig eine stark erweiterte Informationspflicht. Auch enthalten viele Schutzregelungen bestimmte Formvorschriften. Sie sollen den geschäftsunerfahrenen Bankkunden auf etwaige Risiken eines Vertragsschlusses aufmerksam machen.

---

[5] Eine weitere Schutzbedürftigkeit von Privatpersonen zeigte sich in den letzten Jahren im Bereich der Absicherung von Krediten. So hatten einzelne Banken darauf bestanden, dass vermögenslose nahe Familienangehörige eine Bürgschaft übernehmen. In diesen Fällen fehlten geeignete Vermögenswerte für die erforderliche Absicherung des Krediteswerte. Die Rechtsprechung hat in diesen Fällen die Bürgschaft für unwirksam erklärt, wenn zischen dem Umfang der Haftung des Bürgen und seiner Zahlungsfähigkeit ein krasses Missverhältnis bestand. Dies wurde bejaht, wenn der Bürge voraussichtlich finanziell niemals in der Lage sein würde, die gesamte verbürgte Kreditschuld zurückzuzahlen, BGH WM 1997, 2117, 2118 mit weiteren Nachweisen.

Ein effizientes Schutzinstrument stellt auch das Widerrufsrecht des Bankkunden bei bestimmten Geschäften mit der Bank dar. Dieser Widerruf bedarf keiner Begründung, § 355 Abs. 1 BGB. Schließlich können den Privatkunden aus Gründen des Verbraucherschutzes Schadensersatzansprüche oder sonstige Zahlungsansprüche zuerkannt werden.

Diesen Schutzmaßnahmen ist gemeinsam, dass sie dem Privatkunden eine bessere Rechtstellung verschaffen, als er sie bei Anwendung der allgemeinen Vorschriften des BGB hätte.[6]

3. Erstreckung verbraucherschützender Regelungen auf Personen ohne Verbraucherstatus

Beim Aufspüren des Verbraucherschutzes im Bank und Kapitalmarktrecht darf man sich nicht davon irritieren lassen, dass sich verbraucherschützende Bestimmungen nicht selten auch auf Personen erstrecken, denen der gesetzliche Status des Verbrauchers fehlt. In diesen Fällen dienen die gesetzlichen Bestimmungen auch solchen Bankkunden, die gleichermaßen wie die Verbraucher im gesetzlichen Sinne schutzwürdig sind. Ziel und Zweck dieser Regelungen sind aber erkennbar ganz überwiegend der Privatkundschaft.

Ein Beispiel hierfür bietet die Aufklärungspflicht aus dem Wertpapierhandelsgesetz (§ 31 Abs. 2 Nr. 2). Sie gehört zu den zahlreichen kapitalmarktrechtlichen Verhaltenspflichten, die den Banken als Wertpapierdienstleistungsunternehmen auferlegt worden sind. Danach muss eine Bank bei Wertpapiergeschäften ihrem Kunden alle zweckdienlichen Informationen mitteilen. Diese Aufklärungspflicht besteht aber nur insoweit, als dies zur Wahrung der Interessen der Kunden erforderlich ist. Mit dieser Einschränkung soll der Professionalität des Kunden Rechnung getragen werden. Soweit der Kunde erkennbar von Berufs wegen oder sonst ausreichend erfahren ist, bedarf es keiner Information.[7] Der Schutzgedanke dieser Gesetzesbestimmung kommt deshalb vor allem gegenüber

---

[6] Vgl. BÜLOW/ARTZ, *Verbraucherprivatrecht*, 2003, 1 ganz allgemein zur Abgrenzung des Verbraucherschutzrechts von den allgemein anwendbaren Normen des Privatrechts.

[7] KOLLER in ASSMANN/SCHNEIDER, *Wertpapierhandelsgesetz*[3], 2004, Rdn. 88; LANG, *Informationspflichten bei Wertpapierdienstleistungen*, 2003, 206.

den Privatkunden zum Tragen. Diese Fokussierung auf Bankkunden mit Verbraucherstatus dürfte es aus rechtssystematischer Sicht rechtfertigen, auch solche kapitalmarktrechtlichen Regelungen dem Verbraucherschutzrecht zuzuordnen.

Dagegen erscheint es nicht empfehlenswert, die Bankkunden ohne Verbraucherstatus in den gesetzlich definierten Verbraucherbegriff zu integrieren. So fehlen diesem Personenkreis griffige Merkmale für einen erweiterten Verbraucherbegriff. Im Übrigen würde ein solcher Versuch unweigerlich in eine Vielzahl von Verbraucherbegriffen münden. Denn der gesetzgeberische Schutzgedanke der einzelnen Normenkomplexe ist regelmäßig auf Sachverhalte mit recht unterschiedlichem Schutzbedürfnis der betreffenden Personen gerichtet und muss deshalb auch eine unterschiedliche personelle Reichweite haben.

Der Gesetzgeber kann zudem die Einbeziehung von Personen ohne Verbraucherstatus in verbraucherschützende Regelungen auch auf andere Weise zufrieden stellend erreichen. Ein Beispiel hierfür bietet die betragsmäßige Begrenzung des Schadensersatzanspruches des Bankkunden bei fehlerhaften Banküberweisungen. Hier darf die Bank des Überweisenden die Haftung für Schäden aus der Verzögerung oder Nichtausführung der Überweisung auf 12.500 Euro begrenzen, § 676c BGB. Ein solcher Höchstbetrag dürfte nahezu alle Privatkunden schützen. Dagegen werden bei einer solchen Haftungsbegrenzung im Wesentlichen nur solche Geschäftskunden geschützt, die schutzwürdig wie die Privatkunden erscheinen.

Bei der legislatorischen Ausgestaltung des Verbraucherschutzes kann also grundsätzlich von einem engen Verbraucherbegriff ausgegangen und sodann die verbraucherschützenden Regelungen auf Bankkunden ohne Verbraucherstatus ausgedehnt werden, bei denen ein gleiches Schutzbedürfnis besteht. Ein anschauliches Beispiel für diese Regelungstechnik findet sich bei den Bestimmungen über Verbraucherkredite. Dort hat der Gesetzgeber ausdrücklich bestimmt, dass diese Regelung auch auf natürliche Personen anwendbar ist, die einen Bankkredit für die Aufnahme einer gewerblichen oder selbständigen Tätigkeit in Anspruch nehmen. Bei diesen so genannten Existenzgründungsdarlehen fehlt den kreditnehmenden Kunden der gesetzliche Status eines Verbrauchers. Denn nach der Legaldefinition des Verbrauchers besitzt eine natürliche Person nur dann die Verbrauchereigenschaft, wenn das abgeschlossene Rechtsgeschäft der Privatsphäre zuzurechnen ist. Bei solchen Existenzgründungsdarlehen handelt es sich jedoch um einen Vertrag, der der gewerblichen oder freiberuflichen Sphäre, jedenfalls nicht der Privatsphäre, zuzuordnen sind.

III. Verbraucherschutz im Bankrecht

Einen breiten Regelungsbereich für den Verbraucherschutz bildet das Bankrecht. Den einzelnen Bankgeschäften liegen jeweils Vertragsbeziehungen zwischen der Bank und ihren Kunden zugrunde. Wie beim Geschäftsverkehr in den anderen Wirtschaftszweigen besteht auch im Bankprivatrecht ein regulatorisches Bedürfnis, die Rechtsposition der Privatkunden gegenüber den allgemeinen Vorschriften des Bürgerlichen Gesetzbuches zu verbessern. Die Banken sind den Privatkunden häufig nicht nur wirtschaftlich sondern auch intellektuell überlegen. Hier geht es nicht nur darum, den Bankkunden bei einem Vertragsabschluss mit der Bank zu schützen. In bestimmten Fällen soll die Rechtsstellung des Privatkunden in sonstiger Weise gegenüber den allgemeinen Vorschriften verbessert werden. Auch solche Regelungen können dem Verbraucherschutzrecht zugeordnet werden.

Dem Verbraucherschutz im Bankrecht begegnen wir vor allem im Kreditgeschäft und bei der Vermittlung des bargeldlosen Zahlungsverkehrs, dem Girogeschäft.

1. Verbraucherkredit

Einen ausgeprägten Verbraucherschutz enthält das Recht des Verbraucherkredits. Auch hier ist eine europäische Rechtsharmonisierung erfolgt. Dies ist durch die Verbraucherkreditrichtlinie des Jahres 1987 geschehen.[8] Die Instrumente des Verbraucherschutzes sind von sehr unterschiedlicher Art. Sie betreffen insbesondere (a) den Vertragsabschluss und (b) diverse Erleichterungen für den Privatkunden, wenn er mit der Erfüllung seiner fälligen Zahlungsverbindlichkeiten aus dem Kreditvertrag in Verzug gerät.

---

[8] Richtlinie 87/102 vom 22. Juni 1986 (Amtsblatt der Europäischen Gemeinschaft Nr. L 42, S. 48, vom 12. Februar 1987).

a) Stadium des Vertragsschlusses

Die Kreditverträge mit den Privatkunden bedürfen der gesetzlichen Schriftform, § 492 Abs. 1 S. 1 BGB. Dieses Formerfordernis soll den Bankkunden nicht nur vor einem unüberlegten finanziellen Engagement warnen, sondern auch die notwendigen Informationen des Kunden über die wesentlichen Konditionen des Kredites sicherstellen. Dieses für den Verbraucherschutz übliche Informationsmodell soll dem Bankkunden auf gesicherter Basis eine sachgerechte Entscheidung für oder gegen die Aufnahme eines Kredites ermöglichen.

Die Verletzung der Formvorschriften ziehen verschiedene Sanktionen nach sich. So ermäßigt sich der von der Bank erlangte Zinssatz bei seiner nicht ordnungsgemäßen Angabe auf den gesetzlichen Zinssatz von 4 % pro Jahr, § 246 BGB. Im Kreditvertrag nicht angegebene Kosten braucht der Kreditnehmer nicht zu zahlen, § 494 Abs. 2 S. 3 BGB. Werden die Voraussetzungen für eine etwaige nachträgliche Änderung des Zinssatzes nicht genannt, kann der Zinssatz während der Laufzeit des Kredites nicht zum Nachteil des Kunden geändert werden, § 494 Abs. 2 S. 5 BGB.

Der Kreditnehmer kann schließlich ein Widerrufsrecht ohne Angaben von Gründen innerhalb einer Frist von zwei Wochen ausüben, §§ 355, 495 BGB. In Anbetracht der wirtschaftlichen Bedeutung und der Schwierigkeiten der Vertragsmaterie soll dem Verbraucher eine befristete Lösungsmöglichkeit gewährt werden. Diese Bedenkzeit ermöglicht es dem Kreditnehmer im Übrigen, auch bei anderen Banken die Kreditkonditionen einzuholen und diese in Ruhe miteinander zu vergleichen.

b) Erleichterungen bei Zahlungsverzug

Schließlich hat der Gesetzgeber Schutzregelungen getroffen für den Fall, dass der Kreditnehmer seine fälligen Zahlungsverbindlichkeiten nicht ordnungsgemäß erfüllen kann. Tritt ein solcher Zahlungsverzug ein, insbesondere wegen Verlustes des Arbeitsplatzes, kommen verschiedene Schutzmaßnahmen zum Tragen. Diese Regelungen sollen dazu beitragen, den anwachsenden Schuldenberg von Verbrauchern nach einer einmal eingetretenen Überschuldung abbauen zu helfen.[9]

---

[9] Eine solche Situation wird auch als „Problematik des modernen Schuldturms" bezeichnet. Im Mittelalter konnte der Gläubiger seinen säumigen Schuldner unter

Eine der wesentlichen Ursachen einer erdrückenden Überschuldung beruht auf einer allgemeinen Regelung des BGB. Sie betrifft die Fälle, in denen der Schuldner die geschuldeten Beträge nicht in voller Höhe zahlen, sondern nur Teilbeträge leisten kann. Diese Teilzahlungen wären nach allgemeinem Recht zunächst auf die Unkosten des Gläubigers, dann auf die Zinsen und erst zuletzt auf die Hauptschuld anzurechnen, § 367 Abs. 1 BGB.

Zur Verbesserung der Situation säumiger Kreditnehmer bedurfte es daher der Modifizierung dieser gesetzlichen Regelung. Deshalb sind diese Teilzahlungen – abweichend von der allgemeinen Regelung – zunächst auf die Kosten der Rechtsverfolgung, sodann aber schon auf die fälligen Raten für die Rückzahlung des Kredites und erst zum Schluss auf die Zinsen aus dem Zahlungsverzug anzurechnen, § 497 Abs. 3 S. 1 BGB.

Infolge dieser schuldnerfreundlichen Anrechnungsnorm kann der Bankkunde seine Kreditschuld auch mit Teilbeträgen zurückführen. Er erhält hierdurch die Chance und den Anreiz, seinen Schuldenberg durch sukzessive Rückzahlung der Kreditforderung abzubauen.[10]

Diese wesentliche Erleichterung beim Zahlungsverzug wird ergänzt durch zwei weitere Schutzmaßnahmen. So ist die Höhe der Verzugszinsen begrenzt worden. Auch ist es unzulässig, Verzugszinsen auf noch nicht bezahlte Zinsen zu fordern, § 497 BGB.

2. Vermittlung des bargeldlosen Zahlungsverkehrs (Girogeschäft)

Das Bankprivatrecht erhält im Übrigen wesentliche verbraucherschützende Regelungen beim Recht der bargeldlosen Überweisung. Auch sie sind durch das Schuldrechtsmodernisierungsgesetz in das Bürgerliche Gesetzbuch (§§ 676a – 676g BGB) eingefügt worden. Anlass für dieses Gesetz war vor allem die europäische Überweisungsrichtlinie aus dem Jahr 1997. Sie sollte aufgetretene Missstände im Girogeschäft beseitigen.[11] Diese Richtlinie soll den Interessen der Privatkunden, aber auch

---

bestimmten Voraussetzungen in einen Schuldturm einsperren lassen, um diesen zur Zahlung zu veranlassen.

[10] Bundestags-Drucksache 11/5462, 27.

[11] Amtsblatt Europäische Gemeinschaft Nr. L vom 14. Februar 1997, 25, abgedruckt in WM 1997, 844 ff.

den Interessen mittlerer und kleinerer Unternehmen Rechnung tragen. Überweisungen in andere Mitgliedstaaten der Europäischen Union sind hiernach schnell, zuverlässig und kostengünstig vorzunehmen.[12]

a) Einzelne verbraucherschützende Bestimmungen

Das BGB schreibt nunmehr für die Dauer von Banküberweisungen Höchstfristen vor. Hierbei werden die Möglichkeiten berücksichtigt, die die modernen Kommunikationsmöglichkeiten und das Internet bieten. So sind grenzüberschreitende Überweisungen in Mitgliedstaaten der Europäischen Union innerhalb von fünf Werktagen auszuführen. In der bisherigen Praxis war dagegen eine Dauer solcher Überweisungen von zwei Wochen und mehr keine Seltenheit. Für den Inlandsverkehr gelten drei Maximalfristen: drei Bankgeschäftstage bei Überweisungen auf ein Konto des Gläubigers bei einer anderen Bank. Bei hausinterner Überweisung ist die Überweisung innerhalb eines Tages auszuführen, wenn überweisender Schuldner und Gläubiger ihr Konto bei derselben Filiale unterhalten. Anderenfalls gilt eine Maximalfrist von zwei Bankgeschäftstagen, § 676a Abs. 2 BGB.

Die beauftragte Bank haftet im Übrigen dafür, dass der Überweisungsbetrag ungekürzt der Bank des Gläubigers zur Verfügung gestellt wird, § 676a Abs. 1 S. 2 BGB. Bislang kam es nicht selten vor, dass sich die Banken, die bei einer Überweisung ins Ausland mitgewirkt hatten, ihre Provisionen von dem zu überweisenden Betrag einfach einbehielten. Der Bankkunde muss aber darauf vertrauen können, dass er mit der Überweisung seine Zahlungsverbindlichkeit ordnungsgemäß erfüllen kann. Dies erfordert eine Gutschrift des vollen Überweisungsbetrages.

Das Gesetz sieht schließlich eine Haftung vor, wenn die Überweisung nicht innerhalb der gesetzlichen Maximalfristen und auch nicht innerhalb von 14 Bankgeschäftstagen erfolgt, nachdem der Kunde die nicht fristgerechte Auftragsausführung reklamiert hat, § 676b Abs. 3 S. 1 BGB. Hier kann der Kunde von seiner Bank verlangen, dass sie seinem

---

[12] Erwägungsgrund Nr. 2 der europäischen Überweisungsrichtlinie. Nach dieser Richtlinie müssen im Übrigen seit Mitte 2003 die Bankgebühren bei nationalen und grenzüberschreitenden Überweisungen in Höhe von bis zu 12.500 Euro identisch sein.

Konto den überwiesenen Betrag wieder gutschreibt. Diese so genannte Money-back-Guarantees ist auf 12.500 Euro begrenzt worden.

Schließlich sind der Bank für den Überweisungsverkehr umfangreiche Informationspflichten zum Schutz der Bankkunden auferlegt worden.

b) Verschuldensunabhängige Haftung der erstbeauftragten Bank

Die Bank des Überweisenden haftet bei einer nicht ordnungsgemäßen institutsübergreifenden Überweisung auch ohne eigenes Verschulden, wenn eine der mitwirkenden Banken einen Schaden des Überweisenden verschuldet hat. Die Banken dürfen jedoch die Haftung ohne eigenes Verschulden begrenzen. So kann die Haftung für Schäden, die durch die Verzögerung oder Nichtausführung der Überweisung entstanden sind, auf 12.500 Euro beschränkt werden.[13]

Wird die erstbeauftragte Bank ohne eigenes Verschulden von ihrem Kunden in Anspruch genommen, so hat sie einen gesetzlichen Erstattungsanspruch gegen die mitwirkende Bank, die die nicht ordnungsgemäße Überweisung zu vertreten hat, § 676e BGB. Eine solche weitgehende Haftung der erstbeauftragten Bank war von der deutschen Rechtsprechung bislang verneint worden. Sie ist den Banken auch nur zumutbar, wenn bei grenzüberschreitenden Überweisungen die mitwirkenden Banken, insbesondere die mit ausländischem Sitz, den von ihnen verschuldeten Schaden der erstbeauftragten Bank übernehmen müssen. Dies ist durch die europäische Überweisungsrichtlinie geschehen. Deshalb entfällt die aus der Sicht der Bankpraxis weitgehende Haftung, wenn die Überweisung auf ein Konto veranlasst werden soll, das bei einer Bank mit Sitz außerhalb der Europäischen Union unterhalten wird, für die die europäische Überweisungsrichtlinie nicht zum Tragen kommen kann, § 676e Abs. 3 BGB.[14]

---

[13] Diese Haftungsbeschränkungen wie auch sonstige Regelungen des Überweisungsverkehrs sind in den „Sonderbedingungen für den Überweisungsverkehr" geregelt worden, die vom deutschen Kreditgewerbe einheitlich verwendet werden.

[14] Dasselbe gilt bei Überweisungen nach Island, Liechtenstein und Norwegen als Mitgliedstaaten des Europäischen Wirtschaftsraums (EWR).

IV. Verbraucherschutz im Kapitalmarktrecht

Ein weites Anwendungsfeld für den Verbraucherschutz bietet auch das Kapitalmarktrecht. Es kann umschrieben werden als die Gesamtheit der Gesetzesbestimmungen, Geschäftsbedingungen und anerkannten Standards, die die Organisation des Kapitalmarktes, die marktbezogenen Dienstleistungen und Finanzprodukte der Banken sowie die marktbezogenen Verhaltenspflichten der Marktteilnehmer oder sonstiger Dritter regeln.[15]

Einen Schwerpunkt der kapitalmarktrechtlichen Regelungen dienen dem Schutz der Anleger. Zum Anlegerpublikum gehören Privatkunden wie auch die Geschäftskunden. Die Reichweite des Anlegerschutzes geht deshalb in persönlicher Hinsicht sehr viel weiter als der Verbraucherschutz im engeren gesetzlichen Sinne, der sich grundsätzlich nur auf Privatkunden erstreckt. Der Verbraucherschutz hat überdies im Kapitalmarktrecht wegen dessen Regelungszielen eine deutlich geringere praktische Bedeutung als bei Dienstleistungen der Bank, die vom Bankrecht geregelt werden.

1. Begrenzter Anwendungsbereich verbraucherschützender Normen

Der Anlegerschutz im Kapitalmarktrecht hat zwei unterschiedliche Zielrichtungen. Nur eine davon rechtfertigt es, anlegerschützende Bestimmungen dem Recht des Verbraucherschutzes zuzuordnen. So kann mit dem Anlegerschutz lediglich der Schutz der Gesamtheit der Anleger gemeint sein. Von diesem Anlegerschutz im weiteren Sinne werden auch solche Personen erfasst, die erst künftig Wertpapiere des Kapitalmarktes erwerben. Das Börsengesetz verwendet hierfür die Bezeichnung „Anlegerpublikum".[16] Diesem Anlegerschutz im weiteren Sinne dient insbesondere das Organisationsrecht der Wertpapierbörsen. Solche Regelungen haben aber keine unmittelbaren Auswirkungen auf die Vertragsbeziehung zwischen Bank und Kunde, an die der Verbraucherschutz anknüpft.

---

[15] KÜMPEL, *Bank– und Kapitalmarktrecht*³, 2004, Rdn. 1.6.
[16] Vgl. §§ 30 Abs. 3 Nr. 3, 38 Abs. 1, 39 Abs. 1 Nr. 3, 42 Börsengesetz.

Anlegerschutz kann aber bei bestimmten Sachverhalten auch Schutz der individuellen Interessen des einzelnen Anlegers bedeuten. Dieser Individualschutz ist wegen der unterschiedlichen Rechtsfolgen streng vom Schutz des Anlegerpublikums zu unterscheiden. Denn nur solche Gesetzesbestimmungen, die auch den Schutz der individuellen Interessen des geschädigten Anlegers bezwecken, können für den Schädiger eine Schadensersatzpflicht infolge schuldhafter Verletzung einer Schutzschrift begründen. Für den Verbraucherschutz sind also nur Regelungen geeignet, die diesem Individualschutz dienen.

2. Verbraucherschutz bei kapitalmarktbezogenen Bankdienstleistungen

Anlegerschützende Bestimmungen können deshalb nur insoweit dem Verbraucherschutz zugeordnet werden, als sie die kapitalmarktbezogenen Dienstleistungen der Bank regeln. Bei diesen besteht ein Schutzbedürfnis vor allem für den risikoreichen Bereich der Finanztermingeschäfte und für das Effektengeschäft.

a) Finanztermingeschäfte

Der Markt für Finanztermingeschäfte, den so genannten Derivaten ist aus heutiger Sicht eng verknüpft mit dem Kassamarkt des Kapitalmarktes. Während der Kassamarkt dem Kauf und Verkauf von Aktien und Schuldverschreibungen mit effektiver Lieferung gegen Zahlung ermöglichen soll, dient der Terminmarkt – neben Kursspekulation und Arbitrage – der Absicherung von Kursrisiken, sog. Hedging. Wie aber die internationalen Erfahrungen, insbesondere die Crash-Situation am 19. Oktober 1987 gelehrt hat, sind der Kassamarkt und der Terminmarkt keine voneinander getrennten, eigenständigen Märkte. Der Terminmarkt ist vielmehr aus vielerlei Gründen wie der Kassamarkt ein integrierter und anerkannter Bestandteil des Kapitalmarkts. Rechtssystematisch können deshalb auch die verbraucherschützenden Regelungen der termingeschäftlichen Bestimmungen dem Verbraucherschutz im Bank- und Kapitalmarktrecht zugeordnet werden.

Bei den Finanztermingeschäften bedient sich der Verbraucherschutz des Informationsmodells, wie es der Gesetzgeber bei den Dienstleistungen des Bankrechts und in ähnlicher Form auch in anderen Wirtschaftssektoren verwendet hat. Dabei ist die Anwendung dieser verbraucherschützenden Bestimmungen ausdrücklich auf die Bankkunden mit Verbraucherstatus beschränkt worden (§ 37d Abs. 1 WpHG).

Bei den Termingeschäften ist den Privatkunden das enorme Risiko dieser Geschäfte besonders deutlich vor Augen zu führen. Hier wird der notwendige Verbraucherschutz durch eine zusätzliche Information über bestimmte Risiken dieser Geschäfte angestrebt (§ 37d WpHG). Dies hat durch eine schriftliche Unterrichtung zu erfolgen, die vom Bankkunden zu unterschreiben ist.

Dieses Informationsmodell wird lediglich gegenüber Privatkunden praktiziert. Nur sie sollen eine spezielle Aufklärung über die besonderen Risiken der Finanztermingeschäfte erhalten. Dies geschieht mit Hilfe einer standardisierten Informationsschrift. Sie wird in der Kreditwirtschaft einheitlich verwendet und ist inzwischen auch vom BGH gebilligt worden.[17]

b) Effektengeschäft

Verbraucherschützende Bestimmungen kennt auch das Effektengeschäft. Die Dienstleistungen der Bank bestehen hier darin, für ihre Kunden Wertpapiere am Kapitalmarkt zu kaufen oder zu verkaufen.

(i) Informationspflichten

Beim Effektengeschäft stehen die Informationspflichten im Vordergrund. Hierzu bestimmt das Wertpapierhandelsgesetz, dass die Banken ihren Kunden alle zweckdienlichen Informationen mitzuteilen hat (§ 31 Abs. 2 Nr. 2 WpHG). Nach allgemeiner Meinung gehört hierzu insbesondere die Aufklärung des Kunden über die Eigenschaften und Risiken der einzelnen Anlageformen. Der Bankkunde soll hierdurch in die Lage versetzt werden, eine selbständige und eigenverantwortliche Anlageentscheidung treffen zu können. Eine solche Pflicht besteht aber, wie schon erwähnt, nur insoweit, als dies zur Wahrung der Interessen der

---

[17] BGH WM 1998, 1391 (1442); vgl. weiter KÜMPEL, Bank– und Kapitalmarktrecht[3], 2004, Rdn. 15.33.

Kunden im Hinblick auf Art und Umfang der beabsichtigten Geschäfte erforderlich ist. Sie kommt deshalb im Wesentlichen nur gegenüber Privatkunden in Betracht.

(ii) Börsenmäßige Ausführung von Effektenaufträgen

Eine weitere Schutzmaßnahme im Effektengeschäft ist die gesetzliche Pflicht der Bank, die ihr erteilten Kauf- und Verkaufsaufträge über börsennotierte Wertpapiere grundsätzlich über eine Börse auszuführen. Von diesem Börsenzwang ist die Bank nur befreit, wenn ihr der Kunde für den Einzelfall ausdrücklich eine andere Weisung erteilt hat (§ 22 Abs. 1 S. 1 Börsengesetz). Der Privatanleger soll vor jeder einzelnen Auftragserteilung selbst über den Ausführungsplatz entscheiden, um vor den Nachteilen einer außerbörslichen Auftragsausführung gewarnt zu werden. Mit diesem gesetzlichen Börsenzwang soll eine weitest mögliche Orderausführung im Börsenhandel sichergestellt werden. Denn dort gilt das Gebot der Transparenz, der Fairness und der Chancengleichheit.[18]

Hinzu kommt, dass die Börsenpreise eine besondere Qualität haben. Die Ermittlung dieser Preise hat unparteiisch und neutral zu erfolgen. Unparteiisch bedeutet, dass dem Börsenmakler verboten ist, das Interesse eines der beiden Vertragskontrahenten der von ihm vermittelten Börsengeschäfte zu bevorzugen. Die Pflicht zur Neutralität gebietet dem Börsenmakler darüber hinaus, bei der Preisermittlung nicht die Interessen eines Auftraggebers zugunsten seines eigenen Interesses zu vernachlässigen.[19] Eine weitere Schutzmaßnahme besteht darin, dass die einzelnen Schritte der Preisermittlung präzise und damit auch transparent geregelt sind. Schließlich unterliegt die Ermittlung der Börsenpreise der staatlichen Aufsicht.

3. Fondsgeschäft der Investmentgesellschaften

Der Gedanke des Verbraucherschutzes prägt auch das Fondsgeschäft der Investmentgesellschaften. Er hat seine Konkretisierung im Invest-

---

[18] Bundesrats-Drucksache 936/01 (neu), 211.
[19] KÜMPEL, *Bank- und Kapitalmarktrecht*³, 2004, Rdn. 17.54 ff.; KÜMPEL/HAMMEN, *Börsenrecht*², 2003, 30 ff.

mentgesetz gefunden, das diese Marktanbieter als Kapitalanlagegesellschaften bezeichnet.[20]

Zu diesen Investmentfonds gehören insbesondere Wertpapierfonds. Sie werden von Unternehmen verwaltet, die Bankstatus haben und deren Geschäftsbereich auf die Verwaltung solcher Fonds beschränkt worden ist. Zwischen diesen Spezialinstituten und den an Fonds beteiligten Anlegern besteht ein Geschäftsbesorgungsverhältnis. Die hieraus resultierenden Pflichten der Investmentgesellschaft sind zum Schutz der Anleger in starkem Maße durch das Investmentgesetz geregelt worden[21], das als Spezialgesetz die Bestimmungen des Wertpapierhandelsgesetzes mit seinen anlegerschützenden Verhaltenspflichten für die Marktintermediäre verdrängt.

Dieser Anlegerschutz beinhaltet vor allem eine ausreichende Information der Anleger. So müssen schriftliche Vertragsbedingungen für das Vertragsverhältnis zwischen Investmentgesellschaft und Anleger verwendet werden. Die müssen die vom Investmentgesetz vorgeschriebenen Regelungen enthalten (§ 43 Abs. 2 Investmentgesetz). Die Aufsichtsbehörde hat zudem für die Ausgestaltung der Vertragsbeziehungen Musterbedingungen entwickelt, die weitgehend von der Praxis übernommen werden. Der endgültige Wortlaut dieser Vertragsbedingungen muss zu ihrer Wirksamkeit durch die Aufsichtsbehörde genehmigt werden.

Die Zurechnung einzelner Bestimmungen des Investmentgesetzes zum Verbraucherschutzrecht lässt sich bereits mit dem Grundgedanken dieses Gesetzes rechtfertigen. Ziel des Investmentgesetzes ist es, breiten Bevölkerungskreisen die Möglichkeit zu eröffnen, schon mit geringen Geldbeträgen beim Erwerb von Wertpapieren die Vorteile zu nutzen, die sonst nur große Vermögen bieten.[22] Die Anleger verfügen häufig nicht über genügend Kapital, um ihre Anlagen aus eigenem Geldvermögen

---

[20] Dieses Gesetz ist zum 1. Januar 2004 tiefgreifend novelliert worden. Anlass hierfür waren zwei europäische Richtlinien. Mit dieser Transformation dieser Richtlinien in die nationalen Rechtsordnungen wird ein weiterer Schritt zur Vereinheitlichung des europäischen Binnenmarktes im Investmentgeschäft vollzogen.

[21] BAUR in ASSMANN/SCHÜTZE, *Handbuch des Kapitalmarktrechts*², 1997, § 18, Rdn. 2.

[22] BAUR in ASSMANN/SCHÜTZE, *Handbuch des Kapitalmarktrechts*², 1997, § 18, Rdn. 1; LAUX/PÄSLER, *Wertpapier-Investmentfonds*, 9; LAUX, ZfgesK 1996, 18.

breit zu streuen. Nur bei einer solchen Streuung besteht ein wirtschaftlich vernünftiges Verhältnis zwischen dem Risiko und den Gewinnchancen einerseits und andererseits der erhofften Rendite aus der Beteiligung an börsennotierten Unternehmen.

Das Investmentgeschäft zielt daher traditionell darauf ab, anlagesuchende Gelder von Kleinanlegern in solchen Fonds zusammenzulegen. Erst ab einer gewissen Größenordnung lässt sich eine Anlagepolitik nach dem Grundsatz der Risikomischung effizient betreiben. Im Übrigen fehlt es den Kleinanlegern häufig an Kenntnissen und ausreichender Erfahrung für eine geeignete Anlage.

V. Schlussbemerkungen

Der Verbraucherschutz im Bank- und Kapitalmarktrecht beschränkt sich im Wesentlichen auf solche Regelungen, die für die Vertragsbeziehungen der Privatkunden zu ihrer Bank bestimmt sind. In beiden Rechtsgebieten ist der Verbraucherschutz dadurch geprägt, dass die Schutzmaßnahmen ein breiteres Spektrum aufweisen als in anderen Wirtschaftsbereichen. Dies erklärt sich vor allem damit, dass den Vertragsbeziehungen der Bank zu ihren Kunden eine Vielzahl der Vertragstypen des BGB zugrunde liegt. Hier zeigt sich eine Besonderheit des Dienstleistungsangebots der Banken und der von ihnen angebotenen Finanzprodukte. Das Bankgeschäft wie auch die kapitalmarktbezogenen Dienstleistungen und Finanzprodukte der Kreditinstitute sind wesentlich breiter gefächert als das Waren- und Dienstleistungsangebot der anderen Wirtschaftssektoren.

Auch das Verbraucherschutzrecht bestätigt also die keineswegs neue Erkenntnis: Die Bedeutung und Reichweite rechtlicher Grundbegriffe lassen sich häufig mit den Regelungen des Bank- und Kapitalmarktrechts besonders anschaulich darstellen. Beide Rechtsgebiete können somit einen wesentlichen Beitrag zu einem besseren Verständnis der Rechtsordnung leisten.

FREIHEITSRECHTE UND SCHUTZINTERESSEN IM PORTUGIESISCHEN KOLLEKTIVARBEITSRECHT AM BEISPIEL DER ARBEITNEHMERMITWIRKUNGSRECHTE

Dr. Jorg Fedtke[*]
LL.M.

I. Einleitung 223
II. Europarecht 225
III. Verfassungsrecht 226
IV. Einfaches Recht 228
   1. Recht auf Information 229
   2. Recht auf Anhörung 230
   3. Recht auf Kontrolle 231
   4. Sonderfälle: Restrukturierungen, Fortbildung und Arbeitsbedingungen . 232
   5. Sanktion durch Strafvorschriften 232
   6. Europäische Aktiengesellschaft 233
V. Zusammenfassung/ Resumo 236

I. Einleitung

Im Kollektivarbeitsrecht lassen sich Freiheitsrechte und Schutzinteressen in vielfältiger Hinsicht festmachen, auch solche, die über den Kreis der Arbeitnehmer und Arbeitgeber hinausgehen.[1] Man denke daher

---

[*] Der Autor ist Rechtsanwalt der Eisenbeis Rechtsanwaltsgesellschaft am Standort Essen. Schwerpunkte seiner Arbeit sind das Handels– und Gesellschaftsrecht, das Wirtschaftsrecht sowie der Deutsch-Portugiesische Rechtsverkehr.

[1] Um Fußnoten erweiterter Vortrag anlässlich der Jahrestagung der Deutsch-Lusitanischen Juristenvereinigung am 18. November 2006 an der Universität Würzburg. Ich

nicht nur an das Streikrecht oder die Tarifautonomie, sondern auch an die Belange öffentlicher Sicherheit und Ordnung, die betroffen sind, wenn Unternehmen der Daseinsfürsorge wegen kollektivarbeitsrechtlicher Maßnahmen ihren Betrieb nicht aufrechterhalten können. Führt man sich die jüngsten spektakulären Unternehmensinsolvenzen in Deutschland vor Augen, wie etwa den Fall des Mobilfunkgeräteunternehmens *BenQ* oder die Schließung des Nürnberger Ablegers des deutschen Traditionsunternehmens *AEG*, der mit erheblichen Protesten der Belegschaft begleitet wurde, ahnt man, wie schnell und wie vehement unternehmerische Freiheitsrechte und arbeitnehmerische Schutzinteressen aufeinander stoßen können. Zustände italienischer Prägung, auf die hingewiesen wird, sollen aufgrund der hier vorherrschenden „Arbeitskultur" nicht möglich sein, heißt es von Seiten Mitbestimmungsbefürwortern.[2] Man erinnere sich: Ohne Rücksicht auf gesetzliche Karenzfristen traten Mitarbeiter der Fluglinie ALITALIA Anfang 2006 in einen Streik und verursachten dadurch ein Chaos an einigen Flughäfen.[3] Solche Auswüchse sollen der deutschen Arbeitskultur, die wesentlich auch von der Mitbestimmung geprägt ist, fremd sein.[4]

Die deutsche Mitbestimmung hat europaweit ein eigenes Gesicht.[5] „Mitbestimmung", so hat es das Bundesverfassungsgericht in einer Entscheidung aus dem Jahre 1979 formuliert, „beeinflusst zu einem nicht unwesentlichen Teil die Bedingungen, unter denen die Arbeitnehmer namentlich ihr Grundrecht auf Berufsfreiheit wahrnehmen, das für alle sozialen Schichten von Bedeutung ist".[6] Der Grad an Freiheit und die Wahrung von Schutzinteressen lassen sich anhand der Arbeitnehmermitbestimmung quantitativ und qualitativ bemessen und sind gleichzeitig ein Spiegel für das jeweilige Wirtschafts- und Menschenbild des Gesetzgebers. Fest steht jedenfalls, dass die Mitwirkung der Arbeitnehmer an Unternehmensentscheidungen, also die Frage nach der „Mitbestimmung", das

---

danke meiner Kollegin Frau Rechtsanwältin Kneist, Eisenbeis Rechtsanwaltsgesellschaft mbH Essen, für die Durchsicht des Manuskriptes.

[2] Vgl. JUNKER, BB 2006, Heft 14 „Erste Seite".

[3] JUNKER, BB 2006, Heft 14 „Erste Seite".

[4] JUNKER, BB 2006, Heft 14 „Erste Seite".

[5] Vgl. nur RIEBLE, *Schutz vor paritätischer Unternehmensmitbestimmung*, BB 2006, 2018.

[6] BVerfG, Urteil vom 01.03.1979, Az.: 1 BvL 21/78.

grundlegende Verständnis der Arbeitskultur prägt. Diese ist nicht nur aus deutscher Sicht ein Dauerthema, dessen sich jüngst sogar der 66. Deutsche Juristentag angenommen hat.[7] Auch auf europäischer Ebene stellte die fast 30 Jahre währende Diskussion um die Mitbestimmung in der Europäischen Aktiengesellschaft ein beredtes Zeugnis dafür aus, wie sehr sich hier Freiheitsrechte und Schutzinteressen gegenüber stehen.[8]

Dieser Vortrag will die rechtsvergleichende Frage nach Freiheit und Schutz in der portugiesischen Arbeitskultur im Hinblick auf „Mitbestimmung" beantworten.[9]

II. Europarecht

Der soziale Dialog, wie er in den Art. 136 ff des Europäischen Gemeinschaftsvertrages geregelt ist, bildet das europarechtliche Fundament für Arbeitnehmerbeteiligungsrechte. Mitbestimmung im eigentlichen Sinne, so wie wir sie aus deutscher Sicht verstehen, ist hiernach nicht zwingend vorgesehen. Der Europäische Gemeinschaftsvertrag setzt lediglich auf Unterrichtung und Anhörung von Arbeitnehmern, Art.137 Abs.1 Ziff. f) EGV. Wenn sodann in Art. 137 Abs.1 Ziffer e) EGV systematisch getrennt und sprachlich bemüht von „Mitbestimmung" die

---

[7] Vgl. RAISER/KISKER, *Reform der Unternehmensmitbestimmung im Hinblick auf die deutsche und die europäische Entwicklung*, Gutachten der Abteilung Arbeitsrecht für den 66. Deutschen Juristentag, abgedruck in Beilage zu NJW 2006, 10 und ENGELMANN, *Bericht zur Abteilung Arbeitsrecht: Unternehmensmitbestimmung vor dem Hintergrund europarechtlicher Entwicklungen*, NJW 2006, XVI. Vgl. z.B. auch RIEBLE, *Schutz vor paritätischer Unternehmensmitbestimmung*, BB 2006, 2018. Einen europäischen Gesamtausblick gibt JUNKER, *Die Zukunft des europäischen Arbeitsrechts*, RIW 2006, 721 ff.

[8] JUNKER, *Sechsundsiebzig verweht – Die deutsche Mitbestimmung endet in Europa*, NJW 2004, 728 ff.; NAGEL, *Deutsches und Europäisches Gesellschaftsrecht*, 2000, 350 ff.; NAGEL, *Wirtschaftsrecht der Europäischen Union*[4], 2003, 334 ff. Zu den Europäischen und Internationalrechtlichen Aspekten der Mitbestimmung vgl. nur SCHWARK, *Globalisierung, Europarecht und Unternehmensmitbestimmung im Konflikt*, Die Aktiengesellschaft 2004, 173; KRAUSE, *Die Mitbestimmung der Arbeitnehmer in der Europäischen Gesellschaft (SE)*, BB 2005, 1221; SANDROCK, *Gehören die deutschen Regelungen über die Mitbestimmung auf Unternehmensebene wirklich zum deutschen ordre public?*, Die Aktiengesellschaft 2004, 57.

[9] Grundlegend zu Portugal: FEDTKE, *Arbeitnehmermitbestimmung in Portugal?*, 2004.

Rede ist, dann zeigt ein Blick auf die europäische Richtlinienpolitik, wie es tatsächlich um Mitbestimmung in Europa bestellt sein soll. Bisher sind Fragen der Mitbestimmung wesentlich in fünf Europäischen Richtlinien geregelt.[10] Hierin bilden Anhörung und Unterrichtung von Arbeitnehmern das unverzichtbare Fundament sozialer Grundrechte der Arbeitnehmer, das nationales Recht nicht unterschreiten darf. Allein Unterrichtung und Anhörung sind damit gemeinschaftsweit die Grundpfeiler der Mitwirkungsrechte der Arbeitnehmer. Mitbestimmung gehört nicht dazu.[11] Dies bedeutet jedoch nicht, dass bereits vorhandene Mitbestimmung, die über Anhörungsrechte und Unterrichtungsrechte hinausgeht, damit freigegeben wird. Nach der Richtlinienpolitik bleiben hiervon im einzelstaatlichen Recht vorgesehene Mitbestimmungsrechte unberührt. Damit ist es den Mitgliedsstaaten nicht verwehrt, Mitwirkungsrechte über das europäische Mindestmaß von Anhörung und Unterrichtung hinaus national zu etablieren.

III. Verfassungsrecht

Ein vergleichender Blick in die Verfassungen Deutschlands und Portugals offenbart zunächst eine Ungleichgewichtung in der verfassungsrechtlichen Behandlung von kollektiv-arbeitsrechtlichen Freiheits– und Schutzrechten. Das deutsche Grundgesetz regelt in Art. 9 Abs. 3 GG die Koalitionsfreiheit. Aus ihr heraus entwickelten Rechtsprechung und Literatur das Recht der Tarifautonomie[12] sowie das Streikrecht[13]. Während

---

[10] Richlinie 94/45/EG über die Einsetzung eines Europäischen Betriebsrates; Richtlinie 98/59/EG über die Angleichungen der Rechtsvorschriften der Mitgliedsstatten über Massenentlassungen; Richtlinie 2001/23/EG zur Angleichung der Rechtsvorschriften der Mitgliedsstaaten über die Wahrnehmung von Ansprüchen der Arbeitnehmer beim Übergang von Unternehmen, Betrieben oder Unternehmens– oder Betriebsteilen; Verordnung (EG) Nr. 2157/2001 über das Statut der Europäischen Gesellschaft sowie Richtlinie 2001/86/EG zur Ergänzung des Statuts der Europäischen Gesellschaft hinsichtlich der Beteiligung von Arbeitnehmern; Richtlinie 2002/14/EG des Europäischen Parlaments und des Rates zur Festlegung eines allgemeinen Rahmens für die Unterrichtung und Anhörung der Arbeitnehmer in der Europäischen Gemeinschaft. Vgl. FEDTKE/FEDTKE, *Arbeitnehmermitbestimmung – Für Europa ein Muster ohne Wert?*, ZIAS 2005, 306.

[11] FEDTKE/FEDTKE, *Arbeitnehmermitbestimmung – Für Europa ein Muster ohne Wert?*, ZIAS 2005, 307 f.

[12] Vgl. BverfGE 20, 312 ff.

[13] Vgl. BVerfGE 38, 393.

der Schutzbereich des Streikrechts in erster Linie den Arbeitnehmern zugute kommt, bilden Koalitionsfreiheit und Tarifautonomie neutrale Schutzbereiche. Sie schützen Arbeitgeber und Arbeitnehmer gleichermaßen; denn nicht nur Arbeitnehmer gründen Gewerkschaften, auch Arbeitgeber schließen sich in Arbeitgeberverbänden zusammen. Diese nehmen im Rahmen der ihnen zugewiesenen Tarifautonomie solche Befugnisse wahr, die sie zur Regelung ihrer spezifischen Sachbereiche benötigen. Insofern sind sie frei, miteinander, von staatlicher Einflussnahme weitgehend unbehelligt, also tarifautonom, zu verkehren.

Die portugiesische Staatsverfassung von 1976 (Constituição da Republica Portuguesa, CP) räumt hingegen dem Kollektivarbeitsrecht einen größeren Raum ein. Dies verwundert nicht, wenn man sich die historische Entwicklung Portugals nach 1974 vor Augen hält und damit auch die sozialistischen Einflüsse in der Verfassung bewusst macht. Demgemäß enthält die Verfassung einen regelrechten Katalog verfassungsrechtlicher Bestimmungen, die ausdrücklich dem Schutz insbesondere von Arbeitnehmern und ihrer Institutionen und Einrichtungen zu dienen bestimmt sind.[14] Zu nennen sind hier der verfassungsrechtliche Schutz von Betriebsräten (Arbeitnehmervertretungen) in Art. 54 CP, der Schutz der Gewerkschaften in Art. 55 Abs.1 und 56 Abs. 1 und Abs. 2 CP, der Schutz von Tarifverträgen in Art. 56 Abs. 3 CP, der Schutz des Streikrechts in Art. 57 Abs. 1 bis Abs. 3 CP und der Schutz vor Aussperrung (Aussperrungsverbot) in Art. 57 Abs. 4 CP. Die portugiesischen Regelungen sind nicht nur ausladender. Auch spricht die Verfassung mit einer etwas anderen Akzentuierung, wenn etwa der Text des Art. 54 CP von der „Verteidigung der Arbeitnehmerinteressen" spricht, also der Schutz des Arbeitnehmers im Vordergrund zu stehen scheint, während der deutsche Verfassungsgeber lediglich unparteiisch die Koalitionsfreiheit normierte. Man mag daraus schließen, dass in der portugiesischen Verfassung der Arbeitnehmerschutz stärker betont, in der deutschen Verfassung mehr die Arbeitnehmer– und Arbeitgeberfreiheit hervorgehoben wird, wenngleich sich beides sachlich nicht voneinander trennen lässt. So ist zumindest der Ausgangspunkt der portugiesischen

---

[14] So u.a. Art. 53 CP (Sicherheit des Arbeitsplatzes). Zu ihrer Geltung für Arbeitnehmer der öffentlichen Hand vgl. u.a. das Urteil des Verfassungsgerichtshofes, Tribunal Constitucional, Ac. Nr. 185/89 (veröffentlicht in Diario da Republica v. 8.3.1989, Serie I, 1032).

Verfassungsregelungen stärker auf die Arbeitnehmer fixiert, was die Überschrift des entsprechenden Kapitels 3 in der Verfassung signalisiert. Sie lautet: Rechte, Freiheiten und Garantien der Arbeiter. Mitbestimmung indes, sei es auch nur in Form von Anhörungs-, Informations- oder Unterrichtungsrechten, ist im deutschen Grundgesetz nicht ausdrücklich geregelt. Anders verhält es sich mit der portugiesischen Verfassung. Art. 54 Abs. 5 Buchstaben a) und b) CP gewähren Arbeitnehmern ausdrücklich Mitsprache durch Informations- und Kontrollrechte. Wie weit diese Rechte reichen, sagt die Verfassung freilich nicht. Dies ist den einfachgesetzlichen Regelungen überlassen.

IV. Einfaches Recht

Das Kollektivarbeitsrecht ist heute zunächst grundlegend geregelt im Código do Trabalho, kurz CT.[15] Das neue Arbeitsgesetzbuch trat am 01.12.2003 in Kraft. Es fasst zahlreiche Einzelgesetze betreffend das Individual- und Kollektivarbeitsrecht weitgehend zu einem einzigen und gebündelten Gesetzesbuch zusammen. Das Arbeitsgesetzbuch wird erheblich ergänzt durch die sog. Regulamentação do Codigo do Trabalho, kurz RCT.[16] Die meisten kollektivarbeitsrechtlichen Bestimmungen, die früher in einer Vielzahl unterschiedlicher Einzelgesetze ein beinahe unüberschaubares Normengeflecht bildeten, sind damit heute weitgehend zusammengefasst.[17]

---

[15] Lei 99/2003 vom 27.8.2003, veröffentlicht im Diário da República Nr. 197, Serie I – A, 5558 – 5656.

[16] Der Código do Trabalho tritt damit an die Stelle von mehr als 45 Einzelgesetzen und Gesetzesverordnungen. Das einfachgesetzliche Kollektivarbeitsrecht enthält vereinzelt Bestimmungen öffentlich-rechtlicher Natur, insbesondere solche ordnungsrechtlichen Charakters. Dennoch regelt es im wesentlichen die privatrechtliche Beziehung der Arbeitnehmer zu ihrem Arbeitgeber. Arbeitnehmervertretungen und Arbeitgeber sind primäre Normadressaten der Betriebsverfassungsbestimmungen. Es handelt sich mithin um Sonderprivatrecht. Das gilt auch für das Gesetz Regulamentação do Código do Trabalho, welches das Arbeitsgesetzbuch ergänzt. Zur Systematik der Rechtsetzungsakte und administrativen Durchführungsvorschriften im portugiesischen Recht vgl. einführend FEDTKE/VON BÖHM-AMOLLY, *Arbeitsrecht in Portugal*, in: HENSSLER/ BRAUN, *Arbeitsrecht in Europa*, 2003, 831 ff., Rn. 2 ff.; FEDTKE/FEDTKE, *Portugals neues Arbeitsgesetzbuch*, RIW 2004, 434.

[17] Eine Ausnahme hiervon ist das Gesetz vom 29. Juli 2004, Lei Nr. 25/2004 de 29 de Julho 2004. Als "Regulamentação do Código do Trabalho" enthält es u.a. weitergehende

1. Recht auf Information

Arbeitnehmer können ihre berufsspezifischen Interessen in unterschiedlichen, von einander rechtlich selbständigen Institutionen verfolgen. Der Betriebsrat ist, wie auch in Deutschland, neben der Gewerkschaft das Kerninstrument betrieblicher Interessenvertretung für Arbeitnehmer. Zentrale Aufgabe des Betriebsrates ist die Wahrnehmung der Arbeitnehmerinteressen im Betrieb. Er bildet ein ausgleichendes Korrektiv gegenüber dem Arbeitgeber, der sogar die Geschäftsführung des Unternehmens überwachen soll (Art. 354 Abs. 1 RCT). Die Tätigkeit des Betriebsrates steht jedoch unter dem programmatischen Vorbehalt des Art. 466 Abs. 3 CT. Hiernach darf die Tätigkeit des Betriebsrats den *„ordentlichen Betrieb des Unternehmens"* nicht beeinträchtigen. Diese Formulierungen sind unscharf. Konturen erhalten sie, wenn man sich vor Augen führt, dass das Gesetz dem Betriebsrat Informations-, Anhörungs-, beratende Mitwirkungs- und Kontrollrechte gewährt. Der Betriebsrat hat zunächst das Recht, von der Unternehmensleitung alle Informationen zu erlangen, die für die Wahrnehmung seiner eigenen Aufgabe erforderlich sind. Art. 356 RCT bestimmt sodann abschließend, zu welchen Gegenständen der Betriebsrat Auskünfte verlangen kann. Es sind namentlich Angaben zu

- generellen Unternehmens- und Budgetplanungen,
- Produktionsabläufen- und organisationen sowie ihre Folgen auf den Automatisierungsgrad,
- Versorgungslage im Zulieferbereich,
- Prognosen, Umfang und Abwicklung von Verkäufen,
- Personalführung und Beachtung ihrer Leitlinien,
- Lohnaufkommen und seiner Aufteilung auf die einzelnen Berufsgruppen,
- Sozialleistungen,
- Produktivität und Fehlzeiten der Mitarbeiterschaft,
- betriebswirtschaftliche Lage (Einsicht in Bilanz, G.+V. und Zwischenabschlüsse),
- Finanzierungslage,

---

spezifische Regelungen zum Kollektivarbeitsrecht. Das gesetzgeberische Ziel, ein einziges einheitliches Arbeitsgesetzbuch zu schaffen, ist im Hinblick auf das 499 Artikel umfassende RCT daher als nur teilweise geglückt zu bezeichnen.

- steuerlichen Belastungen und öffentlichen Abgaben,
- Änderungen des Unternehmensgegenstandes oder der Kapitalausstattung

und der Umgestaltungen von Produktionseinheiten.

Der Betriebsrat ist gehalten, will er sein Rech auf Information wahrnehmen, seine Anfrage über die zuvor genannten Gegenstände schriftlich an die Geschäftsleitung zu richten. Diese muss ihrerseits substantiiert innerhalb einer Frist von nur 8 Tagen antworten, wenn nicht die Komplexität des Vorganges eine längere Bearbeitungszeit erfordert. 15 Tage dürfen auf keinen Fall überschritten werden.[18] Eine Fristversäumung ist ordnungswidrig und kann auf Antrag des Betriebsrates vom Arbeitsgericht mit einem Bußgeld bestraft werden. Der Betriebsrat hat ungeachtet dessen das Recht, einmal im Monat mit der Geschäftsleitung eine Besprechung zu seinen Informationsanliegen durchzuführen.[19]

2. Recht auf Anhörung

Das Informationsrecht des Betriebsrates wird ergänzt durch die Pflicht der Unternehmensleitung, ihn unaufgefordert und vorab zu bestimmten Entscheidungen anzuhören. Art. 357 RCT verpflichtet die Unternehmensleitung zur Einholung einer schriftlichen Stellungnahme des Betriebsrates bei anstehenden Entscheidungen über

- Nutzungsregelungen zu technischen Überwachungseinrichtungen am Arbeitsplatz,
- Behandlung biometrischer Daten,
- Betriebsanweisungen,
- Änderungen der Kriterien zur Beurteilung und Beförderung der Arbeitnehmer,
- Bestimmung und Ordnung der Arbeitszeiten,
- Erstellung der Urlaubspläne für die Arbeitnehmer,
- örtliche Verlegung des Betriebes,
- Maßnahmen zur wesentlichen Verringerung der Arbeitnehmerzahl,

---

[18] Art. 358 Abs. 2 RCT. Nach alter Rechtslage betrugen die Fristen 10 Tage bzw. 30 Tage.

[19] Über diese ist ein Protokoll zu fertigen, das von jedem Teilnehmer zu unterzeichnen ist, Art. 355 RCT.

- Maßnahme zur substantiellen Einschränkungen der Arbeitsbedingungen,
- Maßnahmen zur erheblichen Änderung der Arbeitsorganisation,
- Maßnahmen zur Änderung von Individualarbeitsverträgen,
- Schließung des Betriebes oder einzelner Produktionslinien,
- Auflösung der Gesellschaft oder Antrag auf Eröffnung des Insolvenzverfahrens.

Ein Verstoß gegen die Anhörungspflicht ist eine Ordnungswidrigkeit, die unter Strafe gestellt ist, Art. 488 RCT.

3. Recht auf Kontrolle

Information und Anhörung des Betriebsrates werden flankiert durch eine kontrollierende Mitsprache. Art. 359 RCT bestimmt, dass diese Kontrolle als Förderung der Arbeitnehmerverantwortung für den Betrieb zu verstehen sei.

Der Betriebsrat ist in diesem Sinne befugt, Haushalts– sowie Wirtschaftspläne, insbesondere Produktionspläne, und deren Änderungen zu bewerten und zu begleiten sowie ihre richtige Durchführung zu prüfen, Art. 360 RCT. Der Betriebsrat darf über die angemessene Nutzung menschlicher, technischer und finanzieller Ressourcen sowie über Maßnahmen zur Verbesserung des Betriebsablaufs wachen und diese selbst fördern. Der Betriebsrat ist gehalten insbesondere die Verbesserung der technischen Ausstattung und die Vereinfachung der Verwaltung zu fördern. Der Betriebsrat kann der Unternehmensleitung Vorschläge, Empfehlungen und Beanstandungen unterbreiten, welche die berufliche Ausbildung und die Fortbildung der Mitarbeiter betreffen, sowie der Verbesserung der Arbeitsatmosphäre, der Betriebshygiene und der Betriebssicherheit dienen. Der Betriebsrat kann schließlich bei den Unternehmensleitungs– und Kontrollorganen die legitimen Interessen der Arbeitnehmer vertreten.[20] Wie auch bei den Informations– und Anhörungsrechten kann die Missachtung der vorgenannten Kontrollbefugnisse zu einer ordnungsrechtlichen Ahndung durch ein Gericht führen.

---

[20] In staatlichen Unternehmen hat der Betriebsrat ungeachtet dessen das weitergehende, verfassungsrechtlich verankerte Recht, Vertreter in ein Unternehmensleitungsorgan zu entsenden, Art. 362 RCT und Art. 54 Abs. 5 Buchstabe f) der portugiesischen Verfassung. Darin liegt jedoch mangels Stimmrecht keine Mitbestimmung.

4. Sonderfälle: Restrukturierungen, Fortbildung und Arbeitsbedingungen

Bei Maßnahmen der Restrukturierung des Unternehmens und Reorganisation von Produktionsbereichen des Unternehmens, bei Fortbildungsmaßnahmen und bei Änderungen von Arbeitsbedingungen kann der Betriebsrat darüber hinaus beratend teilnehmen.[21] Das Teilnahmerecht beschränkt sich nicht auf die vorherige Information zu den beabsichtigten Maßnahmen durch die Geschäftsleitung und auf die Erörterung der Auswirkungen auf Betrieb und Personal. Es erlaubt auch die Formulierung von Gutachten und Empfehlungen. Der Betriebsrat hat die Möglichkeit, Beschwerden gegenüber Unternehmensorganen vorzubringen, wenn er die Interessen der Arbeitnehmer beeinträchtigt sieht. Der Betriebsrat hat hierfür Zugang zu allen diesbezüglichen Plänen und Unterlagen des Unternehmens und das Recht, solche Fachleute hinzuzuziehen, welche Neuorganisationen und Innovationen in Sach- und Personalbereichen durchführen.

Als Zwischenergebnis kann man hier folgendes festhalten: So weit die eben genannten Informations-, Anhörungs- und Kontrollrechte des Betriebsrates sachlich auch gehen mögen, so klar lässt sich an dieser Stelle fixieren, dass eine echte Mitbestimmung dergestalt, dass Arbeitnehmer aktiv an Unternehmensentscheidungen mitwirken können, etwa im Aufsichtsrat oder in einem anderen Unternehmensgremium, von Gesetzes wegen nicht vorgesehen ist.

5. Sanktion durch Strafvorschriften

Obgleich das Arbeitsrecht seine rechtsdogmatischen Ansätze im allgemeinen und besonderen Schuldrecht hat, so vor allem in den Regelungen über das Rechtsgeschäft (Art. 217 ff. Código Civil – CC), über die Vertragsverpflichtungen (Art. 405 ff. CC), über die Vertragserfüllung (Art. 762 ff. CC) und die Vertragsverletzung (Art. 790 ff. CC),[22] enthält

---

[21] Art. 363, 364 RCT.

[22] Zur dogmatischen Einordnung des portugiesischen Arbeits- und Sozialrechts vgl. RAMALHO DO ROSÁRIO PALMA, *Da Autonomia Dogmatica do Direito do Trabalho*, 2002, 219 ff. Weiterführend zum portugiesischen Zivilrecht, insbesondere zu den Prinzipien und

der Codigo do Trabalho eine Vielzahl von strafrechtlichen Regelungselementen. Verstöße gegen allgemeine Rechtsvorschriften arbeitsrechtlicher Gesetze oder Verordnungen und damit auch Beeinträchtigungen der Arbeitgeber- und Arbeitnehmervertretungen bei der Wahrnehmung ihrer Interessen, erfüllen hiernach regelmäßig strafrechtliche, zumindest jedoch ordnungswidrige Tatbestände. Sie werden von der Staatsanwaltschaft als unmittelbar zuständige Anklagebehörde geahndet und unterliegen in materieller Hinsicht dem Strafkatalog der Art. 620 bis 623 CT. Die Art. 641 bis 689 RCT enthalten die wichtigsten strafrechtlich einschlägigen Zuwiderhandlungen auf Arbeitgeber- und Arbeitnehmerseite. Die Geldstrafen sind in ihrer Höhe nicht nur abhängig von der Schwere des Schuldvorwurfs, sondern auf Unternehmerseite auch vom Umsatz des betroffenen Unternehmens, Art. 620 CT. Der Gesetzgeber versucht, den Freiheitsrechten und Schutzinteressen der beteiligten Sozialpartner Nachdruck und praktische Beachtung durch Strafandrohung zu verleihen. Dies zeigt einerseits, wie wichtig ein funktionierendes Verhältnis zwischen Arbeitnehmern und Arbeitgebern dem Gesetzgeber ist. Gleichzeitig mag sich darin auch ein wenig das mangelnde Vertrauen des Gesetzgebers in seine zivilrechtlichen Institute widerspiegeln. In Deutschland suchen wir jedenfalls einen derart umfangreichen Strafbestandskatalog im kollektivarbeitsrechtlichen Bereich vergeblich.

6. Europäische Aktiengesellschaft

Erlauben sie mit bitte noch einen Exkurs zur Europäischen Aktiengesellschaft. Fraglich erscheint mir, ob die Europäische Gesellschaft (SE) Mitbestimmung nach deutschem Muster nach Portugal hineintragen kann. Angesichts des europaweiten Gefälles an Mitbestimmungsstandards verwundert es nicht, dass die Einführung der Europäischen Gesellschaft so lange auf sich warten ließ, und zwar gerade wegen der Diskussion um die Mitbestimmung. Die praktischen Fragen nach Einführung der SE sind indes nicht weniger interessant.[23] Für die

---

zum Rechtsgeschäft im Zivilrecht vgl. MOTA PINTO, *Teoria Geral do Direito Civil*[3], 1999, 71 ff. und 353 ff.

[23] MÜLLER-BONANNI/MELOT DE BEAUREGARD, *Mitbestimmung in der Societa Europaea*, GmbHR 2005, 195.

Gründung einer SE existieren fünf Gestaltungsmöglichkeiten: die Verschmelzung, die Bildung einer Holding, die Gründung einer Tochtergesellschaft, die Ausgründung aus einer Mutter-SE auf eine Tochter-SE sowie die Umwandlung.[24] Außer im Fall der Gründung einer SE durch eine Umwandlung besteht die Möglichkeit, Mitbestimmung in einer Betriebsverfassung einer SE zu mindern oder ganz aus ihr heraus zu lassen.[25] Dem Gesetzgeber schwebt zwar ein gewisser Bestandsschutz von bereits bestehenden Mitbestimmungsregelungen einzelner nationaler Bereiche vor.[26] Dieser Schutz greift aber nur bei der Gründung der SE durch Umwandlung.[27] Im Übrigen kann durch einen entsprechenden Mehrheitsbeschluss der an der Gründung beteiligten Gesellschaften der Mitbestimmungsstandard abgesenkt oder gänzlich eliminiert werden.[28] Als besonderes Merkmal der SE tritt hinzu ihre internationale Beweglichkeit durch die identitätswahrende grenzüberschreitende Sitzverlegung der Gesamtheit oder von Teilen des Unternehmens.[29] Damit wird die SE, wie die einzelnen nationalen Gesellschaftsformen, die nach der Rechtsprechung des EuGH („Überseering", „Inspire Art" etc.) europaweite

---

[24] Art. 2 Abs. 1 bis 4 der Verordnung.
[25] Art. 3 Abs.4 der Richtlinie; Ziffer 7 der Erwägungen.
[26] Ziffer 18 der Erwägungen zur Richtlinie.
[27] Art. 3 Abs. 6 S. 5, Art. 7 Abs.2 Ziffer a) aaO.
[28] FEDTKE/FEDTKE, *Arbeitnehmermitbestimmung– Für Europa ein Muster ohne Wert?*, ZIAS 2005, 308 ff.
[29] THEISEN/WENZ, *Die Europäische Aktiengesellschaft*, 2002, 3 ff.; THÖMMES, *Identitätswahrende Sitzverlegung von Gesellschaften in Europa*, DB 1999, 1021 ff.; WISSMANN, *Arbeitsrecht und Europarecht*, RdA 1999, 152 ff.; MONTAG/VON BONIN, *Die Entwicklung des Europäischen Gemeinschaftsrechts bis Ende 2002*, NJW 2003, 2712 ff.; NAGEL, *Verschlechternde Regelungen und Vereinbarungen zur Mitbestimmung in der Europäischen Aktiengesellschaft*, AuR 2001, 406.; PAEFGEN, *Auslandsgesellschaften und Durchsetzung deutscher Schutzinteressen nach „Überseering"*, BB 2003, 487 ff.; PRIESTER, *EU-Sitzverlegung – Verfahrensablauf*, ZGR 1999, 36 ff.; SCHMIDT, *Sitzverlegungsrichtlinie, Freizügigkeit und Gesellschaftspraxis*, ZGR 1999, 20 ff.; TEICHMANN, *Die Einführung der Europäischen Aktiengesellschaft – Grundlagen der Ergänzung des europäischen Statuts durch den deutschen Gesetzgeber*, ZGR 2002, 383 ff; EBERT, *Das anwendbare Konzernrecht der Europäischen Aktiengesellschaft*, BB 2003, 1854 ff.; HOFFMANN, *Neue Möglichkeiten zur identitätswahrenden Sitzverlegung in Europa*, ZHR 2000, 43 ff.; JAECKS/SCHÖNBORN, *Das Europäische Arbeitsrecht, das Internationale und das Deutsche Konzernrecht*, RIW 2003, 254; MERKT, *Die Gründungstheorie gewinnt an Einfluss*, RIW 2003, 458 ff.

Beweglichkeit genießen, ebenso nationalen Mitbestimmungsregelungen ausweichen können.[30]

Die zwingende, also nicht auf freiwilliger Basis vereinbarte Übernahme deutscher Mitbestimmungsstandards in eine Europäische Gesellschaft wird nach rein wirtschaftlichen Gesichtspunkten also nur der Fall sein, wenn eine deutsche Gesellschaft, welche den mitbestimmungsrechtlichen Regelungen unterfällt, sich im Wege der Unternehmensumwandlung in eine Europäische Aktiengesellschaft verändert. Sehr leicht lassen sich also die Mitbestimmungsregelungen umgehen, wenn man die Europäische Aktiengesellschaft mittels der vier übrigen Gründungsformen ins Leben ruft, also z.B. durch Verschmelzung bzw. Fusion, durch Bildung einer Holdinggesellschaft oder etwa durch Gründung einer Tochtergesellschaft.[31] Es erscheint mir daher zweifelhaft, dass eine Europäische Aktiengesellschaft in Portugal die strengeren Mitbestimmungsstandards aus Deutschland übernehmen würde. Schon eher übernähme schon aus rein wirtschaftlichen, betriebsfunktionalen und Kostengründen eine SE in Deutschland die schwächeren Arbeitnehmermitwirkungsrechte aus Portugal. Die Einführung der Europäischen Gesellschaft ist, wie sich hier nur schemenhaft aufzeigen lässt, also für die Aufwertung von Mitbestimmung in Portugal nicht geeignet. Sie kann, unabhängig von der durch sie eintretenden Rechtszersplitterung[32], Abbau und Umgehung von bestehenden Mitbestimmungspositionen in Europa jedenfalls nicht verhindern. Jederzeit lässt sich eine mitbestimmungsfreie SE realisieren.[33]

---

[30] FEDTKE/FEDTKE, *Arbeitnehmermitbestimmung– Für Europa ein Muster ohne Wert?*, ZIAS 2005, 308 ff.

[31] Vgl. hierzu FEDTKE, *Arbeitnehmermitbestimmung in Portugal?*, 54 ff.

[32] Siehe nur BRAND/SCHIEFELE, *Die Europäische Aktiengesellschaft und das anwendbare Recht*, DStR 2002, 547 ff.; NAGEL, *Wirtschaftsrecht der Europäischen Union*[4], 309 ff.; TEICHMANN, *Die Einführung der Europäischen Aktiengesellschaft – Grundlagen der Ergänzung des europäischen Instituts durch den deutschen Gesetzgeber*, ZGR 2002, 383 ff.

[33] NAGEL/KÖKLU, *„Societas Europaea" und Mitbestimmung*, ZESAR 4/2004, 175 ff (178).

V. Zusammenfassung/ Resumo

Die arbeitnehmerfreundlichen Erwartungen, die man beim ersten Lesen der portugiesischen Verfassung haben mag, erfüllt der Gesetzgeber nicht. Die Arbeitnehmer sollen sich, wie es an einer Gesetzesstelle heißt, an der „demokratischen Entwicklung ihres Unternehmens beteiligen". Über diese rein programmatischen Gesetzesbestimmungen hinaus allerdings kann man dem portugiesischen Gesetzgeber keinen Willen zu einer echten Mitbestimmung, wie wir sie in Deutschland kennen, attestieren. Eine solche fehlt, so dass man in Bezug auf Portugal lediglich von einer Mitsprache, Information und Kontrolle durch Arbeitnehmer sprechen kann. Wenn Freiheit allerdings auch aktive Mitgestaltung bedeutet, dann ist sie insoweit in Portugal nicht sehr ausgeprägt. Eine echte Mitbestimmung, wie sie in Deutschland existiert, ist in Portugal jedenfalls fremd.[34] Daraus folgt, dass die wesentlichen unternehmerischen Fragen zu betriebsstrukturellen, organisatorischen sowie logistischen Fragen, wie die z.B. zu Arbeitsplatzgestaltungen, Arbeitsabläufen, Arbeitsumfängen, individueller Arbeitsumgebung oder Arbeitssicherheit sowie allen übrigen relevanten wirtschaftlichen Fragen des Unternehmens allein der Entscheidungsfreiheit des Arbeitgebers unterliegen. Er hat dabei zwar die teils weitgehenden Gesetze, Verordnungen und Tarifregelungen sowie die Individualverträge zu beachten. An den fehlenden Gestaltungsmöglichkeiten des Betriebsrates und der Arbeitnehmer ändert dies jedoch nichts.[35] Dies steht im Einklang mit Art. 54 Abs. 5. der portugiesischen Verfassung, die substantielle Mitsprache durch Informations– und Kontrollrechte gewährt, aber eben keine echte aktive Mitbestimmung.

Soweit wir in Deutschland auf eine paritätische Mitbestimmung dergestalt treffen, als hier z.B. eine Entsendung von Arbeitnehmervertretern in den Aufsichtsrat der Aktiengesellschaften bestimmter Größe vorgesehen ist, suchen wir in Portugal eine entsprechende Regelung

---

[34] FEDTKE/FEDTKE, *Arbeitnehmermitbestimmung – Für Europa ein Muster ohne Wert?*, ZIAS 2005, 304 ff.

[35] Als Ausgleich für dieses begrenzte Mitbestimmungsrecht bestehen einschneidende Bestimmungen z.B. im Hinblick auf Kündigungsmöglichkeiten des Arbeitgebers oder beim Abschluß und Verlängerung von Zeitarbeitsverträgen, vgl. hierzu FEDTKE, *Arbeitnehmermitbestimmung in Portugal?*, 209 ff.

vergeblich.³⁶ Bisher fand sich in Art. 427 III CSC a.F. ein gesetzlicher Hinweis auf die Beziehungen der Arbeitnehmer zu einem Organ einer Aktiengesellschaft: Bei einem mehrköpfigen Vorstand musste der Aufsichtsrat einen Arbeitsdirektor (*director do trabalho*) benennen, der speziell für die Belange der Arbeitnehmer zuständig war. Diese Regelung ist 2006 im Rahmen der Reform des Gesellschaftsrechtes ersatzlos weggefallen³⁷, bedeutete aber ohnehin keine echte Mitbestimmung. Insofern bleibt hier festzuhalten, dass das portugiesische Recht die europarechtlichen Vorgaben nach Anhörung und Information, wie sie in den Richtlinien vorgegeben werden, erfüllt. Mehr als dieses europäische Mindestmaß an kollektivrechtlichem Schutz und Freiheitspensum gewährt der portugiesische Gesetzgeber seinen Arbeitnehmern nicht.

A ideia da existência de um favorecimento dos trabalhadores, que se obtém na primeira leitura da Constituição Portuguesa, não é comprovada pelo legislador. Os trabalhadores devem, conforme é dito num excerto de lei, "participar no desenvolvimento democrático da sua empresa". Para além desta determinação legal, simplesmente programática, não é possível atribuir ao legislador português uma verdadeira pretensão de contribuir para uma participação concreta no processo de tomada de decisão, como acontece na Alemanha. Essa não existe, pelo que, no caso de Portugal, só se pode falar na existência de uma exposição de opinião, informação e de controlo por parte dos trabalhadores. No entanto, se liberdade significa haver participação activa na criação, então ela não está muito desenvolvida em Portugal. Uma verdadeira participação na tomada de decisão, como ela existe na Alemanha, é algo desconhecido em Portugal. Daqui resulta, que importantes questões empresariais relativamente a questões económico-estruturais, organizacionais e logísticas encontram-se condicionadas à liberdade de decisão do empregador, como acontece, por exemplo, em relação a questões ligadas à criação de postos de trabalho, estruturação de processos de trabalho, conteúdos programáticos de postos de trabalho, ambiente laboral individualizado e

---

³⁶ Zur fehlenden Mitbestimmung in Portugal vgl. FEDTKE, *Arbeitnehmermitbestimmung in Portugal?*, 209 ff; Zur Mitbestimmung in Europa vgl. FEDTKE/FEDTKE, *Arbeitnehmermitbestimmung – Für Europa ein Muster ohne Wert?*, ZIAS 2005, 304 ff.

³⁷ CUNHA, *Direito das sociedades comerciais*, 2006, 582, Fn. 667.

segurança laboral, bem como relativamente a demais questões económicas relevantes. Nisto ele tem que considerar as, muitas das vezes, amplas leis, os decretos e as regulamentações tarifárias, bem como os contractos individuais. No entanto, isto não muda nada relativamente à inexistente possibilidade de delineamento por parte do conselho de administração e do trabalhador. Isto entra em conta com o Art. 54 Paragrafo 5 da Constituição Portuguesa, que consente a participação substancial através de direitos de informação e controlo, mas sem que exista uma verdadeira e activa participação nos processos de decisão.

Enquanto que na Alemanha encontramos uma analogia em termos de uma identidade participativa nas tomadas de decisão, como ocorre, por exemplo, em casos de integração de representantes dos trabalhadores no conselho de fiscalisação de sociedades anónimas com determinada dimensão, procuramos, sem sucesso, uma regulamentação correspondente em Portugal.

Até a data encontrava-se contemplada no antigo Artigo 427 III CSC uma advertência jurídica relativamente ao relacionamento entre os empregados e o órgão de uma sociedade anónima: em caso de o conselho de administração for constituído por vários elementos, o conselho geral tinha que designar um director do trabalho, que se dedicava especificamente aos interesses dos trabalhadores. Esta regulamentação foi excluída em 2006, sem respectiva substituição, no âmbito da reforma do Direito das Sociedades, sendo que ela não representava uma verdadeira participação na tomada de decisão. Neste sentido é, portanto, possível assegurar que o Direito português preenche os requisitos jurídicos europeus de acordo com o entendimento e o teor informativo, conforme são decretados nas regulamentações. O legislador português não concede aos trabalhadores mais do que esse grau mínimo europeu de protecção e liberdade colectiva jurídica.

II PARTE – *TEIL 2*

**Direito Internacional Privado
e Direito Processual Civil Internacional**
*Internationales Privatrecht
und Internationales Zivilprozessrecht*

„HERANÇA JACENTE" DES PORTUGIESISCHEN ERBRECHTS UND DEUTSCHER ERBSCHEIN – ZUR ANWENDUNG PORTUGIESISCHEN RECHTS DURCH DEUTSCHE NACHLASSGERICHTE

Prof. Dr. Dr. H.C. Mult. Erik Jayme[*]

I. Portugiesischer Erblasser – Erteilung eines gegenständlich beschränkten Erbscheins 241
II. Ruhende Erbschaft 242
III. Die ruhende Erbschaft im portugiesischen Recht – Rechtsquellen 243
IV. Annahme der Erbschaft 245
V. Ausschlagung der Erbschaft 246
VI. Die Annahme durch die Gläubiger 248
VII. Konsuln 249

I. Portugiesischer Erblasser – Erteilung eines gegenständlich beschränkten Erbscheins

Stirbt ein portugiesischer Staatsangehöriger, so unterliegt seine Erbfolge nach deutschem Internationalen Privatrecht seinem Heimatrecht (Art. 25 Abs. 1 EGBGB).[1] Eine Rückverweisung wäre zu beachten (Art. 4 Abs. 1 EGBGB) Das portugiesische Internationale Privatrecht nimmt

---

[*] Der Autor ist emeritierter Direktor des Instituts für Ausländisches und Internationales Privat– und Wirtschaftsrecht an der Ruprecht-Karls-Universität Heidelberg und Ehrenvorsitzender der Deutsch-Lusitanischen Juristenvereinigung.

[1] Referat gehalten am 17.11.2006 auf der Tagung der Deutsch-Lusitanischen Juristenvereinigung in Würzburg. Für viele wertvolle Hinweise dankt der Verfasser Herrn Dr. Manuel Malheiros und Frau Professor Dr. Ana Prata, beide Lissabon.

aber diese Verweisung an (vgl. Art. 62 CC). Allerdings kann der künftige portugiesische Erblasser gemäß Art. 25 Abs. 2 EGBGB für die Vererbung seines in Deutschland belegenen unbeweglichen Vermögens deutsches Recht wählen. In allen anderen Fällen bleibt portugiesisches Erbrecht anwendbar.

Befinden sich Nachlassgegenstände im Inland, so kann das deutsche Nachlassgericht unter Anwendung portugiesischen Erbrechts einen gegenständlich beschränkten Erbschein erteilen (§ 2369 BGB). Dieser Erbschein bezeugt das Erbrecht und, wenn der Erbe nur zu einem Teil der Erbschaft berufen ist, die Größe dieses Erbteils. Sieht man von der territorialen Beschränkung ab, so hat dieser Fremdrechtserbschein die Wirkungen des deutschen Rechts.

Festzuhalten ist hier, dass die Erteilung eines solchen gegenständlich beschränkten Erbscheins eine Ausnahme von dem Gleichlaufprinzip darstellt, nach welchem deutsche Nachlassgerichte nur dann international zuständig sind, wenn deutsches Erbrecht anwendbar ist.

II. Ruhende Erbschaft

Da der Erbschein bezeugt, dass die Erbfolge eingetreten ist, wird die Frage bedeutsam, wie und ob der Erbe bereits Rechtsinhaber des Nachlasses geworden ist. Dies wiederum bestimmt das Erbstatut[2], hier also portugiesisches Recht.

Zu der Fülle der Verschiedenheiten zwischen dem deutschen und dem portugiesischen Erbrecht[3] gehört die unterschiedliche Regelung des Erbgangs. Mit dem Tode des Erblassers geht sein Vermögen nicht – wie im deutschen Recht (§ 1922 Abs. 1 BGB) – auf den Erben über. Vielmehr entsteht eine „herança jacente", eine ruhende Erbschaft. Eigentum und Besitz erwirbt der Erbe erst, wenn er die Erbschaft angenommen hat. Mit dem Tode des Erblassers erhält der Erbe nur das Recht, die Erbschaft anzunehmen. Annahme und Ausschlagung haben also eine etwas andere Bedeutung als im deutschen Recht. Im portugiesischen Recht verzichtet

---

[2] MünchKomm BGB/Mayer[4], 2004, § 2369 Rdn. 35.

[3] Vgl. hierzu z.B. Jayme, *Holographische Testamente portugiesischer Staatsangehöriger im IPR*, in: Jayme/Schindler (Hrsg.), *Portugiesisch – Weltsprache des Rechts*, 51 ff.

der zur Erbfolge Berufene mit der Ausschlagung darauf, die Erbschaft anzunehmen. Zu dieser Regel gibt es eine Ausnahme: der Staat wird, wenn keine Erben vorhanden sind, Erbe kraft Gesetzes. Er muss weder die Erbschaft annehmen, noch kann er sie ausschlagen. Die in allen anderen Fällen eintretende „herança jacente" verwandelt sich hier in eine „herança vaga".

Der deutsche Nachlassrichter hat sich mit den Problemen des Erbgangs bei einem portugiesischen Erblasser auseinanderzusetzen, weil für die Erteilung des Erbscheins feststehen muss, dass der zur Erbfolge Berufene die Erbschaft angenommen hat. In diesen Zusammenhang gehört auch die Frage der Ausschlagung. Die kollisionsrechtlichen Fragen zu Annahme und Ausschlagung einer Erbschaft durch ausländische Erblasser in Deutschland sind umstritten, im Falle der Ausschlagung offen und ungelöst. Die Anwendung portugiesischen Rechts durch deutsche Nachlassgerichte fügt neue Problemvarianten hinzu.

III. Die ruhende Erbschaft im portugiesischen Recht – Rechtsquellen

Das fünfte Buch des portugiesischen Código Civil widmet das Kapitel III in den Art. 2046 – 2049 der „ruhenden Erbschaft", das Kapitel IV der Annahme (Art. 2050 – 2061) und das Kapitel V der Ausschlagung der Erbschaft (Art. 2062 – 2067). Diese Vorschriften werden ergänzt durch Spezialbestimmungen der Zivilprozessordnung[4]: Sie betreffen zum einen die Inventarerrichtung (Art. 1326 – 1357), falls die Annahme unter diesem Vorbehalt erfolgt, zum anderen aber auch die „ruhende Erbschaft" selbst (Art. 1467 -1469 CPC). Besonders zu erwähnen ist hier Art. 1469 CPC, der bestimmt, dass die im portugiesischen Recht vorgesehene Annahme der Erbschaft durch die Gläubiger des Ausschlagenden (vgl. Art. 2067 CC) in Form einer Klage gegen den Ausschlagenden und denjenigen, der als Erbe an seine Stelle tritt, zu erfolgen hat. Schließlich gibt es ein Verfahren zur Abwicklung einer „herança vaga", d.h. erbenloser Nachlässe, zugunsten des Staates (Art. 1132 – 1134 CPC).

---

[4] Código de Processo Civil, im folgenden CPC.

Hinzu treten Sondervorschriften des Familienrechts. Für die Ausschlagung der Erbschaft ist bei verheirateten Erben die Zustimmung des Ehegatten erforderlich, wenn die Eheleute nicht im Güterstand der Gütertrennung leben (Art. 1683 Nr. 2 CC). Ist der Erbe minderjährig, bedarf die Ausschlagung der gerichtlichen Genehmigung (Art. 1889 Abs. 1 Buchst. j; 1890 Abs. 1, 1938 Abs. 1 Buchst. a), die Annahme nur dann, wenn die Erbschaft mit Lasten („encargos") verbunden ist. Hier sei daran erinnert, dass nach deutschem Recht ein Ehegatte, gleich in welchem Güterstand die Eheleute leben, ohne Zustimmung des anderen eine Erbschaft annehmen oder ausschlagen kann. Das ist für die Gütergemeinschaft ausdrücklich so geregelt (§§ 1432 Abs. 1, 1455 Nr. 1 BGB), gilt aber a fortiori auch für die Zugewinngemeinschaft. Ist der Erbe minderjährig, so bedarf nach deutschem Recht nur die Ausschlagung der familiengerichtlichen Genehmigung (§ 1643 Abs. 2 Satz 1 BGB).[5]

Die portugiesische Gesetzgebung hat im Übrigen die dem deutschen BGB bekannte Verweisungstechnik übernommen. So gibt es noch viele weitere Vorschriften, die einschlägig sein können. Die wichtigste ist Art. 2063 CC, welcher die Form der Ausschlagung derjenigen für die Veräußerung einer Erbschaft unterstellt. Der hier anwendbare Art. 2126 CC unterscheidet zwischen unbeweglichen und beweglichen Nachlassgegenständen. Gehört zum Nachlass unbewegliches Vermögen, so muss die Erbausschlagung in Form einer „escritura pública", d.h. einer notariellen Beurkundung (Art. 94 Buchst. h des Código de Notariado) erfolgen. Welche Sachen als unbewegliche zu qualifizieren sind, regelt Art. 204 CC ausführlich. Enthält der Nachlass keine unbeweglichen Sachen, so genügt eine privatschriftliche Urkunde, ein „documento particular". Somit ist in diesem Zusammenhang möglicherweise die gesamte Regelung des Allgemeinen Teils über Rechtsgeschäfte, Rechtsakte (Art. 295 CC) und die Form von Willenserklärungen heranzuziehen. Anders als im deutschem Recht (§ 1945 BGB) ist die Erbausschlagung nicht empfangsbedürftig.

Schon dieser erste Überblick über die verschiedenen Rechtsquellen und das Zusammenspiel von Vorschriften aus allen Büchern des Código

---

[5] Ausnahme ist § 1643 Abs. 2 Satz 2 BGB: „Tritt der Anfall an das Kind erst infolge der Ausschlagung eines Elternteils ein, der das Kind allein oder gemeinsam mit dem anderen Elternteil vertritt, so ist die Genehmigung nur erforderlich, wenn dieser neben dem Kind berufen ist."

Civil lässt ahnen, welche Fülle von kollisionsrechtlichen Problemen sich stellt, wenn ein deutsches Nachlassgericht nach dem Tode eines Portugiesen einen Erbschein zu erteilen hat.

IV. Annahme der Erbschaft

Beginnen wir mit der Annahme der Erbschaft. Die ruhende Erbschaft bringt ein Element der Unsicherheit mit sich, bis der zur Erbschaft Berufene sich erklärt. Um diese Zeit abzukürzen, kann das Gericht gemäß Art. 2049 CC auf Antrag des Staatsanwalts oder jedes Betroffenen den zur Erbfolge Berufenen 15 Tage nach dem Erbfall auffordern, die Erbschaft anzunehmen oder auszuschlagen. Ist die vom Gericht gesetzte Frist verstrichen, so gilt die Erbschaft als angenommen. Ein deutsches Nachlassgericht dürfte eine solche Maßnahme in Durchbrechung des Gleichlaufprinzips treffen. Sie steht in engem Zusammenhang mit dem zu erteilenden gegenständlich beschränkten Erbschein und dient zugleich der Sicherung des Nachlasses.

Die Annahme kann ausdrücklich oder stillschweigend erfolgen. Eine besondere Form ist nicht vorgeschrieben. Es handelt sich um eine nicht empfangsbedürftige Willenserklärung oder Rechtshandlung. Wichtig ist, dass die Annahme entweder „pura e simplesmente" (Art. 2052 Abs. CC) oder aber unter dem Vorbehalt der Inventarerrichtung[6] erfolgen kann. Diese hat vor allem Bedeutung für die Beschränkung der Erbenhaftung (Art. 2071 CC). Bis zu einer Gesetzesänderung des Jahres 1994 konnten Minderjährige eine Erbschaft nur unter einem solchen Vorbehalt annehmen. Kollisionsrechtlich gesehen gilt für die Form der Annahme und der Ausschlagung einer Erbschaft die allgemeine Bestimmung des Art. 11 Abs. 1 EGBGB über die Form der Rechtsgeschäfte, welcher eine alternative Anknüpfung ermöglicht. Formwirksam sind Annahme und Ausschlagung, wenn sie entweder dem portugiesischen Erbstatut oder dem deutschen Ortsrecht entsprechen. Keine Frage der Form ist der Vorbehalt der Inventarerrichtung. Insoweit bleibt portugiesisches Recht anwendbar. Nach einer gefestigten deutschen Rechtsprechung[7] können Erben ausländischer Erblasser die nach dessen Heimatrecht vorgesehene

---

[6] "Beneficio" eigentlich „Vorteil".

Annahme unter dem Vorbehalt der Inventarerrichtung annehmen und dann das Inventar mit der Hilfe des deutschen Gerichts erstellen. Ist der Erbe minderjährig, so unterliegen im Übrigen die Schranken der elterlichen Sorge dem hierfür anwendbaren Recht. Hat das Kind seinen gewöhnlichen Aufenthalt in Deutschland, so gilt insoweit deutsches Recht (Art. 21 EGBGB). Die Schranken der elterlichen Sorge sind im deutschen Recht weniger streng als im portugiesischen Recht. Die Annahme der Erbschaft durch die gesetzlichen Vertreter des Kindes ist nicht genehmigungspflichtig. Allerdings kann das in seiner Geschäftsfähigkeit beschränkte Kind nach deutschem Recht die Erbschaft nicht selbst annehmen, da eine solche Erklärung den rechtlichen Nachteil mit sich brächte, die Erbschaft nicht mehr ausschlagen zu können (vgl. § 107 BGB).[8] Es geht hier im Üübrigen um Fragen, die dem Personalstatut des Kindes unterliegen (Art. 7 Abs. 1 Satz 1 EGBGB).

V. Ausschlagung der Erbschaft

Besondere Probleme entstehen, wenn der Erbe eines Portugiesen die Erbschaft in Deutschland ausschlagen möchte. Zunächst ist festzuhalten, dass für die Form der Ausschlagung auch deutsches Recht gemäß Art. 11 Abs. 1 EGBGB anwendbar ist. Zwar hat die Ausschlagung des portugiesischen Rechts insoweit eine etwas andere Bedeutung als im deutschen Recht, als nach portugiesischem Recht nicht die bereits auf den Erben übergegangene Erbschaft, sondern nur das Recht, diese anzunehmen, ausgeschlagen wird. Dieser Unterschied dürfte sich aber noch im Rahmen der kollisionsrechtlich erforderlichen Funktionsäquivalenz zwischen Erbstatut und Ortsrecht bewegen. Somit kann die Erklärung gemäß § 1945 Abs. 1, zweiter Halbsatz BGB, zur Niederschrift des Nachlassgerichts oder in öffentlich beglaubigter Form abgegeben werden.

Anders als in den Fällen italienischer oder griechischer Erblasser stellen sich in deutsch-portugiesischen Fällen die Probleme der Amtsempfangsbedürftigkeit nicht, die nach herrschender Auffassung im deutschen Internationalen Privatrecht nicht als Formfrage angesehen werden. Im portugiesischen Recht ist die Erbausschlagung nicht amtsempfangs-

---

[7] BayObLG, BayObLGZ 1965, 423 (429).
[8] MünchKomm BGB/Leipold[4], 2004, § 1943, Rdn. 7.

bedürftig. Es ergibt sich aber das besondere Problem, ob die Formvorschriften des portugiesischen Rechts zwingend anwendbar sind, wenn zum Nachlass unbewegliches Vermögen gehört. Hier verlangt nämlich das portugiesische Recht, dass die Ausschlagung für den gesamten Nachlass in Form der „escritura pública", also in Form der notariellen Beurkundung, zu erfolgen hat. Das portugiesische Recht behandelt in diesem Fall die Ausschlagung wie die Veräußerung eines Grundstücks. Hier fragt sich, ob die alternative Geltung der Regel „locus regit actium" überhaupt eingreifen darf. Die Ausnahmevorschrift des Art. 11 Abs. 4 EGBGB ist nicht einschlägig, da die Ausschlagung einer Erbschaft kein Vertrag ist. Zu prüfen ist aber Art. 11 Abs. 5 EGBGB, welcher bestimmt:

„Ein Rechtsgeschäft, durch das ein Recht an einer Sache begründet oder über ein solches Recht verfügt wird, ist nur formgültig, wenn es die Formerfordernisse des Rechts erfüllt, das auf das seinen Gegenstand bildende Rechtsverhältnis anzuwenden ist."

Allerdings ist hier die Verfügung über Sachen gemeint, nicht über Rechte. Nach portugiesischem Recht verzichtet der Ausschlagende auf sein Recht zur Annahme. Somit scheidet Art. 11 Abs. 5 EGBGB aus. Die Vorschrift möchte die lex rei sitae durchsetzen, nicht etwa das Erbstatut. Wenn das Grundstück – wie in allen Fällen eines gegenständlich beschränkten Erbscheins – in Deutschland belegen ist, wäre es seltsam, würde man hierfür die „escritura pública" des portugiesischen Rechts für die Ausschlagung verlangen. Ist das unbewegliche Vermögen dagegen in Portugal belegen, so fehlt es insoweit an der Internationalen Zuständigkeit der deutschen Gerichte. Der gegenständlich auf das Inland beschränkte Erbschein betrifft außerhalb Deutschlands belegene Grundstücke nicht.

Zu beachten ist aber bei einer Ausschlagung einer dem portugiesischen Recht unterliegenden Erbschaft, dass das portugiesische Ehegüterrecht bei zur Erbschaft berufenen Personen, die verheiratet sind, die Zustimmung des Ehegatten verlangt. Dies ist allerdings keine Frage des Erbstatuts, sondern hängt davon ab, ob das Ehegüterstatut des verheirateten Erben portugiesisches Recht ist. Nimmt man z.B. an, dass Erbe der mit einer Deutschen verheiratete Sohn des portugiesischen Erblassers ist, gilt deutsches Ehegüterrecht, wenn die Eheleute bei der Eheschließung ihren gewöhnlichen Aufenthalt in Deutschland hatten. Das Zustimmungserfordernis entfällt dann.

VI. Die Annahme durch die Gläubiger

Ein hochkomplexes Sonderproblem kann hier nur angedeutet werden, nämlich die kollisionsrechtliche Behandlung der im portugiesischen Recht vorgesehenen Annahme der Erbschaft durch die Gläubiger des Ausschlagenden. Diese können gemäß Art. 2067 CC die Erbschaft annehmen, wenigstens soweit dies für die Befriedigung ihrer Ansprüche erforderlich ist. Dem deutschen Recht ist eine solche Regel fremd, während etwa das italienische Recht in Art. 524 des Codice civile die gleiche Möglichkeit für die Gläubiger eröffnet. Im deutschen Recht können die Gläubiger des Ausschlagenden die Erbausschlagung nicht anfechten. Im portugiesischen Recht können sie dagegen die Annahme im Klagewege durchsetzen. In der Lehre wird das als ein Fall der Surrogation angesehen (Art. 606 CC).

Die Frage stellt sich, ob ein solches Annahmerecht auch deutschen Gläubigern zusteht, bzw. ob hierfür überhaupt portugiesisches Recht Anwendung findet. M.E. lässt sich hier auf Erfahrungen und Grundsätze zurückgreifen, die im Rahmen der Gläubigeranfechtung nach dem deutschen Anfechtungsgesetz entwickelt wurden. Hatte noch der BGH hierfür die Anknüpfung an den Wohnsitz des Schuldners vertreten[9], so ist das Gesetz über die Anfechtung von Rechtshandlungen eines Schuldners außerhalb des Insolvenzverfahrens vom 5.10.1994 einen anderen Weg gegangen. § 19 dieses Gesetzes lautet:

„Bei Sachverhalten mit Auslandsberührung ist für die Anfechtbarkeit einer Rechtshandlung das Recht maßgeblich, dem die Wirkungen der Rechtshandlungen unterliegen."

Geht man von dieser Kollisionsnorm aus, so sieht man, dass die Ausschlagung einer Erbschaft erbrechtliche Wirkungen entfaltet. Die Ausschlagung ist die in Frage stehende Rechtshandlung, die beseitigt werden soll. Deshalb dürfte hier das Erbstatut maßgebend sein. Eine kumulative Anwendung eines anderen Rechts ist nicht vorgesehen.[10] Allerdings müssen die Forderungen nach dem jeweils für sie geltenden Recht begründet sein.

---

[9] BGH, 5.11.1980, IPRax 1981, 130 (131).
[10] HUBER, *Anfechtungsgesetz*, 2000, § 19 Rdn. 6.

Folgt man dem, so bedeutet dies, dass bei portugiesischem Erbstatut die deutschen Gläubiger die Annahmeklage gegen den ausschlagenden Erben erheben können.

VII. Konsuln

Bei der Anwendung portugiesischen Erbrechts in Deutschland ergibt sich die Frage, ob die portugiesischen Konsuln in den verschiedenen Zusammenhängen tätig werden können. Auch wenn ein Konsularvertrag zwischen Deutschland und Portugal fehlt, so ist doch mit einer allgemeinen Norm des Völkerrechts anzunehmen, dass Konsuln diejenigen Befugnisse in Deutschland ausüben können, die ihnen ihr Heimatstaat verliehen hat. Deshalb ist es bedeutsam, das portugiesische Konsularrecht zu prüfen.

Nach vielen Änderungen wurde die portugiesische Konsularordnung durch das Gesetzesdekret 162/2006 vom 8.8.2006 neu veröffentlicht. Nach Art. 55 sind die Berufskonsuln und die Beauftragten der konsularischen Abteilungen besondere Organe des Notariats. In ihre Zuständigkeit fällt die Vornahme notarieller Akte, die Portugiesen betreffen, welche sich im Ausland befinden, sowie solcher Akte, die Wirkungen in Portugal entfalten sollen. Ausnahmen gibt es im erbrechtlichen Bereich bei Vizekonsuln.

A *CIDIP VII* E A DEFESA DO CONSUMIDOR: PRIMEIRAS REFLEXÕES SOBRE O ANDAMENTO DAS DISCUSSÕES NO FORUM DA *OAE*

Prof. Dra. Nadia de Araújo[*]

I. Introdução 251
II. Discussões Preparatórias e projetos para a CIDIP VII 254
III. Comentários sobre o projeto uruguaio em cotejo com o projeto brasileiro 255
   1. As definições 256
   2. A lei aplicável e a autonomia da vontade 257
   3. A jurisdição competente 259
IV. Conclusões 260
V. Resumo/ Zusammenfassung 261

I. Introdução

A OEA ao longo dos anos tem se dedicado à tarefa de uniformizar o Direito Internacional Privado nas Américas, através do trabalho realizado por Conferências Especializadas periódicas, conhecidas como CIDIPS.[1] Até o momento, seis já foram realizadas e a próxima elegeu dois temas de trabalho: proteção do consumidor e transações mobiliárias.

---

[*] Master of comparative law (MCL) George Washington University (Washington DC), Doctor in International Law (doctorat) University of São Paulo, São Paulo, Full Professor of Private International Law, Pontifícia Universidade Católica do Rio de Janeiro, Procuradora de Justiça do Estado do Rio de Janeiro.

[1] O artigo consolida a conferência realizada sobre o tema em Gießen em novembro de 2004 na reunião da Deutsch-Lusitanischen Juristenvereinigung (DLJV).

Considerando que atualmente os trabalhos preparatórios para a próxima conferência estão em andamento, este trabalho analisa os projetos relacionados com o tópico que cuida da proteção aos consumidores.

A importância do tema escolhido pela OEA se deve ao fato de que o estudo da contratação internacional não se limita mais às relações entre operadores profissionais, pois os contratos internacionais com os consumidores já representam 25% do total global de transações. A distinção entre os contratos chamados *B2B (business to business)* e os *B2C (business to consumers)* adquiriu relevância no plano internacional e influenciou as regras de Direito Internacional Privado de vários países.

Dois fatores poderiam ser identificados como as causas do aumento desses contratos: o barateamento dos custos das viagens internacionais e maiores facilidades de transportes propiciou grande incremento do turismo (i); os avanços tecnológicos possibilitaram um maior número de transações eletrônicas pela Internet, permitindo ao consumidor estabelecer uma relação contratual de caráter internacional sem sair de casa (ii).[2] Em ambas as hipóteses criam-se situações multiconectadas em que os consumidores não estão em pé de igualdade com os fornecedores do serviço.[3]

---

[2] Sobre o Comércio eletrônico e o consumidor, confira-se, por todos, o recente trabalho de LIMA MARQUES, *Confiança no Comércio Eletrônico e a Proteção do Consumidor*, 2004; *Contratos no Código de Defesa do Consumidor*[5], 2005. A origem desses estudos pode ser encontrada no curso realizado pela OEA, e publicado como *A Proteção do Consumidor: aspectos de direito privado regional e geral*, em *Curso de Direito Internacional XXVII*, 2001, 657 (780).

[3] Segundo LIMA MARQUES, "há uma especificidade do comércio entre fornecedor e consumidor no plano internacional: por um lado, a fragilidade do consumidor em razão do marketing agressivo, sendo atraído ou por métodos como telemarketing, teleshopping, vendas emocionais de time-sharing para turistas) ou por preços reduzidos (descontos, redução nos tributos, envio gratuito etc.), pelo senso de aventura (jogos, apostas, prêmios), ou por sua própria ignorância quanto às dificuldades nas transações transnacionais (parco conhecimento da língua para entender a oferta ou a publicidade, mito da qualidade superior dos produtos importados, produtos-novidade, desconhecidos em países emergentes, pela falta de conselhos jurídicos ou de um departamento jurídico para a negociação, confiança que a marca terá serviços pós-venda em seu país etc). O consumo internacional ainda possui uma última especificidade, que lhe é comum com os serviços em geral: sua re-execução, em caso de frustração das expectativas do contratante consumidor é bastante dificultosa." LIMA MARQUES, *Por um Direito Internacional de Proteção dos Consumidores: sugestões para a nova Lei de Introdução ao Código Civil Brasileiro no que se refere à lei aplicável a alguns contratos e acidentes de consumo*, em *O Direito Internacional e o Direito Brasileiro – Homenagem a José Francisco Rezek*, 2004, 691 (692).

Por isso, embora esses contratos internacionais envolvendo consumidores sejam cada vez mais freqüentes, na sua maioria são, individualmente, de pequeno valor. Somam em volume para a economia de um país ou de um fornecedor, o que os torna um negócio expressivo. No campo jurídico, são, na sua maioria, contratos já prontos, aos quais os consumidores aderem.[4] Por conseguinte, quando há um litígio, o baixo valor econômico da transação inviabiliza o acesso à justiça pelo consumidor. A lide fica reprimida, pois o consumidor não tem condições de assumir os gastos do processo, seja para reclamar ou para procurar novamente o fornecedor, ou ainda para fazer valer sua garantia.

Essa é uma das grandes diferenças de perspectiva entre os negócios internacionais realizados entre comerciantes e aqueles que envolvem consumidores. São necessárias regras diferenciadas para essas transações internacionais. As normas já utilizadas no comércio internacional asseguram a confiança entre as partes e a continuidade dos negócios. A tônica da proteção é para quem vende, quem envia mercadorias a um desconhecido. No consumo internacional esta lógica se inverte, pois o comprador é a parte mais fraca, deixa-se levar pela propaganda, não considerando os riscos legais do negócio, mormente no plano internacional.

Para o Direito Internacional Privado, os contratos internacionais de consumo despertam duas questões que precisam de regulamentação específica: a da lei aplicável e a da competência internacional. A regulamentação interna de cada Estado é ineficiente para cuidar da matéria e há necessidade de um tratamento específico no plano internacional, através de uma convenção multilateral.

Nesse sentido, a iniciativa da OEA é de suma importância para o momento vivido pela região, em que houve aumento no fluxo de turistas e nos contratos eletrônicos. Isso porque a Convenção sobre o direito aplicável aos contratos internacionais, realizada na CIDIP V, no México, em 1994, não tratou da lei aplicável para os contratos com os consumidores de forma diferenciada, deixando uma lacuna que será preenchida agora, com a nova convenção.

---

[4] Cf. FRESNERO DE AGUIRE, *Las Clausulas abusivas y la cláusula de jurisdiccion en los contratos internacionales de adhesion*, Revista Judicatura, Montevideu, n. 34, 273 (298). Alerta a autora que a negociação individual seria impraticável por razões econômicas, razão por que esses contratos cumprem a tarefa de regular as relações das empresas com seus clientes a um custo baixo e tempo adequado. Adverte, porém que esses contratos tem características próprias e precisa de regulamentação diversa dos demais.

II. Discussões Preparatórias e projetos para a CIDIP VII

Após a determinação da Assembléia Geral sobre a necessidade de uma nova Conferência Especializada e a designação dos tópicos a serem tratados, estão em curso os trabalhos preparatórios, inclusive com a novidade de um fórum de discussões por via eletrônica. Três países já apresentaram propostas concretas, que estão em fase de discussão pelos especialistas: Brasil, Canadá e recentemente o Uruguai.

Uma das dúvidas que ainda persistem é sobre o tipo de documento a ser realizado. Há uma proposta de que além de uma convenção do tipo tradicional, deveria ser elaborada uma lei-modelo, que é um tipo de documento mais flexível. Com relação às convenções das CIDIPS já existentes, algumas delas tem tido uma baixa aceitação, com poucas ratificações, como é o caso da Convenção do México, que até agora só foi internalizada em dois países, o México e a Venezuela.

Há dois projetos em discussão: o brasileiro e o uruguaio. O primeiro, elaborado pela Professora Claudia Lima Marques, possui artigos sobre a lei aplicável, possibilidade de escolha pelas partes, uma norma alternativa para a lei mais favorável, definição de consumidor, e relacionamento com outros tratados. É um projeto de convenção já maduro e em condições de ser o texto-base para as negociações. O Uruguai apresentou seu projeto apenas nesta fase das discussões, com conteúdo mais amplo, englobando não só regras sobre lei aplicável como também sobre jurisdição internacional, além de uma série de definições.

Os Estados Unidos e o Canadá apresentaram, até o momento, apenas declarações de intenções. Os Estados Unidos pugnam por uma lei modelo para o pagamento de indenizações para os consumidores, com a possibilidade de juizados especiais, tanto de cunho administrativo como judicial, com ênfase em procedimentos de baixo custo para enfrentar o problema do acesso à justiça nesses casos. O Canadá alinha-se tanto por uma convenção quanto uma lei modelo sobre o comércio eletrônico. Sugere o tema da jurisdição. Seu objetivo é dar opções legislativas para os problemas jurisdicionais dos consumidores na seara internacional, e contém disposições de lei aplicável e de escolha do foro.

A OEA estabeleceu a metodologia dos trabalhos. Na primeira fase, os Estados devem designar especialistas nos temas (I e II) para discutir os temas. Esses especialistas devem ser tanto pessoas de reconhecido conhecimento científico do tema, quanto oficiais governamentais com capacidade de negociação, que uma vez nomeados devem passar a integrar o fórum de discussões aberto. Foi encorajada a participação de outras organizações internacionais, governamentais ou não, bem como de membros da comunidade acadêmica e entidades profissionais relacionadas ao tema. Ao mesmo tempo, a Comissão Jurídica Interamericana está preparando documentos de trabalho sobre os temas, a pedido da Assembléia Geral.

Na 2ª. Fase, já iniciada, estão em curso negociações entre os acima designados, através do grupo de discussão on-line, de modo a produzir os projetos para os temas da Conferência. Dadas às dificuldades financeiras para a realização das reuniões de especialistas, a OEA está disponibilizando uma web page para a discussão eletrônica do assunto. A sistemática utilizada é nova, e está sendo considerando a realização de uma vídeo-conferência sobre os dois assuntos. A realização de uma reunião de especialistas depende de financiamento. Com relação à conferência, ainda não foi definido o país sede, nem a data em que esta será realizada.

Durante o mês de abril discutiu-se o projeto brasileiro. A Professora Claudia Lima Marques fez uma apresentação dos objetivos do projeto, seguida de intervenções de El Salvador e do Uruguai, que então além de sua manifestação apresentou seu projeto.

III. Comentários sobre o projeto uruguaio em cotejo com o projeto brasileiro

O Uruguai apresentou um projeto de convenção que reúne os dois temas: lei aplicável e jurisdição, e é composto de 15 artigos, tendo sido elaborado pelo ilustre professor de Direito Internacional Privado, Dr. Eduardo Tellechea Bergman, participante ativo de várias CIDIPS anteriores.

O projeto, ao estilo anglo-saxão, inicia-se com um primeiro capítulo que contém as definições do consumidor, do fornecedor, da relação de consumo, do produto, do domicílio e da relação de consumo internacional. No capítulo seguinte, cuida dos contratos excluídos da convenção. No capítulo terceiro, trata da lei aplicável e no quinto, da jurisdição competente. Termina com um capítulo sobre as disposições finais, com regras sobre reenvio e ordem pública.

1. As definições

Enquanto o projeto brasileiro definiu o consumidor apenas como pessoa física, o projeto uruguaio é mais abrangente e inclui até pessoas jurídicas. Aqui reside um de seus pontos fracos, uma vez que a inclusão das pessoas jurídicas na categoria de consumidoras vai de encontro a noção diversificada existente na lei nacional dos países envolvidos. É tema que seria mais adequado deixar à *lex fori* de cada país, como forma de conciliar as diversas visões ao grupo. Por exemplo, a lei interna dos Estados Unidos e a regulamentação promovida uniformemente na Comunidade Européia não incluiu as pessoas jurídicas na categoria de consumidor.

Também no que diz respeito à definição de fornecedor, sua inclusão no texto uruguaio deixa em aberto a questão relativa aos contratos de serviços, até hoje sem regulamentação sequer no âmbito da OMC. Melhor seria não definir quem é o fornecedor e deixar ao direito de cada Estado esta tarefa. Há grande polêmica sobre o enquadramento dos serviços de profissionais liberais, como advogados, médicos, e arquitetos.

Por outro lado, a noção de "relação de consumo" não teve sucesso ainda, nem entre os quatro países do Mercosul. Tampouco está incluída no Código de Defesa do Consumidor brasileiro, que não possui uma definição de relação de consumo. Sua limitação aos contratos onerosos traz preocupação para aquelas situações advindas de uma relação gratuita, no que diz respeito ao consumidor e o fornecedor, mas que muitas vezes são remuneradas por um terceiro, como certas ofertas feitas via Internet, e das quais são geradas outras relações comerciais, deixando desprotegido o consumidor nessas ocasiões.

No que diz respeito à definição de domicílio, uma convenção interamericana já se encarregou de fazê-la. É preciso valorizar o trabalho anterior das CIDIPS.[5] Por isso, seria melhor deixar à regra da *lex fori* sua

---

[5] O texto utiliza o critério da Convenção sobre domicílio, a saber: art. 2 Article 2: The domicile of a natural person shall be determined by the following circumstances in the order indicated: 1. The location of his habitual residence; 2. The location of his principal place of business; 3. In the absence of the foregoing, the place of mere residence; 4. In the absence of mere residence, the place where the person is located. Até hoje somente cinco países ratificaram essa convenção: Equador, Peru, Guatemala, México, e Uruguai. Nenhum dos países de sistema jurídico consuetudinário adotou a convenção.

definição. Não é demais frisar que nos países da América de tradição de direito civil há grande convergência nas definições do direito interno desta matéria. Outro aspecto que tampouco gera dissensão diz respeito ao domicílio da pessoa jurídica, que encontra definições divergentes em vários sistemas jurídicos.

2. A lei aplicável e a autonomia da vontade

O projeto uruguaio *exclui a possibilidade das partes escolherem a lei aplicável* ao contrato internacional de consumo, ao contrário do projeto brasileiro que *expressamente prevê esta possibilidade*, dentro de certos parâmetros de proteção ao consumidor.

A ausência de qualquer menção à autonomia da vontade se explica pela tradicional visão uruguaia contrária ao princípio, que até hoje ainda não foi adotado naquele país, e que fora expressamente proibido pela revisão dos Tratados de Montevidéu, em 1940. O atual projeto de Lei de Direito Internacional Privado do Uruguai promoverá grande mudança no setor quando aprovado. Contemplou a autonomia da vontade, mas a excluiu expressamente nos contratos com os consumidores, como se verifica dos artigos 46 e 49.[6]

A impossibilidade das partes escolherem a lei aplicável coloca o consumidor em posição de tutelado, contrária ao desenvolvimento tanto do direito civil quanto do direito internacional privado. Em um momento no qual se vê o alargamento da autonomia da vontade no DIPr, do campo obrigacional para o campo do direito de família, quando esta autonomia é considerada como parte da liberdade do indivíduo e uma afirmação de suas possibilidades frente ao Estado, não se concebe tal posição.

---

[6] Projeto de Lei de Dipr Uruguaio, Art. 46. Ley applicable por acuerdo de partes. 1. Los contratos internacionales se rigen por el derecho elegido por lãs partes. El acuerdo de lãs partes sobre esta elección debe ser expresso o, em caso de ausência de acuerdo expresso, debe desprenderse em forma evidente de conductas inequívocas de lãs partes y de lãs cláusulas contractuales consideradas en su conjunto. Dicha eleccion podrá referirse a la totalidad Del contrato o a uma parte del mismo. 2. La seleccion de um determinado foro por lãs partes no entrana necesariamente la eleccion del derecho aplicable.... Art. 49. Contratos sobre relaciones de consumo. 1. Los contratos sobre relaciones de consumo se regiran de conformidad con la ley del lugar de residência del consumidor. 2. Los contratos sobre relaciones de consumo que se celebren y cumplan en la Republica, se regiram por lãs leyes de esta.

Evidentemente o projeto brasileiro tem consciência das dificuldades e limitações das possibilidades de uma negociação em mesmo nível entre o consumidor e fornecedor, razão pela qual essa liberdade, ao contrário daquela nos contratos *B2B* sofre inúmeras limitações. No entanto, eliminá-la nos parece inadequado. Aliás, note-se que na Europa, a Convenção sobre a lei aplicável às obrigações internacionais, de Roma, possui regra especial para os consumidores, e permite a escolha da lei. A regra do artigo 5, alínea 2, procura equilibrar a relação do consumidor x fornecedor, ao protegê-lo de casos em que sua escolha tenha como resultado privá-lo da proteção de regras imperativas do local de sua residência habitual. Mas não há proibição de utilização da escolha da lei aplicável.[7]

Além da exclusão da autonomia da vontade, a proposta uruguaia, nas suas disposições finais, engessa os dispositivos de uma futura convenção, ao proibir que haja qualquer modificação pelas partes dos seus artigos. Esse movimento está em sentido contrário ao da regulamentação internacional.

Por seu turno, uma das vantagens do projeto brasileiro seria dar novo ânimo à aprovação da Convenção Interamericana sobre o direito aplicável aos contratos internacionais, pois a ausência de um dispositivo específico para o consumidor é sentida pelos países que já possuem essa proteção. É um complemento importante àquele trabalho, já existente nos Estados Unidos e no Canadá. O exemplo europeu é sintomático: a Convenção de Roma sobre a matéria possui dispositivo especialmente desenhado para os consumidores e tem aceitação unânime na Europa.

Como bem alerta Erik Jayme, o respeito à possibilidade do indivíduo escolher a lei aplicável faz parte dos direitos fundamentais do homem, pois o direito à plena expressão de sua personalidade compreende também a esfera econômica.[8] Significa permitir que o indivíduo exerça suas faculdades em sua plenitude e não seja obrigado a ser tutelado pelo Estado em todas as ocasiões, ainda que sob o argumento de que isso seria

---

[7] Art. 5, 2. Nonobstant les dispositions de l'article 3, le choix par les parties de la loi applicable ne peut pas avoir pour résultat de priver le consommateur de la protection que lui assurent les dispositions impératives de la loi du pays dans lequel il a sa résidence habituelle. A esse respeito, confira-se Jayme, *Les contrats conclus par les consommateurs et la convention de Rome sur la loi applicable aux obligations contractuelles*, 1991, 79.

[8] JAYME, *Le Droit International Privé du Nouveau Millénaire: la Protection de la Personne Humaine Face à la Globalisation*, Recueil de Cours 2000, 147.

para sua proteção. O sistema permissivo da escolha auxilia também a vencer as dificuldades resultantes da existência de diversas leis aplicáveis por serem distintos os ordenamentos jurídicos. De notar que a tendência é mundial e ignorá-la nos colocaria em desvantagem do ponto de vista internacional.

Se forem utilizadas apenas as regras de conexões clássicas, como estabelecido pelo projeto uruguaio, então a CIDIP VII perde sua força renovadora. Pretende-se, com os dispositivos em prol da autonomia da vontade do projeto brasileiro, promover a proteção do consumidor conservando-lhe um espaço de liberdade.

Além disso, o projeto uruguaio, no artigo 8, item 3, dá ao juiz um poder muito grande de decidir, afinal, qual a lei aplicável. Não se definem critérios para determinar o que seria mais benéfico ao consumidor. Pergunta-se, porque seria o juiz a pessoa mais indicada para fazer essa escolha? Porque não aceitar a proposta brasileira, pela qual o fornecedor e o consumidor tem escolha desde que não haja abusos ou o consumidor não seja prejudicado? Afinal, o fornecedor tem interesse em agradar o consumidor, seu cliente, fomentando, desta forma sua confiança no comércio internacional.

3. A jurisdição competente

A abrangência do projeto uruguaio, incluindo não só regras sobre lei aplicável como também para jurisdição internacional, representa seu maior problema. É que o consenso sobre o tema da jurisdição tem sido cada vez mais difícil de obter nos foros internacionais. Isso porque a determinação da jurisdição é uma expressão da soberania estatal e são marcadas as diferenças entre os sistemas dos diversos países.

Veja-se o exemplo do que ocorreu na Conferência da Haia para o Direito Internacional Privado quando pretendia elaborar uma convenção sobre jurisdição. A Comissão especial iniciou seus trabalhos em 1992 e chegou a um impasse em 1999. O projeto de 2001 foi afinal abandonado e ao final, em 2005, o resultado dos trabalhos limitou-se a uma convenção sobre a cláusula de eleição de foro.[9] Por essa razão, não é oportuno

---

[9] A Convenção foi finalizada em 2005 e está ainda sem ratificações. Para o texto completo, veja-se www.hcch.net. No seu artigo 2º., cuida das exclusões ao seu âmbito de

tratar da jurisdição em convenção que adota um modelo rígido de regra conflitual, excluindo a autonomia da vontade, como no caso do presente projeto uruguaio.

Ao contrário, a questão da lei aplicável, principal foco do projeto brasileiro, é uma área na qual existe uma grande lacuna na legislação interna dos países, razão porque sua regulamentação no plano internacional se impõe. Neste tópico há consenso sobre a oportunidade da codificação.

Um artigo particularmente difícil para o Brasil no projeto uruguaio é aquele que cuida da jurisdição internacional indireta. Isso porque em caso de jurisdição exclusiva do tribunal brasileiro sobre determinada questão, que afinal é julgada no exterior, a sentença estrangeira deverá obrigatoriamente ser homologada. O exemplo poderia servir para um contrato de multipropriedade, em que o imóvel estivesse localizado no Brasil, mas a relação se perfizesse toda no exterior, inclusive a ação judicial. Por ocasião da homologação, mesmo se tratando de hipótese de competência exclusiva, por conta do artigo 89 do CPC, não se poderia obstar à homologação no caso de ter sido aprovada a convenção proposta pelo Uruguai. Essa hipótese inviabilizaria a assinatura pelo Brasil de uma convenção em que o tema de jurisdição seja tratado desta forma. E assim como o Brasil, outros países possuem normas específicas que seriam incompatíveis com o tema.

IV. Conclusões

A inclusão da autonomia da vontade na futura convenção da CIDIP sobre lei aplicável aos consumidores trará inovações importantes para o direito brasileiro, e também para as demais legislações das Américas. A possibilidade do indivíduo em escolher a lei aplicável ao contrato internacional, ainda que na posição de consumidor e em termos limitados, valoriza sua identidade cultural e seu domínio sobre as relações econômicas. Por isso, sua inclusão no projeto brasileiro é crucial para o desenvolvimento do tema nas Américas.

---

aplicação, não incluindo os consumidores em sua área de atuação. Confira-se verbis: Article 2... 1. This Convention shall not apply to exclusive choice of court agreements - *a)* to which a natural person acting primarily for personal, family or household purposes (a consumer) is a party.

Por outro lado, a abrangência do projeto uruguaio lhe limita as chances de obtenção do consenso. A dificuldade em codificar a questão da jurisdição dá-se porque todos os países envolvidos possuem legislação específica sobre o tema. Ao contrário, com relação à lei aplicável existe grande lacuna legislativa. Por isso, é desejável e necessária sua regulamentação, havendo consenso sobre a oportunidade de uma convenção a esse respeito.

A CIDIP deve ser um espaço de construção de direito uniforme e não de repetição dos problemas pelos quais já passaram outras organizações, em áreas de difícil obtenção do consenso, como se vê na experiência da Conferência da Haia, e mesmo do Mercosul, que até hoje não conseguiu a adoção pelos membros do Protocolo de Santa Maria.

Em vista da análise acima, chega-se a algumas conclusões:

1. A posição brasileira deve ser no sentido de apoiar o projeto que cuida apenas da questão relativa à lei aplicável, com previsão expressa em prol do princípio da autonomia da vontade, mesmo que limitado tendo em vista a necessária proteção da parte mais fraca.
2. A adoção do projeto brasileiro auxilia a retomada das aprovações necessárias para que a Convenção sobre a lei aplicável aos contratos internacionais, México, 1994, se torne o padrão em todo o continente, porque a complementa.
3. O projeto uruguaio apresenta excessivo número de definições no seu início, contrário à tradição das CIDIPS, e mais afeito às convenções elaboradas por países de direito anglo-saxão. Além disso, a inclusão do tema da jurisdição dificultará o consenso entre os países e poderá inviabilizar as negociações para a aprovação e sobretudo adoção da nova convenção.

A adoção de uma *Convenção Interamericana sobre a lei aplicável a alguns contratos de consumo* representaria um avanço para a codificação regional, uma vez que o tema já foi suficientemente discutido nos foros regionais, mais ainda carece de normas na maioria dos Estados.

V. Resumo/ Zusammenfassung

O trabalho analisa o projeto brasileiro sobre a lei aplicável aos contratos internacionais com os consumidores, que será um dos temas para a próxima Conferência Especializada Interamericana sobre Direito Internacional Privado, a ser realizada em data e local ainda não definidos sob os auspícios da Organização dos Estados Americanos.

O Brasil apresentou um projeto de convenção, de autoria da Professora Claudia Lima Marques e o Departamento de Direito Internacional da OEA iniciou as discussões sobre o tema, primeiramente através de um fórum virtual. No presente trabalho foi feita uma análise do projeto apresentado pelo Uruguai, comparando suas similaridades e diferenças com o projeto brasileiro. Apóia-se o projeto brasileiro, em detrimento do apresentado pelo Uruguai, entre outras razões, pela inclusão de artigo sobre a possibilidade de escolha da lei aplicável pelo consumidor, consagrando-se o princípio da autonomia da vontade, ainda que sob certa limitação.

Der Beitrag setzt sich mit dem brasilianischen Vorschlag hinsichtlich des anwendbaren Rechts bei internationalen Verbraucherverträgen auseinander. Dieser Vorschlag wird auch einer der Themen auf der nächsten Interamerikanischen Konferenz zum Internationalen Privatrecht sein, deren Termin und Ort noch nicht feststehen. Brasilien hat unter Leitung von Professorin Claudia Lima Marques und der Abteilung für Internationales Recht der OEA die Diskussionen zu dem Projekt zunächst über ein virtuelles Forum geführt. Der Beitrag beschäftigt sich außerdem mit dem uruguayischen Vorschlag und stellt die Ähnlichkeiten sowie Unterschiede zum brasilianischen Vorschlag dar. Die Autorin befürwortet den brasilianischen Vorschlag, insbesondere weil dort dem Verbraucher die Möglichkeit eingeräumt wird, das anwendbare Recht unter bestimmten Voraussetzungen zu wählen.

DAS BRÜSSELER– UND LUGANO-ÜBEREINKOMMEN SOWIE DIE BRÜSSEL-I-VERORDNUNG IN DER PORTUGIESISCHEN RECHTSPRECHUNG (1992-2006): DER EINFLUSS EIGENTYPISCHER REGELUNGEN DES AUTONOMEN RECHTS

DR. ALEXANDER RATHENAU[*]

I. Vorschau und Inhalt dieses Beitrags	264
II. Überblick über die Neuregelungen des autonomen Rechts	266
III. Nichtbeachtung des Anwendungsvorrangs der Rechtsquellen in Teilen der Rechtsprechung	267
IV. Forum legis im portugiesischen Zuständigkeitsrecht?	271
V. Der Beklagtengerichtsstand in Art. 2 I EuGVÜ und der maßgebliche Zeitpunkt für das Bestehen eines Wohnsitzes in einem Vertragsstaat	273
VI. Maßgebliche Rechtsordnung zur Bestimmung des Erfüllungsorts i.S.v. Art. 65 I b) i. V. m. 74 I CPC n.F. und Art. 5 Nr. 1 EuGVÜ (Art. 5 Nr. 1 a) Brüssel-I-VO)	276
VII. Sonderregelungen betreffend Arbeitsrechtsstreitigkeiten	280
VIII. Das exorbitante so genannte Territorialprinzip in Art. 65 I c) CPC n.F. und der Gerichtsstand für Deliktsklagen gemäß Art. 5 Nr. 3 Brüssel-I-VO	282
1. Das Territorialprinzip in Art. 65 I c) CPC n.F.	282
2. Das Territorialprinzip und Art. 5 Nr. 3 der Europäischen Zuständigkeitsordnungen (Gerichtsstand für Deliktsklagen)	285
IX. Die Prüfung der Wirksamkeit internationaler Gerichtsstandsvereinbarungen	291

---

[*] Der Autor ist sowohl in Deutschland als auch in Portugal zugelassener Rechtsanwalt und in Luz/Lagos in Portugal tätig.

X. Anerkennung und Vollstreckung ausländischer Entscheidungen 295
XI. Der intertemporale Anwendungsbereich der Europäischen Zuständigkeitsordnungen 297
XII. Schlussbemerkung 301
XIII. Breve introdução e resumo em português 302
    1. A Convenção de Bruxelas na jurisprudência portuguesa 303
    2. O direito processual internacional civil autónomo 305

I. Vorschau und Inhalt dieses Beitrags[1]

Hauptanliegen dieses Beitrags ist es, dem Leser einen Überblick über die Spruchpraxis der portugiesischen Berufungsgerichte (*Relações*) und des Obersten Gerichtshofs (*Supremo Tribunal de Justiça*) zum Brüsseler-Übereinkommen (EuGVÜ[2]) und Lugano-Übereinkommen (LugÜ[3]) sowie zur Verordnung (EG) Nr. 44/2001 (sog. Brüssel-I-VO[4]) zu verschaffen.

Die gemeinschaftswidrige Anwendung des EuGVÜ und nun der Brüssel-I-VO in dem jeweiligen Mitgliedstaat kann insbesondere die schutzwürdige Position des unterlegenen Beklagten berühren. Der Europäische Gesetzgeber setzt auf das gegenseitige Vertrauen in die ordnungsgemäße Rechtspflege. Verstöße der Gerichte des Ursprungsmitgliedstaats gegen Zuständigkeitsvorschriften dürfen im Anerkennungs- und Vollstreckungsverfahren der Brüssel-I-VO gemäß Art. 35 III 1, 45 I Brüssel-I-VO grundsätzlich nicht nachgeprüft werden. Auch findet im Verfahren der Bestätigung eines Titels als Europäischer Vollstreckungstitel nach der Verordnung (EG) Nr. 805/2004 (EuVTVO[5]) gemäß

---

[1] Der Text basiert auf einem Vortrag, den der Verfasser während der Tagung der Deutsch-Lusitanischen Juristenvereinigung (DLJV) vom 25.-26. November 2005 in Berlin gehalten hat. Originalveröffentlichung in ZZP Int 10 (2005).

[2] Brüsseler EWG-Übereinkommen über die gerichtliche Zuständigkeit und die Vollstreckung gerichtlicher Entscheidungen in Zivil- und Handelssachen vom 27. September 1968 (BGBl. 1972 II, 774) in den unterschiedlichen Fassungen von vier Beitrittsübereinkommen.

[3] Luganer Übereinkommen über die gerichtliche Zuständigkeit und die Vollstreckung gerichtlicher Entscheidungen in Zivil- und Handelssachen vom 16. September 1988 (BGBl. 1994 II, 2660).

[4] Verordnung (EG) Nr. 44/2001 des Rates über die gerichtliche Zuständigkeit und die Anerkennung und Vollstreckung von Entscheidungen in Zivil- und Handelssachen.

[5] Verordnung (EG) Nr. 805/2004 des Europäischen Parlaments und des Rates vom 21.04.2004 zur Einführung eines europäischen Vollstreckungstitels für unbestrittene

deren Art. 6 I lit. b) nur eine eingeschränkte Prüfung statt. Außerdem wird diese Bestätigung im *Ursprungsmitgliedstaat* vorgenommen, so dass eine effiziente Kontrolle angezweifelt werden darf.[6]

Das EuGVÜ und das LugÜ sind für Portugal zeitgleich am 01.07.1992 in Kraft getreten; die Brüssel-I-VO bindet Portugal seit dem 01.03.2002. Von Juli 1992 bis Anfang 2006 wurden über 170 Entscheidungen zu den vorgenannten Rechtsquellen, vorwiegend zum EuGVÜ, veröffentlicht. Begutachtet werden vor allem die aus der Sicht des Autors kritikwürdigsten Entscheidungen.

Das Verständnis der überwiegenden Anzahl der Gerichtsentscheidungen setzt die Kenntnis bestimmter Regelungen des autonomen internationalen Zivilprozessrechts Portugals voraus, die in den Europäischen Zuständigkeitsordnungen in Zivil– und Handelssachen keine Parallele finden und deshalb als eigentypisch bezeichnet werden können. Dieser Umstand ist Folge der äußerst bescheidenen Berücksichtigung der Rechtsprechung des Europäischen Gerichtshofs zum EuGVÜ und zur Brüssel-I-VO durch portugiesische Gerichte.[7] Nur vereinzelte Entscheidungen machen deutlich, dass sowohl deren Regelungen über die internationale Zuständigkeit als auch deren Annerkennungs– und Vollstreckungsregelungen das portugiesische Zivilprozessrecht verdrängen. Im Rahmen dieses nationalen Rechtsprechungsberichts werden daher einige der wichtigsten autonomen Regelungen des *Código de Processo Civil*

Forderungen. Die Verordnung ist am 21.01.2005 in Kraft getreten und gilt seit dem 21.10.2005 mit Ausnahme der Art. 30, 31 und 32, die bereits seit dem 21.01.2005 gelten (vgl. Art. 33 der VO).

[6] In Portugal wird zurzeit noch diskutiert, welche Stelle überhaupt für das Bestätigungsverfahren nach der EuVTVO zuständig ist. Überwiegend wird eine *rein administrative* Qualifikation des „*acto de certificação*" angeregt, so dass das Bestätigungsverfahren aller Voraussicht nach nicht in den Kompetenzbereich der Gerichte fallen wird, siehe COSTA E SILVA, *O título executivo europeu*, in: Estudos em Memória do Professor António Marques dos Santos, 2005, 557 (583 f.).

[7] Von dem Vorabentscheidungsverfahren vor dem EuGH wurde bisher kein Gebrauch gemacht; es fällt auf, dass die Gerichte nur dann auf das Vorabentscheidungsverfahren zu sprechen kommen, wenn ein Verfahrensbeteiligter die Intervention des EuGH geltend macht, vgl. die Entscheidungen des Supremo Tribunal da Justiça vom 07. 12.1995, CJ-STJ, Ano III, Tomo III, 1995, 146 (147 a. E.): Alda Radio Limited gegen Cerqueira & Moreira Lda., 25.11.1997, BMJ 471 (1997), 339: Cousin Frères, S. A. gegen „Mecanocostura" – Fabricação e Comércio de Equipamento e Indústria de Confecções, S. A. und 17.11.1998, Rechtssache Nr. 98A998, in: *http://www.dgsi.pt*.

(CPC) und *Código de Processo do Trabalho (CPT)* über die internationale Zuständigkeit und die Anerkennung ausländischer Entscheidungen erörtert, die 1997, 2000 und 2003 zum Teil bedeutsame gesetzgeberische Änderungen erfuhren.[8]

II. Überblick über die Neuregelungen des autonomen Rechts

Die wichtigsten Änderungen der jüngsten Reformen lassen sich wie folgt zusammenfassen: *Aufgehoben*, ohne dass die Regelung an gleicher Stelle modifiziert oder an anderer Stelle wieder erscheint, wurden das sog. Reziprozitätsprinzip in Art. 65 I c) CPC a.F. und der ausschließliche Arbeitsgerichtsstand in Art. 65-A c) CPC a.F. War der Beklagte Ausländer und der Kläger Portugiese, so waren die portugiesischen Gerichte international gemäß Art. 65 I c) CPC a.F. zuständig, sofern im umgekehrten Fall der Portugiese vor den Gerichten des Staates, dem der Beklagte angehört, verklagt werden konnte.[9] Nach dem Wortlaut von Art. 65-A c) CPC a.F. besaßen die portugiesischen Gerichte die ausschließliche internationale Zuständigkeit für alle denkbaren Streitigkeiten, die arbeits-

---

[8] Am 01.01.1997 sind die DL (Gesetzesdekrete) Nr. 329-A/95 vom 12.12 und Nr. 180/96 vom 25.09 und am 15. 09.2003 sind die DL Nr. 38/2003 vom 08.03 und Nr. 199//2003 vom 10.09 in Kraft getreten, welche das *Código de Processo Civil* (CPC = Zivilprozessgesetzbuch vom 28. Dezember 1961 -DL Nr. 44 129-) reformierten. Seit dem 01.01.2000 ist das neue *Código de Processo do Trabalho* (CPT = Arbeitsprozessgesetzbuch vom 9. November 1999 -DL Nr. 480/99-) mit geänderten internationalen Arbeitsgerichtsständen in Kraft.

[9] Die Aufhebung dieser sog. Retorsionsvorschrift war längst überfällig, siehe MACHADO VILELA, *Notas sobre a Competência Internacional no novo Código de Processo Civil*, Boletim da Faculdade de Direito da Universidade de Coimbra 17 (1940/1941), 274 (329 ff.); FERRER CORREIA/FERREIRA PINTO, *Breve apreciação das disposições do anteprojecto do código de processo civil que regulam a competência internacional e o reconhecimento das sentenças estrangeiras*, Revista de direito e economia 1987, 25 (34 f.); TEIXEIRA DE SOUSA, *Apreciação de alguns aspectos da «Revisão do Processo Civil – Projecto»*, Revista da Ordem dos Advogados 55 (1995), 353 (367); TEIXEIRA DE SOUSA, *Die neue internationale Zuständigkeitsregelung im portugiesischen Zivilprozessgesetzbuch und die Brüsseler und Luganer Übereinkommen: Einige vergleichende Bemerkungen*, IPRax 1997, 352 (353); a. A. offenbar MOURA VICENTE, *Direito Internacional Privado – Ensaios I*, 2002, 260 f. Eine entsprechende Vorschrift befindet sich noch in Art. 636 I, 638 des belgischen Code judiciaire; vgl. auch § 738 II HGB und Art. 14 II des portugiesischen *Código Civil*.

rechtliche Beziehungen betreffen. *Weggefallen* ist außerdem die Aufenthaltszuständigkeit in Art. 65 II CPC a.f. zugunsten des portugiesischen Klägers und das sog. Spiegelbildprinzip bei der Anerkennung ausländischer Entscheidungen. Schließlich ist Art. 11 2. Fall CPT a.F. in Art. 10 CPT n.F. nicht wiederzufinden, nach dem die portugiesischen Gerichte in Arbeitssachen international zuständig waren, wenn der Arbeitnehmer Portugiese war und der Arbeitsvertrag in Portugal abgeschlossen wurde.[10] Es sind somit alle einst in Art. 3 II EuGVÜ/LugÜ aufgezählten exorbitanten Gerichtsstände entfallen. Wie zu sehen sein wird, bedeutet dies aber nicht, dass es nun keine exorbitanten Zuständigkeiten mehr gebe. Von den *Neuregelungen* besonders hervorzuheben sind der Beklagtengerichtsstand in Art. 65 I a) CPC n.F., die Formerleichterungen für Gerichtstandsvereinbarungen in Art. 99 III e), IV CPC n.F. und das exorbitante Territorialprinzip in Art. 10 2. HS CPT n.F.

III. Nichtbeachtung des Anwendungsvorrangs der Rechtsquellen in Teilen der Rechtsprechung

Die Zuständigkeitsvorschriften des EuGVÜ/LugÜ und der Brüssel-I-VO ersetzen in ihrem Anwendungsbereich die portugiesische Zuständigkeitsordnung. Sie verbieten in ihrem Anwendungsbereich die Heranziehung sämtlicher portugiesischer Vorschriften über die Begründung der internationalen Zuständigkeit.[11] Das wird für die sog. exorbitanten Gerichtsstände in Art. 3 II (i. V. m. Anhang I bei der Brüssel-I-VO) der genannten Rechtsquellen ausdrücklich betont.

In Anbetracht der jüngsten Reformen der portugiesischen Zuständigkeitsordnung hat die Portugiesische Republik dem Generalsekretär des Rates der EG die Änderungen im Jahr 2000 bekannt gegeben und mitgeteilt, dass Art. 3 II 11. Spiegelstrich EuGVÜ „*in Portugal: die Artikel 65 und 65-A der Zivilprozessordnung (...) und Artikel*

---

[10] MOURA RAMOS, *Da lei aplicável ao contrato de trabalho internacional*, 1991, 781.

[11] Nur KROPHOLLER, *Europäisches Zivilprozessrecht, Kommentar zu EuGVO, Lugano-Übereinkommen und Europäischem Vollstreckungstitel*[8], 2005, vor Art. 2 EuGVO, Rdn. 16 f.

11 der Arbeitsprozessordnung (...)" heißen müsse.¹² So steht es nun auch in Art. 3 II LugÜ und im Anhang I zur Brüssel-I-VO. Der Portugiesischen Republik ist offenbar ein Fehler unterlaufen, da Art. 65-A CPC n.F. (ausschließliche Zuständigkeiten) keinen verpönten Gerichtsstand mehr enthält und nicht alle in Art. 65 CPC n.F. aufgezählten Gerichtsstände exorbitant sind.¹³ M. E. könnte es allenfalls lauten: *„in Portugal: Artikel 65 Absatz 1 Buchstabe c) der Zivilprozessordnung (...) und Artikel 10 2. Halbsatz der Arbeitsprozessordnung (...)"*.¹⁴

Vor der Änderung des Zuständigkeitskatalogs hieß es noch in Art. 3 II EuGVÜ/LugÜ: *„in Portugal: Artikel 65 Absatz 1 Buchstabe c), Artikel 65 Absatz 2 und Artikel 65 a Buchstabe c) der Zivilprozessordnung (...) und Artikel 11 der Arbeitsprozessordnung (...)"*.

Noch vor dessen Änderung wandte das Berufungsgericht Lissabon in seiner Entscheidung vom 05.12.1995¹⁵ im Geltungsbereich des EuGVÜ das exorbitante autonome sog. Territorialprinzip in Art. 65 I b) CPC a.F.¹⁶ an, da Art. 3 II EuGVÜ lediglich anordne, dass gegen

---

¹² Mitteilung der Portugiesischen Republik gemäß Art. VI des Protokolls vom 27. September 1968 im Anhang zum Brüsseler Übereinkommen, ABl. EG 2000, Nr. C 160 vom 08/06/2000, 01; abgedruckt in: JAYME/SCHINDLER (Hrsg.), *Rechtsentwicklungen in Portugal, Brasilien und Macau – Tagungsreferate, Beiträge, Gutachten*, 2002, 257. Beachte, dass mit „Art. 11 der Arbeitsprozessordnung" noch die alte Arbeitsprozessordnung gemeint war; vgl. nun Art. 10 CPT n.F. (s. dazu unten VII.).

¹³ Die genaue Angabe der exorbitanten Gerichtsstände in Art. 3 II i. V. m. Anhang I Brüssel-I-VO kann für Art. 72 Brüssel-I-VO (s. auch Art. 59 EuGVÜ/LugÜ) von entscheidender Bedeutung sein, vgl. MOURA VICENTE, *Direito Internacional Privado – Ensaios I*, 2002, 270 (dortige Fn. 7) und *Competência Judiciaria e Reconhecimento de Decisões Estrangeiras no Regulamento (CE) n° 44/2001*, Scientia Iuridica 2002, 347 (362).

¹⁴ Zum exorbitanten Territorialprinzip in Art. 65 I c) CPC n.F. und Art. 10 2. HS CPT n.F. s. unten VII. und VIII. MOURA VICENTE; *Direito Internacional Privado – Ensaios I*, 2002, 260 f. ist der Ansicht, dass die Art. 65, 65-A CPC n.F. und Art. 10 CPT n.F. (er spricht von „Art. 11 CPT n.F.", was aber keinen Sinn ergibt) keine exorbitanten Zuständigkeiten mehr enthalten. Beachte, dass es im autonomen Seerecht noch mehrere exorbitante Gerichtsstände gibt (vgl. etwa Art. 15 I c) des DL Nr. 203/98 vom 10. Juli). Da es sich bei Art. 3 II Brüssel-I-VO um eine exemplarische Auflistung der exorbitanten Gerichtsstände handelt, müssen dort nicht alle aufgezählt werden.

¹⁵ Revista de Legislação e de Jurisprudência 130 (1997), 174.

¹⁶ Die Regelung des Art. 65 I b) CPC a.F., die sich nun zum Teil verändert in Art. 65 I c) CPC n.F. befindet, lautete: „1. Die internationale Zuständigkeit der portugiesischen Gerichte hängt vom Eintreten eines der folgenden Umstände ab:... b) die

Personen mit Wohnsitz in einem anderen Vertragsstaat „*Art. 65 I c), 65 II und 65-A c) CPC*" nicht geltend gemacht werden dürften. Art. 65 I b) CPC a.F. sei in Art. 3 EuGVÜ nicht genannt. Deutlich aus dem Wort „insbesondere" in Art. 3 II EuGVÜ folgt, dass man nicht zu dem Fehlschluss verleitet werden darf, nur die dort aufgeführten, besonders unangemessenen Zuständigkeiten, seien ausgeschlossen.[17] Diesem Irrtum unterlag das Berufungsgericht Lissabon. Art. 3 I EuGVÜ, auf dem der zweite Absatz aufbaut, ist außerdem eindeutig.[18] Das Gericht verkannte den vorwiegend narrativen Charakter der in Art. 3 II EuGVÜ enthaltenen Liste.[19]

Die exemplarische Auflistung von exorbitanten Gerichtsständen in Art. 3 II LugÜ sorgte in dem Urteil des Obersten Gerichtshofs vom 11.05.2000[20] für Verwirrung. Der Oberste Gerichtshof urteilte, dass Art. 11 CPT a.F. unanwendbar sei, da er im Katalog des Art. 3 II LugÜ angeführt ist. Sodann prüfte er jedoch die internationale Zuständigkeit

---

Tatsache, die als Klagegrund dient, muss sich auf portugiesischem Gebiet ereignet haben"; ausführlich zum Territorialprinzip s. unten VII und VIII. 1.

[17] SCHLOSSER, in: ABl. EG 1979, Nr. C 59/71 (100, Tz. 87); KROPHOLLER, *Europäisches Zivilprozessrecht, Kommentar zu EuGVO, Lugano-Übereinkommen und Europäischem Vollstreckungstitel*[8], 2005, vor Art. 2 EuGVO, Rdn. 17; ZÖLLER/GEIMER, *Kommentar zur ZPO*[23], 2002, Art. 3 EuGVVO, Rdn. 6; VASCONCELOS, *Conexão e competência judiciária na Convenção de Bruxelas de 27 de Setembro de 1968*, O Direito 126 (1994), 209 (256 a. E. f.); FERRER CORREIA, *Lições de Direito Internacional Privado I* (Nachdruck), 2002, 490.

[18] Art. 3 I EuGVÜ/Brüssel-I-VO: „Personen, die ihren Wohnsitz im Hoheitsgebiet eines Vertragsstaates [Mitgliedstaats] haben, können vor den Gerichten eines anderen Vertragsstaates [Mitgliedstaats] *nur* gemäß den Vorschriften des 2. bis 6. Abschnitts [der Abschnitte 2 bis 7 dieses Kapitels] verklagt werden" (Hervorhebung des Verf.).

[19] JAYME/KOHLER, *Europäisches Kollisionsrecht 1996 – Anpassung und Transformation der nationalen Rechte*, IPRax 1996, 377 (385); MOURA RAMOS, *Anotação ao acórdão do Tribunal da Relação de Lisboa de 5 de Novembro de 1995*, Revista de Legislação e de Jurisprudência 130 (1997), 176 (181); MOURA RAMOS, *„Portugal"*, in: KAYE (Hrsg.), European Case Law on the Judgments Convention, 1998, 795 (803); TAVARES DE SOUSA, *A convenção de Bruxelas de 1968 e a convenção paralela de Lugano de 1988 na jurisprudência portuguesa (1993-1997)*, in: JAYME (Hrsg.), *Das Recht der Lusophonen Länder – Tagungsreferate, Rechtsprechung, Gutachten*, 2000, 29 (36).

[20] Colectânea de Jurisprudência – Supremo Tribunal de Justiça [fortan: „CJ-STJ" bzw. „CJ", wenn die Entscheidungssammlung der Berufungsgerichte gemeint ist], Ano VIII, Tomo II, 2000, 261: Lisete Gouveia *gegen* Color Line (eine Gesellschaft norwegischen Rechts) und Meridianus (eine Gesellschaft liechtensteinischen Rechts).

portugiesischer Gerichte anhand Art. 11 1. Fall i. V. m. 15 CPT a.F.; danach besaß das für eine arbeitsvertragliche Streitigkeit örtlich zuständige Gericht im Wege der Doppelfunktionalität auch die internationale Entscheidungszuständigkeit. Das Gericht betonte, dass Art. 15 CPT im Ausschlusskatalog des Art. 3 II LugÜ nicht vorkomme.[21]

In zwei sich sehr ähnelnden Entscheidungen prüfte das Berufungsgericht Porto, ob es im Rahmen des Geltungsbereichs der Brüssel-I-VO die internationale Zuständigkeit portugiesischer Gerichte auf das autonome Territorialprinzip des Art. 65 I c) CPC n.F. stützen konnte. Das Berufungsgericht führte in seinen beiden Entscheidungen vom 15.10.2004[22] und 11.11.2004[23] aus, dass das Territorialprinzip nach Art. 65 I b) CPC a.F. nicht in Art. 3 II *EuGVÜ* aufgelistet und daher im Geltungsbereich des *EuGVÜ* nicht ausgeschlossen sei. Hingegen sei mit dem Inkrafttreten der *Brüssel-I-VO* nunmehr der gesamte Art. 65 CPC n.F. gemäß Art. 3 II Brüssel-I-VO (i. V. m. Anhang I) ausgeschlossen, so dass man im Rahmen des Geltungsbereichs der *Brüssel-I-VO* das autonome Territorialprinzip grundsätzlich nicht anwenden könne.[24]

Auch in dieser neueren Rechtsprechung wird der vorwiegend narrative Charakter der in Art. 3 II (i. V. m. Anhang I bei der Brüssel-I--VO) enthaltenen Liste missverstanden.

Bemerkenswert ist, dass das Berufungsgericht Porto in beiden zuletzt genannten Entscheidungen das Territorialprinzip (Art. 65 I c) CPC n.F.) im Ergebnis gleichwohl anwandte, da es der irrigen Meinung war, Art. 65 I c) CPC n.F. stimme für die Fallentscheidung mit Art. 5 Nr. 3 Brüssel-I-VO (Gerichtsstand für unerlaubte Handlungen) überein.[25]

Auffällig ist, dass es in über 170 Gerichtsentscheidungen kaum eine Entscheidung gibt, in der im Geltungsbereich der Europäischen

---

[21] Der Oberste Gerichtshof verneinte dann aber die Zuständigkeit portugiesischer Gerichte mit der Begründung, dass der in Art. 3 II LugÜ angeführte Art. 11 CPT a.F., und daher ausgeschlossene Artikel, auf die Vorschriften der Art. 14 ff. CPT a.F. verweise. Das ist richtig, da die in Art. 15 CPT a.F. geregelte örtliche Zuständigkeit nur i. V. m. Art. 11 1. Fall CPT a.F. doppelfunktional ausgebaut wurde. Das Gericht übersah aber auch in diesem Fall den vorwiegend narrativen Charakter der in Art. 3 II enthaltenen Liste.

[22] Rechtssache Nr. 0434740, in: *http://www.dgsi.pt*

[23] Rechtssache Nr. 0435762, in: *http://www.dgsi.pt*.

[24] Zu der *fehlerhaften* Nennung des gesamten Art. 65 CPC n.F. im Anhang I zur Brüssel-I-VO und im Art. 3 II LugÜ s. o. unter III.

[25] S. zu diesen beiden Entscheidungen, in denen es jeweils um einen Verkehrsunfall ging, unten VIII. 2.

Zuständigkeitsordnungen nicht zugleich das autonome Recht – zumindest zur Unterstützung der Falllösung – herangezogen wurde. In einigen Entscheidungen blieb der Anwendungsvorrang der Rechtsquellen völlig unbeachtet.[26]

Schließlich ist in diesem Zusammenhang darauf hinzuweisen, dass in sechs Entscheidungen das Lugano-Übereinkommen angewandt wurde, obwohl der Sachverhalt ausschließlich Berührungspunkte zu Vertragsstaaten des EuGVÜ aufwies. Art. 54 b LugÜ, der den räumlichen Anwendungsbereich des LugÜ im Verhältnis zum EuGVÜ festlegt, blieb unerwähnt.[27]

IV. *Forum legis* im portugiesischen Zuständigkeitsrecht?

Sowohl das Berufungsgericht Lissabon in einem Urteil vom 05.12.1995[28] als auch der Oberste Gerichtshof in einem Urteil vom 05.11.1998[29] haben im Rahmen des Anwendungsbereichs des EuGVÜ zu erkennen gegeben, dass sich nach ihrer Auffassung die internationale Zuständigkeit portugiesischer Gerichte bereits aus dem Umstand ergebe, dass auf den Rechtsstreit portugiesisches Sachrecht Anwendung findet. Der Oberste Gerichtshof führte aus, dass die Auflösung des streitentscheidenden Handelsvertretervertrages nach der einschlägigen Kollisionsnorm portugiesischem Recht unterliege, „so dass es kein italienisches

---

[26] Vgl. zum Beispiel folgende Urteile betreffend Gerichtsstandsvereinbarungen: Oberster Gerichtshof vom 05.11.1998, CJ-STJ, Ano VI, Tomo III, 1998, 97; Berufungsgericht Lissabon vom 20.01.2004, Rechtssache Nr. 9662/2003-1, in: *http://www.dgsi.pt*.

[27] Entscheidungen des Berufungsgerichts Coimbra vom 14.12.1993 (CJ, Ano XVIII, Tomo V, 1993, 51) und 12.07.1994 (CJ, Ano XIX, Tomo IV-V, 1994, 28); des Berufungsgerichts Porto vom 27.02.1995 (CJ, Ano XX, Tomo I, 1995, 229) und 16.10.1995 (CJ, Ano XX, Tomo IV, 1995, 217); Entscheidung des Berufungsgerichts Évora vom 30.01.1997 (CJ, Ano XXII, Tomo I, 1997, 293) und des Obersten Gerichtshofs vom 18. 06.2003 (Rechtssache Nr. 03B1626, in: *http://www.dgsi.pt*: Der Oberste Gerichtshof übersah, dass Schweden bereits seit dem 1. Januar 1999 Vertragsstaat des EuGVÜ ist).

[28] Revista de Legislação e de Jurisprudência 130 (1997), 174.

[29] CJ-STJ, Ano VI, Tomo III, 1998, 97; eine sehr ähnliche Entscheidung wurde vom Obersten Gerichtshof am 10.07.1997 erlassen, vgl. Boletim do Ministério da Justiça 469 (1997), 418.

Gericht sein wird, das es [das portugiesische Sachrecht] berücksichtigt". Die obersten Richter wollten offenbar die Anwendung von portugiesishem Recht mit allen Mitteln durchsetzen, begründet mit der Besorgnis, ausländische Gerichte werden aus ihrer Sicht zwingendes portugiesisches Recht nicht anwenden. Ein positiver Gleichlauf zwischen internationaler Zuständigkeit und anwendbarem Recht wird in Portugal aber nicht vertreten.[30] Auch im Rahmen des *forum necessitatis* in Art. 65 I d) CPC n.F.[31] kann, entgegen einer nicht überzeugenden Meinung, für die Durchsetzbarkeit einer materiellrechtlichen Rechtsposition eine inländische Zuständigkeit nicht begründet werden.[32] Im Rahmen des Anwendungs-

---

[30] FERRER CORREIA, *Lições de Direito Internacional Privado I* (Nachdruck), 2002, 450 ff.; MOURA VICENTE, *Direito Internacional Privado – Ensaios I*, 2002, 252 ff.; LIMA PINHEIRO, *Direito Internacional Privado – Volume III – Competência Internacional e Reconhecimento de Decisões Estrangeiras*, 2002 [DIP], 32 f. und *A triangularidade do Direito Internacional Privado – Ensaio sobre a articulação entre o Direito de Conflitos, o Direito da Competência Internacional e o Direito de Reconhecimento*, in: Estudos de Homenagem à Professora Doutora Isabel de Magalhães Collaço I, 311 (323 f.). Dagegen wird ein sog. negativer Gleichlauf ernsthaft diskutiert, vgl. LIMA PINHEIRO, *Direito Internacional Privado – Volume III – Competência Internacional e Reconhecimento de Decisões Estrangeiras*, 2002 [DIP], 36 f; KROPHOLLER, *Internationales Privatrecht einschließlich der Grundbegriffe des Internationalen Zivilverfahrensrechts*[5], 2004, 596. Dieser kann besonders dazu geeignet sein, hinkende Rechtsverhältnisse in Statussachen zu vermeiden, s. als Beispiel § 606a I Nr. 4 ZPO in Ehesachen.

[31] Nach Art. 65 I d) CPC n.F. sind portugiesische Gerichte international zuständig, wenn sich das behauptete Recht außer durch eine im portugiesischen Gebiet erhobene Klage nicht verwirklichen kann, oder die Erhebung der Klage im Ausland für den Kläger eine beachtliche Beschwerlichkeit darstellt, sofern zwischen dem Streitgegenstand und der nationalen Rechtsordnung ein persönliches oder dingliches schwerwiegendes Anknüpfungselement vorliegt.

[32] ALBERTO DOS REIS, *Comentário ao Código de Processo Civil I*[2], 1960, 142; BARBOSA DE MAGALHÃES, *Estudos sobre o novo Código de Processo Civil II – Da competência internacional*, 1947, 404 f.; VARELA/BEZERRA/SAMPAIO E NORA, *Manual de Processo Civil*[2], 1985, 205 f. (beachte Fn. 1 auf S. 206); Urteil des Obersten Gerichtshofs vom 21.01.1955, Boletim do Ministério da Justiça 47 (1955), 338 und vom 26.07.1968, Rechtssache Nr. 062401, in: *http://www.dgsi.pt* (Leitsätze); a. A.: ANSELMO DE CASTRO, *Direito Processual Civil Declaratório II*, 1982, 32 (dortige Fn. 1); FERRER CORREIA, *Lições de Direito Internacional Privado I* (Nachdruck), 2002, 447; FERRER CORREIA/ FERREIRA PINTO, *Breve apreciação das disposições do anteprojecto do código de processo civil que regulam a competência internacional e o reconhecimento das sentenças estrangeiras*, Revista de direito e economia 1987, 25 (37 f.); TEIXEIRA DE SOUSA, *A Competência Declarativa dos Tribunais Comuns*, 1993, 54; Urteil des Obersten Gerichtshofs vom

bereiches des EuGVÜ/LugÜ und der Brüsssel I-VO ist ein positiver Gleichlauf ohnehin nicht vertretbar.[33] Die Zuständigkeiten sind im Brüsseler-Übereinkommen wie auch in den anderen Rechtsakten des Europäischen Zivilprozessrechts abschließend aufgezählt.[34]

V. Der Beklagtengerichtsstand in Art. 2 I EuGVÜ und der maßgebliche Zeitpunkt für das Bestehen eines Wohnsitzes in einem Vertragsstaat

Hat der Beklagte, oder einer der Beklagten, den Wohnsitz im portugiesischen Gebiet, so sind die portugiesischen Gerichte nach Art. 65 I a) CPC n.F. international zuständig, es sei denn, es handelt sich um Klagen betreffend dingliche Rechte oder persönliche Nutzrechte an unbeweglichen Sachen, die im Ausland belegen sind. Die Einfügung des Grundsatzes *actor sequitur forum rei* als eigenständige Alternative im Zuständigkeitskatalog des Art. 65 CPC stellt m. E. die wichtigste Neuregelung in Portugal dar.[35] Gemäß Art. 22 I 1. HS LOFTJ[36] wird die

---

27.07.1943, Revista de Legislação e de Jurisprudência 76 (1943), 252 (es ging dort um eine Vaterschaftsfeststellungsklage, die laut dem Gericht in Brasilien nicht mit Erfolg durchzuführen gewesen wäre); s. auch das Urteil des Berufungsgerichts Porto vom 09.07.1976, CJ, Ano I, Tomo II, 1976, 393.

[33] KROPHOLLER, *Internationales Privatrecht einschließlich der Grundbegriffe des Internationalen Zivilverfahrensrechts*[5], 2004, 596; VON HOFFMANN, *Gegenwartsprobleme internationaler Zuständigkeit*, IPRax 1982, 217 (221); LIMA PINHEIRO, *Direito Internacional Privado – Volume III – Competência Internacional e Reconhecimento de Decisões Estrangeiras*, 2002 [DIP], 35; TEIXEIRA DE SOUSA, *Direito Processual Civil Europeu – Relatório apresentado nos termos do art. 9, n.° 1, al. a), do Decreto n° 301/72, de 14 de Agosto, para a prestação de provas de Agregação (Ciências Jurídicas) na Universidade de Lisboa*, 2003, 14 und 58.

[34] KROPHOLLER, *Internationales Privatrecht einschließlich der Grundbegriffe des Internationalen Zivilverfahrensrechts*[5], 2004, 596 und *Europäisches Zivilprozessrecht, Kommentar zu EuGVO, Lugano-Übereinkommen und Europäischem Vollstreckungstitel*[8], 2005, vor Art. 2 EuGVO, Rdn. 18.

[35] Der Beklagtenwohnsitz findet breite Anerkennung, vgl. z. B. Art. 2 I EuGVÜ//LugÜ/Brüssel-I-VO; Art. 13 ZPO; Art. 2 des schweizerischen IPR-Gesetzes von 1987; Art. 3 I des italienischen IPR-Gesetzes von 1995; Art. 22 II des spanischen Gesetzes von 1985; Art. 88 des brasilianischen CPC von 1973.

[36] Lei de Organização e Funcionamento dos Tribunais Judiciais (Gesetz Nr. 3 vom 13.01.1999 über die Organisation und Tätigkeit der ordentlichen Gerichte).

Zuständigkeit zum Zeitpunkt der Klageerhebung bestimmt.[37] Noch zum EuGVÜ hat der Oberste Gerichtshof in seinen Entscheidungen vom 24.10.2002[38] und 27.02.2003[39] die Auffassung vertreten, dass es für das Bestehen eines Wohnsitzes i. S. v. Art. 2 I EuGVÜ im Forumstaat stets auf den Zeitpunkt der Klageerhebung ankomme. Der Gerichtshof hat daher die internationale Zuständigkeit in beiden Urteilen verneint.

Das EuGVÜ und auch die Brüssel-I-VO enthalten keine Regelungen über den Zeitpunkt, zu dem die zuständigkeitsbegründenden Tatsachen, insbesondere der Wohnsitz, vorliegen müssen. Eine Ansicht bevorzugt eine autonome Lösung.[40] Von dieser abweichend, halten manche Autoren wie der Oberste Gerichtshof, die *lex fori* für maßgeblich.[41] Allerdings lag in beiden Fällen, die der Oberste Gerichtshof zu entscheiden hatte eine Fallkonstellation vor, in der der Kläger nach Abweisung der Klage diese sofort im Anschluss wieder erheben konnte, da der Beklagte mittlerweile seinen Wohnsitz in Portugal hatte. In solch einem Fall wird von der ganz überwiegenden Meinung zu Recht eine Ausnahme gemacht.[42] Im

---

[37] Art. 22 I LOFTJ: „A competência fixa-se no momento em que a acção se propõe, sendo irrelevantes as modificações de facto que ocorram posteriormente". Art. 22 I 2. HS lautet: „...unerheblich sind nachträgliche tatsächliche Veränderungen"; vgl. im deutschen Recht § 261 III Nr. 2 ZPO, Art. 17 I 1 GVG *(sog. perpetuatio fori)*.

[38] Rechtssache Nr. 02A2420, in: *http://www.dgsi.pt*.

[39] CJ-STJ, Ano XXVIII, Tomo I, 2003, 111.

[40] LIMA PINHEIRO, *Direito Internacional Privado – Volume III – Competência Internacional e Reconhecimento de Decisões Estrangeiras*, 2002 [DIP], 79; KROPHOLLER, *Europäisches Zivilprozessrecht, Kommentar zu EuGVO, Lugano-Übereinkommen und Europäischem Vollstreckungstitel*[8], 2005, vor Art. 2 EuGVO, Rdn. 12; GEIMER/SCHÜTZE, *Europäisches Zivilverfahrensrecht, Kommentar zum EuGVÜ und zum Lugano-Übereinkommen*, 1997, Art. 2 EuGVÜ, Rdn. 90 f.; Thomas/Putzo ZPO/HÜßTEGE[25], 2003, Art. 2 EuGVVO, Rdn. 8; ZÖLLER/GEIMER, *Kommentar zur ZPO*[23], 2002, Art. 2 EuGVVO, Rdn. 17; Wieczorek/Schütze ZPO/HAUSMANN[3], 1994, Art. 2 EuGVÜ, Rdn. 25.

[41] TEIXEIRA DE SOUSA/MOURA VICENTE, *Comentário à Convenção de Bruxelas de 27 de Setembro de 1968 relativa à competência judiciária e à execução de decisões em matéria civil e comercial e textos complementares*, 1994, 78; Musielak ZPO/WETH[3], 2002, Art. 2 EG-VO, Rdn. 5; RAUSCHER, *Internationales Privatrecht – Mit internationalem und europäischem Verfahrensrecht*[2], 2002, 349; MünchKomm ZPO/GOTTWALD, Band 3[2], 2001, Art. 2 EuGVÜ, Rdn. 16.

[42] Vgl. TEIXEIRA DE SOUSA/MOURA VICENTE, *Comentário à Convenção de Bruxelas de 27 de Setembro de 1968 relativa à competência judiciária e à execução de decisões em matéria civil e comercial e textos complementares*, 1994, 78, 78 a. E. und 25; Musielak ZPO/WETH[3], 2002, Art. 2 EG-VO, Rdn. 5; MünchKomm ZPO/GOTTWALD, Band 3[2],

Schrifttum wird der Beispielsfall genannt, in dem der Beklagte seinen Wohnsitz in den Gerichtsstaat verlegt. Eine ähnliche Situation lag den Entscheidungen des Obersten Gerichtshofs zugrunde: Ein im Gerichtsstaat ansässiger Beklagter trat dem Verfahren bei. Wird die Klage abgewiesen, kann der Kläger gemäß Art. 6 Nr. 1 EuGVÜ gegen mehrere Personen Klage erheben – was in aller Regel in seinem Interesse liegt. Voraussetzung ist nur, dass ein gewisser Zusammenhang zwischen den Klageansprüchen besteht.[43] In den vom Obersten Gerichtshof entschiedenen Fällen richtete sich ein und dieselbe Klage gegen zwei Beklagte. Liegt eine solche Fallkonstellation vor, so muss genügen, dass die Zuständigkeitsvoraussetzungen im Entscheidungszeitpunkt vorliegen.[44] Das erstinstanzliche Gericht hatte noch nicht einmal über die Frage der internationalen Zuständigkeit portugiesischer Gerichte entschieden, als die Klage auf den in Portugal ansässigen Zweitbeklagten erweitert wurde.

2001, Art. 2 EuGVÜ, Rdn. 17 (der Zuständigkeitsmangel entfällt ex nunc); KROPHOLLER, *Europäisches Zivilprozessrecht, Kommentar zu EuGVO, Lugano-Übereinkommen und Europäischem Vollstreckungstitel*[8], 2005, vor Art. 2 EuGVO, Rdn. 13; Wieczorek/Schütze ZPO/HAUSMANN[3], 1994, Art. 2 EuGVÜ, Rdn. 26; GEIMER/SCHÜTZE, *Europäisches Zivilverfahrensrecht, Kommentar zum EuGVÜ und zum Lugano-Übereinkommen*, 1997, Art. 2 EuGVÜ, Rdn. 92 ff.; s. auch SCHACK, *Internationales Zivilverfahrensrecht*[3], 2002, Rdn. 388.

[43] Zur sog. Konnexität vgl. etwa KROPHOLLER, *Europäisches Zivilprozessrecht, Kommentar zu EuGVO, Lugano-Übereinkommen und Europäischem Vollstreckungstitel*[8], 2005, Art. 6 EuGVO, Rdn. 8; MünchKomm ZPO/GOTTWALD, Band 3[2], 2001, Art. 6 EuGVÜ, Rdn. 6; Wieczorek/Schütze ZPO/HAUSMANN[3], 1994, Art. 6 EuGVÜ, Rdn. 7 f.; VASCONCELOS, *Conexão e competência judiciária na Convenção de Bruxelas de 27 de Setembro de 1968*, O Direito 126 (1994), 531 (534 ff.).

[44] Ausdrücklich auf den Entscheidungszeitpunkt stellen etwa KROPHOLLER, *Europäisches Zivilprozessrecht, Kommentar zu EuGVO, Lugano-Übereinkommen und Europäischem Vollstreckungstitel*[8], 2005, vor Art. 2 EuGVO, Rdn. 13; THORN, *Gerichtsstand des Erfüllungsorts und intertemporales Zivilverfahrensrecht*, IPRax 2004, 354 (354) und LIMA PINHEIRO, *Direito Internacional Privado – Volume III – Competência Internacional e Reconhecimento de Decisões Estrangeiras*, 2002 [DIP], 79 ab. Im Gegensatz zu MünchKomm ZPO/GOTTWALD, Band 3[2], 2001, Art. 2 EuGVÜ, Rdn. 16 muss nach Ansicht von RAUSCHER, *Internationales Privatrecht – Mit internationalem und europäischem Verfahrensrecht*[2], 2002, 349 nach deutschem Recht die internationale Zuständigkeit als Prozessvoraussetzung nicht bereits bei Klageerhebung (§ 253 I ZPO), sondern erst bei Schluss der mündlichen Verhandlung bestehen.

VI. Maßgebliche Rechtsordnung zur Bestimmung des Erfüllungsorts i.S.v. Art. 65 I b) i. V. m. 74 I CPC n.F. und Art. 5 Nr. 1 EuGVÜ (Art. 5 Nr. 1 a) Brüssel-I-VO)

Nach Art. 65 I b) CPC besitzen die portugiesischen Gerichte die internationale Zuständigkeit, wenn die Klage nach den Regelungen über die örtliche Zuständigkeit erhoben wird (Koinzidenzprinzip). Gemäß Art. 74 I CPC n.F. ist die Klage auf Erfüllung einer Verpflichtung, die Schadenersatzklage wegen Nichtleistung oder Schlechtleistung und der Rücktritt vom Vertrag wegen Nichtleistung vom Gläubiger nach seiner Wahl, beim Gericht des Ortes geltend zu machen, an dem die Verpflichtung hätte erfüllt werden müssen oder der Beklagte seinen Wohnsitz hat. In seiner Entscheidung vom 02.02.2000[45] hat der Oberste Gerichtshof den Erfüllungsort i. S. v. Art. 74 I CPC n.F. nach der *lex fori*, d. h. nach portugiesischem Sachrecht ermittelt. So gingen auch andere Gerichte vor, auch wenn nicht immer ersichtlich war, ob sie das eigene materielle Recht als *lex fori* oder *lex causae* anwandten.[46] Bei der Ermittlung des Erfüllungsortes i. S. v. Art. 5 Nr. 1 HS. 1 EuGVÜ ist die Rechtsprechung des EuGH in seinen beiden ersten Entscheidungen aus dem Jahr 1976 „Tessili/Dunlop"[47] und „De Bloss"[48] von besonderer Relevanz. Dies gilt auch für die unverändert belassene Regelung des Art. 5 Nr. 1 a) Brüssel-I-VO.[49] Die portugiesischen Gerichte befassten sich auf der Ebene der

---

[45] Rechtssache Nr. 99B1147, in: *http://www.dgsi.pt* (Leitsatz; das komplette Urteil ist nur beim Obersten Gerichtshof in Lissabon erhältlich).

[46] Z. B.: Urteil des Berufungsgerichts Porto vom 02.04.1998, CJ, Ano XXIII, Tomo II, 1998, 223; in der portugiesischen Literatur wird hingegen zu Recht die Anwendung der *lex causae* befürwortet, s. TEIXEIRA DE SOUSA, *A Competência Declarativa dos Tribunais Comuns*, 1993, 84; BRITO, *Dos Acordos sobre o Tribunal Competente em Situações Internacionais*, 1988, 85 f.

[47] EuGH 6.10.1976, Rs. 12/76 – „Tessili/Dunlop", EuGHE 1976, 1473 = NJW 1977, 490 mit Anm. Geimer; bestätigt durch EuGH 29.6.1994, Rs. 288/92 – „Custom Made Commercial/Stawa Metallbau", EuGHE 1994 I, 2913 = NJW 1995, 183 = JZ 1995, 244 m. Anm. Geimer = IPRax 1995, 31 m. Anm. Jayme auf S. 13 = EuZW 1994, 763 = EWS 1994, 281 = ZEuP 1995, 655 m. Anm. Schack.

[48] EuGHE 1976, 1497 = NJW 1977, 490 m. Anm. Geimer.

[49] Ob die neue Regelung in Art. 5 Nr. 1 b) Brüssel-I-VO auf die Auslegung von Art. 5 Nr. 1 a) Brüssel-I-VO ausstrahlen vermag, bleibt abzuwarten. Nach der jetzigen Lage ist die EuGH-Rechtsprechung zu Art. 5 Nr. 1 EuGVÜ auch bei Art. 5 Nr. 1 a) Brüssel-I-VO zu berücksichtigen, vgl. VON HOFFMANN/THORN, *Internationales Privatrecht*

Übereinkommen bzw. der Brüssel-I-VO bis zum Jahr 2003 in keinem Fall mit der Frage der einschlägigen Kollisionsnorm zur Ermittlung des maßgeblichen Sachrechts,[50] geschweige denn mit ausländischem Recht.[51] Der Erfüllungsort i. S. v. Art. 5 Nr. 1 EuGVÜ wurde fortlaufend nach der portugiesischen *lex fori* ermittelt.[52] Erst im Jahr 2003 hat der Oberste Gerichtshof in drei Entscheidungen das einschlägige EVÜ[53] zur Ermittlung des Erfüllungsortes herangezogen.[54] Der Gerichtshof kam

einschließlich der Grundzüge des internationalen Verfahrensrechts[8], 2005, § 3, Rdn. 224a; SCHLOSSER, *EU-Zivilprozessrecht*[2], 2003, Art. 5 EuGVVO, Rdn. 10c; HAU, *Der Vertragsgerichtsstand zwischen judizieller Konsolidierung und legislativer Neukonzeption*, IPRax 2000, 354 (359); KROPHOLLER/Von HINDEN, *Die Reform des europäischen Gerichtsstands am Erfüllungsort (Art. 5 Nr. 1 EuGVÜ)*, in: SCHACK (Hrsg.), *Gedächtnisschrift für Alexander Lüderitz*, 2000, 401 (408 f.); SCHACK, *Internationales Zivilverfahrensrecht*[3], 2002, Rdn. 273.

[50] Anders dagegen die deutsche und z. B. französische Rechtsprechung, vgl. etwa BGH NJW 1981, 1905 (1905): Zahlungsansprüche aus Seefrachtvertrag; OLG Schleswig, RIW 1993, 669 (669) = IPRax 1993, 95 m. Anm. Vollkommer auf S. 79: Klage auf Werklohn; Cass. Civ. 28.10.1986, Rev crit (76) 1987, 612 m. krit. Anm. Gaudemet-Tallon auf S. 613.

[51] Vgl. die Beispiele aus der deutschen Rechtsprechung: OLG Frankfurt, RIW 1979, 204 (französisches Recht); OLG Koblenz, IPRax 1991, 241, 243 = RIW 1990, 316 (italienisches Recht).

[52] Es existieren zahlreiche Beispiele: Supremo Tribunal de Justiça vom 03.03.1998 (CJ-STJ, Ano VI, Tomo I, 1998, 113); Tribunal da Relação do Porto vom 02.04.1998 (CJ, Ano XXIII, Tomo II, 1998, 223); Tribunal da Relação do Porto vom 03.02.2000 (CJ, Ano XXV, Tomo I, 2000, 212 [213; dortige Fn. 3]); Tribunal da Relação de Coimbra vom 04.06.2002 (CJ, Ano XXVII, Tomo III, 2002, 32 [34]); Supremo Tribunal de Justiça vom 12.02.2004, Rechtssache Nr. 04B128, in: *http://www.dgsi.pt*. In seiner Entscheidung vom 23.10.2003 (Rechtssache Nr. 0334273, in: *http://www.dgsi.pt*) hat das Berufungsgericht Porto einfach das Zuständigkeitsergebnis der Vorinstanz übernommen, die den Erfüllungsort nach der autonomen Vorschrift in Art. 74 I CPC ermittelte; das Berufungsgericht stützte sein Prüfungsergebnis allerdings auf Art. 5 Nr. 1 Brüssel-I-VO, ohne deutlich zu machen, welchen Fall des Art. 5 Nr. 1 Brüssel-I-VO es für einschlägig hielt (es ging um einen Lizenzvertrag der wohl unter Art. 5 Nr. 1 a) Brüssel-I-VO subsumiert werden konnte).

[53] Das Römische EWG-Übereinkommen über das auf vertragliche Schuldverhältnisse anzuwendende Recht vom 19. Juni 1980 (EVÜ) trat für Portugal in der Fassung des 2. Beitrittsübereinkommens von Funchal vom 18. Mai 1992 (BGBl. 1995 II, 307) am 01.09.1994 in Kraft.

[54] Entscheidungen des Supremo Tribunal de Justiça vom 28.01.2003 (Rechtssache Nr. 02A4323, in: *http://www.dgsi.pt*), 18.03.2003 (Rechtssache Nr. 03A581, in: *http://www.dgsi.pt*) und 18.06.2003 (Rechtssache Nr. 03B1626, in: *http://www.dgsi.pt*).

jedoch in seinen Entscheidungen nicht auf die EuGH-Rechtsprechung „Tessili/Dunlop" zu sprechen, sondern er folgte stillschweigend dem Vorbringen der Verfahrensbeteiligten, die die Anwendung des EVÜ zur Bestimmung des Erfüllungsortes geltend machten.

Eine neuere Entscheidung des Obersten Tribunals bestätigt die Annahme, dass er die *lex causae* zur Erforschung des Vertragsstatus in den drei genannten Entscheidungen aus dem Jahr 2003 tatsächlich nur ermittelte, weil die Verfahrensbeteiligten sich in ihrem Vorbringen darauf beriefen. In seiner Entscheidung vom 12.02.2004[55] ermittelte der Gerichtshof den Erfüllungsort i.S.v. Art. 5 Nr. 1 EuGVÜ nämlich – erneut – nach der portugiesischen *lex fori*. Im Vorfeld dieser Entscheidung hat sich, soweit ersichtlich, keine der Parteien auf die Anwendung des EVÜ berufen. Die *Tessili*-Rechtsprechung des EuGH findet demnach auch weiterhin keine Beachtung in der höchstrichterlichen Rechtsprechung.

Erhebliche Unsicherheiten wiesen die Gerichte bei der Ermittlung des Vertragsstatuts nach dem EVÜ auf, das für Portugal seit dem 01.09.1994 in Kraft ist. In seiner Entscheidung vom 18.06.2003[56] hielt der Oberste Gerichtshof den räumlichen Anwendungsbereich des EVÜ nur dann für eröffnet, wenn das EVÜ nicht nur für Portugal, sondern auch für den anderen am Rechtsstreit beteiligten ausländischen Staat (Schweden) in Kraft ist. Er wandte daher die autonome Kollisionsnorm des Art. 42 II 2. HS *Código Civil* (Ort des Vertragsabschlusses) an, die auf das portugiesische Recht verwies. Der Oberste Gerichtshof verkannte zweierlei: Zum einen ist das EVÜ für Schweden bereits seit dem 01.02.2000 im Verhältnis zu Portugal in Kraft.[57] Zum anderen verlangt der räumliche Anwendungsbereich des EVÜ nur, dass das Übereinkommen in dem Staat in Kraft ist, der über die Frage des anwendbaren Rechts entscheidet. Entsprechend Art. 2 EVÜ schadet es auch nicht, wenn auf das Recht eines Nichtvertragsstaates verwiesen wird (sog. „*loi uniforme*").[58]

---

[55] Rechtssache Nr. 04B128, in: *http://www.dgsi.pt*.

[56] Entscheidungen des Supremo Tribunal de Justiça vom 28.01.2003 (Rechtssache Nr. 02A4323, in: *http://www.dgsi.pt*), 18.03.2003 (Rechtssache Nr. 03A581, in: *http://www.dgsi.pt*) und 18.06.2003 (Rechtssache Nr. 03B1626, in: *http://www.dgsi.pt*).

[57] Aviso (Bekanntmachung) Nr. 5/2000, DR, I-A, 1, vom 03.01.2000.

[58] Vgl. etwa Lima Pinheiro, *Direito Internacional Privado – Volume II – Direito de Conflitos, Parte Especial*², 2002, 181.

In zwei Berufungsentscheidungen[59], in denen es um die Auflösung von Verträgen infolge einer vertraglichen Pflichtverletzung ging, haben die Gerichte Art. 5 Nr. 1 EuGVÜ für unanwendbar gehalten, obwohl der Gerichtsstand des Erfüllungsortes nach der zutreffenden Rechtsprechung des EuGH[60] und der einheitlichen Ansicht im portugiesischen Schrifttum[61] auch dann Anwendung findet, wenn die Parteien über die Existenz des Vertrages streiten. Obwohl es der Wortlaut der Vorschrift nicht explizit anordnet, sollte man Art. 74 I CPC n.F. ebenso anwenden, wenn die Parteien über die *Existenz* des Vertrages streiten.[62] Anderenfalls könnte sich der Beklagte durch Bestreiten des Vertragsschlusses dem Gerichtsstand entziehen. Der Oberste Gerichtshof ist dieser Rechtsprechung der Berufungsinstanzen nicht gefolgt und hat im Sinne des EuGH und des Schrifttums entschieden.[63]

Am 03.03.2005[64] erging die erste Entscheidung des Obersten Tribunals zu Art. 5 I b) Brüssel-I-VO (verordnungsautonome Definition des

---

[59] Entscheidungen des Tribunal da Relação de Coimbra vom 26.01.1999 (CJ, Ano XXIV, Tomo I, 1999, 12) und Tribunal da Relação de Lisboa vom 13.03.2001 (CJ, Ano XXV, Tomo II, 2001, 71). Das Berufungsgericht Lissabon setzte sich über die Rechtsprechung des Obersten Gerichtshofes hinweg, der bereits in seinem Urteil vom 01.07.1999 (CJ-STJ, Ano VII, Tomo III, 1999, 11) die zutreffende Gegenauffassung vertrat (dazu sogleich).

[60] EuGH 4.3.1982, Rs. 38/81 – „ Effer/Kantner", EuGHE 1982, 825 = RIW 1982, 280 = IPRax 1983, 31, m. Anm. Gottwald auf S. 13; BÜLOW/BÖCKSTIEGEL, *Der Internationale Rechtsverkehr in Zivil– und Handelssachen*, Quellensammlung und Erläuterungen (Loseblattsammlung), Band II, 25. Ergänzungslieferung, Stand: Januar 2003, Art. 5 EuGVÜ, Rdn. 46.

[61] Vgl. TEIXEIRA DE SOUSA/MOURA VICENTE, *Comentário à Convenção de Bruxelas de 27 de Setembro de 1968 relativa à competência judiciária e à execução de decisões em matéria civil e comercial e textos complementares*, 1994, 87 ff; CAMPOS, *Um instrumento jurídico de integração europeia. A Convenção de Bruxelas de 27 de Setembro de 1968 sobre Competência Judiciária, Reconhecimento e Execução de Sentenças*, Documentação e Direito Comparado (Boletim do Ministério da Justiça) 22 (1985), 75 (126 f.); LIMA PINHEIRO, *Direito Internacional Privado – Volume III – Competência Internacional e Reconhecimento de Decisões Estrangeiras*, 2002 [DIP], 83.

[62] A. A. eine ältere Entscheidung des Supremo Tribunal de Justiça vom 10.12.1974, Boletim do Ministério da Justiça 242 (1974), 229: Carlos Campolonghi, S.P.A. *gegen* Carlos Vida Larga.

[63] Urteil des Obersten Gerichtshofs vom 13.05.2003, Rechtssache Nr. 03A723, in: *http://www.dgsi.pt*; vgl. auch das Urteil des Revisionsgerichts vom 01.07.1999, a.a.O. (Fn. 59).

[64] Rechtssache Nr. 05B316, in: *http://www.dgsi.pt*.

Erfüllungsortes). Eine spanische Handelsgesellschaft schloss mit einem portugiesischen Unternehmen einen Kaufvertrag über die Lieferung von Eisenteilen. Das portugiesische Unternehmen lieferte – entsprechend seiner vertraglichen Verpflichtung – die Ware nach Spanien. Einige Monate später verklagte es die spanische Gesellschaft in Portugal auf Zahlung des Kaufpreises. Der Oberste Gerichtshof verneinte zutreffend die internationale Entscheidungszuständigkeit portugiesischer Gerichte, da die Eisenteile nach Spanien geliefert wurden.[65] Er stellte fest, dass Art. 5 Nr. 1 b) Brüssel-I-VO den Erfüllungsort für den Kaufvertrag einheitlich festlege. Sämtliche Klagen aus dem Vertrag seien vor den Gerichten des nach Art. 5 I b) Brüssel-I-VO allein maßgeblichen Erfüllungsortes zu erheben. Insbesondere bestehe unter der Brüssel-I-VO kein eigenständiger Gerichtsstand für die Zahlungsklage. Dem ist zuzustimmen. Das Gericht geht in seiner Entscheidung zwar auf keine Rechtsprechung oder Schrifttum zur Brüssel-I-VO ein, es hat sich aber offenbar mit der neuen Regelung in Art. 5 I b) Brüssel-I-VO auseinander gesetzt, zumal dessen Wortlaut nicht erkennen lässt, dass es nicht mehr auf den Erfüllungsort der konkret streitigen Verpflichtung („De Bloos/ Bouyer") ankommt. Es handelt sich um eine begrüßenswerte Entscheidung.

VII. Sonderregelungen betreffend Arbeitsrechtsstreitigkeiten

Art. 5 Nr. 1 HS. 2, 3 EuGVÜ und Art. 18-21 Brüssel-I-VO[66] sehen internationale Arbeitsgerichtsstände vor. Bislang befassten sich nur wenige portugiesische Gerichtsentscheidungen mit diesen Arbeitsgerichtsständen. Meistens stellten die Gerichte zutreffend auf den Ort ab, an dem der Arbeitnehmer gewöhnlich seine Arbeit verrichtete.[67] Es bleibt zu hoffen, dass die Gerichte sich bei der Anwendung der Art. 18-21 Brüssel-I-VO nicht von dem sog. Territorialprinzip in Art. 10 2. HS CPT

---

[65] Ebenso führte der Beklagtengerichtsstand des Art. 2 Brüssel-I-VO nach Spanien.

[66] Mit dem Erlass der Brüssel-I-VO wurde die Zuständigkeit für individuelle Arbeitsverträge in einem eigenen Abschnitt systematisch den Regelungen über Versicherungs– und Verbrauchersachen angeglichen.

[67] Vgl. etwa das Urteil des Obersten Gerichtshofs vom 11.05.2000, CJ-STJ, Ano VIII, Tomo II, 2000, 261, in dem Art. 5 Nr. 1 2. HS LugÜ angewandt wurde.

n.F. beeinflussen lassen. Danach sind portugiesische Arbeitsgerichte international für die Entscheidung über die Klage zuständig, wenn sich auf portugiesischem Territorium, im ganzen oder zum Teil, die Tatsachen ereignen, die zum Klagegrund gehören. Alle rechtlich relevanten Tatsachen, die den Anspruchstatbestand des Klägers gestalten, werden dem Klagegrund im Sinne der Vorschrift zugeordnet.[68] Dieses sog. Territorialprinzip[69] gilt für arbeitsrechtliche Streitigkeiten erst seit dem Inkrafttreten des neuen Arbeitsprozessgesetzbuches am 01.01.2000. Die durch Art. 10 1. HS CPT n.F. i. V. m. den örtlichen Arbeitsgerichtsständen erreichten arbeitnehmerfreundlichen Ergebnisse werden vom Territorialprinzip systemwidrig überlagert.[70] Jeder Arbeitnehmer, der in einem Staat wohnt, der nicht zur EU gehört und auch nicht Vertragsstaat des LugÜ ist[71], kann von seinem Arbeitgeber in Portugal verklagt werden, wenn das Gericht zur Ansicht gelangt, dass der Arbeitsvertrag in Portugal abgeschlossen wurde bzw. die Annahme des Vertragsangebots, im Falle eines Vertragsschlusses unter Abwesenden, dem Annehmenden in Portugal nach portugiesischem Sachrecht (Art. 224 ff. *Código Civil*) zugegangen ist (was völlig vom Zufall abhängt!).[72] Der Vertragsschluss gehört nämlich im Falle eines arbeitsvertraglichen Rechtsstreits zum Anspruchstatbestand des Klägers i.S.v. Art. 10 2. HS CPT n.F. In Portugal ansässigen Arbeitgebern, die ihre Arbeitsverträge in aller Regel in Portugal abschließen, steht somit ein vertraglicher Klägergerichtsstand zur Verfügung. Das hat selbstverständlich nichts mehr mit einer Begünstigung des

---

[68] Vgl. Art. 498 IV 1 CPC „...pretensão deduzida [...] procede do [...] facto jurídico..."; MOURA VICENTE, *Direito Internacional Privado – Ensaios I*, 2002, 259; MENDES, *Direito Processual Civil I – Apontamentos das lições dadas pelo Prof. Doutor João de Castro Mendes, redigidos com a colaboração de um grupo de Assistentes*, 1978/79, 416.

[69] Überwiegend wird die auch in Art. 65 I c) CPC n.F. enthaltene Anknüpfung als „Kausalitätsprinzip" bezeichnet; mir scheint „Territorialprinzip" passender zu sein.

[70] Nach Art. 10 1. HS i. V. m. 13 CPT n.F. kann eine Klage des Arbeitgebers nur vor den Gerichten des Staates erhoben werden, in dem der Arbeitnehmer seinen Wohnsitz hat; dies entspricht der Regelung in Art. 5 Nr. 1 EuGVÜ und Art. 20 I Brüssel-I-VO.

[71] Anderenfalls wäre der Anwendungsbereich der Brüssel-I-VO bzw. des LugÜ eröffnet, die dem Arbeitgeber bei arbeitsvertraglichen Streitigkeiten grundsätzlich nur einen Gerichtsstand am Wohnsitz des Arbeitnehmers gewähren, vgl. Art. 20 I Brüssel-I--VO (Wohnsitz des Arbeitnehmers); Art. 5 Nr. 1 2. HS LugÜ (gewöhnlicher Arbeitsort der des öfteren mit dem Wohnsitz des Arbeitnehmers übereinstimmt; Ausnahme: Art. 5 Nr. 1 3. HS lugÜ [Niederlassung, die den Arbeitnehmer eingestellt hat]).

[72] Vgl. hierzu unten VIII. 1.

Arbeitnehmers gemein. Eine einschränkende Anwendung des Territorialprinzips durch die Rechtsprechung ist nicht zu erwarten, da der Gesetzgeber durch die Neuschaffung des Art. 10 1. HS CPT n.F. und die Erweiterung des Territorialprinzips in Art. 65 I c) CPC n.F. seine Begeisterung für diesen exorbitanten Gerichtsstand unzweideutig zu erkennen gab.[73] Die geäußerte Befürchtung der Ausweitung dieses Territorialprinzips auf die Ebene der Brüssel-I-VO ist keineswegs unberechtigt, da, wie sogleich zu sehen sein wird, die höchstrichterliche Rechtsprechung das exorbitante Territorialprinzip, das auch in Art. 65 I c) CPC n.F. seinen Ausschlag gefunden hat, auf Art. 5 Nr. 3 Brüssel-I-VO (Deliktsklagen) gemeinschaftswidrig ausweitet.

VIII. Das exorbitante so genannte Territorialprinzip in Art. 65 I c) CPC n.F. und der Gerichtsstand für Deliktsklagen gemäß Art. 5 Nr. 3 Brüssel-I-VO

1. Das Territorialprinzip in Art. 65 I c) CPC n.F.

Das sog. Territorialprinzip kennzeichnet nicht nur den Arbeitsprozess. Nach Art. 65 I c) CPC n.F. besitzen portugiesische Gerichte die internationale Zuständigkeit, wenn die Tatsache, die als Klagegrund dient, oder eine der Tatsachen, die zu diesem gehören, sich auf portugiesischem Gebiet ereignet hat. Diese weit gefasste Anknüpfungsregel findet wohl nur im brasilianischen Recht eine Parallele.[74] Der nahezu uferlose Anwendungsbereich des Territorialprinzips soll anhand einiger Beis-

---

[73] Kritisch auch LIMA PINHEIRO, *Direito Internacional Privado – Volume III – Competência Internacional e Reconhecimento de Decisões Estrangeiras*, 2002 [DIP], 207.

[74] Vgl. Art. 88 III des brasilianischen CPC (Gesetz Nr. 5.869 vom 11.01.1973): „...a ação se originar de fato ocorrido ou de fato praticado no Brasil." Brasilianische Gerichte sind international zuständig, wenn die Klage Ereignisse oder Handlungen betrifft, die in Brasilien stattgefunden haben. Das Tatbestandsmerkmal der Ereignisse betrifft die unerlaubten Handlungen; das Tatbestandsmerkmal der Handlungen jede rechtliche relevante Tatsache, wie z. B. einen Vertragsschluss, s. MIRANDA, *Comentários ao Código de Processo Civil*, Volume 2, 1998, 224.

pielsfälle aus der Rechtsprechung verdeutlicht werden. *Beispiel* 1:[75] Bei der Jagd in Spanien erleidet der Kläger Verletzungen am Körper infolge eines unkontrollierten Schusses seines Jagdpartners. Er wird zunächst in Spanien und dann in portugiesischen Krankenhäusern medizinisch behandelt. Die portugiesischen Gerichte sind international zuständig, weil die *Behandlungskosten*, welche in Portugal entstehen, zum Klagegrund gehören.[76] *Abwandlung*:[77] Der Kläger erleidet keine Jagdschäden, sondern sein Kraftfahrzeug wird in Spanien durch einen Verkehrsteilnehmer beschädigt. Den *Haftpflichtversicherungsvertrag* für sein Kraftfahrzeug schloss der Unfallverursacher in Portugal ab. Der Kläger macht von seinem Direktanspruch gegen den Versicherer des Unfallgegners Gebrauch. Die portugiesischen Gerichte sind international zuständig, da der Direktanspruch des Klägers von der Wirksamkeit des in Portugal abgeschlossenen Versicherungsvertrages abhängt, und der Versicherungsvertrag daher zum Klagegrund zählt. *Beispiel* 2:[78] In New Jersey/USA schließen Kläger und Beklagter einen Darlehensvertrag ab. Nach mehreren Monaten stellt der Darlehensnehmer dem Darlehensgeber in Portugal ein *Schuldanerkenntnis* mit der Zusicherung, dass er die Darlehensschuld im Monat März begleichen werde, aus. Die portugiesischen Gerichte sind international für die Entscheidung über den Rückzahlungsanspruch der Darlehensvaluta zuständig, weil das in Portugal unterzeichnete Schuldanerkenntnis zum Klagegrund gehört. Bei Vertragsklagen sind die Gerichte demnach international zuständig, wenn der Vertrag in Portugal zustande gekommen ist (*locus celebrationis*).[79] Das

---

[75] Tribunal da Relação de Coimbra vom 23.10.1990, CJ, Ano XV, Tomo IV, 1990, 83: António Melo *gegen* Olímpio Caseiro und Andalucia y Fénix AGRICULA.

[76] Zu den ähnlichen Fällen (Verkehrsunfall in Frankreich – Behandlungskosten bzw. Reparaturkosten in Portugal) s. unten VIII. 2.

[77] Angelehnt an das Urteil des Obersten Gerichtshofs vom 19.04.1979, Boletim do Ministério da Justiça 286 (1979), 222: Belmiro Soares Pinto *gegen* Fernando Martins dos Santos; s. auch den Beispielsfall bei MENDES, *Direito Processual Civil I – Apontamentos das lições dadas pelo Prof. Doutor João de Castro Mendes, redigidos com a colaboração de um grupo de Assistentes*, 1978/79, 417 f.

[78] Supremo Tribunal de Justiça vom 14.01.1993, CJ-STJ, Ano I, Tomo I, 1993, 57: N. N.

[79] Auf den Abschlussort des jeweiligen Vertrages stellen auch die besonderen Gerichtsstände betreffend Seerechtsstreitigkeiten ab, vgl. Art. 20 I b) des DL Nr. 349/86 vom 17. Oktober (Seebeförderungsvertrag für Personen); Art. 30 I b) des DL Nr. 352/86 vom 21. Oktober (Seehandelsvertrag); Art. 16 I b) des DL Nr. 431/86 vom 30. Dezember

gilt übrigens auch bei einem *Vertragsschluss unter Abwesenden*, wenn die Vertragspartner in unterschiedlichen Staaten ansässig sind. Das Gericht prüft dann, ob die Annahme des Vertragsangebots dem Annehmenden in Portugal nach portugiesischem Sachrecht (Art. 224 ff. *Código Civil*) zugegangen ist.[80]

Art. 65 I c) CPC n.F. findet gleichermaßen auf dem Gebiet des Familien- und Erbrechts Anwendung.[81] *Beispiel* 3:[82] Ein brasilianisches Ehepaar macht an der Algarve Urlaub. Sie geraten in heftigen Streit. Die

---

(Schleppvertrag), Art. 47 I b) des DL 191/87 vom 29. April (Chartervertrag) und Art. 15 I b) des DL Nr. 203/98 vom 10. Juli (Seenot; Verträge betreffend Rettungsmaßnahmen).

[80] Vgl. das Urteil des Supremo Tribunal de Justiça vom 24.11.1983, Rechtssache Nr. 071431, in: *http://www.dgsi.pt* -Leitsatz– (weitere Fundstelle: Boletim do Ministério da Justiça 331 (1983), 461); zum Problem: JAYME/GÖTZ, *Vertragsabschluß durch Telex – Zum Abschlußort bei internationalen Distanzverträgen*, IPRax 1985, 113; s. auch TABORDA FERREIRA, *Sistema do Direito Internacional Privado segundo a lei e a jurisprudência*, 1957, 151; ALBERTO DOS REIS, *Comentário ao Código de Processo Civil I²*, 1960, 132.

[81] Für die Entscheidung über die Wirksamkeit einer Adoption sind portugiesische Gerichte international zuständig, wenn der Annehmende in Portugal seinen Adoptionsantrag stellte und die Mutter des Angenommenen dort ihre Einwilligung erteilte, s. Tribunal da Relação de Lisboa vom 29.09.1984, CJ, Ano IX, Tomo V, 1984, 158; als die „....Tatsache, aus der die Klage unmittelbar hervorgeht" i. S. v. Art. 65 lit. b) des CPC von 1939 wurde bei Vaterschaftsfeststellungsklagen die Geburt des Kindes bezeichnet – wurde das Kind in Portugal geboren, so waren die portugiesischen Gerichte international für die Entscheidung über die Vaterschaftsfeststellung zuständig, s. Supremo Tribunal de Justiça vom 27.07.1943: Revista de Legislação e de Jurisprudência 76 (1943), 155; kritisch: ALBERTO DOS REIS, *Comentário ao Código de Processo Civil I²*, 1960, 136 f.; am 25.11.2004 ist ein Urteil des Supremo Tribunal de Justiça (Rechtssache Nr. 04B3758, in: *http://www.dgsi.pt*) ergangen, in dem die internationale Zuständigkeit portugiesischer Gerichte für die Entscheidung über eine Vaterschaftsfeststellung nach Art. 65 I lit. c) CPC n.F. bejaht wurde, weil u. a. der Taufschein mit der Vaterschaftserklärung in Portugal unterzeichnet wurde.

[82] Beispiel nach VARELA/BEZERRA/SAMPAIO E NORA, *Manual de Processo Civil²*, 1985, 202; s. auch die Entscheidung des Tribunal da Relação de Coimbra vom 28.09.1999, Rechtssache Nr. 807/99, in: *http://www.dgsi.pt*; TEIXEIRA DE SOUSA, *Die neue internationale Zuständigkeitsregelung im portugiesischen Zivilprozessgesetzbuch und die Brüsseler und Luganer Übereinkommen: Einige vergleichende Bemerkungen*, IPRax 1997, 352 (354); und *Competência Declarativa dos Tribunais Comuns*, 1993, 52; FERRER CORREIA/FERREIRA PINTO, *Breve apreciação das disposições do anteprojecto do código de processo civil que regulam a competência internacional e o reconhecimento das sentenças estrangeiras*, Revista de direito e economia 1987, 25 (34); PAIS DE AMARAL, *Direito Processual Civil⁴*, 2003, 116 f.

Ehefrau beantragt die Scheidung vor portugiesischen Gerichten mit der Behauptung, dass der Scheidungstatbestand (schuldhafte Verletzung ehelicher Pflichten, vgl. Art 1779 I *Código Civil*) in Portugal verwirklicht worden sei. Die Gerichte werden sich nach Art. 65 I c) CPC n.F. (Territorialprinzip) für international zuständig erklären.[83] Bei Erbschaftsklagen, welche Testamente betreffen, dürfte es ausreichen, wenn die letztwillige Verfügung in Portugal errichtet worden ist.

Das weite Territorialprinzip stellt einen Fremdkörper im autonomen Zuständigkeitssystem dar. Die anderen Gerichtsstände in Art. 65 I a) (Beklagtenwohnsitz), b) (Koinzidenzprinzip) und d) (forum necessitatis) CPC können bereits als ein geschlossenes Zuständigkeitssystem bezeichnet werden, die bei der Ermittlung der internationalen Zuständigkeit in der Regel zu angemessenen Ergebnissen führen und alle denkbaren Sachverhalte erfassen. Völlig zu Recht wurde daher die Abschaffung von Art. 65 I b) CPC a.F. (Territorialprinzip) vorgeschlagen.[84]

2. Das Territorialprinzip und Art. 5 Nr. 3 der Europäischen Zuständigkeitsordnungen (Gerichtsstand für Deliktsklagen)

In ständiger Rechtsprechung zwingen portugiesische Berufungsgerichte sowie der Oberste Gerichtshof dem Art. 5 Nr. 3 EuGVÜ/LugÜ (Gerichtsstand für Deliktsklagen) und seiner Parallelvorschrift in der Brüssel-I-VO das unter Anwendung des Territorialprinzips ermittelte autonome Zuständigkeitsergebnis auf. Diese nationale Rechtsprechung verstößt nicht nur gegen den Anwendungsvorrang der genannten Rechtsquellen, sondern ist bereits im Hinblick auf die umstrittene Stellung des Territorialprinzips im autonomen Zuständigkeitsrecht verfehlt.

Es ging in den Gerichtsentscheidungen jeweils um die begriffliche Konkretisierung des Tatortes i.S.v. Art. 5 Nr. 3 EuGVÜ/LugÜ bzw. Brüssel-I-VO. Der Entscheidung des Obersten Gerichtshofs vom

---

[83] Haben sich die Eltern eines Kindes während des Urlaubs in Portugal getrennt, so sind portugiesische Gerichte gemäß Art. 65 I c) CPC n.F. auch international zuständig für die Entscheidung über die Ausübung der elterlichen Gewalt, s. das Urteil des Tribunal da Relação de Coimbra vom 17.09.2000, Rechtssache Nr. 1534/2000, in: *http://www.dgsi.pt*.

[84] TEIXEIRA DE SOUSA, *Apreciação de alguns aspectos da «Revisão do Processo Civil – Projecto»*, Revista da Ordem dos Advogados 55 (1995), 353 (368).

23.09.1997[85] lag folgender Sachverhalt zugrunde: Der in Portugal ansässige Geschädigte erlitt, infolge eines sich in Frankreich ereigneten Verkehrsunfalls, körperliche Schäden. Nach einem Krankenhausaufenthalt in Frankreich, kehrte er nach Portugal zurück. In Portugal dauerte die medizinische Behandlung fort. Es entstanden weitere Heilungskosten. Der Oberste Gerichtshof entschied, dass die vorgenannten in Portugal eingetretenen Vermögensschäden „schädigende Ereignisse" i. S. v. Art. 5 Nr. 3 EuGVÜ seien. Als Begründung hob das Gericht die enge Beziehung zwischen den entstandenen Schäden und der zur Sachentscheidung berufenen portugiesischen Justiz hervor. Ein Teil der Schäden habe sich „innerhalb unserer Grenzen" ereignet und der Beweis hierfür müsse in Portugal erbracht werden (*„Trata-se de factos ocorridos adentro das nossas fronteiras, que têm de ser provados por quem deles, cá, teve a devida percepção."*). Dies genüge für die Begründung der internationalen Zuständigkeit portugiesischer Gerichte gemäß Art. 65 I c) CPC n.F. (Territorialprinzip); so wie Art. 65 I c) CPC n.F. müsse auch Art. 5 Nr. 3 EuGVÜ/LugÜ interpretiert werden. Mit seiner Entscheidung setzte sich der Oberste Gerichtshof über die Rechtsprechung des EuGH[86] und das Schrifttum[87] hinweg, demzufolge der bloße Schadensort nicht unter

---

[85] Boletim do Ministério da Justiça 469 (1997), 445: Euclides Domingues *gegen* Mutuelle Assurance des Instituteurs de France.

[86] EuGH 19.9.1995, Rs. 364/93 – „Marinari/Lloyds Bank", EuGHE 1995 I, 2719 = JZ 1995, 1107 m. Anm. Geimer.

[87] Teixeira de Sousa/Moura Vicente, *Comentário à Convenção de Bruxelas de 27 de Setembro de 1968 relativa à competência judiciária e à execução de decisões em matéria civil e comercial e textos complementares*, 1994, 94; Lima Pinheiro, *Direito Internacional Privado – Volume III – Competência Internacional e Reconhecimento de Decisões Estrangeiras*, 2002 [DIP], 87; Campos, *Um instrumento jurídico de integração europeia. A Convenção de Bruxelas de 27 de Setembro de 1968 sobre Competência Judiciária, Reconhecimento e Execução de Sentenças*, Documentação e Direito Comparado (Boletim do Ministério da Justiça) 22 (1985), 75 (129), der bereits lange Zeit vor dem Urteil des EuGH „Marinari" aus dem Jahre 1995 auf die Gefahr hinwies, dass uferlose Klägergerichtsstände Folge des Rheinverschmutzungsfalles sein könnten; s. ferner: Kropholler, *Europäisches Zivilprozessrecht, Kommentar zu EuGVO, Lugano-Übereinkommen und Europäischem Vollstreckungstitel*[8], 2005, Art. 5 EuGVO, Rdn. 87; Geimer/Schütze, *Europäisches Zivilverfahrensrecht, Kommentar zum EuGVÜ und zum Lugano-Übereinkommen*, 1997, Art. 5 EuGVÜ, Rdn. 191; Schack, *Internationales Zivilverfahrensrecht*[3], 2002, Rdn. 304; Nagel/Gottwald, Internationales Zivilprozessrecht[5], 2002, § 3, Rdn. 68; deutlich: MünchKomm ZPO/Gottwald, Band 3[2], 2001, Art. 5 EuGVÜ, Rdn. 43: „Entgegen Ansichten zum autonomen Recht anderer Staaten genügt niemals der bloße Ort des Schadenseintritts".

Art. 5 Nr. 3 EuGVÜ/LugÜ fällt und somit kein Forum in Portugal begründen konnte. Schadensort ist der Ort, wo (nach vollendetem Delikt oder Quasidelikt) sog. Folgeschäden oder mittelbare Schäden eintreten.

In seiner Entscheidung vom 11.11.2003[88] hat das Berufungsgericht Coimbra unter Berufung auf die soeben geschilderte Rechtsprechung des Obersten Gerichtshofs die gemeinschaftswidrige Auslegung von Art. 5 Nr. 3 *EuGVÜ* auf Art. 5 Nr. 3 *Brüssel-I-VO* ausgeweitet. Wiederum ereignete sich ein Verkehrsunfall in Frankreich. Im Unterschied zum Fall des Obersten Gerichtshofs machte der Geschädigte keine Heilbehandlungs–, sondern Reparaturkosten geltend, die in Portugal anfielen, nachdem er das Unfallfahrzeug nach Portugal abschleppen ließ. Außerdem musste er in Portugal, während das Fahrzeug in der Werkstatt war, öffentliche Verkehrsmittel benutzen. Auch diese Kosten verlangte er von dem in der Schweiz ansässigen Unfallverursacher ersetzt. Laut dem Berufungsgericht Coimbra stehe die extensive Interpretation von Art. 65 I c) CPC n.F. (Territorialprinzip) im Einklang mit Art. 5 Nr. 3 LugÜ sowie Art. 5 Nr. 3 Brüssel-I-VO („*Tal interpretação* [des Art. 65 I c) CPC n.F.] *harmoniza-se com o estabelecido na Convenção de Lugano e com o já indicado Regulamento (CE)*").

Dem Tatbestand des Urteils des Berufungsgerichts Guimarães vom 19.11.2003[89] ist eine ähnliche Fallkonstellation zu entnehmen. Es ereignete sich ein Straßenverkehrsunfall in Spanien; das geschädigte Kraftfahrzeug des Klägers wurde nach Portugal verschleppt und dort repariert. Das Berufungsgericht Guimarães entschied, dass das erstinstanzliche Gericht (Amtsgericht Monção), das die portugiesischen Gerichte international für unzuständig hielt, gegen das autonome Territorialprinzip in Art. 65 I c) CPC n.F. und Art. 5 Nr. 3 EuGVÜ verstoßen habe.

Dem Urteil des Berufungsgerichts Coimbra vom 22.02.2005[90] liegt ebenso ein Straßenverkehrsunfall zugrunde. Dieser ereignete sich in Deutschland. Das klägerische Kraftfahrzeug wurde auf portugiesischem Territorium repariert. Das Berufungsgericht Coimbra urteilte, dass die extensive Anwendung des Art. 65 I c) CPC n.F. auf sog. Folgeschäden im Einklang mit Art. 5 Nr. 3 *LugÜ* stehe. Offen bleibt die Frage, ob der Anwendungsbereich des LugÜ gemäß Art. 54 b II a) LugÜ eröffnet war.

---

[88] Rechtssache Nr. 2581/03, in: *http://www.dgsi.pt*.
[89] Rechtssache Nr. 38/03-2, in: *http://www.dgsi.pt*.
[90] Rechtssache Nr. 3631/04, in: *http://www.dgsi.pt* (Leitsätze).

Aus den veröffentlichten Leitsätzen lässt sich nicht entnehmen, ob der Beklagte seinen Wohnsitz in einem Lugano-Vertragsstaat hatte. Es spricht aber einiges dafür, dass das Berufungsgericht Coimbra irrigerweise das Lugano-Übereinkommen für einschlägig hielt. In der Vergangenheit hat es wiederholt das LugÜ angewandt, obwohl dieses vom EuGVÜ verdrängt worden wäre.[91]

Um Straßenverkehrsunfälle auf spanischem Territorium ging es auch in zwei Entscheidungen des Berufungsgerichts Porto vom 15.10.2004[92] und 11.11.2004[93]. Die Kläger haben jeweils in Portugal sog. Folgeschäden in Form von Heilungs- und/oder Reparaturkosten erlitten, so dass das autonome – exorbitante – Territorialprinzip in Art. 65 I c) CPC n.F. an sich erfüllt war. Der sachliche, räumlich-persönliche und zeitliche Anwendungsbereich der Brüssel-I-VO war in beiden Fällen eröffnet. Letzteres stellte das Berufungsgericht fest.

Höchst kritikwürdig ist allerdings die Vorgehensweise und das Zuständigkeitsergebnis des Berufungsgerichts Porto. Es führte aus, Art. 5 Nr. 3 Brüssel-I-VO sei entsprechend Art. 65 I c) CPC n.F. zu interpretieren. Der EuGH habe nämlich in seiner Entscheidung vom 11.01.1990[94] entschieden, dass unter den Tatortbegriff des Art. 5 Nr. 3 EuGVÜ auch der Ort des Schadenseintritts fallen könne.

Diese Ausführungen des Berufungsgerichts Porto beruhen auf einer Fehlinterpretation der Rechtsprechung des EuGH. Dem vom Berufungsgericht zitierten EuGH-Urteil „*Dumez France/Hessische Landesbank*" lag ein Sachverhalt zugrunde, der den Verkehrsunfällen ähnelt: Ursprung und unmittelbare Folgen des Schadens lagen in ein und demselben Staat (sog. *Platzdelikt*). Der EuGH stellte fest, dass mit dem Begriff „Ort, an dem das schädigende Ereignis eingetreten ist" in Art. 5 Nr. 3 EuGVÜ der Ort, an dem der Schaden eingetreten ist, gemeint sein könne, doch könne der letztgenannte Begriff nur so verstanden werden, dass es den Ort

---

[91] Vgl. z.B. die Entscheidungen des Berufungsgerichts Coimbra vom 14.12.1993 (CJ, Ano XVIII, Tomo V, 1993, 51: Adolf Burger *gegen* Alexandre Baumann Casal) und 12.07.1994 (CJ, Ano XIX, Tomo IV-V, 1994, 28: Banque Franco – Portugaise S.A. *gegen* Pedro Severo Lopes).

[92] Rechtssache Nr. 0434740, in: *http://www.dgsi.pt*.

[93] Rechtssache Nr. 0435762, in: *http://www.dgsi.pt*.

[94] Rs. 220/88 – „Dumez France/Hessische Landesbank", EuGHE 1990 I, 49 = NJW 1991, 631.

bezeichnet an dem das haftungsauslösende Ereignis den unmittelbar Betroffenen direkt geschädigt hat.[95]

Des Weiteren ist im Zusammenhang mit Art. 5 Nr. 3 Brüssel-I-VO und dem autonomen Territorialprinzip die neuere Entscheidung des Berufungsgerichts Coimbra vom 01.06.2004[96] erwähnenswert. In Andorra erlitt der portugiesische Kläger einen Skiunfall. Auf portugiesischem Territorium entstanden Folgeschäden in Form von Heilbehandlungskosten. Der Unfallverursacher wohnte in Frankreich. Die Vorinstanz (Amtsgericht Águeda) prüfte die internationale Zuständigkeit portugiesischer Gerichte ausschließlich nach den autonomen Zuständigkeitsvorschriften der Art. 65 ff. CPC n.F. Das Berufungsgericht Coimbra hielt hingegen das *EuGVÜ* für einschlägig. Im Ergebnis hat es Art. 5 Nr. 3 EuGVÜ zutreffend restriktiv ausgelegt, obwohl die Voraussetzungen des Art. 65 I c) CPC n.F. zugunsten portugiesischer Gerichte vorlagen. Das Gericht weist in seinem Urteil auf den Anwendungsvorrang des EuGVÜ hin und führt aus, dass die autonomen Zuständigkeitsvorschriften nicht unter Außerachtlassung der vorrangigen Rechtsquellen angewandt werden dürften.

Zum einen hat das Berufungsgericht allerdings übersehen, dass bereits der intertemporale Anwendungsbereich der Brüssel-I-VO eröffnet war, da die Klage am 29.11.2002 erhoben wurde (s. Art. 66 I, 76 Brüssel--I-VO). Zum anderen hat es die restriktive Anwendung des Art. 5 Nr. 3 EuGVÜ nicht auf die Rechtsprechung des EuGH gestützt, sondern weist auf Art. 74 II CPC (*forum delicti commissi*) hin, der eng auszulegen sei. Art. 74 II CPC (der über Art. 65 I b) CPC doppelfunktionell ausgebaut wird) lautet sinngemäß: Für Klagen gerichtet auf einen Anspruch aus zivilrechtlicher Haftung infolge einer unerlaubten Handlung oder eines Gefährdungstatbestandes ist das Gericht des Ortes (international) zuständig, an dem das Ereignis eingetreten ist. Die Bezugnahme auf Art 74 II CPC, dessen Wortlaut von 1967 herrührt, überrascht, weil es bisher keine nennenswerte Rechtsprechung hierzu gibt, zumal der internationalzivilprozessuale Anwendungsbereich der Norm praktisch null ist. Die

---

[95] Diese Rechtsprechung, die insbesondere eine Entwertung des in Art. 2 zum Ausdruck kommenden Grundsatzes des *favor defensoris* vermeiden will, hat der EuGH zuletzt in seinen Urteil vom 10.06.2004, C-168/02 – „Kronhofer/Maier u.a.", EuLF 2004 (D), 191, m. Anm. Blobel auf S. 187, bestätigt.

[96] Rechtssache Nr. 1481/04, in: *http://www.dgsi.pt*.

internationale Entscheidungszuständigkeit für eine Deliktsklage steht nämlich nach dem exorbitanten Territorialprinzip des Art. 65 I c) CPC n.F. bereits fest, wenn ein Schaden – sei es auch nur ein sog. Folgeschaden – in Portugal eingetreten ist. M. a. W.: Art. 74 II CPC wurde bisher in der Gerichtspraxis in *allen* deliktischen (internationalen) Haftungsfällen von Art. 65 I c) CPC n.F. überlagert.

Mit dieser Entscheidung des Berufungsgerichts Coimbra gab sich der Rechtsmittelkläger nicht zufrieden und legte Revision beim Obersten Gerichtshof ein. Das Urteil des Obersten Gerichtshofs, das am 03.03.2005[97] erging, ist zu begrüßen. Der Oberste Gerichtshof bestätigt das Urteil des Berufungsgerichts im Ergebnis, nicht jedoch in seiner Begründung. Er erkannte, dass bereits der zeitliche Geltungsbereich der Brüssel-I-VO eröffnet war. Die restriktive Anwendung des Art. 5 Nr. 3 Brüssel-I-VO hat der Gerichtshof nicht mit Art. 74 II CPC begründet, sondern zutreffend mit der Gemeinschaftsrechtsprechung in Sachen *„Bier/Mines de Potasse d'Alsace"* (Rheinverschmutzungsfall)[98], *„Kronhofer/Maier u.a."*[99] und *„Marinari/Lloyds Bank"*[100]. Der Oberste Gerichtshof stellte fest, dass mittelbare bzw. sog. Folgeschäden nach der Rechtsprechung des EuGH nicht unter den Begriff des „Ortes, an dem das schädigende Ereignis eingetreten ist,, subsumiert werden können.

Es handelt sich bei dieser Entscheidung des Obersten Gerichtshofs vom 03.03.2005 nicht nur um eine der einzigen Entscheidungen portugiesischer Gerichte, die sich seit 1993 ausdrücklich mit der Gemeinschaftsrechtsprechung befassten, sondern zugleich um eine der wenigen, die die zitierte EuGH-Rechtsprechung zutreffend auf den zu entscheidenden Fall anwandten.

Es bleibt zu hoffen, dass der Gerichtshof auch künftig Art. 5 Nr. 3 Brüssel-I-VO restriktiv – ohne auf Art. 65 I c) CPC n.F. einzugehen – interpretieren wird und die unteren Gerichte dem folgen werden.

---

[97] Rechtssache Nr. 04A4283, in: *http://www.dgsi.pt*.
[98] EuGH 30.11.1976, Rs. 21/76, EuGHE 1976, 1735 = NJW 1977, 493 = RIW 1977, 356 m. Anm. Linke.
[99] EuGH 10.06.2004, Rs. 168/02, EuLF 2004 (D), 191 m. Anm. Blobel auf S. 187.
[100] EuGH 19.9.1995, Rs. 364/93, EuGHE 1995 I, 2719 = JZ 1995, 1107 m. Anm. Geimer = IPRax 1997, 331 m. Anm. Hohloch auf S. 312.

IX. Die Prüfung der Wirksamkeit internationaler Gerichtsstandsvereinbarungen[101]

Gemäß Art. 99 III d) CPC n.F. muss die Gerichtwahl aus einer „schriftlichen Vereinbarung oder schriftlichen Bestätigung hervorgehen, in der ausdrücklich die zuständige Gerichtsbarkeit bestimmt wird". Im Gegensatz zur a.F. lässt Art. 99 III d) CPC n.F. nun ausdrücklich die sog. „halbe Schriftlichkeit" genügen und ähnelt somit dem Art. 17 I 2 a) EuGVÜ (Art. 23 I 3 a) Brüssel-I-VO). Die Schriftform wird durch Art. 99 IV CPC n.F. näher konkretisiert: Als in Schriftform abgefasst wird die „Vereinbarung angesehen, die in einem von den Parteien unterzeichneten Dokument festgehalten ist oder die aus dem Austausch von Briefen, Telefaxen, Telegrammen oder anderen Kommunikationsmitteln, die einen schriftlichen Nachweis erbringen, hervorgeht.".[102] Es genügt auch, dass eines dieser Mittel „auf ein Dokument verweist, in dem die Vereinbarung enthalten ist" (z.B.: AGB).[103] Bedeutsam ist, dass nach der Lehre[104] und der neuen Rechtsprechung des Obersten Gerichtshofs[105] Art. 99 CPC n.F.

---

[101] Ausführlich zu diesem Thema: RATHENAU, *Internationale Gerichtsstandsvereinbarungen nach portugiesischem Recht*, RIW 2005, 661.

[102] Zur Ausfüllung des Begriffs der „Kommunikationsmittel" kann das DL Nr. 7/2004 vom 7. Januar herangezogen werden, das die Richtlinie 2000/31/EG über den elektronischen Geschäftsverkehr ins portugiesische Recht umsetzt; vgl. auch Art. 23 II Brüssel-I-VO.

[103] Art. 99 IV CPC n.F. entspricht weitgehend dem Art. 2 II des Gesetzes Nr. 31/86 vom 29. August über die freiwillige Schiedsgerichtsbarkeit.

[104] VAZ SERRA, *Anotação ao Acórdão do Supremo Tribunal de Justiça de 23 de Janeiro de 1968*, Revista de Legislação e de Jurisprudência 101 (1968-1969), 375 (377 f.); FERREIRA DA ROCHA, *Competência internacional e autonomia privada: Pactos privativos e atributivos de jurisdição no direito português e na Convenção de Bruxelas de 27-9-1968*, Revista de direito e economia 1987, 161 (195 f.); LEBRE FREITAS/PINTO/ /REDINHA, *Código de Processo Civil anotado I (Artigos 1.° a 380.°)*, 1999, 184; LIMA PINHEIRO, *Direito Internacional Privado – Volume III – Competência Internacional e Reconhecimento de Decisões Estrangeiras*, 2002 [DIP], 215.

[105] Supremo Tribunal de Justiça vom 02.02.2000, Rechtssache Nr. 99B1147, in: *http://www.dgsi.pt* (Leitsatz; der Volltext dieser wichtigen Entscheidung wurde offenbar nicht veröffentlicht; das komplette Urteil ist nur beim Obersten Gerichtshof in Lissabon erhältlich); der Oberste Gerichtshof korrigierte seine frühere Rechtsprechung, die ein stillschweigendes Zustandekommen von Zuständigkeitsvereinbarungen zuließ, vgl. die Entscheidungen vom 23.01.1968, Boletim do Ministério da Justiça 173 (1968), 263: Américo Barbosa *gegen* Fábricas Alvorada, S. A. R. L. (Kostenvoranschlag mit Gerichts-

keine stillschweigenden Gerichtsstandsvereinbarungen zulässt. Die gesetzliche Grundlage hierfür liefert Art. 99 III e) CPC n.F., der eine „ausdrückliche" Gerichtswahl fordert.[106] Die Willenseinigung – Angebot und Annahme – muss ausdrücklich erfolgen. Der Gerichtshof begründet dies mit der Rechtssicherheit.[107] Auch bei einer schriftlichen Bestätigung (Art. 99 III e) 2. Alt. CPC n.F.) wird man einen vorangehenden mündlichen Konsens fordern müssen, der auf zwei ausdrücklichen Willenserklärungen beruht.

Die in Art. 17 I 2 b), c) EuGVÜ und Art. 23 I 3 b), c) Brüssel-I-VO enthaltenen Formalternativen (Gepflogenheiten zwischen den Parteien//internationaler Handelsbrauch) finden in Art. 99 CPC n.F. keine Entsprechung. Dies wirkt sich negativ auf den Umgang der portugiesischen Gerichte mit den Gerichtsstandsvereinbarungen aus, die unter den Anwendungsvorrang der Europäischen Zuständigkeitsordnungen fallen. Soweit ersichtlich hat sich lediglich das Berufungsgericht Lissabon in seiner Entscheidung vom 21.05.1998[108] erkennbar mit dem Handelsbrauch i.S.v. lit. c) befasst, obwohl die Formalternative in Art. 17 I 2 c) EuGVÜ und Art. 23 I 3 c) Brüssel-I-VO gerade in den von den Gerichten entschiedenen Fällen Bedeutung erlangen kann. Die praktischen Schwierigkeiten bei der Ermittlung etwaiger Gepflogenheiten und einschlägiger Handelsbräuche sind nicht zu unterschätzen. Vielleicht trägt zusätzlich der Umstand, dass der portugiesische Wortlaut der lit. b) und c) begrifflich nicht zwischen „Gepflogenheiten" und „Handelsbrauch" unterscheidet dazu bei, dass die Gerichte von deren Prüfung absehen. In beiden Formvarianten wird von „usos" gesprochen.[109]

---

standsklausel); 23.07.1981, Boletim do Ministério da Justiça 309 (1981), 303: Companhia de Seguros „Alentejo" *gegen* Companhia Nacional de Navegação Arca Verde und Sociedade Bachke & Co. (Gerichtsstandsklausel im Konnossement) und vom 23.04.1996, Boletim do Ministério da Justiça 456 (1996), 350: Metalcapote – Indústrias metalúrgicas, Lda. *gegen* Metalsider – Metais e Produtos Siderúrgicos Lda. und Hoogovens Ijunviden Verhoopkantoor BV (Gerichtsstandsklausel im kaufmännischen Bestätigungsschreiben).

[106] LIMA PINHEIRO, *Direito Internacional Privado – Volume III – Competência Internacional e Reconhecimento de Decisões Estrangeiras*, 2002 [DIP], 215.

[107] Neben der Beweiserleichterung wird in der Literatur auch der Schutz der Parteien vor einer unüberlegten Vereinbarung genannt.

[108] CJ, Ano XXIII, Tomo III, 1998, 106: Guardian Assurance, PLC *gegen* Lloyd Triestino („Lloyd Triestino SPA di navigazioni").

[109] Wie der deutsche, unterscheidet auch der französische „habitudes"/„usage" und englische Wortlaut „practices"/„usage" zwischen den beiden Formalternativen; von einem

Äußerst praxisrelevant ist, dass portugiesische Vertragspartner unter Umständen an die Wirkung des Schweigens auf ein kaufmännisches Bestätigungsschreiben gebunden sind, obwohl dem portugiesischen Handelsrecht das Rechtsinstitut des kaufmännischen Bestätigungsschreibens fremd ist. Sofern in der fraglichen Branche das Schweigen auf ein kaufmännisches Bestätigungsschreiben als Zustimmung abgefasst wird, ist eine Gerichtsstandsvereinbarung selbst dann wirksam, wenn das Wohnsitzrecht des Empfängers eine solche konstitutive Wirkung verneint.[110] Der internationale Handelsbrauch in Bezug auf kaufmännische Bestätigungsschreiben ist im internationalen Handel mit den unterschiedlichsten Konsumgütern verbreitet, wie etwa im grenzüberschreitenden Warenaustausch mit Ersatzteilen für Kraftfahrzeuge. Als typischer Anwendungsfall des internationalen Handelsbrauchs im Sinne der Normen wird im Bericht von Peter Schlosser die Konstellation genannt, dass eine Gerichtsstandsvereinbarung im kaufmännischen Bestätigungsschreiben enthalten ist.[111] Beteiligt man sich am internationalen Handel

---

„weiteren Beispiel einer missratenen Übersetzung" spricht daher LIMA PINHEIRO, *Direito Internacional Privado – Volume III – Competência Internacional e Reconhecimento de Decisões Estrangeiras*, 2002 [DIP], 139; vgl. auch SELKE, *Handelsbräuche als autonomes kaufmännisches Recht aus praktischer Sicht: Eine Untersuchung zur Bestimmung der rechtlichen Reichweite der Handelsbräuche*, 2001, 16 f.

[110] Siehe KILLIAS, *Internationale Gerichtsstandsvereinbarungen mittels Schweigen auf kaufmännisches Bestätigungsschreiben*, in: WEBER, PETER JOHANNES u.a. (Hrsg.), *Liber discipulorum et amicorum*, Festschrift SIEHR, 2001, 65 (72); LIMA PINHEIRO, *Direito Internacional Privado – Volume III – Competência Internacional e Reconhecimento de Decisões Estrangeiras*, 2002 [DIP], 140.

[111] SCHLOSSER, in: ABl. EG 1979, Nr. C 59/71 (124 f., Tz. 179); vgl. zudem: EuGH 20.2.1997, Rs. 106/95 – „MSG, Mainschiffahrts-Genossenschaft/Les Gravières Rhénanes", EuGHE 1997 I, 911 = NJW 1997, 1431; EBENROTH, *Das kaufmännische Bestätigungsschreiben im internationalen Handelsverkehr*, ZvglRW 77 (1978), 161 (180 ff.); STÖVE, *Gerichtsstandsvereinbarungen nach Handelsbrauch, Art. 17 EuGVÜ und § 38 ZPO*, 1993, 122 f.; KILLIAS, *Die Gerichtsstandsvereinbarungen nach dem Lugano-Übereinkommen*, 1993, 189 und *Internationale Gerichtsstandsvereinbarungen mittels Schweigen auf kaufmännisches Bestätigungsschreiben*, in: WEBER, PETER JOHANNES u.a. (Hrsg.), *Liber discipulorum et amicorum*, Festschrift SIEHR, 2001, 65 (70 ff.); STAEHELIN, *Gerichtsstandsvereinbarungen im internationalen Handelsverkehr Europas: Form und Willenseinigung nach Art. 17 EuGVÜ/LugÜ*, 1994, 94 ff.; MünchKomm ZPO/GOTTWALD, Band 3², 2001, Art. 17 EuGVÜ, Rdn. 40; HEISS, *Die Form internationaler Gerichtsstandsvereinbarungen – Eine rechtsvergleichende Analyse*, ZfRV 2000, 202 (210); NAGEL/ /GOTTWALD, *Internationales Zivilprozessrecht*⁵, 2002, § 3, Rdn. 141; LIMA PINHEIRO, *Direito*

und sind in der konkreten Branche kaufmännische Bestätigungsschreiben üblich, so gehört es zu den Obliegenheiten eines umsichtigen Vertragspartners sich über die ihn betreffenden Bräuche zu erkundigen. Zumindest ein „kennen müssen" des Handelsbrauchs i.S.v. Art. 23 I 3 c) Brüssel-I-VO kann dann in der Regel bejaht werden. Der Oberste Gerichtshof versäumte in seiner Entscheidung vom 12.06.1997[112] die Prüfung eines internationalen Handelsbrauchs in Bezug auf das von der deutschen Firma ihrem portugiesischen Vertragspartner zugesandte kaufmännische Bestätigungsschreiben.[113] In den Entscheidungen des Berufungsgerichts Porto vom 19.06.1995[114] und Coimbra vom 19.10.1999[115] prüften die Gerichte die Bindungswirkung von Gerichtsstandsklauseln, die in Warenrechnungen enthalten waren, ausschließlich anhand des Art. 17 I 2 a) EuGVÜ („schriftlich oder mit schriftlicher Bestätigung"). Von großer Relevanz ist auch der internationale Handelsbrauch im Zusammenhang mit Gerichtsstandsklauseln in Konnossements.[116] Letzteres wurde vom

---

Internacional Privado – Volume III – Competência Internacional e Reconhecimento de Decisões Estrangeiras, 2002 [DIP], 140 (141).

[112] CJ-STJ, Ano V, Tomo II, 1997, 122: Trenkamp & Gehle GmbH *gegen* G. Reinke Lda., auch abgedruckt in: Boletim do Ministério da Justiça 468 (1997), 325; vgl. auch die ähnliche Entscheidung der Vorinstanz: Tribunal da Relação de Lisboa vom 07.11.1996, CJ, Ano XXI, Tomo V, 1996, 85 und die Anmerkung von MOURA RAMOS, *„Portugal"*, in: KAYE (Hrsg.), European Case Law on the Judgments Convention, 1998, 795 (804).

[113] Am 11.12.1990 bekam der portugiesische Käufer von KfZ-Ersatzteilen eine schriftliche „Auftragsbestätigung" von dem deutschen Verkäufer zugesandt. Auf der Rückseite dieser „Auftragsbestätigung" waren die AGB des Verkäufers mit einer Gerichtsstandsvereinbarung abgedruckt. Der Oberste Gerichtshof führt kurzerhand aus, dass „zudem keine der in Art. 17 I 2 b) und c) EuGVÜ vorgesehenen Alternativen erfüllt" sei.

[114] CJ, Ano XX, Tomo III, 1995, 237: Société Industrielle Meubles Monnier, S. A. R. L. *gegen* E. J. Martins, Lda.

[115] CJ, Ano XXIV, Tomo IV, 1999, 39: Trefimetaux, S. A. *gegen* Fundalba – Indústria de Fundição Lda.

[116] Nach ganz h. M. genügt den „internationalen Handelsbräuchen" die einseitige Konnossementsform im Verhältnis zwischen Verfrachter und Befrachter, s. GIRSBERGER, *Gerichtsstandsklausel im Konnossement: Der EuGH und der internationale Handelsbrauch*, IPRax 2000, 87 (89); KROPHOLLER/PFEIFER, *Das neue europäische Recht der Zuständigkeitsvereinbarung*, in: HABSCHEID, WALTHER u.a. (Hrsg.), *Beiträge zum internationalen Verfahrensrecht und zur Schiedsgerichtsbarkeit*, Festschrift NAGEL, 1987, 157 (164); STÖVE, *Gerichtsstandsvereinbarungen nach Handelsbrauch, Art. 17 EuGVÜ und § 38 ZPO*, 1993, 162 ff., 171; KILLIAS, *Die Gerichtsstandsvereinbarungen nach dem Lugano--Übereinkommen*, 1993, 181; STAEHELIN, *Gerichtsstandsvereinbarungen im interna-*

Berufungsgericht Lissabon in seiner Entscheidung vom 21.05.1998 richtig erkannt.[117]

X. Anerkennung und Vollstreckung ausländischer Entscheidungen

Die Anerkennung ausländischer Entscheidungen in Portugal basiert auf einem formalen Anerkennungssystem. Die Art. 1094 bis 1102 CPC n.f. sehen ein eigenständiges gerichtliches Bestätigungsverfahren (*Delibationsverfahren*) vor. Eine Nachprüfung der ausländischen Entscheidung in der Sache (*révision au fond*) ist in zwei Ausnahmefällen möglich, Art. 1100 II und 1100 I i. V. m. 771 c) CPC n.F.[118] Eine der bedeutsamsten Gesetzesänderungen von 1997 war die Abschaffung des sog. Spiegelbildprinzips in Art. 1096 c) CPC a.F.[119], der dem § 328 I Nr. 1 ZPO glich.[120]

---

tionalen Handelsverkehr Europas: Form und Willenseinigung nach Art. 17 EuGVÜ/ /LugÜ, 1994, 190; NAGEL/GOTTWALD, *Internationales Zivilprozessrecht*[5], 2002, § 3, Rdn. 151; Wieczorek/Schütze ZPO/HAUSMANN[3], 1994, Art. 17 EuGVÜ, Rdn. 52; MANKOWSKI, *Seerechtliche Vertragsverhältnisse im Internationalen Privatrecht*, 1995, 274 f. m. z. N. (s. die dortige Fn. 218).

[117] CJ, Ano XXIII, Tomo III, 1998, 106: Guardian Assurance, PLC *gegen* Lloyd Triestino („Lloyd Triestino SPA di navigazioni).

[118] Die zentrale Anerkennungsvorschrift des Art. 1096 CPC n.F. hat die Überschrift „Notwendige Voraussetzungen für die Anerkennung" und lautet sinngemäß: Für die Anerkennung der Entscheidung ist notwendig: a) dass keine Zweifel an der Echtheit der Urkunde bestehen, aus der sich das Urteil ergibt sowie aus der Verständlichkeit der Entscheidung; b) dass das Urteil nach dem Recht des Landes, in dem es ergangen ist, rechtskräftig geworden ist; c) dass die Zuständigkeit des ausländischen Richters nicht fraudulös begründet worden ist und dass sie nicht die ausschließliche Zuständigkeit der portugiesischen Gerichte berührt; d) dass nicht die Einrede der Rechtshängigkeit oder der rechtskräftigen Entscheidung mit der Begründung erhoben werden kann, dass die Sache einem portugiesischen Gericht zugewiesen sei, außer wenn die Klage im Ausland zuerst erhobenen worden ist; e) dass der Beklagte ordnungsgemäß zum Prozess nach den gesetzlichen Bestimmungen des Staates des Ausgangsgerichtes geladen war, und dass im Prozess die kontradiktorischen und die Gleichheitsgrundsätze der Parteien beachtet wurden; f) dass das Urteil keine Entscheidung enthält, deren Anerkennung zu einem Ergebnis führt, das mit den Grundsätzen der internationalen öffentlichen Ordnung des portugiesischen Staates offensichtlich unvereinbar ist.

[119] Das Spiegelbildprinzip war seit 1939 ausdrücklich im CPC verankert.

[120] Der neue Art. 1096 c) CPC verlangt nur, dass die Zuständigkeit des ausländischen Richters nicht fraudulös begründet worden ist und dass sie nicht die ausschließliche

Im Rahmen des Anerkennungs- und Vollstreckungsrechts der Europäischen Zuständigkeitsordnungen wurden die portugiesischen Gerichte mit unterschiedlichen Fragen konfrontiert, die überwiegend übereinkommenskonform beantwortet wurden. Die Anwendung des Anerkennungs- und Vollstreckungsrechts ist ersichtlich besser ausgefallen, als der Umgang mit den internationalen Gerichtsständen. Eine Erklärung hierfür lässt sich nur vermuten. Zu denken ist zunächst an gesonderte Abteilungen der Gerichte, die sich auf diese Fragen konzentrieren. Jedoch verfügen sie nicht über spezielle Kammern, die für die Anerkennung und Vollstreckung ausländischer Entscheidungen zuständig sind. Die Antwort könnte darin liegen, dass die zum Teil klaren Wortlaute der Vorschriften über die Anerkennung und Vollstreckung eine präzise Prüfung ermöglichen, ohne dass es eines Rückgriffs auf die Rechtsprechung des EuGH bedarf und tiefgreifende nationale Beeinflussungen der Suche nach einer übereinkommensautonomen Rechtsanwendung nicht im Wege standen. Richtig erkannt wurde zum Beispiel, dass eine Vollstreckbarerklärung einen vollstreckungsfähigen Inhalt des Urteils voraussetzt[121] und eine ordnungsgemäße Zustellung des verfahrenseinleitenden Schriftstücks dem vorrangigen HZÜ[122] (nun: EuZVO[123]) unterliegen kann.[124] Ferner wurde das Verbot der Nachprüfung der Zuständigkeit der Gerichte des Ursprungsstaats[125] und der ausländischen Entscheidung in der Sache beachtet[126]. Zudem hat der Oberste Gerichtshof Art. 38 EuGVÜ (Aussetzung des Verfahrens) nach seinem Sinn und Zweck einwandfrei inter-

---

Zuständigkeit der portugiesischen Gerichte berührt; zur Abschaffung des Spiegelbildprinzips s. SCHINDLER, *Durchbrechungen des Spiegelbildprinzips bei der Anerkennung ausländischer Entscheidungen – unter vergleichender Berücksichtigung des portugiesischen und brasilianischen Rechts*, 2004.
   [121] Urteil des Berufungsgerichts Porto vom 02.10.1997, CJ, Ano XXII, Tomo IV, 1997, 208.
   [122] Haager Zustellungsübereinkommens vom 15.11.1965.
   [123] Verordnung (EG) Nr. 1348/2000.
   [124] Urteil des Obersten Gerichtshofs vom 24.02.1999, CJ-STJ, Ano VII, Tomo I, 1999, 122.
   [125] Urteile des Berufungsgerichts Lissabon vom 10. 11.1998, CJ, Ano XXIII, Tomo V, 1998, 86 (87) und des Berufungsgerichts Coimbra vom 09.02.1999, CJ, Ano XXIV, Tomo I, 1999, 28.
   [126] Urteile des Berufungsgerichts Porto vom 25.02.1997, Boletim do Ministério da Justiça 464 (1997), 622 und des Berufungsgerichts Lissabon vom 10. 11.1998, a.a.O. (vorherige Fußnote).

pretiert.[127] Ebenso makellos wurden die Wirkungen der Einlegung eines Rechtsbehelfs im Vollstreckungsverfahren festgestellt.[128] Vom Berufungsgericht Porto wurde möglicherweise übersehen, dass Art. 27 Nr. 2 EuGVÜ nicht nur Amts- sondern auch Parteizustellungen erfasst.[129]

XI. Der intertemporale Anwendungsbereich der Europäischen Zuständigkeitsordnungen

Zum Schluss dieses Rechtsprechungsberichtes soll noch kurz auf den intertemporalen Anwendungsbereich des Brüsseler-Übereinkommens eingegangen werden. Bei der Prüfung des intertemporalen Anwendungsbereichs des *Anerkennungs- und Vollstreckungssystems des EuGVÜ* in der Fassung des 3. Beitrittsübereinkommens von 1989 (3. BeitrittsÜb. 1989) sind den portugiesischen Gerichtsentscheidungen beträchtliche Unsicherheiten anzumerken. Selbst das mehrheitliche portugiesische Schrifttum ist m. E. zu schwer vertretbaren Ergebnissen gekommen. Nach dem portugiesischen Schrifttum und Rechtsprechung setze die Anwendung der vereinfachten Anerkennung und Vollstreckung ausländischer Entscheidungen nach dem EuGVÜ zwar voraus, dass das Übereinkommen zum Zeitpunkt der Erhebung der Klage im Ursprungsstaat bereits in Kraft ist.[130] Es genüge jedoch, dass das Übereinkommen im „ersuchten Staat" *erst* zum Zeitpunkt des Erlasses des Urteils im Ursprungsstaat[131] oder später zwischen dem Urteilserlass und der

---

[127] Urteil vom 11.07.2000, CJ-STJ, Ano VIII, Tomo II, 2000, 158, auch abgedruckt im Boletim do Ministério da Justiça 499 (2000), 228.

[128] Urteil des Berufungsgerichts Porto vom 07.06.1994, CJ, Ano XIX, Tomo III, 1994, 228.

[129] Urteil vom 05.02.1996, Boletim do Ministério da Justiça 454 (1996), 804 (Leitsätze).

[130] TEIXEIRA DE SOUSA, *Direito Processual Civil Europeu – Relatório apresentado nos termos do art. 9, n.º 1, al. a), do Decreto n.º 301/72, de 14 de Agosto, para a prestação de provas de Agregação (Ciências Jurídicas) na Universidade de Lisboa*, 2003, 69. In der Entscheidung des Tribunal da Relação de Coimbra vom 14.12.1993 (CJ, Ano XVIII, Tomo V, 1993, 51: Adolf Burger *gegen* Alexandre Casal oder Alexandre Baumann Casal) wurde diese Grundvoraussetzung des Art. 54 I LugÜ übersehen; das Gericht wandte das LugÜ an, obwohl das Übereinkommen im maßgeblichen Zeitpunkt im Ursprungsstaat noch nicht in Kraft war (und Art. 54 II LugÜ nicht weiter half).

[131] TEIXEIRA DE SOUSA/MOURA VICENTE, *Comentário à Convenção de Bruxelas de 27 de Setembro de 1968 relativa à competência judiciária e à execução de decisões em*

Stellung des Anerkennungs- und Vollstreckungsantrags im „ersuchten Staat" in Kraft trat[132].

Das vereinfachte Anerkennungs- und Vollstreckungssystem des EuGVÜ kommt gemäß Art. 29 I des 3. BeitrittsÜb. 1989 aber nach zutreffender Auffassung nur dann zur Anwendung, wenn *zum Zeitpunkt der Erhebung der ursprünglichen Klage das Brüsseler Übereinkommen sowohl im Ursprungsstaat als auch im „ersuchten Staat" in Kraft ist*.[133]

---

matéria civil e comercial e textos complementares, 1994, 182; TEIXEIRA DE SOUSA, *A concessão de exequatur a uma decisão estrangeira segundo a Convenção de Bruxelas, Comentário ao acórdão da Relação do Porto de 7 de Junho de 1994*, RFDUL 35 (1994), 445 (451 f.); MOURA VICENTE, *Da aplicação no tempo e no espaço das convenções de Bruxelas de 1968 e de Lugano de 1988*, RFDUL 35 (1994), 461 (474); a. A. zu Recht: MOURA RAMOS, *„Portugal"*, in: KAYE (Hrsg.), European Case Law on the Judgments Convention, 1998, 805 und 808; vgl. zudem Supremo Tribunal da Justiça vom 07.12.1995, CJ-STJ, Ano III, Tomo III, 1995, 146 (147): Alda Radio Limited *gegen* Cerqueira & Moreira Lda.

[132] So ausdrücklich: LIMA PINHEIRO, *Direito Internacional Privado – Volume III – Competência Internacional e Reconhecimento de Decisões Estrangeiras*, 2002 [DIP], 273 und eine Reihe von Gerichtsentscheidungen: Supremo Tribunal de Justiça vom 26.05.1993, CJ-STJ, Ano I, Tomo II, 1993, 126 (127): N. N.; Tribunal da Relação de Coimbra vom 14.12.1993, CJ, Ano XVIII, Tomo V, 1993, 51 (51): Adolf Burger *gegen* Alexandre Casal (oder Alexandre Baumann Casal); Tribunal da Relação de Lisboa vom 10.11.1998, CJ, Ano XXIII, Tomo V, 1998, 86 (86): Benedicta Amor Marcos, Anastasio Velez Amor, Yolanda Velez Fernandez und Anastasio Velez Fernandez *gegen* Seguros Metrópole S. A.; Tribunal da Relação de Coimbra vom 17.10.1995, CJ, Ano XX, Tomo IV, 1995, 35 (36): Banco Pinto & Sotto Mayor *gegen* Manuel dos Santos Portela und Maria de Fátima do Couto; a. A. MOURA RAMOS, *„Portugal"*, in: KAYE (Hrsg.), European Case Law on the Judgments Convention, 1998, 805 und 808. Würde man der in Portugal vertretenen Meinung folgen, dann wäre der Ansicht zuzustimmen, die verlangt, dass das Übereinkommen bereits zum Zeitpunkt des Erlasses der Klage vor dem Erstgericht im Anerkennungsstaat in Kraft sein muss. Anderenfalls könnte der Kläger die Anerkennungs- und Vollstreckungsklage so lange hinausschieben, bis das Übereinkommen im Zweitstaat in Kraft tritt. Dies würde zu einer Rechtsunsicherheit führen, die den Beklagten ungerechtfertigt benachteiligt.

[133] Art. 29 I, II 3. BeitrittsÜb. 1989 entspricht dem Wortlaut von Art. 54 I, II EuGVÜ; danach ist das EuGVÜ in dessen Fassung „nur auf solche Klagen und öffentlichen Urkunden anzuwenden, die erhoben oder aufgenommen worden sind, nachdem das vorliegende Übereinkommen im Ursprungsstaat und, wenn die Anerkennung oder Vollstreckung einer Entscheidung oder Urkunde geltend gemacht wird, im ersuchten Staat in Kraft getreten ist" (Abs. 1). „Entscheidungen, die nach dem Inkrafttreten dieses Beitrittsübereinkommens zwischen dem Ursprungsstaat und dem ersuchten Staat aufgrund einer vor diesem Inkrafttreten erhobenen Klage ergangen sind, werden nach

Art. 29 II des 3. BeitrittsÜb. 1989 erfasst hingegen all die Fälle, in denen das Übereinkommen zum Zeitpunkt der Klageerhebung vor den Gerichten des Ursprungsstaates in diesem und/oder im Anerkennungsstaat noch nicht in Kraft war. Um den Grund für diese enge Interpretation zu verstehen, ist vorab Art. 4 I EuGVÜ zu beachten.[134] Die Vorschrift ermöglicht die Anwendung exorbitanter nationaler Gerichtsstände (vgl. Art. 3 II EuGVÜ) gegenüber Beklagten, die in Staaten wohnen, die das EuGVÜ (noch) nicht ratifiziert haben.[135] Der Beklagte mit Wohnsitz in einem Drittstaat ist den exorbitanten Gerichtsständen des Ursprungsstaates schutzlos ausgeliefert.[136] Bedeutend ist in diesem Zusammenhang, dass die Vertragsstaaten verpflichtet sind, diese Urteile nach Art. 25 ff. EuGVÜ/LugÜ anzuerkennen und zu vollstrecken.[137] Die Regelung des Art. 29 des 3. BeitrittsÜb. 1989[138] möchte dem Vollstreckungsstaat eine unbesehene Anerkennung und Vollstreckung solcher Urteile jedoch nicht zumuten.[139] Diese Interpretation ergibt sich – wenn auch nicht eindeutig

---

Maßgabe des Titels III des Übereinkommens anerkannt und zur Zwangsvollstreckung zugelassen, vorausgesetzt, dass das Gericht aufgrund von Vorschriften zuständig war, die mit den Zuständigkeitsvorschriften des Titels II des Übereinkommens oder eines Abkommens übereinstimmen, das zum Zeitpunkt der Klageerhebung zwischen dem Ursprungsstaat und dem Staat, in dem die Entscheidung geltend gemacht wird, in Kraft war" (Abs. 2).

[134] Vgl. SCHLOSSER, in: ABl. EG 1979, Nr. C 59/71 (137, Tz. 231); WAGNER, *Zum zeitlichen Anwendungsbereich des Lugano-Übereinkommens*, ZIP 1994, 81-84 (83).

[135] Das Motiv der Ächtung von sog. exorbitanten Gerichtsständen liegt darin, dass es sich um Zuständigkeiten handelt, die über das Maß einer vernünftigen Beanspruchung hinaus, z. B. dem Klagenden eigenen Staatsangehörigen immer einen Gerichtsstand einräumen (Art. 14, 15 des französischem CC), die Zuständigkeit an die Zustellung bei zufälligem Antreffen im Hoheitsgebiet knüpfen (common law Rechtsordnungen) oder die bloße Vermögensbelegenheit zuständigkeitsbegründend wirken lassen (§ 23 ZPO); zu Art. 10 2. HS CPT n.F. und Art. 65 I c) CPC n.F. (sog. Territorialprinzip, das exorbitant wirken kann) s. oben VII. und VIII.

[136] GEIMER, *Internationales Zivilprozessrecht*[4], 2001, Rdn. 1382; MOURA VICENTE, *Da aplicação no tempo e no espaço das convenções de Bruxelas de 1968 e de Lugano de 1988*, RFDUL 35 (1994), 461 (476 f.).

[137] GEIMER, *Internationales Zivilprozessrecht*[4], 2001, Rdn. 1383; SCHACK, *Internationales Zivilverfahrensrecht*[3], 2002, Rdn. 103; TELES, *Reconhecimento de sentenças estrangeiras: o controle da competência do tribunal de origem pelo tribunal requerido na Convenção de Bruxelas de 27 de Setembro de 1968*, RFDUL 37 (1996), 119 (134 f.).

[138] Bzw. des inhaltsgleichen Art. 54 I, II EuGVÜ/LugÜ.

[139] SCHLOSSER, in: ABl. EG 1979, Nr. C 59/71 (137, Tz. 231).

aus Art. 29 I des 3. BeitrittsÜb. 1989 – aus dem Sinn und Zweck des Art. 29 II des 3. BeitrittsÜb. 1989. Der zweite Absatz ist als Ausnahme von dem engen Grundsatz des ersten Absatzes formuliert. Danach ist eine Entscheidung anzuerkennen und zu vollstrecken, bei der die zugrundeliegende Klage zwar vor dem Inkrafttreten des Übereinkommens im Ursprungs– und/oder Vollstreckungsstaat erhoben worden ist, die Anerkennung bzw. Vollstreckung der Entscheidung des Erststaates im Zweitstaat jedoch nach dem Inkrafttreten des EuGVÜ für die maßgeblichen Staaten begehrt wird.[140] Gemeint sind hiermit alle Fälle, in denen zum Zeitpunkt der Erhebung der Klage das Übereinkommen in einem oder beiden der maßgeblichen Staaten noch nicht in Kraft war.[141] Dieses Ergebnis wird nun durch die Übergangsbestimmungen des Art. 66 Brüssel-I-VO unters-

---

[140] A. A. die in Deutschland h. M.: Auf Entscheidungen, die vor dem Inkrafttreten des EuGVÜ/LugÜ für die beteiligten Staaten *ergangen* sind, sei Absatz 2 nicht anzuwenden. Ein Teil des portugiesischen Schrifttums und Rechtsprechung verlangt dagegen nur, dass das Übereinkommen zum Zeitpunkt des Urteilserlasses im *Ursprungsstaat* in Kraft ist, s. dazu sogleich.

[141] Als einziger Anwendungsfall des Art. 29 II des 3. BeitrittsÜb. 1989 bzw. Art. 54 II EuGVÜ/LugÜ wird im Schrifttum und Rechtsprechung geltend gemacht, dass das Übereinkommen zum Zeitpunkt der Erhebung der Klage im Ursprungsstaat noch nicht in Kraft ist, und die Klage nach dessen Inkrafttreten im Ursprungsstaat erlassen wird, vgl. LIMA PINHEIRO, *Direito Internacional Privado – Volume III – Competência Internacional e Reconhecimento de Decisões Estrangeiras*, 2002 [DIP], 273; TEIXEIRA DE SOUSA/MOURA VICENTE, *Comentário à Convenção de Bruxelas de 27 de Setembro de 1968 relativa à competência judiciária e à execução de decisões em matéria civil e comercial e textos complementares*, 1994, 182. In den ausgewerteten Entscheidungen über intertemporale Fragen, in denen auf Art. 54 II EuGVÜ eingegangen wurde, haben die Richter Art. 54 II EuGVÜ einschränkend dahingehend auslegt, dass das EuGVÜ im Ursprungsstaat zum Zeitpunkt der Klageerhebung noch nicht in Kraft war. Dabei wird übersehen, dass der Absatz 2 auch die Fälle erfasst, in denen das Übereinkommen bei Klageerhebung vor dem Erstgericht weder im Ursprungsstaat noch Anerkennungsstaat oder aber im Ursprungsstaat, aber noch nicht im Anerkennungsstaat in Kraft getreten war. Dies ergibt sich wiederum aus Art. 4 I EuGVÜ. Ist nämlich das Übereinkommen im Ursprungsstaat zum Zeitpunkt der Erhebung der Klage vor dessen Gerichten bereits in Kraft, aber noch nicht im Anerkennungsstaat, kann sich das Erstgericht auch der nationalen exorbitanten Gerichtsstände bedienen, als ob das Übereinkommen in keinem der beteiligten Staaten in Kraft wäre. Würde man Art. 29 I des 3. BeitrittsÜb. 1989 bzw. Art. 54 I EuGVÜ/LugÜ nach der in Portugal vertretenen Meinung interpretieren, so wäre die Ausnahmeregelung des zweiten Absatzes quasi funktionslos.

trichen, dessen Wortlaut und Struktur, im Gegensatz zu Art. 29 des 3. BeitrittsÜb. 1989, übersichtlicher sind.[142]

Schließlich ist anzumerken, dass keine der Gerichtsentscheidungen die intertemporal einschlägige Norm des Art. 29 I, II des 3. BeitrittsÜb. 1989 angewandt hat; stets wurde der inhaltsgleiche Art. 54 EuGVÜ angewandt, der den zeitlichen Anwendungsbereich der Ursprungsfassung des EuGVÜ regelt.

XII. Schlussbemerkung

Besonders kritikwürdig ist die Auslegung der europäischen Zuständigkeitsordnungen in Zivil- und Handelssachen im Lichte eigentypischer autonomer Regelungen, die selbst im autonomen Zuständigkeitsrecht umstritten sind. Es wundert nicht, dass es Stimmen gibt, die dem europäischen Gesetzgeber wegen des nur zögerlich wachsenden Integrationsbewusstseins einen voreiligen Versuch der Zuständigkeitsharmonisierung vorwerfen. Dabei darf aber nicht übersehen werden, dass der europäische Gesetzgeber nun auch mit dem Inkrafttreten der Verordnung betreffend den Europäischen Vollstreckungstitel den richtigen Weg weiterverfolgt, um das europäische Bewusstsein jedenfalls schrittweise zu stärken. Langsam aber sicher wird auch die portugiesische Spruchpraxis einen europäischeren Weg einschlagen. Das macht z.B. die begrüßenswerte Entscheidung des *Supremo Tribunal de Justiça* vom 03.03.2005 (s. o. VIII. 2.) deutlich.

---

[142] Art. 66 Brüssel-I-VO differenziert zwischen Zuständigkeit (Abs. 1) und Anerkennung und Vollstreckung (Abs. 2). Art. 66 II a) Brüssel-I-VO lautet: „Ist die Klage im Ursprungsmitgliedstaat vor dem Inkrafttreten dieser Verordnung erhoben worden, so werden nach diesem Zeitpunkt erlassene Entscheidungen nach Maßgabe des Kapitels III anerkannt und zur Vollstreckung zugelassen, a) wenn die Klage im Ursprungsmitgliedstaat *erhoben* wurde nachdem das Brüsseler Übereinkommen oder das Übereinkommen von Lugano sowohl im Ursprungsmitgliedstaat als auch in dem Mitgliedstaat, in dem die Entscheidung geltend gemacht wird, in Kraft getreten war". Art. 66 II b) Brüssel-I-VO gewährt dem Vollstreckungsgericht „in allen anderen Fällen" die Befugnis zur Überprüfung der Zuständigkeit, die sich bereits deutlich aus Art. 29 II des 3. BeitrittsÜb. 1989 und Art. 54 II EuGVÜ/LugÜ ergab (Hervorhebungen des Verf.).

XIII. Breve introdução e resumo em português

Este texto, que – com alguns acréscimos e ligeiras modificações – corresponde à intervenção do autor na sessão anual da *Deutsch-Lusitanischen Juristenvereinigung* (*Associação de Juristas Luso-Alemães*), realizada em Berlim de 25 a 26 de Novembro de 2005 tem o título: „*A Convenção de Bruxelas e Lugano e o Regulamento Bruxelas I na jurisprudência portuguesa (1992-2006): A influência das normas de direito processual civil internacional autónomo português*".

O texto incide, como o título indica, na análise dos acórdãos proferidos pelos Tribunais superiores portugueses nos quais foi aplicada ou deveria ter sido aplicada a Convenção de Bruxelas de 27 de Setembro de 1968 Relativa à Competência Judiciária e à Execução de Decisões em Matéria Civil e Comercial, com o objectivo de confrontar a sua jurisprudência com o texto oficial da Convenção de Bruxelas, a jurisprudência do Tribunal de Justiça das Comunidades Europeias e a doutrina europeia que sobre esta tem sido elaborada. Este trabalho crítico inclui a paralela e muito semelhante Convenção Relativa à Competência Judiciária e à Execução de Decisões em Matéria Civil e Comercial concluída em Lugano em 16 de Setembro de 1988 e o Regulamento (CE) n.º 44/2001 do Conselho, de 22 de Dezembro de 2000, Relativo à Competência Judiciária, ao Reconhecimento e à Execução de Decisões em Matéria Civil e Comercial que entrou em vigor em 1 de Março de 2002.

Este exame crítico não ficaria completo se não se dedicasse também ao direito processual internacional civil autónomo português tendo em especial ponderação as reformas legais ao Código de Processo Civil de 1997 (Decreto-Lei n.º 329-A/95, de 12 de Dezembro e Decreto-Lei n.º 180/96, de 25 de Setembro) e 2003 (Decreto-Lei n.º 38/2003, de 8 de Março e Decreto-Lei n.º 199/2003, de 10 de Setembro) e o novo Código de Processo do Trabalho de 2000 (Decreto-Lei n.º 480/99, de 9 de Novembro).

Tal resulta do facto de a maioria dos tribunais portugueses, apesar de terem verificado o preenchimento dos requisitos espaciais, materiais e temporais de aplicação das mencionadas fontes legais europeias, continuar a aplicar o seu direito autónomo. A influência do direito autónomo nestas e também noutras decisões é manifesta. Pode-se até dizer que a compreensão de uma considerável parte das decisões das Relações e do Supremo Tribunal de Justiça pressupõe o conhecimento do direito processual da *lex fori*.

É também de interesse verificar se houve a preocupação de harmonizar as soluções de direito autónomo com as da Convenção de Bruxelas e do Regulamento. Os reformadores dos países da Europa que continuam a preferir soluções que não se compatibilizam com as do direito unificado têm que expor justificações persuasivas para a sua actuação.

1. A Convenção de Bruxelas na jurisprudência portuguesa

Após a análise dos acórdãos sobre as Convenções de Bruxelas/ /Lugano e o Regulamento 44/2001 o autor verifica que, apesar de existirem decisões admiráveis que incidem sobretudo no reconhecimento e execução de sentenças estrangeiras segundo a Convenção de Bruxelas, a jurisprudência portuguesa de um ponto de vista geral não é positiva. Isso deve-se a três causas fundamentais:
– As referências à jurisprudência do Tribunal da Justiça das Comunidades Europeias (TCE) são extremamente diminutas,
– nenhum dos tribunais fez uso do seu direito e, em determinadas situações, do seu dever de chamar o TCE a pronunciar-se a título prejudicial sobre a interpretação da Convenção de Bruxelas,
– como já foi apontado a prevalência da Convenção de Bruxelas/ /Lugano e do Regulamento 44/2001 foi sucessivamente desrespeitada.

A interpretação do direito uniforme através de convicções nacionais leva as Convenções e o Regulamento *ad absurdum*. Este inconveniente é especialmente notório em acórdãos em que foi aplicado o artigo 5.º n.º 3 (matéria extracontratual) e o artigo 17.º (pactos de jurisdição) das Convenções:
– O Supremo Tribunal de Justiça e a Relação de Coimbra afirmaram que o artigo 5.º n.º 3 deve ser interpretado de acordo com a regra exorbitante do artigo 65.º n.º 1 alínea c) CPC (critério da causalidade) o que fez com que os tribunais portugueses fossem considerados competentes para dirimir litígios que resultaram de acidentes de automóveis ocorridos no estrangeiro,
– noutros acórdãos foram declarados nulos pactos de jurisdição, só por não terem sido celebrados por escrito ou com confirmação escrita. As alternativas formais do artigo 17.º n.º 1 3.ª parte alínea

b) e c) não foram sequer apreciadas. É algo que não surpreende nos acórdãos em que o tribunal faz amiúde referência ao artigo 99.º CPC que exige a forma escrita.

Na opinião do autor comerciantes portugueses podem ficar vinculados pelo artigo 23.º n.º 1 2.ª parte alínea c) do Regulamento 44/2001 (usos no comércio internacional) a pactos de jurisdição que não foram aceitados expressamente. Trata-se dos casos em o comerciante recebe uma carta comercial de confirmação de um negócio e, como a Relação de Lisboa bem decidiu, os casos em que cláusulas atributivas de jurisdição estão inseridas em conhecimentos de carga. Nestes casos o silêncio vale como aceitação. A circunstância de o direito comercial português não conhecer a instituição jurídica da carta comercial de confirmação que é divulgada em vários países europeus não significa que um comerciante português prudente que comercializa com o estrangeiro não tenha o dever de se informar sobre os usos do comércio internacional que regem os domínios do comércio internacional em que ele opera.

Entre outros pontos, o autor critica ainda o seguinte:
- A afirmação do Supremo Tribunal de Justiça de que se a lei aplicável é a portuguesa, logo a jurisdição deve ser a portuguesa,
- o facto de em seis acórdãos se ter aplicado a Convenção de Lugano apesar de o litígio apenas ter tido relações com países da União Europeia,
- de o Supremo Tribunal de Justiça ter aplicado as regras da *lex fori* (cf. artigo 22.º n.º 1 1.ª parte da Lei de Organização e Funcionamento dos Tribunais Judiciais) para definir o momento relevante para a determinação da competência internacional, em casos em que o autor imediatamente após a absolvição do réu da instância tem a possibilidade de instaurar novamente a acção,
- de os tribunais até 2003 terem aplicado continuamente o direito material da *lex fori* para a determinação do lugar do cumprimento da obrigação litigada nos termos do artigo 5.º n.º 1 da Convenção de Bruxelas e Lugano,
- as profundas incertezas que os tribunais demonstram na aplicação da Convenção de Roma sobre a Lei Aplicável às Obrigações Contratuais de 19 de Junho de 1980,
- a circunstância de as Relações de Coimbra e Lisboa não terem aplicado o artigo 5.º n.º 1 da Convenção de Bruxelas quando o objecto principal da acção era a validade ou existência do contrato,

– as diversas dificuldades de interpretação que os tribunais tiveram com o apuramento do campo de aplicação temporal da Convenção de Bruxelas de acordo com o artigo 29.° n.° 1 e 2 da Convenção de San Sebastián relativa à adesão de Portugal e Espanha à Convenção de Bruxelas.

2 O direito processual internacional civil autónomo

No que diz respeito ao direito processual internacional civil autónomo português, o autor demonstra que as reformas do CPC e do CPT apenas constituíram aperfeiçoamentos dispersos que se limitam quase sempre a dar forma legal ao que a doutrina portuguesa vinha defendendo. O autor observa que uma parte das medidas legislativas tiveram como modelo a Convenção de Bruxelas ou o Regulamento 44/2001:
– As competências exorbitantes que estiveram mencionadas no artigo 3.° n.° 2 da Convenção de Bruxelas foram abolidas, o que não aconteceu no direito interno português (cf. artigo 65.° n.° 1 alínea c) CPC, artigo 10.° 2.ª parte CPT e no direito marítimo por ex. o artigo 15.° n.° 1 alínea c) do Decreto-Lei n.° 203/98, de 10 de Julho sobre a salvação marítima),
– foi introduzido no artigo 65.° n.° 1 alínea a) CPC o princípio *actor sequitur forum rei* e uma competência relativa aos casos de pluralidade de réus como vem estabelecido nos artigo 2.° n.° 1 e 6.° n.° 1 da Convenção de Bruxelas e do Regulamento,
– houve a preocupação de harmonizar as competências exclusivas no artigo 65.°-A CPC com o artigo 16.° da Convenção de Bruxelas e artigo 22.° do Regulamento,
– a severa forma escrita que esteve prevista nos antigos artigo 99.° n.° 3 alínea d), 100.° n.° 2 do CPC foi aliviada a favor da possibilidade de uma confirmação por escrito como vem estabelecido no artigo 17.°, n.° 1, 2.ª parte, alínea a), da Convenção de Bruxelas.

Os princípios do direito autónomo que não têm analogia nas fontes legais europeias e que o autor mais critica são os seguintes:
– a competência exorbitante no artigo 65.° n.° 1 alínea c) CPC e artigo 10.° 2.ª parte CPT (critério da causalidade) que na opinião do autor é um corpo estranho dentro dos sistemas de compe-

tências do CPC e CPT. O critério da causalidade sobrepõe-se às demais competências que se orientam em interesses justos de competência internacional,
– de uma parte da doutrina e jurisprudência usar o *forum necessitatis* (artigo 65.º n.º 1 alínea d) CPC) para impregnar uma posição legal material.

Veja também o artigo do autor na Revista RIW (Recht der Internationalen Wirtschaft) 2005, págs. 661 a 669 com o título „*Internationale Gerichtsstandsvereinbarungen nach portugiesischem Recht*" („*Pactos privativo e atributivo de jurisdição segundo o direito interno português*") onde critica o facto de serem considerados ineficazes os pactos privativos de jurisdição no Direito Marítimo (artigo 7.º da Lei n.º 35/86, de 4 de Setembro) e no Direito do Trabalho (artigo 11.º CPT). Além disso é, segundo a opinião do autor, altamente criticável a presunção de uma competência concorrente em caso de dúvida como se estabelece no artigo 99.º n.º 2 CPC. Também a possibilidade dos tribunais avaliarem a seriedade do interesse que presidiu à escolha da jurisdição contribui para uma insegurança jurídica que é indesejável nesta matéria.

ELABORANDO A PROPOSTA BRASILEIRA DE CONVENÇÃO INTERAMERICANA DE DIREITO INTERNACIONAL PRIVADO SOBRE A LEI APLICÁVEL A ALGUNS CONTRATOS COM CONSUMIDORES (CIDIP VII): SUGESTÕES SOBRE A PROTEÇÃO DOS CONSUMIDORES EM DIREITO INTERNACIONAL PRIVADO

Prof. Dra. Claudia Lima Marques[*]

I. Introdução 308
II. Fundamentos para a proposta brasileira de CIDIP VII sobre lei aplicável a alguns contratos com consumidores: especificidades dos contratos internacionais com consumidores, autonomia da vontade e lacuna legislativa 316
   1. Da necessidade de normas especiais de Direito Internacional Privado em matéria de contratos com consumidores 317
   2. Da oportunidade de regras especiais em matéria de contratos internacionais de consumo: conexões atuais, autonomia da vontade e lacuna na legislação 334
III. Breve exame da proposta brasileira de Convenção Interamericana de Direito Internacional Privado sobre a lei aplicável a alguns contratos com consumidores 347
   1. Campo de aplicação e regras de ajuda ou materiais 348

---

[*] Professora Titular de Direito Internacional Privado da Universidade Federal do Rio Grande do Sul, Porto Alegre, Brasil; Board da *Association Internationale de Droit de la Consommation*, Bruxelas; Vice-Coordenadora do Programa de Pós-Graduação em Direito da UFRGS (2005-2006); Legum Magister (Tübingen), *Doctor iures utriusque* (Heidelberg), Diplom Europa-Institut (Saarbrücken).

2. As principais regras da proposta 353
IV. Observação final 364
V. Resumo/ Zusammenfassung.. 365

I. Introdução[1]

Desde a década de 60 do século XX, grandes doutrinadores alemães do Direito Internacional Privado (DIPriv)[2] apontam para a necessidade de proteger a parte mais fraca nos contratos internacionais, especialmente os consumidores,[3] impregnando assim as normas de conflitos de leis com um objetivo material e de proteção deste sujeito vulnerável.[4] Dentre eles, destaca-se o mestre de Heidelberg, Prof. Dr. Dr. h.c. Erik Jayme, que com seu humanismo generoso e sua visão libertadora de respeito à autonomia

---

[1] Este artigo consolida e expande as conferências realizadas sobre o tema em Giessen (Novembro 2004, sobre proteção transfronteiriça dos consumidores no Mercosul) e Berlin (Novembro 2005, sobre proteção do consumidores, o comércio eletrônico internacional e a proposta de CIDIP VII) na Deutsch-Lusitanische Juristische Vereinigung (DLJV), a convite dos Professores Erik Jayme, Christoph Benicke e Stefan Grundman, a quem agradeço. Agradeço também ao Dr. Jean Michel-Arrighi, Diretor Jurídico da OEA, Washington, pelo honroso convite para ministrar o Curso na OEA em 2000, origem desta sugestão de CIDIP e ao Dr. Ricardo Morishita, Diretor do DPDC/Ministério da Justiça, por ter aceito o tema e a sugestão em nome do Brasil e pelo honroso convite para ser delegada e negociadora brasileira na CIDIP VII sobre proteção do consumidor. O meu curso da OEA foi publicado in: LIMA MARQUES, *A proteção do consumidor: aspectos de direito privado regional e geral*, XXVII Curso de Derecho Internacional-OEA/CIJ, Ed. Secretaría General – Subsecretaria de Asuntos Jurídicos, 2001, 657-780, e in El Derecho Internacional Privado en las Américas (1974-2000), Cursos de Derecho Internacional – vol. I (Parte 1), 2002, 1503-1622.

[2] Em especial ZWEIGERT, NEUHAUS, JAYME, von HOFFMANN, in KROPHOLLER, *Das Kollisionsrechtliche System des Schutzes der schwächeren Vertragspartei*, RabelsZ 42 (1978), 634-661, que menciona também os estudos de LANDO.

[3] Veja esta evolução no livro de BRÖCKER, *Verbraucherschutz im Europäischen Kollisionsrecht*, 1998 e no artigo de JUNKER, *Von Citoyen zum Consommateur–Entwicklung des internationalen Verbraucherschutzrechts*, IPRax 1998, 67 e seg.

[4] Assim JAYME, *Identité culturelle et intégration: Le droit internationale privé postmoderne*, Recueil des Cours de l' Académie de Droit International de la Haye, 1995, II, 44 (citado Jayme, Cours). Segundo JAYME, uma das tendências do direito internacional privado pós-moderno ou atual seria a materialização das regras de conflito de leis e aplicação reiterada da *lex fori*.

da vontade e à identidade cultural da pessoa humana,[5] conclui que o DIPriv pode ser um elemento de harmonia e paz[6] na nova sociedade globalizada[7] de consumo[8] da pós-modernidade.[9]

Se algum tempo atrás a proteção do consumidor era um tema de direito interno também no Brasil e nas Américas, pois a atuação da maioria das pessoas restringia-se ao território do seu país, uma relação típica nacional, sem qualquer elemento de internacionalidade,[10] hoje a realidade é diversa.[11] A proteção internacional do consumidor é hoje um dos temas mais atuais do Direito Internacional Privado,[12] seja pela crescente

---

[5] Veja, por todos, JAYME, *Le Droit International Privé du Nouveau Millénaire: la Protection de la Personne Humaine Face à la Globalisation*, Recueil de Cours, tomo 282, 2000, 147 e seg.

[6] JAYME, Cours 1995, p. 262-264; JAYME, em seu Curso de Haia de 1995 (*Identité culturelle et intégration: Le droit internationale privé postmoderne*) p. 39, afirma que a razão de existir do Direito Internacional Privado é a necessidade de encontrar soluções justas na comunidade internacional

[7] Aceitarei aqui a definição de globalização feita por CASTELLS, *End of Millennium (The Information Age: Economy, Society and culture,)* volume III, 1998, 1.

[8] Veja sobre o tema no Brasil, BATISTI, *Direito do Consumidor para o Mercosul*, 1998, 5 e seg. FELLOUS, *Proteção do consumidor no Mercosul e na União Européia*, 2004, 13 e seg. PERIN, *A Globalização e o Direito do Consumidor – Aspectos relevantes sobre a harmonização legislativa dentro dos mercados regionais*, 2003, 45 e seg. Também KLAUSNER, *Direitos do consumidor no Mercosul e na União Européia – Acesso e efetividade*, 2006.

[9] Aceito aqui a teoria de Erik Jayme sobre os reflexos da pós-modernidade no DIPriv exposta em seu Cours, p. 33 e seg. Veja LYOTARD, *Das postmoderne Wissen – Ein Bericht*, ENGELMANN (Hrsg.), [Aus dem Französischen von Otto Pfersmann], 1994, 13.

[10] Assim ensina von HOFFMAN, *Über den Schutz des Schwächeren bei internationalen Schuldverträgen*, RabelsZ 38 (1974), 401, explicando que nos casos excepcionais se podia usar a cláusula de ordem pública para proteger este «mais fraco».

[11] Veja RIZZATTO NUNES, *Comentários ao CDC*, 2000, 349 e CALLIESS, *Transnationales Verbraucherverstragsrecht*, RabelsZ 68 (2004), 249 e seg. Sobre a necessidade de proteção em países em desenvolvimento, veja Resolução 39/248 de 9 de abril de 1985 da Assembléia Geral da ONU. E KLAUSNER, *Reflexões sobre a proteção do consumidor brasileiro nas relações internacionais de consumo*, in TIBURCIO/BARROSO, *O Direito Internacional Contemporâneo, Estudo em Homenagem ao Professor Jacob Dolinger*, 2006, 375-420.

[12] Veja JAYME, *Justicia et Pace, Discours du Président de l'Institut de Droit International*, 69eme Session, Gesammelte Schriften, Band 3, 2003, 186: "*L'autre grand problème du droit international de nos jours est la protection de la personne humaine face à la globalisation. Plus particulièrement, le commerce électronique conduit à des dangers pour les consommateurs. Dans la situation de l'histoire contemporaine, où les Etats*

influência da legislação da União Européia,[13] seja pela banalização do consumo internacional,[14] e não poucos os juristas se preocupam com o eventual retrocesso no nível de proteção deste sujeito vulnerável,[15] seja em direito material,[16] seja, metodologicamente, em Direito Internacional Privado.[17]

Em resumo, em meus estudos desde 2000 sobre a proteção do consumidor em Direito Internacional Privado e na sugestão de CIDIP[18] rea-

---

semblent céder aux marchés, il faut trouver un équilibrer entre le respect de s lois des pays de l'origine des marchandises et des services et les règles protetrices des pays des consommateurs..." e LAGARDE, *Développements futurs du D.I.P.*, RabelZ 68 (2004), 226 e SINNAY-CYTERMANN, *La protection de la partie faible en Droit International Privé– les exemples du salarié et du consommateur, Mélange en l'Honneur de Paul Lagarde*, LGDJ, 2005, 737-748.

[13] Veja GEBAUER, *Grundfragen der Europäisierung des Privatrechts*, 1998, 86 e também MANKOWISKI, *Entwicklung im Internationalen Privat– und Prozessrecht 2003//2004 (Teil 1)*, RIW 7/2004, 482-483.

[14] Veja HACKER, *Europäisch-zivilverfahrechtliche und international-privatrechtliche Probleme grenzüberschreitender Gewinnzusagen– Zugleich zu einem europäischen Begriff der unerlaubten Handlug*, ZVglRWiss 103 (2004), 463-500. REICH/NORDHAUSEN, *Verbraucher und Recht im elektronischen Verkehr (eG)*, 2000. e LIMA MARQUES, *Some recent developments in Private International Law in Brazil*, Japanese Yearbook of Private International Law, vol. 4, 2002, 13-50.

[15] Veja TONIOLLO, *La protección internacional del consumidor: reflexiones desde la perspectiva del derecho internacional privado argentino*, Revista de Direito do Mercosul, ano 2, n. 6, dez. 1998, 95.

[16] Neste sentido, veja defendendo que a distinção entre consumidor e comerciantes, na Internet, não faria sentido GUILLEMARD, *Le 'cyberconsommateur' est mort, vive l'adhérent*, Journal du Droit International, 1, 2004, 7-61. Em sentido contrário, de OLIVEIRA, *A proteção dos consumidores nos contratos celebrados através da Internet*, 2002, 10 e seg.

[17] Ensinam JAYME/KOHLER, *Europäisches Kollisionsrecht 2004: territoriale Erweiterung und methodische Rückgriffe*, IPRax, 483 e seg. Veja o problema metodológico, LIMA MARQUES, *Confiança no comércio eletrônico e a proteção do consumidor*, 2004, 371 e seg.

[18] Veja a proposta original de uma CIDIP de proteção do consumidor, in LIMA MARQUES, *"A insuficiente proteção do consumidor nas normas de Direito Internacional Privado – Da necessidade de uma Convenção Interamericana (CIDIP) sobre a lei aplicável a alguns contratos e relações de consumo"*, Revista do Tribunais (São Paulo), vol. 788, junho de 2001, ano 90, 11-56. E, LIMA MARQUES, *Confiança, no comércio eletrônico e a proteção do consumidor*, 2004, 460 e seg. E os comentários a minha proposta por ARAÚJO, *Contratos internacionais e consumidores nas Américas e no Mercosul: Análise da proposta brasileira para uma convenção interamericana na CIDIP VII*, in TIBURCIO/

lizada, almejo propor uma utilização atualizadora do DIPriv, preenchendo estas normas normalmente instrumentais com valores sociais de proteção do parceiro contratual mais fraco,[19] o consumidor,[20] que oportunizarão a harmonia de relações internacionais necessária em nosso tempo; um DIPriv de solução material dos complexos conflitos pós-modernos, os quais agora envolvem direitos humanos e limites constitucionais,[21] um DIPriv mais «narrativo»,[22] pedagógico, que «discurse» – ao mesmo tempo promova a «discussão» –,[23] para que efetive a necessária proteção dos consumidores nos mercados internacionalizados dos dias de hoje.[24]

Concretamente, a pergunta principal que me move é, portanto, como honrar a lições destes mestres alemães e propor para a OEA (proposta

---

BARROSO, *O Direito Internacional Contemporâneo, Estudo em Homenagem ao Professor Jacob Dolinger*, 2006, 705-736.

[19] Sobre o tema da passagem das normas de conflitos "neutras"para as "materialmente orientadas" e analisando os ensinamentos do saudoso Professor António Marques dos Santos, veja GALVÃO TELLES, *Sobre o critério da "lei mais favorável" nas normas de conflitos*, in MIRANDA et allii (Org.), *Estudos em Memória do Professor Doutor António Marques dos Santos*, vol. I, 2005, 193 e seg.

[20] Veja os trabalhos de POCAR, *La protection de la partie faible en droit international privé*, Recueil des Cours, 1984, V, 339 e seg.; FALLON, *Le droit des rapports internationaux de consommation*, J.D.I.,1984, 277 e seg.; MAYER, *La protection de la partie faible en droit international privé*, in GHESTIN/FONTAINE, *La protection de la partie faible dans les rapports contractuels: comparaisons franco-belges*, LGDJ, Paris, 1996, 513 e seg.; LECLERC, *La protection de la partie faible dans les contrats internationaux*, 1995. E MOURA RAMOS, *La protection de la partie contractuelle la plus faible en droit international privé portugais*, in *Das relações privadas internacionais; Estudos de direito internacional privado*, 1995, 200: "*parmi ces valeurs, la protection des faibles occupe une place majeur. Considerée aujourd'hui à juste titre comme un des* Leitmotive *du droit privé actuel*".

[21] Veja JAYME,Cours 1995, 36.

[22] Adoto aqui a teoria de Jayme sobre normas narrativas (JAYME, Cours 1995, 247), destacando que qualquer proposta de Convenção internacional e o texto dai oriundo tem hoje um efeito ao menos narrativo, de demonstrar os problemas e os caminhos, de narrar objetivos e princípios, mesmo que seja apenas como fonte de inspiração, mesmo que estas normas nunca cheguem a ter vigência, seus esforços, como os da Convenção de Haia de 1980, demonstram a existência de necessidades e forçam a procura – nacional, regional ou universal – de soluções.

[23] Veja sobre o tema MÜLLER, *Direito-Linguagem-Violência*, 1995, 17 e seg. Veja HABERMAS, *Legitimation Crisis*, 1999, 68.

[24] Sobre a necessidade de tomada de posição da doutrina, veja incisivo, ARRIGHI, *La protección de los consumidores y el Mercosur*, Revista de Direito do Consumidor, vol. 2, 126-127.

brasileira aceita para negociar a CIDIP VII) normas de conflito de leis que, ao mesmo tempo, promovam a proteção (objetivo material)[25] dos consumidores em alguns contratos de consumo (de prestação de serviços e produtos), sem impedir a autonomia da vontade em DIPRiv, respeitando as especificidades dos mercados nacionais (identidade cultural), os interesses legítimos das partes (proteção da confiança e imposição de *standards* imperativos mínimos de boa-fé e de informação), respeitando os objetivos mais clássicos de previsibilidade[26] e segurança jurídica[27] (de maneira a fomentar o aumento do comércio internacional de consumo), mesmo com métodos cada vez mais agressivos de marketing (webpublicidade, compras pela televisão, por Internet, por celulares, à distância etc.)[28] e com o desenvolvimento de métodos standartizados de elaboração des contratos complexos de consumo (Contratos de adesão, condições gerais dos contratos, contratos cativos de longa duração,[29] como o time-sharing ou contratos hiper-complexos de prestação de serviços múltiplos como os de pacotes de viagem). E, para isto procuro usar positivamente

---

[25] Assim manifestou-se sobre o fim material das normas de DIPriv oriundas da União Européia, JAYME in HOMMELHOFF/JAYME/MANGOLD (Ed.), *Binnenmarkt, Internationales Privatrecht und Rechtsvergleichung*, 1995, 35; *apud* JUNKER, 74, nota 132. Conforme acentua também Batiffol, "*l'adjectif «matériel» s'entend par opposition au caractère formel des règles de conflits; dans les pays de common law on parle plus généralement de substantive law, et l'expression de règles substantielles a paru longtemps plus claire en français.*" BATIFFOL, *Le pluralisme des méthodes en droit international privé*, Recueil des Cours de l'Académie de Droit International de la Haye, 1973, t. 139, 1974, 82.

[26] JAYME, Cours 1995, 44: "*Le droit international privé classique, élaboré au XX° siècle, formula donc des objetifs plus ou moins formels: l'égalité du traitement des personnes, l'harmonie des décisions concernant le même rapport, la prévisibilité des solutions, les rapports juridiques universels.*"

[27] Veja VISCHER, *The antagonism between legal security and the search for justice in the field of contracts*, Recueil des Cours de l'Académie de Droit International de la Haye, 1974, t. 142, 1975, 30 e seg.

[28] Veja LANDFERMANN, *Internet-Werbung und IPR*, in *Festchrift für das 75 Jahre Max-Plank-Institut Hamburg*, 2002, 514 e seg.

[29] Expressão que criei para denominar alguns contratos de serviços pós-modernos (Jayme) de longa duração em que o consumidor fica em situação de dependência ou cativadade fática quanto mais passa o tempo ou aumentam os serviços e vínculos, veja LIMA MARQUES, *Contratos no Código de Defesa do Consumidor: o novo regime das relações contratuais*[5], 2006, 252 e seg. A expressão "cativo" foi inspirada pelos estudos de GHERSI, *La Postmodernidad Jurídica – Una discussión abierta*, 1995, 13.

o atual pluralismo de métodos de DIPriv[30] a nossa disposição hoje (normas materiais e de ajuda, normas imperativas, normas abertas, normas de localização alternativas, elementos de conexão objetivos e autonomia da vontade, em casacata, cumulação com regras imperativas, de ordem pública ou de aplicação imediata)[31] e, ao mesmo tempo, aprendendo com os erros e acertos das experiências já realizadas, em especial na Convenção de Haia[32] e na União Européia.[33]

Acredito que regras claras de Direito Internacional Privado em matéria de proteção do consumidor podem vir a ter um efeito positivo na expansão deste mercado, ainda mais agora com o crescimento do comércio eletrônico de consumo (*Bussines-to– consumer ou B2C*), aumentando a confiança[34] deste agente econômico vulnerável, se suas expectativas

---

[30] Segundo JAYME, Cours, 251 é um elemento pós-moderno que pode ser usado positivamente. Veja também GANNAGE, *La hiérarchie des normes et les méthodes du droit international privé*, LGDJ, 2001, 25 e seg.; AUDIT, *Le caractère fonctionnel de la règle de conflit (sur la "crise" des conflits de lois)*, Recueil des Cours de l'Académie de Droit International de la Haye, 1984, t. 186, 1985, 255.

[31] Sobre o tema veja minhas sugestões para o DIPriv brasileiro, LIMA MARQUES, *Por um Direito Internacional de Proteção dos Consumidores: Sugestões para a nova Lei de Introdução ao Código Civil Brasileiro no que se refere a lei aplicável a alguns contratos e acidentes de consumo*, in MENEZES, *O Direito Internacional e o Direito Brasileiro – Homenagem a José Francisco Rezek*, 2004, 680 e seg.

[32] Veja VON MEHREN, *Law applicable to certain consumer sales, Texts adopted by the Fourteenth Session and Explanatory Report*, 1982, 6, que explica como o projeto de convenção de 1980 visava complementar a Convenção de Haia de 1955 sobre lei aplicável à venda internacional de mercadorias, o que nunca chegou a acontecer. Sobre o "avant--projet de Convention sur la compétence et les jugements en matière civile et commerciale" de 2002, que incluia um art. 7 sobre foro privilegiado dos consumidores, veja HAINES, *L'impact d'internet sur le projet sur les jugements: nouvelles pistes de refléxion*, in Doc. Prél. Nr. 17, février 2002, Bureau Permanant. Sobre a convenção finalmente aprovada veja LUGINBÜHL/WOLLGAST, *Das neue Haager Übereinkommen über Gerichsstandsvereinbarungen: Aussichten für das geistige Eigentum*, GRUR Int. 2006, 208-220. Mais informações, www.hcch.net.

[33] Veja detalhes sobre meus estudos da experiência européia in REICH/ORDHAUSEN e LIMA MARQUES, *A proteção do consumidor: aspectos de direito privado regional e geral*, in XXVII Curso de Derecho Internacional-OEA/CIJ, 2001, 657-780.

[34] Veja inspirador FUHRMANN, *Vertrauen im Eletronic Commerce – Rechtliche Gestaltungsmöglichkeiten unter Berücksichtigung verbindlicher Rechtsgeschäfte und des Datenschutz*, 2001 e LIMA MARQUES, *Confiança no comércio eletrônico e a proteção do consumidor*, 2004, 33 e seg.

legítimas de proteção e os respeito de seus direitos humanos (sociais e econômicos) forem asseguradas mesmo em relações que ultrapassam as fronteiras nacionais.

Na União Européia, sob o ideal de expandir o comércio e a concorrência, este imperativo de proteção da parte mais fraca também em DIPriv levou à elaboração de normas específicas de proteção do consumidor em matéria de conflitos de leis,[35] de que são exemplos o antigo art. 5 da Convenção de Roma de 1980 e tantas Diretivas de proteção do consumidor.[36]

Nas Américas, a exceção dos Estados Unidos[37] e do Canadá (especificamente do Quebéc)[38] as normas de conflitos não se preocupam com os consumidores, dai a importância e a necessidade da proposta brasileira para que a Organização dos Estados Americanos organize uma CIDIP sobre o tema.

A proposta brasileira de CIDIP VII sobre lei aplicável a alguns contratos com consumidores, denominada agora pelos delegados da OEA de "Proposta Lima Marques",[39] inicialmente foi elaborada para meu Curso no CIJ/OEA no Rio de Janeiro, em 2000, constando de apenas 7 artigos e tratando apenas do problema da lei aplicável aos contratos internacionais com consumidores, incluindo os contratos concluídos por turistas, ou

---

[35] Assim também na França, como relata SINNAY-CYTERMANN, *La protection de la partie faible en Droit International Privé – les exemples du salarié et du consommateur*, Mélange en l'Honneur de Paul Lagarde, LGDJ, 2005, 737-748.

[36] JAYME/KOHLER, *Europäisches Kollisionsrecht 1999 – Die Abendstunde der Staatsverträge*, IPRax 1999, 411-413, destacam 5 Diretivas de proteção do consumidor que trazem normas específicas de DIPriv, quais sejam a de cláusulas abusivas (Diretiva 93/13/CEE), a de time-sharing ou multipropriedade (Diretiva 97/47/CE), a de contração à distância (Diretiva 97/7/CE), a de garantias (Diretiva 1999/44/EC) e a de comércio eletrônico (Diretiva 2000/31/CE). Veja textos em http://europe.eu.int/comm/dg24.

[37] Veja sobre as normas hoje aplicáveis ao comércio eletrônico nos Estados Unidos, nas leis de Ohio, Virginia e Wasington, KRONKE, *Applicable Law in Torts and Contracts in Cyberspace*, in BOELE-WOELKI/KESSEDJIAN, *Internet– Which Court Decides? Which Law Applies*, 1998, 82 e 83.

[38] Veja texto in DOLINGER/TIBÚRCIO, *Vade Mecum de Direito Internacional Privado*, 1994, 297-298.

[39] A denominação é originada de texto do delegado argentino para a OEA, FERNÁNDEZ ARROYO, que analisava a "propuesta Lima Marques", reproduzido em FERNÁNDEZ ARROYO/MASTRÁNGELO (Org.), *El Futuro de la codificación del Derecho internacional privado en América– De la CIDIP VI a la CIDIP VIII*, 2005, 74.

contratos à distância do comércio eletrônico (sem a presença física simultânea no mesmo local dos parceiros contratantes), os de pacotes de viagens e de multipropriedade ou time-sharing. A proposta denominava-se de "Convenção Interamericana (CIDIP) sobre a lei aplicável a alguns contratos e relações de consumo", tendo sido aceita pelo Ministério de Justiça brasileiro e enviada à OEA como proposta oficial brasileira para o temário da CIDIP VII (2007). Em fevereiro e julho de 2005, a Assembléia Geral da OEA fixou o tema da proteção do consumidor, de acordo com a proposta brasileira, com o apoio do Canadá (com proposta própria de convenção ou de lei modelo sobre lei aplicável e sobre jurisdição em matéria do contratos do comércio eletrônico com consumidores) e dos Estados Unidos (proposta da *Federal Trade Commission* sobre devolução de quantias pagas pelos consumidores no comércio eletrônico).[40]

Em março de 2006, iniciaram-se as negociações para a CIDIP VII através de um foro eletrônico organizado pelo Departamento Jurídico da OEA, tendo como moderador John Wilson,[41] na qual sou delegada pelo Brasil.[42] Nestas discussões e em meus estudos de pós-doutorado em Heildelberg[43] e nas discussões de meus seminários como Diretora de Estudos em Haia, em 2003, assim como nos congresso das DLJV, pude evoluir muito meu pensamento,[44] tendo me ajudado a modificar e aprimorar esta proposta, que agora está em sua segunda versão.

---

[40] Veja discussões do Foro in www.oea.org.

[41] Veja testemunho sobre os trabalhos da CIDIP VII, por WILSON, na *Revista DeCITA*, 2004, sobre solução de controvérsias, 398 e seg.

[42] O delegado principal é o Dr. Ricardo Morishita Wada do DPDC/MJ. Meus agradecimentos a mestranda da UFRGS, a colega argentina Laura Dellayole, da UNL--Santa Fé, que está me ajudando nas negociações em espanhol, assim como a expert argentina Adriana Dreyzin de Klor pelas sugestões e correções de meus textos. E aos colegas e amigos brasileiros, Nádia de Araújo (PUC-Rio) e Eduardo Klausner (UERJ) pelo envio de sugestões e textos sobre processo civil internacional de proteção dos consumidores.

[43] Veja o livro dai resultante, Prêmio Ada Pellegrini Grinover de melhor obra de Direito do Consumidor em 2004-2005, LIMA MARQUES, *Confiança no comércio eletrônico e a proteção do consumidor*, 2004, 15 e seg.

[44] Devo destacar que as discussões travadas durante os Seminários da DLJV em Giessen e em Berlim, que este artigo reproduz, seja com os mestres Erik Jayme (Heildeberg), Heinz-Peter Mansel (Bonn), Christoph Benicke (Giessen), Stefan Grundmann (Humbolt, Berlin) e Manuel Malheiros (Lisboa) e os jovens pesquisadores alemães e brasileiros, Christian Schindler, Fabiano Menck, Gustavo Cerqueira, Thomas Richter e

Sendo assim gostaria de dividir minhas observações em duas partes, uma primeira dedicada a analisar os fundamentos (teóricos e práticos) da proposta brasileira de CIDIP VII sobre lei aplicável a alguns contratos com consumidores, em especial o problema do campo de aplicação desta sugestão, assim como os temas excluídos e os temas aceitos em matéria de contratos internacionais de consumo, assim como as bases principais da opção normativa da proposta por uma autonomia da vontade limitada para o fornecedor de forma a proteger o consumidor interamericano (Parte II.). Em uma segunda parte gostaria de adentrar nos detalhes da proposta, tanto uma visão geral de suas normas, a significar seu pluralismo de métodos do DIPRiv, como nas opções do uso das normas imperativas ou de ordem pública positiva, assim como a cumulação de leis e as normas de abertura do sistema "*favor* consumidor" (Parte III.).

II. Fundamentos para a proposta brasileira de CIDIP VII sobre lei aplicável a alguns contratos com consumidores: especificidades dos contratos internacionais com consumidores, autonomia da vontade e lacuna legislativa

Dois temas aqui foram fundamentais para a determinação do campo de aplicação de minha proposta de CIDIP VII, primeiro se há necessidade de uma convenção sobre o tema ou uma lacuna legislativa no tema, que identifiquei apenas no que se refere aos contratos internacionais de consumo, com suas especificidades e suas normas nacionais de DIPriv antigas e falta de regras nas Convenções internacionais e mesmo leis modelos existentes. O segundo tema, foi conseqüência do primeiro, se seria oportuno elaborar uma convenção para preencher esta lacuna ou deixar a expansão da conexão da autonomia da vontade em contratos internacionais solucionar o problema naturalmente.

Carl-Friedrich Nordmeier, assim como minhas discussões com os colegas franceses (em especial agradeço as discussões com a Profa. Dra. Alexandre e Prof. Dr. Huet de Strassbourg, organizadas pela Profa. Dra. Yacyr Viera da UFViçosa e Gustavo Cerqueira), durante minhas aulas como professora convidada em Paris 1 (Panthéon-Sorbonne), em março de 2006, muito me ajudaram. Sobre as discussões com colegas argentinos, veja Declaración de Córdoba, in Fernández/Mastrângelo (Org.), *El Futuro de la codificación del Derecho internacional privado en América – De la CIDIP VI a la CIDIP VIII*, 2005, 21 e seg.

1. Da necessidade de normas especiais de Direito Internacional Privado em matéria de contratos com consumidores

Efetivamente, a proteção do consumidor não é mais um tema apenas de direito interno. Com a abertura dos mercados a produtos e serviços estrangeiros, com a crescente integração econômica, a regionalização do comércio, as facilidades de transporte, o turismo em massa, o crescimento da telecomunicações, da conexão em rede de computadores, do comércio eletrônico,[45] não há como negar que o consumo já extrapola as fronteiras nacionais.[46]

Não é mais necessário viajar, ser um *consumidor-ativo,* um consumidor turista, deslocar-se para ser um consumidor, que contrata de forma internacional ou se relaciona com fornecedores de outros países.[47] As próprias formas de produção e montagem hoje são internacionais, os contatos internacionais de consumo e o turismo massificaram-se.[48] O fenômeno do *consumidor-passivo* internacional e o do *consumidor-ativo* internacional já chegou aos países da América Latina e ao Brasil. Consumir de forma internacional é típico de nossa época. O serviço ou produto estrangeiro

---

[45] Os bens estrangeiros estão nos supermercados, os serviços são oferecidos por fornecedores com sede no exterior no telemarketing, através da televisão, do rádio, da Internet, da publicidade massificada no dia-a-dia da maioria dos cidadãos de nossas metrópoles regionais. Assim concordam BENJAMIN, *Consumer Protection in Less-Developed Countries: The Latin American Experience,* in RAMSAY (Ed.), *Consumer Law in the Global Economy,* 1996, 50 e REICH, *Consumerism and citizenship in the Information Society-The case of eletronic contracting,* in WILHELSSON (Ed.), *Consumer Law in the Information Society,* 2001, 163 e seg. Veja LIMA MARQUES (Org.), *Estudos sobre a proteção no Brasil e no Mercosul,* 1994 e *El Código brasileño de defensa del consumidor y el Mercosur,* in GHERSI (Diretor*),* *Mercosur-Perspectivas desde el derecho privado,* 1996, 199-226.

[46] Assim também observam os mestres uruguaios HARGAIN/MIHALI, *Circulación de Bienes en el Mercosur,* 1998, 504.

[47] A distinção entre consumidor-ativo (que se desloca de um país para outro) e consumidor-passivo (que recebe a informação, que contrata em seu país, sem deslocamento físico) é muito utilizada na Alemanha e será aqui seguida, sem desconsiderar que em matéria de comércio eletrônico ela perde em força. Veja, por todos, usando a expressão JAYME/KOHLER, *Europäisches Kollisionsrecht 1999 – Die Abendstunde der Staatsverträge,* IPRax 1999, 404.

[48] Assim BENJAMIN, *O transporte aéreo e o Código de Defesa do consumidor,* Revista AJURIS-Edição Especial, março 1998, vol. II, 499 e seg.

é *status*, é bem simbólico na atual cultura de consumo;[49] o turismo, as viagens, o ser consumidor-ativo de forma internacional faz parte da procura pós-moderna dos prazeres, do lazer individual, da realização dos sonhos e do imaginário, é uma distinção social cada vez mais importante.[50]

O direito do consumidor tem uma vocação internacional,[51] E em teoria, o consumidor não deve ser prejudicado, seja sob o plano da segurança, da qualidade, da garantia ou do acesso à justiça somente porque adquire produto ou utiliza serviço proveniente de um outro país, em outro país ou fornecido por empresa com sede no exterior.[52]

Houve enfim uma substancial mudança na estrutura do mercado,[53] uma globalização também das relações privadas de consumo,[54] que põe a luz as falhas do mercado[55] e os limites da noção de «soberania» do consumidor no mercado global de hoje.[56] Os contratos de consumo, em especial os envolvendo serviços, não só multiplicaram-se, mas tornaram-se cada vez mais complexos e duradouros.[57] A sua posição é cada vez mais fraca ou vulnerável e o desequilíbrio das relações de consumo é intrínseco,[58] necessitando efetiva tutela e positiva intervenção dos Estados e dos Organismos Internacionais legitimados para tal.[59]

---

[49] Aqui estamos seguindo os ensinamentos de FEATHERSTONE, *Cultura de Consumo e Pós-modernismo*, 1995, 31.

[50] Assim FEATHERSTONE, *Cultura de Consumo e Pós-modernismo*, 1995, 31.

[51] Veja BOURGOIGNIE, *Eléments pour une théorie du droit de la consommation*, CDC-Story Sciencia, 1988, 215 e seg.

[52] Assim nos manifestamos no artigo, *Regulamento Comum de Defesa do Consumidor do Mercosul – Primeiras observações sobre o Mercosul como legislador da proteção do consumidor*, Revista Direito do Consumidor, vol. 23-24, 79 e também, no mesmo sentido no Mercosul, STIGLITZ, *El derecho del consumidor en Argentina y en el Mercosur*, Derecho del Consumidor, vol. 6, 1995, 20.

[53] Cfr. BOTANA GARCÍA/RUIZ MUÑOZ (Coord.), *Curso sobre protección jurídica de los consumidores*, 1999, 8.

[54] Veja, por todos, GHERSI, *La Postmodernidad Jurídica – Una discussión abierta*, 1995, 139 e seg.

[55] Assim BOURGOINIE, *Eléments pour une théorie du droit de la consommation*, CDC-Story Sciencia, 1988, 64 e seg.

[56] Assim BOTANA GARCÍA/RUIZ MUÑOZ (Coord.), *Curso sobre protección jurídica de los consumidores*, 1999, 8; BOURGOINIE, *Eléments pour une théorie du droit de la consommation*, CDC-Story Sciencia, 1988, 64.

[57] Veja a obra LORENZETTI/LIMA MARQUES, *Contratos de Servicios a los consumidores*, 2005.

[58] CALAIS-AULOY, *Droit de la Consommation*³, 1992, 1.

[59] Assim BOTANA GARCÍA/RUIZ MUÑOZ (Coord.), *Curso sobre protección jurídica*

a) As especificidades dos contratos de consumo internacional e a insuficiência das conexões tradicionais para os contratos de consumo: concentrando a proposta em alguns tipos contratuais complexos de consumo

Comum ao consumo internacional e às relações comerciais internacionais[60] são a barreira da língua, a barreira da falta de informações, as normas e costumes diferentes, as dificuldades e a insegurança na entrega e no pagamento, as dificuldades na garantia, no nível qualidade e no serviço pós-venda, mas estas dificuldades qualificam-se quando o parceiro contratual é um leigo, um consumidor.[61]

A primeira das especificidades do consumo internacional é, pois, o desequilíbrio intrínseco informativo e de especialização entre os parceiros contratuais internacionais face ao *status* leigo[62] e vulnerável do parceiro-consumidor.[63] As regras do comércio internacional, as regras de

---

de los consumidores, 1999, 8 menciona a atual «degradación de la posición del consumidor». Veja Guidelines da OECD in www.oecd.or/dsti/sti/it/consumer/prod/guidelines.htm.

[60] Sobre as dificuldades do comércio internacional veja FELDSTEIN DE CÁRDENAS, *Contratos Internacionais*, 1995, 60 e seg; MOURA RAMOS/SOARES, *Contratos Internacionais*, 1986, 9 e seg. Chega-se a advogar, pela sua especificidade mesmo a existência de um direito do comércio internacional, veja JADAUD/PLAISANT, *Droit du Commerce International*, 1991, 1.

[61] Assim Comissão Européia, *Guía del consumidor europeo en el mercado único*, Comisión Europea, 1995, 15 e 16.

[62] O comércio internacional, as relações de compra e venda ou de prestação de serviços entre pessoas com sede em países diferentes, geralmente ocorrem entre pessoas jurídicas ou profissionais, comerciantes e empresários, logo, especialistas e profissionais para poderem se movimentar no cenário dos negócios internacionais. No consumo internacional não é esta a realidade. O parceiro-consumidor é atraído ou por métodos agressivos de marketing (por exemplo, telemarketing, teleshopping, vendas emocionais de time-sharing para turistas) ou por preços reduzidos (descontos, redução nos tributos, envio gratuito etc.), pelo senso de aventura (por jogos, apostas, prêmios), ou por sua própria ignorância quanto às dificuldades nas transações transnacionais (parco conhecimento da língua para entender a oferta ou a publicidade, mito da qualidade superior dos produtos importados, produtos-novidade, desconhecidos em países emergentes, pela falta de conselhos jurídicos ou de um departamento jurídico para a negociação, confiança que a marca terá serviços pós-venda em seu país etc.).

[63] Veja sobre a vulnerabilidade do consumidor, CHAZAL, *Vulnérabilité et droit de la consommation*, in COHET-CORDEY (org.), *Vulnérabilité et droit: le développement de la vulnérabilité et ses enjeux en droit*, 2000, 243 e seg.

conflito do direito internacional privado, em geral, estão construídas sobre a base do profissionalismo e especialidade dos parceiros envolvidos,[64] a proteger quem vende, quem fornece o produto e o serviço, não daquele que apenas paga (comprador, quem é destinatário final ou usuário do serviço, «consumidor»).

Outra especificidade do consumo internacional é a sua falta de "continuidade" ou sua "descontinuidade".[65] Os atos de comércio caracterizam-se pela repetição e mesmo os contratos internacionais tendem a abrir mercados, redes e relações bastantes cooperativas e duradouras. Os contratos de consumo internacionais, ao contrário, são geralmente de troca, ou mesmo se têm longa duração não se repetirão muito entre os mesmos parceiros, não se beneficiam do sistema financeiro internacional ou transferem tecnologia, no sentido estrito da palavra.[66]

As outras especificidades são o pequeno valor, a massificação e a difícil re-execução. O consumo internacional é hoje um fenômeno de massas, basta pensar o turismo sazonal, o time-sharing, com seus círculos de trocas internacionais, os pacotes turísticos para grandes festas, eventos,

---

[64] Neste sentido destaque a decisão do STF não considerando «consumo» relações de importação de matéria prima entre dois comerciantes, SENTENÇA ESTRANGEIRA CONTESTADA Nº 5.847-1, Acórdão promulgado em 01.12.1999, Rel. Min. Maurício Corrêa. Veja meus comentários a esta decisão do STF, junto com TURKIENICZ, *Comentários ao acórdão do STF no caso Teka vs. Aiglon: em defesa da teoria finalista de interpretação do art. 2º do CDC*, Revista Direito do Consumidor, vol. 36 (2000), 221 e seg.

[65] Por exemplo, ser turista é um fenômeno pontual e sazonal, comprar à distância de um fornecedor da Califórnia (EUA) um determinado *soft ware* ou livro também é um fenômeno eventual e descontínuo. As regras do comércio internacional, as regras de direito internacional privado, em geral, estão construídas sobre a base da confiança e da continuidade, do crescer de relações: aquele que compra internacionalmente, voltará a comprar se a "execução" for adequada, há que se proteger aquele que vende, aquele que envia sem muitas garantias e sem conhecer seu cliente propriedade sua para país distante. No consumo internacional, a prioridade se inverte, o comprador não é um comerciante, não é *expert*, é ao contrário leigo, compra pelo preço, pelas qualidades apregoadas, confia em uma muitas vezes inexistente proteção legal e assume enormes riscos ao viabilizar o número de seu cartão de crédito.

[66] Rara exceção seria o contrato de time-sharing ou multipropriedade, que é uma relação duradora, se bem que fluída, por vezes nacional ou internacional (com círculos de trocas), veja sobre assunto o mestre brasileiro, TEPEDINO, *Multipropriedade Imobiliária*, 1993 e LIMA MARQUES, *Contratos de time-sharing no Brasil e a proteção dos consumidores: Crítica ao Direito Civil em tempos pós-modernos*, Revista Direito do Consumidor, vol 22 (1997), 64-86.

os transportes aéreos, os cruzeiros marítimos etc.[67] Individualmente considerado, porém, o contrato internacional de consumo tem pequeno valor, seja para a economia de um país ou de um fornecedor. Este pequeno valor dificulta em muito o acesso à justiça, faz com que a lide fique reprimida, dificulta que o consumidor assuma gastos exagerados, seja para reclamar, para procurar novamente o fornecedor, para fazer valer sua garantia etc. O consumo internacional ainda possui uma última especificidade, que lhe é comum com os serviços em geral, sua re-execução, em caso de frustração das expectativas do contratante consumidor é bastante dificultosa.[68] Destaque-se, por fim, que há um forte componente político--econômico nas regras de proteção nacional e internacional dos consumidores.[69]

Segundo ensina KROPHOLLER,[70] é necessário elaborar normas específicas de DIPriv para a proteção dos consumidores leigos ou não profissionais, pois as conexões hoje existentes para regular o comércio internacional todas tem como base o equilíbrio estrutural de forças ou de interesses profissionais entre os agentes (ambos profissionais) envolvidos, sugerindo como conexões seja a autonomia da vontade (escolha da lei que regerá o contrato pelas partes, no contrato ou após), o local da execução (geralmente o local de execução da prestação característica, sempre prestada pelo profissional em caso de contrato de consumo internacional), ou do local de conclusão do contrato (conectando o contrato com a ordem jurídica do país do ofertante, em contratos à distância,

---

[67] A doutrina européia alerta desde a década de 80 e, especialmente na década de 90, que o turismo de massa é um dos setores econômicos que mais cresce na União Européia e que a defesa do consumidor se faz necessária até mesmo como instrumento harmonizador da concorrência, veja, por todos, com estatísticas sobre o crescimento do setor turístico, LETE ACHIRICA, *El Contrato de Multipropriedad y la Protección de los consumidores*, 1997, 32-34.

[68] Em caso de turismo, reeditar algo, uma excursão, dias de férias em praia poluída, recuperar o conforto de um hotel em país distante e assim por diante, é tarefa quase impossível e a resposta será apenas econômica, com as perdas e danos respectivas. Em matéria de contratos à distância, a eventualidade da perda de tempo, da perda de uma chance e de acontecerem danos morais anexos à má-execução do contrato internacional de consumo também são quase uma constante, o melhor é prevenir os danos e minimizá--los, ou a resposta será apenas econômica, com as perdas e danos respectivas.

[69] Assim também GHERSI, *Razones y fundamentos para la integración regional,* in GHERSI (Coord.), *Mercosur – Perspectivas desde el derecho privado,* 1993, 30 e seg.

[70] KROPHOLLER, 398 e seg.

sempre também o ofertante). Este equilíbrio estrutural inexiste nos contratos internacionais concluídos com consumidores leigos.

A tendência nas Américas é a elaboração de regras nacionais materiais, muitas consideradas de ordem pública internacional,[71] *lois de police* ou leis de aplicação imediata em DIPRiv.[72] Segundo bem relembra JAYME, o momento atual é de prevalência de normas materiais em casos internacionais, reduzindo a importância do processo civil internacional tradicional,[73] tempos de uma maior possibilidade de determinação própria pelo indivíduo (*Selbstbestimmung*) em direito material,[74] de novas técnicas nas Convenções Internacionais tentando harmonizar as diferenças culturais e de desenvolvimento através da cooperação judicial e respeito às normas imperativas locais,[75] tentando respeitar os direitos humanos envolvidos no caso,[76] o que significa, face a revolução tecnológica atual, uma nova prevalência pela residência habitual do consumidor como novo elemento de conexão para determinar a lei aplicável ao comércio eletrônico *Business-to-Consumer*.[77]

Alcançar objetivos materiais através de normas de DIPriv não parece propor um problema metodológico no DIPriv das Américas. Segundo muitos autores, há uma certa tradição de territorialismo na América Latina[78] e também nos Estados Unidos,[79] havendo claro privilégio hoje

---

[71] Veja BUCHER, *L'ordre public et le but social de lois en droit international privé*, Recueil des Cours, 1993, II, t. 239, 1994, 60-69.

[72] Veja sobre o art. 18 Lei de Dir. Internacional Privado suíça, BUCHER, *L'ordre public et le but social de lois en droit international privé*, Recueil des Cours, 1993, II, t. 239, 1994, 39.

[73] Assim JAYME, *Zum Jahrtausendwechsel: Das Kollisionsrecht zwischen Postmoderne und Futurismus,* IPRax 2000, 169.

[74] JAYME, *Zum Jahrtausendwechsel: Das Kollisionsrecht zwischen Postmoderne und Futurismus,* IPRax 2000, 170.

[75] Assim JAYME, *Zum Jahrtausendwechsel: Das Kollisionsrecht zwischen Postmoderne und Futurismus,* IPRax 2000, 168.

[76] Assim JAYME, *Zum Jahrtausendwechsel: Das Kollisionsrecht zwischen Postmoderne und Futurismus,* IPRax 2000, 171, citando casos sobre comércio eletrônico, em que estão sendo considerados competentes os foros do local de «distribuição» da informação por Internet, logo, do local onde está o consumidor.

[77] JAYME, *Zum Jahrtausendwechsel: Das Kollisionsrecht zwischen Postmoderne und Futurismus,* IPRax 2000, 171.

[78] Veja sobre as diferentes influência políticas e jurídicas para o territorialismo típico do DIPr dos países da América Latina, SAMTLEBEN, *Menschheitsglück und Gesetzgebungsexport– Zu Jeremy Benthams Wirkung in Lateinamerika,* RabelsZ 50

da aplicação da *lex fori*. Esta solução simplista da aplicação da *lex fori* sempre que relação de consumo ou relação considerada de ordem pública (internacional) é clássica, porém, não é oportuna ou suficiente nos dias de hoje.[80]

Esta solução territorialista não é oportuna, pois não promove a harmonia de decisões e acaba por aumentar as tensões entre o comércio internacional, cada vez mais uniformizado e protegido, e as legislações nacionais ou regionais, que deixam desamparados seus consumidores, especialmente em países do terceiro mundo, possibilitando o abuso e os uso de *standard*s fortemente diferenciados a criar, como afirma Gabriel Stigliz, um consumidor de "lixo", situações não sustentável a longo prazo. Esta solução territorialista não é suficiente, pois deixa sempre desamparado parte dos consumidores nacionais, pois nunca é suficiente para proteger o consumidor turista, nem protege eficazmente o consumidor atual, que contrata internacionalmente por telefone, cabo ou Internet, sem precisa consciência de que lei se aplica a esta relação ou qual exatamente são seus direitos e garantias materiais, seus privilégios (ou não) de foro. De outro lado, há que se aprender com o ensinamento da Corte Européia, de tolerância e igualdade implícita dos ordenamentos jurídicos, das leis protetivas dos consumidores, como *standard* mínimo.[81] Assim como relembrar que muitas vezes a lei do outro país pode assegurar mais direitos ao consumidor do que a lei local.[82] Mister, pois, tentarmos usarmos todas as técnicas de flexibilidade,[83] de abertura atual do DIPriv e ao mesmo tempo, as técnicas clássicas de segurança e limitada alternativi-

---

(1986), 475. Veja também ARAÚJO, *Contratos Internacionais – Autonomia da Vontade, Mercosul e Convenções Internacionais*[2], 2000, 145 e seg.

[79] Assim RICHMAN/REYNOLDS, *Understanding Conflict of Laws*[2], 1995, 230.

[80] Assim também KROPHOLLER, 635.

[81] Sobre o tema veja BRÖCKER, *Verbraucherschutz im Europäischen Kollisionsrecht*, 1998, 107. Segundo a autora, a corte começou a estabelecer esta linha de igualdade valorativa (*Gleichwertigkeit*) das normas nacionais de proteção dos consumidores e de dever do Estado membro da União Européia de tolerância em relação a aplicação do direito «estrangeiro» de um país outro membro da União Européia justamente no caso Cassis de Dijon.

[82] Assim relembra BOGGIANO, *International Standard Contracts*, Recueil des Cours, 1981, I, t. 170, 1982, 138, pleiteando a aplicação da lei mais favorável ao consumidor.

[83] Sobre a importância do tema, HAY, *Flexibility versus predicability and uniformity in choice of law*, Recueil 1991, I, tomo 226, 1992, 394 e seg.

dade para legitimar a melhor solução para o caso concreto privado internacional de consumo.

Esta mistura entre o atual DIPriv pós-moderno, posterior a *American Revolution*,[84] e com valores sociais claros, deve ser construída examinando o positivo e o negativo das conexões hoje existentes. Assim, por exemplo, se a autonomia de vontade das partes é hoje considerada o mais importante elemento de conexão no comércio internacional,[85] encontra ela um limite no que se refere às relações de consumo. Como ensina NEUHAUS, a possibilidade de escolha da lei pelas partes, a autonomia da vontade em DIPriv, perde seu sentido, se passa a ser instrumento de domínio dos mais fracos pelos mais fortes.[86]

Segundo KROPHOLLER, as normas de proteção especiais de proteção dos consumidores, como agentes mais fracos no comércio internacional, deveriam seguir o seguinte método: respeitar a aplicação das normas imperativas (em alemão, *Sonderregelung für zwingende Normen*),[87] elaborar normas por tipos contratuais ou temas[88], usar normas bilaterais clássicas,[89] optar por elementos de conexão objetivos, e, no caso dos contratos de consumo, optar por outra conexão do que a da prestação característica,[90] dando preferência a conexões da esfera contratual do mais fraco (*Recht der Vertragsphäre des Schwächeren*), assim como limitar a autonomia da vontade ou possibilidade de escolha da lei por parte do fornecedor, comerciante ou parte contratual mais forte,[91] e impor

---

[84] Segundo JAYME (Cours, 44), uma das tendências do direito internacional privado pós-moderno ou atual seria a materialização das regras de conflito de leis e aplicação reiterada da *lex fori*. Após a chamada «american revolution», movimento doutrinário e jurisprudencial ocorrido nos Estados Unidos na década de 1960, que repensou o método e a idéia de justiça no direito internacional privado, as regras de conflito de leis teriam superado seu automatismo e simples posição instrumental de indicação de uma lei material para resolver «diretamente» o conflito, passando agora a interessar-se pela solução concreta ou direta (material) do caso.

[85] DE BOER, *Facultative Choice of Law – The procedural status of choice-of-law rules and foreign Law*, Recueil des Cours, 1996, t. 257, 1997, 300.

[86] NEUHAUS, *Die Grundbegriffe des IPR*, 1962, apud von HOFFMANN, 396.

[87] KROPHOLLER, 648.

[88] KROPHOLLER, 655.

[89] KROPHOLLER, 657 e 660

[90] KROPHOLLER, 656.

[91] KROPHOLLER, 656.

correções com cláusulas de ordem pública[92] e cláusula escapatória,[93] a exemplo da atual lei suíça.

b) Falta de normas nacionais (e de convenções internacionais) sobre proteção dos consumidores em matéria de lei aplicável aos contratos internacionais nas Américas

Interessante observar que, com exceção dos Estados Unidos[94] e Canadá,[95] raras são as normas nacionais de Direito Internacional Privado que se voltam especificamente para a proteção dos consumidores nos países Americanos. Quanto ao DIPriv do Quebec, positivado no Código Civil de 1991, interessante observar sua atualização metodológica, porque prevê várias normas abertas (art. 3076), o conhecimento de leis imperativas de outro estado (art. 3079), uma ordem pública estrita pela incompatibilidade do resultado prático da aplicação da lei estrangeira (art. 3081) e uma cláusula escapatória geral (art. 3082).[96] Assim como possui uma regra específica para os contratos de consumo (art. 3117),[97]

---

[92] KROPHOLLER, 655.

[93] KROPHOLLER, 657.

[94] Veja MANN/WINN, *Electronic Commerce*, 2002, 591 e seg. art. 3545 sobre *products liability* e art. 3547 sobre *conventional obligations* da nova lei da Louisiana, Lei 923 de 1991 (publicada na íntegra in IPRax 1993, 56 e seg), in KROPHOLLER/KRÜGER/ /RIERING/SAMTLEBEN/SIEHR, *Aussereuropäische IPR-Gesetze*, Max-Planck-Insitut, 1999, 1002 e seg.

[95] Veja-se *Code Civil du Quebéc*, "§ 3 – Du Contrat de consommation – art. 3117. Le choix para les parties de la loi applicable au contrat de consommation ne peut avoir pour résultat de priver le consommateur de la protection que lui assurent les dispositions imperatives de la loi de l'Etat où ila sa residence si la conclusion du contrat a été precedée dans ce lieu, d'une offre spéciale ou d'une publicité et que le actes nécessaires à sa conclusion y ont été accomplis par le consommateur, ou encore, si la demande de ce dernier y a été reçue. Il en est même lorsque le consommateur a été incité para son cocontractant à se rendre dans un Etat étranger afin d'y conclure le contrat. En l'absence de désignation par les parties, la loi de la résidence du consommateur est, dans les mêmes circonstances, applicable au contrat de consommation."

[96] Veja texto in DOLINGER/TIBÚRCIO, *Vade Mecum de Direito Internacional Privado*, 1994, 297-298.

[97] Veja texto in DOLINGER, *Vade Mecum de Direito Internacional Privado*, 1994, 297-298.

permitindo a autonomia de vontade, mas considerando obrigatórias as normas imperativas do foro, em idênticas circunstâncias que o art. 5 da Convenção de Roma[98] e indicando, na falta de escolha, a lei da residência do consumidor como aplicável.

O Código Civil do Quebec possui regra específica também para acidentes envolvendo produtos (art. 3128), prevendo que a vítima (não se menciona a expressão consumidor) poderá escolher entre a lei do estado em que o fabricante do produto tem seu estabelecimento ou sua residência e a lei do Estado onde o bem foi adquirido, além de considerar as suas normas de DIPriv imperativas para qualquer dano sofrido no Quebec ou resultante de matéria prima oriunda do Quebec (art. 3129).

Exemplo desta falta de normas especiais é o Brasil. As normas brasileiras de DIPriv são rígidas e antigas, nada mencionam sobre consumidor e prevêem apenas uma ampla regra sobre ordem pública (art. 17 da Lei de Introdução ao Código Civil Brasileiro, LICC/42). Em matéria contratual, apesar dos esforços da doutrina, as normas atuais praticamente impossibilitam a autonomia de vontade em matéria de contratos.[99] Apli-

---

[98] O texto do Artigo é: *"Artigo 5º – Contratos celebrados por consumidores – 1. O presente artigo aplica-se aos contratos que tenham por objecto o fornecimento de bens móveis corpóreos ou de serviços a uma pessoa, o «consumidor», para uma finalidade que pode considerar-se estranha à sua actividade profissional, bem como aos contratos destinados ao financiamento desse fornecimento. 2. Sem prejuízo do disposto no artigo 3º, a escolha pelas partes da lei aplicável não pode ter como consequência privar o consumidor privado da protecção que lhe garantem as disposições imperativas da lei do país em que tenha a sua residência habitual: – se a celebração do contrato tiver sido precedida, nesse país, de uma proposta que lhe foi especialmente dirigida ou de anúncio publicitário, e se o consumidor tiver executado nesse país todos os actos necessários à celebração do contrato, ou – se a outra parte ou o respectivo representante tiver recebido o pedido do consumidor nesse país, ou – se o contrato consistir numa venda de mercadorias e o consumidor, se tenha deslocado desse país a um outro país e aí tenha feito o pedido, desde que a viagem tenha sido organizada pelo vendedor com o objectivo de incitar o consumidor a comprar."*

[99] Ver, por todos, ARAÚJO, 108 e seg e, sobre a lei de arbritragem, GAMA E SOUZA, *Autonomia da vontade nos contratos internacionais no Direito Privado brasileiro: uma leitura constitucional do art. 9 da LICC em favor da liberdade de escolha do direito aplicável*, in TIBURCIO/BARROSO, *O Direito Internacional Contemporâneo, Estudo em Homenagem ao Professor Jacob Dolinger*, 2006, 599 e seg. Sobre a controvérsia da autonomia da vontade no Brasil e em vários países da América Latina e a contribuição dada pela CIDIP e pelas Convenções de Haia, BOGGIANO, *The Contribuition*, 132 e seg.

cável neste caso é a *lex loci celebrationis* (art. 9 caput da LICC/42: «*Para qualificar e reger as obrigações, aplicar-se-á a lei do país em que se constituírem*»). A norma do art. 9 § 1 LICC/42 impõe uma aplicação cumulativa de lei brasileira quanto à forma, em caso de execução no Brasil. A norma do art. 9 § 2 da LICC/42 é usada para identificar o lugar da proposta em contratos entre ausentes ou à distância, como a maioria dos contratos internacionais nos dias de hoje. Segundo o § 2 do art. 9, «*a obrigação resultante do contrato reputa-se constituída no lugar onde residir o proponente*», determinando assim a aplicação da lei do lugar de residência do fornecedor para reger os contratos entre ausentes, mesmo os de consumo, como os contratos concluídos por computador, no comércio eletrônico de consumo, ou nos contratos de time-sharing ou multipropriedade. Em matéria de acidentes com produtos e serviços defeituosos a regra aplicável também é a do art. 9, agora interpretada como *lex loci delicti*, lei do lugar em que foi cometido o ato ilícito ou lei do lugar em que aconteceu o dano e seus conseqüências.[100]

Na Argentina a doutrina sempre propôs normas especiais mais protetivas para as relações de consumo, especialmente para os contratos de adesão e de consumo.[101] Quanto ao âmbito contratual, que mais nos interessa, as normas nacionais ou autônomas de DIPriv argentino encontram-se nos art. 1205 a 1214 do Código Civil e não há normas especial

---

[100] Sobre esta versão brasileira da teoria da übiquidade alemã e as críticas da doutrina a estas conexões rígidas, veja MARQUES, *Novos rumos do Direito Internacional Privado quanto às obrigações resultantes de atos ilícitos (em especial de acidentes de trânsito)*, Revista dos Tribunais, vol. 629 (mar/1988), 72 e seg.

[101] Assim os cursos de Haia de BOGGIANO, *International Standard Contracts*, Recueil des Cours, 1981, I, t. 170, 1982, 55 e *The Contribuition*, 134 e seg. Veja atual projeto de DIPriv, no qual consta a norma especial: «Art. 79. Contratos celebrados con consumidores. Los contratos relativos a la prestación de servicios o provisión de cosas muebles destinados a un uso personal o familiar del consumidor, que sean ajenos a la actividad comercial o profesional de éste, así como también los contratos que tengan por objeto la financiación de tales prestaciones, se rigen por el derecho del Estado de la residencia habitual del consumidor en los siguientes casos: a) si la conclusión del contrato ha sido precedida de una oferta o de una publicidad realizada o dirigida al Estado de la residencia habitual del consumidor y éste ha cumplido en él los actos necesarios para la conclusión del contrato; b) si el proveedor ha recibido el pedido en el Estado de la residencia habitual del consumidor; c) si el consumidor ha sido inducido por su proveedor a desplazarse a un Estado extranjero a los fines de efectuar en él su pedido.»

para a proteção dos consumidores, mas o novo mandamento constitucional deve «iluminar» a aplicação destas normas.[102] Os Artigos 1209 e 1210 prevêem a aplicação da *lex loci executiones* e da *lex loci celebrationes*, mas a doutrina alerta que, em uma visão tradicional, a primeira conexão vai indicar aplicável geralmente a lei do fornecedor, aquele que realizou a prestação principal característica, isto é, a prestação não vinculada ao pagamento de dinheiro realizado pelo consumidor, constituindo «injustificado privilégio» ao fornecedor.[103] A segunda conexão beneficia a aplicação da lei do lugar de «assinatura» dos contratos, levando muitas vezes à aplicação da *lex fori* argentina, mas deixa sem proteção o consumidor turista e aquele que contrata a distância ou por meios eletrônicos, situações cada vez mais comuns nos dias de hoje.[104] A doutrina propõe então que o consumidor possa eleger entre a «ley del lugar de adquisisión del producto», que seria especialmente importante nos dois casos mencionados, e uma conexão para a lei mais favorável ao consumidor, assim como a elaboração de normas semelhantes ao art. 5 da Convenção de Roma de 1980.[105]

Se a legislação nacional ainda é falha em matéria de contratos de consumo, na doutrina do DIPriv, cada vez mais o tema da proteção dos consumidores é incluído como matéria de nova concentração do Direito Internacional Privado.[106] A autonomia de vontades pura não é regra oportuna se uma das partes é mais fraca, como no caso de contratos con-

---

[102] TONIOLLO, *La protección internacional del consumidor: reflexiones desde la perspectiva del derecho internacional privado argentino*, Revista de Direito do Mercosul,
[103] Assim TONIOLLO, *La protección internacional del consumidor: reflexiones desde la perspectiva del derecho internacional privado argentino*, Revista de Direito do Mercosul, ano 2, n. 6, dez. 1998, 100.
[104] Assim alerta também, TONIOLLO, *La protección internacional del consumidor: reflexiones desde la perspectiva del derecho internacional privado argentino*, Revista de Direito do Mercosul, ano 2, n. 6, dez. 1998, 102.
[105] TONIOLLO, *La protección internacional del consumidor: reflexiones desde la perspectiva del derecho internacional privado argentino*, Revista de Direito do Mercosul, ano 2, n. 6, dez. 1998, 101, 102 e 107.
[106] BOGGIANO, *The Contribuition*, 139, TONIOLLO, *La protección internacional del consumidor: reflexiones desde la perspectiva del derecho internacional privado argentino*, Revista de Direito do Mercosul, ano 2, n. 6, dez. 1998, 94 e seg., MARQUES, *Direitos do Consumidor no Mercosul: Algumas sugestões frente ao impasse*, Revista Direito do Consumidor, vol. 32 (1999), 16 e seg.

cluídos com consumidores.[107] Propõe-se assim uma harmonização das regras de DIPriv através do Mercosul[108] e de outros organismos internacionais.[109]

Correto, está, BOGGIANO ao afirmar que as conexões rígidas fornecem para os nacionais apenas uma "segurança ilusória",[110] pois hoje ninguém desconhece os fenômenos do *forum-shopping*, das soluções alternativas de controvérsias e da desistência do consumidor de litigar internacionalmente (demanda reprimida). É assim pouco provável que, continuando a maioria dos países interamericanos com conexões rígidas para os contratos de consumo e soluções novas e abertas para o resto do comércio internacional, estas demandas venham a acontecer e ser solucionadas pelo juiz local. O DIPriv interamericano deve levar à evolução dos Direitos internacionais Privados nacionais também em matéria de proteção do consumidor. Alerte-se que as normas que visam a proteção do consumidor são sempre representativas de um interesse estatal, se obrigatória ou facultativa (*facultatives choice of law*)[111] ou apenas leis modelos, dai a proposta de uma futura Convenção internacional ou CIDIP.

Mister superar as conexões tradicionais para proteger o contratante mais fraco. Por exemplo, a regra do *favor offerentis*, quanto a forma, e a conexão na residência do ofertante em contratos entre ausentes, conhecida no direito brasileiro, também são inadequadas para os desafios do comércio com consumidores e sua proteção nos dias de hoje. No caso de contratos ou relações de consumo, o ofertante é sempre o fornecedor (veja art. 30 Lei 8078/90 brasileira), mesmo se fictamente denomina-se o contrato de adesão ou as condições gerais contratuais de "proposta" colocada a aceitação dos consumidores. Sabe-se que é o fornecedor que

---

[107] Veja BOGGIANO, *International Standard Contracts*, Recueil des Cours, 1981, I, t. 170, 1982, 55 e seg. e BOGGIANO, *The Contribuition*, 138.

[108] Veja por todos TONIOLLO, *La protección internacional del consumidor: reflexiones desde la perspectiva del derecho internacional privado argentino*, Revista de Direito do Mercosul, ano 2, n. 6, dez. 1998, 97.

[109] BOGGIANO, *The Contribuition*, 138, trabalha com a possibilidade de uma manifestação geral através da Conferância de Haia ou regional, através da OEA.

[110] Assim BOGGIANO, *The Contribuition*, 134: «the illusion of rigid conflict rules».

[111] Sobre o tema do DIPriv facultativo veja o curso de Haia de DE BOER, *Facultative Choice of Law – The procedural status of choice-of-law rules and foreign Law*, Recueil des Cours, 1996, t. 257, 1997, 235 e seg., em especial, 303 e seg.

redige e determina tal "proposta", logo, tais formulários e a própria publicidade realizada pelo fornecedor ou profissional, determinam que a oferta de consumo seja, hoje, sempre realizada pelo fornecedor.[112]

Como vimos em meus estudos anteriores, a maioria das convenções internacionais e leis modelos sobre contratos do comércio internacional exclui o tema da proteção dos consumidores (Convenção de Viena sobre Compra e Venda de mercadorias de 1980, Convenções de Haia de 1964, Lei modelo sobre comércio eletrônico) ou não o trata de forma especial (CIDIP do México sobre lei aplicável aos contratos internacionais de 1994),[113] daí a necessidade (e a oportunidade) de uma CIDIP especial sobre o tema.

Se a "América merece um lugar de destaque na história da codificação do Direito Internacional"[114] Privado, com a iniciativa de Simon Bolívar desde 1826,[115] e – parafraseando o mestre brasileiro, Rodrigo Octavio[116] – «a ela indubitavelmente cabe a primazia dos esforços oficiais» para a elaboração de regras protetivas dos interesses específicos dos consumidores, pelo menos nacionalmente, nos Estados Unidos, Canadá e México. Se em Direito Internacional Privado, nenhuma região fez esforços tão amplos de codificação, como as Américas, com os nove Tratados de Montevidéu (1888-1989), o Código Bustamante de 20 de fevereiro de 1928, as Conferências Interamericanas de Direito Internacional Privado desde 1975 (CIDIPs),[117] em matéria de direito do consumidor, os esforços regionais europeus são os mais famosos e frutíferos, talvez pelo modelo de integração supranacional escolhido, com Convenções

---

[112] No caso brasileiro, o CDC, Lei 8.078/90, determina expressamente que a oferta é sempre do fornecedor ou profissional *ex vi lege* nos art. 30, 34, 35 e 48.Veja meus comentários, in *Contratos*, 288 e seg.

[113] Veja NOODT TAQUELA, *Convención interamericana sobre Derecho aplicable a los contratos internationales,* in FERNANDEZ ARROYO (Org.), *El Derecho internacional privado interamericano en el umbral del siglo XXI*, 1997, 126.

[114] A frase é de OCTAVIO, *Direito Internacional Privado (Parte Geral),* 1942, 218.

[115] OCTAVIO, *Direito Internacional Privado (Parte Geral),* 1942, 219 e seg.

[116] Parafraseando OCTAVIO, *Direito Internacional Privado (Parte Geral),* 1942, 218: «A América merece um lugar de destaque na história da codificação do Direito Internacional, e a ela indubitavelmente cabe a primazia dos esforços oficiais para essa ordem de trabalhos.»

[117] Assim ensina JAYME, Cours, 65. Veja também FERNANDEZ ARROYO, in FERNÁNDEZ//MASTRÂNGELO (Org.), *El Futuro de la codificación del Derecho internacional privado en América– De la CIDIP VI a la CIDIP VIII,* 2005, 69 e seg.

sobre lei aplicável aos contratos (a famosa Convenção de Roma de 1980) e jurisdição (a Convenção de Bruxelas de 1968), com normas e conexões especiais para os consumidores, que acabaram superando os estreitos limites dos Estados Membros da UE e hoje vinculam, através das Convenções paralelas, praticamente toda a região, servindo também de modelo legislativo (relembre-se o art. 3117 do Código Civil do Quebéc).

A globalização, a aproximação dos mercados, a integração de mercados, a abertura para produtos e serviços estrangeiros, a internacionalidade das relações privadas são, segunda a doutrina atual, os grandes desafios do direito do consumidor.[118] Segundo as palavras lúcidas de Jean-Michel Arrighi o consumidor é geralmente o «protagonista olvidado».[119] Tanto nos Tratados interamericanos, quanto naqueles dedicados à integração, como o da Tratado de 1980 da ALADI e o Tratado de Assunção de 1991 do Mercosul, não se encontra a palavra «consumidor».[120] Também em nenhuma das CIDIPs até hoje assinadas o tema da proteção do consumidor mereceu especial atenção, os temas concentram-se em direito do comércio internacional entre profissionais, em acidentes não oriundos de produtos defeituosos, em proteção de menores, direito de família e sucessões, na parte geral do Direito Internacional Privado e no Processo Civil Internacional.[121]

De outro lado, se temos o exemplo de sucesso na harmonização das normas materiais de proteção do consumidor da União Européia, cobrindo muitos dos temas atuais antes mencionados, nas Américas, ao contrário, o *approach* tem sido mais de uma integração "negativa" no tema. O NAFTA

---

[118] Assim também MACEDO JR, *Globalização e direito do consumidor*; Revista de Direito do Consumidor 31, 45 e 53.

[119] ARRIGHI, *La protección de los consumidores y el Mercosur*, Revista de Direito do Consumidor, vol. 2, 126.

[120] ARRIGHI, *La protección de los consumidores y el Mercosur*, Revista de Direito do Consumidor, vol. 2, 126.

[121] A OEA elaborou até agora CIDIPs sobre letras de câmbio, cheques, cartas rogatórias, provas, mandato e representação, sociedades mercantis, laudos, medidas cautelares, prova e informação direito estrangeiro, domicílio da pessoa física, normas gerais de DIP, adoção de menores, pessoa jurídica, jurisdição, alimentos, transporte internacional, restituição de menores, contratos internacionais e tráfico de menores, in DREYZIN DE KLOR, *El Mercosur– Generador de una nueva fuente de derecho internacional privado*, 1997, 242-244. Veja sobre o tema TIBÚRCIO, in CASELLA/ARAÚJO (Coord.), *Integração Jurídica Interamericana– As Convenções Interamericanas de Direito Internacional Privado(CIDIPs) e o Direito Brasileiro*, 1998, 49 e seg.

também não legislou ainda sobre o tema,[122] talvez pelo já bom nível existente de defesa do consumidor nos países mais desenvolvidos, com a tendência de utilização da *lex fori* mesmo para os turistas e da eleição de sua lei em contratos internacionais. A lacuna nas demais organizações de integração nas Américas, talvez, se deva a reduzida importância do tema em economias menos desenvolvidas ou ainda dedicadas a organizar seu mercado. Também há que se considerar o fracasso[123] ou pelo menos o impasse atual dos esforços de harmonização de normas materiais no Mercosul,[124] que indica a pouca solidez da idéia de proteção do mais fraco na política de alguns governos,[125] especialmente quando – em teoria – se contrapõe a interesses econômicos de liberalização do comércio e de maior exportação, mesmo de produtos de menor qualidade e segurança. Harmonizar (ou ainda mais unificar) normas materiais de defesa do consumidor é uma tarefa teórica difícil, que necessita um mandato claro quanto aos objetivos a alcançar, o nível de proteção desejado (se «terceiromundista» ou internacional). Tarefa que necessita legitimação para legislar e fazer incorporar nos direitos nacionais as normas materiais elaboradas. Tarefa que, por exemplo, o Mercosul não conseguiu realizar e que foi cumprida com êxito pela União Européia nestes mais de 40 anos.

Há um certo consenso na doutrina brasileira e argentina da desnecessidade e inoportunidade de o Mercosul refazer ou re-elaborar, de forma regional, todos os temas já tratados na CIDIPs, sendo melhor e mais oportuna a utilização destas CIDIPs e sua ratificação por todos os países membros do Mercosul.[126] Se a CIDIP V sobre contratos internacionais,

---

[122] Sobre o tema da «negative form of integration», que só remove discriminações e barreiras ao comércio, veja a crítica do mexicano VEGAS-CANOVAS, in LUSTIG/BOSWORTH/LAWRENCE, *North American Free Trade – Assessing the Impact*, 1992, 200 e 201.

[123] A expressão é de FERNANDEZ ARROYO, *La neuva configuración del Derecho Internacional Privado del Mercosur: Ocho respuestas contra la incertidumbre*, Revista de Derecho del Mercosur, ano 3, nr. 4, agosto de 1999, 51.

[124] Assim me manifestei, in *Revista Direito do Consumidor*, São Paulo, vol. 32 (1999), 16 e seg.

[125] Assim também MOSSET/ITURRASPE/LORENZETTI, *Defensa del Consumidor-Ley 24.240*, 1994, 17.

[126] Assim FERREIRA DA SILVA, in *Mercosul*, BASSO (Coord.)², 1997, 199 e NOODT TAQUELA, *Convención interamericana sobre Derecho aplicable a los contratos internationales*, in FERNANDEZ ARROYO (Org.), *El Derecho internacional privado interamericano en el umbral del siglo XXI*, 1997, 134. Também bastante crítico, FERNANDEZ ARROYO, *La nueva configuración del Derecho Internacional Privado del Mercosur: Ocho respuestas*

seguindo o modelo da Convenção de Roma de 1980, tivesse previsto alguma norma especial para o contrato de consumo internacional, uma convenção especial sobre o tema não seria, em princípio, necessária. Infelizmente, o art. 5 da CIDIP-V sobre contratos internacionais não excepciona expressamente os contratos de consumo, nem consta que nenhum dos países que a ratificaram tenha feito alguma declaração especial sobre o tema.[127] Há, pois, uma lacuna no sistema interamericano e, em tema, agora essencial para a harmonia deste mercado.

A proposta brasileira visa complementar a CIDIP V do México e, em tema original, justamente retomar este inicialmente existente protagonismo interamericano, agora em matéria de proteção do consumidor, dai significativo o fato que justamente os dois países mais desenvolvidos da região e origem do direito do consumidor nas Américas, os EUA e o Canadá, tenham sido, junto com o Brasil, país emergente mas com forte sociedade de consumo e regras especiais desde 1990, os apoiadores principais na OEA do tema da proteção dos consumidores, em especial no comércio eletrônico, para a CIDIP VII.

As bases da proposta brasileira de CIDIP VII nasceram, pois, destas duas constatações: 1. que existem especificidades no consumo internacional que fazem necessária a elaboração de normas especiais de proteção do consumidor em DIPriv; e 2. que há uma falta de modelos, nos países membros da OEA ou nos foros internacionais, sobre normas de proteção do consumidor em DIPriv, a exceção das da União Européia, o que valoriza esta experiência de sucesso e os insucessos da Conferência de Haia, que veremos a seguir.

---

contra la incertidumbre, Revista de Derecho del Mercosur, ano 3, nr. 4, agosto 1999, 49 e GHERSI/LOVECE, *Contrato de tiempo Compartido (Timesharing)*, 2000, 105.

[127] «Art. 5. Esta convención no determina el derecho aplicable a: a) las cuestiones derivadas del estado civil...; b) las obligaciones contractuales que tuviesen como objeto principal cuestiones sucesorias, cuestiones testamentarias, regímenes matrimoniales o aquellas derivadas de relaciones de familia; c) las obligaciones provenientes de títulos de crédito; d)) las obligaciones provenientes de...mercados de valores;e) los acuerdos sobre arbitraje o elección de foro; f) las cuestiones de derecho societario...» Veja OEA/Ser.K/XXI.5, CIDIP V/Doc. 46/94, vol. I, 1996, p. 29.

2. Da oportunidade de regras especiais em matéria de contratos internacionais de consumo: conexões atuais, autonomia da vontade e lacuna na legislação

Chegamos assim ao segundo tema de nosso estudo, se, face a esta lacuna das normas nacionais e internacionais nas Américas, seria realmente oportuno elaborar uma convenção para preencher esta lacuna ou se deveriam os países deixar a expansão atual do elemento de conexão aberto, em especial a autonomia da vontade em contratos internacionais solucionar o problema naturalmente. Nossos estudos nos levaram a considerar que a melhor opção em matéria de contratos internacionais de consumo, é uma opção normativa de meio, prevendo claramente uma autonomia da vontade limitada para o fornecedor como forma para proteger o consumidor interamericano. Vejamos.

a) Tendências atuais na proteção do consumidor em matéria de lei aplicável: unilaterismo, ordem pública exarcerbada, aplicação imediata de normas materiais de proteção e autonomia da vontade do mais forte

Como ensina Jayme, a pessoa humana (aqui, o consumidor) e sua autonomia da vontade (aqui, cláusula de eleição da lei ou do foro nos contratos internacionais de consumo) sempre foram o centro das preocupações do DIPriv na solução dos conflitos de leis (materiais e processuais) no espaço.[128] Assim, passamos no século XIX de um DIPRv que com elementos de conexão objetivos presumia a vontade das partes (segurança jurídica), para um DIPriv liberal no século XX, voltado para os interesses gerais do comércio, priorizando a escolha da lei pelas partes (previsibilidade) e utilizando conexões objetivas apenas quando a escolha não seria expressa (subsidiariedade) ou de acordo com as "expectativas legítimas das partes" (escolha tácita ou concludente).[129]

---

[128] Assim JAYME, Cours 1995, 203: *"La personne et sa volonté autonome furent toujours au centre des solutions des conflits de lois."*

[129] Assim JAYME, Cours 1995, 203-204.

A autonomia de vontade em DIPriv, porém, como ensina Neuhaus, somente é condizente quando há liberdade material.[130] Em suas palavras: *"Die Parteiautonomie verliert ihren Sinn – ebenso wie die materiellrechtliche Vertragsfreiheit–, wenn sie zur Hersschaft des Stäerkeren über den Schwacheren wird."* (Em tradução livre: *"A autonomia da vontade perde seu sentido – assim como a liberdade contratual no direito material – quando ela é utilizada como poder pelo mais forte sobre o mais fraco submetido"*).[131] Isto é, quando há verdadeira liberdade do parceiro contratual mais fraco, que não redige o contrato de adesão ou as condições gerais contratuais, como os consumidores, é que pode haver liberdade de escolha da lei em DIPriv, uma liberdade duas vezes mais forte, não só de contratar e de estabelecer as cláusulas do vínculo, mas também da lei (ou leis) que regularão a relação jurídica oriunda deste contrato (inclusive as responsabilidades e garantias).

Em outras palavras, o problema é também um problema de igualdade[132] desta parte mais fraca,[133] leiga, em um cenário de comércio internacional, o consumidor, dai a necessidade de esforços para compensar esta desigualdade intrínseca e o desquilíbrio dai oriunda na relação jurídica.[134] Mesmo em DIPriv o problema da igualdade entre as partes contratuais traz elementos mais políticos do que de simples instrumentação jurídica, dai muitas vezes, como veremos, os legisladores e os magistrados recorrerem simplesmente ao uso imperativo das normas materiais com expansão extraterritorial de seu campo de aplicação (vide Diretivas européias

---

[130] Assim NISHITANI, *Mancini und die Parteiautonomie im Internationalen Privatrecht*, 2000, 318 citando frase de Neuhaus: *"Nur und überall dort, wo die erste [materiellrechtlicher Freiheit] besteht, ist auch die zweite [kollisionsrechtlicher Freiheit] angebracht."* [NEUHAUS, *Die Grundbegriffe des IPR*, 1962, 257].

[131] NEUHAUS, *Die Grundbegriffe des IPR*, 1962, p. 172 *apud* von HOFFMANN, p. 396.

[132] Veja BERTHIAU, *Le principe d'égalité et le droit civil des contrats*, LGDJ, 1999, 3 e seg.

[133] CIÚRO CALDANI, *La debilidad del consumidor en la sociedad de consumo*, Investigación y Docencia, nr. 28 (Rosário, Ed. FIJ), 1997, 33 e seg.

[134] Como ensina Arrighi este é o motivo porque as normas nacionais geralmente são consideradas de ordem pública, logo, indisponíveis para as partes por contrato e, em DIPriv., de aplicação imediata, ARRIGHI, *Comércio internacional y protección del consumidor en América Latina*, in STIGLITZ (Dir.), *Defensa de los consumidores de productos y servicios – Danos– Contratos*, 2001, 371-378, citado por KLAUSNER, in TIBURCIO/BARROSO, *O Direito Internacional Contemporâneo, Estudo em Homenagem ao Professor Jacob Dolinger*, 2006, 379.

e o art. 29a EGBGB), à exceção de ordem pública (vide Código de Bustamante) ou simplesmente a aceitação que todos as normas internas de proteção do consumidor são normas de aplicação imediata[135] (vide decisão brasileira no caso Panosonic).[136] Se concordamos que o comércio internacional de consumo tem especifidades que aumentam a vulnerabilidade do consumidor, considero que estas soluções de proteção unilateral podem, a longo prazo, ser negativas para a expansão do consumo internacional.

A situação atual na região é, em resumo, que o consumo se internacionaliza[137] e que poucos países americanos, apenas Estados Unidos[138] e Canadá,[139] possuem normas ou diretrizes especiais de conflito de leis para os contratos de consumo. Sendo assim as regras gerais elaboradas para contratos entre iguais, isto é, dois profissionais do comércio internacional aplicam-se para contratos entre dois diferentes, um profissional fornecedor e um leigo, pessoa física, consumidor. Estas conexões gerais da *lex contractus* não estão adaptadas às especificidades dos contratos internacionais de consumo e a reação dos magistrados e árbitros é as não aplicar para contratos (de adesão) envolvendo consumidor.

Franceskakis demonstrou que não devemos ser ingênuos e que diversas regras compõe o Direito Internacional Privado, inclusive as que deno-

---

[135] Veja MARQUES DOS SANTOS, *As normas de aplicação imediata no direito internacional privado – Esboço de uma teoria geral*, 1991, 2 e seg. Segundo Nádia de Araújo, "as regras consideradas como de aplicação imediata (*lois de police*) são aquelas cujo conjunto é considerado como do domínio de regulamentação estatal e que por todos deve ser seguido, para salvaguardar a organização política, social ou econômica do país." ARAÚJO, *Contratos Internacionais*², 2000, 33 (veja também 3 edição da obra de 2004).

[136] Veja os *leading cases* de proteção do consumidor no Brasil, in LIMA MARQUES//BENJAMIN/MIRAGEM, *Comentários ao Código de Defesa do Consumidor*², RT, 2006, 132 e seg.

[137] Assim também HARGAIN/MIHALI, *Circulación de Bienes en el Mercosur*, 1998, 504. BENJAMIN, *Consumer Protection in Less-Developed Countries: The Latin American Experience*, in RAMSAY (Ed.), *Consumer Law in the Global Economy*, 1996, 50.

[138] KRONKE, *Applicable Law in Torts and Contracts in Cyberspace,* in BOELE--WOELKI/KESSEDJIAN, *Internet– Which Court Decides? Which Law Applies*, 1998, 82-83; SMITH, *The third industrial revolution: Law and policy for the Internet*, Recueil des Cours, 2000, t. 282, 330.

[139] Veja texto in DOLINGER/TIBÚRCIO, *Vade Mecum de Direito Internacional Privado*, 1994, 297-298.

minou regras de aplicação imediata (*lois d'application imédiate*)[140], aquelas que os juízes, antes mesmo de usar a regra de conflito, aplicam para solucionar um caso de consumo internacional, pois este valor de proteção se aproxima da ordem pública (positiva) ou dos valores básicos,[141] muitas vezes constitucionais (ou está mesmo na lista de direitos humanos, sociais e econômicos, daquele pais, como é o caso no Brasil, art. 5, XXXII da CF/1988).

Assim o juiz considera a norma material de proteção do consumidor (informações, direito de arrependimento, garantias e prazos maiores) como de aplicação imediata (lois de police, na teoria francesa), aplicando-a mesmo extraterritorialmente para proteger o seu consumidor nacional ou com domicílio em seu país (consumidor-passivo, que não saiu de seu país e adquiriu, por exemplo, pelo comércio eletrônico um produto ou serviço).

A prática brasileira demonstrou que o magistrado nacional usa a norma substancial nacional antes da conflito, inclusive, quando o consumidor é ativo ou turista, isto é quando o consumidor compra no exterior (Flórida) um produto (Filmadora produzida na Ásia), desde que haja uma filial da empresa que impôs sua marca no produto e fez a publicidade no Brasil (caso Panasonic).[142] Em outras palavras, se o consumidor é o autor

---

[140] FRANCESKAKIS, *La théorie du renvoi*, 1958, 7 e seg. "(...) *l'on peut dire que les lois d'application immédiate sont les lois de droit matériel qui, dans la volonté du législateur, doivent s'appliquer aux actes et aux faits qu'elles visent, quelle que soit la loi régit ces actes ou faits en vertu des règles de conflit des lois.*" BELIARD/RIQUIER/WANG, *Glossaire de droit international privé*, 1992, 183. Veja-se tambien MARQUES DOS SANTOS, *Les règles d'application immédiate dans le droit international portuguais*, 1991, 181; NEUMAYER, *Autonomie de la volonté et dispositions impératives en droit international privé des obligations*, Revue Critique de Droit International Privé, n. 4, 579-604, 1957, 581; SAVIGNY, *Traité de droit romain*; GUENOUX, *Paris: Firmin Didot Frères Libraires*, 1851, t. VIII, 35, na tradução francesa: "*Lois d'une nature positive rigoureusement obligatoire, par là même n'admettant pas cette liberté d'appréciation qui n'a pas égard aux limites des divers États.*"

[141] LECLERC, *La protection de la partie faible dans les contrats internationaux*, 1995, 275; MAYER, *Les lois de police*, in Comité Français De Droit International Privé. *Journée du Cinquantenaire; problèmes actueles de méthode en droit international privé*, 105-120, 1988, 107.

[142] REsp. nº 63.981-SP, do Superior Tribunal de Justiça. Publicado na RSTJ, Brasília, ano 12, n. 137, jan. 2001, p. 387-492. Ementa publicada in MARQUES/BENJAMIN//MIRAGEM, *Comentários ao Código de Defesa do Consumidor*², RT, 2006, 132. Veja-se também LIMA MARQUES/JACQUES, *Normas de aplicação imediata como um método para o direito internacional privado de proteção do consumidor no Brasil*, in MIRANDA et allii

da ação no país de sua residência habitual ou domicílio a tendência é que o magistrado use sua lei nacional (*lex fori*) para solucionar toda a controvérsia, inclusive em caso de consumidor turista e de consumidor passivo, que compra pela Internet em outro país das Américas.[143]

Como ensinam Fausto POCAR,[144] Marc FALLON[145] e Pierre MAYER[146] esta tendência de uso apenas da "lex fori" deve ser evitada,[147] pois sig-

---

(Org.), *Estudos em Memória do Professor Doutor António Marques dos Santos*, vol. I, 2005, 127.

[143] Veja JACQUES, *A proteção da confiança no direito do consumidor*, Revista de Direito do Consumidor, n. 45, 100-128, jan./mar. 2003, 124: "No caso da *Panasonic*, em nenhum momento, o consumidor acreditou que a *Panasonic* de Miami-EUA e a *Panasonic* do Brasil se tratava da mesma personalidade jurídica, entretanto somente adquiriu o produto *Panasonic* porque a marca lhe gerava confiança e em razão dessa confiança que procurou a responsabilização da *Panasonic* do Brasil."

[144] POCAR, *La protection de la partie faible en droit international privé*, Recueil des Cours de l'Academie de Droit International de la Haye, 1984, t. 188., 1986, 400. Decisão completa in www.stj.gov.br.

[145] FALLON, *Le droit des rapports internationaux de consommation*, Journal du Droit International, 1984, 773: "*la police de la consommation se compose de l'ensemble des dispositions impératives qui tantôt restreigent la liberté de l'industrie et du commerce dans le but de protéger les intérêts du destinataire final pris individuellement, tantôt réglementent les actes de consommation dans le but de politique économique. Comme le droit de la concurrence et la police du commerce, c'est le fonctionnement du marché économique qu'affecte la police de la consommation. (...) Ce qui la caractérise (la consommation), c'est surtout l'intérêt à protéger, à savoir le destinataire final de l'activité économique.*"

[146] MAYER, *La protection de la partie faible en droit internacional privé*, in *La protection de la partie faible dans les rapports contractuels: comparaisons franco-belges*, Bibliothèque de Droit Privé, tome 261, LGDJ, 1996, 513-552.

[147] MAYER, *Les lois de police*, in *Comité Français de Droit International Privé*. Journée du Cinquantenaire; problèmes actueles de méthode en droit international privé., 105-120, 1988, 114: "*Les lois de police paraissent être entrées dans une phase critique de leur existence. L'hostilité qu'elles suscitent est vive, puisque leurs adversaires sont animés à la fois par la volonté de défendre la liberté du commerce international, par la crainte des complications diplomatiques, et peut-être encore par un certain classicisme respectueux de la méthode savignienne. A tout cela s'oppose le seul souci de la défence des intérêts da la partie la plus faible et des intérêts généraux, tels que les a apprécies l'État dans la sphère duquel ils se situent. Il faut espérer que son poids ne sera pas négligé dans l'établissement de la balance finale, dont dépend l'avenir de la méthode des lois de police.*"

[148] Veja-se LIMA MARQUES/JACQUES, *Normas de aplicação imediata como um método para o direito internacional privado de proteção do consumidor no Brasil*, in MIRANDA

nifica dizer que os contratos de consumo e todas as regras de proteção dos consumidores seriam de ordem pública internacional (art. 3, II do Código de Bustamante)[148] ou leis imperativas a fornecedores nacionais e internacionais (*mandatory rules*), desde que o consumidor reclame para o juiz nacional. Esta reação de uso da lei do domicílio do consumidor é compreensível face a falta de normas especiais de proteção do consumidor em matéria de conflito de leis ou DIPrivado. Elaboradas estas normas protetivas, a tendência pode ser revertida e mesmo uma autonomia da vontade limitada (que fomenta o desenvolvimento do comércio de consumo internacional) pode ser restabelecida.

A tendência autônoma internacional, porém, é de prestigiar a autonomia da vontade na escolha da lei aplicável aos contratos, mesmo que, por questões de política e de ordem pública, esta escolha seja limitada.[149] A razão parece estar com MANCINI, que pleiteando a autonomia da vontade em DIPriv, encontrava suporte desta justamente no direito material, na liberdade (material) do Indivíduo de vincular-se a um contrato que lhe seja justo e útil, estabelecer suas cláusulas e escolher a lei que será aplicada.[150] Se hoje o DIPriv possui bases próprias para a escolha de elemento de conexão da autonomia da vontade,[151] NEUHAUS[152] propõe que se inverta a idéia de MANCINI: se as partes têm autonomia material de vontade, pode haver autonomia de vontade em DIPriv, mas se as partes não tem verdadeira autonomia de vontade materialmente, porque uma parte é mais forte estruturalmente (como o profissional fornecedor que redige e determina 100% dos contratos internacionais de consumo) e

---

et allii (Org.), *Estudos em Memória do Professor Doutor António Marques dos Santos*, vol. I, 2005, 120.

[149] Assim a lei suíça de 1987, veja, em geral NISHITANI, *Mancini und die Parteiautonomie im Internationalen Privatrecht*, 2000, 291 e seg.

[150] Assim ensina NISHITANI, *Mancini und die Parteiautonomie im Internationalen Privatrecht*, 2000, 216 e pode-se ler nas perdidas aulas de Mancini, recuperadas e reproduzidas, em italiano, pela professora de Sendai, NISHITANI, *Mancini und die Parteiautonomie im Internationalen Privatrecht*, 2000, 378 e seg.

[151] Assim NISHITANI, *Mancini und die Parteiautonomie im Internationalen Privatrecht*, 2000, 318.

[152] Assim NISHITANI, *Mancini und die Parteiautonomie im Internationalen Privatrecht*, 2000, 318 citando a frase de Neuhaus: «Nur und überall dort, wo die erste [materiellrechtliche Freiheit] besteht, ist auch die zweite [kollisionsrechtliche Freiheit] angebracht.» [NEUHAUS, *Die Grundbegriffe des IPR*, 1962, 257] Também von Hoffmann, 396, citando Neuhaus.

outra mais fraca (o consumidor, leigo ou vulnerável que normalmente conclui contratos nacionais e só, em algumas hipóteses, concluí contratos internacionais, as vezes sem mesmo se dar conta destas circunstâncias), então, não serve a autonomia de vontade como conexão principal. Nestes casos, não há verdadeira liberdade material, não pode haver verdadeira liberdade em DIPriv ou incentivaremos a escolha da lei mais favorável à (e pela) parte mais forte.

Examinando a proposta de Convenção de Haia de 1890 e a CIDIP V, o mestre argentino BOGGIANO[153] propôs para a proteção dos consumidores uma regra de limitada autonomia: a escolha das partes só prevaleceria se fosse esta a melhor lei, a lei mais favorável para o consumidor, devendo em caso contrário, aplicar-se a lei do domicílio do consumidor. Prevaleceriam como limites gerais à autonomia de vontade as normas de ordem público internacional e as normas de polícia.[154]

A posição de BOGGIANO, de uma limitada autonomia da vontade, é inspiradora, pois em verdade estabelece uma conexão "favor consumidor", que bem pode ser interessante para a evolução do DIPriv da região. Certo é que os juizes dos países interamericanos, a exceção dos juizes do sistema da *case law*, têm pouca tradição com normas alternativas abertas, mas a alternatividade limitada é um dos instrumentos mais usados hoje para garantir resultados materiais eqüitativos.[155] A técnica de elaborar normas alternativas, indicando o fim material ou de favorecimento desejado, é mesmo denominada pela doutrina de Princípio do favorecimento (*Günstigkeitsprinzip*) e são conhecidas as regras do alternativas que levam ao *favor negotii, favor matrimonii, favor legitimitatis* etc.[156] A dificuldade com a regra proposta por BOGGIANO é a ainda ampla possibilidade de escolha da lei, o que significará grande trabalho para o juiz competente em verificar se a aplicada a lei escolhida seria esta melhor que a aplicação material das outras leis em contato com o consumidor.

Semelhante sugestão alternativa, mas mais limitada, fez TONIOLLO, defendendo que ao aplicar as regras argentinas o juiz procurasse uma

---

[153] Veja, por todos, BOGGIANO, em seu texto *The Contribuition*, 138 e 139.
[154] BOGGIANO, *The Contribuition*, 137.
[155] Assim KROPHOLLER, IPR, 120 (§ 20 II). Como esclare NISHITANI, *Mancini und die Parteiautonomie im Internationalen Privatrecht*, 2000, 283 estes novos métodos do DIPriv continental são conseqüência direta da *American Conflicts Revolution* em DIPriv.
[156] Assim ensina KROPHOLLER, IPR, 120 a 122.

harmonização com o mandamento de proteção do consumidor e permitisse ao consumidor (não ao juiz) escolher entre a aplicação da lei da residência habitual (art. 1209, 1210, 1212, 1213 CCArg.), *lex loci celebrationes* (art. 1205 CCArg.) ou *lex loci executiones*, conforme a que fosse mais favorável a suas pretensões.[157]

Esta solução alternativa também é interessante para a nossa proposta de CIDIP, pois permite a escolha da lei mais próxima a esta relação de consumo, segundo a visão do favorecimento dos interesses (materiais) do consumidor. De outro lado, quanto maior a possibilidade de escolha do consumidor, menor a previsibilidade da lei a ser aplicável para o fornecedor, o que pode – se muito estendido – acabar prejudicar o comércio, pois a escolha caberá sempre ao juiz da causa, após encontrar as possíveis *lex causae* e compará-las, mas serve ao objetivo de segurança jurídica, pois ao permitir a eleição prévia pelo fornecedor de serviços e produtos, no contrato de adesão ou nas suas condições gerais contratuais para aquele grupo de consumidores (de determinados países da América do Sul, por exemplo), poderá indicar uma lei aplicável de forma limitada (previsibilidade mínima), mas saberá que haverá um juízo de valor *a posteriori* (exame da lei mais favorável ao consumidor), a evitar os abusos da autonomia da vontade em DIPriv (segurança jurídica e proteção das expectativas legítimas pela norma de conflito).

Outro mestre argentino, Ricardo LORENZETTI propôs para o comércio eletrônico a aplicação pura e simples da lei do domicílio do consumidor,[158] o que parece porpor um importante elemento de conexão objetivo.

b) A falta modelos nas Américas: valorizando o Projeto de Haia de 1980 e a experiência da União Eruopéia

Por fim, valorize-se que o projeto de Convenção de Haia de 1980 é um dos poucos modelos existentes deste tipo de convenção para a CIDIP

---

[157] TONIOLLO, *La protección internacional del consumidor: reflexiones desde la perspectiva del derecho internacional privado argentino*, Revista de Direito do Mercosul, ano 2, n. 6, dez. 1998, 99: «*Las elecciones alternativas, son un adecuado instrumento de protección desde que permitam dejar de lado las legislacione menos favorables, promoviendo teleologías.*»

[158] LORENZETTI, *Comercio electrónico*, 2001, 256.

VII. Deste modelo procurei absorver a elegância de suas formas reduzidas e mínimas, mas a certeza que uma relação contratual de consumo internacional é especial e por isso deve merecer um tratamento diferenciado, inclusive quanto às conexões no DIPRiv atual.[159]

O projeto de Haia de 1980 previa apenas 10 artigos e com as seguintes conexões: autonomia da vontade (art. 6, frase 1), mas a lei escolhida pelas partes não poderia privar o consumidor da proteção que lhe asseguram as normas imperativas do país de sua residência habitual (art.6, frase 2 do Projeto), as condições relativas à existência, à validade e à forma do consentimento seraim regidas pela lei do país de residência habitual do consumidor no momento da declaração. (art.6, frase 4), na falta de escolha pelas partes, a lei aplicável seria a lei do país de residência habitual do consumidor (art. 7 do projeto), a capacidade das partes e os efeitos dos contratos não seriam regidos pela *lex contractus* e sim seriam questões independentes (art. 9) e a reserva de ordem pública típica da Conferência de Haia (art. 10: "*L'application d'une loi déterminée par la Convention ne peut être écartée que si cette application est manifestement incompatible avec l'ordre public.*").[160]

Interessante também mencionar que este modelo de 1980 tinha um reduzido campo de aplicação, aplicava-se apenas a certas vendas a consumidores (art. 1.1) e somente entre um profissional e um consumidor, aquele que adquiria bens corporais primordialmente para seu uso pessoal, familiar ou doméstico. Esta definição, ainda hoje usada pela União Européia e nos EUA, é inspiradora. Mister emncionar que se o referido projeto de 1980 nunca chegou a ser aprovado é porque foi superado pela própria Convenção de Roma da CEE, assinada naquele mesmo ano, com seu famoso art. 5 sobre a proteção dos consumidores e não por problemas nesta definição.

Anos mais tarde, os trabalhos da Conferência de Haia, agora no tema da jurisdição, trazem um novo exemplo. Em 2005, depois de anos tentanto elaborar um artigo especial com foro privilegiado para os consu-

---

[159] Assim a lição de JITTA, *Das Wesen des internationalen Privatrechts, in Archiv für öffentliches Recht*, 1899, 305 e seg, apud, QUADRI, *Studi critici di Diritto Internazionale – Diritto Internazionale privato*, vol. I, 1, 1958, 9, nota 5.

[160] Veja VON MEHREN, *Law applicable to certain consumer sales, Texts adopted by the Fourteenth Session and Explanatory Report*, 1982, 2 e 3.

midores,[161] a Convenção de Haia de 2005 sequer conseguiu regular (autorizar ou limitar) a eleição de foro em contratos de consumo internacionaos.[162] Interessante notar que após anos de discussão, a Convenção de Haia assinada em 30 de julho de 2005, exclui o tema dos consumidores de seu campo de aplicação de forma expressa no art. 2, letra a que possui a seguinte redação: *"Article 2... 1. This Convention shall not apply to exclusive choice of court agreements -a) to which a natural person acting primarily for personal, family or household purposes (a consumer) is a party."*[163]

Na experiência européia, destaque-se o art. 5 da Convenção de Roma de 1980, o qual determina que a eleição de uma lei para reger o contrato de consumo, isto é, a conexão na autonomia da vontade, não poderá excluir a aplicação das normas e leis imperativas de proteção do país de residência habitual do consumidor, se a) a oferta, publicidade ou algum ato de conclusão do contrato aconteceu neste país; b) se o fornecedor ou um seu representante receber a reserva ou realizar a contratação no país de residência habitual do consumidor; c) quando se tratar de venda de produtos e o consumidor viajar para adquirir estes produtos, mas a viagem for organizada pelo fornecedor com esta finalidade de contratação, como esclarece o art. 5, 2 da Convenção de Roma de 1980 sobre a lei aplicável às relações obrigacionais oriundas de contratos.[164]

Merece destaque a lição da União Européia de definir consumidor sempre de maneira mínima, como pessoa física que adquire ou utiliza produto ou serviço fora de suas atividades profissionais, que é coincidente com a posição dos dois países maericanos que regularam o problema da proteção internacional dos consumidores, EUA e Canadá.[165] Todas estas lições tentei incorporar à proposta de CIDIP VII que trata apenas do tema da lei aplicável, em apenas alguns contratos e com uma definição de consumidor pessoa física, mesmo se há uma possibilidade de abertura do

---

[161] HAINES, *L'impact d'internet sur le projet sur les jugements: nouvelles pistes de refléxion*, in Doc. Prél. Nr. 17, février 2002, Bureau Permanent.

[162] Sobre a convenção finalmente aprovada veja LUGINBÜHL/WOLLGAST, *Das neue Haager Übereinkommen über Gerichtsstandsvereinbarungen: Aussichten für das geistige Eigentum*, GRUR Int. 2006, 208-220.

[163] Veja www.hcch.net

[164] JAYME/HAUSAMANN, *Internationales Privat- und Verfahrensrecht*, 1998, 116.

[165] Veja sugestão e trabalhos preparatórios do Canadá in www.ulca.ca.

sistema (art.1). Parece-me, porém, que, no caso interamericano, a melhor conexão rígida seria a do domicílio, entendido como residência habitual, a exemplo do art. 3 do Protocolo de Santa Maria (Mercosul)[166] ou da tradição das CIDIPs[167] e suas normas materiais uniformes.[168]

Quanto às conexões tutelares, parece-me preferível no momento seguir o modelo do Mercosul, usado no Protocolo de Santa Maria específico de relações de consumo, e propor conexões rígidas para reger os contratos de consumo específicos, propondo uma regra alternativa limitada, a escolha do juiz da lei "favor consumidor", na regra geral para contratos de consumo. Assim, não resta muito espaço para a autonomia da vontade, neste primeiro momento, até mesmo para diferenciar da CIDIP V de 1994 e para estar atenta as tendências protecionistas norte-americanas e tendências limitadoras atuais da experiência européia (art. 29a EGBGB).

Sobre esta lição européia de expansão das normas materiais e de uma ordem pública forte de proteção dos consumidores da região, parece-me uma lição mais difícil de ser absorvida.[169] Desde 2001, Erik Jayme e Christian Kohler alertam para a mudança metodológica no DIP, que significa o novo Princípio do Reconhecimento imperativo de sentenças européias (*Anerkennungsprinzip*), impondo uma espécie de ordem pública

---

[166] ARAÚJO/MARQUES/REIS, *Código do Mercosul – Tratados e Legislação*, 1998, 161.

[167] Segundo SIQUEIROS, *Contribucion de las CIDIP-I, II y III al Desarrollo del Dercho Internacional Privado*, XIII Curso de Derecho Internacional, Secretaria General, OEA, 1987, p. 170 esta foi uma das grandes contribuições das CIDIPS ao determinar que o domicílio interamericano aproximava-se da figura da residência habitual em voga na Europa, veja também CIDIP-II-1979 – Convenção sobre o domicílio das pessoas físicas.

[168] Como ensina OPPERTI BADAN, *Estado Actual del Derecho International Privado en el Sistema Interamericano,* IX Curso de Derecho Internacional, vol. I, Secretaria General, OEA, 1983, nr. 2.7, a principal inovação da CIDIP-II sobre domicílio das pessoas físicas de 1979 foi a utilização de normas materiais uniformes. Segundo ALMEIDA, *A convenção Interamericana sobre domicílio das pessoas físicas em direito internacional privado,* in CASELLA/ARAUJO (Coord.), *Integração Jurídica Interamericana – As Convenções Interamericanas de Direito Internacional Privado(CIDIPs) e o Direito Brasileiro*, 1998, as normas da referida CIDIP-II não são «substanciais», mas sim «qualificadoras», p. 217, ocorre que, na tradição germânica (veja KROPHOLLER, 80, KEGEL, IPR, 35, STEINDORF, *Sachnormen im internationalen Privatrecht*, 1958, 30), as normas materiais de ajuda (*Hilfsnormen*), são consideradas normas materiais de DIPr (*materielles Sonderrecht*), logo, concordamos com a opinião do mestre uruguaio OPPERTI, *IX Curso OEA,* nr. 2.7.

[169] AUDIT, *Le droit international privé a fin du XXe siècle: Progrès ou recul*, Revue Internationale de Droit Comparé, 2-1998, 421 e seg.

européia negativa, a impossibilitar praticamente que uma sentença de um membro da Comunidade viola-se a ordem pública de um outro Estado membro e não fosse reconhecida.[170] Como não existem muitas normas de DIP de origem européia, mas sim muitas normas materiais (em especial na proteção dos consumidores), não tardou muito para que os especialistas de DIP[171] identificassem ai também uma mudança metodológica, uma nova espécie de legislação indireta de DIP, por exemplo, através das Diretivas européias de proteção dos consumidores que expressamente afirmavam não conter nenhuma norma de DIP, mas que reflexamente eram imperativas e auto-limitavam seu campo de aplicação, como um *standard* mínimo ou ordem pública de proteção europeu. Esta técnica não passou desapercebida do legislador alemão, que não contente em ter uma norma especial de DIP para contratos internacionais concluídos por consumidores (art. 29 EGBGB) resolveu criar um novo Artigo 29a EGBGB, dispondo que caso as normas materiais européias não fossem as indicadas pelas normas de conflito de leis (isto é, a contrario, se indicado aplicável ou escolhido fosse um direito de país terceiro), as Diretivas protetivas do consumidor se aplicariam de qualquer forma, como imperativas (veja art. 29a EGBGB).[172]

---

[170] JAYME/KOHLER, *Europäisches Kollisionsrecht 2001: Anerkenungsprinzip statt IPR?*, IPRax 2001, 501 e seg.

[171] Assim manifesta-se, citando Jayme/Kohler, LAGARDE, RabelsZ 68 (2004), 229 e seg., se bem que analisando casos de direito de família e sucessões.

[172] Texto original em alemão, livremente traduzido, publicado in IPRax 1999, [304] VII e in BGBL. Teil 1 N. 28/29, Juni 2000, 901, deste artigo é: «*Art. 29a EGBGB. (1) Se a lei escolhida para regular um contrato não é de um Estado Membro da UE ou do Espaço Econômico Europeu, são também aplicáveis as normas das leis que incorporaram Diretivas de proteção dos consumidores (Leis de proteção do consumidor sobre Condições Gerais Contratuais, a Lei de Contratos à Distância e de Time-sharing), quando o contrato tenha um vínculo estreito com um ou mais países da União Européia (EU) ou do Espaço Econômico Europeu (EEE); (2) Um vínculo estreito existe quando: (1) O contrato seja feito em virtude de uma oferta pública, publicidade ou atos negociais semelhantes realizados em um dos Estados da UE ou EEE. (2). A outra parte contratante, quando declarou a sua vontade ou aceitou a oferta, tenha domicílio nos países da UE ou EEE. (3) A lei sobre time-sharing é aplicável ao contrato, regido por uma lei de um país não membro da UE ou EEE, quando o imóvel localize-se em um Estado da UE ou EEE. (4) Diretivas de proteção do consumidor no sentido deste artigo são: 1. Diretiva 93/13/CEE, sobre cláusulas abusivas; 2. Diretiva 94/47/CEE, sobre time-sharing 3. Diretiva 97/7/CE, sobre contratos à distância.*»

Destacaria na experiência da União Européia, ainda a opção histórica por duas Convenções separadas, uma processual (antiga Convenção de Bruxelas de 1968) e outra sobre lei aplicável (Convenção de Roma de 1980), ambas contendo regras especiais sobre proteção do consumidor, que serviram, assim como as Diretivas, de modelo para os legisladores nacionais. Esta lição de sucesso na divisão dos temas parece muito importante para a CIDIP, que sempre tratou os dois temas conjuntamente, com preferência maior inclusive para o tema da jurisdição e reconhecimento de sentenças.[173]

Assim também a lição mais recente do fracasso das tentativas por longos anos da Conferência de Haia de regular o tema da jurisdição, com um foro especial para consumidores ou pelo menos com regras especiais para limitar a eleição do foro nestes contratos internacionais de consumo, merece ser ouvida. Ao contrário do tema da lei aplicável, parece-me que o tema da jurisdição não está maduro para ser regulado de forma universal.

KROPHOLLER termina sua análise afirmando que normas de DIPriv clássicas, com roupagem atual, poderiam servir para proteger o contratante mais fraco, que o DIPriv continental europeu poderia (e deveria) incluir valores e esta dimensão social, este era um mandamento (*Gebote*) de seu tempo.[174] Concordando com esta afirmação e tomando em conta a visão pós-moderna do DIPriv, segundo os ensinamentos de Erik Jayme, parece-me que hoje este é o mandamento ou *Gebote* para o Sistema Interamericano, daí a oportunidade desta CIDIP VII. Vejamos agora como todos estes fundamentos teóricos e práticos foram aproveitados na proposta brasileira de CIDIP VII.

---

[173] Veja sobre as CIDIPs e importância em geral do tema, TELLECHEA BERGMAN, *La dimensión judicial del caso privado internacional en el ámbito regional*, 2002, 5: Veja sobre o protocolo de Santa Maria do Mercosul, WEHNER, *Contratos internacionais: proteção processual do consumidor, integração econômica e internet*, Revista de Direito do Consumidor, vol. 38 (abr./junho 2001), 163 e seg; KLAUSNER, *Jurisdição internacional em matéria de relações de consumo no Mercosul – sugestões para a reedição do Protocolo de Santa Maria*, Revista de Direito do Consumidor, vol. 54 (abril-junho 2005), 134 e seg.

[174] Note-se que KROPHOLLER, 660, defende que a conexão mais estreita, determinada imperativamente por normas clássicas de DIPriv pode proteger eficazmente o consumidor, o contratante mais fraco, uma vez que as normas clássicas do DIPriv com roupagem atual podem absorver esta dimensão social de proteção dos mais fracos: «*Das IPR Savignyscher Prägung nimmt die sozialen Gebote der Zeit in sich auf*».

III. Breve exame da proposta brasileira de Convenção Interamericana de Direito Internacional Privado sobre a lei aplicável a alguns contratos com consumidores

Como afirmamos anteriormente, o propósito desta Proposta de Convenção apresentada pelo Brasil é fixar bases legais claras, e através de regras especiais de DIPRiv, para este fenômeno especial e crescente do comércio internacional, que pode ser denominado de novo "consumo internacional" de massas, consumo à distância e por meio eletrônico sem sair de seu país de residência habitual ou de domicílio (regra especial para o consumidor-passivo do art. 2.1 da proposta), assim como através do novo turismo de massas que leva o consumidor a adquirir produtos e serviços fora de seu domicílio ou residência habitual (regra especial para o consumidor-ativo ou turista do art. 2.2 da proposta), e que inclui contratos novos complexos, como os regulados contratos de time-sharing ou multipropriedade (regra especial do art. 6 da proposta) e os pacotes de viagem ou viagens combinadas (regra especial do art. 7 da proposta).

Completar o sistema da CIDIP V, com uma regra de autonomia da vontade limitada e a indicação da lei mais favorável ao consumidor é seu objetivo. Como ensina Adriana Dreyzin de Klor: *"La protección del consumidor o más concretamente, los contratos entre los consumidores y proveedores de bienes y servicios preocupan especialmente en el sentido de que no pueden quedar librados con exclusividad al arbitrio de las partes ante las notorias asimetrías que los caracteriza."*[175]

Com a consciência destas assimetrias e de que na prática é o fornecedor que redigirá de forma unilateral e prévia os contratos, tanto para os turistas, quanto para o comércio à distância, procura-se este ponto de equilíbrio entre a autonomia de vontade em DIPRiv, previsbilidade e segurança, com a proteção do mais fraco, o consumidor.

---

[175] DREYZIN DE KLOR, *Derecho Aplicable al comercio electrónico*, in FERNÁNDEZ ARROYO/MASTRÁNGELO (Org.), *El Futuro de la codificación del Derecho internacional privado en América – De la CIDIP VI a la CIDIP VIII*, 2005, 104.

1. Campo de aplicação e regras de ajuda ou materiais

A proposta brasileira consta apenas de 7 artigos, se bem que um preâmbulo está sendo elaborado, assim como as normas finais de praxe das CIDIPs. Vejamos o seu campo de aplicação.

a) Campo de aplicação subjetivo: concentração total na definição de consumidor

A norma sobre o campo de aplicação subjetivo (art. 1) se concentra total e exclusivamente na definição de consumidor, sujeito de direito vulnerável e leigo, que se encontra frente a um profissional ou fornecedor de produtos ou serviços (não definido na proposta brasileira).

Concorde-se com TONIOLLO, quando afirma que o conceito de consumidor, para o DIPr., deve ter uma necessária amplitude *"para comprender las variadas situaciones necesitadas de tutela"*.[176] A Convenção de Roma de 1980 sobre a lei aplicável a obrigações contratuais, ainda em vigor na UE, em seu art. 5 define «contratos concluídos com consumidores», como os que tem por finalidade fornecer ou abastecer uma pessoa para um uso que possa considerar-se alheio a sua atividade profissional.[177] A proposta brasileira não traz definição de contratos internacionais de consumo.[178] A proposta não define relação de consumo, preferindo agora usar a expressão tradicional "contratos com consumidores" ou contratos de consumo.

Neste sentido, parece-me que as características dos consumidores que seriam aceitáveis por um maior número de países seria a de sua *não-*

---

[176] TONIOLLO, *La protección internacional del consumidor: reflexiones desde la perspectiva del derecho internacional privado argentino*, Revista de Direito do Mercosul, ano 2, n. 6, dez. 1998, 95.

[177] JAYME/KOHLER, IPR-Texte, 107.

[178] Se uma tal definição fosse necessária, inspirado no atual projeto de ley de derecho internacional privado argentina poderíamos imaginar a seguinte definição: "Art....*Por contrato internacional de consumo se comprende el celebrado entre un consumidor y un profesional o proveedor de productos o servicios, contrato que tiene contactos objetivos con más de un Estado. Son contactos objetivos, entre otros, los lugares de celebración y de cumplimiento, la contractación a distancia internacional y los domicilios, establecimientos o residencia habitual de las partes y la situación de los bienes objeto del contrato.*"

-*profissionalidade*, de *pessoa física* (a relembrar o uso familiar, coletivo ou pessoal dos produtos e serviços adquiridos ou usados), de *contratante* ou *usuário final* (no caso do turista ou usuário dos serviços online) e de *vítima defeitos ou vícios de produtos e serviços*.[179] Importante destacar também que, de forma geral reconhece-se, uma definição de consumidor «relacional», isto é, que este *status* pontual e efêmero realmente só ocorre frente a um agente econômico profissional, o fornecedor, a empresa, o comerciante, em relações profissional-leigo (art. 1 da proposta) e não em relações profissional-profissional ou leigo-leigo (art. 5 da proposta).[180]

Nossa sugestão de definição de consumidor seria:

**[proposta revisada] I – REGRAS GERAIS
Campo de aplicação**

Art. 1 – Definição de Consumidor
1. Consumidor [para efeitos desta Convenção] é qualquer pessoa física que, frente a um profissional ou fornecedor de produtos ou serviços e nas transações, contratos e situações aqui abrangidas [por esta Convenção], atue com fins que não pertençam ao âmbito de sua atividade profissional.[181]

Parece-me necessário proteger também os terceiros da família e acompanhantes, usuários diretos e também não profissionais, pelo que se sugere incluir uma regra de ampliação do campo de aplicação das normas usando a expressão "destinatário final" (*Endverbraucher*):

---

[179] Assim também BENJAMIN, *O transporte aéreo e o Código de Defesa do consumidor*, Revista AJURIS-Edição Especial, março 1998, vol. II, 500.

[180] Assim o é no ordenamento jurídico da Itália, França, Alemanha, Inglaterra, Bélgica, examinados em detalhes por KLESTA DOSI, *Lo status del consumatore: prospettive di diritto comparato*, Rivista di Diritto Civile, 6, nov.dic.1997, 669 a 675. Sobre a repercussão destas idéias nos países do Mercosul, veja RIVERA, *Interpretación del Derecho comunitario y noción de consumidor – dos aportes de la Corte de Luxemburgo*, in La Ley, 1998, 520 e seg.

[181] No original da proposta em espanhol, as fontes foram: "US Eletronic Commerce Signatures Act; art. 5 de la Convención de Roma de 1980 (UE) sobre la ley aplicable a las obligaciones contractuales, art. 2,1 de la Directiva 85/577/CEE de contratos fuera del establecimiento comercial, art. 2, b e c de la Directiva 93/13/CEE sobre cláusulas abusivas en los contratos con consumidores, art. 2,2 de la Directiva 97/7/CE sobre contratos a distancia, y art. 1, 2 de la Directiva 1999/44/CE sobre garantías. Doctrina de Jayme (un Derecho Internacional Privado de protección de la persona humana de cara a la globalización)."

"2. Consideram-se consumidores também os terceiros pertencentes a família do consumidor principal ou os acompanhantes outros, que usufruam diretamente dos serviços e produtos contratados, nos contratos abrangidos por esta Convenção, como destinatários finais destes."[182]

E ainda sugere-se, uma norma especial para a definição de consumidor específica para o contrato de multipropriedade ou time-sharing:

"3. Para o caso de contratos de viagens e de multipropriedade, considerar-se a consumidores: a. o contratante ou pessoa física que compra ou se compromete a comprar o pacote turístico, a viagem ou o time-sharing para o seu uso próprio; b. os beneficiários ou pessoas terceiras em nome das quais compra ou se compromete o contratante a comprar a viagem ou o pacote turístico e os que usufruem da viagem ou da multipropriedade por algum espaço de tempo, mesmo não sendo contratantes principais; c. o cessionário ou pessoa física aos qual o contratante ou o beneficiário cede a viagem ou pacote turístico ou os direitos de uso."[183]

Já o art. 1.4 da proposta traz uma regra de abertura sistemática na definição (norma de ajuda ou *Hilfsnormen*), para o caso da lei indicada aplicável (*lex causae*) definir de maneira mais ampla o consumidor (por exemplo, incluindo as pessoas jurídicas ou outros sujeitos "equiparados" a consumidores como os art. 2, 17 e 29 do CDC brasileiro). Neste caso, o juiz pode (faculdade) ter em conta esta extensão do campo de aplicação da convenção, se for mais favorável aos interesses do consumidor. O texto é o seguinte:

4. Se a lei indicada aplicável por esta convenção definir de forma mais ampla ou benéfica quem deve ser considerado consumidor ou equiparar outros agentes a consumidores, o juiz competente pode ter em conta esta extensão do campo de aplicação da convenção, se for mais favorável aos interesses do consumidor.[184]

---

[182] As fontes foram: "Art. 2 caput e § único do CDC (Leyi8.078/90) e US Eletronic Commerce Signatures Act."

[183] No original da proposta em espanhol, as fontes foram: "Art. 2.4 e 4.3 de la Directiva 90/314 sobre paquetes de viajes y Directiva Europea 94/47/CE sobre Time-Sharing o multipropriedad, doctrina de España (LETE ACHIRICA, *El Contrato de Multipropriedad y la Protección de los consumidores*, 1997, 258)."

[184] Aqui a fonte única de inspiração foi o Projeto da Haia de 1980 e suas normas abertas de definição.

O art. 1.4 é útil principalmente para países como o Brasil em que muitas vezes o juiz de primeiro grau ou dos juizados especiais (*small claims*) executa apenas a qualificação pela *lex fori* (apesar da menção à qualificação excepcional pelo art. 9 da LICC/42) e não se recorda de qualificar pela *lex causae* (até mesmo porque as remissões a outras leis ou qualquer renvio continuam proibidos pelo art. 16 da LICC/42). Sendo assim, esta regra de possibilidade de "qualificação" pela *lex causae*,[185] se "favor consumidor" pode ser importante na prática da futura CIDIP VII.

Evitamos também definir as próprias conexões, como domicílio, lei do lugar da celebração do contrato etc. Estas encontram-se definidas em algumas CIDIPs, como o domicílio,[186] ou pelas leis nacionais. Deste modo, entendemos que a única definição realmente necessária é do sujeito protegido, o consumidor e que isto facilitaria a aprovação por um maior número de países da Convenção. Neste sentido, a definição principal de consumidor (art. 1.1) inclui apenas as pessoas físicas e evita termos indeterminados, como "destinatário final" (presente apenas nas equiparações do art. 1.2). Definições especiais de consumidor em matéria de contratos de time-sharing[187] e de pacotes de viagem ou turísticos (*viaje combinado*)[188] foram necessárias, segundo a larga experiência européia e vêm aqui aceitas. O art. 1.4 da proposta brasileira abre espaço para o juiz

---

[185] Veja uma defesa da qualificação pela *lex causae*, apesar de suas dificuldades, in ELHOUEISS, *Retour sur la qualification lege causae en droit international privé*, Revue trimestrille LexisNexis JurisClassuer– J.D.I, avril-juin 2005, 281-313.

[186] Assim SIQUEIROS, *Contribución de las CIDIP-I, II y III al Desarrollo del Derecho Internacional Privado*, XIII Curso de Derecho Internacional, Secretaría General, OEA,1987, 170, veja também ALMEIDA, *A convenção Interamericana sobre domicílio das pessoas físicas em direito internacional privado,* in CASELLA/ARAUJO (Coord.), *Integração Jurídica Interamericana – As Convenções Interamericanas de Direito Internacional Privado (CIDIPs) e o Direito Brasileiro*, 1998, 217 e seg.

[187] Veja-se Directiva 94/47/CE – Multipropriedad– "*Art. 2. A efectos de la presente Directiva, se entenderá por:... – adquirente: toda persona física a la que, actuando en los contratos compreendidos en el ámbito de la presente Directiva, con fines que se pueda considerar que no pertenecen al marco de sua actividad profesional, se le transfiera el derecho objeto del contrato, o sea la destinataria de la creación del derecho objeto del contrato.*"

[188] Veja-se TALE, *Contrato de viaje*, 2005, 76. WEINGARTEN/GHERSI, *Contrato de Turismo*, 2000, 81; GARCÍA RUBIO, *La responsabilidad contractual de las agencias de viaje (en el contrato de viaje combinado)*, 1999, 25 e ATHENIENSE, *A responsabilidade jurídica das agências de viagem*, 2002, 16.

considerar como consumidor os demais agentes como consumidores, conforme a *lex contractus*. Sendo assim a parte de definições da proposta é mínima, e este "minimalismo" pode ajudar a aprovar em um maior número de Estados a futura convenção.

b) Campo de aplicação material: as exclusões

A delimitação do campo de aplicação *ratione materiae* começava pelo título, inspirado na proposta de Haia, *"una convención sobre algunos contratos de consumo internacional"*, mas hoje retirei a expressão inicial "relações de consumo", que se comprovou não estar ainda consolidada internacionalmente e cuja definição poderia prejudicar alguns consumidores ou a própria aceitação da convenção. Preferi, assim, pelo momento, colocar o tema como apenas de "contratos com consumidores" aproximando da expressão em língua inglesa *"consumer contracts"*. A menção a expressão "contratos" é da essência da proposta brasileira, que não se volta para delitos ou atos ilícitos, onde há maior número de regras em Convenções internacionais (como as oriundas da Conferência de Haia sobre fato do produto e mesmo projetos na própria OEA sobre acidentes catastróficos que podem ser de consumo), mas a proposta brasileira, ao contrário da Canadense inclui contratos concluídos fora do comércio eletrônico. Considero que é oportuno que o esforço atual da OEA, seja aproveitado para regular o maior numero possível de contratos de consumo, de fornecimento de produtos (projeto Haia de 1980) e de serviços (propostas EUA e Canadá), pois mesmo se a venda ainda é o mais comum destes contratos internacionais de consumo (principalmente para o consumidor turista, art. 2.2), no comércio eletrônico na região a cessão de direitos de bens informáticos e de lazer (músicas, filmes, jogos etc.) cresce em importância (art. 2.1), assim como o time-sharing ou multipropriedade (art. 7) e os contratos de viagem combinada ou pacotes turítiscos (art. 6).

A proposta brasileira de CIDIP deve se aplicar a todos os contratos internacionais de consumo, daí a importância do art. 5 que regula as exclusões desta campo de aplicação material da convenção. Ficam excluídos as obrigações contratuais excluídas expressamente do campo de aplicação da CIDIP V sobre contratos internacionais (relações trabalhistas etc.), os contratos de transporte (simples) regulados por Convenções

Internacionais; os contratos de seguros; e os contratos comerciais internacionais entre comerciantes ou profissionais. Excluí-se também, visando o futuro, e a crescente importância dos contratos de serviços financeiros de consumo, inclusive no mercado de capitais e bolsas,[189] "os demais contratos e relações de consumo, e as obrigações dai resultantes, envolvendo consumidores regulados por convenções específicas." O texto é o seguinte:

Art. 5. Temas excluídos
1. Ficam excluídos do campo de aplicação desta convenção:
a. Os contratos de transporte regulados por Convenções Internacionais;
b. Os contratos de seguros;
c. As obrigações contratuais excluídas expressamente do campo de aplicação da CIDIP V sobre contratos internacionais.
d. os contratos comerciais internacionais entre comerciantes ou profissionais;
e. os demais contratos e relações de consumo, e as obrigações dai resultantes, envolvendo consumidores regulados por convenções específicas.[190]

2. As principais regras da proposta

Cabe-nos agora apresentar as regras principais da proposta, os art. 2, 6 e 7 sobre lei aplicável (regra geral e regras para contratos especiais) e os art. 3 e 4 sobre exeções a esta lei aplicável (normas imperativas e cláusula escapatória).

a) *Combinação da lei mais favorável ao consumidor com autonomia da vontade limitada*

As palavras de NIBOYET, em 1927, na Academia de Haia, referindo-se às dificuldades da autonomia da vontade nos contratos entre empresários podem ser repetidas hoje para os contratos entre consumidores:

---

[189] Sobre o tema veja KRONKE, *Capital markets and conflict of laws*, Recueil des Cours 2000, tomo 286, 265-266.
[190] As fontes foram a CIDIP V, Protocolo de Santa Maria/Mercosul, art. 5 da Convenção de Roma de 1980/EU, art. 2 da Convenção de Viena de 1980 sobre compra de mercadorias/UNCITRAL.

"*Sans aucune exagération on peut considérer que la théorie de l'autonomie de la volonté est actuellement la plus difficile de tout droit international privé.*"[191]

Nas Américas muitos países ainda têm dificuldades em aceitar a autonomia de vontade como conexão mais usada no comércio internacional, entre eles o Brasil. É assim que a CIDIP do México de 1994 ainda não está ratificada por muitos países. Erik Jayme, porém, ensina que a autonomia da vontade pode ser um fator de fomento ao comércio e de confiança do consumidor, se bem limitada ou como instrumento a favor da proteção da pessoa humana-consumidor,[192] é o que se pretende no projeto.

Vejamos as opções possíveis. Como ensinava NIBOYET quatro eram as leis aplicáveis aos contratos em geral, a *lex fori*, a lei do devedor, a lei do lugar da conclusão do contrato ou a lei do lugar da execução do con-trato.[193]

A *lex fori* era a solução do código panamericano, segundo NIBOYET,[194] mas hoje não se sustenta teoricamente, a não ser que consideremos todos os temas de consumo como de ordem pública positiva internacional e determinarmos aos juiz que aplique as normas protetivas de consumo de forma imediata e imperativa (*lois de police, mandatory rules* etc.).

A lei do devedor, pode ser a da sua nacionalidade[195] ou de seu domicílio,[196] mas foi afastada por nenhuma relação ter com o vínculo contratual. No caso, sim, poderia ser usada como lei de proteção do mais fraco e foi a escolhida para o nosso art. 2.1, para contratos de consumo realizados à distância (consumidor-passivo).

---

[191] NIBOYET, *La théorie de l'autonomie de la volonté*, Recueil des Cours, 1927, I, tomo 16, 5. Em tradução livre: Sem exagero nenhum, podemos considerar que a teoria da autonomia da vontade é atualmente a mais difícil de todo o DIPriv.

[192] JAYME, *O Direito Internacional Privado do Novo Milênio: a proteção da pessoa humana face à globalização*, Cadernos do Programa de Pós-Graduação em Direito da Universidade Federal do Rio Grande do Sul – PPGDir./UFRGS, vol.1, n.1, março 2003, 97.

[193] NIBOYET, *La théorie de l'autonomie de la volonté*, Recueil des Cours, 1927, I, tomo 16, 84 e seg.

[194] NIBOYET, *La théorie de l'autonomie de la volonté*, Recueil des Cours, 1927, I, tomo 16, 84.

[195] Apud NIBOYET, *La théorie de l'autonomie de la volonté*, Recueil des Cours, 1927, I, tomo 16, 85.

[196] NIBOYET, *La théorie de l'autonomie de la volonté*, Recueil des Cours, 1927, I, tomo 16, 86.

A *lex loci contractus* é a lei de sua celebração (*lex loci celebrationes*), muito usada pelos anglo-americanos e seria a de mais fácil localização, defendida desde os pós-glosadores, segundo Niboyet.[197] Note-se que esta conexão facilita e está em harmonia com a regra de forma (*locus regit actum*), de maneira que foi a conexão fixa escolhida para o art. 2.2, em contratos de consumo de turistas ou consumidores-ativos.

Hoje destaca-se a autonomia de vontade. A autonomia da vontade somente será aceita se for mais favorável para o consumidor (art.2.1) ou de forma muito limitada mesmo para turistas (art. 2.2). Assim, se o fornecedor desejar, em seus contratos de adesão redigidos prévia e unilateralmente por seu departamento jurídico, escolher previamente a lei aplicada a estes contratos para o comércio eletrônico na região ou para turistas deve atear-se aos limites do art. 2 (alternativos elementos de conexão objetivos). Se escolher a lei de um outro Estado não conectado, caberá ao juiz determinar o uso da conexão mais favorável ao consumidor, aplicando então a lei de seu domicílio (elemento de conexão objetivo subsidiário e elemento principal de comparação material). TONIOLLO considera que estas alternativas limitadas alcançam o fim material desejado pelo novo DIPriv materialmente orientado: "*Las elecciones alternativas son un adecuado instrumento de protección desde que permiten dejar de lado las legislaciones menos favorables, promoviendo teleologías.*"[198]

Outro caminho seria utilizar a lei comum aos parceiros contratuais, mas como as grandes empresas possuem filiais em todos os países das Américas, esta lei acabaria por mandar aplicar sempre o domicílio do consumidor, seja ele turista (consumidor-ativo) ou tenha realizado um contrato a distancia do comércio eletrônico (consumidor-passivo).

Na Suíça, optou-se (art. 120 LDIP) pela conexão fixa na residência habitual do consumidor, proibindo-se a eleição da lei, se o fornecedor recebeu o pedido (comanda) neste Estado (Estado comum do fornecedor e do consumidor) ou se a venda foi precedida de uma oferta ou publicidade ou atividade de marketing (telefonema, envio de e-mail, publicidade

---

[197] NIBOYET, *La théorie de l'autonomie de la volonté*, Recueil des Cours, 1927, I, tomo 16, 87.

[198] TONIOLLO, *La protección internacional del consumidor: reflexiones desde la perspectiva del derecho internacional privado argentino*, Revista de Direito do Mercosul, ano 2, n. 6, dez. 1998, 99.

em meios de telecomunicação etc.) naquele pais (consumidor-passivo).[199] Esta exclusão total da autonomia da vontade pode ser prejudicial ao crescimento dos negócios internacionais de consumo, sendo assim o caminho de meio sugerido pela doutrina alemã, parece ser melhor: uma autonomia da vontade limitada e sujeita à decisão do juiz, se a lei escolhida pelo fornecedor foi a mais favorável ao consumidor ou não, caso em que usará a conexão do domicílio do consumidor (conexão mais aceita nas CIDIPs). Como vimos, optou-se por manter a conexão tradicional das CIDIPS, o domicílio, sem defini-lo (para incentivar a assinatura da CIDIP específica), mas a residência habitual pode ser utilizada também, como o foi na União Européia, a depender das futuras negociações.

Assim, na proposta que elaborei o artigo 2 é o artigo principal de proteção contratual geral do consumidor passivo, que contrata à distância (art.2.1) e do consumidor turista ativo (art. 2.2). No primeiro caso (art.2.1), há uma conexão alternativa (Toniollo) mista (Jayme), ou a *lei do país de domicilio* do consumidor ou a *lei mais favorável ao consumidor,* escolhida no contrato (geralmente redigido prévia e unilateralmente pelo fornecedor de produtos e serviços), logo, uma conexão aberta, que permite de forma limitada autonomía da vontade, mas que lista (limite) as conexões de escolha possível (lei suíça adaptada).

Parece-me muito importante manter a autonomia da vontade (previsibilidade minima prévia), mas também evitar o abuso (segurança jurídica). O abuso será examinado em última análise pelo juiz, a criar certa insegurança para o mal fornecedor internacional. Neste sentido, a lista de conexões objetivas evita o abuso, indica a proximidade aceita e é pedagógica (ou narrativa, segundo Jayme), pois esclarece que também as conexões do domicílio ou sede do fornecedor (ou do lugar de celebração do contrato ou do lugar de execução do contrato) podem ser "mais favoráveis ao consumidor" em princípio (por exemplo, se um consumidor na

---

[199] Bom exemplo é a lei suíça: "Art. 120. 1 Les contrats portant sur une prestation de consommation courante destinée à un usage personnel ou familial du consommateur et qui n'est pas en rapport avec l'activité professionnelle ou commerciale du consommateur sont régis par le droit de l'Etat de la résidence habituelle du consommateur: a. Si le fournisseur a reçu la commande dans cet Etat; b. Si la conclusion du contrat a été précédée dans cet Etat d'une offre ou d'une publicité et que le consommateur y a accompli les actes nécessaires à la conclusion du contrat, ou c. Si le consommateur a été incité par son fournisseur à se rendre dans un Etat étranger aux fins d'y passer la commande. 2 L'élection de droit est exclue."

Bolivia, que ainda não possui legislação específica de proteção dos consumidores em direito interno compra, por Internet, um produto informático nos EUA, a legislação estadual norte-americana escolhida pelo fornecedor será mais favorável a este consumidor).

A proposta ainda tem dois graus ou intensidades de autonomia da vontade em DIPriv: um maior, para os contratos concluídos pelo consumidor turista (art. 2.2) e um menor, para os contratos à distância, quando o consumidor está em seu país de domicílio (consumidor-passivo). A idéia principal é incentivar a escolha prévia (na prática, pelo fornecedor) da lei mais favorável ao consumidor, dentre as mencionadas no art. 2.1 e 2.2, sendo que os elementos de conexão são diferentes. Assim, os principais elementos de conexão objetivos e subsidiários são o *domicílio do consumidor*, no art. 2.1 (Lorenzetti) e o *lugar da celebração do contrato* para o consumidor turista, no art. 2.2 (lei argentina e brasileira).

O texto atual desta regra de *favor consumidor* com autonomia da vontade limitada é seguinte:

[Proposta revisada]
Art. 2 – Proteção contratual geral

1. Os contratos e as transações realizadas em que participem consumidores, especialmente os contratados à distância, por meios eletrônicos, de telecomunicações ou por telefone ou pelos demais meios desenvolvidos para a contratação sem a presença física simultânea dos parceiros contratuais, estando o consumidor em seu país de domicílio no momento da contratação, serão regidos pela lei deste país ou pela lei mais favorável ao consumidor, escolhida entre as partes, se lei do lugar da celebração do contrato, lei do lugar da execução do contrato, lei do domicílio ou da residência habitual do consumidor ou lei do domicílio ou sede do fornecedor de produtos e serviços.

2. Aos contratos celebrados pelo consumidor estando, no momento da contratação, fora de seu país de domicílio será aplicada a lei escolhida pelas partes, dentre a lei do lugar de celebração do contrato, a lei do lugar da execução e a lei do domicílio do consumidor. Na falta de eleição, serão regidos pela lei do lugar de celebração.

Concluindo, na evolução de meu pensamento, este artigo 2 parece-me assim ser suficientemente flexível e alternativo para uma regra "de favor consumidor", para alcançar o seu fim material que é a proteção do consumidor mesmo se ele não fará –faticamente – a escolha da lei (princípio do favorecimento[200] ou *Günstigkeitsprinzip*).[201]

Por fim, mencione-se que se a meta desta Proposta de Convenção apresentada pelo Brasil é, em resumo, fixar bases legais claras e através de regras especiais de DIPRiv para este fenômeno especial e crescente do comércio internacional que pode ser denominado de novo "consumo internacional" de massas, consumo à distância e por meio eletrônico sem sair de seu país de residência habitual ou de domicílio, assim como através do novo turismo de massas que leva o consumidor a adquirir produtos e serviços fora de seu domicílio ou residência habitual, teve de incluir normas especiais para contratos novos e complexos de consumo.

A proposta assim regula de forma especial os contratos de time--sharing ou multipropriedade (art. 6 da proposta) e os contratos de pacotes de viagem ou viagens combinadas (art. 7 da proposta)[202], todos relações privadas de consumo que ultrapassam fronteiras[203] ou são internacionais por essência, seja pelo fato do serviço multíplo estar ligada a uma propriedade em outro país ou a um grande número de prestadores de serviços estrangeiros (durante a execução do pacote) e nacionais (agências de turismo e de organização de pacotes de viagem), seja por suas demais características pós-modernas (Jayme) mereceram também regulamentação especial na União Européia. As conexões são especiais, para os pacotes turísticos é o domicilio do consumidor se coincidente com a sede ou filial da agência de viagens, nos demais casos, a lei do lugar da aceitação da proposta como lei do lugar da celebração. Na multipropriedade, a concentração da norma é na proteção trazida pela cumulação de normas e em tornar juridicamente relevantes os métodos agressivos de marketing hoje utilizados, valorizando-os como proximidade com aquele país onde ocorreram.

---

[200] Veja ARAÚJO, *Direito Internacional Privado*, 2003, 31 e GALVÃO TELLES, *Sobre o critério da "lei mais favorável" nas normas de conflitos*, in MIRANDA et allii (Org.), *Estudos em Memória do Professor Doutor António Marques dos Santos*, vol. I, 2005, 193 e seg.

[201] Veja sobre *favor negotii, favor matrimonii, favor legitimitatis,* KROPHOLLER, *Internationales Privatrecht*, 1990, 120-122.

[202] Veja-se, sobre o tema, TEPEDINO, *Multipropriedade Imobiliária*, 1993 e LORENZETTI/LIMA MARQUES, *Contratos de servicios a los consumidores*, 2004, 523-560.

[203] Veja RIGAUX, *Les situations juridiques individuelles dans un systême de relativité générale*, RCADI, 1989-I, t. 213, 19 e seg.

Estas regras especiais para contratos de consumo internacional *sui generis* ou complexos como multipropriedade e pacotes turísticos ou de viagens são as seguintes:

[Proposta revisada]
II – PROTEÇÃO EM SITUAÇÕES ESPECÍFICAS

Art. 6 – Contratos de viagem e turismo

1. Os contratos de viagem individual contratados em pacote ou com serviços combinados, como grupo turístico ou conjuntamente com outros serviços de hotelaria e/ou turísticos serão regulados pela lei do lugar do domicílio do consumidor, se este coincidir com a sede ou filial da agência de viagens que vendeu o contrato de viagem ou onde foi feita a oferta, publicidade ou qualquer ato negocial prévio pelo comerciante, transportador, agência ou seus representantes autônomos.
2. Nos demais casos, aos contratos de viagem individual contratados em pacote ou combinados, como grupo turístico ou conjuntamente com outros serviços de hotelaria e/ou turísticos será aplicável a lei do lugar onde o consumidor declara a sua aceitação ao contrato.
3. Aos contratos de viagem, não regulados por convenções internacionais, concluídos através de contratos de adesão ou condições gerais contratuais, será aplicável a lei do lugar onde o consumidor declara a sua aceitação ao contrato.[204]

Art. 7 – Contratos de multipropriedade ou time-sharing

1. As normas imperativas de proteção dos consumidores do país de localização física dos empreendimentos de lazer e de hotelaria que utilizem-se do método de venda, de uso ou de habitação em multipropriedade ou time-sharing, localizados nos Estados Partes, aplicam-se cumulativamente a estes contratos, a favor dos consumidores.
2. As normas do país em que for realizada a oferta, a publicidade ou qualquer atividade de marketing, como telefonemas, convites para recepções, reuniões, festas, o envio de prêmios, sorteios, estadias ou vantagens gratuitas, dentre outras atividades negociais dos representantes ou dos proprietários, organizadores e administradores de time-sharing ou multipro-

---

[204] As fontes usadas, no original em espanhol, foram: "Ley alemana sobre paquetes turísticos, jurisprudencia brasileña, § 41 de la ley de Austria y doutrina de Kropholler (RabelsZ 42 (1978), p. 643). § 12 de la AGB-Gesetz alemán de 1976 y § 11 de la ley alemana sobre educación a distancia de 1976, hoy en el BGB."

priedade ou a assinatura de pré-contratos ou contratos de multipropriedade ou direito de uso/aproveitamento por turno de bens imóveis, deverão ser levadas em conta a favor do consumidor, quanto à informação, o direito de arrependimento e seus prazos, bem como as causas de rescisão do contrato ou pré-contrato, assim como determinarão o exato conteúdo do contrato acertado e a possibilidade ou não de pagamento ou de assinatura de boletos de cartões de crédito neste período.[205]

b) Limites à autonomia da vontade: normas imperativas e cláusula escapatória ou de exceção

Completam a proposta um artigo sobre aplicação de normas imperativas (art. 3), inspirada na Convenção de Roma de 1980, e uma Cláusula *escapatória (clause échappatoire)* ou em espanhol "de excepción", inspirada na lei suíça de 1987. A cláusula escapatória de abertura do sistema para as demais conexões não previstas inicialmente a favor consumidor (art. 4) tem o seguinte texto:

[Proposta revisada]
Art. 4. Cláusula escapatória ou de exceção

1. A lei indicada como aplicável por esta Convenção pode não ser aplicável em casos excepcionais, se, tendo em vista todas as circunstâncias do caso, a conexão com a lei indicada aplicável mostrar-se superficial e o caso encontrar-se muito mais vinculado estreitamente a outra lei, mais favorável ao consumidor.[206]

De outro lado o art. 3 se ocupa dos casos en que a legislação do foro (*Lex fori*) aplica-se apesar da lei escolhida no art. 2, tanto para o consumidor passivo como para o ativo. Em caso de uso de marketing frente ao consumidor passivo ou ativo, o art. 3.2 propõe claramente a cumulação de leis aplicáveis. Isto é, pela proposta, ao utilizar estas formas de mar-

---

[205] As fontes da proposta, no original em espanhol, foram: "Art. 9 e art. 5, Directiva Europea 94/47/CE, art. 15 de la Ley Uruguaya, Ley 17.189/99, art. 2 da Ley de Paraguay, Ley 1334/98, Jurisprudencia brasileña sobre el art. 1 del CDC, Ley 8.078/90, antiguo §8 de la ley alemana de multipropiedad o time-sharing, TzWrG, de 20 de diciembre de 1996, hoy en el BGB."

[206] A fonte foi a Lei suíça de DIPrivado de 1987.

keting assume o profissional o risco de ver aplicado a este contrato, cumulativamente, a lei do domicílio do consumidor, que é a lei que este conhece e "espera" (expectativa agora legítima) que venha a ser aplicada. O texto é o seguinte:

[Proposta revisada]
Art. 3 Normas imperativas

1. Não obstante o previsto nos artigos anteriores, aplicar-se-á necessariamente as normas do país do foro que tenham caráter imperativo, na proteção do consumidor.[207]
2. Tendo sido a contratação precedida de qualquer atividade negocial, de marketing, do fornecedor ou de seus representantes, em especial envio de publicidade, correspondências, e-mails, prêmios, convites, manutenção de filial ou representantes e demais atividades voltadas para o fornecimento de produtos e serviços e atração de clientela no país de domicílio do consumidor, aplicar-se-á necessariamente as normas imperativas deste país, na proteção do consumidor, cumulativamente àquelas do foro e à lei aplicável ao contrato de consumo.[208]

Mencione-se, por fim, que a proposta brasileira evita tratar do momento pré-contratual típico dos contratos com consumidores.[209] Evitou-se redigir uma norma sobre forma, informações e direito de arrependimento dos consumidores (período de reflexão ou *cooling-off-period*), que ficam apenas sob a égide dos art. 3 e 4 da proposta.

A sugestão de CIDIP evita regular com uma norma especial a forma do contrato de consumo, por dois motivos: primeiro porque com o comércio eletrônico a localização do contrato já é difícil, quanto mais sua conseqüência quanto à forma, *locus regit actum*. Em segundo lugar, pois os países diferem a maneira de regular esta questão prévia, uns afirmando como o Brasil, que se qualifica de forma independente e possuindo regra específica a indicar a lei do lugar de celebração (*locus regit actum)*, outros

---

[207] As fontes foram: doutrina brasileira, uruguaia e argentina. Art. 6, frase 2 do projeto de Convenção de Haia de 1980.

[208] As fontes foram: Art. 5 e 7 da Convenção de Roma 1980 (UE), doutrina de Neuhaus, Kroppoller, Jayme, Boggiano, Toniollo, Lorenzetti, art. 29 e 29a EGBGB.

[209] Sobre o desequilíbrio e as falhas de mercado neste momento, veja GRUNDMANN, *Informação, autonomia da vontade e agentes econômicos no direito dos contratos europeu*, Revista de Direito do Consumidor, vol. 58, abril-junho 2006, 275-304.

qualificando de forma dependente e mandando aplicar a *lex causae* ou *lex contractus*. Ao não regular de maneira direta a forma evitam-se problemas de aceitação da convenção. Sabe-se que estas questões de forma podem estar incluídas como norma imperativa (*mandatory*) ou de ordem pública positiva internacional na maioria dos países americanos (informação prévia objetiva ao consumidor). In[forma]r ao consumidor é dar "forma", é exteriorizar, tornar comum (*comun-i-car*) o conhecimento e os alertas necessários à liberdade de escolha, a escolha racional do leigo, o consumidor e é considerado norma imperativa em muitos países.

Na Europa, há norma especial sobre o tema, se bem que somente em uma Diretiva de 2002 e em matéria de serviços financeiros e à distância. No nosso projeto de CIDIP não, uma vez que imaginamos que, no nível atual de proteção dos consumidores da região, melhor seria fazer uma norma geral sobre normas imperativas, que – a depender do país – incluiria (ou não) as informações prévias, assim como o direito de arrependimento.

Se das discussão da CIDIP VII resultar a necessidade de uma norma sobre informações prévias, saiba-se que a solução européia é pela quaificação dependente e uso da futura *lex causae* para este problema de in[forma]ção. A regra européia encontra-se no art. 3 número 4 da Directiva 2002/65/CE do Parlamento Europeu e do Conselho de 23 de Setembro de 2002 relativa à comercialização à distância de serviços financeiros prestados a consumidores: "*Art. 3.... 4. As informações sobre as obrigações contratuais, a comunicar ao consumidor durante a fase pré--contratual, devem ser conformes com as obrigações contratuais que resultem da lei presumivelmente aplicável ao contrato à distância quando este for celebrado.*"[210]

Particularmente, penso que se os delegados considerarem necessária uma norma de forma geral, ela deveria ser a favor do consumidor e alternativa. Examinando as leis européias, como por exemplo a lei suíça, observamos que a norma pretende um *favor validatis* ao determinar, quanto a validade, a possibilidade do contrato satisfazer ou a *lex causae* ou a lei do lugar de conclusão do contrato: "*Art. 124.1 Le contrat est*

---

[210] Jornal Oficial das Comunidades Européias L 271/16. Agradeço a sugestão e o texto enviado por meu mestre, Prof. Dr. Dr. h. c. Erik Jayme, da Universidade de Heidelberg, como colaboração às discussões da proposta brasileira de CIDIP.

valable quant à la forme s'il satisfait aux conditions fixées par le droit applicable au contrat ou par le droit du lieu de conclusion. 2. La forme d'un contrat conclu entre personnes qui se trouvent dans des Etats différents est valable si elle satisfait aux conditions fixées par le droit de l'un de ces Etats."

Normas semelhantes encontram-se no art. 11, nr. 1 e 2 da Lei de Introdução ao Código Civil alemão atual (EGBGB). A exceção na lei suíça é a proteção da parte mais fraca pela exigência de uma forma e o limite é ser esta forma de ordem pública: «*Art. 124...3 La forme du contrat est exclusivement régie par le droit applicable au contrat lui même lorsque, pour protéger une partie, ce droit prescrit le respect d'une forme déterminée, à moins que ce droit n'admette l'application d'un autre droit.*»

Já os alemães preferiram incluir uma norma especial sobre forma dos contratos de consumo e proteger especificamente os consumidores, no art. 29, nr. 3 última frase: «*Die Form dieser Verträge unterliegt dem Recht des Staates, in dem der Verbraucher seinen gewöhnlichen Aufenthalt hat*»(em tradução livre: «*Art. 29.... 3. A forma destes contratos de consumo será regida pela lei do Estado de residência habitual do consumidor*»). Eis porque a opção européia foi separar em duas regras diferentes as exigências de informação prévia ao consumidor e as exigências gerais de forma do contrato (no sentido de validade).

A opção da proposta de CIDIP é mais simples e deixa mais espaço para a lei nacional ou o direito interno decidir se as informações prévias (e o direito de arrependimento ou *cooling-off-period* que está intimamente ligado a estas informações) é tema de ordem pública positiva (lei de polícia) ou não para aquele país; e se for, será esta a lei aplicada pelo artigo 3, se não for, a lei do contrato as regulará sozinha, a depender da qualificação. A opção da proposta de CIDIP é assim mais concisa (através da qualificação) e elegante (uso da ordem pública positiva), sem ser impositiva onde os países americanos, em seu direito material e constitucional ainda não decidiram a natureza imperativa ou não destas normas protetivas dos consumidores em DIPriv.

Não haveria oposição em copiar o modelo europeu de uma regra especial sobre as informações prévias, mas melhor seria fazer duas normas, uma geral sobre forma destes contratos, a exemplo do art. 29, nr. 3 EGBGB alemão (indicando aplicável a lei do lugar de celebração para o art. 2.2 e nos a distância do art. 2.1, o domicílio do consumidor) e uma sobre informação prévia, a exemplo da norma da Diretiva sobre serviços financeiros a distância (com uso da provável *lex causae*). Neste caso, porém, como a qualificação seria independente destas várias questões, de forma e informação e da *lex contractus*, em uma pluralidade de leis aplicáveis aos casos de consumo internacional, penso que seria melhor repetir uma norma semelhante a do art. 9 da CIDIP sobre regras gerais de Direito Internacional Privado de 1979, indicando a harmonização destas normas sempre a favor do consumidor.[211]

Hoje parece-me preferível não tornar a proposta muito complexa e manter apenas uma norma clara autorizando o juiz a utilizar as suas regras imperativas (art. 3 da Proposta) e a da *lex contractus*, sempre a favor do consumidor. Desta forma, evita-se que o fornecedor possa fugir destas normas imperativas (forma, informações, períodos de reflexão etc.), mas se permite a previsibilidade através da escolha prévia da lei pelo fornecedor em seus contratos de adesão. A cláusula escapatória do art. 4, entraria em ação quando as outras conexões falharam na proteção do consumidor.

IV. Observação final

Sem poder concluir este artigo de maneira tradicional, já longo demais, gostaria de exprimir minha esperança que esta proposta de CIDIP VII consiga conciliar a pluralidade de métodos do Direito Internacional Privado atual, com a tradição das CIDIPS e a vontade de evoluir na proteção do consumidor em matéria de conflitos, de forma a atingir a Justiça de DIPriv no caso individual,[212] incentivar o crescimento do consumo internacional na região, e ao mesmo tempo realizar os objetivos materiais de proteção da parte mais fraca, o consumidor, no crescente mercado inter-

---

[211] Tal regra poderia ser assim redigida: "Artigo.... As diversas leis que podem ser competentes para regular os diferentes aspectos de uma mesma relação jurídica serão aplicadas de maneira harmônica, procurando-se realizar os fins colimados por cada uma das referidas legislações, sempre a favor do consumidor. As dificuldades que forem causadas por sua aplicação simultânea serão resolvidas levando-se em conta as exigências impostas pela proteção do consumidor e eqüidade no caso concreto."

[212] HAY, *Flexibility versus predicability and uniformity in choice of law*, Recueil 1991, I, tomo 226, 1992, 394.

americano de consumo. Se não aprovada a proposta brasileira, que de forma tão expontânea sugeri em 2000, pelo menos nesta caminhada de 6 anos já serviu para alertar sobre a importância crescente do tema e a necessária evolução do Direito Internacional Privado de proteção dos mais fracos nas Amércias.

V. Resumo/ Zusammenfassung

O artigo relata o estado atual da discussão na OEA e o caminho de elaboração da proposta brasileira para uma Convenção Interamericana de Direito Internacional Privado sobre a lei aplicável a alguns contratos com consumidores (CIDIP VII). A pergunta principal do artigo é que normas especiais de conflito de leis podem, ao mesmo tempo, promover a proteção dos consumidores em alguns contratos internacionais de consumo (objetivo material), sem impedir a autonomia da vontade, sem discriminar consumidores domiciliados em determinados países, e criar maior confiança e segurança jurídica para todas as partes envolvidas. A primeira parte do artigo analisa os fundamentos da proposta brasileira de CIDIP VII, em especial o seu campo de aplicação, que protege tanto o consumidor turista (ativo), quanto o consumidor-passivo (do comércio eletrônico), assim como a opção normativa da proposta brasileira de Convenção por permitir uma autonomia da vontade limitada, mesmo em relações de consumo. Na segunda parte, analisa o pluralismo metodológico e a flexibilidade da proposta, que recorre ao uso de normas de ajuda (definições), de normas imperativas, assim como à cumulação de leis em contratos complexos de viagem e time-sharing, de um lado prevê o domicílio do consumidor como conexão apenas subsidiária e de outro, prioriza normas abertas, indicando ao final aplicável a lei mais favorável ao consumidor ("*favor* consumidor" como conexão principal).

Der Artikel berichtet über den aktuellen Zustand der Diskussion an der OAS und den Weg eines brasilianischen Vorschlags zu einem Interamerikanischen Übereinkommen über einige Verbraucherverträge (CIDIP VII). Die Hauptfrage dieses Artikels ist, welche Sonderkollisionsnormen können gleichzeitig das materielle Ziel des Schutzes der Verbraucher in internationalen Verträgen erreichen, ohne die Parteiautonomie zu verhindern und ohne eine Diskriminierung gegen Verbraucher mit Wohnsitz in einigen Staaten zu erlauben, und das Vertrauen und die Rechtssicherheit in die Region fördern. Der erste Teil analysiert die Basis des brasilianischen Vorschlags für eine CIDIP VII, insbesondere die Frage ihres Anwendungsbereichs, da der Vorschlag sowohl aktive Verbraucher (Touristen) als auch passive Verbraucher (des e-commerce) schützt, und auch die Option des brasilianischen Vorschlags, eine begrenzte Parteiautonomie in internationalen Verbraucherverträgen zu ermöglichen. Im zweiten Teil wird der methodologische Pluralismus und die Flexibilität des Vorschlag analysiert, da sowohl Hilfsnormen (Definitionen), zwingende Normen, als auch –in komplexen Verbraucherrechtsverhältnissen wie Reise– und Time-Sharingverträgen – die Kumulation des anwendbaren Rechts vorschlagen ist, und der Wohnsitz der Verbraucher nur als subsidiäre Anknüpfung vorgesehen ist, während open ended rules bevorzugt sind und am Ende das günstige Recht für die Verbraucher ("favor" oder Günstigkeitsregel) die Hauptanknüpfung wird.

IMPASSES DO DIREITO PROCESSUAL CIVIL INTERNACIONAL DO MERCOSUL E A OPORTUNIDADE PARA O *REVIVAL* DAS CIDIPs

Prof. Dr. Augusto Jaeger Junior[*]

I. Introdução	368
II. Os processos de codificação anteriores ao Mercosul	368
1. Os Tratados de Montevidéu de 1889 e 1940	368
2. O trabalho da Organização dos Estados Americanos	370
III. O Mercosul e o surgimento de um direito processual civil internacional	375
1. O desenvolvimento e o estágio atual	377
2. A Venezuela como membro pleno	379
3. A solução de controvérsias	380
4. A fragilidade institucional	383
5. O direito processual civil internacional do Mercosul	385
IV. O revival das CIDIPs	395
1. O insucesso da harmonização das regras materiais de proteção do consumidor no Mercosul	396
2. O trabalho dos doutrinadores interamericanos	402
V. Resumo/ Zusammenfassung	405

[*] Doutorado em Porto Alegre, Mestrado em Florianópolis, Brasil. Professor de Direito Internacional e Relações Internacionais, Universidade Federal do Rio Grande do Sul, Porto Alegre, Brasil.

I. Introdução

Este artigo[1] apontará os impasses enfrentados pelo processo de integração do Mercosul como um todo, a fragilidade do sistema de solução de controvérsias e da aplicação de suas normas e o oportuno momento para o *revival* das Conferências Especializadas Interamericanas de Direito Internacional Privado (CIDIPs).

II. Os processos de codificação anteriores ao Mercosul

Os processos de codificação na América começaram com o Congresso de Lima de 1877-1878[2] e podem ser divididos em duas grandes fases: a primeira desejava uma codificação global do Direito Internacional Privado (DIP), na qual está inserida o Código de Bustamante, de 1928[3], por exemplo, e a segunda descreve uma nova etapa aberta com o surgimento da Organização dos Estados Americanos (OEA), de codificação gradual e progressiva.[4] Elas podem ser aqui exemplificadas com os trabalhos dos Congressos de Montevidéu e com os das CIDIPs.

1. Os Tratados de Montevidéu de 1889 e 1940

Frustrada a participação de Estados americanos em congressos europeus para a codificação do direito internacional, tomou-se a iniciativa de

---

[1] Artigo escrito durante uma estadia de estudos na Justus-Liebig-Universität Giessen, Alemanha, em novembro de 2006, inserida no Projeto Conjunto de Pesquisa, Cooperação Científica e de Intercâmbio entre o Departamento de Direito Público e Filosofia do Direito e a Academia Juris Internationalis, desenvolvido entre essa Universidade e a Universidade Federal do Rio Grande do Sul, Brasil, e financiado pela CAPES e pelo DAAD. Ele consolida a conferência realizada sobre o tema em Würzburg, em 18 de novembro de 2006, na Deutsch-Lusitanische Juristenvereinigung (DLJV), a convite dos Profs. Doutores Erik Jayme, Christoph Benicke e Stefan Grundman, a quem agradeço.

[2] FERNÁNDEZ ARROYO, *La codificación del Derecho internacional privado en América Latina*, 1994, 90-95.

[3] Sobre esse importante Código ver FERNÁNDEZ ARROYO, *La codificación del Derecho internacional privado en América Latina*, 1994, 123-158; SAMTLEBEN, *Derecho Internacional Privado en América Latina: teoría y práctica del Código Bustamante*, 1983.

[4] FERNÁNDEZ ARROYO, *La codificación del Derecho internacional privado en América Latina*, 1994, 61-63.

convocar um congresso sul-americano. Assim, a convocação do Congresso de Montevidéu para o ano de 1889, por iniciativa de Argentina e Uruguai, determinou o apogeu do movimento codificador do Século 19 na América Latina. Essa convocatória representou uma manifesta contrariedade ao Tratado de Lima de 1878 e ao princípio da nacionalidade, sancionado por ele.[5] Internamente, o Congresso também serviu para que se conhecessem as posições contrapostas que existiam nessa época na América do Sul quanto ao ramo do direito internacional privado.[6]

O não-consentimento do Brasil quanto a esse primeiro conjunto de tratados, que são oito no total, mais um protocolo adicional, foi devido ao fato de que eles descansavam no princípio do domicílio, promovendo uma virada em favor da concepção territorialista, que na época não era aceita no país. Os Tratados de 1889, ratificados pelos demais países da Bacia do Prata e outros, formam a primeira tentativa de codificação internacional de DIP a nível mundial que alcançou uma vigência efetiva.[7]

Os Tratados de Montevidéu de 1940, resultados do Segundo Congresso Sul-americano, revisaram aqueles de 1889 e atualizaram os seus conteúdos por ocasião dos seus cinqüentenários. Ao todo foram firmados oito tratados e um protocolo adicional. Nem todos os países convidados, como era normal para a época, compareceram. As discussões reavivaram as opiniões opostas já existentes entre os participantes. O Brasil novamente declarou que o Tratado era incompatível com os princípios básicos de sua legislação e lhe negou consentimento.[8] Portanto, o Brasil não é parte dos Tratados de Montevidéu de 1889 e 1940.[9]

Como observa SAMTLEBEN, os efeitos dos Congressos de Montevidéu para o desenvolvimento do direito internacional privado na América

---

[5] SARACHO CORNET/DREYZIN DE KLOR, *Derecho Internacional Privado: Uma visión actualizada de las fuentes*, 2003, 46; FERNÁNDEZ ARROYO, *La codificación del Derecho internacional privado en América Latina*, 1994, 97.

[6] SAMTLEBEN, *Derecho Internacional Privado en América Latina: teoría y práctica del Código Bustamante*, 1983, 15 e ss.; FERNÁNDEZ ARROYO, *La codificación del Derecho internacional privado en América Latina*, 1994, 102-116.

[7] SARACHO CORNET/DREYZIN DE KLOR, *Derecho Internacional Privado: Uma visión actualizada de las fuentes*, 2003, 47; FERNÁNDEZ ARROYO, *La codificación del Derecho internacional privado en América Latina*, 1994, 112.

[8] FERNÁNDEZ ARROYO, *La codificación del Derecho internacional privado en América Latina*, 1994, 116.

[9] Ver a lista dos Tratados em DREYZIN DE KLOR, *El Mercosur: Generador de una nueva fuente de derecho internacional privado*, 1997, 240.

Latina foram de especial importância. Um aspecto a ressaltar é a difusão do princípio do domicílio na região.[10] No mesmo sentido FERNÁNDEZ ARROYO, para quem os tratados alcançaram uma aplicação quase cotidiana e se revelaram uma ferramenta útil para a regulação das relações de tráfego privado externo.[11]

2. O trabalho da Organização dos Estados Americanos

A criação da OEA na nona Conferência Panamericana, celebrada em Bogotá, em 1948, marcou um novo passo no movimento codificador da América.[12] A Carta da OEA adotou, no que difere da Carta da Organização das Nações Unidas, como objetivo expresso o desenvolvimento e a codificação do direito internacional privado. Alguns órgãos foram criados para essa finalidade específica. Hoje o órgão central para os trabalhos de codificação é o Comitê Jurídico Interamericano.

Com o passar dos anos, a estrutura inicial da Carta da OEA se mostrou lenta para a satisfação do processo de codificação. Então, surgiu a idéia de vencer o marasmo e de dar novos impulsos ao movimento codificador com a convocação de CIDIPs.[13]

Assim, em 1971 a Assembléia Geral da OEA resolveu convocar uma conferência com aquelas características e propósitos.[14] A primeira reunião da CIDIP ocorreu no Panamá, em 1975. Nela foram assinados seis tratados. Ainda no mesmo ano, a Assembléia Geral da OEA resolveu convocar uma segunda conferência. Essa conferência aconteceu em 1979, em Montevidéu, e nela foram elaborados oito tratados. As reuniões seguintes foram celebradas em La Paz, novamente Uruguai, México e a última foi a de Washington, de 2002.

---

[10] SAMTLEBEN, *Derecho Internacional Privado en América Latina: teoría y práctica del Código Bustamante*, 1983, 20.

[11] FERNÁNDEZ ARROYO, *La codificación del Derecho internacional privado en América Latina*, 1994, 121.

[12] SAMTLEBEN, *Derecho Internacional Privado en América Latina: teoría y práctica del Código Bustamante*, 1983, 35 e ss.; FERNÁNDEZ ARROYO, *La codificación del Derecho internacional privado en América Latina*, 1994, 159-172.

[13] SAMTLEBEN, *Derecho Internacional Privado en América Latina: teoría y práctica del Código Bustamante*, 1983, 41.

[14] FERNÁNDEZ ARROYO, *La codificación del Derecho internacional privado en América Latina*, 1994, 170.

As Convenções Interamericanas de Direito Internacional Privado são em número de seis[15] e resultaram em um novo direito internacional que vem sendo definido em nível interamericano. Em suas sedes foram aprovadas importantes convenções que constituem um verdadeiro processo de codificação. Delas emergiram vinte e cinco textos internacionais[16] que contribuíram decisivamente para a modernização do direito internacional privado nos países. As concepções tradicionais em que se sustentava o DIP foram sendo modificadas de maneira perceptível. As relações jurídico-privadas adquiriram um marcado dinamismo.[17]

As CIDIPs revitalizaram o processo de codificação americano que estava contido desde a etapa das grandes codificações antes mencionadas.[18]

Nas conferências prosperou a idéia de serem formulados, de modo parcial e progressivo, convênios setoriais sobre temas específicos previamente identificados.

Como observam SARACHO CORNET e DREYZIN DE KLOR, em um primeiro momento houve um marcado predomínio de temas relativos ao direito processual civil internacional e ao direito comercial internacional. O direito civil internacional aparece na CIDIP III e vem a ganhar desenvoltura nas reuniões subseqüentes. Na CIDIP V o campo de legislação material foi notoriamente ampliado com a inclusão de temas de direito penal internacional. Na CIDIP VI se observou uma confirmação da troca do rumo que as atividades das CIDIPs vinham mantendo desde a sua criação e isso em relação especialmente a dois fatores: troca da técnica de regulamentação e modificação do procedimento de elaboração dos textos normativos.[19]

---

[15] Conferir um balanço delas e as influências que tiveram nas fontes internas americanas em FERNÁNDEZ ARROYO/MASTRÁNGELO (Orgs.), *El futuro de la codificación del derecho internacional privado en América: De la CIDIP VI a la CIDIP VII*, 2005, 31-40 e 53-58.

[16] Ver a lista em SARACHO CORNET/DREYZIN DE KLOR, *Derecho Internacional Privado: Uma visión actualizada de las fuentes*, 2003, 51-53.

[17] FERNÁNDEZ ARROYO/MASTRÁNGELO (Orgs.), *El futuro de la codificación del derecho internacional privado en América: De la CIDIP VI a la CIDIP VII*, 2005, 9.

[18] SARACHO CORNET/DREYZIN DE KLOR, *Derecho Internacional Privado: Uma visión actualizada de las fuentes*, 2003, 49; FERNÁNDEZ ARROYO/MASTRÁNGELO (Orgs.), *El futuro de la codificación del derecho internacional privado en América: De la CIDIP VI a la CIDIP VII*, 2005, 8.

[19] SARACHO CORNET/DREYZIN DE KLOR, *Derecho Internacional Privado: Uma visión actualizada de las fuentes*, 2003, 51.

As CIDIPs apresentaram, até a sua quarta edição, um grande número de ratificações. Depois os temas se afastaram do DIP e elas ficaram mais espaçadas no tempo, de modo irritante, até.[20] Já as últimas não tiveram numerosas ratificações. A doutrina tem se referido à uma comercialização e privatização das CIDIPs, o que se vê refletido nas temáticas da CIDIP VII, e que quer dizer um deslocamento do eixo material da CIDIP para aspectos claramente enraizados no direito do comércio internacional, e um câmbio metodológico, com a passagem do predomínio da via convencional para a utilização de leis modelos.[21]

A partir dessa premissa, discute-se o futuro da codificação de direito internacional privado na América, com a reativação do processo interamericano para o suprimento das atuais necessidades de uma nova ordem jurídica continental, o que, inevitavelmente, passa pelas CIDIPs. Entende-se que a codificação continua sendo necessária, que o foro adequado segue sendo a OEA e que, particularmente para a próxima Convenção, uma especial atenção deve ser prestada aos aspectos do direito internacional privado dos contratos celebrados por consumidores.

O Brasil vem demonstrando, nos últimos tempos, uma profunda vocação integracionista com o continente pelo fato de ter ratificado várias CIDIPs.[22] Também, por outro lado, como lembra Opertti Badán, após seis CIDIPs muita coisa se alterou: os Estados Unidos da América passaram de uma posição refratária a uma posição participativa a partir da CIDIP V, o Mercosul emerge com o fenômeno da integração regional e começa a operar no campo do DIP e a dar respostas jurídicas aos problemas, essas nem sempre tecnicamente ajustadas ao processo codificador interamericano desenvolvido pelas CIDIPs, uma globalização de dimen-

---

[20] FERNÁNDEZ ARROYO/MASTRÁNGELO (Orgs.), *El futuro de la codificación del derecho internacional privado en América: De la CIDIP VI a la CIDIP VII*, 2005, 59.

[21] FERNÁNDEZ ARROYO/MASTRÁNGELO (Orgs.), *El futuro de la codificación del derecho internacional privado en América: De la CIDIP VI a la CIDIP VII*, 2005, 9-12.

[22] LIMA MARQUES, *Conflitos de convenções de processo civil internacional: por um diálogo das fontes universais e regionais nos países do Mercosul*, em YARSHELL/MORAES, *Estudos em homenagem à professora Ada Pellegrini Grinover*, 2005, 33 (37); Conferir as Convenções recentemente ratificadas em DREYZIN DE KLOR, *El Mercosur: Generador de una nueva fuente de derecho internacional privado*, 1997, 240, nota de rodapé 21; DREYZIN DE KLOR, *El derecho internacional privado en las relaciones Mercosur-Unión Europea*, La Ley 1997, 1302 (1309, nota de rodapé 19).

sões múltiplas irrompe e, por fim, observa-se o crescimento dos agentes privados na construção de uma nova ordem que responda a determinados interesses.[23]

No processo de codificação por etapas do DIP interamericano, levado a cabo pelas CIDIPs em seus documentos aprovados desde 1975, a área mais regulada foi a relativa às questões judiciais vinculadas aos casos privados internacionais. Várias convenções se referem a esses temas ou estão vinculadas a eles.[24] Afora isso a OEA elaborou até agora CIDIPs sobre letras de câmbio, cheques, cartas rogatórias, provas, mandato e representação, sociedades mercantis, laudos, medidas cautelares, prova e informação do direito estrangeiro, domicílio da pessoa física, normas gerais de DIP, adoção de menores, pessoa jurídica, jurisdição, alimentos, transporte internacional, restituição de menores, contratos internacionais e tráfico de menores.

Várias delas vinculam os países do Mercosul.[25] Por esse motivo, há um certo consenso na doutrina quanto à desnecessidade e inoportunidade de o Mercosul refazer ou reelaborar em novos tratados os temas já trabalhados nas CIDIPs. Bastaria promover a ratificação e fomentar a utilização das CIDIPs por todos os Estados-partes do Mercosul.[26] Por exemplo, se alguma CIDIP tivesse previsto norma especial para o contrato de consumo internacional, uma convenção internacional no âmbito do Mercosul não seria necessária.

---

[23] OPERTTI BADÁN, *Palabras Introductórias*, em FERNÁNDEZ ARROYO/MASTRÁNGELO (Orgs.), *El futuro de la codificación del derecho internacional privado en América: De la CIDIP VI a la CIDIP VII*, 2005, 13-14.

[24] TELLECHEA BERGMAN, *La dimensión judicial del caso privado internacional en el ámbito regional: Análisis en especial de los Protocolos acordados en el Mercosur sobre Cooperación, Asistencia Jurídica Internacional, Cumplimento de Medidas Cautelares, Reconocimiento de Sentencias Extranjeras y Jurisdición Internacional*, 2002, 15; em especial as mencionadas em VESCOVI, *Problemas del proceso 'internacional' y cooperación jurídica internacional en los Estados mercosureños*, em FERNÁNDEZ ARROYO, *Derecho Internacional Privado de los Estados del Mercosul*, 374-394.

[25] Conferir um quadro de Convenções e ratificações por esses países em DREYZIN DE KLOR, *El Mercosur: Generador de una nueva fuente de derecho internacional privado*, 1997, 242-245 e a compreensão de que tantas CIDIPs e regras do MERCOSUR regulam a mesma matéria em TELLECHEA BERGMAN, *La cooperación jurisdiccional internacional con especial referencia al ámbito del Mercosur y al derecho uruguayo*, DeCITA – direito do comércio internacional: Litígio judicial internacional, n. 4, 2005, 358-397.

[26] LIMA MARQUES, *A proteção do consumidor: aspectos de direito privado regional e geral*, em XXVII Curso de Derecho Internacional, 2001, 657 (697).

É justamente esta a lacuna que mereceu o estudo mais detalhado em toda a obra da Professora Doutora Cláudia Lima Marques, da Universidade Federal do Rio Grande do Sul, em Porto Alegre, Brasil, e é no que vai ser centrada grande parte desse artigo. A Convenção do México (CIDIP V) de 1994 sobre a lei aplicável aos contratos internacionais não chega nem a mencionar a palavra consumidor.[27] Algumas regras indicadas para contemporizar essa situação não determinam uma efetiva proteção desse agente mais fraco. Não ter uma CIDIP tratado o tema representou uma oportunidade perdida, mas que pode ser recuperada com uma convenção especial. Por isso se fala em necessidade e oportunidade de a OEA elaborar uma convenção especializada sobre a proteção do consumidor, que estabeleça elementos de conexão e normas especiais para esse fim.

A autora citada, escorada na sólida doutrina alemã do grande mestre de Heidelberg Professor Erik Jayme, importou inúmeras teorias, estudadas e debatidas profundamente durante longos anos, e as aplicou em projetos de convenções internacionais e de modificações de leis brasileiras.

Inicialmente, a doutrinadora constatou a falta de uma proteção especial do consumidor nas normas de direito internacional privado interamericanas e a conseqüente necessidade de uma convenção regional específica.[28] Ainda, que era chegado o momento para considerar, também nas normas de DIP elaboradas na OEA, a proteção do mais fraco na sociedade de consumo e de informação, o consumidor.[29]

Primeiro, perguntou-se se há uma lacuna legislativa no tema, que identificou apenas no que se refere aos contratos internacionais de consumo, com suas especificidades e suas normas nacionais de DIP antigas e falta de regras nas Convenções internacionais e mesmo leis modelos existentes. Depois, se seria oportuno elaborar uma convenção para preencher esta lacuna ou deixar a expansão da conexão da autonomia da vontade em contratos internacionais solucionar o problema naturalmente. E

---

[27] LIMA MARQUES, *A proteção do consumidor: aspectos de direito privado regional e geral*, em *XXVII Curso de Derecho Internacional*, 2001, 657 (697).

[28] LIMA MARQUES, *A proteção do consumidor: aspectos de direito privado regional e geral*, em *XXVII Curso de Derecho Internacional*, 2001, 657 (681); LIMA MARQUES, *Confiança no comércio eletrônico e a proteção do consumidor: um estudo dos negócios jurídicos de consumo no comércio eletrônico*, 2004, 341 e ss.

[29] LIMA MARQUES, *A proteção do consumidor: aspectos de direito privado regional e geral*, em *XXVII Curso de Derecho Internacional*, 2001, 657 (667).

agregamos aqui que, devido aos atuais problemas enfrentados pelo Mercosul, que seria um outro foro convencional para o trato da questão, o futuro da codificação do direito internacional privado na América passa pelo *revival* das CIDIPs.

De fato, determinadas situações ainda necessitam imperiosamente de uma regulação e o instrumento que a isso deve servir agora é o da CIDIP. Assim é a questão do direito aplicável ao comércio eletrônico e ao direito do consumidor, temas que são muito desenvolvidos pela obra da doutrinadora mencionada. O seu projeto de CIDIP sobre lei aplicável a alguns contratos e relações de consumo, ante à insuficiência da proteção dos consumidores nas normas de DIP, será levado à uma aberta discussão em breve. Há temas escolhidos pelo Conselho Permanente da OEA, como uma agenda para a CIDIP VII, e esses são a proteção ao consumidor e as garantias mobiliárias.

Paralelo ao surgimento e ao desenvolvimento do trabalho das CIDIPs nasceu o Mercosul e alterou a questão da cooperação jurisdicional, pois criou soluções comuns, paralelas às existentes, por tal apontadas como desnecessárias e inoportunas, que aprofundaram aquelas, fossem elas tratados universais, as próprias CIDIPs ou tratados sul-americanos multilaterais ou bilaterais. Os resultados dessa experiência do Mercosul, que em vários aspectos deu certo, como no da cooperação e assistência em direito internacional processual civil, serão vistos a seguir. O processo de integração econômica enfrenta, todavia, vários problemas de outras ordens.

III. O Mercosul e o surgimento de um direito processual civil internacional

Na constância do trabalho legislativo das CIDIPs, surgiu o Mercosul, que também passou a ser uma nova fonte de normas de direito internacional privado e de processo civil internacional. Com isso, um conflito de competências entre as organizações internacionais envolvidas foi explicitado, qual seja, o de saber como o trabalho do Mercosul, no âmbito da regulamentação do direito processual civil internacional, viria a se relacionar com as CIDIPs, especialmente pela constante afirmação da doutrina de que diversos temas receberem um duplo tratamento em ambas as instâncias. Afirma SAMTLEBEN que o surgimento de uma diversidade de blocos sul-americanos de integração diminuiu o interesse por uma unificação das regras de conflito em âmbito continental. Para ele, isso ficou evidente com o pequeno número de ratificações que as novas Convenções passaram a receber.[30]

Todavia, uma tal rivalidade já era conhecida pela doutrina desde longa data, especialmente no que se refere à convivência das Convenções Interamericanas com as Convenções de Haia, pois muitas das primeiras tiveram como modelo as segundas e mesmo outros acordos de ordem internacional.[31]

A discussão no âmbito do Mercosul é a mesma, onde igualmente a solução não é fácil e nem o ambiente acadêmico estaria preparado para absorver essa quantidade de normas.[32]

Essa nova pluralidade de fontes em matéria de direito processual civil internacional foi também sentida e apontada como uma das características dos sistemas jurídicos contemporâneos. MARQUES, em artigos em que se propõe a analisar como as convenções elaboradas pelo Mercosul podem ser harmonizadas ou coordenadas com outras convenções internacionais, observa que a solução desses conflitos não é mais dada pela aplicação exclusiva de uma só das fontes, a monossolução, mas por meio de uma nova e complexa aplicação simultânea ou opcional, partindo da teoria do grande mestre Professor Erik Jayme, difundida através da expressão "diálogo de fontes".[33] Segundo Erik Jayme, existem duas maneiras de resolver esses conflitos: a primeira consiste em dar primazia a uma das fontes, afastando a outra, aplicando uma certa hierarquia entre elas, e a segunda consiste em procurar a coordenação das fontes, através do diálogo delas.[34]

---

[30] SAMTLEBEN, *Das Internationale Prozeâ– und Privatrecht des MERCOSUR: ein Überblick*, RabelsZ 1999, 1 (66).

[31] SAMTLEBEN, *Das Internationale Prozeâ– und Privatrecht des MERCOSUR: ein Überblick*, RabelsZ 1999, 1 (67).

[32] VESCOVI *Problemas del proceso 'internacional' y cooperación jurídica internacional en los Estados mercosureños*, em FERNÁNDEZ ARROYO, *Derecho Internacional Privado de los Estados del Mercosul*, 371-374.

[33] LIMA MARQUES, *Procédure civile internationale et Mercosur: pour un dialogue des règles universelles et régionales*, Revue du Droit Uniforme 2003, 465-484; LIMA MARQUES, *Conflitos de convenções de processo civil internacional: por um diálogo das fontes universais e regionais nos países do Mercosul*, em YARSHELL/MORAES, *Estudos em homenagem à professora Ada Pellegrini Grinover*, 2005, 33-57.

[34] JAYME, *Identité culturelle et intégration: le droit international privé postmoderne*, Recueil des Cours 1995, 9-268.

1. O desenvolvimento e o estágio atual

O fenômeno da integração econômica foi sentido também no Cone Sul, onde quatro países formaram um bloco regional, o Mercosul, em 1991, através do Tratado de Assunção.[35] A cooperação econômica entre Brasil e Argentina da década de 80 foi vista como precursora desse processo.[36] O seu objetivo principal é a conformação de um mercado comum, de acordo com o exposto no artigo 1º. do Tratado. Essa é a fase que enseja a presença das liberdades fundamentais e a regulamentação de uma série de outros assuntos.[37] Para o seu alcance, o artigo 5º. do Tratado previu uma série de instrumentos.[38] O objetivo não foi atingido durante o período provisório, que tinha término previsto para 1994.

Esse não-alcance se tornou evidente com o surgimento do Protocolo de Ouro Preto, em 1994[39], que implementou uma união aduaneira, uma vez que disciplinou as regras sobre a tarifa externa comum.[40] Com isso, foi considerado encerrado o período provisório.[41] A partir de sua vigência, o Mercosul passou a ter personalidade jurídica.[42] Este documento do direito primário sublinhou uma vez mais a opção por um caráter intergovernamental do processo, em que as decisões são tomadas por consenso

---

[35] SALOMÃO FILHO/SAMTLEBEN, *Der Südamerikanische Gemeinsame Markt: eine rechtliche Analyse des Mercosur (Teil I)*, Zeitschrift für Wirtschafts– und Bankrecht 1992, 1345.

[36] SALOMÃO FILHO/SAMTLEBEN, *Der Südamerikanische Gemeinsame Markt: eine rechtliche Analyse des Mercosur (Teil I)*, Zeitschrift für Wirtschafts– und Bankrecht 1992, 1345 (1346).

[37] SALOMÃO FILHO/SAMTLEBEN, *Der Südamerikanische Gemeinsame Markt: eine rechtliche Analyse des Mercosur (Teil II)*, Zeitschrift für Wirtschafts– und Bankrecht 1992, 1385 (1389).

[38] SALOMÃO FILHO/SAMTLEBEN, *Der Südamerikanische Gemeinsame Markt: eine rechtliche Analyse des Mercosur (Teil I)*, Zeitschrift für Wirtschafts– und Bankrecht 1992, 1345 (1350-1352).

[39] SAMTLEBEN, *Der Südamerikanische Gemeinsame Markt (MERCOSUR) und seine neue Verfassung*, Zeitschrift für Wirtschafts– und Bankrecht 1996, 1997 e ss.

[40] SAMTLEBEN, *Ein Gerichtsstandsübereinkommen für den Südamerikanischen Gemeinsamen Markt (MERCOSUR)*, IPRax 1995, 129.

[41] Uma análise das reuniões ocorridas durante esse período pode ser encontrada em SAMTLEBEN, *Der Südamerikanische Gemeinsame Markt (MERCOSUR) und seine neue Verfassung*, Zeitschrift für Wirtschafts– und Bankrecht 1996, 1997 (2000-2003).

[42] SAMTLEBEN, *Der Südamerikanische Gemeinsame Markt (MERCOSUR) und seine neue Verfassung*, Zeitschrift für Wirtschafts– und Bankrecht 1996, 1997.

e com a presença de todos os Estados-partes.[43] Esse caráter é o que representa a maior assimetria entre este processo e o da Comunidade Européia, sendo apontado como o principal impedimento à necessária execução do direito da integração nos Estados-partes.[44] O Protocolo também criou novos órgãos e aumentou a responsabilidade dos que haviam sido criados pelo Tratado de Assunção. Como órgãos com poder de decisão, manteve e concretizou o Conselho do Mercado Comum, o Grupo Mercado Comum e a Comissão de Comércio do Mercosul.[45] O último órgão criado é o Tribunal Permanente de Revisão do Mercosul, pelo Protocolo de Olivos, instalado em 2004.[46]

O Mercosul gerou mais ganhos que qualquer organização anterior da qual fossem integrantes os seus Estados-partes. As relações de cooperação e de comércio foram expandidas. Até 1997 elas cresceram assustadoramente. Dispôs de uma condizente estrutura institucional.[47] Tornou-se um mercado interessante para os investidores estrangeiros.[48] A idéia de uma moeda única chegou a ser aviltada. Foi considerado um potencial competidor para a Comunidade Européia e para o Nafta. Nesse momento passou a ser visualizado um ordenamento jurídico no bloco, que conta com um direito processual civil internacional. Apesar do sucesso, o bloco enfrentou problemas.

---

[43] SALOMÃO FILHO/SAMTLEBEN, Der Südamerikanische Gemeinsame Markt: eine rechtilche Analyse des Mercosur (Teil II), Zeitschrift für Wirtschafts– und Bankrecht 1992, 1385 (1388).

[44] VENTURA, As assimetrias entre o Mercosul e a União Européia: os desafios de uma associação inter-regional, 2003.

[45] SALOMÃO FILHO/SAMTLEBEN, Der Südamerikanische Gemeinsame Markt: eine rechtliche Analyse des Mercosur (Teil I), Zeitschrift für Wirtschafts– und Bankrecht 1992, 1345 (1348-1350); SAMTLEBEN, Der Südamerikanische Gemeinsame Markt (MERCOSUR) und seine neue Verfassung, Zeitschrift für Wirtschafts– und Bankrecht 1996, 1997 (1999-2000).

[46] PISCITELLO/SCHMIDT, Der EuGH als Vorbild: Erste Entscheidung des ständigen Mercosur-Gerichts, EuZW 2006 301-304; SCHMIDT, Neue Impulse durch institutionelle Reformen – der Mercosur ist wieder auf Kurs, EuZW 2005, 139-142.

[47] SALOMÃO FILHO/SAMTLEBEN, Der Südamerikanische Gemeinsame Markt: eine rechtliche Analyse des Mercosur (Teil II), Zeitschrift für Wirtschafts– und Bankrecht 1992, 1385 (1390).

[48] SAMTLEBEN, Der Südamerikanische Gemeinsame Markt (MERCOSUR) und seine neue Verfassung, Zeitschrift für Wirtschafts– und Bankrecht 1996, 1997 (2005).

Em 1999 os Estados-partes começaram a enfrentar crises econômicas que tiveram reflexos no Mercosul. Alguns instituíram cláusulas de salvaguarda, que desencadearam reações nos outros. Reveses políticos também foram computados. Tais fatos tornaram difíceis as relações entre os parceiros. A própria manutenção e o futuro da integração foram questionados. Com o agravamento da situação da economia argentina no final do ano de 2001, as expectativas de que o bloco viesse a se tornar um mercado comum diminuíram. É conhecida e difundida na doutrina a expressão de que ele palmilha uma região nebulosa entre uma zona de livre comércio ainda não totalmente implementada e os primeiros passos para o estabelecimento de uma união aduaneira.

Ante a essas crises, o processo conheceu idéias de relançamento, fundadas no fortalecimento institucional, na incorporação das normas emanadas dos órgãos do Mercosul pelos Estados-partes e na efetivação do sistema de solução de controvérsias. Desde 2002 Brasil e Argentina vinham reestabelecendo relações amistosas e cooperativas um com o outro e no contexto do Mercosul, para que os inúmeros ganhos adquiridos desde a sua fundação não fossem desperdiçados. Em 2004 novas desavenças comerciais se tornaram conhecidas sob o nome de Guerra das Geladeiras. Em 2006, o ingresso da Venezuela no bloco reativou alguns debates e esperanças.

2. A Venezuela como membro pleno

Em 2006, o grande tema da agenda do Mercosul foi a passagem da Venezuela de Estado associado para Estado-parte do Mercosul, isto é, assumir a característica de membro pleno do processo. Com isso, ele passou a ter dez países entre essas duas modalidades de participação. O Tratado de Assunção, já em 1991, previu o ingresso de novos membros. Em sendo parte da Associação Latino-americana de Integração, fundada pelo Tratado de Montevidéu em 1980, a Venezuela preenchia uma condição importante para tanto.

A Venezuela é o quinto produtor de petróleo do mundo, sendo considerada uma potência energética. O país tem vinte e sete milhões de consumidores/habitantes, quase um milhão de quilômetros quadrados, um Produto Interno Bruto respeitável de 1/7 do mesmo índice brasileiro. Com a Venezuela, o Produto Interno Bruto do Mercosul passaria para um trilhão de dólares, o que representaria 76 por cento do mesmo índice da América do Sul. Ademais, o país tem uma história integracionista muito rica, que passa pela personalidade do libertador Simón Bolívar, nascido em Caracas, em 1783.[49] Geograficamente, o seu ingresso permitiria a ligação do Caribe com a Patagônia. Enfim, tudo levava a crer que o ingresso desse novo país deveria ser efusivamente saudado.

Em verdade, o ingresso de um novo país é quase que como um dever imposto pela palavra integração e também por um processo como tal. Afinal, o Mercosul ganharia mais um membro pleno. Assim também se compreende da previsão da Constituição Federal brasileira de 1988, que tem um parágrafo único no artigo 4.º com vistas à integração da América. E veja-se a União Européia que, com as incorporações de 2004, passou a ter vinte e cinco Estados-membros e outros são candidatos.

Mais, o ingresso da Venezuela representaria um novo freio à proposta norte-americana de criação de uma Área de Livre Comércio das Américas, daria um forte alento ao processo do Mercosul, pois tratar-se--ia de um fato novo, retirando-o do certo marasmo em que se encontra, e seria uma alternativa para projetar um pouco mais a América do Sul no mundo.

E os problemas que poderiam ser gerados por conta do seu presidente Hugo Chávez, mesmo os externos, cuja conseqüência poderia vir a ser um estremecimento da relação da União Européia com o Mercosul, seriam resolvidos posteriormente. E não seria de bom grado um processo de integração e seus sócios condenarem um país a ficar fora do mesmo por causa do governante do momento.

Alguns argumentos temerosos quanto à entrada da Venezuela no bloco também foram evidenciados. Bastava tomar um jornal ou uma revista de política e eles eram facilmente vistos. Ainda que discutível a existência ou não de uma democracia na Venezuela, certo é que o país é, agora, membro pleno do Mercosul.

3. A solução de controvérsias

Em função de obstáculos constitucionais e da opção pela intergovernabilidade, o mecanismo de solução de controvérsias assumiu uma carac-

---

[49] Conferir os esforços de Bolívar para a codificação do DIP em FERNÁNDEZ ARROYO, *La codificación del Derecho internacional privado en América Latina*, 1994, 81-87.

terística diferente do existente na Comunidade Européia. O pri-meiro documento que regulou-o foi o Protocolo de Brasília, de 1991, de caráter transitório, que implantou um sistema arbitral.

As iniciativas tendentes a dar um impulso à integração envolveram a superação das deficiências derivadas da carência de um órgão que garantisse a interpretação uniforme do Tratado e tivesse capacidade para sancionar as violações às normas do Mercosul, a adaptação do sistema ao estágio atual da integração e a necessidade de fortalecer a estrutura institucional. Para tanto, em 2002 foi aprovado o Protocolo de Olivos. Ele entrou em vigor em 2004, derrogando o de Brasília.

Mesmo em meio aos períodos de crise, que desencadearam inúmeras medidas protecionistas e de represálias, o sistema de solução de controvérsias atingiu um relativo significado. As quatro primeiras controvérsias aceitas para ir ao tribunal arbitral *ad hoc* e que não resultaram em um acordo intermediário[50] foram entre Brasil e Argentina. A primeira decisão do Tribunal Arbitral surgiu apenas em abril de 1999.[51] O segundo laudo arbitral[52] surgiu no mesmo ano, cinco meses após o primeiro. Já no começo de 2000 surgiu o terceiro laudo.[53] No ano de 2001 foram emitidos dois laudos arbitrais sobre conflitos em negociações comerciais.[54] Além desses, outros cinco se seguiram.

As iniciativas tendentes a dar um impulso à integração pretenderam superar as deficiências derivadas da carência de um órgão que garantisse a interpretação uniforme do Tratado e tivesse capacidade para constatar e sancionar as violações às disposições emanadas dos órgãos do Mercosul. Assim, uma decisão de 18 de fevereiro de 2002 aprovou o Protocolo de Olivos, que derrogou o Protocolo de Brasília e a Decisão n. 17/98

---

[50] Cerca de 450 consultas à Comissão de Comércio do Mercosul atingiram resultados satisfatórios e vieram a evitar o recurso ao procedimento arbitral. VENTURA, *As assimetrias entre o Mercosul e a União Européia: os desafios de uma associação inter-regional*, 2003, 240.

[51] O texto pode ser consultado em www.mercosul.org.uy/paginalesp.htm. A descrição e o desenvolvimento do processo podem ser vistos em SAMTLEBEN, *Erster Schiedsspruch im Mercosur: wirtschaftliche Krise als rechtliche Herausforderung?*, EuZW 2000, 77-80; mais resumido em LEHMANN, *Neues von der Schiedsgerichtsbarkeit des Mercosur: ein Integrationsmotor à la Luxemburg?*, EuZW 2001, 622 (623).

[52] O texto pode ser consultado em www.mercosul.org.uy/paginalesp.htm.

[53] O texto pode ser consultado em www.mercosul.org.uy/paginalesp.htm.

[54] Os textos podem ser consultados em www.mercosul.org.uy/paginalesp.htm.

CMC, o seu regulamento de aplicação, de dezembro de 1998. Ele entrou em vigor em 1.º de janeiro de 2004, juntamente com a Decisão n. 37/03 CMC, que é o seu regulamento de aplicação.

A possibilidade de recurso ao Tribunal Permanente de Revisão do Mercosul, segundo o artigo 17, instalado solenemente em 13 de agosto de 2004 e que tem como sede Assunção, é o principal avanço em relação ao sistema estabelecido anteriormente.[55] Até então o sistema de solução de controvérsias não dispunha de instância recursal.

Outra inovação é a que consta do artigo 1.º, n. 2, que faculta a submissão de controvérsias ao sistema de solução de controvérsias da OMC ou a outro sistema específico de comércio em que sejam partes individuais os Estados-partes do Mercosul. Este parágrafo também introduz uma vedação. Assim, uma vez iniciado um procedimento de solução de controvérsias de acordo com essa regra, nenhuma das partes poderá recorrer aos mecanismos estabelecidos nos outros foros, para a mesma questão. É o que se pode considerar a determinação da competência do órgão regional frente aos multilaterais por uma cláusula de eleição de foro.

Já o artigo 3.º se refere à novidade que possibilita ao Tribunal, mediante requisição dos Estados-partes, emitir opiniões consultivas sobre o direito da integração. Segundo ARAUJO, será nesta tarefa que o Tribunal "retomará o estilo, já consagrado nos laudos do Mercosul, de estabelecer o fio condutor da integração entre os textos normativos aprovados e a realidade diária que surge na sua aplicação".[56] A expectativa é que o instrumento sirva a uma interpretação uniforme das regras do Mercosul e a uma confiança na sua arquitetura judicial.

Mais uma novidade a ser citada refere-se às fases do procedimento, já que as partes poderão passar das negociações diretas diretamente para o procedimento arbitral, sem, necessariamente, percorrer a fase que

---

[55] PISCITELLO/SCHMIDT, *Der EuGH als Vorbild: Erste Entscheidung des ständigen Mercosur-Gerichts*, EuZW 2006, 301-304; SCHMIDT, *Neue Impulse durch institutionelle Reformen – der Mercosur ist wieder auf Kurs*, EuZW 2005, 139-142.

[56] ARAUJO, *O Tribunal Permanente de Revisão do Mercosul e as opiniões consultivas: análise dos laudos arbitrais, sua ligação com a common law e algumas idéias para o futuro*, 2004, que observa que o instrumento recebeu franca inspiração do reenvio prejudicial existente na Comunidade Européia.

envolve o Grupo Mercado Comum, como o Protocolo de Brasília apresentava. Assim, segundo artigo 6.º, a intervenção do Grupo passou a ser opcional.

Uma última característica é que o Tribunal de Apelação pode ser acionado diretamente depois da primeira fase do procedimento, isto é, depois das negociações diretas, mediante acordo, segundo o artigo 23. Nessa hipótese, os laudos serão igualmente obrigatórios, mas sem a possibilidade de recurso. De fato, o Tribunal tem como objetivo julgar os recursos de revisão dos laudos dos tribunais *ad hoc* apresentados pelos Estados-partes e também atuar como única instância a critério das partes em conflito, ditar medidas cautelares e de urgência e responder a consultas dos Estados.

O sistema, mais ainda o do Protocolo de Brasília, chegou a receber manifestações favoráveis.[57] Críticas também não faltaram.[58] Dificilmente a doutrina o defende. Isso dá eco às manifestações de que o processo tem uma fragilidade institucional.

4. A fragilidade institucional

Desde o surgimento do processo de integração, a doutrina tem indicado que o bloco poderia adotar um regime supranacional, com o que é esperada a solução de inúmeros problemas e um melhor enfrentamento dos períodos de crise. Segundo a opção feita pelo bloco, basta que um país discorde dos demais para que uma medida não seja adotada. A escolha pela supranacionalidade também envolveria um sistema efetivo de solução de controvérsias e um órgão para aplicar as decisões. A idéia da supranacionalidade não encontra aceitação nos governos e nem em outros círculos.

---

[57] WEHNER, *Der Mercosur: Rechtsfragen und Funktionsfähigkeit eines neuartigen Integrationsprojektes und die Erfolgsaussichten der interregionalen Kooperation mit der Europäischen Union*, 1999, 110. Por JAYME foi apontada como um dos instrumentos para favorecer a integração em mercados como o Nafta e a Alca. JAYME, *Identité culturelle et intégration: le droit internacional privé postmoderne*, Recueil des Cours 1995, 9 (70).

[58] PORRATA-DORIA JUNIOR, *Mercosur: the commom market of the twenty-first century?*, Georgia Journal of International and Comparative Law 2004, 1 (24).

Em verdade, a ordem jurídica do Mercosul é invariavelmente tida como frágil. Não apenas o sistema de solução de controvérsias, mas a ordem jurídica como um todo recebe considerações. A fragilidade institucional e jurídica[59] do Mercosul é quase incontestável.[60]

Essa estrutura frágil é ainda elemento de um dos paradoxos atuais do processo. Mesmo não tendo uma base jurídica sólida, o Mercosul já atua e mesmo legisla um modelo novo de direito.[61] Ocorre que da leitura do direito primário não fica claro se o Mercosul está ou não legitimado a impor estas leis nas ordens jurídicas internas e a controlar a sua execução, embora as normas sejam obrigatórias para os Estados-partes.[62]

Assim, cabe questionar como se legitimam os atos emanados dos órgãos do Mercosul. A aplicação das normas do Mercosul depende da constituição de cada Estado-parte.[63] Nem todas as constituições autorizam a transferência de competências às instituições. A isso há uma verdadeira aversão histórica. Nem as regras dispõem de princípios como o de primazia do direito da integração. Algumas doutrinas observam que pelo fato das normas do Mercosul necessitarem de concordância unânime dos Estados-partes, a elas deveria ser reconhecido efeito direto e imediato. Outras observam que o fato de o Mercosul poder praticar todos os atos necessários à realização de seus objetivos, segundo o artigo 35 do Pro-

---

[59] Visões da fragilidade institucional podem ser vistas em LIMA MARQUES, *O "Direito do Mercosul": Direito oriundo do Mercosul, entre Direito Internacional Clássico e Novos Caminhos de Integração*, Revista da Faculdade de Direito da Universidade Federal do Paraná 2001, 73 (83-87); VENTURA, *As assimetrias entre o Mercosul e a União Européia: os desafios de uma associação inter-regional*, 2003, 108 e 589-601.

[60] Ver uma contestação doutrinária estrangeira a essa constatação em JAEGER JUNIOR, *Liberdade de concorrência na União Européia e no Mercosul*, 2006, 589.

[61] DREYZIN DE KLOR, *El Mercosur: Generador de una nueva fuente de derecho internacional privado*, 1997.

[62] O reflexo deste direito na prática dos tribunais superiores brasileiros, onde já há casos julgados envolvendo-o, inclusive como fundamento de pedir no judiciário, mas pelos quais se observa que o Supremo Tribunal Federal manteve a tradição dualista, pode ser visto em LIMA MARQUES, *O "Direito do Mercosul": Direito oriundo do Mercosul, entre Direito Internacional Clássico e Novos Caminhos de Integração*, Revista da Faculdade de Direito da Universidade Federal do Paraná 2001, 73 (91-99).

[63] A questão da hierarquia das normas emanadas dos órgãos do Mercosul na órbita interna é estudada em VENTURA, *As assimetrias entre o Mercosul e a União Européia: os desafios de uma associação inter-regional*, 2003, 167-223, para quem os Estados-partes se dividem em potencialmente federalistas, sendo a Argentina o mais deles, e irredutíveis soberanistas, sendo o Uruguai o mais deles.

tocolo de Ouro Preto, é o reconhecimento de alguma supranacionalidade ao Mercosul. Todavia, assim não ocorre. Uma norma do Mercosul só tem efeito depois que todas as partes tiverem adotado as medidas necessárias segundo as leis nacionais. Existe uma ampla tendência nos países de dar preferência à constituição nos casos de conflitos entre normas de direito internacional público e direito interno.[64] Ademais, a incorporação de normas não tem prazos definidos, ausência que aparenta ser o maior inimigo da normativa Mercosul, ainda que a Decisão n. 20/02 CMC busque prevenir o atraso da incorporação das normas do Mercosul.

Resumindo, a validade interna das normas depende da necessária concordância parlamentar e da publicação dos documentos. Com isso, tornam-se direito nacional e ainda diretamente aplicável. Todavia, as constituições são sempre supremas.

A conclusão é que a garantia de uma aplicação uniforme da ordem do Mercosul dentro dos Estados-partes é difícil. O direito do Mercosul não dispõe de uma dogmática comparável à comunitária, que envolve a primazia e a aplicabilidade direta do direito, bem como um cabedal jurisprudencial. Tais princípios não foram nem de forma expressa nem por outras medidas transportados ao Mercosul. Em função dessas ausências, sobretudo da supranacionalidade, é que não se pode falar de um direito comunitário do Mercosul. Do contrário não haveria uma separação doutrinária entre este e o direito da integração.

5. O direito processual civil internacional do Mercosul

Durante o período conhecido como de sucesso do Mercosul[65], mais ou menos situado entre o ano de 1995 e a eclosão da crise econômica argentina, já era possível afirmar que o Mercosul possuía um ordenamento jurídico e hoje a doutrina já comenta acerca de uma constituição material.[66] O Tratado de Assunção, os protocolos de Ouro Preto e Bra-

---

[64] RAMOS DA SILVA, *Rechtsangleichung im Mercosul: Perspektiven für das Niederlassungsrecht von Gesellschaften anhand von Erfahrungen in der Europäischen Union*, 2002, 48-49.

[65] Caracterizado em JAEGER JUNIOR, *Liberdade de concorrência na União Européia e no Mercosul*, 2006, 560-564.

[66] DROMI SAN MARTINO, *Derecho Constitucional de la Integración*, 2002, 219-307.

sília, as decisões, resoluções e diretrizes formavam um ordenamento jurídico organizado e estruturado que possuía suas próprias fontes, dotado de órgãos e procedimentos aptos para emiti-las, interpretá-las, bem como para constatar e sancionar os casos de não-cumprimento e violações.

Para essa ordem jurídica é de grande relevância o que se pode considerar de processo civil internacional do Mercosul.[67] Os temas envolvidos são vistos como auxiliares para a solução dos conflitos de leis no espaço, ou matérias irmãs do direito internacional privado, hoje estando prática e pragmaticamente nele contidas.[68] Conferências especiais interamericanas de direito internacional privado auxiliaram na formação dessa concepção.[69] O Protocolo de Cooperação e Assistência Jurisdicional em Matéria Civil, Comercial, Trabalhista e Administrativa, chamado de Protocolo de Las Leñas, de 1992, regula a assistência jurisdicional e o reconhecimento e execução de sentenças e laudos arbitrais estrangeiros. O Protocolo de Buenos Aires sobre Jurisdição Internacional em Matéria Contratual de 1994 é outro documento que pode ser listado nessa ordem. Por fim, um processo do Mercosul ainda conta com o Protocolo de Medidas Cautelares, firmado em Ouro Preto, em 1994, com o Protocolo de Santa Maria sobre jurisdição internacional em matéria de relações de consumo e com o Protocolo de São Luis em matéria de responsa-

---

[67] Também chamado na doutrina argentina de direito internacional privado do Mercosul ou direito internacional privado institucional da integração. DREYZIN DE KLOR, *El Mercosur: Generador de una nueva fuente de derecho internacional privado*, 1997, 246; LIMA MARQUES, *O "Direito do Mercosul": Direito oriundo do Mercosul, entre Direito Internacional Clássico e Novos Caminhos de Integração*, Revista da Faculdade de Direito da Universidade Federal do Paraná 2001, 73 (89); LIMA MARQUES, *Confiança no comércio eletrônico e a proteção do consumidor: um estudo dos negócios jurídicos de consumo no comércio eletrônico*, 2004, 423; SAMTLEBEN, *Die Entwicklung des Internationalen Privat– und Prozessrechts im Mercosur*, IPRax 2005, 376-383; SAMTLEBEN, *Das Internationale Prozeâ– und Privatrecht des MERCOSUR: ein Überblick*, RabelsZ 1999, 1-69; SAMTLEBEN, *Ein Gerichtsstandsübereinkommen für den Südamerikanischen Gemeinsamen Markt (MERCOSUR)*, IPRax 1995, 129-132; PABST, *Das internationale Zivilprozeârecht des Mercosul*, IPRax 1999, 76-79.

[68] LIMA MARQUES, *Confiança no comércio eletrônico e a proteção do consumidor: um estudo dos negócios jurídicos de consumo no comércio eletrônico*, 2004, 342; DREYZIN DE KLOR, *Temas de Derecho de la Integración: Derecho Internacional Privado*, 1998, 109-112.

[69] SAMTLEBEN, *Das Internationale Prozeâ– und Privatrecht des MERCOSUR: ein Überblick*, RabelsZ 1999, 1 (9).

bilidade civil emergente de acidentes de trânsito, ambos de 1996. Estes documentos sobre os litígios relativos às relações jusprivatistas internacionais no âmbito do Mercosul serão vistos agora.

Em uma determinada época, o Mercosul analisou se bastava recomendar a ratificação das CIDIPs para impulsionar a integração jurídica ou se era necessário tentar soluções de maior aproximação. Entendeu-se que as CIDIPs eram produto de um processo codificador de relações privadas internacionais de escala continental, valiosas, mas que continham o abarcamento de realidades por vezes sensivelmente diversas, emergentes de países pertencentes a sistemas jurídicos diferentes, localizados em uma extensa área geográfica estendida de um pólo ao outro. Por esse razão se concluiu que o Mercosul necessitava de regulamentações que avançassem mais que as interamericanas, aprofundassem os temas, ainda que envolvesse alguns já tratados por aquelas[70] e sem que isso viesse a ser considerado um desperdício de esforços.[71]

Por isso, já foram firmados mais de treze acordos principais e complementares no âmbito do Mercosul quanto ao campo do direito aqui abordado.[72] Há um DIP do Mercosul ou então normas que são consideradas de processo civil internacional, segundo a doutrina dos países que o conformam.[73] Alguns protocolos trazem normas de DIP e outros tratam de processo e de normas auxiliares de DIP.[74] Em sua grande maioria

---

[70] TELLECHEA BERGMAN, *La dimensión judicial del caso privado internacional en el ámbito regional: Análisis en especial de los Protocolos acordados en el Mercosur sobre Cooperación, Asistencia Jurídica Internacional, Cumplimento de Medidas Cautelares, Reconocimiento de Sentencias Extranjeras y Jurisdición Internacional*, 2002, 21.

[71] DREYZIN DE KLOR, *Temas de Derecho de la Integración: Derecho Internacional Privado*, 1998, 117.

[72] Ver as menções em TELLECHEA BERGMAN, *La dimensión judicial del caso privado internacional en el ámbito regional: Análisis en especial de los Protocolos acordados en el Mercosur sobre Cooperación, Asistencia Jurídica Internacional, Cumplimento de Medidas Cautelares, Reconocimiento de Sentencias Extranjeras y Jurisdición Internacional*, 2002, 22.

[73] LIMA MARQUES, *O "Direito do Mercosul": Direito oriundo do Mercosul, entre Direito Internacional Clássico e Novos Caminhos de Integração*, Revista da Faculdade de Direito da Universidade Federal do Paraná 2001, 73 (89); DREYZIN DE KLOR, *El Mercosur: Generador de una nueva fuente de derecho internacional privado*, 1997; RECHSTEINER, *Direito internacional privado: teoria e prática*⁹, 2006, 336 e ss.

[74] Ver o tema em LIMA MARQUES, *Confiança no comércio eletrônico e a proteção do consumidor: um estudo dos negócios jurídicos de consumo no comércio eletrônico*, 2004, 423 e ss.

são tratados de direito processual internacional e de cooperação judiciária. E não são inovadores em todas as suas partes. Observa RECHSTEINER que em muitos deles foram adotadas normas de tratados já existentes, principalmente as CIDIPs.[75]

O Protocolo de Las Leñas sobre cooperação e assistência jurisdicional em matéria civil, comercial, laboral e administrativa de 1992 trata do reconhecimento e execução de decisões e cooperação judicial internacional. É considerado o documento mais fundamental para o tema entre os países do Mercosul.[76] Na doutrina estrangeira, esse documento recebeu comparações com normas européias.[77] Na classificação de TELLECHEA BERGMAN, representa um terceiro nível de cooperação jurídica internacional, qual seja o do reconhecimento da eficácia extraterritorial das sentenças.[78] Ele tem por finalidade facilitar as provas, as trocas de informações, o reconhecimento de sentenças e a cooperação em geral entre os Poderes Judiciários dos Estados-partes. Ainda, estabelece uma igualdade de trato processual com conteúdo amplo, incluindo a eliminação de barreiras e cauções para estrangeiros e pessoas jurídicas no Mercosul, e inova ao possibilitar os trâmites de reconhecimento e execução por carta rogatória.[79] Conforme o seu texto, o Protocolo inclui no Capítulo IV a cooperação em atividades de simples trâmite e probatórias, no Capítulo V o reconhecimento e a execução de sentenças e laudos arbitrais e no Capítulo VII a informação de direito estrangeiro.[80] O documento também

---

[75] RECHSTEINER, *Direito internacional privado: teoria e prática*[9], 2006, 341.

[76] LIMA MARQUES, *Conflitos de convenções de processo civil internacional: por um diálogo das fontes universais e regionais nos países do Mercosul*, em YARSHELL/MORAES, *Estudos em homenagem à professora Ada Pellegrini Grinover*, 2005, 33 (45).

[77] SAMTLEBEN, *Ein Gerichtsstandsübereinkommen für den Südamerikanischen Gemeinsamen Markt (MERCOSUR)*, IPRax 1995, 129 e ss.

[78] TELLECHEA BERGMAN, *La dimensión judicial del caso privado internacional en el ámbito regional: Análisis en especial de los Protocolos acordados en el Mercosur sobre Cooperación, Asistencia Jurídica Internacional, Cumplimento de Medidas Cautalares, Reconocimiento de Sentencias Extranjeras y Jurisdición Internacional*, 2002, 23.

[79] DREYZIN DE KLOR, *El Mercosur: Generador de una nueva fuente de derecho internacional privado*, 1997, 266 e ss; DREYZIN DE KLOR, *Temas de Derecho de la Integración: Derecho Internacional Privado*, 1998; PABST, *Das internationale Zivilprozeârecht des Mercosul*, IPRax 1999 76 (77); RECHSTEINER, *Direito internacional privado: teoria e prática*[9], 2006, 341 e ss.

[80] SAMTLEBEN, *Das Internationale Prozeâ– und Privatrecht des MERCOSUR: ein Überblick*, RabelsZ 1999, 1 (13-27).

trata de questões jurídicas gerais do direito processual civil internacional, mesmo que não vinculadas diretamente às questões de cooperação judiciária internacional, como a igualdade no tratamento processual e dos instrumentos públicos e outros documentos, como observa RECHSTEINER.[81] Está em vigor em todos os países do Mercosul. Foi influenciado fortemente por algumas CIDIPs.[82]

Esse documento e o mais adiante visto Protocolo de Ouro Preto tiveram a importante função de objetivar resolver o problema da divisão criada com os Tratados de Montevidéu e o Código de Bustamante entre o Brasil, de um lado, que não ratificou os primeiros, e o grupo formado por Argentina, Uruguai e Paraguai, do outro, bem como preencheram o vazio resultante da privação brasileira em relação às convenções interamericanas.[83]

O Protocolo de Buenos Aires sobre jurisdição internacional em matéria contratual de 1994 significa um passo importante para a uniformização do direito processual civil internacional do Mercosul. Ele é aplicado à jurisdição contenciosa internacional com relação a contratos internacionais de natureza civil e comercial celebrados entre particulares, pessoas físicas ou jurídicas. Então, são excluídas várias relações jurídicas, como, por exemplo, aquelas entre os falidos e seus credores e demais procedimentos análogos, especialmente as concordatas, a matéria tratada em acordos no âmbito de direito de família e das sucessões, os contratos de seguridade social e os administrativos, os contratos de trabalho, os contratos de venda ao consumidor, os contratos de transporte, os contratos de seguro e os direitos reais.[84] Outro requisito para a sua aplicação

---

[81] RECHSTEINER, *Direito internacional privado: teoria e prática*⁹, 2006, 343.

[82] Ver as menções em RECHSTEINER, *Direito internacional privado: teoria e prática*⁹, 2006, 342-343; TELLECHEA BERGMAN. *La dimensión judicial del caso privado internacional en el ámbito regional: Análisis en especial de los Protocolos acordados en el Mercosur sobre Cooperación, Asistencia Jurídica Internacional, Cumplimiento de Medidas Cautalares, Reconocimiento de Sentencias Extranjeras y Jurisdición Internacional*, 2002, 28-29.

[83] LIMA MARQUES, *Procédure civile internationale et Mercosur: pour un dialogue des règles universelles et régionales*, Revue du Droit Uniforme 2003, 465-484; LIMA MARQUES, *Conflitos de convenções de processo civil internacional: por um diálogo das fontes universais e regionais nos países do Mercosul*, em YARSHELL/MORAES, *Estudos em homenagem à professora Ada Pellegrini Grinover*, 2005, 33 (49).

[84] SAMTLEBEN, *Das Internationale Prozeâ– und Privatrecht des MERCOSUR: ein Überblick*, RabelsZ 1999, 1 (34 e 45-46); PABST, *Das internationale Zivilprozeârecht des Mercosul*, IPRax 1999, 76 (77-79).

é que as partes do contrato tenham o seu domicílio ou sede social em diferentes Estados-partes do Tratado de Assunção ou que pelo menos uma das partes do contrato tenha o seu domicílio ou sede social em um Estado-parte e, além disso, que tenha sido feito um acordo de eleição de foro em favor de um juiz de um Estado-parte e exista uma conexão razoável, segundo as normas de jurisdição do Protocolo. Aproxima-se da Convenção de Bruxelas de 1968[85] e permite a autonomia da vontade quanto à eleição do foro, uma eleição do foro expressa ou tácita e ainda a possibilidade de se submeter voluntariamente à arbitragem.[86] Está em vigor em todos os países integrantes do Mercosul.

O Protocolo de Ouro Preto de Medidas Cautelares de 1994 supôs a finalização do processo codificador do auxílio jurisdicional internacional entre os Estados-partes do Mercosul e determina um nível de especial relevância para a cooperação cautelar. Ele implica na alteração de uma regra geral do direito brasileiro, qual seja a de que, para fins de homologação, uma medida cautelar proferida por um juiz ou tribunal estrangeiro é equiparada a uma sentença, isto é, necessita de homologação pelo Superior Tribunal de Justiça para que possa surtir efeitos jurídicos no Brasil.[87] Conforme o documento, não será mais necessária a homologação de medidas cautelares pelo Superior Tribunal de Justiça quando proferidas dentro de um Estado-parte do Mercosul.[88] A autoridade jurisdicional requerida, porém, poderá recusar o cumprimento de uma carta

---

[85] SAMTLEBEN, *Das Internationale Prozeâ– und Privatrecht des MERCOSUR: ein Überblick*, RabelsZ 1999, 1 (38-41).

[86] DREYZIN DE KLOR, *El Mercosur: Generador de una nueva fuente de derecho internacional privado*, 1997, 281 e ss.; RECHSTEINER, *Direito internacional privado: teoria e prática*[9], 2006, 355 e ss.; TELLECHEA BERGMAN, *La dimensión judicial del caso privado internacional en el ámbito regional: Análisis en especial de los Protocolos acordados en el Mercosur sobre Cooperación, Asistencia Jurídica Internacional, Cumplimento de Medidas Cautalares, Reconocimiento de Sentencias Extranjeras y Jurisdición Internacional*, 2002, 75 e ss.

[87] SAMTLEBEN, *Das Internationale Prozeâ– und Privatrecht des MERCOSUR: ein Überblick*, RabelsZ 1999, 1 (30); PABST, *Das internationale Zivilprozeârecht des Mercosul*, IPRax 1999, 76 (79); RECHSTEINER, *Direito internacional privado: teoria e prática*[9], 2006, 362 e ss.

[88] Ver como está a atual discussão sobre essa problemática em TELLECHEA BERGMAN, *La cooperación jurisdiccional internacional con especial referencia al ámbito del Mercosur y al derecho uruguayo*, DeCITA – direito do comércio internacional: Litígio judicial internacional, n. 4, 2005, 359 (367).

rogatória referente a medidas cautelares quando estas sejam manifestamente contrárias à sua ordem pública.[89] Está vigorando em todos os Estados-partes do Mercosul.

O Protocolo de São Luis em matéria de responsabilidade civil emergente de acidentes de trânsito de 1996 regula o foro e a lei aplicável à responsabilidade civil por acidente de trânsito e traz normas de DIP. Ele estabelece o direito aplicável e a jurisdição internacionalmente competente em casos de responsabilidade civil emergente de acidentes de trânsito ocorridos no território de um Estado-parte, nos quais participem, ou dos quais resultem atingidas, pessoas domiciliadas em outro Estado-parte.[90] O Protocolo está em vigor em todos os Estados-partes do Mercosul.

Por fim, o Protocolo de Santa Maria sobre jurisdição internacional em matéria de relações de consumo de 1996 é um protocolo específico que objetiva colmatar as lacunas deixadas pelo Protocolo de Buenos Aires de 1994. Para tanto, tem como objeto determinar a jurisdição internacional em matéria de relações de consumo derivadas de contratos em que um dos contratantes seja um consumidor.[91] Ele ainda não está em vigor nos Estados-partes.[92]

Há, pois, normas aprovadas e projetadas pelo Mercosul sobre direito do consumidor e consumo que, na expressão de MARQUES, é uma interes-

---

[89] Para a definição desse conceito no Mercosul ver DREYZIN DE KLOR, *El Mercosur: Generador de una nueva fuente de derecho internacional privado*, 1997, 323 e ss.; DREYZIN DE KLOR, *Temas de Derecho de la Integración: Derecho Internacional Privado*, 1998, 127-129.

[90] SAMTLEBEN, *Die Entwicklung des Internationalen Privat- und Prozessrechts im Mercosur*, IPRax 2005, 376 (377-379); RECHSTEINER, *Direito internacional privado: teoria e prática*[9], 2006, 366 e ss.; TELLECHEA BERGMAN, *La dimensión judicial del caso privado internacional en el ámbito regional: Análisis en especial de los Protocolos acordados en el Mercosur sobre Cooperación, Asistencia Jurídica Internacional, Cumplimento de Medidas Cautalares, Reconocimiento de Sentencias Extranjeras y Jurisdición Internacional*, 2002, 88 e ss.

[91] SAMTLEBEN, *Das Internationale Prozeâ- und Privatrecht des MERCOSUR: ein Überblick*, RabelsZ 1999, 1 (50-56); RICHTER, *Die rügelose Einlassung des Verbrauchers im Europäischen Zivilprozessrecht*, RIW 2006, 578 (582-583); TELLECHEA BERGMAN, *La dimensión judicial del caso privado internacional en el ámbito regional: Análisis en especial de los Protocolos acordados en el Mercosur sobre Cooperación, Asistencia Jurídica Internacional, Cumplimento de Medidas Cautalares, Reconocimiento de Sentencias Extranjeras y Jurisdición Internacional*, 2002, 91-93.

[92] RICHTER, *Die rügelose Einlassung des Verbrauchers im Europäischen Zivilprozessrecht*, RIW 2006, 578 (582).

sante legislação derivada de indireta proteção processual do consumidor.[93] A regra mais específica provavelmente seja o Protocolo de Santa Maria, por prever um regime especial de jurisdição mais protetivo dos consumidores nas suas relações contratuais no Mercosul. Ele recebeu até uma comparação com documentos estrangeiros pela doutrina alemã.[94]

Se ele e o Protocolo de Buenos Aires, este em vigor, fossem aplicáveis, ter-se-ia que o foro privilegiado do consumidor pessoa física seria o do seu domicílio, que o fornecedor deve acionar no país do domicílio do consumidor e que as cláusulas de eleição de foro seriam nulas, podendo o consumidor e somente ele, exclusivamente, ajuizar sua ação no Estado de celebração do contrato ou de cumprimento da prestação de serviço ou da entrega dos bens ou de domicílio do demandado-fornecedor, o que se poderia entender como um *forum shopping* a favor do consumidor.[95]

Este documento apresenta, todavia, conforme MARQUES, grandes falhas ou lacunas: a primeira é o fato de o Protocolo não se aplicar ao consumidor turista e a segunda refere-se à exclusão dele de todas as discussões envolvendo os contratos de transportes.[96] Outra falha apontada seria o seu campo meramente contratual, quando a doutrina vista aponta que a proteção do consumidor é também extracontratual, pré ou pós-contratual.[97]

Sobretudo, a entrada em vigor desse Protocolo é vista como problemática, em virtude de seu artigo 18, que diz que ele só entraria em vigor depois de terminados os trabalhos de unificação da Comissão de Comércio do Mercosul, isto é, quando findo o já superado trabalho para um Regulamento Comum de Defesa do Consumidor. Permanece, pois, esse

---

[93] LIMA MARQUES, *Confiança no comércio eletrônico e a proteção do consumidor: um estudo dos negócios jurídicos de consumo no comércio eletrônico*, 2004, 428.

[94] RICHTER, *Die rügelose Einlassung des Verbrauchers im Europäischen Zivilprozessrecht*, RIW 2006, 578-583.

[95] LIMA MARQUES, *O novo Direito internacional privado e a proteção processual dos consumidores de bens e serviços estrangeiros ou no exterior*, DeCITA – direito do comércio internacional: Litígio judicial internacional, n. 4, 2005, 261 (268).

[96] LIMA MARQUES, *Confiança no comércio eletrônico e a proteção do consumidor: um estudo dos negócios jurídicos de consumo no comércio eletrônico*, 2004, 433-435.

[97] LIMA MARQUES, *O novo Direito internacional privado e a proteção processual dos consumidores de bens e serviços estrangeiros ou no exterior*, DeCITA – direito do comércio internacional: Litígio judicial internacional, n. 4, 2005, 261 (289).

útil e necessário Protocolo em um limbo jurídico. O seu futuro é incerto e a doutrina espera que o Mercosul possa solucionar esta situação de impasse e manifeste-se por normas especiais de proteção do consumidor[98]. Ademais, os tempos são de prevalência de normas materiais em casos internacionais, com a redução da importância do processo civil internacional tradicional.[99]

As crises do Mercosul e a dificuldade de aplicação das normas de processo civil internacional do bloco caracterizam a insuficiência da proteção do consumidor de forma processual e reforçam um *revival* das CIDIPs. O que se observou foi uma insuficiente opção pelo caminho do processo civil[100] e uma unificação material impossível, como ainda se verá.

Já na Comunidade Européia, as normas de DIP e de processo civil internacional mereceram tratamento na Convenção de Roma de 1980, na Convenção de Bruxelas de 1968 e em uma série de atuais regulamentos comunitários. A Convenção de Roma de 1980 trata da lei aplicável aos contratos internacionais, inclusive os envolvendo os consumidores, tendo incluído norma específica que os privilegia. O sistema de DIP europeu se completa com as normas anteriores sobre uma jurisdição especial para o consumidor de 1968. Esta norma foi elaborada verdadeiramente como uma convenção de direito internacional público clássico. A Convenção de Bruxelas já foi transformada no Regulamento n. 44/2001, em vigor desde 2002.

Como se observa, lá o assunto se apresenta mais desenvolvido. Desde 1960 era buscada a concretização de acordos que assegurassem aos cidadãos a simplificação de formalidades, as quais se subordinam o reconhecimento e a execução das decisões judiciais. Posteriormente, o Convênio de Bruxelas, de 27 de setembro de 1968, relativo à competência judicial e ao reconhecimento e execução de resoluções judiciais em matéria civil e mercantil, significou em seu momento um êxito político

---

[98] LIMA MARQUES, *Confiança no comércio eletrônico e a proteção do consumidor: um estudo dos negócios jurídicos de consumo no comércio eletrônico*, 2004, 435.

[99] LIMA MARQUES, *A Insuficiente proteção do consumidor nas normas de DIPr: da necessidade de uma Convenção Interamericana sobre a lei aplicável a alguns contratos e relações de consumo*, em FERNÁNDEZ ARROYO/MASTRÁNGELO (Orgs.), *El futuro de la codificación del derecho internacional privado en América: De la CIDIP VI a la CIDIP VII*, 2005, 124.

[100] LIMA MARQUES, *Confiança no comércio eletrônico e a proteção do consumidor: um estudo dos negócios jurídicos de consumo no comércio eletrônico*, 2004, 405 e ss.

e um avanço inestimável no processo de unificação europeu[101]. Ele foi firmado pelos ministros de assuntos exteriores reunidos no seio do Conselho, com o que se pretendia afirmar seu caráter comunitário, configurando-se como convênio complementar ao Tratado de Roma. Entrou em vigor em 1º. de fevereiro de 1973. Esse documento não é considerado direito comunitário derivado e por tal não dispunha de efeito direto, nem de aplicabilidade imediata. No Protocolo de Luxemburgo de 3 de junho de 1971, os Estados consentiram submeter ao Tribunal de Justiça das Comunidades Européias a sua interpretação. Duas vias de acesso foram previstas, assim o recurso prejudicial de interpretação e o procedimento consultivo de interpretação.[102]

JAYME e KOHLER lembram que "A atividade legislativa da Comunidade (econômica) européia no domínio do direito privado é limitada desde longo tempo a aproximar, ou 'harmonizar' as regras 'materiais' dos direitos nacionais em setores determinados".[103] Em que pese a Comunidade tenha ficado inativa longo tempo nessas questões, os Estados-membros concluíram entre si convênios internacionais em matéria de direito internacional privado, notavelmente o de Bruxelas e de Roma, sobre a lei aplicável às obrigações contratuais.

Esses acordos formam o núcleo do direito internacional privado e do direito internacional processual da Comunidade Européia.[104] Posteriormente, o papel do direito internacional privado como direito de integração (*Integrationsrecht*) da Comunidade Européia foi reforçado no TUE, com a introdução do princípio da subsidiariedade. Esse Tratado mantém e aperfeiçoa o acervo comunitário, instaura âmbitos de cooperação intergovernamental nas áreas de política estrangeira e de segurança comum e nas áreas de justiça e de assuntos interiores. O direito internacional privado em si não figura entre as matérias pelas quais ele atribui competências à Comunidade. Apenas o artigo 293 TCE se refere ao reconheci-

---

[101] JAYME, *Identité culturelle et intégration: le droit internacional privé postmoderne*, Recueil des Cours 1995, 9 (66-67).

[102] AUDIT, *Droit International Privé*, 1991, 403.

[103] JAYME/KOHLER, *L'interaction des règles de conflit contenues dans le droit dérivé de la Communauté européenne et des Conventions de Bruxelles et de Rome*, Revue critique de droit international privé 1995, 1 (2).

[104] JAYME/KOHLER, *Das Internationale Privat- und Verfahrensrecht der EG nach Maastricht*, IPRax 1992, 346.

mento e execução de decisões estrangeiras. Com o tempo, foi no setor da livre circulação de serviços que foram adotados os primeiros atos de direito derivado compreendendo regras de conflito.[105]

Em 1º de março de 2002 entrou em vigor na Comunidade Européia o Regulamento n. 44/2001 do Conselho, de 22 de dezembro de 2000, relativo à competência judicial e à execução de resoluções judiciais em matéria civil e mercantil. O Regulamento, conhecido pela denominação de Bruxelas I, constitui um dos cinco atos normativos promulgados até então sob a competência do artigo 65 TCE, sobre a cooperação judicial em matéria civil. Veja-se que a realidade é bem outra.

IV. O *revival* das CIDIPs

O *revival* das CIDIPs é devido a vários motivos. O primeiro aqui identificado foi a crise no Mercosul. Apesar do sucesso, o bloco passou a enfrentar nítidos problemas. Alguns foram vinculados à abertura econômica, redução do aparato do Estado e à evolução de problemas sociais como desemprego e miséria. Como lembra SALOMÃO FILHO, "processos de integração regional são dinâmicos – ou se desenvolvem de forma permanente ou tendem a uma involução. Os motivos para isso residem na dinâmica do comércio internacional (...). Tão logo o processo de integração se paralise, há a tendência do predomínio dos interesses particulares dos Estados e se opõem, em função disso, contra o comércio".[106] Por isso é dito que a estagnação representa um retrocesso. Ainda que não seja tão visível um retrocesso no processo do Mercosul, seguiu-se ao período de sucesso uma forte *merco esclerosis*.[107]

---

[105] Um rol de diretivas e regulamentos neste sentido pode ser visto em JAYME//KOHLER, *L'interaction des règles de conflit contenues dans le droit dérivé de la Communauté européenne et des Conventions de Bruxelles et de Rome*, Revue critique de droit international privé 1995, 1 (5-10).

[106] SALOMÃO FILHO, *Der MERCOSUL als Marktregelung*, em BASEDOW/SAMTLEBEN (Hrsg.), *Wirtschaftsrecht des MERCOSUR: Horizont 2000*, 29-30.

[107] Em adaptação do termo *euro esclerosis*, relacionado às crises enfrentadas pela Comunidade Européia, utilizado em BIANCHI, *Construir el mercado: Lecciones de la Unión Europea – el desarrollo de las instituciones y de las políticas de competitividad*, 1997, 25.

Depois viriam os motivos econômicos, os sociais, os políticos, o fato de os países pararem quando há eleições. Também é possível de se pensar em uma imposição institucional, afinal a última CIDIP foi em 2002 e não se quer levar tanto tempo entre uma e outra como ocorreu entre essa e a de 1994.

Mas um *revival* das CIDIPs parece mesmo ser devido ao insucesso das harmonizações também das regras materiais de proteção ao consumidor no Mercosul e ao brilhante trabalho de sugestões legislativas que têm sido realizado por um grupo de doutrinadores interamericanos. Esses dois motivos serão melhor aprofundados.

1. O insucesso da harmonização das regras materiais de proteção do consumidor no Mercosul

Primeiro, vale fazer uma inserção na União Européia, onde a proteção do consumidor evoluiu para uma competência direta, proporcional e subsidiária para a defesa dos interesses dos consumidores com os Tratados de Maastricht e Amsterdam.

A atuação da União Européia como legisladora fez surgir um novo direito, cogente, supranacional, seja por meio de instrumentos de direito internacional público, como convenções e tratados, seja mediante instrumentos desse novo direito comunitário, como regulamentos e diretivas. Em verdade, ambos os grupos de instrumentos foram utilizados para impor novas normas e paradigmas de proteção ao consumidor.

Constata-se que desde 1975 até os dias atuais, com o atual artigo 153 do Tratado de Amsterdam, que considera a proteção do consumidor um dos objetivos políticos fundamentais da União Européia, a competência da mesma para legislar sobre a proteção do consumidor não deixou de crescer.

Tudo começou com o Primeiro Plano de Ação ou Programa Preliminar da CEE para uma Política de Proteção e Informação dos Consumidores, quando a então Comunidade assegurava a proteção do consumidor indiretamente pela garantia de uma concorrência leal. Os programas seguiram-se[108] e geraram inúmeras normas materiais comunitárias harmo-

---

[108] JAEGER JUNIOR, *Liberdade de concorrência na União Européia e no Mercosul*, 2006, 241-248; JAEGER JUNIOR, *Temas de direito da integração e comunitário*, 2002, 215-218.

nizadoras, através de regulamentos ou diretivas, que interessam aos consumidores.[109] Especialmente as diretivas criadas são diretivas mínimas, que estabelecem patamares mínimos comuns de defesa do consumidor, nunca patamares máximos.[110]

Em 1992, com o Tratado de Maastricht, a União Européia recebeu competência para estabelecer uma política de proteção do consumidor no bloco, todavia restringida pela aplicação do princípio da subsidiariedade[111], mas que permitiu desde então ser conhecido um direito comunitário derivado material de proteção aos consumidores.[112]

As reformas propostas tendem a disciplinar que os fornecedores que oferecem produtos e serviços no mercado integrado para consumidores comunitários terão de se submeterem à jurisdição dos países dos respectivos consumidores. Assim, a integração econômica estaria assegurando a liberdade de vender e comercializar em toda a União Européia e as normas derivadas dos órgãos comunitários estariam indicando aos fornecedores os cuidados que terão que ter.[113]

A doutrina ainda menciona a vigência de várias diretivas de proteção do consumidor que trazem normas específicas de DIP, em especial as sobre cláusulas abusivas, time-sharing ou multipropriedade, contratação à distância, sobre garantias e sobre comércio eletrônico.[114]

---

[109] Ver extenso rol de regras materiais comunitárias de proteção ao consumidor em LIMA MARQUES, *Confiança no comércio eletrônico e a proteção do consumidor: um estudo dos negócios jurídicos de consumo no comércio eletrônico*, 2004, 377 e 378; LIMA MARQUES, *A proteção do consumidor: aspectos de direito privado regional e geral*, em XXVII *Curso de Derecho Internacional*, 2001, 657 (701-718).

[110] JAEGER JUNIOR, *Temas de direito da integração e comunitário*, 2002, 218 e ss.; JAEGER JUNIOR, Augusto. *Liberdade de concorrência na União Européia e no Mercosul*, 2006, 70 e ss.

[111] JJAEGER JUNIOR, *Liberdade de concorrência na União Européia e no Mercosul*, 2006, 82.

[112] Em expressão de LIMA MARQUES, *Confiança no comércio eletrônico e a proteção do consumidor: um estudo dos negócios jurídicos de consumo no comércio eletrônico*, 2004, 380.

[113] LIMA MARQUES, *Confiança no comércio eletrônico e a proteção do consumidor: um estudo dos negócios jurídicos de consumo no comércio eletrônico*, 2004, 392-393.

[114] Ver os comentários sobre todas essas normas em LIMA MARQUES, *Confiança no comércio eletrônico e a proteção do consumidor: um estudo dos negócios jurídicos de consumo no comércio eletrônico*, 2004, 395-405; um estudo específico sobre a diretiva comunitária em matéria de responsabilidade decorrente dos produtos defeituosos em JAEGER JUNIOR, *Temas de direito da integração e comunitário*, 2002, 213 e ss.

Já no Mercosul, a efetivação das políticas de integração ocorre por meio de harmonização das legislações nacionais envolvidas. Esse processo não tem se apresentado fácil. Algumas matérias contaram com estudos e mesmo avanços. Outras não.

O tema da proteção do consumidor se desenvolveu apenas como uma proposta institucional do Subgrupo 10 de Coordenação de Políticas Macroeconômicas, dentro do qual surgiu a Comissão de Estudos de Direito do Consumidor, que, em 1994, foi substituída pelo Comitê Técnico 7, vinculado à Comissão de Comércio do Mercosul, órgão hoje responsável pela harmonização das regras sobre o tema. O que se observou foi uma unificação material impossível, que deve ser analisada juntamente com a insuficiente opção pelo caminho do processo civil[115], já vista.

Atualmente vive-se um grave esvaziamento dos trabalhos de harmonização das normas materiais realizado pelo Comitê Técnico 7. Mas as tentativas desse Comitê Técnico e os protocolos elaborados pela Reunião de Ministros de Justiça do Mercosul[116] merecem uma citação e servem de base para a constatação da insuficiência da proteção do consumidor.

Parte-se da premissa que o Mercosul falhou em estabelecer normas harmonizadas de defesa dos consumidores.[117] O processo de harmonização no Mercosul avança apenas pelo mecanismo do direito internacional público clássico, com tratados, protocolos, convenções e outras incorporações voluntárias das normas elaboradas pelos órgãos do bloco.

As tentativas de unificação e harmonização de normas materiais de proteção do consumidor no Mercosul foram frustradas. O tema do consumidor desenvolveu-se como uma proposta institucional.[118] A estrutura jurídico-institucional do Mercosul já foi apontada como frágil. O Merco-

---

[115] LIMA MARQUES, *Confiança no comércio eletrônico e a proteção do consumidor: um estudo dos negócios jurídicos de consumo no comércio eletrônico*, 2004, 405 e ss.

[116] Sobre os trabalhos do órgão ver DREYZIN DE KLOR, *El Mercosur: Generador de una nueva fuente de derecho internacional privado*, 1997, 264 e ss; TELLECHEA BERGMAN, *La dimensión judicial del caso privado internacional en el ámbito regional: Análisis en especial de los Protocolos acordados en el Mercosur sobre Cooperación, Asistencia Jurídica Internacional, Cumplimento de Medidas Cautalares, Reconocimiento de Sentencias Extranjeras y Jurisdición Internacional*, 2002, 20-22.

[117] LIMA MARQUES, *Confiança no comércio eletrônico e a proteção do consumidor: um estudo dos negócios jurídicos de consumo no comércio eletrônico*, 2004, 405.

[118] LIMA MARQUES, *A proteção do consumidor: aspectos de direito privado regional e geral*, em *XXVII Curso de Derecho Internacional*, 2001, 657 (732-739).

sul não seria classificado como um processo de verdadeira integração e sim apenas como um processo inicial de integração, o que estaria a afetar gravemente a sua possibilidade de legislar e impor uma legislação em matéria de direitos do consumidor. Não se trata de um processo verdadeiramente supranacional. A supranacionalidade que teria seria a menor possível, qual seja, a de existir! Os órgãos com capacidade decisória no Mercosul são formados exclusivamente por representantes dos governos dos Estados-partes. Os órgãos políticos de decisão do Mercosul também são dependentes das políticas nacionais, decidem por consenso e não têm maior autonomia.

Mesmo assim, a doutrina se esforçou em encontrar uma competência legislativa sobre consumo em geral para o processo no sexto considerando do Tratado de Assunção, que estabelece a necessidade de modernização das economias nacionais, com a finalidade de melhorar as condições de vida dos habitantes desses países. Esta base, todavia, foi considerada muito ampla e pouco consistente. Uma outra base legal seria encontrada no artigo 1.º do Tratado de Assunção, que estabelece um compromisso geral de harmonização das normas nacionais em matérias essenciais ao processo de integração, considerado, por sua vez, dúbia.[119]

Com esses fundamentos o Mercosul começou, em 1994, a legislar sobre a defesa do consumidor, instituindo normas materiais sobre uma variedade de aspectos do tema.[120] Essa legislação oriunda do Mercosul não é imediatamente coercitiva no plano interno. O próprio Tratado de Assunção reconhece essa falta de aplicabilidade das normas nos seus artigos 38 a 40.

Segundo MARQUES, as regras materiais sobre a proteção do consumidor se dividem em dois tipos: aquelas que interessam apenas indiretamente à proteção do consumidor e que somente de forma reflexa significam uma preocupação do Mercosul com os consumidores e aquelas

---

[119] LIMA MARQUES, *Confiança no comércio eletrônico e a proteção do consumidor: um estudo dos negócios jurídicos de consumo no comércio eletrônico*, 2004, 411-412.

[120] Ver as normas em LIMA MARQUES, *Confiança no comércio eletrônico e a proteção do consumidor: um estudo dos negócios jurídicos de consumo no comércio eletrônico*, 2004, 414-419; LIMA MARQUES, *A proteção do consumidor: aspectos de direito privado regional e geral*, em XXVII Curso de Derecho Internacional, 2001, 657 (739--744); sobre a atividade legislativa do Mercosul ver DREYZIN DE KLOR, *El Mercosur: Generador de una nueva fuente de derecho internacional privado*, 1997.

elaboradas pelo Comitê Técnico 7, em forma de resolução, para formar um corpo unitário de normas, que se denominaria Protocolo Comum de Defesa do Consumidor e que seria uma espécie de Código de Defesa do Consumidor do Mercosul.[121]

O projeto de Protocolo foi aprovado e assinado pelo Ministério da Justiça brasileiro, em 1997, mas foi recusado pela Delegação brasileira na Comissão de Comércio do Mercosul e considerado como um mero texto de trabalho, que não deveria ser colocado para a assinatura dos presidentes em dezembro do mesmo ano, pois poderia revogar cerca de vinte e seis artigos do Código de Defesa do Consumidor brasileiro.[122] Assim que foi superado e os esforços de harmonização recomeçaram em 1998, de forma tópica e limitada. Nos anos seguintes os temas não evoluíram sensivelmente.

Como não é possível dizer que o Mercosul apresenta um direito comunitário, nem referir-se ao seu ordenamento jurídico como direito comunitário do Mercosul, ao que seria necessário a supranacionalidade e um tribunal, uma efetivação das políticas de integração do Mercosul ocorre por meio de harmonização das legislações nacionais envolvidas. Ao não optarem pela construção do mercado comum com a supranacionalidade, tinham os Estados-partes consciência de que a integração dependeria da harmonização de suas legislações. Mecanismos de harmonização, neste contexto, não são demérito algum. Basta observar os efeitos da harmonização na Comunidade Européia.

Todavia, a harmonização legislativa no Mercosul, a qual tem a tarefa de apoiar a integração, não tem sido fácil, como já apontado. Os atuais problemas em termos de harmonização[123] dizem respeito à ausência de

---

[121] LIMA MARQUES, *Confiança no comércio eletrônico e a proteção do consumidor: um estudo dos negócios jurídicos de consumo no comércio eletrônico*, 2004, 415.

[122] LIMA MARQUES, *Confiança no comércio eletrônico e a proteção do consumidor: um estudo dos negócios jurídicos de consumo no comércio eletrônico*, 2004, 420.

[123] Os problemas parecem ser mundiais. Por todos, sobre as tensões recentes do mundo, especialmente a vontade de integração econômica e, em lado oposto, a manutenção da identidade cultural da pessoa, ver JAYME, *Identité culturelle et intégration: le droit internacional privé postmoderne*, Recueil des Cours 1995, 9 (33-37 e 246-264), que apresenta quatro valores da cultura pós-moderna no direito – pluralismo, comunicação, narração e *retour des sentiments*, sendo o *Leitmotive* da pós-modernidade a valorização dos direitos humanos –, a influenciar o desenvolvimento do direito e da solução dos conflitos de leis e de jurisdições, como o fio condutor da produção normativa contemporânea.

normas nacionais a harmonizar, em alguns países, bem como às características bastante diferentes das leis editadas por outros.

Para a conclusão aqui proposta, impossível é não reportar a discussão tida com a tentativa de harmonização da proteção dos consumidores. A principal questão referiu-se a combater a adoção de uma legislação que viesse a diminuir a proteção já garantida em alguns países, como Argentina e Brasil, com o Projeto de Protocolo de Defesa do Consumidor, de 29 de novembro de 1997, e, do contrário, a elaborar um documento tópico e limitado que conduzisse o Uruguai e o Paraguai a apresentarem avanços no tema.

Previsões de que o Mercosul seguisse o modelo da Comunidade e se tornasse um grande legislador para a proteção do consumidor foram feitas ainda durante o período provisório.[124]

Uma harmonização afastaria o viés da existência de legislação de proteção dos direitos do consumidor em uns países (vista como uma conquista social) e em outros não (desigualdade legislativa), que é a provável restrição à entrada e ao consumo de mercadorias e serviços oriundos dos países do mercado comum que não possuam igual nível de preocupação com a qualidade, informação e a segurança dos produtos, que é a extensão do limite à autonomia privada imposto ao nacional, em função da necessidade de adaptação às exigências legais.

Após o período provisório, quando a Argentina já possuía também uma legislação (Lei 24.240/93), o Mercosul foi novamente visto como legislador da proteção do consumidor, ainda que um poder geral de fazer leis não tivesse sido transferido pelo Tratado de Assunção nem pelo Protocolo de Ouro Preto. Este poder era, todavia, deduzido de uma competência considerada implícita na sua própria criação com finalidade integracionista (*implied power*; *Kompetenz-Kompetenz*). Uma harmonização sem consciência e discussão democrática, que não fosse baseada em pautas básicas e mínimas, no caso a que resultaria do projetado Regulamento comum de defesa do consumidor, poderia provocar o retrocesso e a destruição das duas garantias legais já conquistadas por Argentina e

---

[124] LIMA MARQUES, *O Código Brasileiro de Defesa do Consumidor e o MERCOSUL*, em LIMA MARQUES (Coord.), *A proteção do consumidor no Brasil e no MERCOSUL*, 1994, 97 (107).

Brasil. A idéia era que a norma do Mercosul representasse um avanço nas legislações do Paraguai e Uruguai e não um retrocesso nas demais.[125]

O Projeto de Protocolo de Defesa do Consumidor, de 29 de novembro de 1997, foi posteriormente recusado pela delegação brasileira na Comissão de Comércio. Ele foi abandonado e os esforços recomeçaram em abril de 1998, de forma tópica e limitada. Depois disso o Mercosul não teve grandes desenvolvimentos em harmonização de regras materiais de proteção do consumidor.

Atualmente, Paraguai e Uruguai possuem as leis 1.334/98 e 17.250/ /2000, respectivamente, para o trato da proteção do consumidor. Toda essa normativa segue insuficiente para a proteção do consumidor no novo mercado sem fronteiras. Os esforços de harmonização das normas materiais no Mercosul enfrentam um impasse, para não usar a palavra fracasso.

2. O trabalho dos doutrinadores interamericanos

O *revival* das CIDIPs é também devido ao brilhante trabalho de doutrinadores interamericanos da atualidade, como Eduardo Tellechea Bergman, Diego P. Fernández Arroyo, Adriana Dreyzin de Klor, Nadia de Araujo e Cláudia Lima Marques, com suas propostas de Convenção.

Os professores mencionados já declararam, sobre o futuro do processo da CIDIP, que a OEA segue sendo o foro adequado para desenvolver o processo de codificação do direito internacional privado nas Américas e que, nesse sentido, seria ideal uma certa permanência e especialização dos trabalhos nesse campo do direito dentro da Organização regional.[126]

A proteção internacional dos consumidores é hoje um dos temas mais atuais do DIP e MARQUES tem se dedicado seguidamente a ele, tanto no âmbito do Mercosul, como no interamericano. Assim, em 2000 lecionou no Curso da OEA sobre o tema, no Rio de Janeiro, cujo resultado foi uma sugestão de CIDIP sobre a lei aplicável a alguns contratos e relações de consumo. O Departamento do Direito Internacional da OEA já não

---

[125] LIMA MARQUES, *Regulamento comum de defesa do consumidor do Mercosul: primeiras observações sobre o Mercosul como legislador da proteção do consumidor*, Revista de Direito do Consumidor 1997, 79 (79-82).

[126] LIMA MARQUES, *Confiança no comércio eletrônico e a proteção do consumidor: um estudo dos negócios jurídicos de consumo no comércio eletrônico*, 2004, 459.

tinha feito restrições a propostas de instituições que não formassem parte do Sistema Interamericano, nem dependessem de um Estado-parte, desde que fossem sérias e de qualidade, o que era o caso.

Em dezembro de 2003, o governo brasileiro, por sugestão de uma série de entidades e órgãos governamentais, sugeriu ao Comitê Jurídico Interamericano da OEA incluir o tema da proteção do consumidor no comércio eletrônico entre os temas a serem preparados para a próxima CIDIP. Com essa manifestação, a professora Cláudia Lima Marques propôs que o Comitê Jurídico Interamericano estudasse a conveniência de elaborar uma Convenção Interamericana de Direito Internacional Privado (CIDIP) sobre alguns contratos e transações com consumidores.[127]

Em 2004, a sugestão da doutrinadora foi aceita pelo Ministério da Justiça do governo brasileiro e enviada à OEA como sua proposta oficial para ser tema da CIDIP VII. Daí a OEA, em 2005, em Washington, definiu a sua agenda, tendo decidido que a proteção do consumidor seria um dos temas[128] e que países de sociedades de consumo consolidadas, como o Canadá e os Estados Unidos da América, agregassem o tema da jurisdição.[129]

Cláudia Lima Marques apresentou uma proposta concreta e profunda, que reunia parte do seu conhecimento adquirido ao longo dos tempos de contato com a matéria e dos seus estudos internacionais, especialmente na Alemanha. Duas situações específicas foram contempladas por ela: a do consumidor-turista, assim aquele que se utiliza do sistema de multipropriedade ou time-sharing, e a do consumidor que contrata à distância, seja por meios tradicionais ou pelos novos meios eletrônicos.

Em resumo, em seus estudos desde 2000 sobre a proteção do consumidor em Direito Internacional Privado e na sugestão de CIDIP realizada, almeja propor uma utilização atualizadora do DIP, preenchendo estas normas normalmente instrumentais com valores sociais de proteção

---

[127] LIMA MARQUES, *A proteção do consumidor: aspectos de direito privado regional e geral*, em *XXVII Curso de Derecho Internacional*, 2001, 657 (667).

[128] O caminho para essa definição pode ser conferido em FERNÁNDEZ ARROYO/ /MASTRÁNGELO (Orgs.), *El futuro de la codificación del derecho internacional privado en América: De la CIDIP VI a la CIDIP VII*, 2005, 66-69.

[129] LIMA MARQUES, *O novo Direito internacional privado e a proteção processual dos consumidores de bens e serviços estrangeiros ou no exterior*, DeCITA – direito do comércio internacional: Litígio judicial internacional, n. 4, 2005, 261 (293).

do parceiro contratual mais fraco, o consumidor, que oportunizarão a harmonia de relações internacionais necessária em nosso tempo, um DIP de solução material dos complexos conflitos pós-modernos, os quais agora envolvem direitos humanos e limites constitucionais, para que efetive a necessária proteção dos consumidores nos mercados internacionalizados dos dias de hoje.

A proposta brasileira de CIDIP VII, denominada de "Convenção Interamericana (CIDIP) sobre a lei aplicável a alguns contratos e relações de consumo", mas agora pelos delegados da OEA de "Proposta Lima Marques", consta de sete artigos e trata do problema da lei aplicável aos contratos internacionais com consumidores, incluindo os contratos concluídos por turistas, ou contratos à distância do comércio eletrônico (sem a presença física simultânea no mesmo local dos parceiros contratantes), os de pacotes de viagens e de multipropriedade ou time-sharing.

Em fevereiro e julho de 2005, a Assembléia Geral da OEA fixou o tema da proteção do consumidor, de acordo com a proposta brasileira, com o apoio do Canadá (com proposta própria de convenção ou de lei modelo sobre lei aplicável e sobre jurisdição em matéria de contratos do comércio eletrônico com consumidores) e dos Estados Unidos da América (com proposta da *Federal Trade Commission* sobre acesso à resolução de conflitos e devolução de quantias pagas pelos consumidores no comércio eletrônico).

Em março de 2006, iniciaram as negociações para a CIDIP VII, através de um foro eletrônico organizado pelo Departamento Jurídico da OEA, tendo como moderador John Wilson. Nestas discussões e em seus estudos de pós-doutorado em Heildelberg e nas discussões de seus seminários como Diretora de Estudos em Haia, em 2003, assim como nos congresso da Deutsch-Lusitanische Juristen Vereinigung, a professora Cláudia Lima Marques pôde evoluir muito o seu pensamento, o que lhe ajudou a modificar e aprimorar a sua proposta.

Temos a esperança que esta proposta de CIDIP VII consiga conciliar a pluralidade de métodos do direito internacional privado atual, com a tradição das CIDIPs e a vontade de evoluir na proteção do consumidor em matéria de conflitos, incentivar o crescimento do consumo internacional na região e ao mesmo tempo realizar os objetivos materiais de proteção da parte mais fraca, o consumidor, no crescente mercado interamericano de consumo.

A reunião preparatória ocorre em dezembro de 2006, em Porto Alegre, tendo a Faculdade de Direito da Universidade Federal do Rio Grande do Sul como local e sede. O objetivo da Reunião preparatória é proporcionar a continuação dos trabalhos para a CIDIP VII, cuja metodologia foi estabelecida pelo Conselho Permanente da OEA (ver documento CP/CAJP-2309/05) e descrita no Informe sobre o "Progreso de los Trabajos Preparativos para la Séptima Conferencia Especializada Interamericana sobre Derecho Internacional Privado".

Na reunião foram tratados os seguintes documentos de trabalho aprovados: a proposta dos Estados Unidos da América de uma "Ley Modelo sobre Mecanismos de Restitución Monetaria para Consumidores", a proposta do Brasil de uma "Convención Interamericana sobre la Ley Aplicable a Algunos Contratos y Relaciones de Consumo" e a proposta do Canadá de "una Ley Modelo sobre Jurisdicción y Reglas de Conflictos de Leyes para Contratos de Consumo".

A realização dessa reunião em Porto Alegre é uma homenagem, que aqui também rendo, aos longos anos de estudo, discussão e dedicação dessa brillante profesora e de seus mestres, em especial o profesor de Heidelberg Erik Jayme, para essa causa, a quem também homenageio, por ter igualmente me conduzido nas minhas investigações por caminhos seguros.

V. Resumo/ Zusammenfassung

No presente artigo são estudados os processos de codificação que ocorreram no Continente Americano desde os Tratados de Montevidéu até os dias de hoje, especialmente os que foram realizados pelo Mercado Comum do Sul e pela Organização dos Estados Americanos, esta última através das Conferências Interamericanas de Direito Internacional Privado. Também apresenta o estágio atual do desenvolvimento do processo econômico desenvolvido pelo Mercosul. Por fim, relata as iniciativas doutrinárias que ocorreram de 2003 até 2006 para a realização de uma nova Conferência Interamericana de Direito Internacional Privado, a CIDIP VII, no que se refere ao tema da proteção internacional do consumidor. A conclusão é que estamos vivendo um oportuno momento para o trato dessa questão no âmbito das CIDIPs, especialmente pelas dificuldades que o Mercosul apresenta atualmente e pelo trabalho de reconhecidos doutrinadores interamericanos que têm apresentado propostas sérias de codificação desse tema.

Dieser Artikel bespricht die Kodifikationsprozesse des Amerikanischen Kontinents, ausgehend von den Verträgen von Montevideo bis heute. Ein besonderer Fokus liegt auf dem Mercosul (Mercado Comum do Sul) und der OEA (Organização dos Estados Americanos); bei letzterem dienen die Interamerikanischen Konferenzen für Internationales Privatrecht als Anschauungsobjekt. Außerdem wird der gegenwärtige Stand der Entwicklung des ökonomischen Prozesses des Mercosul analysiert. Abschließend geht der Beitrag auf die wissenschaftlichen Initiativen der Jahre 2003 bis 2006 für die Durchführung einer siebten Interamerikanischen Konferenz für Internationales Privatrecht (CIDIP VII) ein. Diese hat den internationalen Verbraucherschutz zum Thema. Der Autor gelangt zu dem Schluss, dass heute ein günstiger Zeitpunkt ist, um dieses Thema im Rahmen einer Interamerikanischen Konferenz für Internationales Privatrecht zu behandeln. Dies liegt vor allem in den Schwierigkeiten begründet, denen sich der Mercosul im Moment stellen muss und in den Arbeiten anerkannter interamerikanischer Wissenschaftler, die gewissenhafte Vorschläge für die Kodifikation dieses Themas erarbeitet haben.

III PARTE – *TEIL 3*

Outros desenvolvimentos importantes no âmbito do direito alemão-lusitano
Weitere wichtige Entwicklungen im deutsch-lusitanischen Rechtskreis

DIE PORTUGIESISCHE HYPOTHEK IM SPANNUNGSVERHÄLTNIS ZWISCHEN DEM FRANZÖSISCHEN UN DEM DEUTSCHEN RECHTSKREIS

Dr. Stephanie Müller-Bromley[*]

I. Modernisierung des Hypothekenrechts 409
   1. 18. Jahrhundert – Ersetzung der Ordenações Filipinas durch das ius commune 410
   2. 19. Jahrhundert – Entwicklung hin zum französischen System 412
   3. 20. Jahrhundert – Annäherung an das deutsche Rechtssystem 419
II. Gegenwärtiges Hypothekenrecht 419
III. Perspektive 421
IV. Zusammenfassung/ Sumário 423

I. Modernisierung des Hypothekenrechts[1]

Die Modernisierung des Hypothekenrechts begann im 18. Jahrhundert. In jener Zeit bestand in Portugal die dringende Notwendigkeit, Wirtschaft und Landwirtschaft aufzubauen. Portugal befand sich in großer wirtschaftlicher und militärischer Abhängigkeit von England, das Erdbeben von Lissabon im Jahre 1755 hatte mit der Vernichtung der Hauptstadt Lissabon das Herz des Königreichs zerstört. Während die

---

[*] Die Autorin ist Rechtsanwältin und Direktorin des Instituts für Portugiesisches Recht (IfPR).

[1] Vortrag anlässlich der Jahrestagung der Deutsch-Lusitanischen Juristenvereinigung an der Humboldt Universität zu Berlin im November 2005.

Frühindustrie weitgehend durch das aus Brasilien kommende Gold gespeist wurde, sollte der Landwirtschaft über den Grundkredit Kapital zugeführt werden. Hierzu bedurfte es eines sicheren Hypothekenrechts.[2]

1. 18. Jahrhundert – Ersetzung der *Ordenações Filipinas* durch das *ius commune*

Rechtsquellen des überkommenen Hypothekenrechts waren im 18. Jahrhundert die Verordnungen von König Filipe I., die *Ordenações Filipinas* aus dem Jahr 1603[3], und das *ius cornmune*. Normen zur Hypothek enthielten die *Ordenações Filipinas* in Buch II, Titel 52, in Buch III, Titel 84 und 91, in Buch IV, Titel 3 und 10 und in Buch V, Titel 65. Wenn sich aus den *Ordenações* nichts anderes ergab, richtete sich die Hypothek nach den Vorschriften des *ius commune*.[4]

Die Verordnungen regelten unter anderem das Rangverhältnis einer Gläubigermehrheit. Danach wurde die Forderung des Gläubigers, der als erster die Zwangsvollstreckung betrieb, in der Regel auch als erste getilgt, unabhängig davon, ob sie durch eine Hypothek gesichert war.[5] Einen automatischen Vorzug eines Hypothekengläubigers sahen die Verordnungen nicht vor, vielmehr musste er sich dem „Wettlauf der Kreditgeber" stellen.

Sebastião José de Carvalho e Melo, der spätere *Marques de Pombal*[6] ersetzte in den Jahren 1761 und 1774 die Regelungen der königli-

---

[2] Zu den geschichtlichen Hintergründen ausführlich MÜLLER-BROMLEY, *Die Modernisierung des portugiesischen Hypothekenrechts,* 2004.

[3] Von 1580 bis 1640 war Portugal durch eine Personalunion mit Spanien verbunden. Das Land und die Kolonien verwaltete Portugal selbst. Die *Ordenações Filipinas,* von *D. Filipe I.* (Filipe I. von Portugal ist Filipe II. von Spanien) veranlasst, sind eine Aktualisierung der *Ordenações Manuelinas.* Sie traten in Portugal mit dem Gesetz vom 11. Januar 1603 während der Herrschaft von *D. Filipe II.* in Kraft.

[4] HESPANHA, *Nota do Tradutor,* in: GILISSEN, *Introdução Histórica ao Direito*[2], 1995. Bei DE MELLO FREIRE, *Institutiones Juris Civilis Lusitani,* Livro III, Titulo XIV, §§ 1 ff. (abgedruckt in portugiesischer Übersetzung in: Boletim do Ministério da Justiça, Nr: 165, S. 39-156 und Nr: 166, S. 45 bis 180) ergibt sich das Zusammenspiel der Normen aus der Darstellung.

[5] Ordenações Filipinas, III, 91.

[6] Pombal stammte aus niederem Adel. Er studierte an der Universität Coimbra Rechtswissenschaften, ging 1739 als Gesandter nach London und 1745 nach Wien. 1749

chen Verordnungen durch das *ius commune:* Die Hypothekengläubiger wurden seitdem den einfachen Gläubigern vorgezogen.[7] Wer von ihnen eine öffentliche oder eine vor Zeugen bestellte Urkunde über die Hypothek besaß, sollte vor den Inhabern einer unbezeugten Urkunde ausbezahlt werden.[8] Die Rangordnung innerhalb beider Gruppen richtete sich nach dem Datum der Bestellung der Hypothek.[9] Ein Grund- oder Hypothekenbuch gab es nicht.

Die Zirkulation der Hypothekenurkunden verhinderte, dass ein Hypothekeninhaber die dingliche Belastung des schuldnerischen Grundstücks einschätzen konnte, und begrenzte damit die Investitionsbereitschaft der Kapitalgeber. Hinzu kam, dass die ohnehin undurchsichtige Rangordnung der Hypothekengläubiger durch die Inhaber privilegierter gesetzlicher Hypotheken gestört wurde. *Pombal* hatte durch Gesetz etlichen Forderungsinhabern eine gesetzliche Hypothek eingeräumt, die im Rang den einfachen Hypotheken vorging.[10] Letztlich blieb wegen der fehlenden Publizität für den Kapitalgeber auch unklar, ob er den Hypothekenvertrag mit dem tatsächlichen Eigentümer des Grundstücks abgeschlossen hatte.

Die mangelhafte Informationsmöglichkeit des Gläubigers und sein damit verbundenes Risiko führten zu Übersicherungen der gewährten Darlehen und zu überhöhten Zinssätzen.[11] Das gemeine Recht ließ es zu, dass ein Schuldner zur Sicherung einer Forderung mit einer Hypothek sein gesamtes Immobiliareigentum einsetzte. Es galt die Vermutung, dass der Haftungsverband der Hypothek auch das gesamte Mobiliareigentum mit einschloss.[12]

---

kehrte er nach Portugal zurück, bekleidete ab 1750 den Posten des Ministers des Auswärtigen. 1756 wurde er Secretário de Estado und 1770 in den Stand eines Marquês erhoben.

[7] Art. 13, Tit. 3 des Gesetzes vom 22. Dezember 1761, abgedruckt in DELGADO DA SILVA, 1750-1762.

[8] Art. 31 des Gesetzes vom 20. Juni 1774, abgedruckt in DELGADO DA SILVA, 1763--1774.

[9] Art. 33 des Gesetzes vom 20. Juni 1774.

[10] Art. 34 ff. des Gesetzes vom 20. Juni 1774.

[11] DE BRITO in: *Diário das Cortes IV*, 3523; SCHOLZ, *Handbuch der Quellen und Literatur der neuen europäischen Privatrechtsgeschichte*, Band III/1, 844.

[12] COELHO DA ROCHA, *Instituções de Direito Portuguez*, Tomo II, 1917, 733.

Die rechtliche Ausgestaltung der Hypothek durch das *ius commune* wurde Ende des 18. Jahrhunderts dafür verantwortlich gemacht, dass die Nutzung von Immobiliareigentum als Kreditsicherung zu erliegen drohte.[13]

2. 19. Jahrhundert – Entwicklung hin zum französischen System

Als rechtliches Mittel, um diese Missstände zu beseitigen, wurde im 19. Jahrhundert in Portugal wie auch in anderen europäischen Ländern[14] die Umsetzung der Prinzipien von Publizität, Spezialität und Priorität diskutiert.

Das Publizitätsprinzip wird durch den Eintragungszwang in ein Grundbuch oder Hypothekenregister verwirklicht. Der Gläubiger kann sich durch einen Blick über die Eigentümerstellung des Schuldners und die Belastungslage des Grundstück informieren. Im weitest gehenden Fall sind die Bücher zusätzlich mit einer Legalisierungsfunktion des Eingetragenen ausgestattet und schützen denjenigen, der auf die Richtigkeit ihres Inhalts vertraut.[15]

Das Prinzip der Spezialität fordert die Bestimmtheit der belasteten Güter des Schuldners und der zu sichernden Forderung. Eine Hypothek kann nur an genau bezeichneten Sachen und lediglich für eine ziffernmäßig begrenzte Forderung bestellt werden. Während der Grundsatz der Publizität die dingliche Rechtslage offen legt, soll das Spezialitätsprinzip den Schuldner vor Übersicherungen schützen. Die Existenz einer Generalhypothek, die sämtliches Immobiliareigentum des Schuldners umfasste oder eine Hypothek zur Sicherung von Forderungen unbestimmter Höhe ist bei strenger Einhaltung dieses Grundsatzes nicht mehr möglich.[16]

Das Prinzip der Priorität richtet sich gegen die mittelalterlichen Pfandrechtsprivilegien und ist durch die Herrschaft des Altersvorzugs

---

[13] DE ANDRADE, *Portugal Económico*, 1902, 198.
[14] COING, *Europäisches Privatrecht*, Band II, 1989, 216.
[15] HÜBNER, *Grundzüge des deutschen Privatrechts*³, 1919, 340.
[16] PLANITZ, *Deutsches Privatrecht*³, 1948, 98.

gekennzeichnet. Der Wert einer Hypothek definiert sich wesentlich auch über ihren Rang. Je höher eine Hypothek im Rang steht, desto größer ist für ihren Gläubiger die Wahrscheinlichkeit, dass der Erlös aus der Zwangsvollstreckung in das Grundstück auch für die Tilgung seiner Forderung ausreicht.[17]

a) Einführung eines Hypothekenbuches, 1836/37

In den Jahren 1836/37 führten die Liberalen, die seit der Revolution von 1820 regierten, ein Hypothekenbuch ein.

Die bestehenden und die zukünftigen Hypotheken mussten nunmehr, um wirksam zu sein, grundsätzlich in das Hypothekenbuch eingetragen werden.[18] In den Nr. 1 bis 6 des § 1, Art. 2/1836 wurde einige gesetzliche Hypotheken sowie die gerichtlichen Hypotheken von der Eintragungspflicht befreit.[19]

Mit dem Eintragungszwang entfiel die Generalhypothek des gemeinen Rechts, mit der ein Schuldner auch für eine kleinere Darlehenssumme neben seinem gesamten Immobiliar– auch sein gesamtes Mobiliareigentum belasten konnte. Die Generalhypothek, die alle Immobiliargüter umfasste, blieb nach wie vor zulässig.

---

[17] HÜBNER, Grundzüge des deutschen Privatrechts³, 1919, 341.
[18] Art. 2 des Dekrets vom 20. Oktober 1836.
[19] Nr. 1 nimmt die Grundstücke von der Inskriptionspflicht aus, die Gegenstand eines Pfändungsurteils sind, wenn das Urteil die Folge einer Klage aus der Hypothek ist, die bereits in das Hypothekenregister eingetragen ist. Die Grundstücke, die gemäß Art. 38 des Gesetzes aus dem Jahr 1774 mit einer Legalhypothek belastet sind, werden in Nr. 2 von der Inskriptionspflicht befreit. Durch Art. 38/ 1774 erhält der Eigentümer in seiner Funktion als Vermieter, Verpächter oder Inhaber des *dominium directum* eine Hypothek an den Gütern seines Mieters oder Pächters, die im Falle eines Konkurses den einfachen Hypotheken vorgezogen wird. In Nr. 3 des § 1, Art. 2/1836 werden Hypotheken an Schiffen zugunsten der Beschäftigten zur Absicherung ihrer Lohnforderungen von der Registrierungspflicht ausgenommen. Die dem römischen Recht entnommene Legalhypothek der *Fazenda Nacional* an den Liegenschaften ihrer Steuerschuldner wird in Nr. 5 von der Eintragung befreit. Die gesetzliche Hypothek des Sohn an den Gütern des Vaters wegen der Verwaltung der Güter wird in Nr. 6 von der Inskriptionspflicht ausgenommen. Zur Rechtfertigung dieser Ausnahmen siehe MÜLLER-BROMLEY, *Die Modernisierung des Hypothekenrechts*, 2004, 69f.

Mit der Einführung des Hypothekenbuches holte Portugal die Entwicklung nach, die in Frankreich[20] und Preußen[21] bereits stattgefunden hatte. In beiden Ländern existierte in jener Zeit ein Hypothekenbuch. Unterschiede bestanden allerdings unter anderem in der Wirkung des Eintrags: Während er in Preußen rechtsbegründende, konstitutive Wirkung hatte[22], war er in Frankreich lediglich Voraussetzung für die Drittwirkung der Hypothek, besaß damit einen rein deklaratorischen Charakter.[23]

Allein aus der Entscheidung Portugals zugunsten des konstitutiven Registereintrages kann nicht geschlossen werden, dass der portugiesische Gesetzgeber die preußische Regelung rezipierte. Die portugiesische Regelung in Form der Dekrete von 1836/37 war lückenhaft und undurchsichtig. Allein wegen ihrer geringen Anzahl an Normen konnten die Dekrete nicht überzeugen. Der portugiesische Gesetzgeber versuchte in 34 Artikeln das zu regeln, wofür der französische *Code Civil* 103 Artikel benötigte. Die Dekrete sollten die Einrichtung und Führung der Hypothekenregister organisieren. Sie enthielten keine materiell-rechtlichen Bestimmungen zur Hypothek. Viele grundsätzliche Fragen zur Ausgestaltung der Hypothek blieben unbeantwortet. Die Dekrete konnten wegen ihrer Lückenhaftigkeit und der fehlenden Korrespondenz sowohl zu dem Gesetz des *Pombal* aus dem Jahr 1774 als auch untereinander kaum eine offenkundige, übersichtliche Rechtslage herstellen. Es bestanden zudem etliche Ausnahmen vom Eintragungszwang, so dass sich die Belastungslage keineswegs aus dem Hypothekenbuch ersehen ließ. Außerdem richtete sich die Rangordnung einer Gläubigermehrheit nicht nach dem Datum des Eintrags der Hypothek, sondern ergab sich weiterhin aus der komplizierten Regelung des pombalinischen Gesetzes aus dem Jahr 1774. Aus den Hypothekenbüchern ließ sich eine etwaige Privilegierung jedoch nicht erkennen, so dass selbst für einen Gläubiger,

---

[20] Durch Art. 3 des Gesetzes vom 9. Messidor des Jahres III wurde erstmals in ganz Frankreich eine Eintragungspflicht für die Hypothek eingeführt.

[21] In Preußen wurde die Anlegung von Grund– und Hypothekenbüchern in der Hypotheken– und Konkursordnung vom 14. Februar 1722 angeordnet; einen Ausbau der Regelungen unternahmen die Allgemeine Hypothekenordnung von 1783 und das Allgemeine Preußische Landrecht von 1794.

[22] I. 20. §§ 412 ALR.

[23] Art. 2107, 2135 Code Civil von 1804.

der Kenntnis der gesetzlichen Regelung, wie sie sich aus dem Gesetz von 1774 ergibt, hatte, eine Einschätzung seines Ranges unmöglich blieb. Ein zeitgenössischer Jurist beschrieb das in den 40er Jahren des 19. Jahrhunderts geltende hypothekarische Normgeflecht so: „Großartig war der Gedanke [die Hypothekenbücher einzuführen] in seiner Planung, schäbig seine legislative Umsetzung, mehr schädlich als nützlich [...]".[24]

b) Reformversuche

In der Folgezeit entstanden etliche Gesetzesentwürfe, welche die Defizite der Hypothekenbücher beseitigen sollten. Einige Juristen bevorzugten dabei ein Hypothekenbuch nach französischem Vorbild, einige favorisierten die deutsche Lösung.

Ein großer Teil der Mitglieder in der Gesetzgebungskommission zur Erstellung eines französischen Gesetzbuches, des späteren Code Civil, sah in der strikten Umsetzung des Publizitätsgrundsatzes einen schweren Eingriff in die individuelle Freiheit des Bürgers, wenn er seine Vermögensverhältnisse nicht mehr für sich behalten dürfe.[25] Daher blieb es bei der Existenz eines Hypothekenregisters, der Bucheintrag aber hatte keine rechtsbegründende Wirkung, sondern war lediglich Voraussetzung für die Drittwirkung der Hypothek.[26] Ausgenommen von der Eintragungspflicht waren zudem zahlreiche gesetzliche Hypotheken. Ab 1855 entschied sich Frankreich für die Errichtung eines Registers zur Einschreibung der Eigentumsübertragungen, aber auch dieser Eintrag hatte lediglich deklaratorische Wirkung.

In den deutschen Ländern hat Mitte des 19. Jahrhunderts die Entwicklung hin zu einem katastergestützten Grundbuch begonnen, in das ausnahmslos sämtliche dinglichen Rechte eingetragen wurden. Vorreiter war das Königreich Sachsen im Jahr 1843; das Grundbuch in der heutigen Fassung wurde mit dem preußischen Eigentumsgesetz von 1872 (Eigentumserwerbsgesetz und Grundbuchordnung) eingeführt.[27]

---

[24] DA SILVA FERRÃO, *Memória sobre o Projecto de Código Regulamentar de Crédito Predial Apresentando á Câmara dos Dignos Pares do Reino*, 1860, 6.
[25] KREIMER, *Die geschichtliche Entwicklung des Hypothekenrechts in Belgien*, 1999, 73.
[26] Art. 2107, 2135 Code Civil.
[27] BAUER/VON OEFELE, *Grundbuchordnung Kommentar*, 1999, Rn. 42.

Ebenso partiell wie den Grundsatz der Publizität hat Frankreich den Grundsatz der Spezialität umgesetzt. Gesetzliche und gerichtliche Hypotheken bestanden in Form der Generalhypothek.[28] Gegen die Umsetzung des Spezialitätsprinzip spricht aus französischer Sicht, dass eine detaillierte Inskription einen hohen Verwaltungsaufwand hervorrufe, der nicht gerechtfertigt sei. Zudem habe es Frankreich auch ohne die Spezialität zu großem Wohlstand gebracht.[29]

Sowohl in Frankreich als auch im deutschen Rechtskreis richtete sich die Rangordnung grundsätzlich nach dem Datum des Eintrags der Hypothek.[30] Allerdings wurden nach den Regelungen des *Code Civil* etliche Inhaber von gesetzlichen Hypotheken den eingetragenen Hypothekeninhabern vorgezogen.[31]

Erlosch eine Hypothek, etwa durch Tilgung der zu sichernden Forderung, rückten nach französischem Recht die später begründeten Hypotheken automatisch auf. Dieses Prinzip entspricht dem *ius commune*. Dem Eigentümer ist es verwehrt, in diesen Vorgang einzugreifen. Möchte er einem neuen Gläubiger zur Sicherung seines Anspruchs eine Hypothek einräumen, kann er ihm nur den letzten Rang hinter allen anderen anweisen.

Nach deutschem Recht gilt das Prinzip der festen Rangstellen. In Preußen führte es der Gesetzgeber mit Inkrafttreten des Anhangs zum Allgemeinen Landrecht 1802 ein. Die Hypothek wandelt sich in eine Eigentümergrundschuld um, und der frei gewordene Platz steht dem Eigentümer zu.

Der *Code Civil* von 1804 kannte im Unterschied zum deutschen Recht weder eine Eigentümerhypothek noch eine Grundschuld. Grund für diese Entscheidung war die in Frankreich weit verbreitete traditionelle Auffassung, dass Grund und Boden als Eigentum der Familien und letztlich als Grundlage des staatlichen Reichtums nicht in einem solchen Maße mobilisiert werden dürften, wie es eine Eigentümerhypothek oder

---

[28] KREIMER, *Die geschichtliche Entwicklung des Hypothekenrechts in Belgien*, 1999, 75.

[29] KREIMER, *Die geschichtliche Entwicklung des Hypothekenrechts in Belgien*, 1999, 73.

[30] Art. 2134 Code Civil.

[31] Art. 2135 Code Civil, gesetzliche Hypotheken zugunsten der Ehefrauen und Mündel.

eine Grundschuld zuließen. Die Gefahren der Spekulationen und der Verarmung als Folge davon seien zu groß.[32]

c) Erstes umfangreiches Hypothekengesetz, 1863

Das erste umfassende portugiesische Hypothekengesetz trat 1863 in Kraft und ging etwa 3 ½ Jahre später im *Código Civil* von 1867, dem *Código de Seabra*, auf.

Nach erbitterten Diskussionen entschied sich der portugiesische Gesetzgeber zwar für den Eintragungszwang von Hypothek und zukünftigen Eigentumsübertragungen, stufte den Eintrag in seiner Wirkung allerdings wie im französischen Recht auf einen rein deklaratorischen ab.[33]

Die physische und rechtliche Lage der Grundstücke sollte durch fünf Bücher offen gelegt werden: Ein Tagesregister zum Vermerk der täglichen Anträge, ein Register, ähnlich dem heutigen Steuerregister, zur Beschreibung der Grundstücke mit ihrer Lage und ihrem Wert. Ein drittes Register diente zur juristischen Beschreibung der Grundstücke mit den Personalien ihrer Eigentümer oder Besitzer oder Veräußerer oder derjenigen, zugunsten derer an dem Grundstück Rechte bestanden. Daneben waren ein Hypothekenregister und ein Register für die Eigentumsübertragungen vorgesehen. Ergänzt wurden diese Bücher um weitere zwei, einen Personenindex und einen Index der dinglichen Rechte, die durch Gesetz vom 4. August 1864 eingeführt worden waren und der Erschließung der übrigen Register dienten. Im Gegensatz zur preußischen Regelung ließen sich die physische und juristische Situation der Grundstücke damit nicht durch einen Blick in ein Buch in Erfahrung bringen, sondern der Interessent musste sich auf eine Suche einstellen, bei der es auf das Zusammenspiel von mehreren Büchern ankam. Zudem existierten nicht für alle Grundstücke umfassende Informationen, sondern nur für diejenigen, die nach Inkrafttreten des Gesetzes am Grundstücksverkehr teilgenommen hatten.

Auch in der Umsetzung des Grundsatzes der Spezialität folgte der portugiesische Gesetzgeber dem französischen Vorbild.[34] Noch immer

---

[32] COING, *Europäisches Privatrecht*, Band II, 1989, 211.
[33] Art. 888 i.V.m. Art. 949, Nr. 1 und 951 Código Civil.
[34] Art. 2130 Code Civil.

war es möglich, dass ein Schuldner in Form der Generalhypothek auch zukünftige Güter durch Vertrag hypothekarisch belastete. Es kam nicht selten vor, dass ein Sohn einen Kredit mit Hilfe der Güter seiner Eltern gesichert hatte, die ihm erst im Erbfall zustanden.[35]

Den Generalhypotheken wirkte der portugiesische Gesetzgeber konsequenter entgegen: Die Legalhypotheken, die im Hypothekengesetz von 1863 noch generell als Generalhypotheken bestanden, wurden in der Mehrzahl durch die Regelungen des *Código Civil* spezialisiert. Für die verbleibenden Generalhypotheken stand dem Schuldner die Möglichkeit zur Reduktion offen.[36]

Die Rangordnung einer Mehrheit an Hypothekengläubigern bestimmte sich von nun an nach dem Datum des Eintrags ihrer Hypothek.[37] Den Forderungen der Hypothekengläubiger gingen im Falle der Verwertung des schuldnerischen Grundstücks aber auch die Forderungen der Immobiliarprivilegieninhaber vor, die nicht dem Eintragungszwang unterlagen.[38] Privilegien sind Vorzugsrechte, die kraft Gesetzes an Liegenschaften, an beweglichen Sachen oder an dem gesamten Vermögen des Schuldners bestehen.

Das Erlöschen der Hypothek hatte das Aufrücken der nachfolgenden Hypotheken zur Folge.

Ebenso wie der französische Gesetzgeber verzichtete der portugiesische auf die Einführung einer Eigentümerhypothek und einer Grundschuld. Zudem entschied er sich gegen Hypothekenbriefe. Vielmehr führte er dem französischen Vorbild folgend die Möglichkeit der isolierten, selbständigen Abtretung der Hypothek ein, die es erlaubt, die Hypothek getrennt von ihrer Forderung zu übertragen.[39] Der Vorteil aus französischer Sicht liegt in der Einhaltung des Akzessorietät. Fehler der Forderung schlagen nach wie vor auf die Hypothek durch; im Gegensatz dazu bleibt die Grundschuld davon unberührt.

Der portugiesische Gesetzgeber hat damit sämtliche Elemente des französischen Hypothekenrechts, sowohl des materiellen also auch des formellen Hypothekenrechts, übernommen und sich im Ergebnis mit

---

[35] VAZ SERRA, *Hipoteca*, in: Boletim do Ministério da Justiça, Nr.° 62, 20.
[36] Art. 528 bis 531 Código do Processo Civil von 1876.
[37] Art. 1017 Código Civil.
[38] Art. 1005 und 1012 Código Civil.
[39] Art. 807 Código Civil, Renúncia condicional da hypotheca a favor de terceiros.

Inkrafttreten des Hypothekengesetzes von 1863 für die Übernahme des französischen Systems entschieden.

3. 20. Jahrhundert – Annäherung an das deutsche Rechtssystem

Gegen Ende des 19. Jahrhunderts, im Zuge der allgemeinen Hinwendung Portugals zum deutschen Rechtssystem[40], begann die Annäherung an das deutsche Rechtssystem, in Form der Rezeption des Registerwesens.

Der erste Schritt bestand mit der Ausgliederung des Registerrechts aus dem *Código Civil* in der Schaffung einer selbständigen Grundbuchordnung. Das Registerrecht des *Código de Seabra* wurde durch das Dekret vom 14. Mai 1868 konkretisiert und ergänzt. Das erste Gesetz, das den Anforderungen einer Grundbuchordnung entspricht, trat 1870, der erste *Código do Registo Predial* im Jahr 1922 in Kraft.[41] Ein Grundbuch wurde eingeführt.

Mit dem *Código do Registo Predial* von 1959 kehrte Portugal nach langem Hin und Her endgültig zum konstitutiven Eintrag der Hypothek zurück. Er übernahm damit neben dem Grundbuch ein weiteres wesentliches Merkmal des deutschen Registersystems.

II. Gegenwärtiges Hypothekenrecht

Normen zur Regelung der Hypothek finden sich im zweiten Buch des *Código Civil, Direito das Obrigações*, dort in den Art. 686 bis 723 CC. Der Standort der Hypothek ist damit der allgemeine Teil des Schuldrechts.

Trotz ihres Standortes im Schuld– und nicht im Sachenrecht ist die portugiesische Hypothek kein Forderungsrecht. Die ganz überwiegende Meinung[42] erkennt sie trotz der formalen Zuordnung zum Schuldrecht als

---

[40] SINDE MONTEIRO, *Manual Andrade e a influência do BGB sobre o Código Civil de 1966*, Revista de Legislação e Jurisprudência, Nr. 3899, 40.

[41] Decreto-Lei Nr. 8:437 vom 21. Oktober.

[42] DE OLIVEIRA ASCENSÃO, *Direito Civil-Reais*[5], 1993, 1083; DE ALMEIDA COSTA, *Direito das Obrigações*[7], 1998, 846; MESQUITA, *Direitos Reais-Sumário das Lições ao Curso 1966-1967*, 1967, 61.

ein *direito real*, als ein dingliches Recht, an. Der Hypothek komme, allein weil sie an dem Grundstück hänge, bei der Übertragung des Grundstücks mit übergehe und ihr Gläubiger im Wege der Klage gegen jeden Drittbesitzer des Grundstücks vorgehen könne, die Eigenschaft eines dinglichen Rechts zu. Der portugiesische Gesetzgeber sei bei der Zuordnung der hypothekarischen Normen zum Schuldrecht lediglich der Systematik des *Código Civil* von 1867 gefolgt und habe es dadurch versäumt, den Zweifeln an dem dinglichen Charakter der Hypothek endgültig den Boden zu entziehen. In der neueren portugiesischen Rechtswissenschaft stuft lediglich *José Tavares* die Hypothek als Forderungsrecht ein.[43]

Das materielle Hypothekenrecht, wie es sich im heutigen *Código Civil* findet, entspricht nahezu den Regelungen des *Código de Seabra* und damit dem französischen Recht: Es bleibt bei dem Verzicht auf eine Grundschuld. Dafür sind nach wie vor gesetzliche und gerichtliche Hypothek feste Bestandteile des portugiesischen Rechts.[44] Während die gerichtliche Hypothek seit der Einführung des konstitutiven Registereintrages Ähnlichkeiten mit der deutschen gerichtlichen Hypothek hat, manifestieren die gesetzlichen Hypotheken das Interesse des Gesetzgebers, bestimmte Gläubiger wegen der Art ihrer Forderungen besonders zu schützen und ähneln daher den gesetzlichen Hypotheken aus dem französischen Recht. Zwar kennt auch das deutsche Recht mit der Bauhandwerkerhypothek gemäß § 648 I BGB eine gesetzliche Hypothek, die eine bestimmte Forderung allein wegen ihrer Art schützt. Die Bauhandwerkerhypothek ist jedoch eine rechtsgeschäftlich bestellte Sicherungshypothek, da § 648 I BGB dem Unternehmer lediglich einen schuldrechtlichen Anspruch auf ihre Bestellung gewährt.[45]

Zudem hält der heutige *Código Civil* entsprechend dem französischen Recht an den Privilegien fest.[46] Das bedeutet, dass der Grundsatz der Priorität nach wie vor durch die Existenz von Privilegien, welche nicht der Eintragungspflicht unterliegen, durchbrochen wird. Außerdem durchbricht das dingliche Zurückbehaltungsrecht des

---

[43] TAVARES, *Os Princípios Fundamentais do Direito Civil*, Volume I, 1922, 618.
[44] Art. 704ff. CC.
[45] Palandt BGB/THOMAS[65], 2006, § 648, Rn. 1.
[46] Art. 743, 744 CC.

Vorvertragskäufers, *direito de retenção*, ein eigens portugiesisches Institut, das Publizitätsprinzip.[47]

Letztlich bleibt die selbständige Abtretung der Hypothek erhalten. Das formelle Hypothekenrecht, weitgehend im *Código do Registo Predial* geregelt, ähnelt dem deutschen Recht. Die Hypothek muss, um wirksam zu sein, in das Grundbuch eingetragen werden.[48] Das Grundbuch hat die Aufgabe, die juristische Situation der Grundstücke offen zu legen und damit die Sicherheit im Rechtsverkehr herzustellen.[49]

Als logische Konsequenz des konstitutiven Registereintrages und damit einer hohen Richtigkeitswahrscheinlichkeit wurde das Prinzip des öffentlichen Glaubens der Register eingeführt.[50]

Das Prinzip der festen Rangstellen wurde nicht rezipiert. Das Erlöschen der Forderung hat – dem französischen Recht entsprechend – das Erlöschen der Hypothek zur Folge.

III. Perspektive

In Portugal gilt wie auch in Frankreich in der Regel das Konsensprinzip. Das bedeutet, dass grundsätzlich durch die bloße Einigung der Parteien ein dingliches Recht begründet, geändert oder übertragen wird.[51] Ohne einen Grundbucheintrag wirken die Rechtsakte bereits zwischen den Vertragsparteien oder deren Erben.[52] Der Grundbucheintrag ist lediglich Voraussetzung für ihre Wirkung gegenüber Dritten.[53] Der Eintrag hat damit grundsätzlich eine rein deklaratorische Wirkung.[54]

Da die Hypothek dem deutschen Vorbild folgend dem konstitutiven Eintragungszwang unterliegt, bestehen im Ergebnis für ein beschränkt

---

[47] Eingehend dazu MÜLLER-BROMLEY, *Das dingliche Zurückbehaltungsrecht des Vorvertragskäufers im portugiesischen Recht und seine Auswirkung auf die Hypothek*, ZEuP 2005, 611-617.
[48] Art. 687 CC, Art. 2 Nr. 1h) Código do Registo Predial.
[49] Art. 1 Código do Registo Predial.
[50] Art. 17 Nr. 2 Código do Registo Predial.
[51] Für das Eigentum ergibt sich dies aus Art. 408, 1316, 1317 CC.
[52] Art. 4 Nr. 1 Código do Registo Predial.
[53] Art. 5 Nr. 1 Código do Registo Predial.
[54] GUERRA, Código do Registo Predial, 2000, Art. 4, Fn. 2.

dingliches Recht strengere Inskriptionsanforderungen als für das Vollrecht Eigentum. Die Kombination aus französischem und deutschem Recht ergibt in diesem Punkt aus dogmatischer Sicht ein höchst zweifelhaftes Ergebnis.

Aus wirtschaftlicher Sicht führt die Kombination aus französischem und deutschem Recht zu einem sehr sicheren Hypothekenrecht, auf welches Portugal gegenwärtig zurückgreifen kann. Die Hypothek bildet eine wesentliche Stütze des Kredit- und Wirtschaftssystems.

Dass sich Portugal zukünftig für den konstitutiven Grundbucheintrag aller dinglichen Rechte entscheiden wird und damit dem deutschen Grundbuchsystem einen weiteren Schritt näher kommt, ist unwahrscheinlich. Solange kein flächendeckender Kataster besteht, ist mit der Einführung des konstitutiven Grundbucheintrags wohl nicht zu rechnen. Der Kataster ist in weiten Teilen des Landes über landwirtschaftliches Grundeigentum gar nicht existent, über städtisches Grundeigentum oftmals veraltet. Zwar verabschiedete das Parlament im Zuge der Steuerreform im Immobilienbereich 2003/2004 ein Gesetz[55], das mit Hilfe einer Neubewertung der Grundstücke zu einer Aktualisierung des Steuerregisters, der *matriz predial*, und damit zu einer gerechten Grundstücksbesteuerung führen soll.[56] Da das Steuerregister nur die Größe des Grundstücks und die Art seiner Nutzung angibt und seinerseits auf die Eintragung im Kataster verweist, profitiert der Kataster von dieser Reform nicht unmittelbar. Nur wenn bei der Neubewertung Fehler aufgedeckt werden, die sich auch auf Angaben im Kataster auswirken, ist das *Instituto Geográfico Português*, dem die Führung des Katasters obliegt, zu informieren.[57] Durch diese Kontrolle können zwar einzelne Fehler beseitigt werden, keinesfalls aber führt die Reformierung des Steuerregisters auch zu einer grundlegenden Erneuerung des Katasters.

---

[55] Código do Imposto Municipal sobre Imóveis, Decreto-Lei Nr. 287/2003 vom 12. November 2003.

[56] MÜLLER-BROMLEY, *Die Steuerreform im Immobilienbereich in Portugal*, ZfIR 2004, 567.

[57] Art. 95ff. Código do Imposto Municipal sobre Imóveis.

IV. Zusammenfassung/ Sumário

Das gegenwärtige portugiesische Hypothekenrecht ist eine Mischung aus dem französischen und dem deutschen Recht. Es verbindet klassische Elemente des französischen Sachenrechts mit solchen des deutschen. Über drei Jahrhunderte währende Reformen haben zu diesem Mischsystem geführt.

O actual direito hipotecário português resulta de uma síntese do Direito Francês e do Direito Alemão, reunindo elementos clássicos dos Direitos Reais de ambos. Este sistema misto surgiu na sequência de reformas com uma duração de três séculos.

DIE REFORM DES FAMILIENRECHTS IN MOSAMBIK

Prof. Dr. Dr. H.C. Mult. Erik Jayme[*]

I. Einführung 425
II. Keine Neuregelung des Internationalen Privat– und Verfahrensrechts 427
III. Entwicklung des mosambikanischen Familienrechts bis zur Reform . 428
IV. Ein pluralistisches Familienrecht 431
   1. Die fakultative Zivilehe 431
   2. Die faktische Gemeinschaft 432
   3. Die Polygamie 432
   4. Die Großfamilie 433
V. Kindschaftsrecht 434
VI. Zusammenfassung und Ausblick 435

I. Einführung[1]

Durch das Gesetz Nr. 10/2004 vom 25.08.2004 hat Mosambik das Familienrecht vollständig neu geordnet (im folgenden FamG).[2] Das

---

[*] Der Autor ist emeritierter Direktor des Instituts für Ausländisches und Internationales Privat– und Wirtschaftsrecht an der Ruprecht-Karls-Universität Heidelberg und Ehrenvorsitzender der Deutsch-Lusitanischen Juristenvereinigung.

[1] Referat gehalten am 26.11.2005 auf der Tagung der Deutsch-Lusitanischen Juristenvereinigung in Berlin. Die Form des Vortrags wurde beibehalten. Der Verfasser dankt für vielfältige Hinweise Frau Dr. Beatriz Buccili, Maputo, Frau Sara Jardim, Lissabon, und seinem Assistenten Herrn Carl Friedrich Nordmeier, Heidelberg.

[2] Text in: República de Moçambique, Assembleia da República, Lei N° 10/2004 de 25 de agosto Aprova a Lei da Família e Revoca o Livro IV do Código Civil, Maputo: Imprensa Nacional de Moçambique 2004.

Familiengesetz, das 431 Artikel umfasst, hebt zugleich das 4. Buch des Zivilgesetzbuchs und weitere entgegenstehende Gesetze auf, in denen das Familienrecht bisher geregelt war. Die Reform beruht auf dem Bestreben, die Gleichberechtigung von Mann und Frau und die Gleichstellung aller Kinder, ob in oder außerhalb der Ehe geboren, zu verwirklichen. Beibehalten ist insgesamt die lusitanisch-christliche Tradition; schon 1560 hatten die afrikanischen Bewohner der Bantugruppe das Christentum angenommen.[3] Hinzu trat, dass Mosambik einige Jahrhunderte lang vom indischen Goa aus verwaltet wurde, wo sich mit dem Grab des Heiligen Franz-Xaver das christliche Zentrum der an dem Indischen Ozean liegenden Gebiete befand.

Die Reform des Familienrechts verfolgt zugleich das Ziel, gewisse besondere Gegebenheiten des Landes zu berücksichtigen. Als Konstante der lusitanischen Rechtsfamilie[4] erscheint neben der Ehe und der Blutsverwandtschaft auch die faktische Gemeinschaft, bezeichnet als „união estável, livre e notória entre um homem e uma mulher" (Art. 2 Abs. 2 FamG); diese allerdings beschränkt sich auf vermögensrechtliche Wirkungen zwischen den Partnern. Sie führt aber auch zu Vermutungen der Mutter– und Vaterschaft (vgl. Art. 203 Abs. 1 FamG). Als übergreifend lusitanische Lösung kann ferner der gesetzliche Güterstand der Errungenschaftsgemeinschaft bezeichnet werden.[5] Schließlich zeigen sich gewisse Einflüsse afrikanischer Stammesgewohnheiten. So gilt eine Sonderbestimmung dem „apanágio em caso de união poligama" (Art. 426), d.h. einer Unterhaltsrente im Falle einer polygamen Gemeinschaft zugunsten der überlebenden Ehefrauen beim Tode des Partners. Auf diese Weise verbinden sich christlich-lusitanische Traditionen und internationale Tendenzen eines auf die Menschenrechte bezogenen Familienrechts mit dem, was die Präambel als „respeito pela moçambicanidade, pela cultura e identidade própria do povo moçambicano" bezeichnet. Es handelt sich um ein umfängliches Gesetzeswerk, das auch neueste Fragen regelt, wie etwa die rechtliche Zuordnung von Kindern bei einer küns-

---

[3] JACOB, *Grundzüge der Geschichte Portugals und seiner Überseeprovinzen*, 1969, 215.

[4] Vgl. hierzu JAYME, *Das Familienrecht von São Tomé und Príncipe – Zu den Konstanten der lusitanischen Rechtsfamilie*, Festschrift SCHWAB, 2005, 1411 ff.

[5] Vgl. hierzu JAYME, *Betrachtungen zur Reform des portugiesischen Ehegüterrechts*, Festschrift ZAJTAY, 1982, 261 ff.

tlichen Befruchtung (Art. 211 FamG). Ausdrücklich wird ferner die Ehe zwischen Personen gleichen Geschlechts als Nichtehe bezeichnet (Art. 53 Buchstabe e FamG).

Bevor auf Einzelheiten der Reform eingegangen wird (IV., V.), empfiehlt sich ein Blick in die Geschichte (III.), deren Kenntnis für das Verständnis der heutigen Regelung unerlässlich ist. Zunächst aber noch eine Vorbemerkung zum Internationalen Privat- und Verfahrensrecht (II.).

II. Keine Neuregelung des Internationalen Privat- und Verfahrensrechts

Das neue Familiengesetz enthält keine Bestimmungen zum Internationalen Privat- und Verfahrensrecht. Das am Unabhängigkeitstag, d.h. am 25.06.1975 geltende portugiesische Kollisionsrecht, gilt also weiter. Hierzu gehört die Kodifikation des Internationalen Privatrechts in den Artikeln 15 – 65 des ersten Buches des Código Civil. Hinzu treten die Bestimmungen der früheren Fassung des portugiesischen Código de Processo Civil, also der Artikel 65 für die Bestimmung der internationalen Zuständigkeit der mosambikanischen Gerichte und die Artikel 1094 – 1102 über die Anerkennung ausländischer Entscheidungen. Allerdings hat man in Mosambik mit den Vorbereitungen für eine neue Zivilprozessordnung begonnen.

Das neue Familiengesetz setzt offenbar dieses kollisionsrechtliche System voraus. Es enthält einzelne Bestimmungen für Auslandsfälle, so die Registerpflicht für Ehen, die von Mosambikanern im Ausland geschlossen werden, sowie für Ehen, die Ausländer geschlossen haben, welche später die mosambikanische Staatsangehörigkeit erworben haben (Art. 75 Abs. 1 Buchstaben b) und c) FamG). Hintergrund dieser Regelung bildet das Staatsangehörigkeitsprinzip im Internationalen Eherecht, wie es das portugiesische Mutterrecht ausgestaltet hat.

Für die Form der Eheschließung gilt die lex loci celebrationis. Dies ergibt sich indirekt aus den Vorschriften über die Eintragung von Ehe, die Mosambikanern im Ausland geschlossen haben. Hier genügen Urkunden, welche gemäß dem Ortsrecht der Eheschließung („de harmonia com a lei do lugar de celebração do casamento") errichtet wurden (Art. 87 Abs. 1 FamG).

Zu erwähnen ist, dass das mosambikanische Familienrecht immer wieder die deutschen Gerichte beschäftigt. Dies hängt damit zusammen, dass die DDR enge Beziehungen zum früheren Regime des afrikanischen Staates unterhielt und deshalb 21000 Mosambikaner nach Deutschland kamen, die z.T. noch heute hier leben.[6] Hinzuweisen ist auf eine bahnbrechende Entscheidung des Amtsgerichts Meißen[7], welche den früher bestehenden Vorrang des Vaters bei der Ausübung der elterlichen Sorge im Lichte der mosambikanischen Verfassung korrigierte.

Noch ein Wort zur Theorie des Internationalen Privatrechts: Bei einer Vortragsveranstaltung in Lissabon, bei der ich über die kulturelle Relativität des ordre public sprach, stellte sich in der Diskussion die Frage, wie die Grenzen einer solchen Auffächerung der Maßstäbe zu bestimmen seien. Dabei wies Isabel Magalhães Collaço, eine der großen Persönlichkeiten des Internationalen Familienrechts, darauf hin, dass man auf die Erfahrungen mit dem portugiesischen Zivilrechts in den überseeischen Gebieten zurückgreifen könne. Man möchte hinzufügen, dass das neue mosambikanische Familiengesetz ebensolche Maßstäbe enthält, die sich aus der historischen Erfahrung speisen, und auf diese Weise zeitgemäße Leitlinien bereithält. Auf die rechtsgeschichtlichen Voraussetzungen des mosambikanischen Familienrechts ist jetzt einzugehen.

III. Entwicklung des mosambikanischen Familienrechts bis zur Reform

Das erste portugiesische Zivilgesetzbuch vom 01.07.1867 – nach seinem Schöpfer, dem Visconde de Seabra, auch Código de Seabra genannt – trat in Portugal selbst am 22.03.1868 und in den Überseegebieten, darunter in Mosambik, am 01.07.1870 in Kraft.[8] Das Gesetzbuch wurde begleitet von einem Dekret des Überseeministers vom 18.11.1869, das die Regeln über die Anpassung des neuen Zivilrechts an die Gegebenheiten der überseeischen Gebiete enthielt. Gemäß Art. 8 § 1 Buchstabe e) des Dekrets blieben von der Neuregelung unberührt:

---

[6] Vgl. hierzu DÖRING/RÜCHEL (Hrsg.), *Freundschaftsbande und Beziehungskisten – Die Afrikapolitik der DDR und der BRD gegenüber Mosambik*, 2005; Einleitung, 14; vgl. auch VOß (Hrsg.), *Wir haben Spuren hinterlassen! Die DDR in Mosambik*, 2005.

[7] AG Meißen, 21.12.2000, IPRspr. 2000 Nr. 66 A, 138 ff.

[8] Alle Daten und Texte sind entnommen dem Werk von DIAS FERREIRA, *Codigo Civil Português Annotado*[2], Band 1, 1894.

"Em Moçambique os usos e costumes dos baneanes, bathiás, parses, mouros, gentios e indigenas nas questões contra elles."[9]

Allerdings konnten nach § 2 der Vorschrift die Parteien, die Nutznießer dieser Bestimmungen sind, für die Anwendung des neuen portugiesischen Zivilrechts optieren. Es erscheint hier das klassische Instrument des afrikanischen Binnenkollisionsrechts, nämlich die „option de statut".[10] Insgesamt sieht man, dass auf die einzelnen Volksgruppen Rücksicht genommen wird. Zu den Afrikanern treten die Luso-Inder.[11]

Der neue portugiesische Código Civil von 1966 trat am 01.01.1968 in den überseeischen Gebieten Portugals in Kraft.[12] Die lokalen Besonderheiten wurden aber aufrechterhalten. In dem Erlass (Portaría) Nr. 22 869 des Überseeministeriums vom 04.09.1967 wird bereits in der Präambel auf die Gewohnheitsrechte hingewiesen sowie auf die Möglichkeit, für das allgemeine Zivilrecht des Código Civil zu optieren.[13] Hier findet sich auch ein Ansatz zur Bewältigung interpersonaler Konflikte. Geht es um die Rechtsverhältnisse von Personen verschiedenen Personalstatuts und findet sich keine Regelung, ist das allgemeine Zivilrecht anwendbar, es sei denn, dass die Parteien sich für ein anderes Recht entschieden haben.

In den 100 Jahren zwischen den beiden Kodifikationen hatte sich auch ein allgemeines lokales Recht entwickelt, das von den jeweiligen Gesetzgebungsorganen erlassen wurde. Dementsprechend enthält die Portaría auch insoweit einen Vorbehalt zugunsten des lokalen Zivilrechts („legislação privativa de natureza civil, emanada dos orgãos legislativos metropolitanos ou provinciais, que vigorar em cada provincia ultramarina."[14]). Die partikularen Gesetze zivilrechtlicher Natur blieben also bestehen.

---

[9] DIAS FERREIRA, *Codigo Civil Portuguez Annotado*², Band 1, 1894, 4.

[10] JAYME, *Identité culturelle et intégration: Le droit international privé postmoderne, Cours général de droit international privé*, Recueil des Cours 251 (1995), 9 ff., 153, 184.

[11] JACOB, *Grundzüge der Geschichte Portugals und seiner Überseeprovinzen*, 1969, 216.

[12] Ministério do Ultramar – Direcção-Geral de Justiça, Portaría n.° 22 869, Diário da República 1967 I, 1582 (Número 206, 04.09.1967).

[13] Ministério do Ultramar – Direcção-Geral de Justiça, Portaría n.° 22 869, Diário da República 1967 I, 1582 (Número 206, 04.09.1967).

[14] Portaría, oben Note 11, Art. 3 Nr. 2.

Das Zivilrecht und insbesondere das Familienrecht hatten in Mosambik somit drei Quellen, das allgemeine portugiesische Zivilgesetzbuch, die ausdrücklich benannten und vorbehaltenen Stammesrechte sowie die lokalen Gesetze.

Mosambik erlangte die Unabhängigkeit am 25.06.1975. Der portugiesische Código Civil blieb in Kraft, soweit er mit der Verfassung vereinbar war.[15] Hierzu gehörte auch das vierte Buch des Código Civil, der das Familienrecht regelt, allerdings mit dem Inhalt, den das Gesetzbuch im Jahre 1975 besaß. Die vielen späteren Familienrechtsreformen in Portugal, die den Código Civil veränderten, wurden daher in Mosambik nicht übernommen. Erlassen wurden nur wenige modifizierende Reformgesetze, so etwa ein Scheidungsgesetz vom 06.05.1992, welches die einverständliche Ehescheidung einführte.[16] Erwähnt sei noch das Gesetz Nr. 4/92 v. 06.05.1992 über die Einrichtung von Gemeinschaftsgerichten für kleine Zivilrechtsstreitigkeiten. Die Zuständigkeit dieser Gerichte umfasst auch Fragen des Familienrechts, die sich aus Gemeinschaften ergeben, welche gemäß den Gewohnheiten und Gebräuchen begründet wurden.[17] Das neue Familiengesetz holt also einerseits die Reformen nach, die einem internationalen Standard entsprechen. Andererseits vereint das Gesetz die verschiedenen Traditionsströme des Landes und stellt insoweit eine Rechtseinheit her. Dies geschieht durch ein pluralistisches, postmodernes Familienrecht, das Alternativen in das allgemeine System integriert. Hierzu einige Beispiele.

---

[15] Art. 79 der Verfassung von 1975 und Art. 305 der Verfassung von 2004. Siehe Constituição política de Angola, Cabo Verde, Guiné-Bissau, Moçambique, S. Tomé e Príncipe, Herausgegeben von der Associação Universitária para a Cooperação e Estudo dos Direitos Africanos, Lissabon 1983, 111 ff., 140; Constituição da República, Imprensa Nacional de Moçambique, Maputo 2004.

[16] JAYME, *Scheidungsrecht in Moçambique*, in: JAYME (Hrsg.), *Das Recht der lusophonen Länder*, 2000, 141 f. (mit Text in deutscher Übersetzung).

[17] República de Moçambique, Boletim da República 1992 I núm 19 (06.05.1992), Art. 3.

IV. Ein pluralistisches Familienrecht

1. Die fakultative Zivilehe

Der Titel II über die Ehe beginnt mit der Vorschrift des Art. 16, dessen Absatz 1 lautet: „O casamento é civil, religioso ou tradicional."
Neben die Zivilehe tritt also die religiöse und die traditionelle Eheschließung, die nach den Gewohnheiten und Bräuchen der jeweiligen Volksgruppen erfolgt. Die monogamische, religiöse und die traditionell geschlossene Ehe entfalten aber nur dann die gleichen Wirkungen wie die Zivilehe, wenn die Voraussetzungen für die Zivilehe beachtet wurden und, wie bei der Zivilehe, die Eintragung in das Zivilstandsregister erfolgt ist. Die Religion ist im Übrigen nicht in einschränkender Weise definiert oder auf die christliche oder gar die vorherrschende kanonische Eheschließung vor dem katholischen Priester reduziert. In Mosambik sind nach einer 1997 durchgeführten Erhebung 17,8 % der Bevölkerung Muslime;[18] hinzu tritt eine hinduistische Minderheit.

Die nicht standesamtlichen Eheschließungsformen unterliegen allerdings einer gewissen staatlichen Kontrolle. Der religiösen Eheschließung geht ein staatliches Aufgebotsverfahren voraus (Art. 26 FamG), das mit der Ausstellung eines Ehefähigkeitszeugnisses abgeschlossen wird. Bei der traditionellen Eheschließung wird allerdings auf die Vorschriften für die Notehe verwiesen (Art. 25 FamG), d.h. es genügt, wenn sie nachträglich eingetragen wird. Diese Eintragung setzt aber wiederum ein nachträgliches Aufgebotsverfahren voraus (Art. 81 FamG). Bei der Eintragung religiöser oder traditioneller Eheschließungen erfolgt eine weitere Kontrolle dahingehend, ob alle Voraussetzungen des Familiengesetzes eingehalten wurden (Art. 80 FamG).

Für die Auflösung der Ehe durch Scheidung gilt, wenn diese streitig ist, ein strenges Schuldprinzip mit Schuldfeststellung; Ausnahme ist außer der unheilbaren Demenz nur ein frei erfolgtes („livremente consentida") faktisches Getrenntleben von mindestens 5 Jahren (Art. 195 Abs. 5 i.V.m. Art. 181 Abs. 2 FamG). Beibehalten ist die gerichtliche Ehetrennung, welche die Ehe nicht auflöst.

---

[18] Census 1997, Quelle: CIA-World Factbook (ISSN-1553-8133).

2. Die faktische Gemeinschaft

Neben die Ehe tritt die „união de facto", die faktische Lebensgemeinschaft eines Mannes und einer Frau, die beide die Fähigkeit hätten, eine Ehe zu schließen, aber eine solche nicht geschlossen haben (Art. 202 Abs. 1 FamG). In der Legaldefintion findet sich auch eine Frist: die faktische Gemeinschaft i.S.d. des Gesetzes erfordert eine volle Lebensgemeinschaft, die ohne Unterbrechung mehr als ein Jahr gedauert hat. Ist dies der Fall, so leben die Partner im Güterstand der Errungenschaftsgemeinschaft („comunhão de adquiridos"). Bei fünfjähriger Lebensgemeinschaft erhält nach dem Tode eines Partners der Überlebende einen Anspruch auf eine Unterhaltsrente, wenn dies für seine Versorgung notwendig ist, und zwar in Höhe eines Achtels der Einkünfte des Nachlasses (Art. 424 FamG). Die Vorschrift spricht hier von „união de facto ou comunhão de vida". Es sind hier offenbar nicht nur die ständigen faktischen, vollen Lebensgemeinschaften angesprochen, sondern auch andere Verbindungen. Es könnte sich um eine Anlehnung an die jüngste portugiesische Gesetzgebung des Jahres 2001 handeln, die zwischen den „pessoas que vivam em economia comum" (Gesetz Nr. 6/2001) und den „uniões de facto"(Gesetz Nr.7/2001) unterscheidet, allerdings mit anderem Inhalt. Im mosambikanischen Recht setzen die faktischen Gemeinschaften die Geschlechtsverschiedenheit voraus, während im portugiesischen Recht die Rechtstellung zweier Personen unabhängig vom Geschlecht, die mehr als zwei Jahre faktisch zusammenleben, geregelt ist. Ob sich die „comunhão de vida" des mosambikanischen Rechts im Bereich von Versorgungsnotständen zu einer Art Generalklausel für andere als die dort definierten faktischen Gemeinschaften entwickeln wird, bleibt abzuwarten.

3. Die Polygamie

Das neue Familiengesetz berücksichtigt auch die Polygamie. Diese ist zwar nach dem Familiengesetz nicht gestattet, wird aber offenbar in gewissen Volksgruppen noch praktiziert.

Die Wirkungen der Polygamie reduzieren sich allerdings auf einen Unterhaltsanspruch beim Tode des Ehemannes, wenn die Ehefrauen mehr als fünf Jahre in einer polygamen Gemeinschaft gelebt haben und keine faktische Trennung von mehr als einem Jahr vorliegt. Die Versorgungsrechte werden zu gleichen Teilen auf die Frauen aufgeteilt, dürfen aber nicht die Hälfte der Einkünfte des Nachlasses übersteigen, welche den Kindern des Erblassers zusteht (Art. 426 Abs. 2 FamG).

4. Die Großfamilie

Ein weiteres Charakteristikum des mosambikanischen Familienrechts bilden die rechtlichen Bindungen innerhalb der Großfamilie. Geschwister sind einander unterhaltspflichtig (Art. 428 FamG). Dies gilt auch zwischen den Seitenverwandten bis zum vierten Grad, also etwa zwischen Onkeln und Neffen („tios e colaterais até ao quarto grau", Art. 429 FamG). Dementsprechend weit sind die Eheverbote, deren dogmatische Einteilungen in absolute und relative trennende Eheverbote („impedimentos dirimentes absolutos e relativos") und bloße aufschiebende Ehehindernisse („impedimentos impedientes") sich im Übrigen am kanonischen Recht orientieren. Zu den relativen Eheverboten gehört nicht nur die Verwandtenehe bis zum dritten Grad der Seitenlinie, sondern auch die Ehe unter Verschwägerten in direkter Linie. Hinzu treten weitere Eheverbote bei Bindungen zu einer Pflegefamilie (família de acolhimento) und im Rahmen einer Vormundschaft, Pflegschaft oder gesetzlichen Vermögensverwaltung.

Den rechtlichen Verbindungen in einer ausländischen Großfamilie hat das Bundesverfassungsgericht in seiner jüngsten Entscheidung vom 24.05.2005 einen Schlag versetzt[19], in dem es ablehnte, die Erfüllung gesetzlicher Unterhaltspflichten in der Großfamilie, welche das nach deutschem Internationalen Privatrecht maßgebende ausländische Recht anordnet, als steuermindernd zu berücksichtigen. Die Kritik an dieser Entscheidung öffnet ein weites Feld kollisionsrechtlicher und rechtspolitischer Überlegungen.[20] Sicher ist aber, dass die familienrechtlichen Unterstützungspflichten in der Großfamilie letztlich den Staat entlasten. In diesem Zusammenhang ist zu erwähnen, dass das mosambikanische

---

[19] BVerfG, 24.05.2005, FamRZ 2005, 1813.
[20] Vgl. GEBAUER/HUFELD, *Gleichbehandlung der Unterhaltsschuldner im Steuerrecht und Art. 18 EGBGB*, IPRax 2004, 327 ff. (zu BFH, 04.07.2002, IPRax 2004, 342).

Recht unter den zu Beginn des Gesetzes geregelten Grundpflichten der Familie (Art. 4 FamG) ausdrücklich Schutz und Hilfe für ältere Familienmitglieder erwähnt, die Sicherung ihrer Teilnahme am Familienleben und die Verteidigung ihrer Würde. Die Familie erscheint wieder als eigener Rechtsbegriff; sie spaltet sich nicht völlig in Individualrechte ihrer Mitglieder auf.

V. Kindschaftsrecht

Als letztes Rechtsgebiet sei das Kindschaftsrecht angesprochen. 75 Vorschriften regeln allein die Fragen der Abstammung des Kindes von Mutter und Vater. In Zeiten, in denen man die anonyme Geburt diskutiert[21], erscheint es interessant, dass das mosambikanische Recht dem Kind ein Recht gibt, in das Zivilstandsregister eingetragen zu werden und die Familiennamen der Eltern zu erhalten (Art. 205 FamG). Allerdings kann die verheiratete Mutter die Geburtsanzeige mit dem Hinweis verbinden, dass das Kind nicht von ihrem Ehemann stamme (Art. 238 FamG). Dann entfällt die Vermutung der Abstammung vom Muttergatten.

Die elterliche Sorge steht beiden Elternteilen zu. Sind die Eltern nicht verheiratet und leben sie nicht in einer faktischen Gemeinschaft, so steht die Ausübung der elterlichen Sorge demjenigen Elternteil zu, „que o tiver à sua guarda" (Art. 317 Abs. 1 FamG), d.h. demjenigen Elternteil, bei dem das Kind lebt und versorgt wird, wobei vermutet wird, dass dies die Mutter ist. Diese Vermutung kann nur vor Gericht widerlegt werden.

Zum Schutz hilfsbedürftiger minderjähriger Kinder ist außer der Adoption die Pflegekindschaft vorgesehen. Diese Pluralität der Rechtsinstitute entspricht der multikulturellen Gesellschaft. Da der Koran die Adoption verbietet, empfiehlt sich für minderjährige Kinder muslimischer Konfession die Pflegekindschaft, welche der „kafala"[22] der islamisch beeinflussten Rechte nahe kommt. Dies entspricht den Geboten der UN-Konvention über die Rechte des Kindes (1989).[23]

---

[21] Vgl. auch VOGT, *Geburtsbeurkundung bei ungeklärter Identität der Eltern – Hinweise aus der Praxis*, StAZ 2005, 313 ff.

[22] Vgl. Menhofer, *Zur Kafala des marokkanischen Rechts vor deutschen Gerichten*, IPRax 1997, 252 ff.

[23] Vgl. JAYME, *Kulturelle Identität und Kindeswohl im internationalen Kindschaftsrecht*, IPRax 1996, 237 ff., 239; OLG Karlsruhe, 25.11.1996, IPRax 1999, 49.

VI. Zusammenfassung und Ausblick

Zusammenfassend lässt sich festhalten, dass das neue mosambikanische Familienrecht eine bemerkenswerte Kodifikation dieses Rechtsgebiets darstellt, das die verschiedenen kulturellen Traditionen des Landes in glücklicher Weise verbindet. Es zeigen sich einige Konstanten der lusitanischen Rechtsfamilie.[24] Durch seinen multikulturellen Ansatz bietet das mosambikanische Familienrecht aber auch ein Modell für die Lösung familienrechtlicher Fragen in einer pluralistischen Gesellschaft.

---

[24] Vgl. hierzu auch JAYME, *Das Familienrecht von São Tomé und Príncipe – Zu den Konstanten der lusitanischen Rechtsfamilie*, Festschrift SCHWAB, 2005, 1411 ff.

RECHTSBEGRIFF UND RECHTSNATUR DER EINGETRAGENEN GENOSSENSCHAFT IN PORTUGAL UND DEUTSCHLAND

Dr. Jorg Fedtke[*]
LL.M.

I. Einleitung	437
II. Entwicklung	440
1. Aufbruch	442
2. Heute	444
3. Umschau	446
III. Merkmale	447
1. „Eigenständige Juristische Person"	447
2. „Freie Gründung"	450
3. „Unterschiedliche Zusammensetzung"	451
4. „Variables Kapital"	452
5. „Förderung der Mitglieder"	453
6. „Keine Gewinnerzielungsabsicht"	454
7. „Genossenschaftliche Prinzipien"	456
IV. Europa	457
V. Rechtsnatur	458
1. Ordnung nach Art. 157 Código Civil	460
2. Kaufmann	466
VI. Ende	468

[*] Der Autor ist Rechtsanwalt der Eisenbeis Rechtsanwaltsgesellschaft mbH am Standort Essen. Schwerpunkte seiner Arbeit sind das Handels– und Gesellschaftsrecht, das Wirtschaftsrecht sowie der Deutsch-Portugiesische Rechtsverkehr.

I. Einleitung[1]

Genossenschaften üben eine beachtliche, zuweilen unterschätzte Anziehungskraft aus. In der EU gab es zu Beginn des 21. Jahrhunderts rund 132.000 Genossenschaften mit ca. 2,3 Millionen Beschäftigten.[2] In Deutschland können Genossenschaften z.B. im Bankwesen auf bemerkenswerte Erfolge blicken. Ende 2003 wiesen 1.393 deutsche Genossenschaftsbanken, in denen zusammen über 15 Millionen Mitglieder organisiert waren und die rund 30 Millionen Kunden betreuten, eine addierte Bilanzsumme von 566,4 Milliarden Euro aus.[3] Auch abseits der traditionellen Betätigungsfelder, wie etwa Landwirtschaft, Kreditwesen und Wohnungsbau, sind genossenschaftliche Unternehmensstrukturen gefragt.[4] Selbst zur Schaffung grenzüberschreitender Institutionen sind genossenschaftliche Strukturen willkommen. So ist etwa die internationale Wirtschaftsprüfungs- und Steuerberatungsgesellschaft *KPMG International* eine Genossenschaft mit Sitz in der Schweiz, der die einzelnen nationalen Prüfungsunternehmen als Mitglieder angeschlossen sind.[5] In Portugal selbst war noch im Jahre 1999 statistisch betrachtet

---

[1] Sachlich und um Fußnoten erweiterter Vortrag vom 19.11.2004 anlässlich der 14. Jahrestagung der Deutsch-Lusitanischen Juristenvereinigung in Giessen. Die Vortragsform ist nicht beibehalten. Der Verfasser dankt Frau Assessorin Sonja Wulf, Dortmund, für ihre Anregungen.

[2] EU-Weißbuch, Entwurf des Konsultationspapiers vom 07.12.2001: Genossenschaften im Unternehmen Europa. Allein die landwirtschaftlichen Genossenschaften sind ein wichtiger Faktor für die europäischen Volkswirtschaften. Sie erwirtschafteten im Jahre 2003 in rund 30.000 Betrieben mit fast 9 Millionen Mitgliedern ungefähr 300 Milliarden Euro Umsatz. Dies bedeutet einen Anteil von mehr als 60 % in der Erfassung, Verarbeitung und Vermarktung landwirtschaftlicher Erzeugnisse sowie mehr als 50 % in der Versorgung mit landwirtschaftlichen Betriebsmitteln in Europa. Vgl. so BORGSTRÖM, *Die Lage und Entwicklung landwirtschaftlicher Genossenschaften in Europa*, Referat anlässlich des IRU-Rechtsseminars am 25.11.2003 in Berlin.

[3] Die Bilanzsummen der DZ – Bank Gruppe, der WGZ – Bank Gruppe sowie der Kreditgenossenschaften betrugen für 2003 insgesamt 959,4 Milliarden Euro. Die DZ – Bank erwirtschaftete 2003 dabei einen Jahresüberschuss in Höhe von 382 Millionen Euro. Zahlen und Fakten sind abrufbar unter www.dzbank.de.

[4] Beim Vertrieb seiner Steuerberater-Software erwies sich z.B. das Unternehmen *DATEV*, das als Genossenschaft in Deutschland firmiert und 2003 mit 38.707 Mitgliedern einen Umsatzerlös von über 571 Millionen Euro erzielte, als ebenso erfolgreich. Siehe Zahlen und Fakten unter www.datev.de.

[5] Siehe www.kpmg.de.

jeder 5. Einwohner in einer der rund 3.000 Genossenschaften organisiert.[6] Ende 2003 waren 3.128 einzelne Genossenschaften in Portugal offiziell registriert. Man erkennt an diesen Zahlen, dass die genossenschaftliche Idee ökonomisch nicht überholt ist, auch wenn die Verteilung der Marktanteile und einzelwirtschaftlichen Erfolge von Land zu Land und von Marktsegment zu Marktsegment höchst unterschiedlich ausfallen.

Die Akzeptanz der Genossenschaft beruht nicht nur auf ihrer wirtschaftlichen Erfolgsgeschichte und ihrer ebenso langen sozialen Tradition. Auch die rechtliche Durchdringung der genossenschaftlichen Idee, die in zahlreichen Ländern Europas zu einer bemerkenswerten Gesetzesausformung führte, macht das genossenschaftliche Unternehmen in der Regel gut handhabbar, wettbewerbsfähig und erfolgversprechend.[7] Dennoch löst der Rechtsbegriff „Genossenschaft" nicht gleich positive Reaktionen aus.[8] Die oftmals spürbare Zurückhaltung gegenüber diesem Begriff ist zumeist nicht ideologischer Natur; beruht vielmehr auch auf der fehlenden Vorstellung, was genau unter Genossenschaft zu verstehen ist.[9] Dieses mag daher rühren, dass sich das Erscheinungsbild von Genossenschaften stark unterscheidet.[10] Zweifel ergeben sich naturgemäß, wenn wir andere Länder mit ihrem andersartigen kulturellen Hintergrund betrachten.[11] Erst recht gilt dies für die Europäische Genossenschaft. Ihr Statut

---

[6] FEDTKE, *Genossenschaftsrecht in Portugal*, 2002, 23. Damit inbegriffen sind Doppelmitgliedschaften.

[7] Eine rechtsvergleichende Übersicht zu der geltenden Situation einiger europäischer Länder gewähren THEURL/GREVE (Hrsg.), *Genossenschaftsrecht in Europa*, 2001, aus ökonomischer Sicht THEURL/SCHWEINSBERG, *Neue kooperative Ökonomie – Moderne genossenschaftliche Governancestrukturen*, 2004; RINGLE, *Ist die Kooperationsform „Genossenschaft" noch wettbewerbsfähig?*, ZfgG, Band 54 (2004), 193 ff.

[8] GREVE/LÄMMERT, *Quo vadis Genossenschaftsgesetz?*, in: THEURL/GREVE (Hrsg.), *Genossenschaftsrecht in Europa*, 2001, 9 f.

[9] CARDOSO, *Limites e Possibilidades do Movimento Cooperativo*, 1960, 18.

[10] GROßFELD, *Das Bild der Genossenschaft*, ZfgG, Band 48 (1998), 88 f. Allein in Deutschland treffen wir auf Gebilde unterschiedlichster Prägungen und Ausrichtungen, welche die Bezeichnung Genossenschaft tragen, wie etwa Deichgenossenschaften, Jagdgenossenschaften, Taxigenossenschaften, Wohnungsgenossenschaften, Bankgenossenschaften, Berufsgenossenschaften, Verkehrsgenossenschaften, Bürgschaftsgenossenschaften u. v. m.

[11] GROßFELD, *Kernfragen der Rechtsvergleichung*, 1996, 11 ff.; siehe auch JAYME, *Die kulturelle Dimension des Rechts – ihre Bedeutung für das Internationale Privatrecht und die Rechtsvergleichung*, RabelsZ Band 67 (2003), 211 ff.

bildet lediglich einen Rechtsrahmen.[12] Ihr rechtlicher Feinschliff bleibt dem Recht des Sitzstaates überlassen.[13] Zudem ermöglicht die Rechtsprechung des EuGH im Zuge der Verfahren „Centros", „Überseering" und „Inspire Art" die nahezu freie und rechtsformwahrende Sitzverlegung von Gesellschaften innerhalb der Grenzen der Europäischen Union.[14] Praxis und Theorie werden sich daher mit der Frage auseinandersetzen müssen, um was für eine Rechtsperson es sich handelt, wenn eine „Cooperativa de responçabilidade limitada" hier in Deutschland auftritt. Ihre Eigenheiten spiegeln sich bereits in der Rechtsdefinition. Daher steht der Rechtsbegriff der Genossenschaft zunächst im Mittelpunkt dieses Beitrages. Von ihm ausgehend wird sodann ihre Rechtsnatur bestimmt.

II. Entwicklung

Der Begriff „Genossenschaft" ist entwicklungsgeschichtlich sowohl in Portugal als auch in Deutschland zunächst kein Rechtsbegriff. Ein Blick auf die genossenschaftliche Forschung in Portugal belegt, dass Genossenschaften zunächst und ganz überwiegend nur als soziologisches

---

[12] Art. 8 der Verordnung (EG) Nr. 1435/2003 des Rates vom 22.Juli 2003 über das Statut der Europäischen Genossenschaft (SCE); eingehend FISCHER, *Die Europäische Genossenschaft*, 1995.

[13] BEUTHIEN, *Genossenschaftsgesetz*[14], 2004, SCE Art. 1, Rdn. 4.

[14] Der EuGH hat mit seiner „Centros" – Entscheidung (Urt. v. 9.3.1999, C – 202/97, NJW 1999, 2027) für zulässig befunden, Kapitalschutzvorschriften dergestalt zu umgehen, dass eine Niedrigkapitalgesellschaft im europäischen Ausland gegründet und dann im Inland in Form einer Zweigniederlassung tätig wird. Die Entscheidungen in Sachen „Überseering" (Urt. v. 05.11.2002, C – 208/00, JZ 2003, 947) und „Inspire Art" (Urt. v. 30.09.2003, C – 167/01, JZ 2004, 37) entfachten den Wettbewerb der nationalen Rechtsformen weiter. Denn EU – Auslandsgesellschaften unterstehen hiernach selbst dann nicht dem deutschen Gesellschaftsrecht, wenn ihr Verwaltungssitz in Deutschland liegt. Die ehemals auch in Deutschland überwiegend vertretene „Sitztheorie" (so noch BGH, NJW 2002, 3539; vgl. hierzu umfassend STAUDINGER BGB/GROSSFELD[13], 1993, Rdn. 22 ff., 33 ff.) ist damit insoweit praktisch überholt (EIDENMÜLLER, ZIP 2002, 2233; ULMER, NJW 2004, 1201; SANDROCK, BB 2004, 897; a.A. KINDLER, NJW 2003, 1073). Zwar mag diese Rechtssprechung vorrangig auf Kapitalgesellschaften anzuwenden sein. Doch wird man anhand der ausgesprochen liberalen Ausrichtung des EuGH nicht ausschließen können, dass auch Genossenschaften eine ähnlich weite Freizügigkeit genießen. Entgegenstehende Gründe sind anhand dieser Rechtsprechung zumindest nicht erkennbar.

und ökonomisches Phänomen erfasst und behandelt wurden.[15] Auch in Deutschland hatte der Genossenschaftsbegriff zunächst wirtschaftliche und soziologische Bezugspunkte.[16] Dies liegt daran, dass genossenschaftlich geprägte Gebilde bereits vor ihrer rechtlichen Anerkennung und positiv – rechtlichen Behandlung vorhanden waren.[17] Dies führt zumindest in der deutschen Literatur zur Anerkennung eines sog. „überpositiven Genossenschaftsbegriffes", der selbständig neben dem Gesetzesbegriff steht und mit diesem nicht übereinstimmen muss.[18] Der überpositive Begriff zielt auf einen „Zusammenschluss von Personen, die aus günstigen Leistungen eines gemeinsamen getragenen Unternehmens Nutzen für ihre eigene Wirtschaft ziehen."[19] Diesem liegt der Gedanke zugrunde, dass sich gemeinsame Interessen und Ziele einzelner an sich unabhängiger Einheiten leichter dann verfolgen lassen, wenn im Wege des Zusammenschlusses und der Zusammenarbeit solidarische und demokratische Förderstrukturen errichtet und diese zur Basis der eigenen Interessensförderung gemacht werden.[20] Es treten sodann als Substrat dieses Grundgedankens die genossenschaftlichen Grundsätze zu Tage, wie das der Selbsthilfe, Selbstverwaltung oder Selbstverantwortung. Anders als der deutsche Gesetzgeber hat der portugiesische Gesetzgeber diese genossenschaftlichen Prinzipien sogar ausdrücklich in Art. 3 CCoop formuliert und diese damit zur inhaltlichen Grundlage des positiven Genossenschaftsrechts in Portugal gemacht. Er machte sie aber erkennbar nicht zum Bestandteil des Gesetzesbegriffes an sich. Er vermeidet wie auch der deutsche Gesetzgeber die schlichte Übernahme eines überpositiven Genossenschaftsbegriffes. Allein dieses macht deutlich, dass das Phänomen „Genossenschaft" nicht einfach in wenige Gesetzesworte zu fassen ist.[21]

---

[15] FEDTKE, *Genossenschaftsrecht in Portugal*, 2002, 1 und dort Fn. 3.

[16] LANG/WEIDMÜLLER/METZ/SCHAFFLAND, *Genossenschaftsgesetz*[33], 1997, § 1, Rdn. 1.

[17] Für Portugal vgl. FEDTKE, *Genossenschaftsrecht in Portugal*, 2002, 25 ff.

[18] LANG/WEIDMÜLLER/METZ/SCHAFFLAND, *Genossenschaftsgesetz*[33], 1997, § 1, Rdn. 2; PAULICK, *Das Recht der eingetragenen Genossenschaft*, 1956, 4 f.

[19] STEDING, *Genossenschaftsrecht*, 2002, 49.

[20] Der Grundgedanke der Solidarität ist nicht nur Genossenschaften zu eigen, sondern praktisch allen wirtschaftlich tätigen Gebilden. Zu Unrecht wird von einem Teil der portugiesischen Literatur diese Ausrichtung als reine genossenschaftsspezifische Errungenschaften angepriesen.

[21] SCHULTZ, *Der Rechtsbegriff der Genossenschaft*, 1958, 11 ff.

1. Aufbruch

Der Rechtsbegriff „Cooperativa" hat seit Inkrafttreten des ersten portugiesischen Genossenschaftsgesetzes im Jahre 1867 bis heute eine beträchtliche Wandelbarkeit bewiesen. Das Genossenschaftsgesetz vom 02. Juli 1867, welchem nur eine vergleichsweise kurze Lebensdauer bis 1888 beschieden war, umschrieb die Genossenschaft in seinem Art. 1. Hiernach handelte es sich bei einer „Genossenschaftsgesellschaft" im wesentlichen um eine Vereinigung einer unbeschränkten Anzahl von Mitgliedern mit variablem und unbestimmtem Kapital mit dem Ziel der gegenseitigen wirtschaftlichen Unterstützung der Mitglieder.[22] Bemerkenswert ist sodann die Auflistung zulässiger Geschäftsgegenstände in Art. 2 des Gesetzes. Diese ähnelt der Auflistung des § 1 Abs. 1 Nr. 1 – 7 GenG auf erstaunliche Weise. Bereits das preußische Gesetz betreffend die privatrechtliche Stellung der Erwerbs– und Wirtschaftsgenossenschaften von 1867 enthielt eine derartige Auflistung von Tätigkeitsfeldern. Den portugiesischen Gesetzesmaterialien läßt sich aber nicht entnehmen, ob sich das portugiesische Gesetzesprojekt an das preußische Gesetz angelehnt hat.

a) Rückschritt

Art. 207 Abs. 1 a.F. Código Comercial (Handelsgesetzbuch), der die Genossenschaft sodann von 1888 bis 1980 definierte, enthielt als wesentliche Begriffsmerkmale lediglich das „variable Kapital" und die „Unbegrenztheit der Mitgliederzahl".[23] Entfallen ist die Auflistung zulässiger Betätigungsfelder, wie sie vormals in Art. 2 des Gesetzes von 1867 enthalten war. Mit Neuregelung des Genossenschaftsrechts ist nicht nur dieser formale Aspekt entfallen. Auch das Wesen der Genossenschaft hat sich damit von einer eigenständigen Institution mit weitreichenden Eigenheiten zu einer bloßen Variante einer Handelsgesellschaft gewandelt. Denn Art. 207 Abs. 2 CCom bestimmte, dass „Genossenschafts-

---

[22] Die gegenseitige Unterstützung bezog sich nach der Gesetzesdefinition auf die berufliche Tätigkeit, kreditorische Angelegenheiten und die Hauswirtschaft der Mitglieder. Der Gesetzestext ist abgedruckt bei TAMAGNINI, *Direito Cooperativo*, 1935, 11.
[23] RODRIGUES, *Código Cooperativo*, 1997, Art. 2, Anm. 2.

gesellschaften" den Rechtsmantel einer der in Art. 105 CCom normierten Gesellschaftsformen annehmen mussten. Dabei handelte es sich z.B. um die Kommanditgesellschaft oder die Aktiengesellschaft. Somit war die Genossenschaft als eigenständige Rechtsform verschwunden zu Lasten von Handelsgesellschaften mit lediglich genossenschaftlichem Charakter. Dies machte der Gesetzgeber auch sprachlich deutlich, in dem er die Genossenschaft nicht mehr mit Hilfe des Begriffes „associação" (= Verein) umschrieb, sondern nur noch als „sociedade cooperativa" (= Genossenschaftsgesellschaft).

b) Entfaltung

Die heutige Gesetzesdefinition der Genossenschaft geht wieder weit über diese zwei Merkmale des CCom hinaus. Heute umfasst die Legaldefinition nicht nur den Gesellschaftszweck in Gestalt der Förderung der Mitglieder mittels Zusammenarbeit und gegenseitiger Hilfe, sondern erstmals in der Gesetzesentwicklung auch noch die Eigenschaft der fehlenden Gewinnabsicht der Genossenschaft sowie die Verpflichtung zur Beachtung der Genossenschaftlichen Prinzipien. Auch tritt die „Eigenständigkeit" der Genossenschaft sprachlich hervor. Der portugiesische Gesetzgeber hat sich bei der Suche nach einer modernen Gesetzesumschreibung für die Genossenschaft dabei von dem Genossenschaftsbegriff des Internationalen Genossenschaftsbundes leiten lassen.[24] Die inhaltliche Anlehnung an den Genossenschaftsbegriff des Internationalen Genossenschaftsbund (ACI) kann Art. 2 Abs. 1 CCoop nicht leugnen.[25]

Der deutsche Gesetzgeber dagegen erwies sich gegenüber Modernisierungsbestrebungen und Fremdeinflüssen seit je her resistent. Die deutsche Legaldefinition der Genossenschaft in § 1 GenG ist seit Erlass des deutschen Genossenschaftsgesetzes im Mai 1889 unverändert. Insbe-

---

[24] Die Definition der Genossenschaft des Internationalen Genossenschaftsbundes aus dem Jahre 1995 lautet: „Eine Genossenschaft ist eine autonome Vereinigung von Personen, die sich freiwillig zusammengeschlossen haben, um ihre wirtschaftlichen, sozialen und kulturellen Bedürfnisse mittels einer demokratisch kontrollierten Gesellschaftsform, die im gemeinsamen Eigentum steht, zu befriedigen."; Subtil u.a., *Legislação Cooperativa*, 2000, 30.

[25] Subtil u.a., *Legislação Cooperativa*, 2000, 30.

sondere die Aufzählung unterschiedlicher Genossenschaftsarten in § 1 Abs. 1 Nr. 1 bis Nr. 4 GenG erweist sich heute als nicht mehr zeitgemäß. Zwar ist diese Aufzählung nicht abschließend. Dennoch sind diese hier beispielhaft aufgeführten Genossenschaften heute nicht mehr alle aktuell. Sie geben die Vielfalt genossenschaftlicher Erscheinungsformen heute nur unzureichend wieder. Daher wird in der Literatur zu Recht vertreten, dass auch angesichts der Wandelbarkeit des Genossenschaftswesens die bis heute fortgeltende Aufzählung gänzlich gestrichen werden könnte.[26]

2. Heute

Art. 2 Abs. 1 CCoop umschreibt die Genossenschaft als „eigenständige kollektive Person unterschiedlicher Zusammensetzung mit variablem Gesellschaftskapital, die dem Grundsatz der freien Gründung unterliegt." Zweck der Genossenschaft ist, dem weiteren Wortlaut nach, „mittels Zusammenarbeit und gegenseitiger Hilfe der Mitglieder und unter Beachtung der genossenschaftlichen Prinzipien die wirtschaftlichen, sozialen und kulturellen Bedürfnisse und Absichten der Genossen zu fördern, ohne selbst eine Gewinnerzielungsabsicht zu verfolgen." Art. 2 Abs. 2 CCoop erlaubt den Genossenschaften grundsätzlich auch das Geschäft mit Nichtmitgliedern.

Nach § 1 Abs. 1 GenG erwerben „Gesellschaften von nicht geschlossener Mitgliederzahl, welche die Förderung des Erwerbes oder der Wirtschaft ihrer Mitglieder mittels gemeinschaftlichen Geschäftsbetriebes bezwecken" die Rechte einer eingetragenen Genossenschaft. Mit dieser verhältnismäßig kurzen Legaldefinition begnügt sich der deutsche Gesetzgeber aber nicht. Dieser Umschreibung fügt er in § 1 Abs. 1 GenG sieben Beispiele für Arten von Genossenschaften hinzu: Vorschuss- und Kreditvereine (§ 1 Abs. 1 Nr. 1 GenG), Rohstoffvereine (§ 1 Abs. 1 Nr. 2 GenG), Absatzgenossenschaften und Magazinvereine (§ 1 Abs. 1 Nr. 3 GenG), Produktivgenossenschaften (§ 1 Abs. 1 Nr. 4 GenG), Konsumvereine (§ 1 Abs. 1 Nr. 5 GenG), Vereine zur Beschaffung von Gegenständen des landwirtschaftlichen oder gewerblichen Betriebes und zur Benutzung derselben auf gemeinschaftliche Rechnung (§ 1 Abs. 1 Nr. 6

---

[26] BEUTHIEN, *Genossenschaftsgesetz*[14], 2004, § 1, Rdn. 38.

GenG) sowie Vereine zur Herstellung von Wohnungen, sog. Wohnungsgenossenschaften (§ 1 Abs. 1 Nr. 7 GenG).
Diese Auflistung ähnelt der Erfassung genossenschaftlicher Betätigungssektoren in Art. 4 Abs. 1 CCoop. Darin legt der portugiesische Gesetzgeber fest, in welchen Bereichen Genossenschaften tätig sein dürfen; so z.B. im Handel, im Kunsthandwerk oder in der Produktion. Doch bestehen zwischen der Funktion und Reichweite der § 1 Abs. 1 Nr. 1 – 7 GenG und der Auflistung in Art. 4 Abs. 1 CCoop erhebliche Unterschiede. § 1 Abs. 1 Nr. 1 – 7 GenG konkretisieren die Legaldefinition selbst, geben ihr eine anschauliche Gestalt. Art. 4 Abs. 1 CCoop legt hingegen die einzelnen Tätigkeitsbereiche fest, ohne die Legaldefinition in Art. 2 Abs. 1 CCoop zu beeinflussen. Zudem handelt es sich bei Art. 4 Abs. 2 CCoop um eine dem Prinzip des numerus clausus folgende, abschließende Aufzählung der Tätigkeitsbereiche, während es sich bei § 1 Abs. 1 Nr. 1 – 7 GenG nur um Regelbeispiele genossenschaftlicher Unternehmensarten handelt.[27] Es sind in Deutschland auch andere genossenschaftliche Unternehmungen möglich, wie das eingangs genannte Beispiel belegt.

Läßt man diese Regelbeispiele außer Betracht, wird erkennbar, dass der deutsche Gesetzgeber eine verhältnismäßig knappe Legaldefinition wählte. § 1 GenG darf sich wegen seiner kurzen Umschreibung aber deswegen nicht gleich als besser geglückt betrachten. Allein schon anhand der in § 1 Abs. 1 Nr. 1 bis Nr. 7 GenG ausgeführten Regelbeispiele ist ersichtlich, dass die Legaldefinition wohl als nicht hinreichend konkret betrachtet wurde. § 1 GenG erscheint dabei wegen seiner unzeitgemäßen Ausformung als wenig zeitgemäß, zumal das Umschreibungsmerkmal „Gesellschaft" für eine Institution mit grundsätzlich vereinsrechtlicher Natur hier irreführend ist.[28] Daran kann auch die mehrfache Verwendung des Begriffes „Verein" in § 1 Abs. 1 Nr. 1 – 7 GenG nichts ändern. Die Tätigkeitsfelder der in § 1 Abs. 1 Nr. 1 – 4 GenG aufgelisteten Genossenschaftstypen haben sich im Lauf der Zeit geändert.[29] Heute existieren andere Genossenschaftsarten, die Eingang in den Gesetzestext finden sollten, wenn eine solche Aufzählung überhaupt noch ihre Rechtfertigung hat.[30]

---

[27] Vgl. hierzu BEUTHIEN, *Genossenschaftsgesetz*[14], 2004, § 1, Rdn. 38 ff.
[28] BEUTHIEN, *Genossenschaftsgesetz*[14], 2004, § 1, Rdn. 2.
[29] BEUTHIEN, *Genossenschaftsgesetz*[14], 2004, § 1, Rdn. 38.
[30] BEUTHIEN, *Genossenschaftsgesetz*[14], 2004, § 1, Rdn. 38.

3. Umschau

Ein Blick in die unterschiedlichen Genossenschaftsgesetze europäischer Staaten belegt die Annahme, dass die positive Erfassung des Genossenschaftsbegriffs sehr unterschiedlich ausfallen kann – selbst dann, wenn man das gleiche Rechtsinstitut vor Augen zu haben glaubt. Anders als es für die Aktiengesellschaft oder die Gesellschaft mit beschränkter Haftung zu gelten scheint, bietet die genossenschaftliche Initiative ein sehr reiches Spektrum an Erscheinungs- und Gestaltungsformen. Dazu kommt, dass Genossenschaften sich ihrem Wesen nach nicht stets widerspruchsfrei und dabei klar abgrenzbar in das jeweils herrschende Spektrum unternehmerischer und gesellschaftsrechtlicher Strukturen einordnen lassen.[31] Durch ihre personenbezogene Struktur einerseits und ihren unternehmerischen Charakter andererseits vereinigen Wirtschaftsgenossenschaften Merkmale unterschiedlicher Rechtsformen. Die Rezeption des ökonomischen und soziologischen Phänomens „Genossenschaft" in das Privatrecht der einzelnen Staaten verlief daher nicht gleichartig. Dies schlägt sich zwangläufig in ihrer Definition nieder. Bis heute ist etwa in Portugal umstritten, welche Rechtsnatur die Genossenschaft hat.[32] Es verwundert daher nicht, dass die Legaldefinition der Genossenschaft von Land zu Land variiert. In den Beratungen etwa zum belgischen Genossenschaftsgesetz von 1873 war die Definition der Genossenschaft höchst umstritten.[33] Der dortige Gesetzgeber rang sich zu einer Legaldefinition durch, die sich wegen ihrer wenig präzisen und damit dehnbaren Umschreibung teilweise beträchtlicher Kritik ausgesetzt sah.[34] In Österreich treffen wir auf eine kurze Umschreibung, wenn es in § 1 des österreichischen Genossenschaftsgesetzes heißt, dass es sich um „Vereine von nicht geschlossener Mitgliederzahl" handelt, „die im wesentlichen der Förderung des Erwerbs oder der Wirtschaft ihrer

---

[31] SCHULZ/ZERCHE, *Genossenschaftslehre*², 1983, 16; STEDING, *Genossenschaftsrecht*, 2002, 33; NAMORADO, *As empresas cooperativas*, 1996, 2; DIVA BENEVIDES PINHO, *A coopertaiva: associação de pessoas e empresa economica*, Informação Cooperativa 1988, Nr. 3, 6; FEDTKE, *Genossenschaftsrecht in Portugal*, 2002, 209.

[32] FEDTKE, *Genossenschaftsrecht in Portugal*, 2002, 211 ff.

[33] FISCHER, *Genossenschaftsrecht in Belgien*, 1999, 46.

[34] FISCHER, *Genossenschaftsrecht in Belgien*, 1999, 46.

Mitglieder dienen".[35] Die Ähnlichkeit der österreichischen Gesetzesdefinition zu der des § 1 GenG liegt auf der Hand. In England, das als erstes Land in Europa 1852 ein eigenständiges Genossenschaftsgesetz einführte, verzichtete der Gesetzgeber – wohl auch aus rechtssystematischen Gründen – bis heute auf eine positive Legaldefinition.[36]

III. Merkmale

Die oben vorgenommene Gegenüberstellung der Gesetzesdefinitionen lässt schon auf den ersten Blick erkennen, dass die positive Umschreibung des Genossenschaftsbegriffes unterschiedliche Ausmaße annimmt. Der an positiven Merkmalen eher sparsame deutsche Begriff ist dabei, von einigen sprachlichen aber sachlich unbedeutenden Änderungen abgesehen, identisch mit dem Wortlaut des § 1 des preußischen Gesetzes betreffend die privatrechtliche Stellung der Erwerbs – und Wirtschaftsgenossenschaften von 1867. Im selben Zeitraum änderte sich der portugiesische Genossenschaftsbegriff drei Mal.

1. „Eigenständige Juristische Person"

Art. 2 Abs. 1 CCoop umschreibt die Genossenschaft als „selbständige kollektive Person". Diese Umschreibung umfasst zwei unabhängige Merkmale. Einmal legt Art. 2 Abs. 1 CCoop hierdurch fest, dass es sich bei der Genossenschaft um eine Juristische Person handelt. Dies impliziert die Fähigkeit, unabhängig von der Gesamtheit der Mitglieder, selbst Träger eigener Rechte und Pflichten zu sein.[37] Die Genossenschaft kann selbst vor Gericht klagen und dort verklagt werden. Den Gläubigern gegenüber haftet grundsätzlich nur das Vermögen der Genossenschaft.

---

[35] Zur Rechtslage in Österreich vgl. HOFINGER, *Genossenschaftsrecht in Österreich*, in: THEURL/GREVE (Hrsg.), *Genossenschaftsrecht in Europa*, 2001, 71 ff.

[36] SCHMIDT, *Genossenschaftsrecht in England*, in: THEURL/GREVE (Hrsg.), *Genossenschaftsrecht in Europa*, 2001, 140.

[37] Nach Art. 16 CCoop erlangt die Genossenschaft ihre Eigenschaft als Juristische Person mit Eintragung in das zuständige Register. Die Eintragung hat damit konstituierende Wirkung, vgl. Subtil u.a., *Legislação Cooperativa*, 2000, 44.

Gleiches gilt für die deutsche Genossenschaft, wenngleich die Legaldefinition auf eine ausdrückliche Betonung dieser Eigenschaft verzichtet. Schon die Verwendung des Begriffes „Gesellschaft", welche nach ganz herrschender Ansicht keine Qualifizierung als Gesellschaft bürgerlichen Rechts i.S.d. § 705 BGB bedeutet, deutet darauf hin, dass es sich bei der Genossenschaft um eine Juristische Person handelt. Deutlicher tritt diese Grundannahme hervor, wenn die Legaldefinition vom „Erwerb der Rechte einer eingetragenen Genossenschaft" spricht.[38] Zur Gewissheit wird diese Annahme, wenn § 2 GenG bestimmt, dass für die Verbindlichkeiten der Genossenschaft nur ihr eigenes Vermögen haftet.[39] § 17 Abs. 1 GenG stellt daher folgerichtig fest, dass die eingetragene Genossenschaft als solche selbständige Rechte und Pflichten hat. Sie kann dem ausdrücklichen Wortlaut nach Eigentum und andere dingliche Rechte, etwa die an Grundstücken, erwerben und vor Gericht klagen und verklagt werden. Nichts anderes gilt für ihr portugiesisches Gegenstück. Dieses erwirbt die Rechte einer eingetragenen Genossenschaft mit Eintragung in das Handelsregister, Art. 16 CCoop.[40]

Das Merkmal der „Eigenständigkeit" der portugiesischen Genossenschaft ist zunächst historisch bedingt und findet deshalb auch keine sinngemäße Entsprechung in der deutschen Legaldefinition. Zwischen 1888 und 1980 fanden sich die Rechtsgrundlagen für den Betrieb einer Genossenschaft in Portugal in den Art. 207 bis Art. 221 des Handelsgesetzbuches (CCom). Gesetzessystematisch lehnt sich diese Vorgehensweise damit an die französische Gesetzgebung an, welche schon nach dem Gesetzentwurf für Kapitalgesellschaften von 1865 die Genossenschaft als Variante der Aktiengesellschaft betrachtete.[41] Die Schaffung einer gesetzlich eigenständig normierten und damit auch rechtlich eigenständigen Rechtsform der Genossenschaft war zu dieser Zeit weder in Portugal noch in Frankreich gewollt.[42] Der portugiesische Gesetzgeber behandelte die Genossenschaft, unter teilweiser Leugnung genossen-

---

[38] Siehe nur BEUTHIEN, *Genossenschaftsgesetz*[14], 2004, § 1, Rdn. 2.

[39] Freilich kann nach deutschem Recht eine Nachschusspflicht der Genossen gegenüber der Genossenschaft eingreifen, vgl. BEUTHIEN, *Genossenschaftsgesetz*[14], 2004, § 1, Rdn. 1 ff.

[40] Die Eintragung ist konstitutiv. PEREIRA, *Código Cooperativo*[2], 2002, § 16, Rdn. 1.

[41] FISCHER, *Die Europäische Genossenschaft*, 1995, 62.

[42] EICHHORN, *Genossenschaften und Genossenschaftsrecht in Frankreich*, 1957, 57.

schaftlicher Eigenarten, nur als Variante der Handelsgesellschaften, die heute im Gesetzbuch der Handelsgesellschaften (CSC) zusammengefasst sind. Mit Inkrafttreten des Genossenschaftsgesetzes von 1980, das die Genossenschaft wieder als eigenständige und von anderen Rechtsformen unabhängige Rechtsperson behandelt, vollzieht der Gesetzgeber die Abkehr von dieser einschneidenden und wenig folgerichtigen gesetzestechnischen Einordnung.[43] Um diese Abkehr auch hinreichend deutlich zu machen, ließ der Gesetzgeber den Begriff der „Eigenständigkeit" in die Legaldefinition einfließen. Die Eigenständigkeit unterstreicht also die besondere, von den übrigen Rechtsformen abgegrenzte Stellung der Genossenschaft, ohne dass diese freilich einen praktischen oder funktionalen Wert hat.[44] Für die Bestimmung einer Person unter die Rechtsform der Genossenschaft ist sie kein konstituierendes Element.[45]

Der „Eigenständigkeit" der Genossenschaft kann man darüber hinaus auch eine (negative) konzernrechtliche Bedeutung zukommen lassen. Das portugiesische Konzernrecht ist geregelt in den Art. 481 bis Art. 508 – E CSC. Art. 481 Abs. 1 CSC gibt vor, welche Rechtsformen als Konzerngesellschaften in Betracht kommen, namentlich die GmbH, die Aktiengesellschaft und die Kommanditgesellschaft auf Aktien. Es handelt sich hierbei um eine abschließende Aufzählung.[46] Die Genossenschaft ist nicht benannt und kommt daher auch nicht in Betracht als verbundenes Unternehmen im Sinne des Konzernrechtes. Eine Genossenschaft kann sich mit anderen Gesellschaftsformen verbinden allenfalls im Rahmen der strengen Vorgaben des mit der Neufassung des Genossenschaftsgesetzes 1996 neu formulierten Art. 8 CCoop. Für eine Verbindung mit einem Unternehmen nichtgenossenschaftlicher Art geht dies aber nur, solange Sie ihre Eigenständigkeit nicht verliert. Hier kommt der Eigenständigkeit damit eine wesentliche materiell-rechtliche Bedeutung zu, da ein Zusammenschluss mit und ein Aufgehen in anderen Gesell-

---

[43] Anders heute noch in Frankreich, wo sich Genossenschaften zu ihrer Gründung (zumeist) der Basisrechtformen der Aktiengesellschaft, der GmbH oder auch der Societé Civil bedienen, ohne dass der Gegenstand der Genossenschaft jedoch ein handelsrechtlicher ist. Vgl. MÖHLENKAMP, *Genossenschaftsrecht in Frankreich*, in: THEURL/GREVE, *Genossenschaftsrecht in Europa*, 2001, 121.

[44] FEDTKE, *Genossenschaftsrecht in Portugal*, 2002, 93 f.

[45] FEDTKE, *Genossenschaftsrecht in Portugal*, 2002, 94.

[46] NETO, *Código das Sociedades Comerciais*[2], 2003, Art. 481, Rdn. 9.

schaften, insbesondere kapitalorientierten Unternehmen ausgeschlossen oder zumindest ganz streng begrenzt wird.

Die Eigenständigkeit der Genossenschaft wird auch anhand einer weiteren Regelung deutlich. Art. 80 CCoop untersagt die Umwandlung einer Genossenschaft in eine Handelsgesellschaft. Hiernach sind alle Rechtsgeschäfte und Erklärungen, die eine solche Umwandlung direkt oder indirekt veranlassen, nichtig. Deutlicher hätte der Gesetzgeber die Unvereinbarkeit der genossenschaftlichen Unternehmensnatur mit der Natur der Handelsgesellschaft nicht unterstreichen können.

2. „Freie Gründung"

Das Merkmal der freien Gründung besagt, dass die Gründung einer Genossenschaft grundsätzlich nicht abhängig sein soll von staatlicher Bevormundung und damit auch nicht von staatlicher Verleihung. Insoweit folgt der Gesetzgeber der verfassungsrechtlichen Vorgabe aus Art. 61 CRP, wonach die genossenschaftliche Initiative und eine freie Gründung von Genossenschaften geschützt ist.[47] Das Merkmal der freien Gründung bedeutet jedoch nicht, dass die Genossenschaft unabhängig ist von staatlicher Anerkennung. Dieses gilt dem Grunde nach auch für das deutsche Recht, wonach die Genossenschaft ebenso in das entsprechende Register einzutragen ist und erst ab Eintragung ihre besondere Rechtspersönlichkeit zuerkannt erhält. Gleiches gilt für die portugiesische Genossenschaft, welche nach Art. 16 CCoop erst mit Eintrag in das Register ihre genossenschaftliche Rechtspersönlichkeit entfaltet. Hieraus wird deutlich, dass die Genossenschaft in Deutschland, ebenso wie ihr portugiesisches Gegenstück Ihre Rechtsfähigkeit also nicht durch staatliche Verleihung erlangt, wie der Rückschluss aus dem Wortlaut des § 22 Satz 1 BGB ergibt.

---

[47] Artikel 61 Abs. 2 – 4. der portugiesischen Verfassung (Iniciativa privada, cooperativa e autogestionária) lauten: „2. A todos é reconhecido o direito à livre constituição de cooperativas, desde que observados os princípios cooperativos. 3. As cooperativas desenvolvem livremente as suas actividades no quadro da lei e podem agrupar – se em uniões, federações e confederações e em outras formas de organização legalmente previstas. 4. A lei estabelece as especificidades organizativas das cooperativas com participação pública....".

3. „Unterschiedliche Zusammensetzung"

Das Merkmal der unterschiedlichen Zusammensetzung ist in mehrfacher Hinsicht auslegbar. Zum einen deutet dieses auf den wechselnden Mitgliederbestand und entspricht dem Begriff der „nichtgeschlossenen Mitgliederzahl" in § 1 GenG. Dieses Merkmal gilt als eine der charakteristischen Eigenschaften einer Genossenschaft. Bedenken gegen eine Exklusivität dieses Merkmales bestehen aber insoweit, als gerade die Aktiengesellschaft, als kapitalistisch organisiertes Gegenstück zur Genossenschaft, ebenso über einen stets wandelbaren Gesellschafterbestand verfügt. Die Veräußerung von Aktien und die hiermit verbundene Weitergabe von Gesellschafterrechten ist dort sogar aufgrund ihrer grundsätzlich freien Handelbarkeit wesentlich einfacher und schneller besorgt, als die Übertragung einer Mitgliedschaft in einer Genossenschaft, welche selbst nur sehr restriktiv übertragbar ist. Daher ist der wechselnde Mitgliederbestand nicht ein exklusives Merkmal der Genossenschaft. Insoweit lässt sich auch fragen, ob die Betonung der variablen Mitgliederzahl, die sich mittelbar, aber zwingend auch aus dem Merkmal der Variabilität des Kapitals ergibt, hier maßgeblich ist. Denn wie in der deutschen Legaldefinition scheint dieses Merkmal auch für portugiesische Genossenschaften kein konstitutives Merkmal zu sein.[48] So ließe sich das Merkmal der unterschiedlichen Zusammensetzung auch dahingehend verstehen, dass die Genossenschaft in unterschiedlichen Erscheinungsformen und Tätigkeitsfeldern in Erscheinung tritt. Damit würde dieses Merkmal auf die ergänzende Gesetzgebung verweisen, die für sich die einzelnen Rahmen genossenschaftlicher Tätigkeiten speziell regelt.

Der deutsche Gesetzgeber hat in § 1 Abs. 1 GenG ebenso ausdrücklich den wechselnden Bestand der Mitglieder in Gestalt der „nicht geschlossenen Mitgliederzahl" eingefügt. Daran wird deutlich, dass die Genossenschaft ihrer Grundstruktur nach ein Verein ist.[49] Die Genossenschaft ist damit in Deutschland und in Portugal auch in ihrem Bestand unabhängig vom Wechsel der einzelnen Mitglieder. Dies unterscheidet sie hier und dort von der Gesellschaft bürgerlichen Rechts bzw. Sociedade Civil.[50] Lediglich für den Fall der dauerhaften Unterschreitung der

---

[48] BEUTHIEN, *Genossenschaftsgesetz*[14], 2004, § 1, Rdn. 4.
[49] BEUTHIEN, *Genossenschaftsgesetz*[14], 2004, § 1, Rdn. 4.
[50] BEUTHIEN, *Genossenschaftsgesetz*[14], 2004, § 1, Rdn. 4.

vorgesehenen Mindestmitgliederzahl ist die Genossenschaft von Gesetzes wegen aufzulösen, § 80 Abs. 1 GenG und Art. 77 Buchstabe d) CCoop. Dieser Auflösungsgrund dient jedoch dem Schutz des Rechtsverkehrs und beruht nicht auf rechtsdogmatischen Erwägungen.

4. „Variables Kapital"

Die Variabilität des Kapitals gilt als eine der hervorstechendsten Merkmale der Genossenschaft. Sie hängt sowohl in Deutschland als auch in Portugal unmittelbar mit der Variabilität der Mitgliederzahl zusammen, weil etwa im Fall eines Austritts eines Genossen dieser einen Auszahlungsanspruch in Höhe seines Geschäftsguthabens gegenüber der Genossenschaft hat. Damit ist die Höhe des Gesellschaftskapitals grundsätzlich abhängig von dem Bestand der Mitglieder. Dass in Portugal eine Genossenschaft zur Gründung ein gewisses Mindestkapital zu Gläubigerschutzzwecken realisieren muß und dagegen in Deutschland keine Mindestkapitalvorgabe aber dafür eine entsprechende Gründungsprüfung vorausgesetzt wird, widerspricht der Variabilität des Kapitals nicht. Dieses Merkmal grenzt die Genossenschaft insoweit von Kapitalgesellschaften ab, als letztere grundsätzlich ein fest vorgeschriebenes Gesellschaftskapital haben sollen. Damit hängt auch der Umstand zusammen, dass die Beteiligung an einer Genossenschaft grundsätzlich nicht verbrieft werden kann.[51] Soweit das portugiesische Recht von Beteiligungstiteln spricht, können diese nur unter ganz strengen Ausnahmebedingungen übertragen werden. Sie sind also nicht marktfähig; erst Recht nicht börsenfähig.[52] Denn sowohl in Deutschland als auch in Portugal unterscheidet sich die Genossenschaft von der Aktiengesellschaft dadurch, dass die Förderung ihrer Mitglieder im Vordergrund steht und daher die Gestaltung durch und die Mitwirkung der Mitglieder gefragt ist, weniger die Kapitalbeibringung durch diese selbst.[53] Die Beteiligung an einer Genossenschaft entzieht sich – anders als die an einer Aktiengesellschaft – also hier und dort der Spekulation.

---

[51] BEUTHIEN, Genossenschaftsgesetz[14], 2004, § 1, Rdn. 2 a.
[52] FEDTKE, Genossenschaftsrecht in Portugal, 2002, 122 f.
[53] BEUTHIEN, Genossenschaftsgesetz[14], 2004, § 1, Rdn. 2 a.

5. „Förderung der Mitglieder"

Der Förderzweck ist ureigenster Hauptgegenstand und tatsächlich eines der wesentlichen und prägenden Merkmale der Genossenschaft. Es bildet sozusagen das Kernelement des Genossenschaftsbegriffes, wenngleich eine Förderung von Gesellschaftern an sich kein rein genossenschaftsspezifisches Merkmal ist. Es kann zu Recht einer Vielzahl von Unternehmenstypen und Körperschaften zugesprochen werden, je nachdem wie weit man die Förderung verstehen will. Genossenschaftsspezifisch ist aber die hieraus resultierende Vorgabe, dass das genossenschaftliche Unternehmen eine lediglich dienende Funktion ausübt, gleichsam als Plattform für die nach wie vor eigenständigen Bedürfnisse und die Wirtschaft der einzelnen Genossen.

Spezifisch genossenschaftliche dürfte zudem die Umschreibung des Förderungszwecks sein. Nach Art. 2 Abs. 1 CCoop fördert die Genossenschaft ihre Mitglieder in ihren wirtschaftlichen, sozialen und kulturellen Bedürfnissen. Dabei ist es der portugiesischen Genossenschaft im Gegensatz zu der deutschen Genossenschaft durchaus erlaubt, auch nur einen dieser Bereiche zu fördern, etwa lediglich soziale oder kulturelle Belange. Für eine Verfolgung rein ideeller Zwecke steht die deutsche Genossenschaft nicht zur Verfügung.[54] Dies ist der wesentliche Unterschied zwischen deutscher und portugiesischer Genossenschaft. Zwar ist der deutschen Genossenschaft neben dem wirtschaftlichen Förderzweck auch die beschränkte Verfolgung eines ideellen Zwecks erlaubt. Ihr wird insoweit ein sog. „Nebenzweckprivileg" zugestanden.[55] Diese ideellen Zwecke stehen aber nicht im Vordergrund, was für die portugiesischen Genossenschaft so nicht gelten muss. Gerade für die Kulturgenossenschaften ist etwa fraglich, ob diese primär einer wirtschaftlichen Förderleitung nachgehen oder eher ganz überwiegend einen ideellen Zweck verfolgen. Art. 2 Abs. 1 CCoop steht sowohl der einen als auch der anderen Annahme nicht entgegen.

Hier kommt man unter Umständen in Konflikt mit den Regelungen des zivilrechtlichen Vereins, dem Idealverein. Zu einer besseren Abgrenzung zwischen dem für ideelle Zwecke vorrangig zu sehenden

---

[54] GLENK, *Die eingetragene Genossenschaft*, 1996, 36.
[55] RGZ 154, 343; GLENK, *Die eingetragene Genossenschaft*, 1996, 36.

Idealverein von einer die wirtschaftlichen Interessen ihrer Mitglieder verfolgenden Genossenschaft ist zu fragen, ob der Gesetzgeber nicht eine Eingrenzung des Genossenschaftsbegriffes im Hinblick auf den sehr weiten Förderbereich vornehmen sollte. Soweit der Förderzweck auch soziale und kulturelle Belange betrifft, kann man nicht ausschließen, dass eine Überschneidung mit den Zielen und dem Zweck eines Idealvereines entsteht. Der Gesetzgeber sollte daher aus Gründen der Kohärenz den Schwerpunkt der Förderleistung auf die wirtschaftlichen Belange der Genossen legen und soziale und kulturelle Belange dahinter zurücktreten lassen, ohne diese auszugrenzen. Hier könnte das aus Deutschland bekannte Nebenzweckprivileg durchaus übertragbar und gut nutzbar sein, wenngleich auch dieses keine stets eindeutige Abgrenzung erlaubt.

6. „Keine Gewinnerzielungsabsicht"

Die portugiesische Genossenschaft verfolgt keine unmittelbar eigene Gewinnerzielungsabsicht. Dieses Merkmal gilt in der portugiesischen Literatur als wichtigstes Abgrenzungskriterium zu den Kapitalgesellschaften.[56] Dies kann man insoweit in Frage stellen, als auch Kapitalgesellschaften letztendlich Gewinne für sich und ihre Anteilseigner erwirtschaften wollen.[57] Deutlich tritt dies hervor, wenn man die Debatte um den „shareholder value" verfolgt. Daher ist auch hier eine deutliche Abgrenzung zwischen Genossenschaft und anderen Rechtsformen nicht auf plakative und möglicherweise ideologisch motivierte Formeln reduzierbar. Klar wird dieses, wenn man bedenkt, dass dieses Merkmal im Gegenzug einen tatsächlich realisierten Gewinn nicht untersagt. Dies widerspräche schließlich auch betriebswirtschaftlichen Erfordernissen, denen sich Genossenschaften nicht entziehen können, wenn sie erfolgreich am Markt bestehen wollen. Entscheidend ist nach dem Wortlaut

---

[56] CASTELO BRANCO, *Algumas notas sobre as cooperativas e o lucro*, Revista de Direito e de Estudos Sociais, 1989, 299.

[57] BEUTHIEN, *Die atypische Stille Gesellschaft*, Vorträge und Aufsätze des Forschungsvereins für Genossenschaftswesen, Heft 27, 2003, 22 weist darauf hin, dass auch Kapitalgesellschaften schließlich nicht für sich selbst Gewinne erzielen, sondern letztlich auch nur für ihre Gesellschafter.

des portugiesischen Gesetzes vielmehr, dass die Genossenschaft keine Absicht der Gewinnerzielung verfolge.[58] Grundsätzlich gilt dies auch für die deutsche Genossenschaft, da auch bei ihr der förderwirtschaftliche Zweck im Vordergrund steht. Die Förderleistung darf daher eben nicht darin bestehen, ausschließlich einen Geschäftsüberschuss aus Geschäften mit Dritten in Gestalt einer Kapitaldividende an die Mitglieder auszuschütten.[59] Eine „Kapitalgenossenschaft" ist nach deutschem Verständnis also ebenso wenig statthaft.[60]

In der portugiesischen Literatur hat sich darüber hinaus eine rege Diskussion darüber entwickelt, ob die wirtschaftliche Tätigkeit der Genossenschaft eine zumindest den Gewinn ersetzende Tätigkeit sein kann oder im Rahmen eines weiten Gewinnbegriffes unter Art. 980 CC subsumiert werden kann. Art. 980 CC definiert die Gesellschaft bürgerlichen Rechts (= Sociedade civil) und bestimmt insoweit, dass die Gesellschafter gerade auch mit dem Zweck zusammenwirtschaften, einen Gewinn zu erzielen. Die Gewinnerzielung ist daher wesentliche Voraussetzung zur Bejahung einer sociedade civil. Doch widerspricht schon der Wortlaut des Art. 2 CCoop, der eben eine Gewinnerzielungsabsicht ausdrücklich verneint, diesem wesentlichen Merkmal der sociedade civil. Ein Teil der portugiesischen Literatur subsumiert die Tätigkeit der Genossenschaft daher zumindest als eine den Gewinn i.S.d. Art. 980 CC ersetzende Tätigkeit und stellt die Genossenschaft insoweit mit der sociedade civil gleich. Dies erscheint schon wegen des eindeutigen Wortlautes unzulässig. Letztlich geht daher auch die Diskussion um einen weiten oder engen Gewinnbegriff am Kern des Problems vorbei.[61] Denn Art. 2 Abs. 1 CCoop schreibt schließlich ausdrücklich vor, dass die Genossenschaft nicht zum Zwecke eines eigenen Gewinnes tätig ist. Insoweit wird man eine Einordnung der genossenschaftlichen Tätigkeit unter den Gewinnbegriff des Art. 980 CC nicht vornehmen können.

---

[58] PEREIRA, *Código Cooperativo*², 2002, Art. 2, Anm. 3.
[59] RGZ 133, 170.
[60] BEUTHIEN, *Genossenschaftsgesetz*¹⁴, 2004, § 1, Rdn. 8.
[61] FEDTKE, *Genossenschaftsrecht in Portugal*, 2002, 226.

7. „Genossenschaftliche Prinzipien"

Die Beachtung der „Genossenschaftlichen Prinzipien" erhält nach portugiesischem Recht einen beachtlichen, ausdrücklichen Stellenwert. Anders als das deutsche Genossenschaftsgesetz, das eine ausdrückliche Formulierung und Hervorhebung genossenschaftlicher Prinzipien nicht kennt, stellt der portugiesische Gesetzgeber diese ausdrücklich in Art. 3 CCoop hervor. Es handelt sich dabei um die Grundsätze des freien Beitritts, der demokratischen Verwaltung, der wirtschaftlichen Beteiligung der Mitglieder, der Autonomie, der Ausbildung und Information, der Zusammenarbeit und des Interesses für die Gemeinschaft.[62] Allein schon ihre Stellung im Gesetz, unmittelbar nach der Legaldefinition der Genossenschaft zeigt, welche Bedeutung die Ausrichtung auf die genossenschaftlichen Prinzipien für das portugiesische Gesetz hat. Unterstrichen wird ihre Geltung zudem durch ihre verfassungsrechtliche Hervorhebung in Art. 61 Abs. 2 CRP, ohne dass diese darin ausdrücklich formuliert werden. Dass es sich hierbei der Sache nach um die Grundsätze des Internationalen Genossenschaftsbundes handelt, dürfte nichts an dem Umstand ändern, dass lediglich die in Art. 3 CCoop konkret formulierten Rechtssätze bindenden Charakter für das Genossenschaftsgesetz haben und über Art. 61 Abs. 2 CRP zu Grundsätzen von Verfassungsrang werden.[63]

Die genossenschaftlichen Prinzipien treten dagegen im deutschen Recht weniger deutlich hervor. Sie sind vielmehr gesetzesimmanente Grundsätze, die sich mittelbar aus dem Gesetz ergeben, ohne dass sie als solche ausdrücklich im Gesetz formuliert werden. Es handelt sich insbesondere um die Grundsätze der autonomen Selbstverwaltung, der Selbsthilfe, der Selbstverantwortung, der Wirtschaftlichkeit, der Identität von Unternehmern und Kunden sowie den Grundsatz der Demokratie. Unabhängig von der inhaltlichen Divergenz im Vergleich zu den Grundsätzen des Art. 3 CCoop, sei festgehalten, dass sie lediglich im Einzelfall als Sachwertungsgesichtspunkte der Gesetzesauslegung

---

[62] FEDTKE, *Genossenschaftsrecht in Portugal*, 2002, 69 ff. Im geltenden französischen Genossenschaftsrecht beruft man sich ebenso auf sieben Genossenschaftliche Prinzipien. Vgl. hierzu COUVERT/BARBIERI, *Droit Commercial*[13], 1996, 200.

[63] FEDTKE, *Genossenschaftsrecht in Portugal*, 2002, 87.

dienen.[64] Sie sind kein so weitreichender Beurteilungs– und Gültigkeitsmaßstab wie die portugiesischen Grundsätze. Denn ein Verstoß gegen die Genossenschaftlichen Prinzipien ist in Portugal gleichsam ein Verstoß gegen Verfassungsrecht.[65] Einen derart hervorgehobenen Stellenwert wie nach portugiesischem Recht kann man ihnen also im deutschen Recht nicht beimessen.

IV. Europa

Die bisherige Darstellung belegt erhebliche Unterschiede der Genossenschaftsbegriffe in ihrer konkreten Formulierung und der Zahl der einzelnen Merkmale. Dem Rechtsverständnis nach unterscheiden sich jedoch beide Legaldefinitionen dennoch nicht sehr. Denn beiden Gesetzen liegt im Ergebnis ein sehr ähnliches Bild von der Genossenschaft zugrunde. Im Zuge der Europäisierung des Genossenschaftswesens stellt sich aber auch die Frage, ob sich diese nationalen Begriffsbestimmungen mit der europäischen Begriffsbestimmung in Einklang bringen lassen. Der Europäische Gesetzgeber definierte ursprünglich in Art. 1 des Verordnungsvorschlages über das Statut der Europäischen Genossenschaft (SCE), diese sei eine „Gesellschaft mit eigener Rechtspersönlichkeit, deren Kapital in Anteile zerlegt ist und die zum Ziel hat, die Bedürfnisse ihrer Mitglieder zu befriedigen und deren wirtschaftlichen und/oder sozialen Tätigkeit zu fördern".[66]

Diesem Vorschlag kam der europäische Gesetzgeber im wesentlichen nach, wenn es nunmehr in Art. 1 Abs. 2 der Verordnung des Rates der Europäischen Union über das Statut der Europäischen Genossenschaft[67] heißt, die SCE ist eine Gesellschaft, deren Grundkapital in

---

[64] BEUTHIEN, *Genossenschaftsgesetz*[14], 2004, § 1, Rdn. 37.

[65] Nach der Rechtsprechung des Tribunal Constitucional (= portugiesischer Verfassungsgerichtshof) kann sich eine Genossenschaft, die ihren Betrieb im Widerspruch zu den Genossenschaftlichen Prinzipien führt, nicht auf den genossenschaftsspezifischen Grundrechtsschutz der Verfassung berufen, noch darf sie eine Bezeichnung führen, die sie mit einer echten Genossenschaft gleichstellt (Accordão do TC Nr. 321/89 vom 20. April 1989).

[66] Abl. EG Nr. C 236 vom 31.08.1993, vgl. FISCHER, *Die Europäische Genossenschaft*, 1995, 79 ff.

[67] Verordnung (EG) Nr. 1435/2003 des Rates vom 22. Juli 2003 über das Statut der Europäischen Genossenschaft.

Geschäftanteile zerlegt ist und deren Mitgliederzahl als auch das Grundkapital veränderlich sind. Weiter heißt es zum Hauptzweck der SCE in Art. 1 Abs. 3 der Verordnung, sie decke den Bedarf ihrer Mitglieder und /oder fördere deren wirtschaftlichen und / oder sozialen Tätigkeiten. Auch hier handelt es sich auf den ersten Blick also um eine juristische Person, deren eigentliches Ziel nicht die Kapitalmaximierung ist, sondern die Förderung der wirtschaftlichen und sozialen Belange ihrer Mitglieder. Auch hier steht der förderwirtschaftliche Betrieb der Genossenschaft klar im Vordergrund.

Doch fällt hier auf, dass insbesondere mit Blick auf das deutsche Recht eine Besonderheit aus dem Rahmen fällt. Der Förderzweck der Europäischen Genossenschaft ist weiter gefasst als nach deutschem Verständnis, da die Mitglieder einer Europäischen Genossenschaft auch nur bei ausschließlich sozialen Tätigkeiten gefördert werden können.[68] Damit sind auch ideelle Zwecke förderungswürdig und förderungsfähig, was dem Grunde nach eher dem portugiesischen Rechtsverständnis entspricht. Denn dort erlaubt Art. 2 CCoop ausdrücklich auch die Förderung rein sozialer und damit wohl auch ideeller Zwecke. Zweifelhaft bleibt hinsichtlich des Genossenschaftsbegriffes nach § 1 Abs. 1 GenG, ob auch die Förderung rein sozialer bzw. ideeller Zwecke in Deutschland erlaubt sein kann.[69] Aus praktischen Gründen will die herrschende Literatur und ein Teil der Rechtsprechung in Deutschland der Genossenschaft im Rahmen des Nebenzweckprivilegs einen mit dem wirtschaftlichen Förderzweck einhergehenden ideellen Nebenzweck zugestehen.[70] Ob ein solches Nebenzweckprivileg auch der Europäischen Genossenschaft zu Gute kommt, dürfte sich bis zu einer Entscheidung durch den EuGH nach dem Recht des Sitzstaates entscheiden und wird wohl als gestaltungserhebliches Attribut gelten.

V. Rechtsnatur

Trotz der Bezeichnung „Gesellschaft" in § 1 GenG handelt es sich bei der Genossenschaft nach deutschem Verständnis nicht um eine

---

[68] BEUTHIEN, *Genossenschaftsgesetz*[14], 2004, Art. 1 SCE, Rdn. 2.
[69] BEUTHIEN, *Genossenschaftsgesetz*[14], 2004, § 1, Rdn. 10.
[70] BEUTHIEN, *Genossenschaftsgesetz*[14], 2004, § 1, Rdn. 10; PAULICK, *Das Recht der eingetragenen Genossenschaft*, 1956, § 5 II, 1 c, BVerwG, NJW 1979, 2265.

Gesellschaft i.S.d. § 705 BGB. Sie ist ein wirtschaftlicher Verein, der sich gegenüber dem Idealverein nach § 21 BGB dadurch abgrenzt, dass jener nicht auf einen wirtschaftlichen Geschäftsbetrieb ausgerichtet und die Genossenschaft eben seiner zweckgebundenen Natur nach förderwirtschaftlich tätig ist, also einen eigenen wirtschaftlichen Betrieb zur Förderung der Mitglieder bereit hält.[71] Demnach ist die persönliche Mitgliedschaft des Genossen wesentliches Kernelement der Genossenschaft und nicht bloß die Kapitaleinlage.[72] Die Genossenschaft ist aufgrund ihres körperschaftlich personalistischen Wesens in Deutschland also ein förderwirtschaftlicher Sonderverein.[73]

So sehr dies in der deutschen Literatur übereinstimmend vertreten wird, so wenig kann man eine eindeutige Position ihrer Rechtsnatur in der portugiesischen Rechtsliteratur festmachen.[74] Die Rechtsnatur der portugiesischen Genossenschaft ist bis heute selbst in der portugiesischen Rechtsprechung nicht ganz eindeutig, und darf von dieser Seite daher auch nicht als gesichert betrachtet werden.[75] Ein Grund für diese Unsicherheit ist der Umstand, dass der Genossenschaft eine doppelte

---

[71] BEUTHIEN, *Genossenschaftsgesetz*[14], 2004, § 1, Rdn. 2. Zu den Abgrenzungsschwierigkeiten zwischen Idealverein und Wirtschaftsgenossenschaft vgl. BEUTHIEN, *Genossenschaftsgesetz*[14], 2004, § 1, Rdn. 13 ff. Zur Abgrenzung der Vereinsformen siehe TERNER, *Die Vereinsklassenabgrenzung des Bürgerlichen Gesetzbuches, Rpfleger* 2004, 537.

[72] BGHZ 17, 385.

[73] HETTRICH/PÖHLMANN/GRÄSER/RÖHRICH, *Genossenschaftsgesetz*[2], 2001, § 1, Rdn. 1 f.; HILLEBRAND/KEßLER, *Berliner Kommentar zum Genossenschaftsgesetz*, 2001, § 1, Rdn. 3. Vgl. auch STEDING, *Genossenschaftsrecht*, 2002, 51 ff.

[74] NAMORADO, *Introdução ao direito cooperativo*, 2000, 252 ff.

[75] Vgl. beispielhaft das Urteil des Oberlandesgerichts Porto v. 23.02.1995 (Az.: 9431157). Das Gericht begnügt sich mit der Feststellung (Leitsatz 2), dass es sich bei der Genossenschaft nicht um eine Gesellschaft handelt, nicht einmal den Anforderungen des Art. 980 CC (sociedade civil) entspricht. Allein diese negative Abgrenzung läßt mangels einer positiven Aussage zu der Rechtsnatur der Genossenschaft eben diese im Dunkeln. Auch das Oberlandesgericht Coimbra begnügt sich in seinem Urteil vom 22.09.1992 (*Colectânea de Jurisprudência* 1992, Band IV, 73) mit der Umschreibung „privatrechtliche Juristische Person". Ebenso wenig ergiebig etwa das Urteil des Oberlandesgerichts Évora v. 31.05.1998; abgedruckt in *Colectânea de Jurisprudência* 1998, Band 1, 306, das Urt. des Oberlandesgerichts Lissabon v. 15.06.1995 abgedruckt in *Jurisprudência Cooperativa* – Colectânea 1995, 83 sowie das selbe Gericht in seinem Urteil v. 07.07.1993, abgedruckt in *Colectânea de Jurisprudência* 1993, Band III, 150.

Natur anhaftet, einmal die Genossenschaft als Personenvereinigung, andererseits die eben selbe Genossenschaft als betriebswirtschaftliches Unternehmen.[76] Als nach außen wirtschaftlich agierendes Gebilde verleitet sie zu einer nur beschränkten Betrachtungsweise – eben als nach außen auftretendes Wirtschaftsunternehmen – was der Qualifikation als Verein zu widersprechen scheint. Mithin müsse sie eine Gesellschaft oder eine Handelsgesellschaft sein, weil die körperschaftliche personalistische Struktur für den Außenstehenden nicht hervorstechend sei.[77] Dieser scheinbare Widerspruch zieht sich wie ein roter Faden durch die Diskussion um die Rechtsnatur in Portugal. Steding hat dieses Problem für den deutschen Rechtskreis wie folgt beschrieben:

> *„Die Rechtsform der eingetragenen Genossenschaft ist eine Variante im Formenensemble des Gesellschaftsrechts. Als personalistisch geprägte Körperschaft quasi zwischen den Personen – und Kapitalgesellschaften stehend und Eigenschaften sowohl der einen als auch der anderen Gattung von Gesellschaften – vorzüglich miteinander liiert – in sich vereinigend, weist sie eine unverwechselbare Originalität auf."*[78]

Dies gilt ebenfalls für das Genossenschaftsrecht in Portugal so sehr, dass dieses Zitat ebenso gut aus dem Munde eines portugiesischen Betrachters kommen könnte. Nur stellt sich dort die Frage, welche Rechtsnatur diese Originalität nun tatsächlich aufweist.

1. Ordnung nach Art. 157 Código Civil

Ein Teil der Rechtsliteratur vertritt die Ansicht, bei der Cooperativa handele es sich nach wie vor um eine Gesellschaft im engeren Sinne (sociedade) und nicht um eine an den Verein angelehnte Rechtsperson.[79]

---

[76] DE QUEIROZ, *Algumas questões sobra a natureza jurídica das cooperativas*, Boletim Informativo 1979, Nr. 3, 5; FEDTKE, *Genossenschaftsrecht in Portugal*, 2002, 212 f.; LANG/WEIDMÜLLER/METZ/SCHAFFLAND, *Genossenschaftsgesetz*[33], 1997, § 1, Rdn. 2.

[77] So im Ergebnis PINTO FURTADO, *Curso de Direito das Sociedades*[5], 2004, 148 ff. (158).

[78] STEDING, *Genossenschaftsrecht*, 2002, 33.

[79] Jüngst wieder PINTO FURTADO, *Curso de Direito das Sociedades*[5], 2004, 148 ff. (158).

Diese Qualifizierung geht zurück auf die dreiteilige Ordnung Juristischer Personen in Art. 157 CC, der die Grundbegriffe der Juristischen Personen regelt. Hiernach sind die Regelungen des Kapitels II anwendbar auf den Verein, welcher nicht wirtschaftlichen Zwecken der Mitglieder zu dienen bestimmt ist („não tenham por fim o lucro economico dos associados"), die Stiftung sowie die Gesellschaft. Dieser Grundordnung folgend, regeln die Art. 167 ff. CC den Idealverein, die Art. 185 ff. CC die Stiftung und die Art. 980 ff. die Gesellschaft bürgerlichen Rechts. Die Gruppe der Gesellschaften besteht über der Grundform der Sociedade Civil der Art. 980 ff. Código Civil hinaus aus den sog. „Handelsgesellschaften" des Código das Sociedades Comerciais, namentlich der OHG, AG, KG, KGaA, und der GmbH. Nach der von Art. 157 CC ausgehenden Einteilung der Juristischen Personen will ein Teil der Literatur die Genossenschaft eben dieser Gruppe der Gesellschaften bzw. Handelsgesellschaften zuordnen.[80]

a) Gesellschaft / Handelsgesellschaft

Die Diskussion um die Einordnung der Genossenschaft als Gesellschaft kreist oft um die Frage, ob die Tätigkeit der Genossenschaft, welche unbestritten eine wirtschaftliche Tätigkeit sein kann und regelmäßig auch ist, zugleich eine auf Gewinnerzielung gerichtete Tätigkeit ist.[81] Eine Gewinnerzielung ist Voraussetzung für die Qualifikation als Gesellschaft bürgerlichen Rechts nach Art. 980 CC und liegt auch dem Verständnis der Handelsgesellschaften zugrunde. Maßgeblich sei nach einem Teil der Literatur im Ergebnis nur, dass es sich bei der eingetragenen Genossenschaft um ein Wirtschaftsunternehmen handele.[82] Das heute existierende Begriffsmerkmal der „fehlenden Gewinnabsicht", was der gesetzlichen Umschreibung der Gesellschaft bürgerlichen Rechts nach Art. 980 CC diametral entgegenstehe, sei letztlich als eine aus ideologischen Gründen genutzte Verschleierung einer tatsächlich gewinnbrin-

---

[80] Vgl. die einzelnen Nachweise bei FEDTKE, *Genossenschaftsrecht in Portugal*, 2002, 214 f und 216 ff.

[81] CASTELO BRANCO, *Algumas notas sobre as Cooperativas e o lucro*, Revista de Direito e de Estudos Sociais, 1989, 299.

[82] PINTO FURTADO, *Curso de Direito das Sociedades*[5], 2004, 148 ff.

genden, zumindest gewinnersetzenden Tätigkeit der Genossenschaften zu betrachten.[83] Sie sei daher letztlich nichts anderes als eine Handelsgesellschaft.[84] Zudem weist ein Teil der Literatur zur Begründung ihres Standpunktes vergleichend auf andere Rechtsordnungen, die traditionell dem portugiesischen Gesellschaftsrecht eng verbunden sind, insbesondere auf das italienische und französische Recht.[85] Dieser Vergleich unterstütze die Annahme, dass es sich bei der Genossenschaft um eine Gesellschaft handele.[86] Doch erscheint zweifelhaft, ob diese Vergleiche in dieser Frage weiterhelfen, wenn es sich bei der Rechtslage in Portugal in der Tat um eine sehr eigenständige, von fremdrechtlichen Einflüssen weitestgehend isolierte Rechtsentwicklung handelt, welche daher schon von sich aus eine pauschalisierte Bezugnahme auf fremde Rechtsinstitute verbietet.

b) Rechtsperson suis generis

Keine befriedigende Lösung erhält man, wenn man mit einem Teil der portugiesischen Literatur bei der Cooperativa von einer Rechtsperson „suis generis" spricht.[87] Es ist zwar richtig, dass die Genossenschaft im bestehenden System Juristischer Personen nach Art. 157 ff. CC besondere Eigenheiten aufweist und sie sich nicht direkt widerspruchsfrei zu einem der drei Grundtypen Idealverein, Stiftung oder Gesellschaft, einordnen lässt. Die Bezeichnung „suis generis" ist aber eine negative Abgrenzung, ohne dass hiermit der Versuch unternommen würde, die Rechtsnatur der Genossenschaft positiv zu bestimmen. Daher erscheint sie im Ergebnis wenig hilfreich. Folgerichtig erscheint es sinnvoll, eine positive Qualifikation anhand der bestehenden Ordnung der Juristichen Personen zu unternehmen.

---

[83] PINTO FURTADO, Curso de Direito das Sociedades⁵, 2004, 148 ff.
[84] PINTO FURTADO, Curso de Direito das Sociedades⁵, 2004, 148 ff.
[85] PINTO FURTADO, Curso de Direito das Sociedades⁵, 2004, 148 ff. in seinen Fußnoten 144 bis 158.
[86] PINTO FURTADO, Curso de Direito das Sociedades⁵, 2004, 148 ff.
[87] CASTELO BRANCO, Algumas notas sobre as Cooperativas e o lucro, Revista de Direito e de Estudos Sociais, 1989, 299 (324).

c) Wirtschaftlicher Sonderverein

Die besseren Gründe sprechen im Ergebnis für eine Qualifizierung der Genossenschaft als wirtschaftlicher Verein.[88] Zuzugestehen ist, dass die Genossenschaft selbst einer wirtschaftlichen Tätigkeit nachgeht – zumindest im weitesten Sinne.[89] Eine bloße wirtschaftliche Tätigkeit im weitesten Sinne erfüllt jedoch nicht das Merkmal der Gewinnerzielungsabsicht, welche dem Begriff der Gesellschaft bürgerlichen Rechts nach Art. 980 CC zugrunde liegt. Der portugiesische Gesetzgeber wollte mit Art. 980 nicht schlichtweg jede wirtschaftliche Tätigkeit erfassen. Es bedarf einer solchen Tätigkeit, die einer ureigensten Gewinnerzielungsabsicht der Genossenschaft selbst folgt.[90] So erfasst Art. 980 CC daher zu Recht keine reine Fruchtziehung z.B. im Wege einer Liegenschaftsnutzung oder eines Zinsertrages.[91] Da aber Art. 2 CCoop ausdrücklich eine Gewinnerzielungsabsicht der Genossenschaft selbst untersagt („sem fins lucrativos") kann die Genossenschaft insoweit keine Gesellschaft nach Art. 980 CC sein. Es schadet nicht, wenn die Mitglieder der Genossenschaft selbst eine Gewinnabzielungsabsicht verfolgen.

Die Genossenschaft ist schließlich auch keine „Handelsgesellschaft". Aus gesetzessystematischen Gründen ließ sich die entgegengesetzte Ansicht früher vertreten mit dem Hinweis, die Genossenschaft sei wie die übrigen Handelsgesellschaften bis 1980 im Handelsgesetzbuch, Art. 207 ff. CCom a.F. geregelt.[92] Doch mit der vollständigen Neuregelung des Genossenschaftsrechts in einem eigenständigen Gesetzbuch, das zudem heute klar abgegrenzt ist vom Gesetzbuch betreffend die Handelsgesellschaften (CSC), lässt sich dieses gesetzessystematische Argument nicht mehr aufrecht erhalten.[93] Gerade die gesetzessystema-

---

[88] So im Ergebnis auch ALBERTO LUIS, *Natureza Juridica das Cooperativas em Portugal*, Revista da Ordem dos Advogados, 1966, 155 ff. (173).

[89] Vgl. PATRICIO, *Curso de Direito Economico*², 1981, 218 ff.

[90] Urteil des Supremo Tribunal de Justiça vom 17.05.1995, *Boletim do Ministerio da Justiça*, Band 447, 422. PATRICIO, *Curso de Direito Economico*², 1981, 218 ff. begründet seine Ansicht, dass die Genossenschaft als sociedade civil betrachtet werden kann, mit dem Hinweis, dass die Förderleistung der Genossenschaft eine „den Gewinn ersetzende" Tätigkeit ist und damit unter Art. 980 CC subsumiert werden müsse.

[91] NETO, *Código das Sociedads Comerciais*², 2003, Art. 1, Anm. 2.

[92] Selbst dieses Argument anzweifelnd ALBERTO LUIS, *Natureza juridica das cooperativas em Portugal*, Revista da Ordem dos Advogados, 1966, 155 ff. (170).

tische Lösung der Genossenschaft von den Handelsgesellschaften spricht vielmehr dafür, dass der Gesetzgeber die Genossenschaft als eine hiervon eigenständige Rechtsperson betrachtet.[94] Diese Annahme unterstützt der Wortlaut des Art. 2 CCoop, der ausdrücklich von einer eigenständigen Juristischen Person ausgeht.

Zudem steht Art. 1 Abs. 2 CSC der Annahme entgegen, bei der Genossenschaft handele es sich um eine Handelsgesellschaft. Handelsgesellschaften sind hiernach diejenigen Gesellschaften, welche Handelsgeschäfte zum Gegenstand haben und eine der nachbenannten Rechtsformen annehmen, namentlich die OHG, die GmbH, die AG, die KG und die KGaA. Diese Aufzählung folgt dem Grundsatz des numerus clausus, ist mithin eine abschließende Aufzählung.[95] Da die Genossenschaft selbst und die Diskussion um die Rechtsnatur der Genossenschaft dem Gesetzgeber zum Zeitpunkt der Erarbeitung des neuen CSC bekannt gewesen ist, kann man davon ausgehen, dass er bewusst die Genossenschaft hier nicht erwähnt hat. Eine Handelsgesellschaft im engeren Sinne ist die Genossenschaft also nicht.[96]

Dies wird auch deutlich anhand der Umwandlungsbestimmung in Art. 80 CCoop. Hiernach ist eine Umwandlung einer Genossenschaft in eine Handelsgesellschaft von Gesetzes wegen nichtig. Der Gesetzgeber hätte die Unvereinbarkeit der genossenschaftlichen Rechtsnatur mit der einer Handelsgesellschaft dem Grunde nach nicht deutlicher herausstellen können.[97] Zudem ist anzumerken, dass die Genossenschaft, anders als alle Handelsgesellschaften des CSC grundsätzlich im Wege einer privaten Urkunde gegründet werden kann. Während der Gesellschaftsvertrag einer Handelsgesellschaft stets öffentlich beglaubigt werden muss (Art. 7 Abs. 1 CSC), können Genossen darauf verzichten, soweit in bestimmten Einzellfällen nichts anderes bestimmt ist (Art. 10 CCoop).[98]

---

[93] PEREIRA, *Código Cooperativo*², 2002, Art. 2, Anm. 1.

[94] Hierfür spricht auch die Präambel des Genossenschaftsgesetzes von 1980, in welcher der Gesetzgeber die Besonderheit und Eigenständigkeit der Genossenschaft heraushebt. Vgl. hierzu auch MOREIRA DA CUNHA, *Código Cooperativo anotado*, 1990, 19 ff.

[95] NETO, *Código das Sociedads Comerciais*², 2003, Art. 1, Anm. 4.

[96] So auch VENTURA, *Fusão, cisão e transformação de sociedades*, 1990, 430 ff.

[97] Vgl. PEREIRA, *Código Cooperativo*², 2002, Art. 80, Anm. 2 und 3.

[98] Bezgl. der Handelsgesellschaften vgl. Parecer do Conselho Tecnico da DGRN vom 8.7.1992, P.76/92.

Ein weiteres Argument für die Abgrenzung der Genossenschaft von den Handelsgesellschaften liefert die steuerrechtliche Behandlung. Denn für die Genossenschaft gilt seit 1998 ein eigenes, klar abgegrenztes Steuerrecht, das Estatuto Fiscal Cooperativo.[99] Hierdurch suchte der Gesetzgeber eine der Eigenheit der Genossenschaften bessere und angemessenere steuerrechtliche Behandlung zu finden.[100] Somit lässt sich auch aus steuerrechtlicher Sicht eine eindeutige Trennung zwischen Genossenschaften und Handelsgesellschaften erkennen.

Dabei wird man nicht außer Acht lassen können, dass die Genossenschaft eine wirtschaftliche Tätigkeit entfaltet, welche sie zwingend vom Idealverein abgrenzt. Wegen ihres personalistischen Charakters und des stets wandelbaren Mitgliederbestandes handelt es sich um eine an den Verein angelehnte Körperschaft; mithin um einen wirtschaftlichen Sonderverein.

Dieses Ergebnis wird auch mit einem denkbaren Hinweis auf die Regelungen des Vereins im Zivilgesetzbuch nicht entkräftet. Zwar kann man hier einwenden, der portugiesische Gesetzgeber habe eine mit § 22 BGB vergleichbare Regelung nicht getroffen. Hiernach bedarf ein wirtschaftlicher Verein – also seine rechtswirksame Existenz – grundsätzlich der staatlichen Verleihung. Das Fehlen einer solchen Regelung im Código Civil könnte mithin der zivilrechtlichen Anerkennung eines wirtschaftlichen Vereins entgegenstehen. Immerhin waren Genossenschaften auch schon vor Inkrafttreten des portugiesischen Zivilgesetzbuches von 1966 seit langem bekannt. Das Fehlen einer mit § 22 BGB vergleichbaren Regelung im Código Civil bedeutet nach hier vertretener Ansicht nicht sogleich die Unvereinbarkeit mit einer vereinsrechtlichen Zuordnung. Es besagt lediglich, dass der Gesetzgeber im Rahmen des Zivilgesetzbuches die Existenz wirtschaftlicher Vereine weder ausdrücklich vorgesehen noch ausdrücklich untersagt hat.[101] Ein derartiges Verbot ist den Regelungen des Zivilgesetzbuches auch nicht zu entnehmen. Vielmehr besagen die bestehenden Regelungen nur, dass sich ein Idealverein den Regelungen des Zivilgesetzbuches unterwerfen muss. Die gesetzgeberische „Lücke" des Zivilgesetzbuches im Hinblick auf wirtschaftliche Vereine

---

[99] Lei 85/98 vom 16. Dezember 1998.
[100] Vgl. hierzu FEDTKE, *Genossenschaftsrecht in Portugal*, 2002, 232 ff. (238 ff.).
[101] Vgl. MOTA PINTO, *Teoria Geral do Direito Civil*³, 1999, 12.

wird geschlossen durch die Regelungen des Código Cooperativo, welche für sich allein bereits die Genossenschaft als wirtschaftlichen Verein charakterisieren. Einer Anerkennung durch das Zivilgesetzbuch bedarf es hierfür nicht mehr. Es dürfte sich bei der portugiesischen Genossenschaft daher ebenso wie in Deutschland um eine Variante des Vereines handeln, eben um einen wirtschaftlichen Sonderverein. Diese Bestimmung wird der Regelungsnatur der Cooperativa gerecht und gewährleistet gleichzeitig ihre eindeutige und zeitgemäße Verortung innerhalb des Rechts der Juristischen Personen.

9. Kaufmann

In Deutschland gelten Genossenschaften als Kaufleute im Sinne des Handelsgesetzbuches, soweit das GenG im Einzelfall nichts anderes regelt.[102] Nicht ganz deutlich wird in Portugal mangels ausdrücklicher Regelung im Genossenschaftsgesetz, ob oder unter welchen Umständen die Genossenschaft als Kaufmann anzusehen ist. Regelungen zur Kaufmannseigenschaft finden sich dagegen im Handelsgesetzbuch in Art. 13 CCom und in Art. 230 CCom. Da Art. 13 Abs. 1 CCom die Kaufmannseigenschaft natürlicher Personen regelt, könnte sich diese für die Genossenschaft als Juristische Person lediglich aus Art. 13 Abs. 2 CCom ergeben. Hiernach aber sind lediglich alle Handelsgesellschaften Kaufleute. Schließt man sich der hier favorisierten Ansicht zur Rechtsnatur der Genossenschaft an, wonach die Genossenschaft keine Handelsgesellschaft ist, kann die Genossenschaft nicht Kraft Rechtsform Kaufmann sein.[103] Zwar schließt sich hier dann die Frage an, ob der Begriff „Handelsgesellschaft" aus handelsrechtlicher Sicht anders zu bewerten ist als aus Sicht des Gesellschaftsrechts, mit der Folge, dass man möglicherweise die Genossenschaft insoweit als Handelsgesellschaft i.S.d. Art. 13 Abs. 2 CCom bezeichnen könnte. Doch sind keine plausiblen Gründe erkennbar, warum gerade in diesem Punkt die Genossenschaft als

---

[102] § 17 Abs. 2 GenG.
[103] So wohl auch ASCENSÃO, Lições de direito comercial, 1986, Vol. I, 370 und im Ergebnis auch das Urteil des Oberlandesgerichts Lissabon v. 26.9.1995, abgedruckt in Colectânea de Jurisprudência 1995, Band V, 30 sowie das Oberlandesgericht Porto, Urt. v. 15.01.1996, vgl. den Leitsatz bei PEREIRA, Código Cooperativo², 2002, 133.

Handelsgesellschaft zu behandeln ist. Angesichts der bisher verstrichenen Zeit seit Inkrafttreten des Art. 13 CCom darf man auch davon ausgehen, dass der Gesetzgeber eine Ergänzung des Wortlautes bewusst nicht vorgenommen hat. Damit erscheint es nicht sachgerecht, an dem insoweit klaren Wortlaut des Gesetzes vorbei, die Genossenschaft unter den Begriff des Kaufmannes nach Art.13 Abs. 2 CCom subsumieren zu wollen.

Etwas anderes kann sich allerdings ergeben nach Art. 230 CCom. Hiernach ist wie ein Kaufmann zu behandeln, wer die gewerblichen Tätigkeiten der Art. 230 Nr. 1 – 7 CCom ausübt. Hierzu gehören die Umbildung von Grundstoffen in Fabriken oder Manufakturen, das Ausrichten von öffentlichen Schauspielveranstaltungen, die Vornahme von Verlagsgeschäften, die Veröffentlichung und der Verkauf von wissenschaftlichen und literarischen Werken, der Verkauf von Kunstwerken, der Transport von Personen und Gütern sowie das Errichten von Wohnungen. Diese Auflistung enthält Tätigkeiten, die den Betätigungsfeldern zumindest einiger Genossenschaften entsprechen können. Ob deswegen gleich alle Genossenschaften sich wie Kaufleute behandeln lassen müssen, wie ein Teil der Literatur fordert, ist bedenklich.[104] Denn nicht alle Genossenschaften üben zwingend diese Tätigkeiten aus. Daher ist es auch nicht einzusehen, dass etwa eine Handwerksgenossenschaft von gerade mal 10 Mitgliedern, denen jede kaufmännische Erfahrung fehlen kann, gleichsam automatisch mit einer großen Aktiengesellschaft handelsrechtlich gleichgesetzt werden muss. Vielmehr sollte man in jedem Einzelfall darauf abstellen, ob die betreffende Genossenschaft tatsächlich eine der in Art. 230 benannten Tätigkeiten ausübt.[105] Dies fördert einerseits die Einzelfallgerechtigkeit; andererseits aber ergibt sich hieraus auch ein gänzlich uneinheitliches Bild.[106] Denn es ist

---

[104] So aber MARQUES, *Direito Comercial*, 1995, 372 f.

[105] Eine zwingend einheitliche Anerkennung der Kaufmannseigenschaft für alle Genossenschaften lehnen ab TAVARES, *Sociedades e empresas comerciais*², 1924, 257; NETO/MORENO, *Código Comercial anotado*³, 1977, Art. 207, Anm. 2 und auch das Bezirksgericht Lissabon in seinem Urteil v. 26.9.1995, abgedruckt in *Colectânea de Jurisprudência* 1995, Band V, 30. Anderer Ansicht SALDANHA, *Estudos sobre o Direito Commercial Portuguez*, 1896, 99.

[106] Der Oberste Zivilgerichtshof hat zu der Frage, welche Gerichte für die Nichtigkeitserklärung von Gesellschaftsbeschlüssen von Genossenschaften zuständig seien, festgestellt, dass nicht die Handelsgerichte, sondern die ordentlichen Zivilgerichte zuständig sind. Vgl. Urteil des STJ v. 19.09.2002, Aktenzeichen: 02 B 2071– JSTJ0002080.

unbestreitbar verzerrend, will man eine Kulturgenossenschaft, welche zum Ziel die Veröffentlichung der Gedichte ihrer zehn kaufmännisch völlig unerfahrenen Mitglieder hat, wie einen Kaufmann behandeln; jedoch eine Landwirtschaftsgenossenschaft, die für ihre 1000 Weinbauern einen ganz umfangreichen Betrieb zur Verfügung stellt, eben nicht und das nur weil diese nicht von Art. 230 CCom erfasst wird. Mangels anderslautender Gesetzeshinweise muss aber nach geltender Rechtslage je nach Einzellfall entschieden werden.[107] Will man tatsächlich eine einheitliche Behandlung aller Genossenschaften erreichen, sollte der Gesetzgeber auch zum Zwecke der Rechtssicherheit, den Wortlaut des Art. 13 Abs. 2 CCom ergänzen oder eine entsprechende Klarstellung in Art. 230 CCom einfügen.

VI. Ende

Diese Untersuchung zeigt, dass sich das Rechtsbild der Genossenschaft in Portugal und Deutschland nicht wesentlich unterscheidet. Hier und dort arbeitet die Genossenschaft, welche in ihrem Mitgliederbestand und ihrer Kapitalausstattung variabel ist, nach genossenschaftlichen Grundsätzen, wie das der demokratischen Verwaltung. Sowohl die deutsche als auch die portugiesische Genossenschaft ist heute eine von Handelsgesellschaften abzugrenzende, eigenständige Rechtsform, die folgerichtig eine eigenständige rechtliche Behandlung erfährt, ohne als Variante oder Unterart einer anderen Rechtsform zu gelten. Hier und dort ist die Genossenschaft personalistisch ausgerichtet und anders als Kapitalgesellschaften der Mitgliederförderung und eben nicht der Kapitalaufbringung und Kapitalmaximierung gewidmet. Zudem ist die Genossenschaft in ihrem Fortbestand hier und dort von einem steten Austausch und Wechsel der Mitglieder unabhängig; mithin auch hier und dort dem Grunde nach keine Personengesellschaft sondern eine Sonderform des Vereins. Aufgrund dieser grundsätzlichen Parallelen unterscheiden sich die Gesetzesdefinitionen ungeachtet ihrer konkreten wörtlichen Formulierung zumindest in Ihrer Zielvorstellung nicht. Wenngleich der

---

[107] Dem steht nicht entgegen, dass die Genossenschaft in das zuständige Register eingetragen werden muss, was nach Wegfall des ursprünglich speziellen Genossenschaftsregisters heute beim Handelsregister durchgeführt wird.

portugiesische Gesetzgeber eine umfangreichere Definition wählte, liegen einzelne seiner Gesetzesmerkmale der Genossenschaft, die in § 1 Abs. 1 GenG unausgesprochen bleiben, auch dem deutschen Bild der Genossenschaft zu Grunde. So entspringt das Merkmal der Variabilität des Kapitals indirekt dem ausdrücklichen Merkmal der „nicht geschlossenen Mitgliederzahl" aus § 1 Abs. 1 GenG als logische Konsequenz. Damit zeigen die hier untersuchten Legaldefinitionen nicht nur, dass die gesetzestechnische Erfassung des Phänomens „Genossenschaft" unterschiedlich ausfallen kann – selbst wenn die Vorstellung über dieses Institut wesensgleich sind. Sie belegen gleichsam auch, dass es für eine befriedigende, den Anforderungen der Praxis genügende Lösung dieser Frage und auch für die rechtliche Einordnung der Genossenschaft in das Gesellschaftsrecht keinen goldenen Lösungsweg gibt. Allerdings könnte der portugiesische Gesetzgeber der Diskussion um die Rechtsnatur der Genossenschaft selbst ein Ende setzen, indem er sie – wie schon im Gesetz von 1867 – mit dem Begriff „associação" umschriebe. Denn sie ist auch in Portugal ein wirtschaftlicher Sonderverein und keine Handelsgesellschaft. Schließlich könnte der Gesetzgeber eindeutig die Kaufmannseigenschaft der Genossenschaft regeln. Insoweit handelt es sich um eine echte Regelungslücke, die zum Zwecke der Rechtssicherheit geschlossen werden sollte.

O CONTROLE DE CONCENTRAÇÃO NA TELEVISVÃO NACIONAL PRIVADA NA REPÚBLICA FEDERAL DA ALEMANHA E NA REPÚBLICA FEDERATIVA DO BRASIL

Urbano Carvelli[*]

I. Introdução 471
II. O termo da radiodifusão 472
   1. República Federal da Alemanha 472
   2. República Federativa do Brasil 473
III. O pluralismo de opinião e a importância da radiodifusão para o pluralismo de opinião 475
   1. República Federal da Alemanha 475
   2. República Federativa do Brasil 477
IV. O controle de concentração 478
   1. A concentração da radiodifusão 478
   2. A situação competencial e fundamentos legais 480
   3. Os instrumentos de controle 481
V. Considerações finais 485
VI. Súmario/ Zusammenfassung 488

I. Introdução

A livre formação da opinião e da vontade é uma característica essencial da opinião pública democrática.[1] Parte fundamental do processo

---

[*] Doktorand und Lehrbeauftragter an der Rechtswissenschaftlichen Fakultät der Universität zu Köln.

[1] O artigo consolida a conferência realizada sobre o tema em Gießen em novembro de 2004, na reunião da Deutsch-Lusitanischen Juristenvereinigung (DLJV).

de formação da opinião numa sociedade democrática é o pluralismo de opinião (*zu dt. Meinungspluralismus*), ou seja, a variedade de opiniões igualitárias justapostas existentes conjuntamente e reciprocamente concorrentes em relação à influência. Assim, deve-se aferir uma alta prioridade à salvaguarda do pluralismo de opinião.

No entanto, as transformações dos últimos anos no setor da mídia representam um grande perigo para o pluralismo de opinião. Os crescentes esforços de concentração no mercado da mídia nacional e internacional, os quais são ainda mais impulsionados pelo avanço da tecnologia, contêm em si o perigo da dominância de opinião. A dominância de opinião não é compatível com a idéia do pluralismo de opinião. Com isso, o legislador é obrigado a combater a concentração no setor da mídia. O controle de concentração (*zu dt. Konzentra-tionskontrolle*) é o instrumento decisivo para o combate dos esforços de concentração na radiodifusão (*zu dt. Rundfunk*).

A seguir deveremos analisar o controle de concentração na televisão nacional privada na República Federal da Alemanha e na República Federativa do Brasil através do direito comparado. Tendo em vista a complexidade do objeto de análise, as considerações subseqüentes não pretendem ser absolutas. O que se procura é investigar a quintessência da temática. Para isso deveremos esclarecer, primeiramente, o que se deve entender pelo termo da radiodifusão. Além disso será necessário aclarar o termo constitucional do pluralismo de opinião em ambos os Estados. Porém, no foco do nosso interesse está o controle de concentração na República Federal da Alemanha e na República Federativa do Brasil. Neste contexto deveremos elucidar, primeiramente, o termo da concentração da radiodifusão (*zu dt. Rundfunkkonzentration*). Subseqüentemente deveremos analisar as competências, os fundamentos legais e os instrumentos de controle no setor do controle de concentração. Por fim teceremos algumas considerações finais.

II. O termo da radiodifusão

1. República Federal da Alemanha

O termo da radiodifusão figura explicitamente no art. 5 I 2 da Lei Fundamental. Conforme os art. 1 III, 20 III e 93 ss. da Lei Fundamental, a radiodifusão, como termo de direito constitucional, só pode ser interpretado com vinculação para toda a ordem jurídica pela Corte Constitucional Federal (*zu dt. Bundesverfassungsgericht*).[2] Segundo a Corte Constitucional Federal, o termo da radiodifusão não se deixa definir terminantemente, uma vez que esse termo está sujeito a evolução técnica. De acordo com a definição atual, entende-se por radiodifusão a exibição e a difusão de apresentações de qualquer espécie em palavras, sons e imagens destinadas a generalidade através do uso de ondas eletromagnéticas com ou sem um elo de conexão. O termo comporta apresentações, as quais são difundidas criptografadas ou que sejam receptíveis apenas através de taxas especiais.[3] Conseqüentemente, o termo da radiodifusão inclui um núcleo técnico, o qual deve ser interpretado como amplo e dinâmico. Por fim devemos ainda mencionar o componente substancial da radiodifusão. Assim, o programa deve conter declarações de diversos conteúdos, as quais surgem através da criação redacional planificada, da compilação e da produção e influem na formação da opinião.[4] Por sua vez, a televisão é contida pelo termo genérico de radiodifusão. Conforme o § 2 n.° 1 do Tratado Interestadual de Radiodifusão[5] (*zu dt. Rundfunkstaatsvertrag*), o termo da radiodifusão compreende rádio e televisão. Porém, o objeto dessa análise é somente a televisão nacional privada e não a televisão pública ou a televisão local e regional.

2. República Federativa do Brasil

Na República Federativa do Brasil, o termo da radiodifusão figura explicitamente nos art. 21 XII a, 22 IV, 48 XII, 139 III, 155 § 2.° X d,

---

[2] FORSTHOFF, *Grenzen des Rundfunkmonopols. Zugleich eine Besprechung von Lieb und Stammler*, AfP 1975, 739; RICKER/SCHIWY, *Rundfunkverfassungsrecht*, 1997, 62.

[3] § 2 I do Tratado Interestadual de Radiodifusão; PASCHKE, *Medienrecht*[2], 2001, 94.

[4] HERRMANN, *Rundfunkrecht: Fernsehen und Hörfunk mit neuen Medien*, 1994, § 2 n.° 10; RICKER, *Die Nutzung des Internets als dritte Säule des öffentlich-rechtlichen Rundfunks*, ZUM 2001, 28 (29 s.); HARTSTEIN/RING/KREILE/DÖRR/STETTNER, *Kommentar zum Rundfunkstaatsvertrag*, 2002, § 2 n.° 4; JARASS, Rundfunkbegriffe im Zeitalter des Internets. Zum Anwendungsbereich der Rundfunkfreiheit, des Rundfunkstaatsvertrags und des Mediendienste-Staatsvertrags, AfP 1998, 133 (133 ss).

[5] Tratado Interestadual de Radiodifusão de 31 de Agosto de 1991 na oitava versão vigente desde 01 de Abril de 2005.

222, 222 § 1.º e 223 da Constituição Federal. Por sua vez, o Supremo Tribunal Federal ainda não ofereceu uma definição constitucional do termo da radiodifusão. Uma fixação corrente do termo é praticamente tomada da legislação ordinária. Tal fixação do termo da radiodifusão provém, entre outros, do Regulamento Geral para Execução da Lei n.º 4.117[6] e do Regulamento dos Serviços de Radiodifusão[7]. De acordo com o art. 6 n.º 65 do Regulamento Geral para Execução da Lei n.º 4.117, o termo da radiodifusão é definido como "forma de telecomunicação caracterizada pela teledifusão de ondas radio-elétricas através do espaço livre". Por sua vez, no art. 5 n.º 22 do Regulamento dos Serviços de Radiodifusão a radiodifusão é conceituada como um "serviço de telecomunicações que permite a transmissão de sons (radiodifusão sonora) ou a transmissão de sons e imagens (televisão), destinada a ser direta e livremente recebida pelo público". Por fim ainda devemos tratar do componente substancial da radiodifusão. Conforme o art. 221 da Constituição Federal, o programa deve atender ao princípio da preferência a finalidades educativas, artísticas, culturais e informativas, da promoção da cultura nacional e regional e estímulo à produção independente que objetive sua divulgação, da regionalização da produção cultural, artística e jornalística, conforme percentuais estabelecidos em lei e do respeito aos valores éticos e sociais da pessoa e da família. Por sua vez, a televisão é contida pelo termo genérico de radiodifusão. Conforme o art. 5 n.º 22 do Regulamento dos Serviços de Radiodifusão, o termo da radiodifusão compreende rádio e televisão. Todavia cabe ainda ressaltar que o objeto dessa análise é apenas a televisão nacional privada e não a televisão pública ou a televisão local e regional.

---

[6] Regulamento Geral para Execução da Lei n.º 4.117 de 27 de Agosto de 1962; Decreto n.º 97.057 de 10 de Novembro de 1988.

[7] Regulamento dos Serviços de Radiodifusão de 31 de Outubro de 1963; Decreto n.º 52.795 de 31 de Outubro de 1963.

III. O pluralismo de opinião e a importância da radiodifusão para o pluralismo de opinião

1. República Federal da Alemanha

De acordo com a jurisprudência da Corte Constitucional Federal o pluralismo de opinião constitui a condição fundamental para uma discussão pública livre sobre as questões de importância geral, assegurando assim a livre formação da opinião pública. O fundamento do pluralismo de opinião repousa na liberdade de opinião do art. 5 I 1 da Lei Fundamental, a qual representa uma garantia institucional e é, por excelência, constitutiva para a ordem fundamental liberal democrática (*zu dt. freiheitlich-demokratische Grundordnung*).[8] O pluralismo de opinião tem a sua gênese no antagonismo de opiniões diferentes, defendidas por diferentes motivos, mas de qualquer forma apresentadas com liberdade, sobretudo em discurso e réplica.[9] De acordo com a Corte Constitucional Federal, o pluralismo de opinião existe na radiodifusão, quando todos os grupos sociais e correntes intelectuais possam chegar a palavra na totalidade dos programas, surgindo assim um mercado de opiniões no qual a variedade das correntes de opinião encontre a melhor expressão em amplitude e plenitude.[10] Entretanto, o termo do pluralismo de opinião não é passível de uma determinação exata. Conseqüentemente, o preceito do pluralismo de opinião surge como a formulação positiva de uma diretriz, a qual objetiva que todos os grupos culturais e políticos representativos possam chegar a palavra de maneira completa na totalidade dos programas.[11] Neste contexto, a radiodifusão deve exercer uma função serviçal e possibilitar o surgimento de um livre mercado de opiniões através de uma enorme magnitude em informação.[12] Para que a radiodi-

---

[8] BVerfGE 12, 205 (260 ss.); 31, 314 (326 s.); 7, 198 (298).
[9] BVerfGE 12, 113 (125).
[10] BVerfGE 57, 295 (323); 73, 118 (160).
[11] SCHELLENBERG, *Rundfunk-Konzentrationsbekämpfung zur Sicherung des Pluralismus im Rechtsvergleich: Rundfunkstaatsvertrag 1997 und Landesmediengesetze im Vergleich mit den Kontrollsystemen in Frankreich, Italien und Großbritannien*, 1997, 32; WULFF, *Rundfunkkonzentration und Verfassungsrecht*, 2000, 54 ss.
[12] BVerfGE 12, 205 (262 s.); 31, 314 (325 s.); 57, 295 (322 ss.).

fusão possa cumprir a sua função primária como meio e fator da formação de opinião pública e individual, necessita-se, de acordo com a Corte Constitucional Federal, de uma ordem positiva, a qual deve implementar e proteger as garantias do art. 5 I 2 da Lei Fundamental.[13] A uma tal ordem positiva pertencem diretrizes referentes a organização jurídica e ao teor dos programas para a manutenção do pluralismo de opinião na radiodifusão. Com relação ao aspecto de organização jurídico, a Corte Constitucional Federal concluiu que a Lei Fundamental admite uma abertura de modelos.[14] Assim, tanto um modelo de pluralismo externo ou interno[15] quanto uma outra estrutura preferível podem apresentar uma conformidade constitucional para que o objetivo do pluralismo de opinião seja alcançado.[16] Ademais, a Corte Constitucional Federal também chama a atenção para o fato de que a radiodifusão, a fim de que possa cumprir a sua função, não deve estar entregue tanto ao Estado quando a um ou a alguns grupos sociais.[17] Por fim, a Corte Constitucional Federal também ressalta a tarefa pública da radiodifusão.[18] Na sua jurisprudência, a Corte Constitucional Federal também enfatiza princípios básicos obrigatórios para o conteúdo da totalidade dos programas. Tais diretrizes referentes ao teor dos programas prevêem uma medida mínima de equilíbrio do conteúdo, objetividade e respeito mútuo. Numa estrutura de pluralismo externo, o critério do equilíbrio repousa na responsabilidade dos agentes radiodifusores. Porém, estes também estão vinculados tanto a informação objetiva, ampla e verdadeira quanto a uma medida mínima de

---

[13] BVerfGE 57, 295 (320); 73, 118 (152 s.); 74, 297 (324); 83, 238 (296 s.); 90, 60 (88).

[14] BVerfGE 83, 238 (296, 316, 324); 89, 144 (152).

[15] Na organização de um pluralismo externo, o pluralismo de opinião é atingido através da totalidade da oferta dos programas, na organização de um pluralismo interno através da organização interna de cada agente radiodifusor.

[16] HESSE, *Die Organisation privaten Rundfunks in der Bundesrepublik. Die Konzeption der Landesmedien-gesetze vor dem Hintergrund der Rechtsprechung des Bundesverfassungsgerichts*, DÖV 1986, 177 (179); PESTALOZZA, *Der Schutz vor der Rundfunkfreiheit in der Bundesrepublik Deutschland*, NJW 1981, 2158 (2164); OPPERMANN, *Auf dem Wege zur gemischten Rundfunkverfassung in der Bundesrepublik Deutschland? Schritte im rundfunkrechtlichen Entwicklungsprozeß vor dem Hintergrund der drei „Fernsehentscheidungen" des Bundesverfassungsgerichts 1961-1981*, JZ 1981, 721 (728).

[17] BVerfGE 12, 205 (262); 31, 314 (325); 57, 295 (322); 83, 238 (296); 90, 60 (88).

[18] BVerfGE 12, 205 (243); 57, 295 (320); 73, 118 (156 s.).

respeito mútuo. Por outro lado, numa estrutura pluralista interna, estes princípios são obrigatórios para a totalidade dos programas de cada agente radiodifusor. Além disso, a Corte Constitucional Federal também enfatiza que o padrão fundamental da variedade equilibrada na radiodifusão privada é acoplado ao suprimento básico eficiente por parte da radiodifusão pública.[19]

2. República Federativa do Brasil

O termo do pluralismo de opinião não é mencionado explicitamente no texto constitucional da República Federativa do Brasil. No entanto, no preâmbulo da constituição brasileira figura a expressão "sociedade fraterna, pluralista e sem preconceitos". Além disso, também é possível encontrar as formulações "pluralismo político" no art. 1 V da Constituição Federal e "pluralismo de idéias e de concepções pedagógicas" no art. 206 III da Constituição Federal. Por sua vez, o Supremo Tribunal Federal reconhece o significado básico e a importância fundamental do pluralismo na sua jurisprudência,[20] porém não oferece uma definição mais detalhada do termo. O pluralismo de opinião também é visto pela doutrina como um elemento fundamental de todo e qualquer Estado democrático de direito e do catálogo de direitos fundamentais.[21] Assim, o pluralismo de opinião é avaliado como um importante princípio constitucional[22] ou até mesmo como um preceito superior no sentido de uma instrução constitucional[23]. No entanto, a função que a radiodifusão deve-

---

[19] BVerfGE 73, 118 (158 ss.); 74, 297 (324 s.); 83, 238 (297 s.); 87, 181 (199 s.); 90, 60 (90 s.).

[20] ADI 1.355-MC, Rel. Min. Ilmar Galvão, DJ 23/02/96; RMS 21.438, Rel. Min. Celso de Mello, DJ 24/06/94; ADI 2.321-MC, Rel. Min. Celso de Mello, DJ 10/06/05.

[21] DA SILVA, *Curso de Direito Constitucional Positivo*[21], 2002, 119; BONAVIDES, *Teoria Constitucional da Democracia Participativa*, 2001, 51 ss.; BONAVIDES, *Curso de Direito Constitucional*[11], 2001, 265.

[22] DA SILVA, *O estado democrático de direito*, Revista Forense 1989, Vol. 305, 45 (45 s.); DE OLIVEIRA BARACHO, *Teoria geral da revisão constitucional e teoria da constituição originária*, Revista Forense 1995, Vol. 329, 87 (88 ss.); NOGEIRA SILVA, *Direito Constitucional do Mercosul*, 2000, 43 s.

[23] BASTOS/GANDRA MARTINS, *Comentários à Constituição do Brasil*[2], Vol. 1, 2001, 223 ss.

ria ter em relação ao pluralismo de opinião não é concretamente tematizada tanto pelo Superior Tribunal Federal quanto pela doutrina. Porém, o Supremo Tribunal Federal ressalta a tarefa especial que os meios de comunicação social, e especialmente a radiodifusão, exercem na formação da opinião e da vontade pública.[24] A extrema importância da radiodifusão no processo da formação da opinião e da vontade pública também é acentuada pela doutrina,[25] especialmente sob o ponto de vista de que uma grande parte da população brasileira ainda permanece analfabeta, representando assim a radiodifusão a única fonte de informação para tais pessoas.

IV. O controle de concentração

1. A concentração da radiodifusão

a) República Federal da Alemanha

Ao contemplarmos o controle de concentração na República Federal da Alemanha devemos, primeiramente, aclarar o termo da concentração da radiodifusão. Conforme a Corte Constitucional Federal, esse termo refere-se tanto a concorrência econômica quanto a concorrência publicística.[26] Dessa forma, o termo compreende, por um lado, a concentração de empresas no setor de radiodifusão através de um crescimento externo e interno.[27] Por outro lado, o termo abrange a concentração da dominância de opinião.[28] Conseqüentemente, o termo da concentração da radiodi-

---

[24] ADI 956, Rel. Min. Francisco Rezek, DJ 20/04/01.

[25] DE OLIVEIRA NUSDEO LOPES, *O direito a informação e as concessões de rádio e televisão*, 1998, 14; GANDRA MARTINS, *Direitos e deveres no mundo da comunicação – Da comunicação clássica à eletrônica*, Revista Forense 1999, Vol. 356, 51 (56 ss).

[26] BVerfGE 57, 295 (323); 73, 118 (139 s., 175 s.); 74, 297 (334 s.).

[27] MAILÄNDER, *Konzentrationskontrolle zur Sicherung von Meinungsvielfalt im privaten Rundfunk: Eine vergleichende Untersuchung der Rechtslage in Deutschland, Frankreich, Italien, Großbritannien, Spanien, Österreich und den Niederlanden und im europäischen Recht*, 2000, 163.

[28] BVerfGE 57, 295 (323); 73, 118 (159 s.); 95, 163 (172).

fusão se refere tanto ao entrelaçamento dos agentes radiodifusores quanto também ao entrelaçamento dos programas[29] e ao monopólio informacional resultante.[30] Assim, o termo da concentração da radiodifusão corresponde a uma concentração a nível dos agentes radiodifusores e/ou dos programas de radiodifusão. Por conseguinte, uma vez que uma concentração tanto econômica quanto publicística da radiodifusão é imaginável, também existem duas espécies de controle de concentração: um controle econômico e um controle publicístico. Objeto desse estudo é apenas o controle publicístico da concentração.

b) República Federativa do Brasil

O termo da concentração da radiodifusão não é claramente definido na República Federativa do Brasil. O único ponto referencial é o art. 220 § 5 da Constituição Federal. Tal norma constitucional profere que os meios de comunicação social não podem, direta ou indiretamente, ser objeto de monopólio ou oligopólio. Conforme a jurisprudência do Supremo Tribunal Federal, a radiodifusão pode ser subsumida ao termo dos meios de comunicação social.[31] No entanto, a espécie de monopólio ou oligopólio é incerta. Assim, não é perceptível se tal dispositivo faz menção apenas a uma concentração econômica ou se também abarca a concentração da dominância de opinião. Infelizmente, a jurisprudência do Supremo Tribunal Federal não oferece, até o momento, nenhuma declaração concreta que elucide a questão. Uma vez que o Decreto-Lei 236/67[32], o qual regulamenta o controle de concentração para o mercado das estações geradoras, também tem o objetivo de impedir a dominância de opinião, pode-se pressupor que o termo da concentração da radiodifusão refere-se a concorrência tanto econômica quanto publicística. Por conseguinte, apesar de podermos partir da existência de uma concentração econômica e de uma concentração publicística da radiodifusão, o controle de concentração da radiodifusão na República Federativa do Brasil não

---

[29] BVerfGE 73, 118 (158 ss.).
[30] BVerfGE 97, 228 (257 s.).
[31] ADI 956, Rel. Min. Francisco Rezek, DJ 20/04/01.
[32] Decreto-Lei n.º 236 de 28 de Fevereiro de 1967; complementa e modifica a Lei n.º 4.117, de 27 de Agosto de 1962.

é diferenciado em um controle econômico e um controle publicístico. Diferencia-se apenas entre um controle de concentração para o mercado das estações geradoras e um controle de concentração especial para o mercado dos serviços ancilares ao serviço de radiodifusão de sons e imagens. Objeto de estudo dessa análise é tanto o controle de concentração para o mercado das estações geradoras quanto o controle especial de concentração para o mercado dos serviços ancilares ao serviço de radiodifusão de sons e imagens.

2. A situação competencial e fundamentos legais

a) República Federal da Alemanha

Questiona-se sobre a situação competencial e os fundamentos legais no setor do controle de concentração na República Federal da Alemanha. Conforme a Corte Constitucional Federal, a radiodifusão deve ser imputada ao termo da cultura da Lei Fundamental.[33] Dessa forma, a competência para a execução da radiodifusão, conforme os art. 30 e 70 da Lei Fundamental, repousa nos Estados-membros.[34] Assim, o controle publicístico de concentração recai na competência do legislador estadual. Consequentemente, as regras disponibilizadas pelo legislador estadual para impedir a dominância de opinião representam um padrão básico, o qual compreende as condições essenciais para o pluralismo de opinião na radiodifusão estadual. Devido o surgimento de empresas privadas de radiodifusão que agiam a nível nacional houve a necessidade de uma harmonização das legislações estaduais de mídia.[35] Uma regra padronizada válida em todo o território nacional alemão foi alcançada com o Tratado Interestadual de Radiodifusão. A aplicabilidade do Tratado Interestadual de Radiodifusão só é obrigatória para órgãos públicos, agentes radiodifusores e candidatos a licenças a partir do momento de sua incor-

---

[33] BVerfGE 12, 205 (225 ss.).
[34] BETHGE, *Landesrundfunkordnung und Bundeskartellrecht*, 1991, 17.
[35] CLAUSEN-MURADIAN, *Konzentrationstendenzen und Wettbewerb im Bereich des privaten kommerziellen Rundfunks und die Rechtsprobleme staatlicher Rundfunkaufsicht*, 1997, 51 ss.

poração no respectivo ordenamento jurídico estadual. Assim, o Tratado Interestadual de Radiodifusão representa o fundamental legal para o controle publicístico da concentração.

b) República Federativa do Brasil

Ao comtemplarmos a situação competencial e os fundamentos legais na República Federativa do Brasil, encontramos o fato de que a competência para a radiodifusão repousa na União tanto em relação ao aspecto material do art. 21 XII a da Constituição Federal quanto em relação à competência legislativa privativa regrada no art. 22 IV da Constituição Federal. No plano legal ordinário a radiodifusão é dirigida por uma lei federal.[36] O Código Brasileiro de Telecomunicações[37], originário dos anos sessenta, ainda perfaz o fundamento legal da radiodifusão. Ademais, tanto o Decreto-Lei 236/67 quanto o Decreto 5.371/05[38] contém outras regras decisivas. Como já mencionamos, o mercado brasileiro de radiodifusão é dividido em um mercado de estações geradoras e um mercado dos serviços ancilares ao serviço de radiodifusão de sons e imagens. Assim, cabe apenas salientar que o Decreto-Lei 236/67 contém os fundamentos legais que perfazem o controle de concentração para o mercado de estações geradoras, enquanto o Decreto 5.371/05 contém as normas relevantes pertinentes ao controle de concentração para o mercado dos serviços ancilares ao serviço de radiodifusão de sons e imagens.

3. Os instrumentos de controle

a) República Federal da Alemanha

O controle de concentração na televisão nacional privada ocorre na República Federal da Alemanha através do modelo de quotas do mercado

---

[36] KNÖBELSPIES, *Chancen und Perspektiven einer Demokratisierung des Rundfunksystems in Brasilien: Untersuchung anhand einer Expertenbefragung*, 1992, S. 28.
[37] Código Brasileiro de Telecomunicações; Lei n.º 4.117 de 27 de Agosto de 1962.
[38] Decreto n.º 5.371 de 17 de Fevereiro de 2005.

de telespectadores (*zu dt. Zuschauermarktanteilsmodell*). O referido modelo de quotas do mercado de telespectadores figura nos §§ 25-39 do Tratado Interestadual de Radiodifusão. Tal modelo compreende regras para um controle material (§§ 25-34 do Tratado Interestadual de Radiodifusão) e disposições referentes ao processo e a organização jurídica (§§ 35-39 do Tratado Interestadual de Radiodifusão).[39] As regras materiais representam o fundamento para o controle de concentração, especialmente o § 26 do Tratado Interestadual de Radiodifusão. De acordo com essa norma, um agente radiodifusor pode difundir pela sua empresa ou por outras empresas a ele reputáveis uma quantidade indeterminada de programas a nível nacional, a não ser que ele atinja através disso o patamar da dominância de opinião.[40] Conseqüentemente, o ponto de partida do modelo de quotas do mercado de telespectadores é a determinação do grau de concentração em relação à quantidade de telespectadores alcançados, ou seja, o índice de audiência de um agente radiodifusor.[41] Grosseiramente pode-se afirmar que este modelo procura quantificar a influência de uma empresa através do índice de audiência. Para isso estipularam-se valores referenciais fixos, os quais dão uma visão, se uma dominância de opinião existe e, em caso positivo, em que proporção. Se ficar comprovado que uma determinada empresa atingiu o nível da dominância de opinião, a própria empresa pode lançar mão de algumas medidas para acabar com essa situação pois, do contrário, serão impostas medidas contra a empresa pertinente. Do ponto de vista da organização jurídica devemos, primeiramente, nos recordar da estrutura federativa da República Federal da Alemanha. Aqui, temos a competência da instituição estadual de mídia concernente em conexão com dois órgãos especiais de supervisão: a Comissão para Apuração da Concentração (*zu dt. Kommission zur Ermittlung der Konzentration*) e a Conferência dos Diretores das Instituições Estaduais de Mídia (*zu dt. Konferenz der Direktoren der Landesmedienanstalt*).[42] A Comissão para Apuração da

---

[39] SCHELLENBERG, *Rundfunk-Konzentrationsbekämpfung zur Sicherung des Pluralismus im Rechts-vergleich: Rundfunkstaatsvertrag 1997 und Landesmediengesetze im Vergleich mit den Kontrollsystemen in Frankreich, Italien und Großbritannien*, 1997, 41.

[40] § 26 I do Tratado Interestadual de Radiodifusão.

[41] OSSYRA, *Konzentrationskontrolle über private Rundfunkveranstalter: Eine verfassungsrechtliche Analyse konzentrationsrechtlicher Regelungsansätze*, 1999, 22.

[42] BEUCHER/LEYENDECKER/VON ROSENBERG, *Mediengesetze: Rundfunk, Mediendienste, Teledienste. Kommentar zum Rundfunkstaatsvertrag, Mediendienste-Staatsvertrag,*

Concentração é especialmente competente para a avaliação final da salvaguarda do pluralismo de opinião nos casos referentes à televisão privada nacional.[43] As decisões da referida comissão são obrigatórias para a instituição estadual de mídia competente.[44] Como uma instância de revisão das decisões da Comissão para Apuração da Concentração, a Conferência dos Diretores das Instituições Estaduais de Mídia também contribui para a salvaguarda do pluralismo de opinião na televisão privada nacional. Assim, a Conferência dos Diretores das Instituições Estaduais de Mídia pode substituir vinculadamente uma decisão da Comissão para Apuração da Concentração com uma maioria de três quartos.[45] Ao contemplarmos o controle de concentração do ponto de vista processual devemos considerar que existe um procedimento padrão em todos os Estados-membros para a televisão privada nacional na forma de um controle anterior (ou preventivo) e posterior (ou corretivo).[46] Porém, o controle de concentração não é um controle difuso, mas sim um controle que contém a avaliação conclusiva dos casos concretos.[47]

b) República Federativa do Brasil

Considerando o fato de que na República Federativa do Brasil o mercado de radiodifusão é dividido em um mercado de estações geradoras e um mercado dos serviços ancilares ao serviço de radiodifusão de sons e imagens, existem, como já explanado, duas formas diferentes do

---

Teledienstegesetz und Teledienste-datenschutzgesetz, 1999, § 35 n.° 1 ss.; CLAUSEN-MURA-DIAN, *Konzentrationskontrolle im privaten Rundfunk – der neue Rundfunkstaatsvertrag* (RfStV) 1997, ZUM 1996, 934 (941); Neft, *KEK und KDLM – unorthodoxe Organkonfigurationen zur Sicherung der Meinungsvielfalt im Fernsehen*, ZUM 1999, 97 (99).

[43] § 36 I 1 do Tratado Interestadual de Radiodifusão.
[44] § 37 I 5 do Tratado Interestadual de Radiodifusão.
[45] KREILE, *Die Reform des Rundfunkstaatsvertrags – Neue Wege bei der Vielfaltsicherung im privaten Rundfunk*, NJW 1997, 1329 (1330); Neft, *KEK und KDLM – unorthodoxe Organkonfigurationen zur Sicherung der Meinungsvielfalt im Fernsehen*, ZUM 1999, 97 (102 s).
[46] HARTSTEIN/RING/KREILE/DÖRR/STETTNER, *Kommentar zum Rundfunkstaatsvertrag*, 2002, § 38 n° 2.
[47] Neft, *KEK und KDLM – unorthodoxe Organkonfigurationen zur Sicherung der Meinungsvielfalt im Fernsehen*, ZUM 1999, 97 (101).

controle de concentração na televisão nacional privada: o controle de concentração conforme o modelo de participação no mercado e o controle especial de concentração. Através do controle de concentração conforme o modelo de participação no mercado, a presença no mercado de estações geradoras deve ser delimitada. Essa restrição deve ser alcançada tanto através de critérios quantitativos e pessoais quanto de critérios de gênero. Esses critérios servem como medida para a distribuição das estações geradoras. Se pelo menos um desses critérios não for atendido, então serão impostas medidas contra as empresas pertinentes. Por sua vez, o controle especial de concentração trata do mercado dos serviços ancilares ao serviço de radiodifusão de sons e imagens. Uma restrição deve ser alcançada através da ajuda de critérios pessoais e geográficos. No entanto, o critério geográfico é decisivo para a distribuição dos serviços ancilares ao serviço de radiodifusão de sons e imagens. Tal critério orienta-se na máxima de que enquanto o mesmo programa não estiver presente na mesma localidade, a participação neste mercado é ilimitada. Se relacionarmos reciprocamente o controle de concentração conforme o modelo de participação no mercado com o controle especial de concentração dos serviços ancilares ao serviço de radiodifusão de sons e imagens é possível deduzir claramente que a desejada delimitação da participação no mercado das estações geradoras pode ser ludibriada através da participação no mercado dos serviços ancilares ao serviço de radiodifusão de sons e imagens. A focalização do aspecto geográfico no contexto do controle especial de concentração praticamente nulifica as delimitações de participação no mercado das estações geradoras e conduz o referido modelo quasi ad absurdum. Do ponto de vista da organização jurídica podemos fixar que o Ministério das Comunicações tem a função decisiva em relação ao controle de concentração conforme o modelo de participação no mercado. Como um órgão do Poder Executivo, o Ministério das Comunicações tem a sua direção nomeada pelo Presidente da República.[48] O referido ministério é um órgão de controle nacional e, assim, competente para todas as questões referentes aos serviços de radiodifusão e aos serviços ancilares ao serviço de radiodifusão de sons e imagens. Dessa forma, a sua competência decisiva administrativa também só é delimitada em apenas algumas questões. Neste casos, tanto o Presidente

---

[48] Art. 87 e art. 88 da Constituição Federal e art. 14 V a da Lei n.º 9.649/98.

da República quanto o Congresso Nacional tomam parte no encontro da decisão. Por sua vez, o controle especial de concentração recai totalmente sob a competência do Ministério das Comunicações.[49] Do ponto de vista processual deve-se atentar que no controle de concentração conforme o modelo de participação no mercado existe um controle anterior e posterior. Assim, esse controle de concentração pode abranger tanto um caso concreto quanto um controle difuso.[50] Por sua vez, o controle especial de concentração é caracterizado pelo fato de que se controla apenas a outorga e a transferência das licenças.[51]

V. Considerações finais

Devemos concluir que o controle de concentração na televisão nacional privada na República Federal da Alemanha e na República Federativa do Brasil ocorre perante um fundo jurídico desigual, de maneira e modo diversos e com diferente efetividade.

Ao compararmos o termo da radiodifusão em ambos os Estados é possível perceber, primeiramente, que existe um entendimento diferente nas duas ordens jurídicas. O termo alemão provém do catálogo de direitos fundamentais e, conforme a jurisprudência da Corte Constitucional Federal, deve ser entendido como dinâmico. As normas jurídicas ordinárias, as quais definem o termo brasileiro da radiodifusão, foram originadas ainda dos anos sessenta. Assim, ao longo dos tempos, o entendimento do termo da radiodifusão não se transformou e desconsidera, portanto, os desenvolvimentos técnicos. Dessa forma o termo alemão da radiodifusão é dinâmico enquanto o brasileiro é estático. Ademais, o termo da radiodifusão da República Federal da Alemanha e da República Federativa do Brasil apresentam diferenças tanto no aspecto técnico quando no aspecto substancial.

---

[49] Art. 4 e 37 do Decreto n.º 5.371 de 17 de Fevereiro de 2005 e Norma 01/2001 do Ministério das Comunicações.

[50] AMORESE, *Renovação das concessões de rádio e TV: uma falácia?*, Revista Contato 2000, 25 (25 ss).

[51] Art. 4 e 37 do Decreto n.º 5.371 de 17 de Fevereiro de 2005 e Norma 01/2001 do Ministério das Comunicações.

Além disso, ao contemplarmos o pluralismo de opinião e o significado da radiodifusão para com este, é possível observar que ao pluralismo de opinião é imputada uma importância fundamental em ambos os Estados. Enquanto na República Federal da Alemanha, de acordo com a Corte Constitucional Federal, o pluralismo de opinião está contido na Lei Fundamental e deve ser visto como um valor de extrema importância que deve ser altamente protegido, na República Federativa do Brasil, o pluralismo de opinião não está claramente enraizado dentro da Constituição Federal. No entanto, ele ainda é enunciado como um importante princípio constitucional ou até mesmo como um preceito superior no sentido de uma instrução constitucional. O preceito do pluralismo de opinião não é exatamente definido tanto pela Corte Constitucional Federal quanto pelo Supremo Tribunal Federal. Porém, o Supremo Tribunal Federal, até o momento, não oferece uma definição exata, a Corte Constitucional Federal tenta, ao menos, descrever o termo. Enquanto a Corte Constitucional Federal se exprime abundantemente sobre a extrema importância da radiodifusão em relação ao pluralismo de opinião, apresenta detalhadamente a função da radiodifusão no processo da formação da opinião e da vontade e formula até mesmo diretrizes referentes a organização jurídica e ao teor dos programas para a manutenção do pluralismo de opinião na radiodifusão, na República Federativa do Brasil, a função da radiodifusão em relação ao pluralismo de opinião não é concretamente e suficientemente tematizada tanto pelo Supremo Tribunal Federal quanto pela doutrina. Todavia, a função especial da radiodifusão na formação da opinião e da vontade e apenas mencionada pelo Supremo Tribunal Federal e pela doutrina.

Ao analisarmos o termo da concentração da radiodifusão em ambos os Estados encontramos o fato de que a concentração da radiodifusão na República Federal da Alemanha refere-se tanto a concorrência econômica quanto a concorrência publicística. Conseqüentemente, o termo da concentração da radiodifusão comporta a concentração de empresas no setor da radiodifusão e a concentração da dominância de opinião. Assim, considerando as duas formas de concentração, existem também duas espécies de controle de concentração: um controle econômico e um controle publicístico. Por sua vez, na República Federativa do Brasil tanto o texto constitucional quando a jurisprudência do Supremo Tribunal Federal não dão aclaramento se o termo da concentração da radiodifusão trata apenas da concentração econômica ou se também comporta a concentração da dominância de opinião. Um esclarecimento da questão se dá a partir de uma atenção pormenorizada ao Decreto-Lei 236/67. Considerando que o referido Decreto-Lei, o qual regulamenta o controle de concentração para o mercado das estações geradoras, tem o objetivo de impedir a dominância de opinião, pode-se partir do fato de que o termo da concentração da radiodifusão refere-se tanto a concorrência econômica quanto a concorrência publicística. No entanto, ao contrário da República Federal da Alemanha, não se diferencia entre um controle econômico e um controle publicístico da concentração.

Se compararmos a situação competencial e os fundamentos legais em ambos os Estados teremos o resultado de que a competência para o controle de concentração na República Federal da Alemanha repousa no legislador estadual. Devido o surgimento de empresas privadas de radiodifusão que agiam a nível nacional houve a necessidade de uma harmonização das legislações estaduais de mídia. Uma regra padronizada válida em todo o território nacional foi alcançada com o Tratado Interestadual de Radiodifusão, o qual representa o fundamento legal para o controle de concentração na República Federal da Alemanha. Por sua vez, na República Federativa do Brasil a competência para a radiodifusão repousa na União. Os fundamentos legais são o Código Brasileiro de Telecomunicações, o Decreto-Lei 236/67 (controle de concentração para o mercado das estacoes geradoras) e Decreto 5.371/05 (controle de concentração para o mercado dos serviços ancilares ao serviço de radiodifusão de sons e imagens).

Também os modelos para o combate da concentração na radiodifusão divergem completamente em ambos os Estados. Na República Federal da Alemanha utiliza-se o modelo de quotas do mercado de telespectadores. Na República Federativa do Brasil, por sua vez, utiliza-se o modelo de participação no mercado e, respectivamente, as regras do controle especial de concentração. Assim, enquanto se afiança o critério das quotas do mercado de telespectadores na República Federal da Alemanha, na República Federativa do Brasil confia-se no critério da participação no mercado através de limites máximos de participação. Na República Federativa do Brasil tem-se a curiosa situação de que o modelo de participação no mercado e os seus limites máximos de participação podem ser contornados através do controle especial de concentração. Conseqüentemente, o instrumento do controle de concentração na República Federativa do Brasil sofre de uma debilidade concepcional.

O fato de que o controle de concentração conforme o modelo de participação no mercado pode ser anulado através de uma brecha na regulamentação resulta em uma enorme ineficiência. Em verdade, o controle de concentração na República Federal da Alemanha aparenta ser fadado ao êxito e eficiente; no entanto, ele também apresenta diversas debilidades. Assim, as experiências das autoridades de supervisão são de natureza negativa e existem diversas possibilidades de contornar os regulamentos. Porém, o controle de concentração na República Federal da Alemanha não é conduzido ad absurdum – como é o caso na República Federativa do Brasil. Dessa forma, a partir das experiências práticas alemãs, é possível obter algumas inspirações para a regulamentação na República Federativa do Brasil. No entanto, ao todo, tanto a ordem jurídica brasileira quanto a alemã estão distantes de um controle eficiente e bem sucedido.

VI. Súmario/ Zusammenfassung

Os crescentes esforços de concentração no mercado da mídia nacional e internacional, os quais são ainda mais impulsionados pelo avanço da tecnologia, contêm em si o perigo da dominância de opinião. A dominância de opinião não é compatível com a idéia do pluralismo de opinião, a qual é uma característica essencial da opinião pública democrática. Com isso, o legislador é obrigado a combater a concentração no setor da mídia. O controle de concentração é o instrumento decisivo para o combate dos esforços de concentração na radiodifusão. O controle de concentração na televisão nacional privada na República Federal da Alemanha e na República Federativa do Brasil ocorre perante um fundo jurídico desigual, de maneira e modo diversos e com diferente efetividade.

Zunehmende Konzentrationsbestrebungen in der nationalen und internationalen Medienland-schaft, welche durch den technischen Fortschritt noch weiter beschleunigt werden, bergen die Gefahr vorherrschender Meinungsmacht in sich. Vorherrschende Meinungsmacht ist mit der Idee des Meinungspluralismus, einem entscheidenden Charakteristikum der demokratischen Öffentlichkeit, unvereinbar. Der Gesetzgeber ist mithin verpflichtet, die Konzentration im Medienbereich zu bekämp-

fen. Die Konzentrationskontrolle ist das entscheidende Instrument zur Bekämpfung von Konzentrationsbestrebungen im Rundfunk. Konzentrationskontrolle im privaten bundesweiten Fernsehen in der Bundesrepublik Deutschland und in der Föderativen Republik Brasilien erfolgt vor einem ungleichen rechtlichen Hintergrund, in differierender Manier und in unterschiedlich effektiver Art und Weise.

DER PORTUGIESISCHE STRAFPROZESS EIN EINFÜHRENDER ÜBERBLICK

Vânia Costa Ramos[*]

I. Einleitung 492
II. Prozessgang im ersten Rechtszug 493
   1. Das Ermittlungsverfahren (o Inquérito) 494
   2. Die richterliche Untersuchung (a Instrução) 497
   3. Die Verhandlung (o Julgamento) 500
III. Prozessbeteiligte 504
   1. Das Gericht (o Tribunal) 505
   2. Die Staatsanwaltschaft (o Ministério Público) 507
   3. Der Beschuldigte (o arguido) 509
   4. Der Verteidiger (o defensor) 511
   5. Der Assistent (o assistente) 512
   6. Die zivilrechtlichen Parteien (as partes civis) 515
   7. Die Kriminalpolizeiorgane (órgãos de polícia criminal) 516
IV. Beweismittel, vorläufige Festnahme, Zwangs– und vermögenssichernde Maßnahmen 517
   1. Beweismittel (meios de prova) 517
   2. Vorläufige Festnahme (detenção) 518
   3. Zwangs– und vermögenssichernde Maßnahmen (medidas de coacção e de garantia patrimonial) 520
V. Besondere Prozessarten 521
   1. beschleunigter Prozess (processo sumário) 521
   2. abgekürzter Prozess (processo abreviado) 522
   3. Strafbefehlsverfahren (processo sumaríssimo) 522
VI. Zusammenfassung/Sumário 523

---

[*] Die Autorin ist Rechtsanwältin in Lissabon. Ihre Hauptarbeitsbereiche sind das Straf– und Strafprozessrecht sowie das Familien– und Minderjährigenrecht.

I. Einleitung

Dieses Referat gibt Ihnen einen Überblick über den portugiesischen Strafprozess.[1] Als erstes wird der Prozessgang des allgemeinen Strafverfahrens (*processo comum*) im ersten Rechtszug beschrieben werden. Nach diesem ersten Einblick in die dynamische Regelung des Verfahrens, werden noch verschiedene Aspekte des Prozesses aufgezeigt werden. Die Rechtsmittel werden jedoch außer Betracht bleiben müssen. Es sollte beachtet werden, dass mit diesem Artikel weder eine vertiefte noch kritische Darstellung über den portugiesischen Strafprozess beabsichtigt wurde. Es handelt sich allerdings um eine erste Einführung, da es unmöglich wäre, alle Punkte im Rahmen dieses Beitrages anzusprechen. Auch sind sich Rechtsprechung und Lehre über bestimmte Fragen nicht einig. Daher ist jedem zu raten, der sich über eine konkrete Fallkonstellation oder akademische Frage Klarheit verschaffen möchte, sich sehr genau mit dem portugiesischen Strafprozess zu befassen.

Auf der Grundsatzebene ist der portugiesische Strafprozess dem deutschen Strafprozess sehr ähnlich. Das lusitanische Verfahren weist eine so genannte Anklagestruktur auf.[2] Das heißt, dass die Strafverfolgung durch eine Anklage bedingt wird, die das Prozessobjekt begrenzt und die nicht durch das für die Verhandlung zuständige Gericht vorgenommen werden kann. Auch müssen demgemäß die Verhandlung und die im Gesetz vorgeschriebenen Untersuchungshandlungen dem Kontradiktoritätsprinzip unterstehen. Der Beschuldigte ist bei jeder Angelegenheit unbeschränkt als Subjekt des Prozesses zu betrachten.[3] Obwohl der portugiesische Strafprozess am stärksten durch den Anklagegrundsatz geprägt wird, bewahrt er erhebliche inquisitorische Züge, insbesondere im Stadium des Ermittlungsverfahrens. Es gelten unter anderem auch folgende Grundsätze: Gerichtsbarkeitsprinzip,[4] Grundsatz des gesetzlichen Richters,[5] Grundsatz der Waffengleichheit, Recht auf

---

[1] Vortrag am 26. November 2005 anlässlich der Jahrestagung der Deutsch-Lusitanischen Juristenvereinigung in Berlin. Die Änderungen vom Gesetz 48/2007, vom 28. August, könnten nicht berücksichtigt werden.

[2] Art. 32. Abs. 5 CRP.

[3] Dazu kann man eine Bemerkung entgegenstellen: in manchen Fällen dient der Beschuldigte anscheinend als Beweismittel – z.B. wenn eine DNS– bzw. Blutprüfung angeordnet wird.

[4] Art. 29., 205. und 206. CRP.

[5] Art. 32. Abs. 7 und 209. Abs. 4 CRP.

Beistand eines Verteidigers bei jeder Prozesshandlung,[6] Grundsatz der Prozessloyalität, Gebot des fairen Verfahrens – Garantie aller Verteidigungsmittel,[7] Legalitätsprinzip,[8] Ermittlungs- oder materieller Wahrheitsgrundsatz, Vorfragenkompetenz,[9] Unschuldsvermutung,[10] Grundsatz *in dubio pro reo,* Grundsatz der freien richterlichen Beweiswürdigung,[11] Beweismittelfreiheit,[12] Adhäsionsprinzip,[13] usw.

II. Prozessgang im ersten Rechtszug

Es wird für ein besseres bildliches Verständnis über den Gang des Prozesses eine zusammenfassende schematische Darstellung präsentiert:

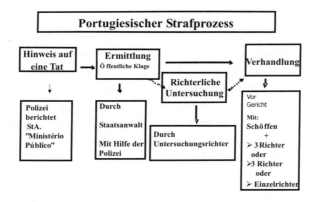

In der allgemeinen Form[14] des Strafprozesses können zwei Hauptstadien unterschieden werden: ein Vorbereitungsstadium und ein

---

[6] Art. 32. Abs. 3 CRP und Art. 61. Abs. 1 e) CPP.
[7] Art. 32. Abs. 1 CRP und 6. EMRK.
[8] Art. 262. Abs. 2 CPP.
[9] Art. 7. CPP. Demgemäß hat das Strafgericht Kompetenz, über alle Vorfragen zu entscheiden, die für die Entscheidung erheblich sind, unabhängig davon, ob für diese Vorfragen an sich, sollten sie alleine eingeklagt werden, ein anderes Gericht zuständig wäre.
[10] Art. 32. Abs. 2 CRP.
[11] Art. 127. CPP.
[12] Art. 125. CPP.
[13] Art. 71. CPP.
[14] Über die besonderen Prozessarten siehe unten Punkt V.

Verhandlungsstadium. Im Vorbereitungsstadium werden die Tatermittlung sowie die Festlegung der potentiellen Straftäter, die Beweisermittlung und Beweiserlangung durchgeführt. Ziel dieser Phase ist zu bestimmen, ob es genügend Gründe gibt, den Beschuldigten vor Gericht zu bringen, d.h. ob hinreichender Tatverdacht vorliegt.[15]

In der Vorbereitungsphase sind das Ermittlungsstadium (*fase de inquérito*) und das richterliche Untersuchungsstadium (*fase de instrução*) enthalten.

1. Das Ermittlungsverfahren (*o Inquérito*)

Der Prozess fängt mit dem *Inquérito* an – ein inquisitorisches, nicht öffentliches, schriftliches und nicht kontradiktorisches Stadium, das von der Staatsanwaltschaft (*Ministério Público*) geleitet wird. Wie die StA im deutschen Strafprozess hat der MP in Portugal nicht nur die zur Belastung, sondern auch die zur Entlastung dienenden Umstände zu ermitteln.[16] Währenddessen ist der Zugang zu den Akten für alle sonstigen Beteiligten – einschließlich für den Beschuldigten und seinen Verteidiger – in vollem Umfang ausgeschlossen.[17] Im *Inquérito* wird ermittelt, ob eine Straftat begangen worden ist, von wem und unter welcher Beteiligungsform sie begangen wurde.[18] Die Frist für den Abschluss des Ermittlungs-

---

[15] Art. 262 Abs. 1 und 286 Abs. 2 CPP.

[16] Und zwar nicht nur während den Ermittlungen, sondern während des gesamten Prozesses. Gemäß Art. 53. Abs. 1 – Compete ao Ministério Público, no processo penal, colaborar com o tribunal na descoberta da verdade e na realização do direito, obedecendo em todas as intervenções processuais a critérios de estrita objectividade (Der MP kooperiert im Strafprozess mit dem Gericht auf der Wahrheitserforschung. Jede prozessuale Intervention der StA unterliegt strengen Objektivitätskriterien).

[17] Art. 86. Abs. 2 CPP. Die Prozessbeteiligten haben jedoch Zugriff auf die Elemente bezüglich ihrer eigenen Aussagen, Darlegungen, Anträge und Beweishandlungen, bei denen sie Anwesend sein dürften, oder Zwischenfragen, bei denen sie Stellung nehmen sollten. Eine Ausnahme bezüglich des Ausschlusses der Öffentlichkeit im *Inquérito* wird im Artikel 154 vorgesehen. Demgemäß ist der Beschluss, der ein Sachverständigengutachten anordnet, dem Beschuldigten, dem Assistent und den zivilrechtlichen Prozessparteien bekanntzumachen. Unter besonderen Voraussetzungen (Ermittlungsbeeinträchtigungsgefahr) darf von der Bekanntmachung abgesehen werden.

[18] Art. 262. Abs. 1 CPP.

stadiums beträgt in der Regel 6 Monate – wenn es Beschuldigte gibt, die in der U-Haft oder unter Pflicht zur Aufhaltung am Wohnsitz sind – oder 8 Monate.[19]

Am Ende des *Inquérito* stehen dem MP vier Entscheidungsmöglichkeiten zu: Einstellung (*arquivamento*), Erhebung der öffentlichen Klage (*dedução de acusação*), Einstellung im Falle des Absehens von Strafe (*arquivamento em caso de dispensa de pena*), vorläufige Aussetzung des Prozesses (*suspensão provisória do processo*) und Verweisung auf Privatklage (*notificação para dedução de acusação particular*).

Liegt hinreichender Tatverdacht vor, wird öffentliche Klage durch den MP erhoben.[20] Wird bewiesen, dass keine Straftat begangen wurde, dass der Beschuldigte die Straftat nicht begangen oder nicht daran teilgenommen hat, oder dass das Verfahren unzulässig ist, muss der MP das Verfahren einstellen.[21] Dasselbe gilt bei Mängeln an hinreichendem Tatverdacht über die Begehung der Tat und die Identität der potentiellen Täter.[22] Unter hinreichendem Tatverdacht (*indícios suficientes*) ist gemäß CPP die sinnvolle Wahrscheinlichkeit zu verstehen, dass gegen den Beschuldigten entweder eine Strafe verhängt oder eine Sicherheitsmaßnahme angeordnet wird.[23] Wird öffentliche Klage erhoben, soll es dem Strafkläger bekannt gemacht werden. Dieser darf sowohl wegen der gleichen Tat wie der MP, als auch wegen Teils dieser Tat Anklage erheben.[24] Dem Strafkläger steht noch die Möglichkeit zu, wegen anderer Tatsachen anzuklagen, solange dies keine wesentliche Änderung der in der öffentlichen Klage beschriebenen Tatsachen (*alteração substancial dos factos*) ergibt.[25]

---

[19] Art. 276. Abs. 1 CPP. Der CPP sieht jedoch im Art. 276 Abs. 2 CPP verschiedene Ausnahmen vor.

[20] Art. 283. Abs. 1 CPP.

[21] Art. 277. Abs. 1 CPP.

[22] Art. 277. Abs. 2 CPP.

[23] Art. 283. Abs. 2 CPP.

[24] Art. 284. Abs. 1 erster und zweiter Teil. Um Anklage erheben zu dürfen, muss der Strafkläger innerhalb der Frist für die Erhebung zum Assistent bestellt werden – Art. 68. Abs. 3 b) und 284. Abs. 1 CPP.

[25] Art. 284. Abs. 1 dritter Teil. Gemäß Art. 1. f) CPP ist als wesentliche Änderung der Tat zu betrachten: die Änderung nachdem dem Beschuldigten eine andere Straftat zugerechnet wird, oder nachdem die höchste anwendbare Strafe verschärft wird. Die Konkretisierung dieses Begriffs ist trotzdem umstritten. Über dieses Thema siehe ISASCA, *Alteração substancial dos factos e sua relevância no processo penal português*², 2003.

In Fällen, in denen wegen einer Straftat verfolgt wird, für die das Gericht von Strafe absehen könnte, und in denen die entsprechenden Voraussetzug für das Absehen von Strafe vorliegen[26], darf der MP das Verfahren mit Zustimmung des Untersuchungsrichters (*Juiz de Instrução*) einstellen.[27] In diesen Fällen darf die Einstellung nicht angefochten werden.[28]

Bei Taten, für die eine Freiheitsstrafe bis zu fünf Jahren oder andere Strafen vorgesehen ist, darf sich der MP mit Zustimmung des Untersuchungsrichters für die vorläufige Aussetzung des Prozesses entscheiden.[29] Diese Aussetzung erfolgt unter Verpflichtung des Beschuldigten, bestimmte Auflagen oder Weisungen zu folgen.[30] Damit die Aussetzung angeordnet werden darf, müssen auch folgende Voraussetzungen vorliegen: Zustimmung des Beschuldigten und des Assistenten,[31] keine Vorstrafen, Unanwendbarkeit einer freiheitsentziehenden Sicherheitsmaßnahme, geringe Schuld, voraussichtlich hinreichende Befriedigung der Anforderungen der Spezialprävention durch die Erfüllung der Auflagen oder Weisungen.[32]

Handelt es sich um eine private Straftat,[33] führt der MP die Ermittlungen durch,[34] überlässt jedoch dem Assistenten die Entscheidung über

---

[26] Es ist darauf zu achten, dass die Gründe für das Absehen von Strafe im portugiesischen und im deutschen Strafprozess nicht gleich sind. In Portugal darf das Gericht von Strafe absehen, wenn es sich um eine Tat handelt, die mit einer Freiheitsstrafe unter 6 Monaten oder lediglich mit einer Geldstrafe unter 120 Tagen strafbar ist, und: die Rechtswidrigkeit der Tat und die Schuld gering sind; der Schaden ersetzt worden ist; dem Absehen keine Präventionsgründe entgegenstehen – Art. 74. Abs. 1 CP.

[27] Art. 280. Abs. 1 CPP.

[28] Art. 280. Abs. 3 CPP.

[29] Art. 281. Abs. 1 erster Teil CPP.

[30] Art. 281. Abs. 1 zweiter Teil CPP. Der CPP sieht im Art. 281 Abs. 2 eine Liste möglichen Auflagen und Weisungen – z. B Schadensersatz; einen Geldbetrag zu Gunsten des Staates oder einer privaten gemeinnützigen Einrichtung zu zahlen; bestimmte Berufe nicht auszuüben; sich nicht in bestimmte Kreise oder Orte zu begeben; bestimmte Objekte nicht zu besitzen, die die Begehung einer anderen Straftat erleichtern, usw. Es dürfen andere Auflagen und Weisungen angeordnet werden, solange sie die Würde des Beschuldigten nicht beeinträchtigen (Art 281 Abs. 3 CPP).

[31] Zum Assistent siehe unten Punkt III. 5.

[32] Art. 281. Abs. 1 a) bis e) CPP.

[33] Straftaten können öffentlich (*crimes públicos*), halböffentlich (*crimes semi-públicos*) oder privat (*crimes particulares*) sein. Die Natur der Straftat lässt sich an den

die Erhebung einer Privatklage.[35] Wird Privatklage erhoben, darf der MP innerhalb von fünf Tagen wegen der gleichen Tat wie der Assistent oder Teils dieser Tat öffentliche Klage erheben.[36] Dem MP steht noch die Möglichkeit zu, wegen anderer Tatsachen anzuklagen, solange dies keine wesentliche Änderung der in der Privatklage beschriebenen Tatsachen ergibt.[37]

2. Die richterliche Untersuchung (*a Instrução*)

Die richterliche Untersuchung (*Instrução*) ist ein fakultatives Stadium, in dem die Anklage– oder Einstellungsentscheidung von einem Richter überprüft wird, der über die Stellung des Falles vor Gericht entscheidet.[38] Dieses Stadium wird von einem Untersuchungsrichter (*Juiz de Instrução Criminal*) mit Hilfe der Kriminalpolizeiorgane (OPC) geleitet.[39]

Sobald die Anklage oder die Einstellung zugestellt werden, darf dem MP innerhalb von zwanzig Tagen Antrag auf Eröffnung der richterlichen Untersuchung eingereicht werden.[40] Die Eröffnung erfolgt nur auf Antrag (RAI) des Beschuldigten oder des Assistenten und in folgenden schematisch dargestellten Fällen:

Voraussetzungen für die Einleitung des entsprechenden Strafprozesses erkennen. Verlangt die Verfolgung wegen einer Straftat das Einreichen eines Strafantrags (*queixa*), ist die Straftat halböffentlich. Verlangt die Verfolgung außerdem die Erhebung einer Privatklage (*acusação particular*), handelt es sich um eine private Straftat. Bei privaten Straftaten muss der Strafkläger gleichzeitig mit dem Strafantrag oder innerhalb von acht Tagen danach als Assistent bestellt werden (Art. 68. Abs. 2 CPP). Die Kategorien des *crime semi-público e crime particular* sind vergleichbar zu den deutschen Kategorien der Antragsdelikten und der Privatklagedelikten.

[34] Bei privaten und halböffentlichen Straftaten wird der MP nur auf Strafantrag tätig.

[35] Art. 285. Abs. 1 CPP.
[36] Art. 285. Abs. 3 erster und zweiter Teil.
[37] Art. 285. Abs. 1 dritter Teil. Siehe oben Fn. 25.
[38] Art. 286. Abs. 1 und 2 CPP.
[39] Art. 288. Abs. 1 CPP.
[40] Art. 287. Abs. 1 CPP.

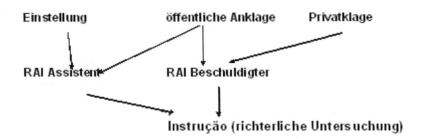

Dem CPP gemäß darf der Beschuldigte erst die richterliche Untersuchung bezüglich den tatsächlichen Gründen beantragen, für die der MP oder der Assistent – im Falle der Privatklagedelikte – Anklage erhoben haben.[41] Die Eröffnung dieses Stadiums wird dann vom Beschuldigten beantragt, wenn er aus tatsächlichen oder rechtlichen Gründen glaubt, dass er nicht vor Gericht gestellt werden soll, oder wenn er das Prozessobjekt beschränken möchte (z.B. auf eine der angeklagten Taten). Auf der anderen Seite darf der Assistent die richterliche Untersuchung nur wegen Taten beantragen, für die der MP nicht angeklagt hat, und zwar solange es sich nicht um Privatklagedelikte handelt.[42] Sein Antrag darf auf rechtlichen oder tatsächlichen Gründen begründet werden, die seiner Ansicht nach zeigen, dass der Beschuldigte vor Gericht gestellt werden soll, oder dass das Prozessobjekt erweitert werden soll. Der Antrag darf nur wegen Verfristung,[43] Unzuständigkeit des Richters oder Unzulässigkeit der richterlichen Untersuchung zurückgewiesen werden.[44]

Im RAI dürfen alle möglichen Untersuchungshandlungen beantragt werden – Beweiserlangung, Vernehmungen, Einholung eines Sachverständigengutachtens, usw.[45] Es werden aber nur die Handlungen durchgeführt, die nach dem Ermessen des Untersuchungsrichters für die Entscheidung von Bedeutung sind, mit Ausnahmen von der Untersuchungsdebatte (*debate instrutório*), die immer stattfinden muss.[46] Sowohl

---

[41] Art. 287. Abs. 1 a) CPP.
[42] Wegen diesen soll der Assistent Privatklage erheben.
[43] Der RAI muss innerhalb von 20 Tagen nach der Zustellung des Einstellungs– oder Anklagebeschlusses eingereicht werden.
[44] Art. 287. Abs. 3 CPP.
[45] Art. 287. Abs 3 CPP.
[46] Art. 289. Abs. 1 erster Teil CPP.

der MP, als auch der Beschuldigte, der Verteidiger, der Assistent und sein Anwalt dürfen daran teilnehmen.[47] Ziel dieser Debatte ist die Veranlassung einer mündlichen und kontradiktorischen Diskussion vor dem Richter, über das Vorliegen hinreichender tatsächlicher Indizien und über rechtliche Elemente, die die Stellung des Beschuldigten vor Gericht rechtfertigen.[48] Die Debatte wird protokolliert[49] und ohne besondere Förmlichkeiten von dem JIC geleitet. Der Beschuldigte und sein Verteidiger dürfen sich immer als letzte über den Beweis äußern.[50] Hinsichtlich des Verlaufs und der Grundsätze entspricht die Untersuchungsdebatte in großem Maße der Verhandlung.

In der *Instrução* ist die Öffentlichkeit in der Regel nicht ausgeschlossen,[51] und im Gegensatz zum *Inquérito* verfügen hier die Prozessbeteiligten und deren Rechtsanwälte über Akteneinsichtsrecht.[52] Sobald der MP die Ermittlungen abschließt und öffentliche Klage erhebt – oder den Prozess einstellt –, gilt dieses Akteneinsichtsrecht uneingeschränkt.

Die richterliche Untersuchung soll innerhalb von 2 Monaten – wenn es Beschuldigte gibt, die in der U-Haft oder unter Pflicht zur Aufhaltung am Wohnsitz sind – oder 4 Monaten abgeschlossen werden.[53]

Nach der Untersuchungsdebatte erlässt der JIC einen Beschluss, in dem er sich für die Stellung des Beschuldigten vor Gericht ausspricht

---

[47] Art. 289. Abs. 1 zweiter Teil CPP.
[48] Art. 298. CPP.
[49] Art. 305. CPP.
[50] Art. 301. Abs. 2 CPP.
[51] Wird die Eröffnung der richterlichen Untersuchung nur von dem Beschuldigten beantragt, und setzt er sich im Antrag der Öffentlichkeit nicht entgegen, ist der Prozess ab diesem Zeitpunkt öffentlich.
[52] In Portugal nennt man den Ausschluss der Öffentlichkeit Justizgeheimnis (*Segredo de Justiça*). Im Justizgeheimnis unterscheidet sich das externe und interne Geheimnis. Das externe bezieht sich auf die Personen, die im Prozess nicht beteiligt sind. Durch das interne Justizgeheimnis wird dem Beschuldigten, Assistenten, Strafkläger und ihren Rechtsanwälten Akteneinsicht verwehrt. Es wird vom Justizgeheimnis verboten – a) dass die Personen/Beteiligten bei Prozesshandlungen anwesend sind, oder von deren Inhalt Kenntnis nehmen, für die Sie nicht zur Anwesenheit berechtigt oder verpflichtet sind; b) dass das Stattfinden einer Prozesshandlung und ihren Verlauf aufgedeckt wird – Art. 86. Abs. 4 CPP.
[53] Art. 306. Abs. 1 CPP. Bei besonderen Straftaten darf die Frist bis zu drei Monaten erhöht werden, obwohl Beschuldigte in der U-Haft oder unter Pflicht zur Aufhaltung am Wohnsitz sind.

(*despacho de pronúncia*), oder nicht (*despacho de não pronúncia*).[54] Diese richterliche Anklage (*pronúncia*) wird beschlossen, wenn hinreichender Tatverdacht vorliegt. Die richterliche Anklage darf keine wesentliche Änderung der in der Anklage oder RAI beschriebenen Tatsachen (*alteração substancial dos factos*) durchführen.[55] Findet richterliche Anklage wegen der in der öffentlichen Klage beschriebenen Tatsachen statt, darf dagegen kein Rechtsmittel eingelegt werden.[56]

Außerdem darf die vorläufige Aussetzung des Prozesses wie im *Inquérito* auch in der *Instrução* vom Richter mit Zustimmung des MP angeordnet werden.[57] Das gleiche gilt für die Einstellung im Falle des Absehens von Strafe, die auch vom JIC während der richterlichen Untersuchung mit Zustimmung des MP und des Beschuldigten angeordnet werden darf.[58]

3. Die Verhandlung (*o Julgamento*)

Liegt öffentliche oder richterliche Anklage vor, wird der Prozess an das für die Verhandlung zuständige Gericht verwiesen. Vor der Verhandlung sind aber noch vom Gericht einige Handlungen im Vorfeld zu unternehmen.

Sobald der Prozess auf das Gericht übergegangen ist, findet die so genannte Prozesssanierung statt. Im Sanierungsbeschluss prüft das Gericht, ob Verfahrenshindernisse vorliegen, die ein Sachurteil verhindern – Nichtigkeiten, Vor– und Zwischenfragen.[59] Hat die richterliche Untersuchung nicht stattgefunden, entscheidet das Gericht noch über die Ablehnung der Anklage, im Falle eindeutiger Unbegründetheit oder wesentlicher Änderung der Tatsachen.[60]

---

[54] Art. 307. Abs. 1 CPP.
[55] Art. 309. CPP. Liegt eine wesentliche Änderung der Tatsachen vor, ist die richterliche Anklage nichtig. Siehe oben Fn. 25.
[56] Art. 310. Abs. 1 CPP.
[57] Art. 307. Abs. 3 CPP.
[58] Art. 280. Abs. 2 CPP.
[59] Art. 311. Abs. 1 CPP.
[60] Art. 311. Abs 2 und 3 CPP.

Wurden die prozessualen Vorfragen saniert, soll das Gericht das Verhandlungsdatum und die Verhandlungsuhrzeit festlegen.[61] Nach der Zustellung dieses Beschlusses, darf der Beschuldigte innerhalb von zwanzig Tagen die Anklage erwidern und eine Liste seiner Zeugen sowie Hinweise oder Anträge auf andere Beweismittel beilegen.[62]

Nach den Vorhandlungen findet die Diskussion- und Beurteilungsverhandlung (*audiência de discussão e julgamento*) statt. Es handelt sich um eine öffentliche,[63] einheitliche, fortlaufende[64] und kontradiktorische Verhandlung. In Verhandlungen, die vor dem Einzelrichter oder in der Abwesenheit des Beschuldigten stattfinden, besteht die Pflicht zur Protokollierung der mündlichen Aussagen.[65]

Zur Verhandlung werden der MP, der Assistent und sein Anwalt, der Beschuldigte und sein Verteidiger, die zivilrechtlichen Parteien und ihre Anwälte, die Zeugen und Sachverständigen geladen. Die Folgen der Abwesenheit dieser Beteiligten sind unterschiedlich. Fehlt der Vertreter des MP, der Verteidiger oder ein Anwalt, werden sie sofort ersetzt.[66] Der Anwalt des Assistenten wird auch ersetzt, sei es, dass es sich um ein privatklagebedingtes Verfahren handelt.[67] In diesem Fall, wird die Verhandlung erst einmal verschoben. Der Mangel an Rechtfertigung oder ein zweites Fehlen gilt als Rücknahme der Anklage, sofern der Beschuldigte dieser nicht entgegensteht.[68]

---

[61] Art. 312. und 313. CPP. Es sollten nicht mehr als zwei Monate zwischen dem Empfang der Akten beim Gericht und der Hauptverhandlung vergehen. In der Tat kann aber die Wartezeit ein Jahr oder sogar länger betragen.

[62] Art. 315. Abs. 1 und 3 CPP.

[63] Art. 321. Abs. 1 erster Teil CPP. In manchen Fällen darf der Richter nach Anhörung der daran interessierten Prozessbeteiligten trotzdem den Ausschluss oder die Beschränkung der Öffentlichkeit beschließen – Art. 321. Abs. 1 zweiter Teil, 2 und 3 CPP. Dieses darf angeordnet werden, wenn die Öffentlichkeit der Würde der Beteiligten, der öffentlichen Moral oder dem ordnungsmäßigen Verlauf der Verhandlung schwere Schaden verursachen könnten – Art. 321. Abs. 2 und Art. 87. Abs. 2 CPP. Das geschieht in der Regel, wenn eine sexuelle Straftat verhandelt wird, dessen Verletzter unter 16 Jahre alt ist – Art. 87. Abs. 3. Die Vorlesung des Urteils ist immer öffentlich.

[64] Art. 328. CPP.

[65] Art. 364. CPP.

[66] Art. 330. Abs. 1 CPP.

[67] Art. 330. Abs. 2 CPP

[68] Art. 330. Abs. 2 CPP.

Die Anwesenheit des Beschuldigten ist normalerweise notwendig.[69] Es kann aber geschehen, dass die Verhandlung gegen einen abwesenden Beschuldigten stattfindet. Bleibt der Beschuldigte aus, muss unterschieden werden, ob er ordnungsgemäß geladen worden ist, oder nicht. Bei ordnungsgemäßer Ladung, und wenn die Anwesenheit des Beschuldigten nicht unabdingbar ist, dürfen die Verhandlung und eine eventuelle Verurteilung trotzdem stattfinden.[70] In diesen Fällen wird einen Haftbefehl erlassen[71] und das Urteil unmittelbar nach der Festnahme oder dem freiwilligen Erscheinen dem Beschuldigten zugestellt.[72] Der Beschuldigte wird dann immer von einem Verteidiger vertreten.[73]

Wurde der Beschuldigte nicht ordnungsgemäß zur Verhandlung geladen, darf diese nicht stattfinden. Der Beschuldigte wird durch Aushang (*edital*) geladen, sich vor Gericht innerhalb von dreißig Tagen vorzustellen, unter Androhung einer Erklärung als Kontumaz (Ungehorsam gegen eine gerichtliche Auflage oder Ladung).[74] Diese Erklärung (*declaração de contumácia*) schließt nicht nur den sofortigen Erlass eines Haftbefehls – und die eventuelle Anordnung der U-Haft – mit ein, sondern auch die Anfechtbarkeit aller nachträglichen vermögensrelevanten Rechtsgeschäften des Beschuldigten.[75] Wenn nötig darf das Gericht außerdem das Verbot der Erlangung von Dokumenten bei öffentlichen Amtsstellen und den Arrest der Güter des Beschuldigten anordnen.[76]

Die Abwesenheit anderer Beteiligten hat in der Regel keinen Einfluss auf die Verhandlung.[77] Die zivilrechtlichen Parteien und der Assistent werden in diesem Fall durch ihre Anwälte vertreten.[78]

---

[69] Art. 331. Abs. 1 CPP.

[70] Art. 331. Abs. 1, 2 und 3 CPP. Das geschieht auch wenn das Strafbefehlsverfahren in die allgemeinen Verfahren verwiesen worden ist und der Beschluss, der das Verhandlungsdatum feststellt, dem Beschuldigten nicht zugestellt worden ist, oder der Beschuldigte ohne Begründung nicht erscheint. Art. 334. Abs. 1 CPP.

[71] Art. 331. Abs. 6 und 116. Abs. 2. CPP.

[72] Art. 331. Abs. 5 CPP.

[73] Art. 334. Abs. 1 und 332. Abs. 6 CPP.

[74] Art. 335. Abs. 1 CPP.

[75] Art. 337. Abs. 1 CPP.

[76] Art. 337. Abs. 3 CPP.

[77] Art. 331. Abs. 1 erster Teil CPP.

[78] Art. 331. Abs. 1 zweiter Teil CPP.

In der Verhandlung findet die Beweiserhebung statt. Es werden nicht nur die beantragten Beweismittel erlangt, sondern auch die, deren Erlangung das Gericht vom Amts wegen angeordnet hat.[79] Nur die in der Verhandlung erhobenen oder mündlich kontradiktierten Beweismittel dürfen die Entscheidung des Gerichts begründen.[80] Der Inhalt der Urkunden muss aber nicht vorgelesen werden. Der Beschuldigte darf als erstes und als letztes aussagen.[81]

Die Verlesung von Protokollen in der Verhandlung ist beschränkt. In der Regel dürfen nur die Protokolle verlesen werden, die keine Aussagen des Beschuldigten, des Assistenten, der zivilrechtlichen Parteien oder von Zeugen enthalten.[82] Wie im deutschen Strafprozess gilt hier auch der Vorrang des Personalbeweises vor dem Urkundenbeweis. Beruht der Beweis einer Tatsache auf der Wahrnehmung einer Person, muss sie normalerweise in der Verhandlung persönlich vernommen werden. Es werden jedoch etliche Ausnahmen im CPP vorgesehen.[83] Es dürfen allgemein nur Schriftstücke verlesen werden, die Aussagen des Assistenten, der zivilrechtlichen Parteien oder von Zeugen enthalten, die vor dem Richter stattgefunden haben.[84] In keinem Fall dürfen Aussagen

---

[79] Art. 340. Abs. 1 und 2 CPP.
[80] Art. 335. Abs. 1 CPP.
[81] Art. 341 a) und 361. Abs. 1 CPP.
[82] Art. 356. Abs. 1 b) CPP.
[83] Art. 356. Abs. 1 a) und 318. CPP– sieht die vorzeitige Vernehmung durch Videokonferenz von Personen vor, die außerhalb der *Comarca* (Gerichtsbezirk) ihren Wohnsitz haben; Art. 356. Abs. 1 a) und Art. 319 CPP – sieht die vorzeitige Vernehmung von Personen vor, die aus erheblichen Gründen nicht persönlich zur Verhandlung kommen können; Art. 356. Abs. 1 a), Art. 320 Abs. 1. CPP, sowie Art. 356. Abs. 2 a) CPP – sieht die vorzeitige Vernehmung und Gegenüberstellung von Personen die aus gesundheitlichen Gründen – oder aufgrund eines Umzugs ins Ausland – zur Zeit der Verhandlung höchstwahrscheinlich nicht vernommen werden können. Diese Möglichkeit gilt auch für Opfer von sexuellen Straftaten.
[84] Schriftstücke mit Aussagen des Assistenten, der zivilrechtlichen Parteien und von Zeugen vor dem Richter dürfen dann verlesen werden, wenn der MP, der Beschuldigte und der Assistent der Verlesung zustimmen – Art. 356. Abs. 2 b) CPP. Diese Schriftstücke dürfen auch zwecks Erinnerung von Tatsachen verlesen werden, wenn die in der Verhandlung zu vernehmende Person behauptet, sich daran nicht mehr erinnern zu können, oder wenn sich grundlegende Unterschiede zwischen den früheren Aussagen und den Aussagen in der Verhandlung ergeben – Art. 356. Abs. 3 CPP. Wenn der MP, der Beschuldigte und der Assistent damit einverstanden sind, dürfen auch Aussagen verlesen werden, die vor dem MP oder den OPC stattgefunden haben – Art. 356. Abs. 5 CPP.

dieser Personen verlesen werden, wenn sie sich auf ihr Zeugnisverweigerungsrecht berufen haben.[85]

Frühere Aussagen des Beschuldigten dürfen nur verlesen werden, wenn er das beantragt, oder wenn sich erhebliche Unterschiede zwischen den früheren Aussagen vor dem Richter und seinen Aussagen in der Verhandlung ergeben.[86]

Nach der Diskussion über die tatsächlichen und rechtlichen Elemente des Falles, findet die Abstimmung statt.[87] Die Verhandlung darf aber für die nachträgliche Beweiserhebung wiedereröffnet werden, zwecks Bestimmung der Art und Maße der zu verhängenden Strafe.[88]

III. Prozessbeteiligte

In diesem Teil des Referates werden die allgemeinen Haupteigenschaften der Prozessbeteiligten präsentiert. Unter den Prozessbeteiligten im portugiesischen Strafprozess werden üblicherweise die Prozesssubjekte von den Prozessbeteiligten im engeren Sinn unterschieden.

Im Begriff "Prozesssubjekt" werden lediglich das Gericht, der MP, der Beschuldigte, der Verteidiger und der Assistent miteinbezogen. Die Subjekteigenschaft hängt mit den Befugnissen zusammen, die diesen Beteiligten zustehen. Dementsprechend hat ihre Aktivität eine bestimmende Funktion für den Prozessablauf und die Prozessentscheidung, bezüglich der strafrechtlichen Haftung des Beschuldigten.

Die Beteiligten im engeren Sinn arbeiten auch im Prozess mit, aber ohne Initiativ- oder Entscheidungsbefugnisse bezüglich des Prozessobjekts, i.S.d. strafrechtlichen Haftung des Beschuldigten. Als Beispiel können die zivilrechtlichen Parteien, die Polizei, die Berater und die Sachverständigen genannt werden.

---

[85] Art. 356. Abs. 6 CPP.
[86] Art. 357 CPP.
[87] Art. 365. Abs. 1 CPP.
[88] Art. 369. und 371. CPP.

1. Das Gericht (*o Tribunal*)

In der portugiesischen Rechtsordnung gehören die strafrechtlichen Fälle zu der ordentlichen Gerichtsbarkeit, die durch die *tribunais judiciais* ausgeübt wird.[89] Die Verfassungsgerichtsbarkeit kann auch relevant für den Strafprozess sein. Diese wird vom Verfassungsgerichtshof ausgeübt.[90] Außerdem ist es Pflicht jedes einzelnen Gerichts, die Anwendung verfassungswidriger Normen zu verneinen.[91] Dies weit verbreitete Kontrolle wird in der Verfassungsrechtslehre *fiscalização difusa da constitucionalidade* genannt.

An der Spitze der Hierarchie der ordentlichen Gerichtshöfe steht der *Supremo Tribunal de Justiça* (der oberste Gerichtshof).[92] Für die Verhandlung im ersten Rechtszug sind in der Regel die *tribunais de comarca* (Gerichte erster Instanz) zuständig.[93] Zwischen den Gerichten erster Instanz und dem obersten Gerichtshof stehen in der Hierarchie die *Tribunais da Relação* (Berufungsgerichte).[94] Dem leichteren Verständnis dieser Organisation soll die folgende bildliche Übersicht dienen:

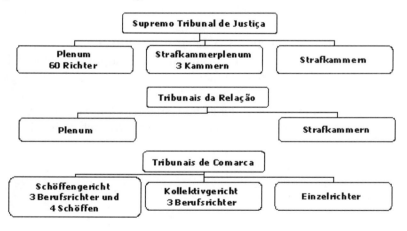

---

[89] Art. 209. Abs. 1 und 211. Abs. 1 CRP. Die Organisation und der Betrieb der ordentlichen Gerichtshöfe wird in der L 3/99, vom. 13.01. (*Lei de Organização e Funcionamento dos Tribunais Judiciais*) ausführlich geregelt.
[90] Art. 221. ff. CRP.
[91] Art. 204. CRP.
[92] Art. 210. CRP.
[93] Art. 210 Abs. 3 CRP.
[94] Art. 210. Abs. 4 CRP.

Der STJ hat landesweite Zuständigkeit. Die restlichen Gerichte sind lediglich für bestimmte Kreise zuständig. Für die Feststellung deren örtlichen Zuständigkeit gilt die Regel des *locus delicti*.[95] In der ersten Instanz wird das Schöffengericht (*Tribunal de Júri*) erst auf Antrag tätig. Seine Tätigkeit darf aber nur für die Verhandlung von Straftaten gegen Frieden, Menschheit und Staatssicherheit[96] oder von Straftaten mit einer Mindestfreiheitsstrafe von 8 Jahren,[97] beantragt werden. Das kollektive Gericht (*Tribunal Colectivo*) ist in der Regel das zuständige Gericht für die Verhandlung von Straftaten gegen Frieden, Menschheit und Staatssicherheit.[98] Auch ist es für die Verurteilung von vorsätzlichen Straftaten verantwortlich, in deren Tatbestandsmerkmalen der Tod eines Menschen enthalten ist.[99] Es hat gleichfalls allgemeine Zuständigkeit bezüglich Straftaten mit einer Mindestfreiheitsstrafe von 5 Jahren.[100] Der Einzelrichter (*Tribunal Singular*) ist allgemein zuständig, wenn für den Fall die Zuständigkeit eines anderen Gerichts nicht vorgesehen ist.[101] In seiner Zuständigkeit sind noch Straftaten gegen die öffentliche Gewalt enthalten.[102] Zu guter Letzt verhandelt der Einzelrichter die Fälle, in denen es sich um Straftaten handelt, die mit einer Freiheitsstrafe von weniger als 5 Jahren bestraft werden,[103] oder in denen die anzuwendende Strafe nach Hinsicht des MP nicht mehr als 5 Jahre betragen soll.[104]

Darüber hinaus kennt der portugiesische Strafprozess andere Formen der Zuständigkeit, unter anderem die funktionelle Zuständigkeit gemäß dem Prozessstadium. Während der Ermittlungen und der richterlichen Untersuchung ist der Untersuchungsrichter (*Juiz de Instrução Criminal*)[105] für alle richterlichen Handlungen verantwortlich.[106] In Lissabon,

---

[95] Art. 19. Abs. 1 CPP.
[96] Art. 13. Abs. 1 CPP.
[97] Art. 13. Abs. 2 CPP.
[98] Art. 14. Abs. 1 CPP.
[99] Art. 14. Abs. 2 a) CPP.
[100] Art. 14. Abs. 2 b) CPP.
[101] Art. 16. Abs. 1 CPP.
[102] Art. 16. Abs. 2 a) CPP.
[103] Art. 16. Abs. 2 b) CPP.
[104] Art. 16. Abs. 3 CPP.

[105] Der Begriff Untersuchungsrichter wurde absichtlich statt Ermittlungsrichter gewählt. Diese Wahl folgt aus den erheblichen Unterschieden zwischen den Befugnissen und Gestaltung dieser zwei Figuren im deutschen und im portugiesischen Recht.

[106] Art. 17., 268., 269. und 288. Abs. 1 CPP.

Porto, Coimbra und Évora gibt es Strafuntersuchungsgerichte (*Tribunais de Instrução Criminal* – TIC),[107] an denen spezialisierte Richter arbeiten, die nur für das Ermittlungsverfahren und die richterliche Untersuchung zuständig sind. Bei besonderen Straftaten, die landesweit erheblich sind, werden die Aufgaben des Untersuchungsrichters von dem zentralen Strafuntersuchungsgericht (*Tribunal Central de Instrução Criminal* – TCIC) durchgeführt.[108] In den sonstigen Kreisen übernehmen die Richter des für die Verhandlung zuständigen Gerichts die Untersuchungshandlungen. -

Zu guter Letzt muss noch das Strafvollzugsgericht genannt werden, das für den Strafvollzug zuständig ist.[109]

2. Die Staatsanwaltschaft (*o Ministério Público*)

Das markanteste Zeichen des *Ministério Público* ist seine Autonomie und Unabhängigkeit gegenüber den Gerichtshöfen und den Regierungsorganen.[110] Seine Aktivität muss objektiv sein und unterliegt nur der Legalität. Trotz dieser Autonomie hat der Justizminister einige Befugnisse,[111] namentlich: vom Generalstaatsanwalt Berichte und Dienstinformationen zu verlangen; vom Generalstaatsanwalt Inspektionen, Disziplinaruntersuchungen und Ermittlungen – einschließlich über die Kriminalpolizeiorgane – zu verlangen.

Internerweise ist der MP hierarchisch organisiert[112]. Jeder Staatsanwalt muss die Ordnungen, Anweisungen und Richtlinien seines Vorgesetzten nachkommen.[113] Sie dürfen jedoch die Durchführung der Anweisungen ablehnen, solange diese mit Ihrem Rechtsgewissen unvereinbar sind, oder die Anweisungen rechtswidrig sind.[114] Lehnt ein Staatsanwalt eine Anordnung oder Anweisung ab, muss der Vorgesetzte, der sie erlassen hat, den Prozess selbst übernehmen, oder an einen anderen

---

[107] Art. 79. LOFTJ.
[108] Art. 80. Abs. 1 LOFTJ.
[109] Art. 18. CPP und Art. 91 und 92. LOFTJ.
[110] Art. 219. Abs. 2 CRP und 75. EMP.
[111] Art. 80. EMP.
[112] Art. 219. Abs. 4 CRP.
[113] Art. 76. Abs. 3 EMP.
[114] Art. 79. Abs. 2 EMP.

Staatsanwalt übergeben.[115] Darüber hinaus darf der Vorgesetzte den Prozess jederzeit übernehmen.

Der MP hat eigene Management- und Disziplinorgane. Sein oberstes Organ ist die Generalstaatsanwaltschaft (*Procuradoria-Geral da República*),[116] die vom Generalstaatsanwalt geführt wird (*Procurador-Geral da República*). Der Generalstaatsanwalt wird alle sechs Jahre vom Präsidenten der Republik auf Regierungsvorschlag ernannt.[117]

Der MP ist das Staatsorgan, das für die Strafverfolgung zuständig ist[118] und mit dem Gericht an der Wahrheitsfindung arbeitet. Der MP hat auch andere Funktionen,[119] aber die wichtigste ist ohne Zweifel die Strafverfolgung. Bei deren Durchführung ist der MP für die Einleitung und Fortsetzung der Ermittlungen sowie für die Erhebung der öffentlichen Klage verantwortlich. In diesem Punkt könnte man die deutsche Schlussfolgerung importieren und den MP „Herr des Ermittlungsverfahrens" nennen. In der Tat – und trotz der richterlichen Kontrollbefugnisse – dank seiner Stellung als Inhaber des Strafverfahrens im Ermittlungsstadium, hat er die Entscheidungsbefugnisse bezüglich der anzuwendenden Taktik und Abschluss des Verfahrens, sei es durch Einstellung oder durch Erhebung der öffentlichen Klage. Der MP ist insbesondere für folgende Schritte zuständig: Empfang der Anzeigen, Strafanträge und polizeiliche Mitteilungen über Straftaten; Leitung der einschlägigen Ermittlungen; Erhebung der öffentliche Klage; Verteidigung der öffentlichen Klage bei der richterlichen Untersuchung und bei der Verhandlung; Einlegung von Rechtsmitteln – und zwar zu Gunsten des Beschuldigten; Einleitung des Strafvollzugs und von Sicherheitsmaßnahmenvollstreckung. Zur Strafverfolgung wurden spezielle Einrichtungen des MP eingerichtet, die sich nur den strafrechtlichen Ermittlungen widmen – die *Departamentos de Investigação e Acção Penal* (DIAP) und der *Departamento Central de Investigação e Acção Penal* (DCIAP). Ihre örtliche Zuständigkeit entspricht die des TIC und TCIC.[120]

---

[115] Art. 79. Abs. 4 EMP.
[116] Art. 220. Abs. 1 CRP.
[117] Art. 133. m) und 220. Abs. 3 CRP.
[118] Art. 219. Abs. 1 CRP und Art. 53. CPP.
[119] Art. 219. Abs. 1 CRP.
[120] Siehe oben Punkt III. 1.

Der MP hat allgemeine Legitimität zur Einleitung der Strafverfolgung und ist dazu verpflichtet, bei allen Straftaten einzuschreiten, mit den Beschränkungen der Artikel 49. bis 52. CPP.[121] Demnach ist die Aktion des MP bei manchen Taten – die so genannten *crimes semipúblicos ou crimes particulares* – durch einen Strafantrag und/oder eine Privatklage bedingt.[122] Bei den halböffentlichen und privaten Straftaten ist dem CPP nach der Verletzte der Rechtsträger des Klagerechts. Der Verletzte wird als Rechtsträger des Interesses beschrieben, dessen besonderer Schutz mit der Kriminalisierung der Tat unmittelbar beabsichtigt worden ist.[123] Die Ausübung des Klagerechts des Verletzten kann von seinem Nachfolger,[124] seinem gesetzlichen Vertreter oder vom MP durchgeführt werden.[125] [126] Die Klage – sowie deren Rücknahme – gegen eine Person ist auf alle Beteiligte zu erweitern.[127] Das Klagerecht muss innerhalb von sechs Monaten nach der Kenntnisnahme über die Tatsachen und Täter, nach dem Tod des Verletzten oder nachdem der Verletzte unfähig geworden ist, ausgeübt werden, andernfalls erlischt es.[128] Das Erlöschen kann auch durch ausdrücklichen oder konkludenten Verzicht stattfinden.[129]

Bei den *crimes particulares* muss außerdem Privatklage erhoben werden, sonst wird der Prozess beendet.

3. Der Beschuldigte (*o arguido*)

Der Beschuldigte wird im portugiesischen Strafprozess als der Verdächtige definiert, der formell als Beschuldigten gestellt worden ist.

---

[121] Art. 48. CPP.

[122] Siehe oben Fn. 33. Auch zur Eröffnung eines Prozesses gegen den Präsidenten der Republik braucht der MP einen Strafantrag des Parlaments (*Assembleia da República*) – Art. 163. c) CRP.

[123] Art. 113. Abs. 1 CP.

[124] Mit Ausnahme der Fälle, in denen die Nachfolger an der Straftat beteiligt gewesen sind.

[125] Art. 113. Abs. 2 und 3 CP.

[126] Das geschieht wenn der Vertreter des Verletzten der Täter ist und das öffentliche Interesse die Verfolgung herausfordert (z.B. Vergewaltigung der minderjährigen Tochter durch ihren Vater).

[127] Art. 114. und 116. Abs. 3 CP.

[128] Art. 115 Abs. 1 CP. Die Erlöschung des Klagerechts ist ein Verfahrenshindernis.

[129] Art. 116. Abs. 1 CP.

Der Verdächtige ist derjenige, *gegen den es Indizien gibt, dass er eine Straftat begangen oder an einer Straftat teilgenommen hat, oder sich darauf vorbereitet.*[130]

Die Stellung als Beschuldigten (*constituição de arguido*) geschieht *ope legis*, immer wenn gegen jemanden Anklage erhoben oder richterliche Untersuchung beantragt worden ist. Die Stellung wird mit der Bekanntgabe der Anklage oder Untersuchung durch die gerichtlichen oder polizeilichen Behörden durchgeführt. Dabei muss der Beschuldigte über seine Rechte und Pflichten belehrt werden.[131] Dem Beschuldigten soll daneben ein schriftliches Dokument mit der Prozesskennzeichnung und den Rechten, Pflichten und Personalien des Verteidigers herausgegeben werden.[132] Wird die Stellung als Beschuldigten unterlassen oder unvollständig durchgeführt, darf die Beschuldigtenaussage nicht verwertet werden.[133]

Die Stellung als Beschuldigten ist dabei zwingend, bei der Vernehmung von Personen, gegen die die Ermittlung im Gange ist, bei der Anordnung von Zwangs– oder vermögenssichernden Maßnahmen, bei der vorläufigen Festnahme eines Verdächtigen[134] und bei der Bekanntmachung eines Vermerks der Person, die in diesem Vermerk als Straftäter bezeichnet wird. Ebenfalls wenn aufgrund einer Vernehmung Verdacht gegen eine Person heranwächst, die noch nicht formell als Beschuldigter anzusehen ist, soll sie sofort als Beschuldigten gestellt werden.[135] Nach Anfrage des Verdächtigen bei der Vollstreckung von Beweismaßnahmen, die ihn persönlich berühren, muss dieser auch als Beschuldigten gestellt werden.[136]

Ab dem Moment, in dem eine Person als Beschuldigten gestellt wird, stehen ihr besondere Prozessrechte sowie Prozesspflichten zu.[13] Die Rechte des Beschuldigten sind:[138] Anwesenheitsrecht,[139] Anspruch auf

---

[130] Art. 1. Abs. 1 e) CPP.
[131] Art. 58. Abs. 2 CPP.
[132] Art. 58. Abs. 3 CPP.
[133] Art. 58. Abs. 4 CPP.
[134] Art. 254. bis 261. CPP.
[135] Art. 59. Abs. 1 CPP.
[136] Art. 59. Abs. 2 CPP.
[137] Art. 60. CPP.
[138] Art. 61. Abs. 1 CPP.
[139] z. B. Art. 300., 332. und 141. CPP.

rechtliches Gehör,[140] Schweigerecht, Recht auf Verteidigerbeistand,[141] Recht auf Kommunikation zum Verteidiger, Interventionsrecht,[142] Recht auf Information,[143] Recht auf Rechtsmittel.[144] Andererseits unterliegt der Beschuldigte folgenden Pflichten:[145] Pflicht zum Erscheinen,[146] Aussagewahrheit über Personalien,[147] Information über Personalien und Wohnsitz; Duldung von Beweis–, Zwangs– und vermögenssichernden Maßnahmen.[148]

Grundsätzlich für den Status des Beschuldigten sind die Unschuldsvermutung und die Verfahrenssubjekteigenschaft.[149] Dies hat innerprozessuale Folgen, insbesondere bei den Beweisregeln, aber auch bei der Art und Weise, den Beschuldigten zu behandeln und seine Würde zu berücksichtigen.

Die Beschuldigteneigenschaft besteht während des gesamten Prozesses.[150] Im Gegenteil zum deutschen Recht besteht auch die Bezeichnung „Beschuldigter" (*arguido*) in Portugal unabhängig vom Verfahrensstadium fort.

4. Der Verteidiger (*o defensor*)

Der Strafverteidiger muss ein Rechtsanwalt (*advogado*) oder Rechtsanwaltsreferendar (*advogado-estagiário*) mit gültiger Anmeldung

---

[140] Siehe Art. 292. Abs. 2 und 141. CPP, 28. Abs. 1 CRP und 194. Abs. 2 CPP; Art. 343. und 361. CPP.
[141] Art. 32. Abs. 3 CRP.
[142] z. B.: Antrag auf Eröffnung der richterlichen Untersuchung (Art. 287. Abs. 1 b) CPP); Herausgabe von Anträgen und Schriften (Art. 98. Abs. 1 CPP).
[143] z.B.: Art. 58. Abs. 2, 141. Abs. 4, 143. Abs. 2 und 144. Abs. 1 CPP.
[144] Siehe Art. 32. Abs. 1 CRP und Art. 399. CPP.
[145] Art. 61. Abs. 3 CPP.
[146] Allgemeine Folgen des Nichterscheinens – Art. 116. und 117. CPP.
[147] Art. 141. Abs.3, 143. Abs. 2 und 144. Die Lüge oder Verweigerung ist als Widerstand (*desobediência*) strafbar – Art. 348. CP.
[148] Solange diese nicht verboten sind – Art. 125. CPP. z.B. Gegenüberstellung (Art. 146. CPP); Wiedererkennen (Art. 147. CPP); Wiederherstellung der Tat (Art. 150. CPP); Begutachtung und Untersuchungen (Art. 151. und 171. CPP); Durchsuchung (Art. 174. CPP), usw.
[149] Art. 32. Abs. 2 CRP.
[150] Art. 57. Abs. 2 CPP.

bei der Anwaltskammer sein. Referendare sind jedoch nur dazu befugt, in Prozessen zu arbeiten, für die der Einzelrichter zuständig ist.

Im Gegensatz zu Deutschland ist die örtliche Zuständigkeit der Verteidiger in Portugal unbeschränkt.

Die Leistung des Verteidigers schließt sowohl die Beratung und Beistand bei den Prozesshandlungen ein, die der Beschuldigte selber durchführen muss, als auch die Vertretung des Beschuldigten durch Ausübung seiner Rechte.[151] Dem Beschuldigten steht die Möglichkeit zu, die Handlungen seines Verteidigers anzufechten, solange er das ausdrücklich vor der Entscheidung über diese Handlung macht.[152]

Der Verteidiger darf ohne Beisein Dritter mit dem Beschuldigten kommunizieren, sogar im Falle seiner Festnahme und zwar vor der ersten Vernehmung, damit er die Verteidigung vorbereiten kann.

Der Beistand eines Verteidigers ist nicht nur ein Recht des Beschuldigten. In manchen Fällen muss ein Verteidiger bestellt werden und anwesend sein.[153] Dem CPP nach muss der Verteidiger anwesend sein: bei der ersten Vernehmung des festgenommenen Beschuldigten; bei der Untersuchungsdebatte und bei der Gerichtsverhandlung;[154] bei jeder Prozesshandlung, falls der Beschuldigte hörgeschädigt, stumm, Analphabet, unter 21 Jahren, möglicherweise strafunmündig oder vermindert schuldfähig ist oder die portugiesische Sprache nicht beherrscht; bei den Rechtsmittel. Die Anwesenheit des Verteidigers ist gleichfalls in anderen im Gesetz vorgesehenen Fällen zwingend.

5. Der Assistent (*o assistente*)[155]

Die Interessen der Tatopfer an dem Strafverfahren werden durch die Erlaubnis, in besonderen Fallgestaltungen als Assistent an dem Prozess teilzunehmen, berücksichtigt.

---

[151] Mit Ausnahme von denen, die der Beschuldigte selber ausüben muss Art. 63. CPP.

[152] Art. 63. Abs. 2 CPP.

[153] Art. 64. Abs. 1CPP.

[154] Mit Ausnahme von den Prozessen, in denen keine freiheitsentziehende Strafe oder Sicherheitsmaßnahme verhängt oder angeordnet werden kann.

[155] Der Name Assistent wurde gewählt, da die Figur keine der deutschen Figuren des Neben- und Privatklägers vollkommen entspricht. Der Assistent ist eher eine Figur, die die Eigenschaften und Befugnisse dieser beiden Kategorien vereinigt, aber jedoch immer noch einzigartig ist.

Der Assistent ist nicht mit dem Verletzten, mit dem Geschädigten oder mit dem Strafkläger zu verwechseln. Der Verletzte[156] ist selber kein Prozesssubjekt, solange er nicht formell als Assistent am Prozess beteiligt ist. Andererseits darf der Geschädigte nie als Assistent teilnehmen, sondern nur als zivilrechtliche Prozesspartei intervenieren, um den zivilrechtlichen Schadensersatz zu beantragen. Seine Intervention hat deswegen nichts mit der strafrechtlichen Haftung des Beschuldigten zu tun. Der Strafkläger ist derjenige, der den Strafantrag stellt. Er hat insoweit nur die Macht, die Einleitung oder die Erlöschung des Prozesses durch den Strafantrag und dessen Rücknahme zu veranlassen.

Andernfalls ist der Assistent die Person, die rechtmäßig als Assistent gestellt worden ist. Die Bestellung als Assistent muss bei dem verantwortlichen Richter beantragt werden.[157] In den meisten Fällen ist der Assistent auch der Verletzte. Außerdem kann er Strafkläger sein. Abgesehen von den zivilrechtlichen Ansprüchen, bezieht sich die Intervention des Assistenten hauptsächlich auf die strafrechtliche Haftung des Beschuldigten. Dementsprechend darf der Assistent im Gegenteil zum Verletzen, zum Strafkläger und zu den zivilrechtlichen Parteien Beweise beantragen und Rechtsmittel einlegen, die sich auf die strafrechtliche Schuld des Beschuldigten direkt beziehen.[158] Dem Gesetz nach sind dazu befugt, Assistent zu werden: der Verletzte und seine Nachfolger oder sein gesetzlicher Vertreter;[159] die Personen mit Strafantrags– oder Privatklagerecht;[160] jedermann bei Straftaten gegen Frieden, Menschheit, Vorteilsannahme, Korruption, usw.;[161] die durch ein spezielles Gesetz legitimierten Personen oder Vereinigungen[162].

---

[156] Siehe oben Punkt III. 2.
[157] Art. 68. Abs. 3 CPP.
[158] Die zivilrechtlichen Parteien dürfen nur Anträge beilegen, die um die zivilrechtliche Haftung des Beschuldigten gehen. Z. B. darf der Geschädigte kein Rechtsmittel gegen einen Freispruch einlegen. Er darf aber Beweisanträge zum Beweis des zivilrechtlichen Schadens machen.
[159] Art. 68. Abs. 1 a), c), d) CPP.
[160] Art. 68. Abs. 1 b) CPP.
[161] Art. 68. Abs. 1 e) CPP.
[162] z.B. Volksaktion (*acção popular*) – DL 83/95, 31.08., legitimiert Bürger und Vereinigungen für Prozesse wegen Taten gegen die öffentliche Gesundheit, die Umwelt, den Verbrauch, usw.

Bei den *crimes particulares* ist die Stellung als Assistent zwingend.[163]

Die Assistenten müssen immer von einem Rechtsanwalt vertreten werden.[164]

Dem CPP nach ist der Assistent als Mitarbeiter des MP im Verfahren zu betrachten, unter dessen Tätigkeit seine Intervention unterworfen werden muss. Es werden jedoch Ausnahmen vorbehalten.[165] Sehr bedeutend ist der Fall, in dem der MP aufgrund eines Privatklagedeliktes die Anklage des Assistenten nicht begleitet. Selbstverständlich ist die Stellung des Assistenten in diesem Fall vollkommen unabhängig vom MP. Es muss auch abgeklärt werden, dass in den Fällen, in denen der Assistent für andere Taten als der MP Anklage erhebt – und umgekehrt – jeder dafür verantwortlich ist, die dem Beschuldigten von ihm vorgeworfene Tat in der Verhandlung zu beweisen. Gleichfalls bei Privatklagedelikten muss der Assistent die von ihm vorgeworfene Tat selber beweisen. Andererseits ist der Assistent nicht dazu befugt, die Tatermittlung selber durchzuführen (Beweissicherung, Vernehmungen, usw.). Die Ermittlungen sind immer dem MP – und der Polizei – überlassen.

Die konkreten Befugnisse des Assistenten im Verfahren sind:[166] aktive Mitwirkung an den Ermittlungen und an der richterlichen Untersuchung durch Beilegen von Beweisen und Beantragung aller notwendigen Maßnahmen; Erhebung der Privatklage unabhängig vom MP;[167] Einlegung von Rechtsmitteln gegen nachteilhafte Entscheidungen.[168] Außerdem hat der Assistent noch andere Rechte wie das Recht, die Eröffnung der richterlichen Untersuchung zu beantragen, und das Rechts, an der Untersuchungsdebatte und Gerichtsverhandlung teilzunehmen, usw.

---

[163] Art. 50 Abs. 1 CPP.
[164] Art. 70. Abs. 1 CPP.
[165] Art. 69. Abs. 1 CPP.
[166] Art. 69. Abs. 2 CPP.
[167] Und im Falle eines Privatklagedeliktes sogar wenn der MP keine Anklage erhebt. Siehe dazu Art. 284 und 285 CPP.
[168] Und zwar sogar wenn der MP kein Rechtsmittel einlegt. Der Begriff „nachteilhafte Entscheidung" schließt keine Rechtsmittel bezüglich der Strafzumessung ein.

6. Die zivilrechtlichen Parteien (*as partes civis*)

An dem portugiesischen Strafprozess dürfen auch zivilrechtliche Parteien teilnehmen. Eigentlich ist deren Teilnahme dem Adhäsionsprinzip nach sogar zwingend, wenn sie ihre Rechte geltend machen wollen. Nur die Personen, in deren Rechtssphäre zivilrechtliche aus der Straftat erwachsene Schäden entstanden sind, oder die für solchen Schäden verantwortlich sind, dürfen zivilrechtlich an dem Strafprozess teilnehmen. Diese Parteien sind keine echten Subjekte, sondern nur einfache Beteiligte. Dem Gesetz nach sind dazu legitimiert, an dem Strafprozess teilzunehmen: der Geschädigte (*o lesado*) und die Schuldner (*demandado e interveniente*). Der Geschädigte ist die Person, die aus der Straftat Schaden gelitten hat, unabhängig davon, ob sie strafrechtlich Verletzter ist.[169] Die prozessuale Intervention des Geschädigten ist auf den Beweis und die Verteidigung des zivilrechtlichen Antrags begrenzt.[170] Dazu ist er mit den gleichen Rechten wie der Assistent ausgestattet.[171] Die Schuldner (*demandados*) sind die Personen, die zivilrechtliche Verantwortung für die aus der Straftat entstandenen Schäden haben, unabhängig davon, ob sie auch strafrechtlich verantwortlich sind.[172] Sie dürfen auch nach eigenem Willen intervenieren (*intervenientes*).[173] Die prozessuale Stellung der Schuldner ist der des Beschuldigten ähnlich.[174]

Wie bereits gesagt, gilt im portugiesischen Strafprozess das Adhäsionsprinzip.[175] Demnach soll der Schadensersatzanspruch aufgrund einer Straftat im jeweiligen Strafverfahren geltend gemacht werden. Er darf nur getrennt vor dem Zivilgericht beansprucht werden, wenn es im Gesetz ausdrücklich vorgesehen ist. Im CPP sind verschiedene Fälle vorgesehen, in denen der Schadensersatzantrag getrennt erhoben wird,[176] z.B. wenn innerhalb von acht Monaten nach der Tatnachricht noch nicht Anklage erhoben worden ist, wenn der Prozess vor der Verhandlung

---

[169] Art. 74. Abs. 1 CPP.
[170] Art. 74. Abs. 2 CPP.
[171] Art. 74. Abs. 2 CPP.
[172] Art. 73. Abs. 1 CPP.
[173] Art. 73. Abs. 1 und 2 CPP.
[174] Art. 74. Abs. 3 CPP.
[175] Art. 71. CPP.
[176] Art. 72. Abs. 1 CPP.

beendet ist, wenn das Verfahren durch Strafantrag oder Privatklage bedingt ist, usw. Hängt die Strafverfolgung vom Strafantrag oder einer Privatklage ab, gilt die getrennte Erhebung der zivilrechtlichen Klage vor Zivilgericht als Verzicht auf das strafrechtliche Klagerecht.[177]

Die Schuldner und die Geschädigten[178] sollen durch einen Rechtsanwalt vertreten werden.

7. Die Kriminalpolizeiorgane (*órgãos de polícia criminal*)

Unter den vielen Prozessbeteiligten soll der Tätigkeit der Kriminalpolizeiorgane (OPC) spezielle Aufmerksamkeit gewidmet werden. Die OPC werden im CPP wie folgend definiert: „*Behörde oder Polizeibeamten, die die von einer gerichtlichen Behörde oder vom CPP angeordnete Handlungen durchführen sollen.*"[179]

Die OPC sind vom Innenministerium abhängig. Sie arbeiten zwar hauptsächlich im Bereich der Prävention der Kriminalität, kooperieren aber auch mit den gerichtlichen Behörden bei der Aufklärung der Straftaten. Die OPC sind im L 21/2000, vom 10.08. (*Lei de Organização de Investigação Criminal*) aufgelistet: *Guarda Nacional Republicana*, *Polícia de Segurança Pública* und *Polícia Judiciária*.[180] Die *Polícia Judiciária* (das portugiesische Kriminalamt) wurde dafür absichtlich eingerichtet, den Justizverwaltungsbehörden Dienst zu leisten. Sie ist für die Ermittlung bestimmter schwerer Straftaten zuständig.[181] Darüber hinaus darf der MP jene OPC mit besonderen Ermittlungsaufgaben beauftragen.[182] Diese Delegation darf ebenfalls durch einen allgemeinen Beschluss angeordnet werden, in dem die Ermittlung bestimmter Kategorien von Straftaten den OPC übergeben wird.[183] Die OPC arbeiten jedoch im

---

[177] Art. 72. Abs. 2 CPP.

[178] Die Vertretung der Geschädigten durch einen Rechtsanwalt ist aber erst zwingend bei Schadenersatzansprüche in höheren Wert als € 3 740,98 oder bei denen Rechtsmittel zulässig ist – Art. 76. Abs. 1 CPP, 32. Abs. 1 CPC und Art. 24. Abs. 1 LOFTJ.

[179] Art. 1. Abs. 1 c) CPP.

[180] Art. 3. Abs. 1 L 21/2000, vom 10.08.

[181] Art. 4. L 21/2000, vom 10.08.

[182] Art. 270. Abs. 1 CPP. Mit den im Abs. 2 vorgesehenen Ausnahmen.

[183] Art. 270. Abs. 4 CPP.

Prozess unter unmittelbarer Leitung und funktionaler Abhängigkeit des MP mit.[184] Deshalb kann die Verantwortung für die Ermittlung jederzeit vom MP übernommen werden. Die Leitung des MP muss die polizeiliche Hierarchie berücksichtigen. Der MP darf sich insoweit auf keinen Fall weder in organische Aspekte und in den internen hierarchischen Betrieb noch in die polizeiliche Strategie und Taktik einmischen. Die konkreten Leitungsbefugnisse des MP sind: die Erforderung rascher Weiterleitung der Tatnachricht und der im Gesetz vorgeschriebenen Berichte über Maßnahmen vorsorglicher Natur und polizeiliche Maßnahmen;[185] die Ermittlung zu übernehmen und wenn nötig an eine andere Behörde weiterzugeben; die Erlassung von Anordnungen, Anweisungen und Richtlinien; die Beurteilung des Ermittlungsergebnisses durchzuführen und die entsprechenden Initiativen zu ergreifen; die jederzeitige Kontrolle der Art und Weise der Ermittlung.

IV. Beweismittel, vorläufige Festnahme, Zwangs– und vermögenssichernde Maßnahmen

In diesem Kapitel werden die Beweismittel, die vorläufige Festnahme und die Zwangs– und vermögenssichernden Maßnahmen kurz beschrieben. Die Gestaltung des Vortrags erlaubt jedoch keine ausführliche Analyse dieser Schwerpunkte.

1. Beweismittel (*meios de prova*)

Die Beweismittel sind im Titel II Buch III des CPP und in den Normen über den Verlauf besonderer Prozesshandlungen – insbesondere die Normen über die Verhandlung – geregelt.

Im portugiesischen Strafprozess gilt das Prinzip der Beweismittelfreiheit.[186] Diesem Prinzip nach sind alle Beweismittel erlaubt, solange sie nicht verboten sind. Unter anderem sind alle Beweismittel verboten,

---

[184] Art. 56. und 263. CPP.
[185] Art. 243. Abs. 3, 245. und 248.ff. CPP.
[186] Art. 125. CPP.

die mittels Folter, Nötigung, Körper– oder Geistschädigung, Belästigung des Lebens– oder Geheimbereiches erlangt worden sind.[187]

Obwohl im Prinzip alle Beweiserlangungsmittel erlaubt sind, solange ein Beweiserlangungsmittel im CPP vorgesehen ist, muss es nach den vorgeschriebenen Regeln angewendet werden, sonst ist das Beweiserlangungsmittel nichtig und der dadurch erlangte Beweis nicht verwertbar.[188]

Im Gesetz sind folgende Beweismittel vorgesehen: Zeugenbeweis;[189] Beweis durch Aussage des Beschuldigten, Assistenten oder der zivilrechtlichen Prozessparteien;[190] Beweis durch Gegenüberstellung;[191] Beweis durch Wiedererkennen;[192] Beweis durch Wiederherstellung der Tatsachen;[193] Sachverständigenbeweis;[194] Urkundenbeweis.[195]

Ferner sind auch unterschiedliche Beweiserlangungsmittel geregelt – Untersuchungen;[196] Haus– und Personendurchsuchung;[197] Beschlagnahme;[198] Überwachung des Fernmeldeverkehrs.[199]

2. Vorläufige Festnahme (*detenção*)

Die vorläufige Festnahme ist ein kurzfristiger Freiheitsentzug zur Bewahrung besonderer Prozessziele durch Führung einer Person zur Polizeistation oder zum Gericht.

Die Rechtsgrundlage für die vorläufige Festnahme sind in den Artikel 27. CRP und 254. ff. CPP vorgesehen. Die Festnahme ist zur

---

[187] Art. 32. Abs. 8 CRP und Art. 126. Abs. 1 CPP.
[188] Beispiel eines vorgesehenen Beweiserlangungsmittels ist die Überwachung des Fernmeldeverkehrs (*escutas telefónicas*) – Art. 187. ff. CPP.
[189] Art. 128. ff. CPP.
[190] Art. 140. ff. CPP.
[191] Art. 146. CPP.
[192] Art. 147. CPP.
[193] Art. 150. CPP.
[194] Art. 151. ff. CPP.
[195] Art. 164. ff. CPP.
[196] Art. 171. ff. CPP.
[197] Art. 173. ff. CPP.
[198] Art. 178. ff. CPP.
[199] Art. 187. ff. CPP.

Identifizierung von Verdächtigen und zur Sicherung der Vorführung der festgenommenen Person vor gerichtlichen Behörden oder in Prozesshandlungen zulässig. Die Festnahme zur Identifizierung wird von den OPC angeordnet und durchgeführt.[200] Dadurch kann eine verdächtige Person höchstens 6 Stunden in der nächsten Polizeistation untergebracht werden.[201] Andernfalls erfolgt die Festnahme zur Sicherung der Vorführung einer Person vor gerichtlichen Behörden oder in Prozesshandlungen auf Richterbeschluss und darf bis zu 24 Stunden dauern.[202] Ebenfalls kann eine Person bis zu 48 Stunden festgenommen werden, damit sie vor dem Richter zur ersten Vernehmung oder vor Gericht zur beschleunigten Verhandlung vorgeführt werden kann.[203]

Die Festnahme darf auf frischer Tat erfolgen,[204] wenn es sich um eine Tat handelt, die mit einer freiheitsentziehenden Strafe strafbar ist.[205] In diesem Fall dürfen die polizeilichen und gerichtlichen Behörden oder jedermann die Festnahme durchführen.[206] Bei Privatklagedelikten darf der Verdächtige nicht festgehalten werden, sondern nur identifiziert und gleich danach wieder entlassen werden.[207]

Die Festnahme außerhalb frischer Tat darf nur auf Richterbeschluss oder – bei Straftaten in denen die U-Haft angeordnet werden darf – auf Beschluss des MP erfolgen.[208] Es wird trotzdem die Befugnis der OPC vorbehalten, bei Gefahr im Verzug die Festnahme selbst durchzuführen.[209]

---

[200] Art. 27. Abs. 3 g) CRP.
[201] Art. 250. Abs. 6 CPP.
[202] Art. 27. Abs. 3 f) CRP und 254. Abs. b) CPP.
[203] Art. 27. Abs. 3 a) und b) und 28. Abs. 1 CRP und Art. 254 Abs. 1 a) CPP.
[204] Art. 256. CPP – unter "auf frischer Tat" ist die Festnahme einer Person zu verstehen, die auf frischer Tat betroffen oder verfolgt wurde. Auf frischer Tat betroffen ist derjenige, der bei Verwirklichung des Tatbestandes oder unmittelbar danach am Tatort oder in dessen unmittelbarer Nähe gestellt wird. Auf frischer Tat verfolgt ist derjenige, der unverzüglich nach der Tat aufgrund konkreter Anhaltspunkte verfolgt worden ist.
[205] Art. 255. Abs. 1 CPP.
[206] Art. 255. Abs. 1 a) und b) CPP.
[207] Art. 255. Abs. 4 CPP.
[208] Art. 257. Abs. 1 CPP.
[209] Art. 257. Abs. 2 CPP.

3. Zwangs- und vermögenssichernde Maßnahmen
(medidas de coacção e de garantia patrimonial)

Die Zwangs- und vermögenssichernden Maßnahmen sind Maßnahmen prozessualer und vorsorglicher Natur – es wird mit seiner Anordnung beabsichtigt, die Garantie der Wirksamkeit des Prozesses zu bewahren. Die Anordnung dieser Maßnahmen unterliegt dem Tatbestandsmäßigkeitsprinzip,[210] nachdem nur die im CPP vorgesehenen Maßnahmen erlaubt sind.

Es müssen besondere Voraussetzungen vorliegen, damit eine Zwangsmaßnahme angeordnet werden darf. Die allgemeinen Voraussetzungen, die für alle Zwangsmaßnahmen gelten, sind: die Stellung als Beschuldigten;[211] die Erforderlichkeit der Maßnahme, um die Wirksamkeit des Prozesses zu garantieren; die Verhältnismäßigkeit der Maßnahme zu ihrem Ziel, zur Bedeutung der Sache und zur erwartenden Strafe;[212] das Vorliegen einer im Artikel 204. vorgesehenen Gefahr[213]; Anordnung durch Richterbeschluss.[214]

Die zulässigen Zwangsmaßnahmen sind: Information über Personalien und Wohnsitz (TIR);[215] Kaution;[216] Periodische Erscheinungspflicht;[217] Aufhebung der Ausübung von Tätigkeit, Beruf und Rechte[218]; Aufenthalts-, Abwesenheits- und Kontaktaufnahmeverbot;[219] Pflicht zum Aufenthalt am Wohnsitz;[220] Untersuchungshaft[221]. Die Pflicht zum Aufenthalt am Wohnsitz findet normalerweise unter elektronischer Überwachung statt.[222]

---

[210] Art. 191. CPP.
[211] Art. 192. Abs. 1 CPP.
[212] Art. 193. Abs. 1 CPP.
[213] Mit Ausnahme von TIR. Im Art. 204. CPP werden die Fluchtgefahr, Verdunkelungsgefahr, Wiederholungsgefahr und die Gefahr der Störung der öffentlichen Ruhe und Ordnung vorausgesetzt.
[214] Mit Ausnahme von TIR. Art. 194. Abs. 1 CPP.
[215] Art. 196. CPP.
[216] Art. 197. CPP.
[217] Art. 198. CPP.
[218] Art. 199. CPP.
[219] Art. 200. CPP.
[220] Art. 201. CPP.
[221] Art. 202. CPP.
[222] Art. 201. Abs. 2 CPP, L 122/99, vom 20.08., und *Portaria* 1136/2003, vom 02.10.

Die vermögenssichernden Maßnahmen sind auch vorsorglicher Natur – es wird dadurch die Bezahlung eventueller aus der Verurteilung entstandenen Schulden garantiert. Es sind nur zwei vermögenssichernde Maßnahmen im CPP vorgesehen: die wirtschaftliche Kaution (bewahrt die Zahlung einer Geldstrafe, Prozesskosten oder irgendwelcher tatbezogenen Schulden) [223] und der Sicherheitsarrest.[224]

V. Besondere Prozessarten

Zu guter Letzt wird noch ein Blick auf die besonderen Prozessarten des Strafverfahrens geworfen. Die Besonderheit dieser Prozessarten erfolgt aus der Beseitigung prozessualer Stadien und Vereinfachung von Förmlichkeiten.

1. beschleunigter Prozess (*processo sumário*)

Der beschleunigte Prozess wird in den Artikeln 381. bis 391. CPP geregelt. In dieser Prozessart findet weder die Ermittlung noch die richterliche Untersuchung statt. Tatsächlich wird die Verhandlung unmittelbar nach der Festnahme durchgeführt und die Anklage ebenfalls in der Verhandlung vorgebracht.[225]

Die Voraussetzungen für die Anwendung dieser Prozessform sind:[226] Festnahme auf frischer Tat; Festnahme durch polizeiliche oder gerichtliche Behörden;[227] Verhandlungsbeginn innerhalb von 48 Stunden nach der Festnahme; anwendbare Strafe unter 3 Jahren.[228]

---

[223] Art. 227. CPP.
[224] Art. 288. CPP.
[225] Diese Prozessform wird sehr oft bei Straßenverkehrsstraftaten verwendet.
[226] Art. 381. CPP.
[227] Da der Beweis hauptsächlich aus deren Aussagen besteht.
[228] Abstrakt anwendbare Strafe oder durch den MP gemäß Art. 16. Abs. 3 konkret vorgeschlagene Strafe. Artikel 381. Abs. 1 CPP.

2. abgekürzter Prozess (*processo abreviado*)

Der abgekürzte Prozess wird in den Artikeln 391.-A bis 391.– E CPP geregelt. Es handelt sich um die besondere Prozessart mit weniger Besonderheiten. Die Unterschiede zum ordentlichen Prozess liegen bei der richterlichen Untersuchung, der Verkürzung von Fristen und der Vereinfachung bestimmter Prozesshandlungen. Für die Anwendung dieser Prozessform müssen folgende Voraussetzungen erfüllt werden:[229] das Vorliegen offenkundiger und einfacher Beweise, aus denen hinreichender Tatverdacht folgt; es dürfen nicht mehr als 90 Tage seit dem Tatbegehen vergangen sein; anwendbare Strafe unter 5 Jahren.[230]

3. Strafbefehlsverfahren (*processo sumaríssimo*)

Die letzte besondere Form des Strafverfahrens ist das Strafbefehlsverfahren. Ihre Voraussetzungen und ihr Gang werden in den Artikeln 392. bis 398. CPP geregelt. Im Gegenteil zum abgekürzten Strafprozess handelt es sich hier um die Prozessart mit den meisten Besonderheiten. In der Tat geschieht die Verurteilung ohne eine Verhandlung. Außerdem ist die Beteiligung des Assistenten nicht zugelassen, abgesehen von der Vereinbarung über die Anwendung dieser Prozessart. Ebenfalls müssen die zivilrechtlichen Prozessparteien ihre Ansprüche vor Zivilgericht geltend machen. Damit diese Prozessform gewählt werden kann, muss[231] hinreichender Tatverdacht einer Straftat vorliegen, die mit weniger als 3 Jahre Freiheitsstrafe bedroht ist, aber für die nach Ansicht des MP im konkreten Fall keine freiheitsentziehende Strafe verhängt werden soll. Darüber hinaus muss der Assistent der Anwendung dieser Prozessform zustimmen, falls es sich um ein Privatklagedelikt handelt.

---

[229] Art. 391.-A CPP.

[230] Abstrakt anwendbare Strafe oder durch den MP gemäß Art. 16. Abs. 3 konkret vorgeschlagene Strafe. Artikel 391-A. Abs. 2 CPP.

[231] Art. 392. CPP.

VI. Zusammenfassung/*Sumário*

Diese Präsentation beabsichtigt, einen Überblick über den portugiesischen Strafprozess zu geben.

Alle Stadien und Gänge des Strafverfahrens im ersten Rechtszug werden vorgestellt: das Ermittlungsverfahren (*fase de inquérito*), die richterliche Untersuchung (*fase de instrução*) und die Verhandlung (*fase de julgamento*). Nach dem Prozessgang werden noch die Eigenschaften der verschiedenen Prozessbeteiligten beschrieben: das Gericht (*o Tribunal*), die Staatsanwaltschaft (*o Ministério Público*), der Beschuldigte (*o arguido*), der Verteidiger (*o defensor*), der Assistent (*o assistente*), die zivilrechtlichen Parteien (*as partes civis*) und die Kriminalpolizeiorgane. Zu guter Letzt werden sowohl die Beweismittel, die vorläufige Festnahme und die Zwangsmaßnahmen, als auch die besonderen Prozessarten erwähnt.

Es handelt sich allerdings um eine rein deskripitve Einführung, da es im Rahmen einer Präsentation dieser Art unmöglich wäre, alle Punkte anzusprechen und kritisch zu würdigen. Zu jedem Themengebiet sind Sondergestaltungen denkbar. Auch sind sich Rechtsprechung und Lehre über bestimmte Fragen nicht einig. Daher ist jedem zu raten, der sich über eine konkrete Fallkonstellation Klarheit verschaffen möchte, sich vertiefend mit dem portugiesischen Strafprozess zu befassen.

Esta apresentação pretende fornecer, tal como o seu título indica, uma abordagem genérica ao processo penal português – uma panorâmica introdutória.

Panorâmica, pois pretende proporcionar uma visão abrangente de todo o processo penal português em 1.ª instância, das suas fases e trâmites principais, desde a notícia do crime até à decisão final. Apresentadas as fases processuais, são enunciadas as características dos sujeitos processuais (Tribunal, Ministério Público, Arguido, Defensor, Assistente) e, ainda, das Partes Civis e dos Órgãos de Polícia Criminal. Por último, é feita uma breve referência aos meios de prova, à detenção e às medidas de coacção, bem como aos processos especiais.

Introdutória, pois a complexidade das matérias tratadas não permite o seu aprofundamento numa apresentação deste tipo. Cada fase, cada regra e cada trâmite pode assumir configurações particulares, ter excepções, etc. Sobre diversas questões existe controvérsia doutrinal e jurisprudencial. Deste modo – e para quem queira debruçar-se sobre o processo penal português ou intervir em processo crime em Portugal – esta apresentação não dispensa um estudo cuidado e aprofundado do processo.

PALAVRAS CHAVE
STICHWORTVERZEICHNIS

I PARTE – *TEIL 1*

Gilmar Mendes
Evolução do controle de constitucionalidade no Direito Brasileiro

Ação de Descumprimento de Preceito Fundamental	36
Ação Declaratória de Constitucionalidade	34
Ação direta de inconstituicionalidade	12, 22, 28, 33, 43
Constituição de 1891	14, 17, 32, 42
Constituição de 1934	16, 19, 22
Constituição de 1937	19
Constituição de 1946	21, 22, 24, 28, 29
Constituição de 1967/69	27, 29
Constituição de 1988	12, 30, 31, 32, 34
Constituição Imperial	13
Controle abstrato de normas	24, 29, 32, 33, 34, 36, 45
Controle de Constitucionalidade	14, 16, 19, 21, 24, 27, 30

Assunção Cristas
Protecção constitucional do consumidor e suas implicações no Direito Contratual

Constituição	47-59
Consumidor	47-59
direito contractual	47, 48, 52, 59
Direito do consumo	47, 49, 51, 52, 57
direitos fundamentais	48-53, 58, 59
utente	56, 57, 59

Margarida dos Santos
Informationspflichten und ihre Sanktionierung im deutschen und portugiesischen Privatrecht

Anfechtung	63, 65, 74, 79, 80, 81, 87
Direito à informação	68, 71
Lei de Defesa do consumidor	68, 70, 73, 87
Treu und Glauben	63, 64, 68, 69, 73, 81, 87
Vertragliche Informationspflichten	66, 67, 70, 73
Vorvertragliche Informationspflicht	63
Widerrufsrecht	79, 80, 85, 86, 87

Gustavo Vieira da Costa Cerqueira
As Garantias e a exclusão da responsabilidade no novo Direito Brasileiro da compra e venda

cláusulas de limitação e de exclusão	98, 129, 151
da responsabilidade compra e venda	89, 90, 93-99, 101, 102, 104, 110, 121, 122, 137, 138, 149, 150, 152
evicção	95, 103-109, 114, 118, 121, 122, 125, 126, 127, 138, 141-148
excludentes da responsabilidade	124, 128
garantias contratuais	119, 122, 141, 148, 149
garantias legais	101, 102, 103, 119, 122, 123, 125, 128, 138, 150, 152
gestão contratual da responsabilidade	98, 123, 148
vícios ocultos	103, 117, 122, 138, 147

Fabiana D'Andrea Ramos
O efeito vinculativo das cartas de intenções: possibilidade de execução específica de seus termos

Cartas de Intenções	156-163, 166, 168, 169, 172-180, 185, 187-190
Deveres de prestação primários	162, 163, 164, 169, 172
Eficácia vinculativa	159, 175, 189, 190

Itens extrínsecos	185
Itens intrínsecos	175
Letter of intent	158, 190

Stephanie Müller-Bromley
Einführung in das Nova Lei do Arrandamento Urbano

Gewerbliche Miete	196, 199
Imposto Municipal sobre Imóveis (IMI)	193, 201
Mieter	192, 194-200, 202, 203
Mietrecht	191, 192, 193, 196, 200, 202, 203
Nova Lei do Arrendamento Urbano (NLAU)	193, 203
Novo Regime do Arrendamento Urbano (NRAU)	193
Räumungsklage	201, 202
Regime do Arrendamento Urbano (RAU)	191, 193
Vermieter	192, 194-203
Vollstreckungstitel	201, 202
Wohnraummiete	194, 196, 197, 200

Siegfried Kümpel
Verbraucherschutz im Bank- und Kapitalmarktrecht

Bankrecht	212, 217, 219
Effektengeschäft	218, 219, 220
Finanztermingeschäfte	218, 219
Kapitalmarktrecht	206, 209, 210, 211, 217, 222
Verbraucherkredit	211, 212
Verbraucherschutz	206, 207, 210-213, 217-220, 222
Vertragsparität	208, 209

Jorg Fedtke
Freiheitsrechte und Schutzinteressen im portugiesischen Kollektivarbeitsrecht am Beispiel der Arbeitnehmermitwirkungsrechte

Arbeitgeber	223, 227, 229, 233, 236
Arbeitnehmer	223-233, 236, 237

Arbeitsgesetzbuch	228
Aufsichtsrat	232, 236, 237
Código do Trabalho	228, 233
Conselho de fiscalisação	238
Constituição da República Portuguesa	227
Empregado	238
Empregador	237
Europäische Aktiengesellschaft	233, 235
Mitbestimmung	224, 225, 226, 228, 232-237
Sociedade anónima	238

II PARTE – *TEIL 2*

Erik Jayme
„Herança jacente" des portugiesischen Erbrechts und deutscher Erbschein – Zur Anwendung portugiesischen Rechts durch deutsche Nachlassgerichte

Annahme der Erbschaft	243, 245, 246, 248
Ausschlagung der Erbschaft	243, 244, 246
Erbschein	241, 242, 243, 245, 247
Herança Jacente	242, 243
Ruhende Erbschaft	242, 243, 245

Nadja de Araújo
A CIDIP VII e a defesa do consumidor: Primeiras reflexões sobre o andamento das discussões no Forum da OAE

autonomia da vontade	257-262
competência internacional	253
contratos internacionais	252, 253, 258, 261
direito internacional privado	251, 252, 253, 255, 257, 259, 262
lei aplicável	253-262

Alexander Rathenau
Das Brüsseler- und Lugano-Übereinkommen sowie die Brüssel-I-Verordnung in der portugiesischen Rechtsprechung (1992-2006): Der Einfluss eigentypischer Regelungen des autonomen Rechts

Anerkennung und Vollstreckung	295, 296, 297, 299
Anwendungsbereich	
- intertemporaler	289, 297
Anwendungsvorrang	267, 271, 285, 289, 292
Brüsseler-Übereinkommen	273, 297
Brüssel-I-VO	264-300
Código de Processo Civil	265, 302
Código de Processo do Trabalho	266, 302
Código Civil	278, 281, 284, 285
Erfüllungsort	276-280
EuGVÜ	264-301
Europäischer Vollstreckungstitel	264
EuVTVO	264
Exorbitanter Gerichtsstand	267, 268, 269, 282, 288, 290, 299
Folgeschaden	287-290
Forum legis	271
Forum necessitatis	272, 285, 306
Gerichtsstand für	
- Vertragsklagen	283
- Deliktsklagen	282, 285
- des Beklagtenwohnsitzes	285
- Arbeitsrechtsstreitigkeiten	280
Gerichtsstandsvereinbarung	291, 292, 293, 306
Handelsbräuche	292
Kaufmännisches Bestätigungsschreiben	293
Kaufvertrag	280
Konnossement	294
Lugano-Übereinkommen	264, 271, 288
LugÜ	264-273, 281, 285-299
Révision au fond	295
Reziprozitätsprinzip	266
Schaden	286-290
Sitz	
-maßgeblicher Zeitpunkt	273, 274
Spiegelbildprinzip	267, 295

Tatort	285, 288
Territorialitätsprinzip	267, 268, 270, 280, 281, 282, 285-290
Wohnsitz	269, 273-276, 288, 293, 299
Zivil- und Handelssachen	265, 301
Zuständigkeit	
- Internationale	265, 266, 269, 270, 271, 274, 276, 282, 289

Claudia Lima Marques
Elaborando a proposta brasileira de Convenção Interamericana de Direito Internacional Privado sobre a lei aplicável a alguns contratos com consumidores (CIDIP VII): sugestões sobre a proteção dos consumidores em Direito Internacional Privado

Autonomia da vontade limitada	316, 334, 339, 347, 353, 356, 357, 365
Consumidor	308-365
Lei mais favorável	328, 340, 341, 347, 353, 356, 357, 360, 365
Proposta Brasileira de CIDIP VII	314, 316, 333, 346, 365

Augusto Junior Jaeger
Impasses do Direito Processual Civil Internacional do MERCOSUL e a oportunidade para o revival das CIDIPs

CIDIPs	368, 370-375, 387, 388, 389, 393, 395, 396, 402, 405
Codificação do Direito Internacional Privado	370, 375, 402
Conferências Interamericanas de Direito Internacional Privado	405
Mercado Comum do Sul	405, 406
Mercosul	368, 372, 373, 375-406
OEA	368, 370, 372-375, 402-406

III PARTE – *TEIL 3*

Stephanie Müller-Bromley
Die portugiesische Hypothek im Spannungsverhältnis zwischen dem französischen und dem deutschen Rechtskreis

Code Civil	414, 415, 416
Código Civil	417-420
Código de Seabra	417, 419, 420
Código do Registo Predial	419, 421
Grundbuch	412, 415, 419, 421
Hypothek	409-423
Hypothekengesetz	409-423
Hypothekenrecht	409-423
Hypothekenregister/ -buch	412, 414, 415, 417
ius commune	410, 411, 412, 416
Kataster	422
Ordenações Filipinas	410
Prinzip der festen Rangstellen	416, 421
Publizitätsprinzip	412, 421
Spezialitätsprinzip	412, 416
Steuerreform	422

Erik Jayme
Die Reform des Familienrechts in Mosambik

Faktische Gemeinschaft	426, 432
Fakultative Zivilehe	431
Großfamilie	433
Kindschaftsrecht	434
Polygamie	432

Jorg Fedtke
Rechtsbegriff und Rechtsnatur der eingetragenen Genossenschaft in Portugal und Deutschland

Aktiengesellschaft	443, 446, 448, 449, 451, 452, 467
Associação	443, 469

Código Civil	460, 461, 465
Código Comercial	442
Código das Sociedades Comerciais	461
Cooperativa	440, 442, 443, 460, 462, 466
Europa	457
Genossenschaft	438-469
Genossenschaftliche Prinzipien	456
Genossenschaftsbegriff	441, 443, 447
Gesellschaft mit beschränkter Haftung	446
Gesellschaftsrecht	462, 469
Gesetzbuch der Handelsgesellschaften	449
Handelsgesetzbuch	442, 463, 466
Juristische Person	447, 448, 458, 466
Kaufmann	466, 467, 468
Kommanditgesellschaft	443, 449
Konzernrecht	449
Rechtsnatur	440, 446, 458, 459, 460, 462, 464, 466, 469
Verein	443, 445, 451, 459, 460, 461, 463, 465, 466
Zivilgesetzbuch	465, 466

Urbano Carvelli
O controle de concentração na televisão nacional privada na República Federal de Alemanha e na República Federatíva do Brasil

Comissão para Apuração da Concentração	482, 483
concentração	472, 478-488
concentração da radiodifusão	472, 478, 479, 486, 487, 488
Conferência dos Diretores das Instituições Estaduais de Mídia	482, 483
controle de concentração	472, 478-484, 487, 488
controle especial de concentração	480, 484, 485, 487
Corte Constitucional Federal	473, 475-478, 480, 485, 486
dominância de opinião	472, 478, 479, 480, 482, 486, 487, 488
mercado de estações geradoras	481, 483, 484

mercado dos serviços ancilares ao serviço de radiodifusão de sons e imagens	480, 481, 483, 484, 487
modelo de participação no mercado	484, 485, 487, 488
modelo de quotas do mercado de telespectadores	482, 487
pluralismo	476, 477
pluralismo de opinião	472, 475, 476, 477, 480, 483, 486
radiodifusão	472-488
Supremo Tribunal Federal	474, 477, 478, 479,486
Tratado Interestadual de Radiodifusão	473, 480, 481, 482, 487

Vânia Costa Ramos
Der portugiesische Strafprozess – Ein einführender Überblick

Besondere Prozessarten	521
Beweismittel	501, 503, 517, 518, 523
Detenção	518, 523
Medidas de Coacção	520, 523
Meios de Prova	517, 523
Portugiesischer Strafprozess	493
Processo Penal Português	523
Processos Especiais	523
Prozessbeteiligte	499, 504, 516, 523
Prozessgang im ersten Rechtszug	493
vorläufige Festnahme	517, 518, 523
Zwangs- und vermögenssichernde Maßnahmen	511, 517, 520

ÍNDICE
INHALTSVERZEICHNIS

I PARTE – *TEIL 1*

Direito Contratual entre liberdade e protecção dos interesses
Vertragsrecht zwischen Freiheit und Schutzinteressen

Gilmar Mendes
Evolução do controle de constitucionalidade no Direito Brasileiro ... 11

Assunção Cristas
Protecção constitucional do consumidor e suas implicações
no Direito Contratual 47

Margarida dos Santos
*Informationspflichten und ihre Sanktionierung im deutschen
und portugiesischen Privatrecht* 61

Gustavo Vieira da Costa Cerqueira
As Garantias e a exclusão da responsabilidade no novo Direito
Brasileiro da compra e venda 89

Fabiana D'Andrea Ramos
O efeito vinculativo das cartas de intenções: possibilidade
de execução específica de seus termos 155

Stephanie Müller-Bromley
Einführung in das Nova Lei do Arrandamento Urbano 191

Siegfried Kümpel
Verbraucherschutz im Bank- und Kapitalmarktrecht 205

Jorg Fedtke
    Freiheitsrechte und Schutzinteressen im portugiesischen
    Kollektivarbeitsrecht am Beispiel
    der Arbeitnehmermitwirkungsrechte 223

II PARTE – *TEIL 2*

Direito Internacional Privado e Direito Processual Civil Internacional
Internationales Privatrecht und Internationales Zivilprozessrecht

Erik Jayme
    „Herança jacente" des portugiesischen Erbrechts und deutscher
    Erbschein – Zur Anwendung portugiesischen Rechts durch
    deutsche Nachlassgerichte.. 241

Nadja de Araújo
    A CIDIP VII e a defesa do consumidor: Primeiras reflexões
    sobre o andamento das discussões no Forum da OAE.............. 251

Alexander Rathenau
    Das Brüsseler- und Lugano-Übereinkommen sowie die
    Brüssel-I-Verordnung in der portugiesischen Rechtsprechung
    (1992-2006): Der Einfluss eigentypischer Regelungen
    des autonomen Rechts 263

Claudia Lima Marques
    Elaborando a proposta brasileira de Convenção Interamericana
    de Direito Internacional Privado sobre a lei aplicável a alguns
    contratos com consumidores (CIDIP VII): sugestões sobre
    a proteção dos consumidores em Direito Internacional Privado   307

Augusto Junior Jaeger
    Impasses do Direito Processual Civil Internacional
    do MERCOSUL e a oportunidade para o revival das CIDIPs ... 367

III PARTE – *TEIL 3*

Outros desenvolvimentos importantes no âmbito do direito alemão-lusitano
Weitere wichtige Entwicklungen im deutsch-lusitanischen Rechtskreis

Stephanie Müller-Bromley
   *Die portugiesische Hypothek im Spannungsverhältnis zwischen
   dem französischen und dem deutschen Rechtskreis* 409

Erik Jayme
   Die Reform des Familienrechts in Mosambik 425

Jorg Fedtke
   *Rechtsbegriff und Rechtsnatur der eingetragenen Genossenschaft
   in Portugal und Deutschland* 437

Urbano Carvelli
   *O controle de concentração na televisão nacional privada
   na República Federal de Alemanha e na República Federatíva
   do Brasil* 471

Vânia Costa Ramos
   Der portugiesische Strafprozess – Ein einführender Überblick ... 491

Palavras-Chave – *Stichwortverzeichnis* 525